中国刑事审判指导案例

6

危害国防利益罪·贪污贿赂罪
渎职罪·军人违反职责罪

增订本

《刑事审判参考》
总第96—124集汇总集成

《中国刑事审判指导案例》编写组　编

法律出版社 LAW PRESS · CHINA
北京

图书在版编目(CIP)数据

中国刑事审判指导案例. 6, 危害国防利益罪·贪污贿赂罪·渎职罪·军人违反职责罪/《中国刑事审判指导案例》编写组编. -- 增订本. -- 北京:法律出版社, 2021(2025.4 重印)

ISBN 978-7-5197-5450-1

Ⅰ. ①中… Ⅱ. ①中… Ⅲ. ①刑事诉讼-审判-案例-汇编-中国②贪污贿赂罪-审判-案例-汇编-中国③渎职罪-审判-案例-汇编-中国④军人-渎职罪-审判-案例-汇编-中国 Ⅳ. ①D925.218.25②D924.392.5

中国版本图书馆 CIP 数据核字(2021)第 047402 号

中国刑事审判指导案例 6
危害国防利益罪·贪污贿赂罪·
渎职罪·军人违反职责罪(增订本)
ZHONGGUO XINGSHI SHENPAN ZHIDAO ANLI 6
WEIHAI GUOFANG LIYIZUI · TANWU HUILUZUI ·
DUZHIZUI · JUNREN WEIFAN ZHIZEZUI(ZENGDING BEN)

《中国刑事审判指导案例》编写组 编

策划编辑 许 睿
责任编辑 许 睿 韩梦超
装帧设计 汪奇峰

出版发行 法律出版社
编辑统筹 司法实务出版分社
责任校对 朱轶佳
责任印制 胡晓雅
经　　销 新华书店

开本 787 毫米×1092 毫米 1/16
印张 27.5 **字数** 740 千
版本 2021 年 9 月第 1 版
印次 2025 年 4 月第 3 次印刷
印刷 北京虎彩文化传播有限公司

地址:北京市丰台区莲花池西里 7 号(100073)
网址:www.lawpress.com.cn
投稿邮箱:info@lawpress.com.cn
举报盗版邮箱:jbwq@lawpress.com.cn

销售电话:010-83938349
客服电话:010-83938350
咨询电话:010-63939796

书号:ISBN 978-7-5197-5450-1　　**定价**:120.00 元

凡购买本社图书,如有印装错误,我社负责退换。电话:010-83938349

编辑说明

《中国刑事审判指导案例》是最高人民法院刑事审判庭主办的业务指导和研究性系列丛书——《刑事审判参考》的合订分解集成本。《刑事审判参考》自1999年4月首次出版以来，秉承立足实践、突出实用、重在指导、体现权威的编辑宗旨，在编辑委员会成员、作者和广大读者的共同努力下，密切联系刑事司法实践，为专业人士提供了有针对性和权威性的业务指导和参考，受到刑事司法工作人员和刑事法律教学、研究人员的广泛欢迎。

为了满足广大读者的实际工作需要，我们在已出版各集《刑事审判参考》的基础上，精心汇编出版《中国刑事审判指导案例》。本书自2009年10月出版以来，受到读者的广泛好评与认可。

《中国刑事审判指导案例》(增订本)收录《刑事审判参考》第96集至第124集的相关内容，整体沿用《中国刑事审判指导案例》(增订第3版)的体例结构，共七册，分别为：

中国刑事审判指导案例1(刑法总则)

中国刑事审判指导案例2(危害国家安全罪·危害公共安全罪·侵犯公民人身权利、民主权利罪)

中国刑事审判指导案例3(破坏社会主义市场经济秩序罪)

中国刑事审判指导案例4(侵犯财产罪)

中国刑事审判指导案例5(妨害社会管理秩序罪)

中国刑事审判指导案例6(危害国防利益罪·贪污贿赂罪·渎职罪·军人违反职责罪)

中国刑事审判指导案例7(刑事诉讼法)

根据各卷册实际情况，主要设有以下栏目：

【指导案例】分类汇总了已出版的《刑事审判参考》在法律适用、刑罚裁量、事实认定、证据采信等方面具有研究价值的典型案例，详细阐明裁判理由，为刑事司法工作人员处理类似案件提供具体的指导和参考。

【刑事立法、司法规范】分类汇总了刑事法律、立法解释、司法解释和其他规范性刑事司法文件，并配发起草同志撰写的理解与适用文章，为司法实践中准确适用提供指南。

【刑事政策】分类汇总了审判中需要参考的刑事司法政策，包括最高人民法院领导在审判工作会议上的讲话、刑事审判工作会议讨论的问题等。

【审判释疑】分类汇总了最高人民法院刑事审判庭解答在刑事审判工作中具有普遍指导价值的法律适用问题，包括最高人民法院审判长会议纪要、《刑事审判参考》编辑部对读者在刑事司法工作中遇到疑难问题的解答。

【经验交流】分类汇总了地方司法机关制定的刑事司法规范性文件及其背景说明；地方各级人民法院在刑事审判工作中对于某些问题的处理政策和意见等。

【专题论坛】分类汇总了由司法实务部门的权威专家就刑事法律适用过程中的一些常见疑难问题进行的探讨。

【实务探讨】分类汇总了有关学者和司法人员针对刑事司法工作中必须解决的疑难、复杂问题所撰写的研究文章，为刑事司法工作人员解决相关问题提供工作思路。

【疑案争鸣】分类汇总了实践中发生的疑难案例，对其中争议问题进行分析，摆出各方观点，推动相关问题的深入研究。

另外，个别卷册中因涵盖专辑内容，有【理论前沿】等栏目设置。

为了最大限度地挖掘和梳理《刑事审判参考》指导案例在裁判理由阐述中反映的裁判观点，同时也为了便于读者使用本书，本套书对所有指导案例逐一编加了具有归类意义的关键词。

本套书作为《刑事审判参考》的合订分解集成本，为了保持指导案例和实务文章的"原汁原味"，本次修订再版未针对有关法律、司法解释的修改对原文进行删改，只对原文错漏之处进行了补正。读者在参考适用时，需要根据现行有效的规范进行理解。此外，随着理论研究的发展和司法政策的调整，指导案例中对相同或相似问题所提出的裁判观点也可能发生变化，对此，可以依照"从新"的原则参考适用。

本套书此次出版得到了方方面面的大力支持，在此一并表示感谢。当然，由于内容体量庞大，内容的选编工作难免存在错漏之处，恳请广大读者批评指正。

编　者

2021年7月

目　录

第一部分　危害国防利益罪

指导案例

刑事立法、司法规范

第二部分　贪污贿赂罪

指导案例

» 刑事立法、司法规范

» 刑事政策

» 审判释疑

经验交流

实务探讨

大案传真

优秀裁判文书点评

裁判文书选登

第三部分 渎 职 罪

指导案例

理论前沿

裁判文书选登

第四部分 军人违反职责罪

刑事立法、司法规范

中国刑事审判指导案例
06

第一部分

危害国防利益罪

指导案例

伊力哈木·土赫提分裂国家案

【关键词】 分裂国家罪 “维吾尔在线” 中央民族大学

一、基本案情

被告人伊力哈木·土赫提,男,维吾尔族,1968年10月25日出生。2014年2月20日被逮捕。

新疆维吾尔自治区乌鲁木齐市人民检察院指控被告人伊力哈木·土赫提犯分裂国家罪,向乌鲁木齐市中级人民法院提起公诉。

被告人伊力哈木·土赫提及其辩护人以伊力哈木·土赫提不具有分裂国家故意,指控的分裂国家犯罪集团不存在,伊力哈木·土赫提的言论是对政府的批评,属学术观点等进行辩解、辩护。

乌鲁木齐市中级人民法院经公开审理查明:2006年1月,被告人伊力哈木·土赫提在北京创建“维吾尔在线”网站并任网站站长。2008年7月,伊力哈木·土赫提成立北京图兰在线咨询有限公司并任法定代表人,“维吾尔在线”网站为该公司下属门户网站。之后,伊力哈木·土赫提以“维吾尔在线”网站为平台,利用其中央民族大学讲师的身份,蛊惑、拉拢、胁迫部分少数民族学生加入该网站,形成了以其本人为首要分子的分裂国家犯罪集团。该犯罪集团在伊力哈木·土赫提的领导下,以分裂国家为目的,组织、策划、实施了一系列分裂国家的犯罪活动。

1. 长期以来,被告人伊力哈木·土赫提以分裂国家为目的,利用其中央民族大学讲师的身份,通过授课活动,传播民族分裂思想,诋毁、攻击我国涉疆政策,煽动以暴力手段对抗政府。

2. 长期以来,被告人伊力哈木·土赫提及其犯罪集团成员以“维吾尔在线”网站为平台,有组织、有计划地撰写、编辑、翻译、转载含有煽动分裂国家内容的文章。伊力哈木·土赫提负责“维吾尔在线”网站文章的审核与发表,其撰写或直接操纵、指使集团成员撰写、翻译、转载100余篇煽动性文章,在“维吾尔在线”网站发表。

3. 2009年以来,被告人伊力哈木·土赫提及其犯罪集团成员与境外有关机构和个人相勾连,遥相呼应,大肆攻击我国政府,图谋使新疆问题国际化,以实现分裂国家的目的。为逃避监管,伊力哈木·土赫提指使他人将“维吾尔在线”网站服务器由中国境内迁往境外;通过接受境外媒体采访等方式炒作涉疆问题及热点事件;指使他人从境外媒体网站上翻译、转载攻击中国政府涉疆政策的文章和报道。同时,境外媒体也通过转发、使用“维吾尔在线”的文章、报道、新闻或数据来攻击中国政府的涉疆政策,炒作涉疆问题。

4. 2009年以来,被告人伊力哈木·土赫提及其犯罪集团成员恶意杜撰、歪曲事实真相,煽动民族仇视,鼓动维吾尔群众对抗政府,为暴力恐怖活动制造借口。“4·23”等暴力恐怖案件发生后,伊力哈木·土赫提指使集团成员在“维吾尔在线”网站撰写、转载文章,歪曲暴恐案的起因等事实。2013年4月24日,中央民族大学校内发生一起普通的民汉两学生互殴案件,伊力哈木·土赫提知悉该案件后,指使集团成员歪曲事实真相,撰写《中央民族大学发生汉族学生群殴维吾尔学生事件》等文章,恶意制造民族矛盾。

5. 2010年以来，被告人伊力哈木·土赫提在既未组建课题组，也未进行调查问卷和访谈的情况下，杜撰社会问卷调查报告，并在“维吾尔在线”网站以虚假数据公开发表调查报告，伪造支持新疆独立和“高度自治”的虚假民意。

6. 2013年年初，被告人伊力哈木·土赫提安排犯罪集团成员收集新疆宗教情况的材料，由其本人撰写《新疆维吾尔族宗教信仰自由权利被剥夺、遭侵犯典型案例概述》，污蔑中国政府长期对新疆宗教自由高压压制，限制合法宗教权利。为使新疆问题国际化，同年3月，伊力哈木·土赫提指派集团成员出境参加国际会议，提交并宣讲了《新疆维吾尔族宗教信仰自由权利被剥夺、遭侵犯典型案例概述》，大肆攻击我国民族宗教政策。

7. 2009年“6·26”韶关事件后，被告人伊力哈木·土赫提利用互联网炒作该事件，“维吾尔在线”网站伊力哈木·土赫提专栏发表《6·26事件和多民族和谐共处的神话》等文章，攻击政府，歪曲事实真相，煽动民族仇恨。在“维吾尔在线”煽动性文章和伊力哈木·土赫提煽动性言论的影响之下，买某、艾某等人策划、实施了非法聚集，对乌鲁木齐“7·5”打砸抢烧严重暴力犯罪活动的发生起到了一定作用。

2014年9月23日，乌鲁木齐市中级人民法院以(2014)乌中刑一初字第129号刑事判决，认定被告人伊力哈木·土赫提犯分裂国家罪，判处无期徒刑，剥夺政治权利终身，并处没收个人全部财产。

一审宣判后，被告人伊力哈木·土赫提不服，提出上诉。

新疆维吾尔自治区高级人民法院经审理，以(2014)新刑一终字第172号刑事裁定，驳回上诉，维持原判，并于2014年11月21日向伊力哈木·土赫提宣判、送达了二审刑事裁定书。

二、裁判理由

《刑法》第二十六条第二款规定：“三人以上为共同实施犯罪而组成的较为固定的犯罪组织，是犯罪集团。”伊力哈木·土赫提以分裂国家为目的，以“维吾尔在线”网站为平台，利用其大学教师身份，蛊惑、拉拢、胁迫部分少数民族学生加入该网站，逐渐形成较为稳定的组织。该组织以伊力哈木·土赫提为首，内部分工明确，骨干成员较为固定，长期从事分裂国家活动，符合刑法关于犯罪集团的规定。

根据《刑法》第一百零三条第一款的规定，分裂国家罪是指组织、策划、实施分裂国家、破坏国家统一的行为。本案中，伊力哈木·土赫提组织、领导分裂国家犯罪集团，通过授课、网络传播民族分裂思想，攻击我国民族宗教政策；与境外有关机构和个人相勾连，图谋使新疆问题国际化；杜撰社会问卷调查报告，伪造支持新疆独立和“高度自治”的虚假民意；借个案造谣生事，制造事端，煽动民族仇恨；为涉疆暴力恐怖案件制造借口，声援和支持暴恐行为，煽动暴力及民族仇恨，制造民族对立。伊力哈木·土赫提主观上具有分裂国家、破坏国家统一的犯罪故意，客观上组织、领导犯罪集团策划、实施了一系列分裂国家的犯罪活动，符合分裂国家罪的构成要件，已构成分裂国家罪。

言论自由固然是宪法性权利，但言论自由不是绝对的，更不能滥用。我国《宪法》赋予公民言论自由和对国家机关及其工作人员批评、建议、控告等权利的同时，规定公民在行使权利和自由的时候不得损害国家的、社会的、集体的利益和其他公民合法的自由和权利，并规定公民有维护国家统一和全国各民族团结的义务。对于每一个公民而言，维护国家统一，既是宪法义务，也是法律底线。被告人伊力哈木·土赫提的授课内容和网络文章，或者借题发挥、制造矛盾，或者编造谣言、歪曲事实，严重影响民族团结，严重危害国家统一，已经超越了正当行使权利和言论自由的法律界限，是以言论自由、学术批评之名行分裂国家、破坏统一之实，必须坚决依法严惩。

【编后语】

加强司法公开是落实宪法法律原则、保障人民群众参与司法的重大举措，是深化司法体制综合配套改革、健全司法权力运行机制的重要内容，是推进全面依法治国、建设社会主义法治国家的必然要求。党的十八大以来，人民法院坚决贯彻落实党中央决策部署，以司法改革为动力，以建设审判流程公开、庭审活动公开、裁判文书公开、执行信息公开四大平台为载体，全面深化司法公开，着力构建阳光司法机制，取得明显成效，司法公开规范化、制度化、信息化水平显著提升，最大限度保障人民群众的知情权、参与权、表达权和监督权。伊力哈木·土赫提分裂国家案的依法公开审理，是人民法院司法公开的生动实践，充分展示了中国特色社会主义司法的制度自信。

公开更能守护公正，也最能体现自信。本案开庭审理时，被告人亲属、人大代表、政协委员、媒体记者及各界群众70余人旁听了庭审。案件公开宣判后，媒体公布了该案庭审纪实，披露了案件开庭审理中的大量细节，案件的审理过程清晰地展现在社会公众面前，也让审判更加有说服力。

庭审通过充分的证据展示，向公众清晰揭露了伊力哈木·土赫提的真实面目及其所作所为背后的真实企图。伊力哈木·土赫提的言论，既不是学术观点，更不是批评建议，而是有组织有策划的分裂国家行为。伊力哈木·土赫提被依法定罪判刑充分说明，法律面前人人平等，法律面前没有例外，法治中国不允许任何人有超越法律的特权，任何人违法犯罪，都要受到法律的惩处制裁。

庭审通过严格规范的程序证明，人民法院始终坚持惩罚犯罪与保障人权相结合、程序公正与实体公正并重的原则，不仅追求案件实体处理定罪准确、量刑适当，也强调案件审理程序的正当性与合法性，尊重法律程序，尊重被告人的诉讼地位，保障被告人充分行使法律所赋予各项诉讼权利。媒体披露的庭审过程，充分说明了法院尊重并保障了伊力哈木·土赫提的合法权利。例如，电视报道画面显示，伊力哈木·土赫提是着便装出庭受审；旁听此案的新疆大学讲师、刑事诉讼法博士艾尔肯·沙木沙克表示，在伊力哈木·土赫提提出要求时，法警经法庭准许向他提供了矿泉水和润喉片。这些细节都充分说明法庭给予了伊力哈木·土赫提公平公正的对待。

作为审判机关，人民法院承担者惩罚犯罪、保护人民的重要职责，肩负着维护国家安全、确保社会稳定的神圣使命。伊力哈木·土赫提分裂国家案的依法公开审理，有力显示了人民法院依法打击犯罪、通过法治捍卫国家统一的坚定决心，充分说明了国家统一、民族团结不容挑战。

（撰稿：最高人民法院刑二庭　陈新军
审编：最高人民法院刑二庭　王晓东）

黄宇间谍案

【关键词】　间谍罪　网络　境外

一、基本案情

被告人黄宇，男，汉族，1974年7月28日出生。2012年4月26日被逮捕。

四川省成都市人民检察院指控被告人黄宇犯间谍罪，向四川省成都市中级人民法院提起公诉。

被告人黄宇对公诉机关指控的犯罪事实无异议，辩解其数年前向境外间谍组织提供的信息现已失去主要价值。其辩护人提出，被告人如实供述且认罪态度好、有立功表现、其行为未对我国核心安全造成危害。

成都市中级人民法院经审理查明：1997 年 7 月，被告人黄宇大学毕业后进入某研究所工作，后因违反劳动纪律受到单位处理，于 2003 年 2 月起待岗，2004 年 2 月自动离职。其间，黄宇对单位心生不满，且为获取非法金钱利益，产生了向境外间谍组织出卖国家秘密以换取金钱的念头。2002 年春节后，黄宇通过网络主动联络某国间谍组织，与之建立情报关系。2002 年 6 月至 2011 年 9 月，黄宇先后多次与该间谍组织代理人会面，并接受任务和指示，向该间谍组织提供其非法收集、窃取的我国国家秘密。经鉴定、评估，黄宇提供绝密级国家秘密 90 项、机密级国家秘密 292 项、秘密级国家秘密 1 674 项，对国家安全造成特别严重损害。2011 年 12 月 20 日，黄宇被抓获归案，侦查机关在其家中查获其存储非法收集、窃取的国家秘密资料的光盘若干、间谍专用器材 2 个以及大量外币。

2014 年 4 月 22 日，成都市中级人民法院以（2013）成刑初字第 1 号刑事判决，认定被告人黄宇犯间谍罪，判处死刑，剥夺政治权利终身，并处没收个人全部财产。

一审宣判后，被告人黄宇未提出上诉。四川省高级人民法院经依法复核，于 2014 年 9 月 9 日以（2014）川刑复字第 556 号刑事裁定，同意原判，并依法报请最高人民法院核准死刑。

最高人民法院经复核认为，被告人黄宇参加间谍组织，并接受该间谍组织及其代理人的任务，危害国家安全，其行为已构成间谍罪。黄宇提供的国家秘密数量大、密级高，其行为对国家和人民危害特别严重，情节特别恶劣，应依法惩处。原审判决、高级人民法院复核审裁定认定的事实清楚，证据确实、充分，定罪准确，量刑适当。审判程序合法。

2016 年 2 月 18 日，最高人民法院以（2015）刑二复 11549322 号刑事裁定核准黄宇死刑。

二、裁判理由

根据《刑法》第一百一十条的规定，“有下列间谍行为之一，危害国家安全的，构成间谍罪：（一）参加间谍组织或者接受间谍组织及其代理人的任务的；（二）为敌人指示轰击目标的……”

本案中，被告人黄宇通过网络主动联络某国间谍组织，投靠该间谍组织，并与该国间谍组织代理人多次见面，接受任务和指示，长期提供我国国家秘密，危害我国国家安全，其行为符合刑法规定的参加间谍组织、接受间谍组织及其代理人的任务的情形，依法应以间谍罪定罪处罚。

《最高人民法院关于贯彻宽严相济刑事政策的若干意见》明确指出，对于危害国家安全犯罪、恐怖组织犯罪、邪教组织犯罪、黑社会性质组织犯罪、恶势力犯罪、故意危害公共安全犯罪等严重危害国家政权稳固和社会治安的犯罪，要作为严惩的重点，依法从重处罚。间谍犯罪作为严重危害国家安全的犯罪之一，在审判中应当体现依法从严的政策要求，对所犯罪行特别严重的犯罪分子，该重判的要坚决依法重判，该判处死刑的要坚决依法判处死刑。根据《刑法》第一百一十三条的规定，犯间谍罪，对国家和人民危害特别严重、情节特别恶劣的，可以判处死刑。本案中，经有关部门依法评估和鉴定，被告人黄宇的行为极大地危害了我国国家安全，给国家财产造成严重损失，属于“对国家和人民危害特别严重”的情形。黄宇作为某研究所曾经的员工，明知该研究所是国家重要涉密单位且有严格的保密工作制度，为泄私愤和谋取一己私利，置国家和人民利益于不顾，主动投靠间谍组织，且作案时间长达近十年，出卖的国家秘密数量大、范围广、密级高，属于“情节特别恶劣”。人民法院依法以间谍罪判处其死刑，体现了宽严相济刑事政策中依法严惩严重刑事犯罪的要求。

【编后语】

国家安全是安邦定国的重要基石，维护国家安全是全国各族人民根本利益所在。即使处于和平时期，各种敌对势力的渗透破坏活动、各种没有硝烟的“暗战”，随时都有可能发生在我们的身边。只有准确把握国家安全形势，牢固树立和认真贯彻总体国家安全观，才能为实现国家长治久安、为实现中华民族伟大复兴提供强大的安全保障。

黄宇间谍案就是当前和平时期发生的一起严重危害我国国家安全的犯罪案件，人民法院依法审理本案，起到了鲜明的警示作用：出卖国家秘密、危害国家安全必将受到法律的严惩。同时也充分表明了我国审判机关坚持贯彻总体国家安全观，坚持依法严惩严重危害国家安全犯罪、坚决捍卫我国国家安全的坚强决心。

黄宇案案发后，我国相继颁布实施了《中华人民共和国反间谍法》《中华人民共和国国家安全法》，《中华人民共和国国家安全法》还把每年4月15日设立为“全民国家安全教育日”，强化社会公众的国家安全意识，对于开展反间谍工作、增强全社会民众国家安全意识、共同维护国家安全具有重大的法律和现实意义。

（撰稿：四川省高级人民法院刑二庭　李　永
审编：最高人民法院刑二庭　王晓东）

周世锋颠覆国家政权案

【关键词】 颠覆国家政权　炒作热点　非暴力

一、基本案情

被告人周世锋，男，汉族，1964年11月18日出生。2016年1月8日被逮捕。

天津市人民检察院第二分院指控被告人周世锋犯颠覆国家政权罪，向天津市第二中级人民法院提起公诉。

被告人周世锋当庭对起诉书指控的事实和罪名无异议。

天津市第二中级人民法院经公开审理查明：被告人周世锋在律师执业过程中，因对国家政治制度和司法体制不满，逐渐产生对抗、颠覆国家政权的思想。2011年以来，周世锋多次在网上网下发表言论，攻击社会主义制度，煽动对抗国家政权；以锋锐律师事务所为平台，网罗并指使一些具有颠覆国家政权思想的律师、律师事务所行政人员，通过代理案件，炒作热点案事件，抹黑司法机关，攻击宪法所确立的制度，煽动仇视国家政权；勾结一些地下教会成员、非法上访人员、少数律师和其他人员，共同策划颠覆国家政权，提出颠覆国家政权的策略、方法、步骤，实施了一系列颠覆国家政权、推翻社会主义制度的犯罪活动，危害国家安全和社会稳定。

天津市第二中级人民法院认为，被告人周世锋以颠覆国家政权、推翻社会主义制度为目的，以锋锐律师事务所为平台，参与或指使他人炒作热点案事件，抹黑司法机关，攻击宪法所确立的制度，煽动仇视国家政权；勾结他人策划颠覆国家政权的策略、方法、步骤；借接受境外媒体采访攻击社会主义制度，其行为危害了国家安全和社会稳定，已构成颠覆国家政权罪，应依法予以处罚。

2016年8月4日，天津市第二中级人民法院对本案进行公开宣判，以颠覆国家政权罪，判处被告人周世锋有期徒刑七年，剥夺政治权利五年。

被告人周世锋当庭表示认罪，服从判决，不上诉。涉案人员胡石根、翟岩民、勾洪国、李和平、吴淦等人亦先后以颠覆国家政权罪被判处相应刑罚。

二、裁判理由

《刑法》第一百零五条规定，组织、策划、实施颠覆国家政权、推翻社会主义制度的，对首要分子或者罪行重大的，处无期徒刑或者十年以上有期徒刑；对积极参加的，处三年以上十年以下有期徒刑；对其他参加的，处三年以下有期徒刑、拘役、管制或者剥夺政治权利。根据本款规定，颠覆国家政权罪的构成不要求有颠覆国家政权、推翻社会主义制度的实际危害结果的发生，只要行为人进行了组织、策划、实施颠覆国家政权、推翻社会主义制度的行为，即构成本罪。本罪的客体是国家政权的稳固，侵犯的是人民民主专政的国家政权和社会主义制度。客观方面可以表现为通过组织、策划、实施所谓的“颜色革命”“和平转型”，以非暴力的手段实施改变人民民主专政的政权性质和社会主义制度的行为。

本案中，被告人周世锋主观上具有颠覆国家政权、推翻社会主义制度的目的。在客观行为上，周世锋积极参加他人组织的聚会，围绕设定的议题具体讨论了律师介入“劳工运动”直接冲击国家政权，借炒作热点案事件分化、瓦解国家政治体制的必要性、可行性，以及具体的操作方法、手段，共同策划通过上述途径，推动中国进行“颜色革命”，实现颠覆国家政权、推翻社会主义制度的目标。该聚会表现出较强的组织性，聚会的主要参与人也表现出在主题、观点上的一致性，因而该聚会实质是一次颠覆国家政权的具体策划活动；周世锋以北京锋锐律师事务所为平台代理案件，网罗并指使一些具有颠覆国家政权思想的律师、律师事务所行政人员，通过代理案件，炒作热点案事件，编造、散布虚假事实，抹黑地方党委和司法机关形象，矛头指向党的领导和司法体制、国家制度，煽动不明真相的人对国家体制产生不满；周世峰还在接受境外媒体采访时恶意攻击我国国家体制，煽动他人对国家政权的仇恨。其行为的实质是借炒作热点案事件，挑战司法体制，攻击国家政权，是周世峰对聚会策划的颠覆国家政权方案的具体实践，性质恶劣，情节严重，应认定为颠覆国家政权的犯罪行为。

【编后语】

“颜色革命”，是指20世纪末期开始的一系列发生在中亚、东欧独联体国家的以和平和非暴力方式进行的政权变更运动。“颜色革命”打着“合法”的旗号进行违法颠覆活动，实质是改变或篡夺现行合法政权，目标则是推翻国家政权。

近年来，境外反华势力始终将西化、分化中国作为战略目标，企图以“颜色革命”等方式对我国实行政权颠覆活动，在此背景下，被告人周世锋等人因不满国家现行政治制度和司法制度，受西方民主宪政、“颜色革命”“和平转型”等思想的影响，逐渐产生颠覆国家政权的犯罪故意，并形成以周世锋、胡石根等人为首的实施中国版“颜色革命”的犯罪团伙。周世锋等颠覆国家政权案，是新时期新形势下我国阻击“颜色革命”的典型案件。

人民法院依法审理本案，对于维护国家的政治安全、制度安全、政权安全具有重大意义，也凸显了重大的法治警示和教育意义：

案件的依法公开审判，给律师界划出了三条底线：一是绝不允许任何人利用律师身份和以律师事务所为平台炒作个案，攻击社会主义制度，从事危害国家安全活动；二是绝不允许任何人利用律师身份策划、煽动、组织有关利益群体，干扰、破坏正常社会秩序；三是绝不允许任何人利用律师身份教唆、指使当事人干扰正常司法活动。

案件的依法公开审判，将个别不法律师、非法宗教组织、网络推手、职业访民、境外反华势力所谓的“整合国内反体制力量、促进党内分裂、争取国际社会介入”等颠覆国家政权的阴谋也暴露在法治和正义的阳光之下，使在公共场所非法聚集、炒作热点案事件、攻击国家宪法法律制度、煽动制造官民冲突,企图颠覆国家政权、推翻社会主义制度的犯罪行为受到法律的公正惩罚。

案件的依法公开审判,也给每一位公民敲响了警钟,使公众对“推墙思想”“颜色革命”“和平转型”有了清醒、理智的认识,进而自觉划清界限,自觉抵制反华势力的引诱,不“推墙”、不做西方反华势力的棋子,守住每一个公民的政治底线。

案件的依法公开审判,同时向西方反华势力发出严正宣告:中国的宪法法律底线不容挑战,中国人民的根本利益不容践踏。面对披着所谓“民主”“人权”外衣的“颜色革命”“推墙运动”,中国人民没有麻痹,将以最坚定的决心和最强大的力量捍卫自己的制度和政权。任何妄图破坏中国和谐稳定、颠覆中国国家政权、阻止中国和平崛起的图谋,注定不得人心,也必将受到法律的严惩,最终走向可耻的失败!

（撰稿:天津市高级人民法院　缴治民
天津市第二中级人民法院　李占强
审编:最高人民法院刑二庭　王晓东）

刑事立法、司法规范

中华人民共和国反间谍法

（2014年11月1日第十二届全国人民代表大会常务委员会第十一次会议通过　2014年11月1日公布　自公布之日起施行）

第一章　总　　则

第一条　为了防范、制止和惩治间谍行为，维护国家安全，根据宪法，制定本法。

第二条　反间谍工作坚持中央统一领导，坚持公开工作与秘密工作相结合、专门工作与群众路线相结合、积极防御、依法惩治的原则。

第三条　国家安全机关是反间谍工作的主管机关。

公安、保密行政管理等其他有关部门和军队有关部门按照职责分工，密切配合，加强协调，依法做好有关工作。

第四条　中华人民共和国公民有维护国家的安全、荣誉和利益的义务，不得有危害国家的安全、荣誉和利益的行为。

一切国家机关和武装力量、各政党和各社会团体及各企业事业组织，都有防范、制止间谍行为，维护国家安全的义务。

国家安全机关在反间谍工作中必须依靠人民的支持，动员、组织人民防范、制止危害国家安全的间谍行为。

第五条　反间谍工作应当依法进行，尊重和保障人权，保障公民和组织的合法权益。

第六条　境外机构、组织、个人实施或者指使、资助他人实施的，或者境内机构、组织、个人与境外机构、组织、个人相勾结实施的危害中华人民共和国国家安全的间谍行为，都必须受到法律追究。

第七条　国家对支持、协助反间谍工作的组织和个人给予保护，对有重大贡献的给予奖励。

第二章　国家安全机关在反间谍工作中的职权

第八条　国家安全机关在反间谍工作中依法行使侦查、拘留、预审和执行逮捕以及法律规定的其他职权。

第九条　国家安全机关的工作人员依法执行任务时，依照规定出示相应证件，有权查验中国公民或者境外人员的身份证明，向有关组织和人员调查、询问有关情况。

第十条　国家安全机关的工作人员依法执行任务时，依照规定出示相应证件，可以进入有关场所、单位；根据国家有关规定，经过批准，出示相应证件，可以进入限制进入的有关地区、场所、单位，查阅或者调取有关的档案、资料、物品。

第十一条　国家安全机关的工作人员在依法执行紧急任务的情况下，经出示相应证件，可以优先乘坐公共交通工具，遇交通阻碍时，优先通行。

国家安全机关因反间谍工作需要，按照国家有关规定，可以优先使用或者依法征用机关、团体、企业事业组织和个人的交通工具、通信工具、场地和建筑物，必要时，可以设置相关工作场所和设备、设施，任务完成后应当及时归还或者恢复原状，并依照规定支付相应费用；造成损失的，应当补偿。

第十二条 国家安全机关因侦察间谍行为的需要，根据国家有关规定，经过严格的批准手续，可以采取技术侦察措施。

第十三条 国家安全机关因反间谍工作需要，可以依照规定查验有关组织和个人的电子通信工具、器材等设备、设施。查验中发现存在危害国家安全情形的，国家安全机关应当责令其整改；拒绝整改或者整改后仍不符合要求的，可以予以查封、扣押。

对依照前款规定查封、扣押的设备、设施，在危害国家安全的情形消除后，国家安全机关应当及时解除查封、扣押。

第十四条 国家安全机关因反间谍工作需要，根据国家有关规定，可以提请海关、边防等检查机关对有关人员和资料、器材免检。有关检查机关应当予以协助。

第十五条 国家安全机关对用于间谍行为的工具和其他财物，以及用于资助间谍行为的资金、场所、物资，经设区的市级以上国家安全机关负责人批准，可以依法查封、扣押、冻结。

第十六条 国家安全机关根据反间谍工作需要，可以会同有关部门制定反间谍技术防范标准，指导有关部门落实反间谍技术防范措施，对存在隐患的部门，经过严格的批准手续，可以进行反间谍技术防范检查和检测。

第十七条 国家安全机关及其工作人员在工作中，应当严格依法办事，不得超越职权、滥用职权，不得侵犯组织和个人的合法权益。

国家安全机关及其工作人员依法履行反间谍工作职责获取的组织和个人的信息、材料，只能用于反间谍工作。对属于国家秘密、商业秘密和个人隐私的，应当保密。

第十八条 国家安全机关工作人员依法执行职务受法律保护。

第三章 公民和组织的义务和权利

第十九条 机关、团体和其他组织应当对本单位的人员进行维护国家安全的教育，动员、组织本单位的人员防范、制止间谍行为。

第二十条 公民和组织应当为反间谍工作提供便利或者其他协助。

因协助反间谍工作，本人或者其近亲属的人身安全面临危险的，可以向国家安全机关请求予以保护。国家安全机关应当会同有关部门依法采取保护措施。

第二十一条 公民和组织发现间谍行为，应当及时向国家安全机关报告；向公安机关等其他国家机关、组织报告的，相关国家机关、组织应当立即移送国家安全机关处理。

第二十二条 在国家安全机关调查了解有关间谍行为的情况、收集有关证据时，有关组织和个人应当如实提供，不得拒绝。

第二十三条 任何公民和组织都应当保守所知悉的有关反间谍工作的国家秘密。

第二十四条 任何个人和组织都不得非法持有属于国家秘密的文件、资料和其他物品。

第二十五条 任何个人和组织都不得非法持有、使用间谍活动特殊需要的专用间谍器材。专用间谍器材由国务院国家安全主管部门依照国家有关规定确认。

第二十六条 任何个人和组织对国家安全机关及其工作人员超越职权、滥用职权和其他违法行为，都有权向上级国家安全机关或者有关部门检举、控告。受理检举、控告的国家安全机关或者有关部门应当及时查清事实，负责处理，并将处理结果及时告知检举人、控告人。

对协助国家安全机关工作或者依法检举、控告的个人和组织,任何个人和组织不得压制和打击报复。

第四章 法律责任

第二十七条 境外机构、组织、个人实施或者指使、资助他人实施,或者境内机构、组织、个人与境外机构、组织、个人相勾结实施间谍行为,构成犯罪的,依法追究刑事责任。

实施间谍行为,有自首或者立功表现的,可以从轻、减轻或者免除处罚;有重大立功表现的,给予奖励。

第二十八条 在境外受胁迫或者受诱骗参加敌对组织、间谍组织,从事危害中华人民共和国国家安全的活动,及时向中华人民共和国驻外机构如实说明情况,或者入境后直接或者通过所在单位及时向国家安全机关、公安机关如实说明情况,并有悔改表现的,可以不予追究。

第二十九条 明知他人有间谍犯罪行为,在国家安全机关向其调查有关情况、收集有关证据时,拒绝提供的,由其所在单位或者上级主管部门予以处分,或者由国家安全机关处十五日以下行政拘留;构成犯罪的,依法追究刑事责任。

第三十条 以暴力、威胁方法阻碍国家安全机关依法执行任务的,依法追究刑事责任。

故意阻碍国家安全机关依法执行任务,未使用暴力、威胁方法,造成严重后果的,依法追究刑事责任;情节较轻的,由国家安全机关处十五日以下行政拘留。

第三十一条 泄露有关反间谍工作的国家秘密的,由国家安全机关处十五日以下行政拘留;构成犯罪的,依法追究刑事责任。

第三十二条 对非法持有属于国家秘密的文件、资料和其他物品的,以及非法持有、使用专用间谍器材的,国家安全机关可以依法对其人身、物品、住处和其他有关的地方进行搜查;对其非法持有的属于国家秘密的文件、资料和其他物品,以及非法持有、使用的专用间谍器材予以没收。非法持有属于国家秘密的文件、资料和其他物品,构成犯罪的,依法追究刑事责任;尚不构成犯罪的,由国家安全机关予以警告或者处十五日以下行政拘留。

第三十三条 隐藏、转移、变卖、损毁国家安全机关依法查封、扣押、冻结的财物的,或者明知是间谍活动的涉案财物而窝藏、转移、收购、代为销售或者以其他方法掩饰、隐瞒的,由国家安全机关追回。构成犯罪的,依法追究刑事责任。

第三十四条 境外人员违反本法的,可以限期离境或者驱逐出境。

第三十五条 当事人对行政处罚决定、行政强制措施决定不服的,可以自接到决定书之日起六十日内,向作出决定的上一级机关申请复议;对复议决定不服的,可以自接到复议决定书之日起十五日内向人民法院提起诉讼。

第三十六条 国家安全机关对依照本法查封、扣押、冻结的财物,应当妥善保管,并按照下列情形分别处理:

(一)涉嫌犯罪的,依照刑事诉讼法的规定处理;

(二)尚不构成犯罪,有违法事实的,对依法应当没收的予以没收,依法应当销毁的予以销毁;

(三)没有违法事实的,或者与案件无关的,应当解除查封、扣押、冻结,并及时返还相关财物;造成损失的,应当依法赔偿。

国家安全机关没收的财物,一律上缴国库。

第三十七条 国家安全机关工作人员滥用职权、玩忽职守、徇私舞弊,构成犯罪的,或者有非法拘禁、刑讯逼供、暴力取证、违反规定泄露国家秘密、商业秘密和个人隐私等行为,构成犯罪的,依法追究刑事责任。

第五章　附　　则

第三十八条　本法所称间谍行为，是指下列行为：

（一）间谍组织及其代理人实施或者指使、资助他人实施，或者境内外机构、组织、个人与其相勾结实施的危害中华人民共和国国家安全的活动；

（二）参加间谍组织或者接受间谍组织及其代理人的任务的；

（三）间谍组织及其代理人以外的其他境外机构、组织、个人实施或者指使、资助他人实施，或者境内机构、组织、个人与其相勾结实施的窃取、刺探、收买或者非法提供国家秘密或者情报，或者策动、引诱、收买国家工作人员叛变的活动；

（四）为敌人指示攻击目标的；

（五）进行其他间谍活动的。

第三十九条　国家安全机关、公安机关依照法律、行政法规和国家有关规定，履行防范、制止和惩治间谍行为以外的其他危害国家安全行为的职责，适用本法的有关规定。

第四十条　本法自公布之日起施行。1993 年 2 月 22 日第七届全国人民代表大会常务委员会第三十次会议通过的《中华人民共和国国家安全法》同时废止。

第二部分

贪污贿赂罪

指导案例

[第959号]宋涛非国家工作人员受贿案

——如何认定国有控股企业中一般中层管理干部的国家工作人员身份

【关键词】 非国家工作人员 受贿 国有控股企业

一、基本案情

被告人宋涛,男,1970年10月3日出生,系上海国际港务(集团)股份有限公司(以下简称上港集团)生产业务部生产调度室经理。2012年11月14日因涉嫌犯受贿罪被逮捕。

上海市虹口区人民检察院以被告人宋涛犯受贿罪,向虹口区人民法院提起公诉。

被告人宋涛及其辩护人对指控的犯罪事实、证据均无异议。但同时宋涛否认自己属于国家工作人员。宋涛的辩护人基于以下理由提请法庭对宋涛从宽处罚并适用缓刑:宋涛从事一般业务管理活动,不属于代表国家出资企业中负有管理、监督国有资产职责的组织从事公务的人员,不构成受贿罪的主体;宋涛系初犯,并在家属的帮助下退缴了全部赃款。

上海市虹口区人民法院经公开审理查明:

2009年年底至2012年8月,被告人宋涛在担任上港集团生产业务部生产调度室副经理、经理期间,利用负责上港集团下属港区码头货物装卸、船舶到港、浮吊作业计划、分配、调度和管理等职务便利,先后多次收受上海铨兴物流有限公司负责人丁华给予的价值人民币(以下币种同)1.5万元的联华OK消费积点卡及LV皮包1只,收受上海顶晟国际货物运输代理有限公司负责人陈立军给予的现金20余万元。上述收受的消费积点卡、贿赂款共计价值21.5万余元,均被宋用于个人消费。

2012年10月30日,宋涛在上港集团监管部门找其谈话期间,主动供述收受OK消费积点卡及LV包的事实。后在检察机关调查期间,又主动供述收受20余万元现金的事实。在法院审判阶段,宋涛在家属的帮助下退缴了全部赃款。

另查明,上港集团于2005年改制为国有控股、中外合资的股份有限公司,并于2006年10月在上海市证券交易所上市。上港集团的高层领导,列入上级领导部门管理范围;集团总部部门领导的任命,由集团人事组织部根据相关规定,向集团领导部门提出任用人选,经集团领导部门扩大会议讨论同意,然后发文任命。同时,按照上港集团的公司章程,公司员工的聘用和解聘,由公司总裁决定。宋涛在上港集团生产业务部下设的生产调度室从主管到担任副经理、经理的职务变动,均由其上级部门领导个人提出聘任意见,由人事组织部审核后,由公司总裁在总部机关职工岗位变动审批表上签署同意意见即成,无须经过人事组织部提名、领导部门扩大会议讨论决定的程序。

上海市虹口区人民法院认为,被告人宋涛身为上港集团公司工作人员,利用职务便利,非法收受他人财物,为他人谋取利益,数额巨大,其行为构成非国家工作人员受贿罪。上海市虹口区人民检察院指控宋涛犯罪的事实清楚,但是指控的罪名不当,应予纠正。宋涛具有自首情节,且在家属帮助下退缴全部赃款,确有悔罪表现,可以减轻处罚并适用缓刑。关于宋涛提出的非国家工作人员的辩解及其辩护人提出的宋涛不构成受贿罪、请求从宽处罚并适用缓刑的辩护意见,有事实及法律依据,应予采纳。据此,依照《中华人民共和国刑法》第一百六十三条第一款,第六十七条第一款,第七十二条第一款、第三款,第六十四条之规定,上海市虹口区人民法院以被告人宋涛犯非国家工作人员受贿罪,判处有期徒刑三年,缓刑四年,并处没收财产人民币三万元;退缴的赃款予以没收。

一审宣判后,被告人宋涛未提起上诉,检察机关亦未抗诉,该判决已发生法律效力。

二、主要问题

如何认定国有控股企业中一般中层管理干部的国家工作人员身份?

三、裁判理由

本案中,上港集团前身为全国有公司,后经改制为国有控股公司。被告人宋涛利用在上港集团担任相应职务的便利,非法收受他人财物,为他人谋取利益,数额巨大,是构成受贿罪还是构成非国家工作人员受贿罪,关键在于其是否具有国家工作人员的身份。

最高人民法院、最高人民检察院2010年12月联合出台的《关于办理国家出资企业中职务犯罪案件具体应用法律若干问题的意见》(以下简称《意见》)除了对传统委派内容和形式进行了细化规定以及对双重身份人员进行解释之外,首次将"代表人员"纳入国家工作人员范畴。根据《意见》第六条第二款的规定,经国家出资企业中负有管理、监督国有资产职责的组织批准或者研究决定,代表其在国有控股、参股公司及其分支机构中从事组织、领导、监督、经营、管理工作的人员,应当认定为国家工作人员。据此,判断被告人宋涛是否具有国家工作人员身份,可以从以下两个方面展开分析:

(一)形式要件:经国家出资企业中负有管理、监督国有资产职责的组织批准或者研究决定

根据《意见》第六条的规定,除受国家机关、国有公司、企业、事业单位委派外,在国有控股、参股公司等国家出资企业中,国家工作人员的认定,需具备负有管理、监督国有资产职责的组织批准或者研究决定的形式要件。对这里的"组织"如何理解,实践中存在不同认识。有观点认为,这里的"组织"不仅包括国家出资企业中的领导部门与联席会,还包括公司股东会、董事会、监事会。这种观点值得商榷。国有控股、参股公司的股东会、董事会、监事会是整个公司的管理、决策和执行机构,代表了包括非国有资产在内的全公司的利益,而非单纯的管理、监督国有资产的组织。《意见》第六条已对刑法的规定有了突破,对其理解应当从严把握,否则将导致国家工作人员认定的宽泛化。我们认为,"负有管理、监督国有资产职责的组织"一般是指上级或者本级国家出资企业领导部门和联席会议。根据有关组织原则,改制后的国家出资企业一般仍设有领导部门,并由本级或者上级领导部门决定人事任免。由其任命并代表其从事公务的人员,应当认定为国家工作人员。而国家出资公司的股东会、董事会、监事会,包括公司的人事组织部门,均不是适格的任命主体。

上港集团中,集团总部部门领导的任命,由集团组织人事部根据相关规定,向集团领导部门提出任用人选,经集团领导部门联席会扩大会议讨论同意,然后发文任命。简言之,该集团中国家工作人员的任命具有人事组织部门提名、领导部门联席会讨论同意这一重要形式。而被告人宋涛在上港集团生产业务部下设的生产调度室从主管到担任副经理、经理的变动,均由其上级部门领导提出聘任意见,由公司人事组织部审核后,由总裁最终批准和决定,而无须经过人事组织部提名、领导部门联席会扩大会议讨论决定的程序。前述股东会、董事会、监事会等都不是负有管理、监督国有资产职责的组织,总裁更不能认定为上述组织,其对宋涛的任命是基于其代表股

份公司行使的总裁职权，而非代表负有管理、监督国有资产职责的组织行使职权。因此，就宋涛而言，其职务的任命并不具有“经国家出资企业中负有管理、监督国有资产职责的组织批准或者研究决定”的形式要件。

（二）实质要件：代表负有管理、监督国有资产职责的组织在国有控股、参股公司及其分支机构中从事组织、领导、监督、经营、管理工作

在对国有控股、参股公司中国家工作人员身份进行认定时，除了需要审查行为人的任命程序，还需要着重核实其所从事的工作性质，看其是否“代表负有管理、监督国有资产职责的组织”，从事“组织、领导、监督、经营、管理工作”。可见，从实质层面而言，将国家出资企业中的“代表人员”认定为国家工作人员，还要求其所从事的工作同时具备以下两大特征：(1)代表性。作为授权方的负有管理、监督国有资产职责的组织，与作为被授权方的国家工作人员，通过批准、研究决定等方式，产生一种委托法律关系。换言之，在国家出资企业中，国家工作人员系代表国有资产的监督、管理组织从事工作，这种代表性是认定国家工作人员身份的首要特征。(2)公务性。在实践认定中，要注意考察公务与职权的关联性。公务首先是管理性的事务，而不是一般的技术性、业务性的活动，与劳务相比其具有明显的管理属性。值得注意的是，在国家出资企业中，公务有公司性的公务和国家性的公务之分，前者是代表公司整体利益的行为，而后者仅是代表国有资产的监督、管理组织进行管理的行为。

实践中，一般做法是，行为人的身份如果符合形式要件，即经国家出资企业中负有管理、监督国有资产职责的组织批准或者研究决定，即使从事的是公司性的公务，也应以国家工作人员从事公务论。因为在国家出资企业中，国家性的公务必然包含在公司性的公务中。比较难处理的是，如果行为人的身份不符合形式要件，但从事本质上属于国家性的公务，是否以国家工作人员从事公务论。我们认为，这种情况较少，如果出现，原则上也应以国家工作人员从事公务论。刑事实体法，对犯罪概念的界定更强调实质原则。强调这一原则的主要考虑是为了防止行为人规避法律。如果行为人实质从事国有资产的监督、管理，仅因为缺少形式要件或者故意使形式要件不成就，就不以国家工作人员从事公务论，则必然助长国家出资企业中的犯罪之风，不利于国有资产的保护。本案中，被告人宋涛的任职，由公司总裁批准任命，但公司总裁行使的批准权，主要体现其代表股份公司行使职权，而非代表国有资产监督、管理部门行使管理职权。因此，宋涛不符合国家工作人员身份认定的一般形式要件特征。宋涛负责上港集团下属港区码头货物装卸、船舶到港、浮吊作业计划、分配、调度和管理，系经股份公司授权代表股份公司利益从事相关活动，具有一定管理属性的工作岗位，属于公司性的公务活动，但不属于专门从事国有资产监督、管理的活动，即不属于国家性的公务。

综上，本案被告人宋涛其职权的变动并未经负有管理、监督国有资产职责的组织批准或者研究决定，其所从事的工作也并非代表上述组织在国家出资企业中从事公务，因此不能认定其为国家工作人员。宋涛利用其负责上港集团下属港区码头货物装卸、船舶到港、浮吊作业计划、分配、调度和管理等职务之便，为他人谋取利益，收受他人贿赂的行为，应当以非国家工作人员受贿罪论处。

（撰稿：上海市虹口区人民法院　张金伟　葛立刚
审编：最高人民法院刑二庭　叶晓颖）

[第960号]高世银非国家工作人员受贿案
——村民委员会主任在村自行修建道路中收受他人贿赂的，如何定性

【关键词】 非国家工作人员 受贿 村民委员会 修建道路

一、基本案情

被告人高世银，男，1955年10月4日出生，原系綦江县永新镇长田村村民委员会主任。2010年10月30日因涉嫌犯受贿罪被逮捕。

重庆市綦江县人民检察院以被告人高世银犯受贿罪，向綦江县人民法院提起公诉。

被告人高世银对指控的事实及罪名无异议，但辩解其系在投案途中被侦查机关抓获，并如实供述了自己的罪行，具有自首情节，提请法庭对其从轻处罚。其辩护人提出，高世银检举他人犯罪，且积极退赃，提请法庭对其从轻或者减轻处罚。

綦江县人民法院经公开审理查明：

2007年12月，綦江县公路建设指挥部规定村级公路建设项目由镇政府组织实施，后又明确村级公路可由村民委员会在镇政府监督指导下自建，县财政对每公里补贴人民币（以下币种同）30万元，不足部分由镇、村自筹。2009年3月，綦江县永新镇镇政府规定，新改建村级公路由各村组织施工，镇政府每公里追加补贴4万元。镇政府为此成立领导小组，负责组织全镇公路建设项目的申报、规划、招投标和组织实施，同时要求各村成立相应领导机构，由村党支部书记任组长、村委会主任任副组长，负责本村公路建设管理协调和公路筹资投劳等工作。

2009年5月，重庆市綦江县永新镇长田村村民委员会召集村民代表会议，决定通过自筹资金、社会募捐和政府补贴，硬化该村“柑木”公路。同年6月5日，时任长田村村民委员会主任的被告人高世银以村民委员会的名义，书面承诺将该工程交给兰文仕承包，兰文仕遂向冯鹰、王斌收取项目转让费20余万元，并于次日给予高世银好处费6万元。同月12日，高世银以长田村村民委员会的名义，与冯鹰、王斌挂靠的重庆斌鑫建筑工程有限公司签订施工合同。但镇政府认为该合同违反签订程序，遂将该工程交给吴某承包。后高世银等人与吴某协商，吴某将工程转让给冯鹰、王斌等。一审期间，高世银退回赃款6万元。此外，高世银在关押期间检举他人非法持有枪支，经查证属实。

綦江县人民法院认为，被告人高世银担任綦江县永新镇长田村村民委员会主任期间，在修建本村公路的村内事务活动中，利用职务之便，非法收受他人6万元，为他人谋取利益，其行为构成非国家工作人员受贿罪。高世银系在接到通知到镇政府后被带至侦查机关，又系在法制教育后才供认罪行，故不构成自首。综合高世银犯罪情节和立功、退赃情节，可以对其从轻处罚。据此，依照《中华人民共和国刑法》第一百六十三条、第六十四条、第六十八条之规定，綦江县人民法院以被告人高世银犯非国家工作人员受贿罪，判处有期徒刑一年二个月。

宣判后，被告人高世银未提起上诉，检察机关亦未抗诉，该判决已发生法律效力。

二、主要问题

村民委员会主任在村自行修建道路中收受他人贿赂的，如何定性？

三、裁判理由

本案在审理过程中，对被告人高世银的行为如何定性形成两种意见：一种意见认为，“柑木”

公路硬化工程是有关政府部门依据国家机关的行政管理职能组织实施的，是“政府工程”，不属于公路所在村村内事务。高世银作为长田村村民委员会主任，协助永新镇政府监督、管理和组织实施工程的相关活动，应当以国家工作人员论。另一种意见认为，该工程系在村农民集体土地上进行的公共建设项目，县、镇政府虽然有经费补贴，但该工程建设仍属村民自治范畴的行为，而非政府行为。高世银组织实施“柑木”公路硬化工程，是具体履行村民委员会对村集体事务的自我管理、自我服务职责，不属于“其他依照法律从事公务的人员”。

我们赞同后一种意见。具体理由如下：

（一）经村民代表会议决定，在村集体土地上自行修建道路，属于村民自治范围内的事务

“柑木”公路硬化工程所占土地的性质为农民集体所有土地，而非国有土地。根据《土地管理法》第十条的规定，“农民集体所有的土地依法属于村农民集体所有的，由村集体经济组织或者村民委员会经营、管理”。第八条第二款规定，“农村和城市郊区的土地，除由法律规定属于国家所有的以外，属于农民集体所有”。而国土资源部对在集体所有的土地上修建并管理的道路的权属则作了进一步明确。国土资源部印发的《确定土地所有权和使用权的若干规定》第二十二条规定：“乡（镇）或村在集体所有的土地上修建并管理的道路、水利设施用地，分别属于乡（镇）或村农民集体所有。”据此，各级政府在农民集体土地上修建道路等公共设施，只有经法定程序，将农民集体土地转为建设用地，并按标准给予补偿后，才能把农民集体土地转为国有建设用地。本案中，綦江县建设乡村道路，并不是将农村集体土地转为国有建设用地后由有关政府部门组织建设，而是由政府补贴部分资金，在不改变土地性质的前提下，由各村自行修建并负责给予农户相应补偿。所以，綦江县、永新镇两级政府虽然给予了相应的资金补贴，并规定镇政府负责工程的组织实施，以及镇政府或者镇政府指导下的村民委员会为道路建设的责任主体，但均未改变“柑木”公路所占土地的性质为村集体土地。

“柑木”公路硬化工程属于长田村村民自治范围内的事务，建设主体为长田村及村民委员会。关于村民委员会的主体性质、工作职能，《村民委员会组织法》作了十分明确的规定。《村民委员会组织法》第二条规定：“村民委员会是村民自我管理、自我教育、自我服务的基层群众性自治组织，实行民主选举、民主决策、民主管理、民主监督。村民委员会办理本村的公共事务和公益事业，调解民间纠纷，协助维护社会治安，向人民政府反映村民的意见、要求和提出建议。”第八条规定：“村民委员会依照法律规定，管理本村属于村农民集体所有的土地和其他财产，引导村民合理利用自然资源，保护和改善生态环境。”本案中，“柑木”公路硬化工程，系在村农民集体土地上建设的公共项目，系村民自治范围内的事务，永新镇政府赋予镇公路建设领导小组对全镇公路建设项目的申报、规划、招投标和组织实施的权力，不及于“柑木”公路硬化工程。长田村村民代表会议依法有权决定硬化“柑木”公路，村民委员会具体执行村民代表会议的决定，是合法的修路主体。

（二）被告人高世银不属于“其他依照法律从事公务的人员，以国家工作人员论”的情形

从立法沿革和相关规范性文件的规定来看，村民委员会等村基层组织人员从事村民自治范围内的活动不属于“其他依照法律从事公务的人员”。(1)全国人大常委会法制工作委员会向全国人大常委会所作的《关于〈中华人民共和国刑法〉第九十三条第二款的解释（草案）》的说明中，建议全国人大常委会把《刑法》九十三条第二款解释为“农村村民委员会等基层组织依法……从事村公共事务的管理工作属于依法从事公务，应以国家工作人员论”。但全国人大常委会最终删除了“从事村公共事务的管理工作”，改为“协助人民政府从事下列行政管理工作”。(2)《最高人民检察院关于贯彻执行〈全国人民代表大会常务委员会关于《中华人民共和国刑法》第九十三条

第二款的解释〉的通知》明确指出:“对村民委员会等村基层组织人员从事属于村民自治范围的经营、管理活动不能适用《解释》的规定。”根据上述法律及文件规定,高世银组织、实施“柑木”公路硬化工程建设,属于从事村民自治范围内的事务,不能“以国家工作人员论”。

同时,依据綦江县、永新镇两级政府的相关规定,虽然高世银有协助政府从事指导工程建设及监管政府补贴资金等行政管理工作的责任,但是高世银未利用这种便利,而是利用其代表长田村村民委员会组织、实施“柑木”公路硬化工程建设具有的便利条件收受贿赂,被告人实施犯罪与协助政府工作无关。

综上,只有依法把村农民集体土地转为国有土地,在该土地上修建道路等公共设施才属于公务活动,系“政府工程”。反之,相关建设活动仍然属于村民自治范围内的事务,建设主体为村集体经济组织或者村民委员会。从事村民自治范围经营、管理活动的村民委员会人员,不属于其他依照法律从事公务的人员。如果该类人员利用上述便利条件,非法收受他人财物,为他人谋取利益构成犯罪的,应当以非国家工作人员受贿罪追究刑事责任。

（撰稿:重庆市第五中级人民法院　林　杰
重庆市綦江县人民法院　李春梅
最高人民法院刑一庭　耿　磊
审编:最高人民法院刑一庭　翟　超）

[第974号]章国钧受贿案

——如何认定国家出资企业中的国家工作人员

【关键词】 国家出资企业　受贿　自首　职务

一、基本案情

被告人章国钧,男,1977年1月3日出生,大学文化,原系交通银行股份有限公司湖州新天地支行行长助理。2012年9月17日因涉嫌犯受贿罪被逮捕。

浙江省湖州市吴兴区人民检察院以被告人章国钧犯受贿罪,向吴兴区人民法院提起公诉。

被告人章国钧基于以下理由请求对其从轻处罚,并适用缓刑:其是在公安机关仅掌握其收受礼金问题的情况下,主动交代受贿事实,系自首;其案发前已退还赃款。其辩护人辩称:被告人章国钧不属于国家工作人员,不构成受贿罪;章国钧有自首情节。

湖州市吴兴区人民法院经公开审理查明:

交通银行股份有限公司(以下简称交通银行)是国有参股的股份制银行。2003年7月至2012年2月26日,被告人章国钧系交通银行湖州分行的合同制职工。经交通银行湖州分行党委研究决定,2008年8月至2011年3月,章国钧担任交通银行湖州新天地支行公司(以下简称新天地支行)的业务管理经理。2011年3月至2012年2月,章国钧担任新天地支行行长助理,主要负责公司类客户的营销和日常管理工作,及公司客户经理队伍的日常管理。2011年2月至9月,章国钧利用担任新天地支行业务管理经理、行长助理职务上的便利,为李金星谋取利益,先后多次非法收受李金星贿送的现金,共计约人民币(以下未特别注明的均为人民币)49 200元。具体分述如下:

1. 2011年2月至3月，章国钧利用职务之便，收受李金星为求得并感谢章国钧在交通银行办理贷款业务中的关照而贿送的20 000元。

2. 2011年5月，章国钧利用职务之便，收受李金星出于上述同一事由而贿送的10 000元。

3. 2011年9月中秋节前后，章国钧利用职务之便，收受李金星出于上述同一事由而贿送的美金3 000元。后于同年9月17日将美金兑换成人民币。

2011年9月28日，新天地支行出现因客户企业资金链断裂而无法返还贷款的情况，该行随即安排贷款负责人员和信贷员至各放贷企业跟踪了解情况。章国钧在掌握了李金星所在的浙江金贸竹木家具有限公司出现资金周转困难后，害怕无法及时收回该企业贷款被追责，以及害怕自己收受贿赂的事实败露，于2011年11月20日从银行取款后，由其妻子向浙江金贸竹木家具有限公司账户汇款50 000元。案发后，章国钧向湖州市吴兴区人民检察院退出全部赃款。

湖州市吴兴区人民法院认为，被告人章国钧身为国家工作人员，利用职务上的便利，非法收受他人财物，为他人谋取利益，其行为构成受贿罪。公诉机关指控的罪名成立，依法应予惩处。章国钧到案后，能如实供述犯罪事实，且当庭认罪，依法可以从轻处罚。章国钧已退缴全部赃款，酌情可以从轻处罚。据此，依照《中华人民共和国刑法》第三百八十五条第一款、第三百八十六条、第三百八十三条第一款第三项、第九十三条第二款、第六十七条第三款、第六十四条之规定，吴兴区人民法院以被告人章国钧犯受贿罪，判处有期徒刑二年六个月。扣押在案的赃款，予以追缴，上缴国库。

一审宣判后，被告人章国钧未提出上诉，公诉机关亦未抗诉，该判决已发生法律效力。

二、主要问题

如何认定国家出资企业中的国家工作人员？

三、裁判理由

本案在审理过程中，对被告人章国钧的行为定性，存在两种不同意见。

一种意见认为，章国钧的行为构成非国家工作人员受贿罪。根据刑法第九十三条、2001年《最高人民法院关于在国有资本控股、参股的股份有限公司中从事管理工作的人员利用职务便利非法占有本公司财物如何定罪问题的批复》（以下简称《批复》），以及2005年《最高人民法院关于如何认定国有控股、参股股份有限公司中的国有公司、企业人员的解释》（以下简称《解释》）的规定，交通银行系国有资本参股的股份有限公司，不属于国有公司，而且章国钧与交通银行湖州分行签订的是聘用合同，二者之间系劳动合同关系，章国钧既不属于国家机关中从事公务的人员，亦不属于受委派的人员，不能认定为国家工作人员。章国钧利用职务之便收受他人财物，为他人谋取利益的行为，构成非国家工作人员受贿罪。

另一种意见认为，章国钧的行为构成受贿罪。2010年《最高人民法院、最高人民检察院关于办理国家出资企业中职务犯罪案件具体应用法律若干问题的意见》（以下简称《意见》）规定：“经国家出资企业中负有管理、监督国有资产职责的组织批准或者研究决定，代表其在国有控股、参股公司及其分支机构中从事组织、领导、监督、经营、管理工作的人员，应当认定为国家工作人员。”章国钧经交通银行湖州分行党委研究决定，先后担任新天地支行的业务管理经理、行长助理的职务，其工作内容主要是通过对贷款客户的调查、贷款的申报，以及贷款发放后的监控与实地查访，对国有财产进行监督、经营、管理。被告人章国钧属于国家工作人员，其利用职务之便，收受他人财物，为他人谋取利益的行为，构成受贿罪。

我们赞同后一种意见，理由如下：

（一）《意见》出台前相关法律、规范文件对“国有公司、企业”“国家工作人员”的界定以及《意见》的出台背景

《意见》出台前，对“国家工作人员”进行认定的主要依据有刑法第九十三条以及《批复》《解释》的相关规定。刑法第九十三条明确规定国家工作人员包括两类：一类是国家机关中从事公务的人员，另一类是国有公司、企业、事业单位、人民团体中从事公务的人员和国家机关、国有公司、企业、事业单位委派到非国有公司、企业、事业单位、社会团体中从事公务的人员。但是，该条规定对于“国有公司、企业”是否仅指“国有独资公司、企业”并未明确。为此，《批复》和《解释》对“国家工作人员”以及“国有公司、企业”的范围作了进一步明确的界定，《批复》规定：“在国有资本控股、参股的股份有限公司中从事管理工作的人员，除受国家机关、国有公司、企业、事业单位委派从事公务的以外，不属于国家工作人员。”《解释》规定：“国有公司、企业委派到国有控股、参股公司从事公务的人员，以国有公司、企业人员论。”

近年来，随着我国国有企业改制的不断推进，国有资本控股、参股的公司逐步成为公有制经济的主要实现形式。为惩治国家出资企业中的职务犯罪活动，维护国有资产的安全，最高人民法院、最高人民检察院于2010年11月26日联合下发了《意见》。该意见就国有企业改制和国家出资企业这一特定领域中的职务犯罪案件的法律适用问题作出了规定，界定了“国家出资企业”和“国家出资企业中国家工作人员”的范围，将部分“间接委派”人员有条件地纳入“国家工作人员”的范畴。

（二）《意见》对“国家出资企业”和“国家出资企业中国家工作人员”的界定

《意见》规定：“本意见所称‘国家出资企业’，包括国家出资的国有独资公司、国有独资企业，以及国有资本控股公司、国有资本参股公司。是否属于国家出资企业不清楚的，应遵循‘谁投资、谁拥有产权’的原则进行界定。企业注册登记中的资金来源与实际出资不符的，应根据实际出资情况确定企业的性质。企业实际出资情况不清楚的，可以综合工商注册、分配形式、经营管理等因素确定企业的性质。”根据上述规定，无论是国家直接投资还是间接投资，只要企业中含有国有资本的成分，不论国有资本所占份额的大小，均应认定为国家出资企业，不能仅将国家直接投资的企业认定为国家出资企业。司法实践中，有观点认为，如果将国家出资企业的范围扩大，将会导致国家工作人员的范围扩大。对于这种观点，我们认为，国家出资企业的认定与国家工作人员的认定是两个层面的问题，国家出资企业概念的扩大并不必然导致对国家工作人员打击范围的扩大。因为，国家出资企业的认定仅为国家工作人员的认定提供一定的基础条件，不能当然认为只要是国家出资企业的工作人员就一定是国家工作人员，认定是否国家工作人员，关键要看该企业人员从事的工作是否具有公务的性质，不能仅以国有资本所占比例大小作为认定国家工作人员的标准。

《意见》将国家出资企业中的国家工作人员分为两种类型：一种是“经国家机关、国有公司、企业、事业单位提名、推荐、任命、批准等，在国有控股、参股公司及其分支机构中从事公务的人员。具体的任命机构和程序，不影响国家工作人员的认定”。此种类型与刑法第九十三条第二款的规定是一致的，司法实践中出现的频率较高，易于认定。另一种是“经国家出资企业中负有管理、监督国有资产职责的组织批准或者研究决定，代表其在国有控股、参股公司及其分支机构中从事组织、领导、监督、经营、管理工作的人员”。此种类型对委派主体作了适度地扩张解释，又称为“间接委派”，在认定时需要从严把握两个方面的问题：一是对于“负有管理、监督国有资产职责的组织”的界定；二是对于“组织、领导、监督、经营、管理工作”的理解，不能肆意扩大国家工作人员的范围。

首先,“负有管理、监督国有资产职责的组织”如何界定。根据《意见》的精神,这里所谓的“组织”,除国家资产监督管理机构、国有公司、企业、事业单位外,主要是指上级或者本级国家出资企业内部的党委、党政联席会。因为,根据党管干部的组织原则,国家出资企业中一般设有党委,以国家出资企业中负有管理、监督国有资产职责的组织作为委派主体,既反映了当前国家出资企业的经营管理实际,又体现了从事公务活动这一认定国家工作人员的实质要求,可以保证认定范围的正当性、确定性和内敛性。

其次,“代表其从事组织、领导、监督、经营、管理工作”如何理解。在认定国家工作人员身份时,不仅要审查“党委任命”这一形式要件,还要审查行为人是否具有“代表性”,以及所从事工作的性质是否属于“从事公务”这两个实质要件。一方面,行为人必须对任命其的组织具有一定的“代表性”,行为人虽经有关组织研究决定任命,但是如果该任职与委派组织没有必然的联系,行为人对委派组织亦无职责义务关系的,则不应认定为国家工作人员。另一方面,行为人必须要在国家出资企业中“从事公务”。关于“从事公务”如何理解,2003 年《全国法院审理经济犯罪案件工作座谈会纪要》(以下简称《纪要》)明确规定:“从事公务,是指代表国家机关、国有公司、企业事业单位、人民团体等履行组织、领导、监督、管理等职责。公务主要表现为与职权相联系的公共事务以及监督、管理国有财产的职务活动。如国家机关工作人员依法履行职责,国有公司的董事、经理、监事、会计、出纳人员等管理、监督国有财产等活动,属于从事公务。那些不具备职权内容的劳务活动、技术服务工作,如售货员、售票员等所从事的工作,一般不认为是公务。”《纪要》的规定将公务与劳务区别开来,更加有针对性地强调公务与职权的关联性,突出公务的管理性特征。一般认为,在国家出资企业中,中层以上的管理人员可以被视为代表管理、监督国有资产职责的组织从事公务,中层以下的管理人员如果主要从事事务性、技术性、业务性等方面的工作,则一般不宜认定为从事公务。

(三)被告人章国钧属于国家工作人员,其利用职务之便,非法收受他人财物,为他人谋取利益的行为构成受贿罪

首先,交通银行属于“国家出资企业”。交通银行章程显示,交通银行的股本结构中,中华人民共和国财政部作为发起人持有 26.5% 的股份,因财政部所持有的股份来源为国有资产,故交通银行属于国有资本参股公司。根据《意见》的规定,国有资本参股公司属于国家出资企业的一种,故交通银行属于国家出资企业。

其次,章国钧属于“国家出资企业中的国家工作人员”。第一,章国钧受交通银行湖州分行党委任命。根据《交通银行浙江省分行辖属分行党委工作规则》的规定,交通银行湖州分行党委负责“研究决定干部管理权限内及其后备干部的选拔、培养、任免、考核、调配、各类奖惩等事项”,以及“研究决定本单位授权职能部门以上的重大资产、服务和业务合作项目等方面的资金和财务支出安排”等有关人事、财物方面的工作,从该行党委的职能来看,该行党委系该行“负有管理、监督国有资产职责的组织”,而且,根据该行党委组织部出具的情况说明,该行干部的任免均由该行党委研究决定后下文公布。章国钧自 2008 年 8 月至 2011 年 3 月担任新天地支行业务管理经理(副科级),自 2011 年 3 月至 2012 年 2 月担任新天地支行行长助理,其职务任免均由交通银行湖州分行党委研究决定,委派主体符合《意见》的规定,章国钧系代表交通银行湖州分行党委从事对国有资产的监督、经营、管理,对于委派主体来说,其具有“代表性”。第二,章国钧代表交通银行湖州分行党委从事公务。实践中,国家出资企业中的受委派人员本质上往往存在两种身份的融合,即国家工作人员身份和公司管理人员身份,身份的融合也随之导致工作性质的融合,换言之,受委派人员在国家出资企业中不仅要从事最本质的公务性工作,也要从事一般的事务性工作。本案

中，章国钧作为新天地支行的业务管理经理和行长助理，其工作职责可以分为两部分：一部分是对客户经理的日常考核和管理，以及协助行长从事一般的管理工作，该部分工作可以理解为是一般的事务性工作。而另一部分则是其工作的重点，即对贷款的审查和监管，通过对贷款客户进行评估和初审等贷前审查，确定贷款客户的经济状况和信誉度，再将贷款申报到授信部和审贷会进行最终的贷款审批。章国钧在供述中也提到，通常情况下，只要贷款客户能够通过其负责的贷前审查，基本上都是可以通过贷款审批取得贷款的，而如果贷款客户经济状况较差，其也会在调查报告中帮助企业作出相应的调整，使企业能够贷到款，行贿人之所以送予其财物主要是为了得到其的关照和帮助，能够顺利取得贷款。章国钧在贷款客户的贷款审批通过之后，再根据贷款通知书具体和企业进行放贷操作，并在贷款发放后，通过对贷款的贷后监控与实地查访，考察贷款客户的经济状况是否正常稳定，以确保国有资产的保值增值。章国钧对贷款审查和监管的工作职责属于对国有资产的管理、监督，属于"从事公务"，系代表委派组织从事监督、经营、管理工作，符合国家工作人员的本质要求。

综上，被告人章国钧身为国家工作人员，利用职务上的便利，非法收受他人财物，为他人谋取利益，其行为构成受贿罪。

（撰稿：浙江省湖州市中级人民法院　赵　芳　陈克娥
审编：最高人民法院刑四庭　陆建红）

[第975号]胡伟富受贿案

——如何区分国家工作人员以优惠价格购买商品房与以交易形式收受贿赂

【关键词】　国家工作人员　商品房　受贿　交易

一、基本案情

被告人胡伟富，男，1967年12月25日出生，原系浙江省常山县城市规划管理所原所长。2010年6月23日因涉嫌犯受贿罪被逮捕。

浙江省常山县人民检察院以被告人胡伟富犯受贿罪，向常山县人民法院提起公诉。

浙江省常山县人民法院经公开审理查明：

常山县城市规划管理所为全额拨款事业单位，对常山县天马镇（即县城所在地）范围内建设项目的选址、建设用地和建设工程规划许可证的核发、建筑设计方案的审查以及工程验收、批后管理、组织综合验收、配合依法查处各类违章违法建设等方面具有职权。被告人胡伟富于1988年1月至2003年4月在常山县规划建设局规划办（后改为城市规划管理所）工作，2003年4月30日任常山县城市规划管理所副所长，2007年1月任所长。

2002年，江山市民建房地产有限公司（以下简称民建公司）在常山县天马镇东苑小区A－2地块开发商住楼。同年11月1日，胡伟富的妻子徐敏向民建公司常山县开发项目部负责人周小明预定了东苑小区26幢东单元401号商品房一套，购房联系单上载明，优惠1%后房价计人民币（以下币种同）157 155元，同日胡伟富交纳首付57 155元。2003年，胡伟富及其弟弟胡伟贵到该公司购买东苑小区26幢东单元401号、402号商品房时，胡伟富要求周小明给予优惠，周小明经与民建公司总经理姜建益商量后同意给予优惠,但考虑到查账等原因,周小明让胡伟富仍旧按市场基准价签订购房合同并付款,事后由胡伟富向公司提供一张他人名义的购货发票,再将优惠的钱以报销的形式返还给胡伟富,胡伟富表示同意。2003 年 3 月 25 日、9 月 4 日,胡伟贵和胡伟富分别以优惠 1% 的价款与公司签订了买卖合同,并付清房款,后胡伟富凭购货发票从民建公司获取现金 5 万元。民建公司针对不特定对象售楼的最高优惠幅度为 3%,胡伟富和胡伟贵实际支付给该公司房款比该公司售房的最优惠价格少 4 万余元。

2004 年,浙江晨源置业有限公司(以下简称晨源公司)在常山县天马镇开发柚香城综合大楼。2006 年 10 月,晨源公司因市场需要调高房价,并实际以 8.8 左右的折扣向社会销售。2007 年 10 月左右,晨源公司进入尾房销售,时任该公司销售主管的汪素芳以 7.3 折的优惠价购房一套,后又经公司老总的同意以 7.5 折的优惠为其父亲的朋友郑某购房一套,并从中赚取差价 3 万元。为此,公司不再支付汪素芳 2007 年的年终奖。2007 年 11 月,胡伟富的妻子徐敏(曾在该公司工作过)得知公司已经进入尾房销售,且汪素芳已经以 7.5 折的优惠购得一套房屋后,便与胡伟富商量后到晨源公司以 7.5 折的优惠价购买一套商品房。晨源公司经理缪建勋、茅建如陈述如果不考虑胡伟富的职务因素,仅考虑徐敏本身在公司做过销售,最多只能优惠到 7.9 折,与 7.5 折之间差价为 19 000 余元。

此外,胡伟富在常山县规划建设局工作及任常山县城市规划管理所副所长、所长期间,利用其职务便利收受刘国林、费小志、严东炎共计 10 万元,案发前胡伟富将该 10 万元分别退还刘国林、费小志、严东炎。胡伟富归案后,又退出赃款 10 万元。

常山县人民法院认为,被告人胡伟富身为国家工作人员,利用职务上的便利,非法收受他人财物 14 万余元,并为他人谋利,其行为构成受贿罪。胡伟富在案发前主动退赃,案发后积极退赃,依法可以从轻处罚,相关辩护意见予以采纳。据此,依照《中华人民共和国刑法》第三百八十五条第一款、第三百八十六条、第三百八十三条第一款第一项、第六十七条第三款、第六十四条之规定,常山县人民法院以受贿罪判处被告人胡伟富有期徒刑十年,并处没收财产人民币十五万元。

一审宣判后,被告人胡伟富以其在事先即与民建公司谈好优惠条件,判决书认定其从民建购房中得到的 5 万元优惠中超出 3% 优惠幅度的 4 万余元为受贿款依据不足等为由提出上诉。

衢州市中级人民法院经公开审理认为,胡伟富 2003 年 4 月任常山县城市规划管理所副所长,对在常山县开发房地产的民建公司存在职务上的监管,民建公司在售房时针对不特定对象的最高优惠幅度为 3%,胡伟富及其弟弟胡伟贵各以 1% 的优惠幅度与民建公司签订购房合同,付清房款后,胡伟富于 2003 年 10 月用其他购货发票从民建公司获取 5 万元,使其兄弟二人购房比民建公司售房的最高优惠幅度还少付房款 4 万余元,优惠幅度达总房款的 13% 以上,显然超出正常优惠幅度,民建公司负责人的证言也证实是基于胡伟富的职权考虑才给予该幅度的优惠,故对该 4 万余元应当认定为采用交易的形式收受贿赂,相关上诉理由依据不足,据此裁定,驳回上诉,维持原判。

二、主要问题

如何区分国家工作人员以优惠价格购买商品房与以交易形式收受贿赂?

三、裁判理由

本案在审理过程中,对被告人胡伟富和胡伟贵从民建公司购房比该公司针对不特定对象售房时最优惠价格还优惠的 4 万余元和胡伟富从晨源公司以 7.5 折购买的一套商品房中优惠的 19 000余元房款是否属于受贿性质,存在三种观点:第一种观点认为,两起优惠被告人均存在以明显低于市场价购房的行为,属于国家工作人员利用职权,以交易的方式受贿,均应认定为受贿。

第二种观点认为,第一起优惠,被告人属于国家工作人员利用职权,以交易的方式受贿,第二起优惠不能认定被告人受贿。第三种观点认为,两起优惠被告人均存在真实的商品房交易行为,在交易的过程中尽可能追求低价符合购房者正常心理,是否属受贿界限难以把握,故均不宜认定为受贿。

我们同意第二种意见,理由如下:

最高人民法院、最高人民检察院2007年印发的《关于办理受贿刑事案件适用法律若干问题的意见》(以下简称《意见》)规定:国家工作人员利用职务上的便利为请托人谋取利益,以明显低于市场价格向请托人购买房屋等物品的,以受贿论处。受贿的数额按照交易时的市场价与实际支付价格的差额计算。《意见》的出台,使交易型受贿这一新类型受贿行为受到刑法的规制。然而,在市场经济条件下,优惠让利也是一种正常而普遍的销售方式,作为消费者的国家工作人员同样可以"砍价",要求得到"优惠",不能将获得正常优惠的行为认定为受贿。因此,必须严格区分交易中的正常优惠与以交易形式受贿的界限。对此,《意见》也作出了明确规定:"前款所列市场价格包括商品经营者事先设定的不针对特定人的最低优惠价格。根据商品经营者事先设定的各种优惠条件,以优惠价格购买商品的,不属于受贿。" 据此,我们认为,应当从以下两个方面来区分国家工作人员以优惠价格购买商品房与以交易形式收受贿赂:

(一)从受贿罪权钱交易的本质进行区分

交易型受贿仍然具有受贿罪权钱交易的本质特征。在交易型受贿中,从形式上看,行贿人和受贿人双方存在一般市场交易行为,以金钱和物品的对价进行支付,通常包含打折、让利等优惠,但是上述优惠并不是一般商品买卖活动中为了促销而进行的正常销售手段,而是为了通过这种优惠换取国家工作人员手中的公权力。所谓市场交易只不过是权钱交易的幌子,权钱交易才是交易型受贿的本质特征。

具体到本案中,民建公司在常山县天马镇东苑小区A-2地块开发商住楼,2002年11月1日胡伟富的妻子徐敏向民建公司预定的购房联系单上载明的优惠幅度仅为1%,胡伟富后来在其本人和弟弟购房时向民建公司提出再给予一定优惠本属正常,也符合普通购房人普遍心理。但在民建公司提出给予5万元优惠时,因其本人购房的总房款也仅为157 155元,即便加上其弟弟胡伟贵的房屋,总房款也仅为31万余元,该5万的优惠相对于房款幅度太大。对于长期与房地产企业具有业务联系,时任城市规划管理所副所长的胡伟富来说,其熟知本地的房地产市场的行情,正常购房是不可能达到如此之高的优惠幅度的,民建公司给予其这样的优惠,且提出采用在购房合同外让胡伟富用其他发票向民建公司报销的方式给予优惠,唯一的解释就是因为胡担任城市规划管理所副所长职务,对工程建设项目具有审批、验收等权利,对民建公司具有职务上的监管权力。胡伟富对此是心知肚明的,故主观上具有利用职权,采用超过正常的最大优惠幅度购房,以交易方式占有4万余元购房差价款的故意。胡伟富与民建公司商定采用先按市场基准价签订购房合同并付清房款,再向民建公司提供购货发票予以报销,最终得到了所谓的5万元"优惠",整个购房及报销发票的过程本质上具有权钱交易的特征。

相形之下,胡伟富在向晨源公司购房的过程中,是听妻子徐敏说以前工作过的晨源公司有便宜的尾房销售,且销售主管汪素芳以7.5折的价格购买了房产,同意妻子以同样折扣从晨源公司购房,其并无明显的利用职务便利在购房时寻求额外优惠的主观故意。在该起购房中胡伟富也没有实施积极的行为,以追求获得额外优惠。虽然晨源公司的缪建勋、茅建如陈述如果不考虑胡伟富的职务因素,仅考虑徐敏本身在公司做过销售,最多只能给7.9折的优惠,但这只是侦查机关事后取证,且是证人主观上如此认为。购房当时相关人员并未将此情况告诉徐敏,胡伟富更不知情,故该起购房中没有体现出明显的权钱交易特征。

（二）从“优惠价格”的本质特征进行区分

根据《意见》的规定，交易型受贿中的“市场价格”包括“事先设定的不针对特定人的优惠价格”。我们认为，应当从是否“事先设定”和“不针对特定人”两个基本方面，结合案件实际来判断国家工作人员所享受的“优惠价格”是正常市场优惠还是交易型受贿。“事先设定”是指在正常的市场优惠购房中，交易价格通常是由经营者预先设定的，事先确定折扣幅度，按照事先制定的程序进行销售和结算，而交易型受贿犯罪中的房产优惠价格往往具有较大的随机性和任意性，经营者会根据交易对象（国家工作人员）的具体情况来临时确定房产价格优惠幅度、结算方式等，因而难以事先确定优惠幅度。“不针对特定人”是指在正常的市场优惠购房中，能够以优惠条件购买房产的人是不特定的多数人，所有愿意支付相关对价的（符合相关法律政策规定的）人均可参与优惠购买房产。而在交易型受贿犯罪中，优惠房价仅针对特定的国家工作人员等个别对象，社会上的不特定多数人是不可能享受到同等优惠的。

本案中，被告人胡伟富和其弟弟胡伟贵从民建公司购买的两套房共计优惠达 5.3 万余元（包括购房合同中按 1% 优惠的部分），而从公诉机关提供的证据——其他多份购房合同来看，民建公司售房的最大优惠幅度仅为 3%，也就是说，按该公司出售给不特定对象的最低优惠价格，仅能优惠不足 1 万元。显而易见，3% 的优惠幅度是民建公司事先确定的购房最低折扣，面向不特定的人，而胡伟富所享受的优惠幅度达总房款的 13% 以上，是民建公司根据胡伟富个人身份临时确定的优惠幅度，仅针对胡伟富个人，故胡伟富在该起购房中所享受的优惠不是正常的市场优惠，而是变相收受贿赂。胡伟富、徐敏夫妇向晨源公司以 7.5 折的优惠价购买一套商品房，在胡伟富、徐敏夫妇购房前，晨源公司已向汪素芳、郑某按同等或更优惠的价格出售过房产，7.5 折的优惠属于晨源公司事先设定的优惠幅度，且不仅仅针对胡伟富个人，将胡伟富在该起购房中享受的优惠认定为正常的市场优惠购房更为准确。

综上，本案一、二审法院认定被告人胡伟富与民建公司在房产交易中得到额外优惠的 4 万余元为受贿款，不认定其在购买晨源公司房产过程中收受贿赂是正确的。采用贵重物品交易的方式收受贿赂是一种新型的受贿手段，具有隐蔽性高，不易查处等特征，但是其本质特征仍是权钱交易。实践中，对此类行为的认定，要严格按照《意见》规定的精神，准确厘清罪与非罪的界限，做到不枉不纵。

（撰稿：浙江省衢州市中级人民法院　唐海波
浙江省江山市人民法院　王行云
审编：最高人民法院刑四庭　陆建红）

[第 1016 号] 李培光贪污、挪用公款案

——如何审查认定国家出资企业中国家工作人员的身份

【关键词】　挪用公款　国家出资企业　国家工作人员　贪污罪

一、基本案情

被告人李培光，又名李建华，男，汉族，1973 年 11 月 19 日出生，原系中铁三局集团有限公司第四工程有限公司（以下简称中铁三局四公司）南广铁路 NGZQ－4 项目部一分部财务主任。

2010 年 9 月 8 日因涉嫌犯挪用公款罪被逮捕。

广西壮族自治区人民检察院南宁铁路运输分院以被告人李培光犯贪污罪和挪用公款罪,向南宁铁路运输中级法院提起公诉。

被告人李培光对公诉机关指控的事实无异议,但辩解其行为不构成贪污罪、挪用公款罪。其辩护人提出:公诉机关指控李培光犯贪污罪的事实不清,证据不足,且李培光不具备贪污罪的主体要件,不构成贪污罪;指控李培光犯挪用公款罪定性不准。

南宁铁路运输中级法院经公开审理查明:

1. 贪污事实

2009 年 5 月至 9 月间,被告人李培光利用担任中铁三局四公司南广铁路 NGZQ－4 项目部一分部财务主任的职务便利,多次到贵港市港北区国家税务局虚开收款人为林建顺、谢茂全,总金额为人民币(以下币种同)1 247 040 元的发票 4 张,在单位报账后将 1 247 040 元据为己有。具体事实如下:

(1)2009 年 5 月 8 日,李培光虚设西江农场林建顺财务科目,以林建顺名义在贵港市的工商银行开立了账号为 6222022111001738478 银行账户,制作了科目为“应付账款—应付货款—贵港市西江农场林建顺”、总金额为 561 060 元的转账凭证,并于 5 月 11 日到贵港市港北区国家税务局开具收款人为林建顺、金额为 561 060 元的发票在其单位中铁三局四公司南广铁路 NGZQ－4 项目部一分部报账,一分部财务分别于 5 月 12 日、6 月 26 日、7 月 27 日开具转账支票 361 060 元、102 000 元、98 000 元付款至工商银行账号为 6222022111001738478 的林建顺账户,李培光将虚报所得 561 060 元据为己有。

(2)2009 年 7 月至 9 月,李培光在其单位与谢茂全发生业务后,以谢茂全名义在贵港市的工商银行开立了 2111711001202144128 银行账户,随后三次到贵港市港北区国家税务局开具收款人为谢茂全、金额分别为 98 400 元、96 180 元和 491 400 元的发票三张,列入其所在单位中铁三局四公司南广铁路 NGZQ－4 项目部一分部虚设的“港城镇谢茂全”财务科目中报账。2009 年 8 月 18 日、9 月 14 日、9 月 17 日,一分部财务分别先后三次转款 98 400 元、300 000 元、287 580 元至工商银行账号为 2111711001202144128 的谢茂全账户,李培光将虚报所得 685 980 元据为己有。

李培光将虚报所得款项中的 825 000 元用于购买国债和银行定期存款,370 000 元取现后交由一分部食堂职工高进庆藏入一分部食堂的库房里。2010 年 8 月 25 日李培光因挪用公款事实被检察机关立案侦查。8 月 31 日,李培光主动向检察机关交代了检察机关未掌握的自己以林建顺、谢茂全名义到税务局代开发票报销所得款 1 247 040 元并据为己有的事实,还向南宁铁路运输检察院供述了其用虚报所得款购买国债和定期存单的藏匿地点及 370 000 元现金藏匿处。检察机关根据其供述,在其一分部宿舍及一分部食堂的库房里查获了 825 000 元国债凭证、银行定期存单及现金 370 000 元。至此,李培光共退出贪污所得 1 216 855.96 元。

2. 挪用公款事实

2010 年 3 月间,被告人李培光利用担任中铁三局四公司南广铁路 NGZQ－4 项目部一分部财务主任的职务便利,挪用公款共计 860 000 元归个人使用,进行营利活动。具体事实如下:

2009 年 10 月至 2010 年 5 月,南广铁路 NGZQ－4 项目部一分部在无真实业务发生的情况下,在贵港市港北区国家税务局港城镇分局虚开“贵港市港北区宝(伟)锋建材经营部”片石销售发票 16 张,总金额 6 354 208.30 元,套出现金 5 896 042 元。李培光利用保管上述套现款,一分部在出售商品灰、废旧材料、赔偿、罚款等收入,报销后未归还垫付人刘建球的购车款以及其他账外现金的便利,先后 3 次将其保管的账外资金 860 000 元挪用,存入账号为 606242039200354804、户名为李培光的贵港市邮政储蓄银行个人账户，用于购买银行理财产品。其中，2010 年 1 月 28 日存入 300 000 元，2 月 10 日将该款全部用于购买名称为“财富日日升”的银行理财产品；2 月 24 日存入 350 000 元，2 月 28 日将该款全部用于购买名称为“财富月月升”的银行理财产品；3 月 5 日存入 210 000 元，3 月 8 日将该款全部用于购买名称为“财富日日升”的银行理财产品。2010 年 5 月，国家审计部门对一分部财务部门进行经济审计后，李培光于 5 月 21 日赎回两笔“财富日日升”的银行理财产品，共计 510 000 元归还单位。案发后，尚有 350 000 元“财富月月升”的银行理财产品没有赎回。

2011 年 9 月 20 日，南宁铁路运输中级法院依法冻结了该 350 000 元“财富月月升”的银行理财产品。

另查明李培光在被司法机关调查期间，提供了贵港市港北区国家税务局工作人员廖晓丽涉嫌职务犯罪的重要线索，并经查证属实。

南宁铁路运输中级法院认为，被告人李培光身为国家出资企业中从事公务的人员，利用职务上的便利，以虚开发票在单位报账的方式，侵吞公款 1 247 040 元，其行为侵犯了公共财产的所有权和国家工作人员职务行为的廉洁性，已构成贪污罪。同时，李培光利用职务上的便利，以营利为目的，在任职期间擅自决定挪用本单位公款 860 000 元归个人使用，其行为构成挪用公款罪。公诉机关指控的罪名成立。

李培光所犯贪污罪和挪用公款罪依法应当并罚。李培光挪用公款 860 000 元，数额巨大，情节严重；其在司法机关立案调查其挪用公款犯罪事实期间，主动向司法机关交代了司法机关尚未掌握的其贪污犯罪事实，属于自首，依法可以减轻处罚；其在被办案机关调查期间，提供侦破其他案件的重要线索，并查证属实，具有立功表现，依法可以从轻处罚；其在案发前退出挪用的大部分公款，依法可以从轻处罚；其归案后主动供述了赃款去向，退出了绝大部分贪污的赃款，可以酌情从轻处罚。据此，根据李培光犯罪的事实、性质、情节和对社会的危害程度，依照《中华人民共和国刑法》第三百八十二条、第三百八十三条第一款第一项、第三百八十四条第一款、第六十七条第二款、第六十八条第一款、第六十九条、第六十四条，《最高人民法院关于处理自首和立功具体应用法律若干问题的解释》第二条、第三条、第五条以及《最高人民法院关于审理挪用公款案件具体应用法律若干问题的解释》第二条、第三条之规定，南宁铁路运输中级法院判决如下：

被告人李培光犯贪污罪，判处有期徒刑七年，并处没收财产人民币二十万元；犯挪用公款罪，判处有期徒刑五年；数罪并罚，决定执行有期徒刑十年六个月，并处没收财产人民币二十万元。

一审宣判后，被告人李培光提出上诉。被告人李培光上诉提出：(1)其所在公司是原国有企业改制后的有限公司，已不属于国有企业。其仅是该公司聘请的工作人员，不属于受委派从事公务的人员，其不具备贪污罪、挪用公款罪的主体要件。(2)其主观上无贪污故意，客观上并未利用职务之便实施贪污的行为，侦查机关收集证据的过程不合法，其供述不能作为证据使用，其行为不构成贪污罪。(3)原判认定其挪用的 86 万元中有 28.9 万元是刘建球帮其公司垫付的购车款，其余 57.1 万元是小金库资金，把小金库资金存在个人名下是单位认可的，其行为亦不构成挪用公款罪，请求宣告无罪。其辩护人还提出：(1)李培光不具有非法占有目的，不存在利用职务上的便利侵吞公款、挪用公款的事实，李培光的行为系职务行为，其上级主管部门领导知道李培光保管小金库资金的情况；原判认定贪污数额错误，虚开的 4 张发票总金额 1 247 040 元与李培光购买国债、存银行定期及查获的现金合计 1 195 000 元，相差 52 040 元，贪污数额不准确；套现的 1 247 040元已先用于单位开支；李培光保管小金库资金经过领导同意，挪用资金购买理财产品，没有进行营利活动，李培光的行为不构成犯罪。(2)李培光揭发他人职务犯罪，有立功表现。

(3)即使认定李培光构成犯罪,其行为只宜定职务侵占罪一罪,并综合考虑其自首、立功、退赃等情节,请求法院对其适用缓刑。

广西壮族自治区高级人民法院经审理认为,上诉人李培光所在中铁三局四公司系国有资本控股公司中铁三局的全资子公司,属于国家出资企业,李培光系该公司合同制员工,只有技术职称,没有行政级别,其担任南广铁路NGZQ-4项目部一分部财务主任是经过公司人力资源部提名,主管总会计师同意报公司总经理聘任的,未经公司党委或者党政联席会讨论、批准或者任命,故其不具有国家工作人员身份。上诉人李培光身为国家出资企业中的工作人员,利用职务上的便利,以虚开发票在单位报账的方式,将本单位资金1 247 040元非法占为己有,数额巨大,其行为构成职务侵占罪;同时其利用职务上的便利,挪用本单位资金86万元归个人使用,进行营利活动,数额巨大,其行为构成挪用资金罪,依法应当惩处。一审判决定性不准,应予纠正。依照《中华人民共和国刑法》第二百七十一条第一款、第二百七十二条第一款、第六十七条第二款、第六十八条第一款、第六十九条、第六十四条,《最高人民法院关于处理自首和立功具体应用法律若干问题的解释》第二条、第三条、第五条以及《中华人民共和国刑事诉讼法》第二百二十五条第一款第二项之规定,广西壮族自治区高级人民法院改判如下:

上诉人李培光犯职务侵占罪,判处有期徒刑四年;犯挪用资金罪,判处有期徒刑三年;数罪并罚,决定执行有期徒刑六年。

二、主要问题

如何审查认定国家出资企业中国家工作人员的身份?

三、裁判理由

本案审理过程中,对被告人李培光在实施有关犯罪行为时是否属于国家工作人员,存在不同意见:

一种意见认为,李培光属于在国有控股公司中受委托从事公务的人员,具有国家工作人员的身份,符合贪污罪、挪用公款罪的主体特征。理由是:(1)李培光所在的中铁三局四公司原为国有企业性质,李培光参加工作时其身份是国有企业工作人员。2007年公司改制后,中铁三局四公司属于国有资本控股公司。李培光长期在公司担任会计职务,公司改制后仍然担任该职务,公司改制后无身份置换有关材料,故李培光在公司里仍然属于国有股份的代表。(2)虽然从形式要件看李培光未经公司的党委、党政联席会批准或者研究决定其任职,但李培光是公司总经理聘任,总经理证言里也提到他在任命前向公司党委书记汇报,得到同意后才下的任命。且在国家出资企业中,对代表其在企业中负有管理、监督国有资产职责的人员的任命形式不应仅限于"党委、党政联席会"的形式,总经理任命也应该是其中一种形式,而最重要的是看是否代表国有单位意志从事公务的实质要件。

另一种意见认为,中铁三局四公司原为国有企业性质,李培光参加工作时其身份是国有企业工作人员。2007年公司改制后,中铁三局四公司属于国家出资企业。李培光2005年和公司签订的劳动合同是长期技术服务合同,案发前为国有资本控股公司中铁三局四公司聘任的南广项目部财务会计部部长。根据现有证据,李培光是由公司人力资源部根据岗位缺员情况提名,经主管领导总会计师同意,报公司总经理决定并签发聘任书,没有经国家出资企业中负有管理、监督国有资产职责的组织批准或者研究决定。即没有国有资产监督、管理机构,国有公司、企业、事业单位和上级或者本级国有出资企业内部的党委、党政联席会批准或者研究决定其任职。目前亦无证据证实李培光属于"受国家机关、国有公司、企业、事业单位委派到非国有公司、企业、事业单位、社会团体从事公务"的情况。综上,不应认定李培光具有国家工作人员的身份。

我们同意后一种意见,被告人李培光不属于国家工作人员。具体理由如下:

(一)从形式要件分析,认定国家出资企业中的国家工作人员一般要求行为人的职务系经党政联席会等形式批准、任命

中国中铁股份有限公司上市前名称为中国铁路工程总公司(国有企业)。2007 年 9 月,中国铁路工程总公司改制注册为中国中铁股份有限公司,主管机构为国务院国有资产监督管理委员会。2007 年 12 月,中国中铁股份有限公司上市后,公司股本结构为中国铁路工程总公司持股占 58.30%,境内社会公众持股占 21.95%,境外社会公众及社保基金理事会持股 19.75%。据此,可以认定中国中铁股份有限公司上市后成为国有控股公司,亦即国家出资企业。

中铁三局集团有限公司(以下简称中铁三局)前身为铁道部第三工程局,创建于 1952 年。2000 年 11 月 28 日改制成立中铁三局集团,股东为中国铁路工程总公司和中铁三局职工持股会。2007 年 3 月,该公司将全部职工个人股权转让给第一股东中国铁路工程总公司,随中国铁路工程总公司整体上市成立中国中铁股份有限公司,中铁三局成为中国中铁股份有限公司的全资子公司,中铁三局四公司系中铁三局的全资子公司。

由上可见,被告人李培光所在中铁三局四公司系上市公司中国中铁股份有限公司的三级全资子公司,因中国中铁股份有限公司已经上市并非国有公司,该公司性质上属于国家出资企业,并非国有公司。李培光在实施相关犯罪行为时,担任中铁三局四公司南广铁路 NGZQ-4 项目部一分部财务主任,直接负责经手、管理所在单位财务,从其岗位职责来讲,属于关键岗位,具有"从事监督、经营、管理工作"的特点。但其是否属于国家工作人员,根据"两高"发布的《关于办理国家出资企业中职务犯罪案件具体应用法律若干问题的意见》的相关规定,首先要考察其是否具有"经国家出资企业中负有管理、监督国有资产职责的组织批准或者研究决定,代表其在国有控股、参股公司及其分支机构中从事组织、领导、监督、经营、管理工作"的情况。

从现有证据看,中铁三局四公司改制后,全体员工全部重新签订劳动合同,2005 年李培光重新签订劳动合同,成为一名劳动合同制员工。李培光在该公司系一名普通工作人员,无任何行政级别,只有技术职称,其工作调动不需要经过公司的任何会议研究决定,其工作调动程序是公司人力资源部根据项目设置和项目需要进行人员调配的。李培光担任中铁三局四公司南广铁路 NGZQ-4 项目部一分部财务主任一职,是经过公司人力资源部提名、主管领导总会计师同意,报公司总经理任命的,因为财务人员不是领导班子成员,故一般无须公司领导层或党政联席会讨论、批准、任命,事实上也没有经过有关会议讨论、批准、任命。因此,李培光担任该职务并非属于"经国家出资企业中负有管理、监督国有资产职责的组织批准或者研究决定"。关于李培光的任命,时任中铁三局四公司总经理蔡红生在其证言里提到,其在任命前向公司党委书记汇报过,得到同意后才下发了任命通知。经查,蔡红生的证言中只是抽象提到其对财务人员的岗位人事安排一般会向党委书记说明,听取意见,但这只是形式而已。类似这样的岗位人事安排,党委书记一般也不会反对,然后由其审批签字,由人力资源部发文即告完成。可见,蔡红生的证言并未明确提及李培光的任命已经向公司党委书记汇报过;且即使汇报过,依据四公司有关制度规定和操作惯例,党委书记同意只是"走形式",并无实质意义,不能将之简单视为"国家出资企业中负有管理、监督国有资产职责的组织批准或者研究决定"的表现形式,否则将会造成实践中对此类国家出资企业中国家工作人员范围认定的不当扩大。

(二)从实质要件分析,国家出资企业中的国家工作人员代表负有管理、监督国有资产职责的组织在国有控股、参股公司及其分支机构中从事组织、领导、监督、经营、管理工作

在国有控股、参股公司中国家工作人员身份的认定中,除了需要审查行为人的任命程序,还

需要审查其是否“代表负有管理、监督国有资产职责的组织”,从事“组织、领导、监督、经营、管理工作”。这一审查主要围绕以下三个特征进行:(1)代表性。作为授权方的负有管理、监督国有资产职责的组织,与作为被授权方的国家工作人员,通过批准、研究决定等政治授权行为方式,产生一种认可被授权方法律行为所建立的法律关系的效果,并将这种法律关系最终归属于国家。也即在国有出资企业中,国家工作人员系代表国有资产的监督、管理组织从事工作,这种代表性是认定国家工作人员身份的首要特征。(2)公务性。公务首先是管理性的事务,而不是一般的技术性、业务性的活动,与劳务相比其具有明显的管理属性。公务与职权具有紧密的关联。(3)与国有资产的紧密关联性。对于经党政联席会等形式批准、任命的人员,实践中把握的原则是,只要从事的是公务,一般都认定为国家工作人员。但对于未经党政联席会等形式批准、任命的人员,还要区分是公司整体的公务,还是代表国有资产管理、监督部门从事公务,只有代表国有投资主体行使监督、管理国有资产的职权,才能认定为国家工作人员。本案中,无证据证实被告人李培光属于“受国家机关、国有公司、企业、事业单位委派从事公务”的情形,综合案情和各种证据分析,难以认定其代表国有投资主体行使监督、管理国有资产的职权,因此,从实质层面分析,不应认定李培光具有国家工作人员的身份。

综上,本案被告人李培光职权的变动并未经负有管理、监督国有资产职责的组织批准或者研究决定,其所从事的工作也并非代表国有投资主体在国有出资企业中从事公务。因此,不能认定李培光为国家工作人员,其利用职务便利,将本单位资金非法占为己有的行为,构成职务侵占罪;同时,其挪用本单位资金归个人使用的行为,构成挪用资金罪。本案二审法院的判决是正确的。

(撰稿:最高人民法院刑二庭　康　瑛
审编:最高人民法院刑二庭　叶晓颖)

[第1017号]周标受贿案

——案发前主动退还贿赂款的行为如何处理以及上一级人民法院同意在法定刑以下判处刑罚的应当制作何种文书

【关键词】　受贿　退还贿赂款　法定刑

一、基本案情

被告人周标,男,1967年10月12日出生,曾任海南省三亚市海棠湾镇副书记,捕前系三亚市国资委主任科员。2012年8月30日因涉嫌犯受贿罪被逮捕。

海南省万宁市人民检察院以被告人周标犯受贿罪,向万宁市人民法院提起公诉。

万宁市人民法院经公开审理查明:2010年7月,海南省三亚市海棠湾镇开展综合打击整治非法占用铁炉港海域从事生产、经营、建设行为,销毁非法抢建鱼排等专项工作,时任三亚市海棠湾镇委副书记的被告人周标负责这项销毁工作。其间,林陈瑜的鱼排被销毁后,通过他人找到周标,欲要求政府部门予以补偿,并两次以为周标买茶单的形式给周标行贿现金人民币(以下币种同)24万元。2010年年底,周标认为不能给林陈瑜帮忙解决鱼排补偿事宜,害怕事情暴露,于2010年12月6日将24万元退还给林陈瑜。2012年11月案发。

万宁市人民法院认为,被告人周标利用职务上的便利,为他人谋取利益,非法收受他人钱财的行为构成受贿罪。周标所犯受贿罪,本应在十年以上有期徒刑进行处罚,鉴于周标在立案前一年已主动退还赃款给行贿人,确有悔改表现,其犯罪行为也没有给国家的利益造成实际损失,且到案后能如实供述自己的罪行,以最低法定刑十年处罚仍然较重,故依照刑法第六十三条第二款的规定,对周标以受贿罪在法定刑以下判处有期徒刑五年。

一审宣判后,被告人周标未提起上诉,检察院亦未抗诉。万宁市人民法院将判决结果层报海南省第一中级人民法院、海南省高级人民法院、最高人民法院。最高人民法院依法裁定予以核准。

二、主要问题

1. 行为人在案发前主动退还贿赂款的行为,如何处理?

2. 上一级人民法院同意在法定刑以下判处刑罚的,应当制作何种文书?

三、裁判理由

本案在审理过程中,对被告人周标在案发前主动退还受贿款的行为是否属于《最高人民法院、最高人民检察院关于办理受贿刑事案件适用法律若干问题的意见》(以下简称《意见》)规定的"及时退还"的情形,存在意见分歧:一种意见认为,被告人周标具备受贿的主观故意和客观行为,其在案发前主动退还贿赂款,属于退赃行为,不属于《意见》规定的"及时退还",不影响受贿罪定性;另一种意见认为,周标接受他人财物后,并未为他人谋取利益且在收取钱款五个月后主动退还所收钱款,属于《意见》规定的"及时退还"情形,不构成受贿罪。

同时,在认定被告人周标构成受贿罪的情况下对其是否需要减轻处罚,也存在意见分歧:一种意见认为,周标并没有为请托人谋取任何利益,且在案发前主动退还贿赂款,案发后如实供述犯罪,主观恶性较小,确有悔改表现,可依照刑法第六十三条第二款的规定在法定最低刑以下判处刑罚;另一种意见认为,周标在无法为他人谋取利益的情况下,害怕犯罪暴露,主动退还贿赂款,属于一般的退赃行为,依法酌情从轻处罚即可,不应在法定刑以下判处刑罚。

我们同意前一种意见。具体理由如下:

(一)行为人在案发前主动退还贿赂款的行为,应当区分三种情形进行处理

1. 案发前退还财物的三种情形。《意见》第九条规定:"国家工作人员收受请托人财物后及时退还或者上交的,不是受贿。国家工作人员受贿后,因自身或者与其受贿有关联的人、事被查处,为掩饰犯罪而退还或者上交的,不影响认定受贿罪。"

《意见》列举了案发前退还(上交)财物的两种情形:一种是"及时退还或者上交的",可简称为"及时退还";另一种是"为掩饰犯罪而退还或者上交的",可简称为"被动退还"。其中"及时退还"情形,要求行为人主观上没有受贿的故意,客观上表现为及时退还或者上交,不存在犯罪故意,故不构成犯罪。值得注意的是,判断行为人是否具有受贿故意,不能仅根据其本人供述,还应当结合其收受和退还财物的具体行为进行综合分析。首先,"及时退还"情形的行为人收受他人财物并非本人意愿,往往受当时的时空条件限制不得已接收或者"误收",如请托人放下财物即离开,无法追及的;掺夹到正常物品中当时无法发现的;等等。其次,退还必须"及时",在条件允许的情况下,一般是指即时退还。如将礼盒拿回家后发现里面放有现金,第二天即退还的。实践中,对"及时"不能作绝对化理解,只要在客观障碍条件消除后退还都算"及时"。如行为人因病无法即时退还,待数月后身体痊愈退还也应视为"及时"。而"被动退还"情形,行为人在接受财物时存在受贿故意,后因自身或者与受贿相关联的人、事被查处,为了掩饰犯罪,才被动退还或者上交。这种情形下,行为人退还的时间距离接受财物的时间相对较长,距离被正式查处的时间相对较短,行为人对犯罪并没有真实悔意,一般不影响受贿罪的认定和处罚。另外,因请托人索要

财物而不得已退还的，也应属于"被动退还"情形。

除《意见》列举的两种退还情形外，在实践中还有一种情形，即行为人虽未及时退还或者上交，但在收受财物后至案发前的期间内主动退还或者上交的。此种情形可以简称为"主动退还"。在该情形下，行为人在接受财物时存在受贿的故意，但经过一定时间段后，因主客观原因等诸多因素的变化，自己主动退还或者上交收受的财物。从法理分析，行为人既具有受贿的故意，又具有受贿的行为，且犯罪过程已经完成，因此，应当构成受贿罪（既遂），至于后面的退还行为，应当视为犯罪后的"退赃"，可以作为处罚时的量刑情节，但不能改变已然犯罪的性质。

本案中，被告人周标利用职务上的便利，收受他人现金24万元，既有收受他人贿赂的主观故意，又有接受并使用他人贿赂款的具体行为，只是因考虑到无法给请托人谋取利益，出于害怕犯罪暴露而主动向请托人退还贿赂款，虽然属于"主动退还"情形，但不属于《意见》规定的"及时退还"情形，故对其行为应当依法以受贿罪论处。

2."主动退还"情形的处理。实践中，"主动退还"的情况复杂多样，是否追究刑事责任司法机关把握的标准不一，故《意见》对此种情形未作规定。近年来，"主动退还"被追诉的案件越来越多，如何把握此类案件被告人的刑事责任，成为人民法院审判中的难题。我们认为，对于"主动退还"情形，可以结合收受财物的时间长短、数额大小以及是否牟利等具体情况，选择适用不以犯罪论处，依法从轻、减轻或者免除处罚。

（1）如上所述，"主动退还"一般不会影响构成犯罪，但在少数情况下，行为人虽然接受财物时存在受贿故意，但在较短时间内即出现悔悟，且未为对方谋取利益即主动退还财物，情节显著轻微危害不大的，可不以犯罪论处。如某公职人员收受他人财物回家后，经亲属规劝或者自己权衡利害得失，旋即将财物退还。这种情形，就不应以犯罪论处。

（2）在构成犯罪的前提下，考虑到行为人"主动退还"虽然属于"退赃"情节，但表明其有悔罪表现，主观恶性较小，对职务廉洁性的损害也相应减小，故对其从宽处罚往往能获得民众认同。另对不同退赃行为比较分析，在实践中，被告人到案后的"积极退赃"行为尚可作为从轻处罚的情节，"主动退还"与"积极退赃"相比，行为人体现的主观恶性更小，社会危害更低，举重以明轻，对"主动退还"情形更应当从宽处罚。可见，对案发前"主动退还"的行为从宽处罚有一定的法理基础、司法基础和民意基础。反之，如果无视"主动退还"与"积极退赃"的区别，则容易产生"白退不如抓住再说"的不良引导作用，不利于激励行为人及时悔罪，也与宽严相济的刑事政策背道而驰。

在具体案件中，对从宽处罚幅度的把握应当考虑以下三个方面的因素：（1）从退还的时间来看，"主动退还"一般介于"及时退还"和"被动退还"之间，退还时间的迟早反映了悔罪程度的大小，一般而言，越接近"及时退还"情形的，从宽处罚的幅度就越大；越接近"被动退还"情形，退还越晚的，从宽处罚的幅度就越小；（2）从是否为请托人谋取利益来看，"主动退还"时已为请托人谋取了利益，尤其是非法利益的，从宽的幅度就越小，没有或者不愿为请托人谋取利益的，从宽的幅度就越大；（3）收受财物数额的大小，也影响从宽的幅度。根据以上三个方面的因素，结合行为人到案后的认罪态度等情况，分别确定从轻、减轻或免予刑事处罚。对案发前"主动退还"的，首先应当考虑从轻处罚；对数额不大，且没有为他人牟利，退还时间早，犯罪情节轻微的，可免予刑事处罚；根据案件的实际情况，如果在法律规定的幅度内处罚仍明显偏重的，可以依照刑法第六十三条第二款的规定，在法定刑以下判处刑罚。

本案中，鉴于被告人周标在接受贿赂五个月后、被司法机关查处一年前，主动退还所收财物，且未为他人谋取利益，到案后如实供述犯罪，体现出的社会危害程度和主观恶性较小，同时具有悔罪表现,如果按照受贿数额对其判处十年以上有期徒刑,仍然明显偏重,所以万宁县人民法院依照刑法第六十三条第二款的规定,对其减轻处罚。

(二)上一级人民法院同意在法定刑以下判处刑罚的,可以不制作裁定文书,但应当制作书面报告层报最高人民法院核准

对于上一级人民法院同意原判的,应当以何种形式逐级报请最高人民法院核准,实践中意见分歧较大,主要存在以裁定和以书面报告两种形式的意见。

我们认为,上一级人民法院同意原判的,不必作出裁定,但应当制作书面报告层报最高人民法院核准。主要理由如下:首先,根据刑法第六十三条第二款的规定,只有最高人民法院有权核准在法定刑以下判处刑罚的判决,其他上一级人民法院没有实质意义上的核准权,只是在层报过程中起到"把关"作用,没有制作同意原判裁定的法理依据。其次,如上一级人民法院都可以作出同意原判的裁定,那么最高人民法院是核准原审判决还是其上一级人民法院的裁定,容易引起混乱。最后,2013 年施行的《最高人民法院关于适用〈中华人民共和国刑事诉讼法〉的解释》(以下简称《解释》)第三百三十六条规定,上一级人民法院复核下级法院未上(抗)诉法定刑以下判处刑罚的案件,同意原判的,应当书面层报最高人民法院核准;不同意的,应当裁定发回重新审判。该规定对上一级人民法院何种情况下适用裁定进行了明确的限定,同意原判的应当以书面报告形式层报最高人民法院核准。《解释》出台后,有必要依照《解释》的规定对此类问题进行统一和规范。

(撰稿:最高人民法院刑二庭　尚晓阳
审编:最高人民法院刑二庭　裴显鼎)

[第 1018 号]卫建峰受贿案

——如何认定公司改制后国家工作人员的身份

【关键词】 受贿　改制　国家工作人员

一、基本案情

被告人卫建峰,男,汉族,1963 年 7 月 12 日出生,原系广东珠三角城际轨道交通有限公司副总经理。2011 年 9 月 21 日因涉嫌犯受贿罪被逮捕。

广西壮族自治区人民检察院南宁铁路运输分院以被告人卫建峰犯受贿罪,向南宁铁路运输中级法院提起公诉。

被告人卫建峰及其辩护人对起诉书指控的受贿事实无异议,同时卫建峰辩解:(1)陈月忠在其离任时给的人民币(以下币种同)10 万元属于馈赠,收受赵龙成的 3 万元用于公务支出,性质上不应认定为受贿金额;(2)其检举他人犯罪线索,具有立功表现。其辩护人提出:(1)卫建峰仅仅是受国有公司中国铁道建筑总公司(全民所有)提名,而不是委派到股份有限公司中铁二十五局集团(非国有公司)担任副总经理,卫建峰不属于中国铁道建筑总公司的管理人员,而属于中国铁建股份有限公司的管理人员,因此卫建峰身份不符合刑法第九十三条的规定,不应以国家工作人员论。(2)卫建峰兼任的湘桂Ⅶ标指挥长的职务不具有公务性质,因为指挥部是临时机构,指挥长的工作属于劳务、服务性质,是为各实际施工的项目部服务的,不宜认定为从事公务。(3)卫

建峰收受张顺安、孙伟杰送给其的110.7万元，性质上不属于受贿，因为卫建峰没有为张顺安、孙伟杰谋取不正当的利益，不属于刑法第三百八十五条所规定的为他人谋取利益。陈月忠在其离任时给的10万元属于馈赠，收受赵龙成的3万元用于公务支出，性质上不应认定为受贿金额。(4)卫建峰在办案机关采取强制措施前，就如实供述了大部分犯罪事实，应当认定具有自首情节。卫建峰还检举他人犯罪线索，具有立功表现。

南宁铁路运输中级法院经公开审理查明：

2009年9月至2010年8月，被告人卫建峰担任中铁二十五局集团有限公司副总经理兼任湘桂Ⅶ标指挥部指挥长期间，利用职务之便，为他人谋取利益，多次收受他人贿赂款共计188.775万元。具体事实如下：

1. 2009年9月间，卫建峰得知原柳州市博浩贸易有限公司通过投标成为湘桂Ⅶ标指挥部的水泥供应商后，便通过湘桂Ⅶ标指挥部物资设备部部长韦唯(另案处理)向该公司法定代表人、总经理张顺安(另案处理)提出，要张按照该公司向湘桂Ⅶ标指挥部销售的水泥数量给予回扣款，张顺安为了能够及时结清水泥款表示同意。2009年10月至2010年8月，张先后按照销售每吨水泥给予10元或者7元的标准，通过韦唯先后6次送给卫建峰共计88.7万元。

2. 2009年6月，卫建峰应天津隆鑫达建筑基础工程有限公司法定代表人李子玉(另案处理)的请求，将李子玉安排到湘桂Ⅶ标指挥部下属的第三项目部分包水泥搅拌桩和高压旋喷桩工程。2010年8月，卫建峰再次应李子玉的请求，将其安排到中铁二十五局集团广州铁路工程有限公司南宁枢纽工程Ⅲ标工程指挥部第二项目部分包水泥搅拌桩工程。李为了感谢卫建峰帮助其获得工程，先后三次送给卫建峰好处费共计37.075万元。

3. 2010年春节前至8月间，中铁二十五局集团有限公司恒元建筑工程有限公司副总经理兼湘桂Ⅶ标指挥部第三项目部经理陈月忠(另案处理)先后5次送给卫建峰好处费共计38万元。其中，因卫建峰提出过节需要慰问费，为能及时拨付工程款，陈分别于2010年春节前和中秋节前先后送给卫建峰30万元，卫建峰留了15万元自用。2010年8月底，卫建峰让陈月忠报销购买世博会纪念品发票，陈月忠给了卫建峰11万元。为了感谢卫建峰推荐自己担任项目部经理以及在卫建峰调任广东珠三角城际轨道交通有限公司后，其公司能打开广州市场，陈月忠送给卫建峰12万元。

4. 2010年春节前至2011年春节前，原湘桂Ⅶ标指挥部第二项目部经理(后任南宁枢纽Ⅲ标指挥部第二项目部经理)孙伟杰(另案处理)因卫建峰提出搞经营开发及接待需要经费，其给了卫建峰20万元；同时，为感谢卫建峰及时拨付工程款保证施工顺利，又送给卫建峰好处费2万元。

5. 2010年6月，卫建峰和有关单位的人员对中铁二十五局集团柳州工程有限公司柳州制梁场进行检查验收，该场场长兼湘桂Ⅶ标指挥部制架梁项目部项目经理赵龙成为顺利通过验收从而获得《全国工业产品生产许可证》，送给卫建峰3万元。

卫建峰将收受的部分资金用于储蓄、炒股、消费和购买商品房，卫建峰在被司法机关调查期间，主动向司法机关交代了大部分受贿犯罪事实。案发后，卫建峰通过其家属已向广西壮族自治区人民检察院南宁铁路运输分院退出赃款140万元。

南宁铁路运输中级法院认为，被告人卫建峰经国有公司决定任命在国有控股公司的分支机构从事组织、领导、经营、管理工作，应当认定为国家工作人员。卫建峰在从事组织、领导、经营、管理工作中，利用职务上的便利，为他人谋取利益，收受财物，其行为侵犯了国家工作人员职务行为的廉洁性，已构成受贿罪。公诉机关指控的罪名成立。经查，中国铁道建筑总公司属于国有公司，中铁二十五局集团是国有控股公司中国铁建股份有限公司的全资子公司，属于国家出资企业。卫建峰担任中铁二十五局集团副总经理的职务是由中国铁道建筑总公司决定任命的。2004年中国铁道建筑总公司给中铁二十五局集团并党委下发了关于决定卫建峰等人为二十五局集团副总经理的通知。中铁二十五局2009年度、2010年度卫建峰的干部任免审批表证实，其一直担任中铁二十五局集团副总经理，并由中国共产党中铁二十五局集团组织干部部、中国共产党铁道部党组考核。2010年8月19日，卫建峰调任珠三角城际轨道交通有限公司任筹备组副组长，是由铁道部党组下发给广州铁路（集团）公司并党委的通知。由此可知，卫建峰从2004年起，一直是由铁道部管理的副局级干部。因此，卫建峰的主体身份符合《最高人民法院、最高人民检察院关于办理国家出资企业中职务犯罪案件具体应用法律若干问题的意见》（法发〔2010〕49号，以下简称《意见》）第六条的规定，属于国家工作人员。中铁二十五局湘桂Ⅶ标指挥部指挥长职责第二条明确规定："指挥长是工程项目管理的第一责任人，根据合同对项目实施过程行使全面管理职权。"指挥长管理公务的重要职权之一就是购料款、工程款的拨付决定权。本案中的行贿人送钱给卫建峰的主要原因就是为了能让卫建峰及时拨付购料款和工程款。因此，指挥长职务具有管理公务性质，符合受贿罪的主体特征。故辩护人关于卫建峰主体身份不属于国家工作人员及指挥长职务不具备从事公务性质的辩护意见，不予采纳。根据被告人犯罪的事实、性质、情节和对于社会的危害程度，依照《中华人民共和国刑法》第三百八十五条第一款、第三百八十六条、第三百八十三条第一款第一项、第九十三条第二款、第六十四条以及《意见》第六条和《最高人民法院、最高人民检察院关于办理职务犯罪案件认定自首、立功等量刑情节若干问题的意见》第一条、第三条、第四条之规定，南宁铁路运输中级法院以被告人卫建峰犯受贿罪，判处有期徒刑十一年，并处没收财产三十万元。

一审宣判后，被告人卫建峰提出上诉。

被告人卫建峰及其辩护人上诉提出：（1）一审适用法律错误。其犯罪行为发生在2009年9月至2010年8月，按当时的刑法和司法解释，其不属于国家工作人员，而一审却适用2010年12月2日颁布实施的《意见》认定其为国家工作人员是错误的，在卫建峰犯罪时已有相关的司法解释，应当依照"从旧兼从轻"的原则，适用行为时的司法解释。（2）一审认定事实错误。①一审认定卫建峰"担任中铁二十五局副总经理的职务是由中国铁道建筑总公司决定任命的""从2004年起一直是铁道部管理的副局级干部"是错误的。中铁二十五局集团公司、中国铁建与铁道部没有隶属关系，中国铁建上市之前，卫建峰仅是被国有公司提名作为副总经理人选，委派与提名是两种不同的概念，卫建峰不是国有股代表，不属受委托管理国有资产的人选，不能认定为代表国有投资主体行使监督、管理职权；中国铁建上市以后，卫建峰担任中铁二十五局副总经理兼湘桂Ⅶ标指挥部指挥长一职，是由中国铁建任命的，而且指挥长的职责是组织合同施工，不具备监督、管理国有资产的职务活动性质，不属于法律规定的经国有机关、国有公司提名、推荐、任命、批准等，在国有控股公司、参股公司及其分支机构中从事公务。②卫建峰收受李子玉的一笔20万元是李子玉交给其代为炒黄金的资金，不是受贿；陈月忠在其离任时送给其的10万元，是馈赠不是受贿；赵龙成送的3万元是给其用于接待检查制梁厂的检查组使用的，已开支完毕，不是受贿。③原判量刑畸重。自首情节在量刑时没有得到体现。

广西壮族自治区高级人民法院经审理认为，上诉人卫建峰属于国有公司委派到非国有公司从事公务的人员，应当认定为国家工作人员。其在担任中铁二十五局集团有限公司副总经理兼任湘桂铁路Ⅶ标指挥部指挥长期间，多次利用职务便利主动索取或者收受他人贿赂共计188.775万元，为他人谋取利益，其行为亦构成受贿罪。一审判决认定的事实清楚，证据确实、充分，适用法律正确，量刑适当，审判程序合法，应予维持。据此，广西壮族自治区高级人民法院依法裁定驳回上诉,维持原判。

二、主要问题

如何认定公司改制后国家工作人员的身份?

三、裁判理由

根据在案证据,我们认为,应当认定本案被告人卫建峰在实施检察机关指控的有关犯罪行为期间属于国家工作人员,其利用职务便利索取或者收受他人贿赂的行为,应当构成受贿罪。对卫建峰行为的定性关键在于认定其是否属于国家工作人员身份。具体分析如下:

(一)《意见》应当同步适用,与相关司法解释不存在冲突,不存在从旧兼从轻的适用问题

2010年"两高"出台的《意见》系专门对国家出资企业中有关人员职务犯罪问题作出的解释,其内容并没有改变之前"两高"有关司法解释中认定国家工作人员身份标准的规定,只是对于近年来司法机关办理此类案件中经常遇到的一些新情况、新问题,规定了更为明确的认定标准,其与之前相关司法解释的内容没有冲突,对国家工作人员的认定范围没有改变,亦与刑法第九十三条的规定相一致,不存在所谓从旧兼从轻的适用问题。因此,在"两高"有明确规范性文件规定的情况下,本案当然应当适用该《意见》。

(二)卫建峰属于受国有主体委派在国有控股企业中从事管理工作的人员

中国铁建股份有限公司于2007年11月成立,由中国铁道建筑总公司(国有公司)独家发起设立。中国铁建股份有限公司于2008年3月上市扩股,吸纳社会公众资金,上市后国家持股61.33%,国有法人全国社会保障基金理事会持股1.98%,社会公众持股36.69%,属于国家控股企业(国家出资企业)。

中铁二十五局集团有限公司于1985年成立,股东为中国铁道建筑总公司和广州铁路工程(集团)有限公司工会;2004年股东变更为中国铁道建筑总公司持股76.65%,中铁十五局集团有限公司持股11.56%,广州铁路工程公司工会持股11.79%;2007年5月,由中国铁道建筑总公司收购广州铁路工程(集团)有限公司工会出资股权,股东变更为中国铁道建筑总公司(持股88.44%)和中铁十五局集团有限公司(持股11.56%);2007年11月,中国铁建股份有限公司通过划转、收购有关股东的股权,持股100%,成为唯一股东。因此,中铁二十五局集团有限公司是中国铁建股份有限公司的全资子公司(二级公司),属于国家出资企业。

卫建峰担任中铁二十五局集团有限公司副总经理之前,其长期在中铁十二局集团公司工作,并于2003年起担任工程管理部部长,成为公司中层管理人员,后通过铁路系统内部招聘,调到中铁二十五局集团有限公司。

从卫建峰担任中铁二十五局集团有限公司副总经理的任命来看,其系由国有公司中国铁道建筑总公司决定并向中铁二十五局集团有限公司及其党委下达通知任命的,然后才由中铁二十五局集团有限公司履行聘任手续;2009年中铁二十五局集团有限公司又任命卫建峰兼任湘桂铁路扩能改造工程Ⅶ标工程指挥部指挥长。从卫建峰担任珠三角城际轨道交通有限公司副总经理的工作调动、职务任命过程看,其担任珠三角城际轨道交通有限公司筹备组副组长(副局级)系铁道部党组给广州铁路(集团)公司及其党委下发的任职通知,之后才由广东珠三角城际轨道交通有限公司聘任其为总经理。2004年中共中铁二十五局集团公司委员会文件《中铁二十五局集团有限公司党委工作若干规定》规定,公司党委隶属中国铁道建筑总公司党委领导,同时接受广东省委的领导;公司实行党管干部原则,党委会讨论决定集团公司所属单位领导班子成员的考核、任用和奖惩事项。卫建峰的职务从2004年12月任命后直至2010年8月调任珠三角城际轨道有限公司,其职务没有发生变动。证据显示,中国铁建股份有限公司对下属二级公司董事会、经理

层的领导任免，要经过中铁建党委组织的考察、征求党委常委及纪检部门意见，并经公司党委常委会讨论决定。卫建峰没有重新任命，是中国铁建股份有限公司党委认可了原提名和任命手续。因此，卫建峰担任中铁二十五局集团有限公司副总经理，受国有投资主体委派代表国有股东一方行使管理职权的性质在中国铁建股份有限公司上市后并未发生改变。卫建峰的《干部任免审批表》显示，其担任湘桂铁路扩能改造工程Ⅶ标工程指挥部指挥长，是中铁二十五局党委组织干部部呈报二十五局集团公司同意任命的，后才以中铁二十五局集团公司的名义下发的任免通知。

此外，中铁二十五局 2009 年度、2010 年度卫建峰的《干部任免审批表》证实，卫建峰作为中铁二十五局集团有限公司副总经理，由中国共产党中铁二十五局集团组织干部部、中国共产党铁道部党组考核。

从以上卫建峰的任职、考核情况看，可以得出卫建峰从 2004 年起，一直是由国家机关负责管理的副局级干部，属于党管干部，其任职源起要么来自国有公司，要么来自国家机关，其在有关公司中的任职应当属于受国有主体委派，符合《意见》第六条规定的经国家机关、国有公司提名、推荐、任命在国有控股企业中从事管理工作的人员，具有国家工作人员身份。

（三）卫建峰在兼任湘桂铁路扩能改造工程Ⅶ标工程指挥部指挥长期间的工作属于从事公务

本案被告人卫建峰所担任的职务，最初是经中国铁道建筑总公司提名的，属于受国有公司的委派在国有控股公司中从事管理工作。中国铁建股份有限公司是国有控股公司，其成立后卫建峰的职务保持不变，属于职务延续，卫建峰受国有投资主体委派代表国有股东一方行使管理职权的性质并未发生改变。另外，根据 2011 年中共中国铁建股份有限公司制发的《中国铁建股份有限公司企业领导人员管理暂行办法》的规定，该公司二级公司（中铁二十五局集团公司属于二级公司）担任领导职务的人员（包括总经理、副总经理）的选任，民主推荐结果应当向股份公司党委汇报，研究确定考察对象，之后由党委组织考察提出选用建议，再提交公司党委常委会讨论决定；逐步建立企业领导人员责任追究制度，企业领导人员有“因管理不善，造成国有资产严重流失的”等情形，视情况给予经济处罚、组织处理、党纪政纪处分，涉嫌违法犯罪的，依法移交司法机关。卫建峰在担任中铁二十五局集团有限公司副总经理的职务期间，作为公司高层管理人员，当然负有监督、管理、经营国有资产的职责，属于国家工作人员。

根据 2009 年 10 月 26 日《关于调整集团公司经理层领导工作分工的通知》，卫建峰副总经理负责南宁铁路局范围内在建项目、对湘桂线（南局段）项目行使直接组织指挥权，协管施工管理部、安全管理部；同时，根据《关于成立“中铁二十五局湘桂铁路扩改工程Ⅶ标指挥部”及启用印章的通知》，卫建峰作为湘桂铁路扩能改造工程Ⅶ标工程指挥长还兼任党工委书记。至于卫建峰兼任的中铁二十五局集团有限公司湘桂铁路扩能改造工程Ⅶ标工程指挥部指挥长，虽然是临时性职务，但并不影响其是否从事公务的认定，其该职务是否属于从事公务，应当从其具体工作职责进行分析。

《中铁二十五局湘桂铁路扩改工程Ⅶ标指挥部指挥长职责》第二条明确规定：“指挥长是工程项目管理的第一责任人，根据合同对项目实施过程行使全面管理职权。”据此，指挥长作为工程指挥部的“一把手”，对工程项目的施工生产进度、工程质量监管、工程成本控制及价款结算等所有工作均具有领导职责，这其中必然包括对中铁二十五局所持国有股份对应的国有资产的经营、监管责任，购料款、工程款的拨付决定权作为其职权之一。而本案中行贿人送钱给卫建峰的主要原因是为了能让卫建峰及时拨付购料款和工程款。因此，卫建峰作为湘桂铁路扩改工程Ⅶ标指挥部指挥长，系国有控股公司临时机构的“一把手”，同时其还兼任指挥部的党工委书记，主持党工委的全面工作，其从事的工作具有公务性质，符合《意见》第六条规定的经国家出资企业中负有管理、监督国有资产职责的组织研究决定，代表其在国有控股公司及其分支机构中从事组织、领导、监督、经营、管理工作的人员，应当认定为国家工作人员。

综上，被告人卫建峰在国家出资企业中作为高层管理人员，所任职务系经国家出资企业中负有管理、监督国有资产职责的组织研究决定，从事组织、领导、监督、经营、管理的工作，应当认定为国家工作人员。本案一、二审法院将其利用职务便利收受贿赂的行为定性为受贿罪是正确的。

（撰稿：最高人民法院刑二庭　康　瑛
审编：最高人民法院刑二庭　王晓东）

[第1019号]凌吉敏受贿案

——以明显高于市场的价格向请托人出租房屋，所收取的租金与市场价格的差额是否应当认定为受贿数额

【关键词】　租金　市场价格　职务　受贿

一、基本案情

被告人凌吉敏，男，1958年7月25日出生，原系人力资源和社会保障部养老保险司待遇处副处长。2012年7月24日因涉嫌犯受贿罪被逮捕。

北京市东城区检察院以被告人凌吉敏犯受贿罪，向东城区人民法院提起公诉。

被告人凌吉敏对指控的事实不持异议，但辩称其没有利用职务之便为吉林省扶余华侨农场（以下简称扶余华侨农场）谋取利益，房租高于平均的市场价是因为承租对象和房屋用途与一般住宅不同。

被告人凌吉敏的辩护人基于以下理由提出凌吉敏的行为不构成受贿罪：(1)凌吉敏没有为扶余华侨农场直接分配专项补贴的职权，且事后的租房行为与之前制定专项补助政策并没有必然的因果关系；(2)扶余华侨农场通过较高的租金租赁房屋并不排除有事后答谢的意思，但凌吉敏没有与其事先约定、承诺或者达成默契；(3)凌吉敏不知道扶余华侨农场改变专项资金的用途，亦没有监督职责。

北京市东城区人民法院经公开审理查明：2003年至2011年，被告人凌吉敏担任人力资源和社会保障部养老保险司待遇处副处长，负责对农垦企业基本养老保险专项转移支付资金进行分配、监督。在此期间，凌吉敏利用职务便利，将其房产以明显高于市场的价格租赁给吉林省扶余华侨农场，以此方式收受该农场贿赂款人民币（以下币种同）633 864元。案发后赃款已全部退缴。

北京市东城区人民法院认为，被告人凌吉敏的供述、亲笔供词、证人证言、相关书证均证实凌吉敏有负责制定养老保险专项补助政策、分配养老保险专项补助资金以及监督该项政策实施的职务便利。凌吉敏明知扶余华侨农场有与其职务相关的请托事项，仍然以明显高于市场的价格向请托方出租房屋收取贿赂，应当以受贿罪论处，依法应予惩处。鉴于被告人家属代为退缴全部赃款，可以对凌吉敏从轻处罚。据此，依照《中华人民共和国刑法》第三百八十五条第一款、第三百八十六条、第三百八十三条、第六十四条之规定，东城区人民法院以被告人凌吉敏犯受贿罪，判处有期徒刑十年。在案扣押的人民币六十三万三千八百六十四元，予以没收。

一审宣判后,被告人凌吉敏不服,向北京市第二中级人民法院提出上诉。凌吉敏的上诉理由及其辩护人的辩护意见是:凌吉敏没有利用职务上的便利为扶余华侨农场谋取利益,将房屋租赁给扶余华侨农场是双方自愿的市场行为,房屋租金公平、合理,其行为不构成犯罪。

北京市第二中级人民法院经审理认为,人力资源和社会保障部养老保险司出具的证明、说明等书证证实,上诉人凌吉敏作为人力资源和社会保障部养老保险司待遇处副处长,具有制定养老保险专项补助政策、分配养老保险专项补助资金以及监督该项政策实施的职务便利。凌吉敏在明知扶余华侨农场有与其职务行为相关的请托事项的情况下,仍然以明显高于市场的价格向请托方出租自有房屋,其房屋租金高于市场价格的部分,应当认定为凌吉敏变相收取的贿赂款,构成受贿罪,依法应予惩处。一审法院根据凌吉敏犯罪的事实、犯罪的性质、情节及对于社会的危害程度所作出的定罪正确,量刑适当,审判程序合法。据此,依照《中华人民共和国刑事诉讼法》第二百二十五条第一款第一项之规定,北京市第二中级人民法院裁定驳回上诉,维持原判。

二、主要问题

1. 明知他人有与自己职务相关的请托事项,仍然将自己房屋以明显高于市场的价格租给请托人的,是否可以认定为利用职务便利为他人谋取利益?

2. 以明显高于市场的租赁价格将房屋出租给请托人,是否属于变相收受贿赂?

三、裁判理由

(一)明知他人有与自己职务相关的请托事项,仍然将自己房屋以明显高于市场的价格租给请托人的,视为承诺为他人谋取利益

利用职务便利为他人谋取利益是收受型受贿犯罪的构成要件之一,包含两个方面:为他人谋取利益以及谋取利益与行为人职务相关。首先,要准确理解"为他人谋取利益"。为他人谋取利益是一个行为过程,包括主观故意的发生即行贿、受贿双方形成合意,具体的谋取利益行为即利用职务便利实际为他人谋取利益和最终的结果即行贿人因受贿人的职务行为谋取到了利益三个部分。只要具备其中一个部分,就可以认定具备了为他人谋取利益的构成要件。最高人民法院2003年印发的《全国法院审理经济犯罪案件工作座谈会纪要》明确指出,为他人谋取利益包括承诺、实施和实现三个阶段的行为,只要具有其中一个阶段的行为,就应认定为他人谋取利益。值得注意的是,实施牟利行为并不一定要经过承诺或者合意阶段。国家工作人员在正常工作中,通过职务行为为他人谋利后,获利人为感谢而送与财物,国家工作人员予以收受的,尽管事前获利人没有专门请托国家工作人员利用职务为其谋利,双方没有就谋利和收送财物进行共谋,也不影响受贿罪的成立。之前国家工作人员正常的履职行为同样符合受贿罪中"利用职务便利为他人谋取利益"的构成要件。

承诺可以是明示的方式,也可以是默示的方式。明示的方式就是当请托人请托时,明确答应帮忙办事。默示的方式是当请托人请托时,国家工作人员不明确表态是否帮忙,但通过行为可以判断出其态度,如收下了请托人的财物。按照前述《全国法院审理经济犯罪工作座谈会纪要》的规定,"明知他人有具体请托事项而收受其财物的,视为承诺为他人谋取利益"。

其次,要全面把握谋取利益与职务行为的相关性。受贿罪的一个典型特征就是权钱交易。"权"就是"职务",整个受贿犯罪行为都是围绕国家工作人员的职务行为展开的。受贿人为行贿人谋取的利益必须与其职权有关,也就是利用了职务上的便利,但职务便利不要求必须在自己工作的职责范围内具体主管、负责、承办某项公共事务,也不必是自己的本职工作。如果处在职权的控制、制约、影响范围内,也可以认定为存在职务便利;通过自己职权控制、制约、影响的其他国家工作人员的行为来完成,也属于利用职务便利为他人谋取利益。如担任单位领导职务的,通过

单位内部的下属(不论是否属于自己的主管部门)或者下级单位的国家工作人员的职务为他人谋取利益。

谋取利益的行为方式可以是积极的作为,也可以是消极的不作为。作为就是按照请托人的请托,利用职务便利,为请托人实施牟利行为;不作为就是发现请托人的行为存在违规之处,负有调查处理责任的国家工作人员有意不履行自己的职责,不查处请托人的违规行为,从而实现请托人的利益。谋取利益的行为可以是非正常履职行为,即谋取不正当利益,也可以是正常履职行为;可以是决定性行为,也可以是非决定性行为。国家工作人员的职务行为可能只是请托人谋取利益过程中所经的一个环节,如需要层层审批的行政事务,最终的批准权可能在于某个领导,但在交由领导审批前,也需要经过各部门相关人员的审查。虽然这种审查只是工作程序中的一个环节,并不能最终决定事项是否批准,但这一审查程序同样是这些人员的职务行为。

本案中,当作为请托方的扶余华侨农场提出让被告人凌吉敏帮忙申请补贴的请托事项时,凌吉敏当时未明确表态。当归侨、难侨与离退人员生活补贴下发至扶余华侨农场后,扶余华侨农场未按要求用于发放离退人员的养老金,而是将上述补贴违规用于缴纳在职职工的养老保险。凌吉敏作为负责农垦企业(包括扶余华侨农场)参加养老保险有关政策的制定和后续专项资金分配工作的人员,负有监管资金使用的职责,发现问题后应当及时纠正。但在此过程中,凌吉敏明知扶余华侨农场有与其职权相关的请托事项,仍然以明显高于市场的价格向扶余华侨农场出租自己的房屋,实质上是收受请托人的财物,可以视为凌吉敏默示同意为扶余华侨农场谋取利益。

(二)以明显高于市场的价格让请托人租赁其房屋,实质上是一种变相收受请托人财物的行为,属于采取交易形式变相收受贿赂

最高人民法院、最高人民检察院于2007年联合下发的《关于办理受贿刑事案件适用法律若干问题的意见》(以下简称《意见》)明确了实践中出现的几种新类型收受财物的方式及数额认定标准,其中在"关于以交易形式收受贿赂问题"中,明确了三种交易方式:以明显低于市场的价格向请托人购买房屋、汽车等物品的;以明显高于市场的价格向请托人出售房屋、汽车等物品的;以其他交易形式非法收受请托人财物的。

对于前两种方式比较容易理解,明显低于市场价格购买和明显高于市场价格出售这两种行为形式上是一种市场买卖行为,系双方自愿处置财产,看似合法合理,但从内容看,这两种行为明显违背市场交易规律,低价买入和高价卖出对买卖的相对方都是不利的,在正常的市场交易中都不会出现。因此,这两种行为表面上是平等的交易,实质上包含了一种权钱交易。请托人之所以接受这样的交易价格,不是因为物有所值,而是因为其中包含了国家工作人员利用职务便利为请托人谋取利益的对价,超出市场价格的差额就是"权钱交易"的价格。对于"以其他交易形式非法收受请托人财物",《意见》虽然没有如前两种行为方式限制"明显低于""明显高于"的条件,但在具体认定时,仍然需要比较具体交易行为与正常市场交易行为的差距。对于明显违背市场交易规律,国家工作人员由此获取了非法利益的,可以认定为"以其他交易形式非法收受请托人财物"。而收受财物的具体数额,应当为实际支付的价格与交易时当地市场价格的差额。

本案中,2003年至2011年间,被告人凌吉敏将房屋出租给扶余华侨农场,其中2003年至2009年每年租金10万元,2010年、2011年每年租金12万元,9年间共计收取租金94万元。而按照价格认证中心的鉴定意见,该房屋在上述时间段的市场租金总计只有306 136元。凌吉敏实际收取的租金是市场同期租金的3倍多,明显高于市场价格,故这种"租赁"表面是一种市场交易行为,实际属于"以其他交易形式非法收受请托人财物",非法收受的财物数额为实际支付价格与交易时当地市场价格的差额,即633 864元。

综上，被告人凌吉敏在明知扶余华侨农场有与其职权相关的请托事项，以明显高于市场价格的租金向请托人出租房屋，属于变相收受请托人的财物，其行为构成受贿罪，受贿数额为实际收取的租金与市场租金的差额。

（撰稿：北京市第二中级人民法院　谭劲松
审编：最高人民法院刑五庭　马　岩）

[第1020号]刘凯受贿案

——因受贿案发后又主动交代用受贿款向他人行贿事实，使其他贿赂案件得以侦破的，是否构成立功

【关键词】受贿　立功　国家工作人员　行贿

一、基本案情

被告人刘凯，男，1971年9月15日出生，原系江苏省徐州市恒达路桥工程有限公司（以下简称恒达公司）经理。2012年12月28日因涉嫌犯受贿罪被逮捕。

徐州市贾汪区人民检察院以被告人刘凯犯受贿罪，向贾汪区人民法院提起公诉。

徐州市贾汪区人民法院经公开审理查明：2004年至2008年间，被告人刘凯利用担任恒达公司经理的职务之便，收受乔文焕、庞宏等人财物，共计价值人民币（以下币种同）18.5万元，在支付货款、租赁费等方面为乔文焕、庞宏等人谋取利益。刘凯到案后退回赃款15万元，如实供述司法机关没有掌握的其他受贿事实，并主动交代了其向张海行贿的事实。

徐州市贾汪区人民法院认为，被告人刘凯身为国家工作人员，利用职务之便，非法收受他人财物共计价值18.5万元，并为他人谋取利益，其行为构成受贿罪。刘凯具有坦白、退赃等情节，依法可以从轻处罚。刘凯被采取强制措施后主动交代行贿事实，由此破获他人受贿案件，不符合立功的法律规定，不构成立功。据此，依照《中华人民共和国刑法》第三百八十五条第一款、第三百八十六条、第三百八十三条、第九十三条第二款、第六十四条、第六十七条第三款之规定，贾汪区人民法院以被告人刘凯犯受贿罪，判处有期徒刑十年。

一审宣判后，被告人刘凯提出上诉。刘凯及其辩护人基于以下理由提请法庭对刘凯减轻处罚：刘凯为司法机关查获其他贿赂犯罪提供线索，具有立功表现；刘凯到案后如实供述其犯罪行为并主动退赃。

徐州市中级人民法院经审理认为，被告人刘凯供述其使用部分受贿款向他人行贿，必然要供述对方收受其贿赂的犯罪事实，不属于检举揭发他人犯罪，不能认定为立功。原判决认定事实清楚，证据确实、充分，定罪准确，量刑适当，审判程序合法。据此，依照《中华人民共和国刑事诉讼法》第二百二十五条第一项之规定，徐州市中级人民法院于2013年7月19日裁定驳回上诉，维持原判。

二、主要问题

因受贿案发后又主动交代用受贿款向他人行贿事实，使其他贿赂案件得以侦破的，是否构成立功？

三、裁判理由

本案在审理过程中，关于被告人刘凯主动交代向他人行贿事实，司法机关由此破获其他贿赂

案件,由此刘凯是否构成立功形成两种不同意见:一种意见认为,刘凯向司法机关供述自己向本案以外的其他国家工作人员行贿,提供了得以侦破其他贿赂案件的线索,应当认定为具有立功表现。另一种意见认为,刘凯具有受贿和行贿两个事实,公诉机关已因其在行贿事实案发前如实供述行贿事实而对该事实不起诉,其提供的他人收受其贿赂的线索,属于对行贿事实如实供述,不应再被重复评价为立功。

我们同意后一种意见。具体从以下两个层面进行分析:

(一)因涉嫌受贿到案后如实供述所收受财物的使用情况的,不属于其对受贿犯罪事实的如实供述范围,由此又涉嫌其他犯罪或者揭发他人犯罪的,可能构成自首、立功

立功是司法实践中比较常见,同时也是司法认定上容易产生争议的问题。行为人因涉嫌某种犯罪到案后,供述该罪事实时又供述了与该罪具有一定关联性的其他事实,甚至因此揭发他人犯罪的,如何判断行为人的供述是否超出了其对前罪如实供述的必要范围,后续供述能否构成自首或者立功,是实务中的难点。总体来说,应当以齐备犯罪构成要件包含的全部构成要件要素为标准,来界定行为人对某一犯罪的供述是否完整、充分。行为人实施犯罪的某些情节又涉及本人或者他人的其他犯罪的,如这些情节没有超出该罪的犯罪构成,则仍然属于对该罪的如实供述,因行为人的供述又破获本人或者他人的其他犯罪的,不构成自首或者立功。由于此类情节本身属于该罪犯罪事实的组成部分,与该罪密不可分,如不如实供述此类情节,该罪的基本犯罪事实就不可能完全查清。例如,依法配枪的人员,因涉嫌非法出租、出借枪支到案后,其供述非法出租、出借枪支事实时必然要交代出租、出借枪支的对象,即使因此提供他人非法持有枪支的犯罪线索,破获了其他案件,也不构成立功。在非法买卖假发票、假币、毒品等违禁品的犯罪中,这一点表现得尤为明显,参与非法交易的一方到案后,如实供述对方情况的,仍然属于对其本人实施的非法交易行为的供述范围。贿赂犯罪也具有这样的特点,供述受贿事实,必须交代行贿人的情况;供述行贿事实,同样必须交代受贿人的情况。除对贿赂的提供人、收受人必须交代外,如有利用职权牟利情节,行为人对牟利情节的供述亦属于对贿赂犯罪基本事实的供述。最高人民法院于2010年出台的《关于处理自首和立功若干具体问题的意见》规定:"虽然如实供述的其他罪行的罪名与司法机关已掌握犯罪的罪名不同,但如实供述的其他犯罪与司法机关已掌握的犯罪属选择性罪名或者在法律、事实上密切关联,如因受贿被采取强制措施后,又交代因受贿为他人谋取利益行为,构成滥用职权罪的,应认定为同种罪行。"根据上述规定,行为人供述的犯罪与司法机关已掌握的犯罪在"法律、事实上密切关联"的,所供犯罪不构成自首,对该规定的精神可以结合犯罪构成来理解、把握。

但是,如果行为人因涉嫌犯罪到案后,供述该罪事实时又供述了超出该罪犯罪构成要件相关事实的,其后续供述构成自首或者立功。行为人在供述犯罪事实时,可能会对案发起因、赃物处理等不属于犯罪构成要件的情节一并供述,此时其供述如涉及本人其他犯罪或者他人犯罪情况,可能构成自首或者立功。例如,行为人在供述故意杀人事实时,供称其与被害人多年前共同绑架他人,后因怕被害人揭发而杀害被害人,其构成绑架罪的自首。在受贿犯罪中,行为人受贿后对贿赂款物的具体使用情况,并不属于受贿罪的构成要素,使用贿赂款物涉及其他犯罪的,对该情节的交代可能构成自首或者立功。本案中,被告人刘凯因涉嫌受贿罪被捕后,交代自己使用部分受贿款向其上级领导张海行贿,刘凯对行贿事实的供述,已超出其对受贿犯罪承担的如实供述范围。考虑到司法机关根据该线索已侦破张海受贿一案,刘凯确已具备构成自首或者立功的可能条件。

（二）主动供述行贿事实并由此破获他人受贿案件的，其中揭发他人受贿犯罪的内容属于如实供述行贿事实的一部分，可构成行贿罪的自首，不构成立功

贿赂犯罪属于对合犯，实施贿赂行为的双方互为实现特定犯罪的必要条件。无论是行贿罪还是受贿罪，其客观方面的要件都必然包含财物转移的全过程，均涉及双方当事人。根据前面的分析，行为人供述行贿事实的，必然供述对方的受贿事实，否则其供述的行贿事实就不完整，达不到如实供述的要求。故其对他人受贿犯罪的揭发，并未超出其对行贿犯罪承担的如实供述范围，不能另外构成立功。

本案中，被告人刘凯因涉嫌受贿到案后供述了自己的受贿事实，同时主动交代了自己使用部分受贿款向他人行贿的事实。刘凯主动供述行贿事实同时产生了两方面的积极作用：一方面，其主动交代了司法机关尚未掌握的行贿事实，司法机关据此查明该事实，节约了司法资源；另一方面，司法机关根据其供述侦破了他人受贿的案件，其供述具有揭发他人犯罪的效果。刘凯主动供述行贿事实，可以认定其构成行贿罪的自首。虽然其自首行为客观上具有揭发他人犯罪的作用，但不能再认定其构成立功，否则就是对同一行为的重复评价。刘凯除了具有行贿罪自首情节，同时，还符合刑法第三百九十条第二款关于"行贿人在被追诉前主动交代行贿行为的，可以减轻处罚或者免除处罚"的规定。公诉机关根据该款规定，已对其所犯行贿罪不予起诉，这是对其所犯行贿罪具有自首情节的充分肯定评价，人民法院在审判阶段自然不能再将该情节重复评价为立功。据此，一、二审法院均认定被告人刘凯不构成立功，是正确的。

（撰稿：江苏省徐州市中级人民法院　邱学锋　庄　彬
审编：最高人民法院刑五庭　马　岩）

[第1040号]尹某受贿案

——如何审查被告人在侦查阶段不同期间所作供述的合法性

【关键词】　受贿　侦查　国有企业　供述

一、基本案情

被告人尹某，男，1954年11月14日出生，原某市烟草公司办公室主任科员、副主任。2013年8月14日因涉嫌受贿罪被逮捕。

某区人民检察院以被告人尹某犯受贿罪，向某区人民法院提起公诉。

某区人民法院经公开审理查明：2002年12月，被告人尹某被任命为某市烟草公司（国有企业）办公室副主任，2009年12月被免去办公室副主任职务，改任主任科员。2008年6月至2010年8月间，尹某在担任该公司办公室副主任、主任科员期间，利用其负责该公司卷烟物流配送中心项目基建、装修等具体事项协调工作等职务上的便利，先后5次非法收受某室内成套装饰有限公司顾某某、某实业有限责任公司冯某某贿赂的人民币（以下币种同）共计23.5万元。

某区人民法院认为，被告人尹某身为国有企业中从事公务的人员，利用职务之便，非法收受他人财物共计23.5万元，为他人谋取利益，其行为构成受贿罪，依法应当判处十年以上有期徒刑或者无期徒刑。依照《中华人民共和国刑法》第一百六十三条第三款，第三百八十五条第一款，第三百八十六条，第三百八十三条第一款第一项、第二款，第九十三条第二款，第六十四条之规定，

某区人民法院判决如下：

1. 被告人尹某犯受贿罪，判处有期徒刑十一年，并处没收财产人民币五万元。

2. 追缴被告人尹某受贿所得人民币二十三万五千元。

一审宣判后，被告人尹某基于以下理由提起上诉：(1)本案侦查机关的全部侦办过程严重违反法律程序；(2)侦查机关采用刑讯逼供，通过威胁、恐吓、利诱取得上诉人及关键证人的言词证据，系非法证据，一审法院未予排除；(3)一审定案证据不能排除合理怀疑，判决认定的事实不清、证据不足，应当依法宣告本案无罪。

某中级人民法院经公开审理查明：原审判决认定上诉人尹某身为国有企业中从事公务的人员，利用职务上的便利，非法收受他人财物，共计23.5万元，为他人谋取利益的事实，有原审法院经过当庭质证后所认定的证据予以证实。

某中级人民法院认为，原审判决认定上诉人尹某犯受贿罪的定罪和量刑事实清楚，证据确实、充分，适用法律正确，量刑适当，诉讼程序合法，应予维持。关于上诉人尹某及其辩护人提出的上诉理由和辩护意见，经查：(1)侦查机关在立案后对上诉人尹某的刑事拘留、逮捕决定均严格按照刑事诉讼法的规定作出，并由公安机关执行，且讯问过程中均告知了相关诉讼权利和义务，并进行了同步录音录像，并无违法取证行为。(2)2013年7月28日某区人民检察院对上诉人尹某立案后即向其告知了有核对笔录、对侦查人员的违法行为提出控告等诉讼权利。尹某就受贿事实作过数次稳定供述，而且其曾详细供述在2008年至2009年间收受顾某某、冯某某等人贿赂后从最初的惶恐不安到逐渐心安理得，直至无所顾忌；在接受侦查机关调查后害怕、不敢面对现实、抱有幻想等心理历程。该供述自然客观、真实可信。一审庭审中，公诉人当庭播放了该区人民检察院立案后在看守所对尹某所作第一份讯问笔录的同步录音、录像，视频资料显示尹某神态自然，回答流畅，侦查人员没有非法取证的行为；2010年8月20日该区人民检察院人民监督员找尹某谈话时，其亦明确表示办案人员对其公正文明，讯问行为没有违反法律和有关纪律。(3)2008年至2010年期间，上诉人尹某在所在单位新办公大楼和物流配送中心基建和装修工作中，全权代表公司行使有关职权，负责基建、装修方面的具体事项的协调工作，虽无最终决策审批权，但其在工程追加投资方案的初步研究及上报、工程决算等方面为冯某某提供帮助，使其避免因工程量清单中缺项而造成数十万元的经济损失；在施工单位推荐过程中，其介绍顾某某顺利承接到卷烟物流配送中心部分新增项目装修工程，尹某因此收受二人贿赂共计23.5万元。尹某的供述虽有反复，但其在立案后的数次有罪供述与证人顾某某、冯某某的多次稳定证言在行受贿的时间、地点、数额、原因、现金包装以及承接工程情况等细节上能相互印证。据此，依照《中华人民共和国刑事诉讼法》第二百二十五条第一款第一项之规定，某中级人民法院裁定驳回上诉，维持原判。

二、主要问题

如何综合判断被告人在侦查阶段不同期间所作供述的合法性？

三、裁判理由

在职务犯罪中，侦查机关介入侦查之后往往需要通过初查程序，才能决定是否立案并进行更加深入的调查取证。由于职务犯罪的特殊性，在司法实践中对当事人言词证据依赖程度较高，尤其当被告人供述、证人证言不稳定的情况下，如何对侦查机关在不同侦查阶段取得的言词证据进行甄别，需要综合多方面因素进行审查判断。

本案中，根据检察院移送的案卷材料，被告人尹某因涉嫌犯受贿罪于2013年7月25日至9月22日共接受侦查机关调查12次。其中7月25日至28日3时，在侦查机关的指定办案地点接受2次调查，并制作2份询问笔录，尹某亲笔书写了《思想认识》3份，以上证据材料为侦查机关初查阶段所取得。28日上午立案后，尹某于当晚20时在该地点接受讯问1次，如实供述了自己的全部犯罪事实。7月29日至9月22日，在某市看守所接受9次讯问，其间时供时翻。其中，作有罪供述6次，翻供3次。该部分证据为正式立案侦查后所取得。本案争议的焦点之一，即侦查机关在不同阶段所取得的证据效力，如何进行采信与排除。我们认为，需要结合全案材料进行甄别。具体分述如下：

（一）侦查机关在初查阶段收集的被告人言词证据要根据取证手段是否合法决定是否排除

1. 侦查机关在初查阶段合法收集的言词材料可以作为证据使用。根据刑事诉讼法第一百一十条的规定，人民法院、人民检察院或者公安机关对于报案、控告、举报和自首的材料，应当按照管辖范围，迅速进行审查，认为有犯罪事实需要追究刑事责任的时候，应当立案。本条中关于"审查"的规定，即是检察机关初查的法律依据之一。此外，最高人民检察院制定的《人民检察院刑事诉讼规则（试行）》对初查作了详细规定，即举报线索的初查由侦查部门进行。由此规定可知，侦查机关启动侦查以发现犯罪嫌疑为前提，并不以立案为必要前提。立案的实质是为强制侦查提供法律依据，而非启动侦查的前提。能够证明案件真实情况的合法材料，都可以被用作为证据或者证据辅助材料。初查阶段取得的被调查人言词证据材料，符合取证主体和办案程序的相关规定，具有合法性，调查当中无刑讯逼供等非法情形的，可以作为诉讼证据使用。

2. 侦查机关在初查阶段非法取得的证据应当予以排除。本案中，侦查机关在初查阶段使用的非法取证方式大致包括以下几类：

（1）侦查机关对犯罪嫌疑人采取疲劳审讯的方式。本案中，据被告人尹某称：其于7月25日晚进入侦查机关指定的办案地点接受调查，至28日上午立案之时，历时约72小时，没有离开过办案地点，并一直接受办案人员"车轮战"式的调查，每天睡眠时间不足4小时。另外，25日至27日，侦查机关没有制作一份调查笔录，也未移送25日至27日的同步录音、录像资料。据办案人员称，此段期间，其一直在对尹某进行思想教育。基于对上述情况的判断，办案法官内心产生较强确信，在该期间侦查机关采用了"疲劳战术"对尹某进行取证。

（2）侦查机关在初查时采用威胁、辱骂被调查人的方式。本案中，由于侦查机关没有移送25日至27日对尹某进行调查时的同步录音、录像，经过多方协调，办案法官在侦查机关指定地点观看了该期间的同步录音、录像，资料显示尹某在进入办案地点之后产生较强的抗拒情绪，经过多天的思想教育其仍未交代犯罪事实。其中，在27日17时至19时，办案人员对尹某有言语辱骂，并威胁其再不交代问题将把其家人带至办案地点一并调查等违规情况，以此给尹某造成较大的心理压力，迫使其尽快承认犯罪事实。

（3）侦查机关在初查过程中还存在其他不规范情形。对此，侦查机关未作出合理解释或者进行补正，具体表现在以下几个方面：首先，传唤及询问过程违反法定程序。刑事诉讼法第一百一十七条第二款规定："……案情特别重大、复杂，需要采取拘留、逮捕措施的，传唤、拘传持续的时间不得超过24小时；不得以连续传唤、拘传的形式变相拘禁犯罪嫌疑人，并保证其必要的饮食和休息时间"。本案中，尹某从25日至28日一直在该办案地点接受调查，且侦查机关仅出具了25日、28日共2份《调查通知书》。可见，办案机关明显违反了刑事诉讼法第一百一十七条的规定。其次，询问笔录制作不完整。侦查机关仅向法院移送了尹某28日晚接受询问的笔录，而此前的询问，侦查机关认为，因尹某对自己的犯罪行为认识态度不端正，对尹某所进行的思想教育工作，与案件事实无直接关系，故未制作相关的询问笔录。最后，询问笔录制作未严格遵循实录原则。视听资料显示，办案人员在询问中较少出现敲击电脑键盘的动作，更多的是移动鼠标，甚至某些错别字在一份笔录之中多次出现,有复制、粘贴笔录之嫌。

因此,人民法院结合上述情况,无法确认侦查机关在初查阶段的取证行为具有合法性,故将此阶段取得的被告人尹某的言词材料作为非法证据予以排除。

(二)重复供述不因之前供述取证非法而当然排除

审理法院虽然将被告人尹某在侦查机关指定办案地点所作的有罪供述予以排除,但并不意味着此后所取得的言词证据必然违法。对于重复供述,有必要结合多方面因素进行综合审查判断:

1. 尹某处于意志相对自由空间,权利告知起到了"清洁阀"作用。相比侦查机关的办案地点而言,看守所是由不同国家机关或者部门管理的监管场所。行为人在看守所羁押期间,受到侦查机关的影响减弱,能接触到委托律师、同样被羁押的人以及其他人员,并与上述人员有思想、信息交流,对自身涉案情况有充分思考的时间,其意志相对更加自由。因而,司法实践中,翻供也多始于该阶段。本案中,尹某解释自己第一次翻供原因亦说明在该阶段其意志处于自由状态:其与同监室人员交流后,产生"受贿是两个人的事情,不承认谁拿自己也没有办法"的侥幸心理;在会见律师后,律师表示尹的妻子已经在找相关证人重新作证,并会对其作无罪辩护,使尹某的精神上受到莫大的"鼓舞",更加坚定了翻供的决心。此阶段,侦查机关采取了证据"清洁"措施。一是进行权利告知。案件于7月28日立案后,当日即告知了有核对笔录、对侦查人员的违法行为提出控告等诉讼权利。二是人民监督员介入。8月20日检察院人民监督员在看守所会见尹某,针对侦查机关取证行为是否合法进行了询问,尹某表示侦查机关在讯问过程中无诱供、逼供行为,并在笔录上签字捺印。人民监督员是检察机关邀请的普通公民,其职责是监督职务犯罪中办案人员有无刑讯逼供、违法违纪情况,地位具有相对独立性和超然性。

2. 同步录音、录像资料完备,能完整反映讯问过程。尹某于7月28日晚被刑事拘留,次日9时被送往看守所羁押,在看守所中共接受9次讯问,包括人民监督员会见询问,均有完整的同步录音、录像资料,反映其精神状态以及表情均比较自然,思维清晰,语言表达流畅。办案人员在讯问过程中举止文明,没有诱供、逼供等行为。笔录制作上也遵循实录原则,对其供述进行同步电脑录入,少有点击鼠标的情况出现;在每次讯问结束后,均由尹某先核对笔录,亲自修改并签字捺印。

3. 犯罪细节供述详细,具有明显的个性特征。尹某对于收受顾某某、冯某某二人贿赂的时间、地点、数额、包装等细节均有自然的回忆过程和清晰的供述。尤其当在交代收受贿赂的过程时,尹某在没有受到任何提示或者发问的前提下,不由自主地对自己当时的心理状态进行了比较细致的描述,其承认第一次收受顾某某的一笔10万元的贿赂是终生难忘的,之后自己的心态从害怕、犹豫到心安理得,直至发展到无所顾忌、近乎疯狂。被调查后害怕面对亲人、领导、同事,精神压力大所以一开始比较抗拒。如果没有亲身经历,普通人是很难将该种心情进行如此细致的描述的。办案法官可以将该细节作为尹某实施受贿犯罪成立的重要证据,以增强内心确信。

此外,本案中还存在证人反复翻证问题。案件中的一名关键证人顾某某于7月26日、29日在检察机关指定的办案地点接受询问时,两次交代了其向尹某行贿3次,共计11.5万元的事实。8月8日,顾某某主动至检察机关翻证。8月13日、9月12日再次接受侦查机关询问时又承认其向尹某行贿的事实,并书写了《思想认识》1份。9月29日,尹某的辩护人贺某某约顾某某在某茶楼进行询问,贺某某在对方不知情的情况下将双方的谈话进行了录音,录音资料反映顾某某否认其向尹某行贿的事实,但其拒绝在贺某某制作的证言笔录上签字捺印,事后贺某某将该录音和笔录一并向人民法院提供。12月20日,侦查机关就此事找顾某某进行询问,顾再次承认了其最初向尹某行贿的证言。

针对顾某某的证言在短时间内数次反复的情况,如何对上述不同时间、地点所作的证言进行甄别与采信，审理法院主要从以下几个方面寻求突破：(1)从取证形式合法性进行判断。侦查机关对顾某某的取证过程，均提供了完整的同步录音、录像，询问完毕后均由证人本人核对笔录后签名捺印；反观辩护人在取证中未经证人同意偷偷录音，询问笔录没有证人的签名捺印，违反正常的取证形式，不具有合法性，不能采信。(2)从翻证的原因进行合理性判断。顾某某在8月13日、9月12日接受侦查机关询问时承认，其翻证出于三方面的考虑：一是害怕自己受到刑罚处罚；二是妻子怕此事影响小孩子而提出跟自己离婚；三是尹某的家属多次来电希望其能翻证，自己也心生愧疚。由此可知，顾某某系在精神受到多重压力的情况下而违心地进行了翻证。同时，2014年1月4日，即一审开庭后次日，顾某某在参加由合议庭主持的公诉人、辩护人、证人出席的质证会议上明确表示：即使因行贿被追究刑事责任也不再改变所作的证言。(3)从证言的内容进行细节分析。虽然证人顾某某的证言存在一定反复，且未出庭作证，但是总体较为稳定，尤其是证言中对于向尹某行贿的时间、地点、金额、请托事项、现金包装等细节均有自然、详尽的描述，与尹某的供述能够相互印证。因此，一审法院认为，证人顾某某在侦查机关所作的证言具有较高的可信度，应当予以采信。

综上，面对侦查机关在不同阶段所取得的被告人言词证据，审理法院综合取证的时间、地点、供证笔录、视听资料等重要证据进行审查判断后，将被告人尹某在检察院办案地点的有罪供述作为非法证据予以排除，而对于其在看守所中的有罪供述予以采信，本文较好地体现了证据审查和认定的有关要求，值得借鉴和参考。

（撰稿：江苏省无锡市中级人民法院　范　莉　范　凯
江苏省无锡市人民检察院　梁　果
审编：最高人民法院刑二庭　刘为波）

[第1055号]王海洋非国家工作人员受贿、挪用资金案

——如何认定国家出资企业中工作人员的主体身份

【关键词】 国家出资企业　受贿　挪用公款　职务

一、基本案情

被告人王海洋，男，1981年9月29日出生，原系中国建筑第八工程局有限公司第一建设有限公司（以下简称中建八局第一公司）西客站交通枢纽项目部商务经理。2013年5月9日因涉嫌犯受贿罪被逮捕。

山东省济南市历下区人民检察院以被告人王海洋犯受贿罪、挪用公款罪向历下区人民法院提起公诉。

济南市历下区人民法院经公开审理查明：

（一）受贿事实

中建八局第一公司系国有企业，被告人王海洋在任该公司西客站交通枢纽项目部商务经理期间，利用负责项目工程预、决算签发、审核的职务便利，为分包施工队谋取利益，分别于2011年9月、2012年4月、2013年2月三次收受施工队负责人李忠阳、郭峰好处费共计人民币（以下币种同）27.6万元，据为己有。

（二）挪用公款事实

2011年9月14日，中建八局第一公司会计张娜将公款22万元转入王海洋个人农业银行账户，由王海洋保管。同年11月10日，王海洋利用保管该部分账外资金的职务便利，将其中147 850.65元用于个人购买农业银行理财产品，进行营利活动，同年12月12日归还，获利约700元。

济南市历下区人民法院认为，被告人王海洋身为国有企业工作人员，利用职务便利，为他人谋取利益，收受他人财物；利用职务便利，挪用公款进行营利活动，数额较大，其行为分别构成受贿罪和挪用公款罪。王海洋到案后如实供述了挪用公款的犯罪事实，依法可以从轻处罚。王海洋家属为其积极退缴全部受贿赃款，依法可以酌情从轻处罚。据此，依照《中华人民共和国刑法》的相关规定，历下区人民法院判决如下：

被告人王海洋犯受贿罪，判处有期徒刑十年六个月；犯挪用公款罪，判处有期徒刑二年；决定执行有期徒刑十一年。扣押在案的赃款人民币二十七万六千元予以没收，上缴国库。

一审宣判后，被告人王海洋不服，向济南市中级人民法院提起上诉。其主要上诉理由是：中建八局第一公司是中建八局公司的全资子公司，中建八局公司又是中国建筑股份有限公司（以下简称中建股份公司）的全资子公司，而中建股份公司2009年7月上市，从国有公司演变为国有资本控股公司，中建八局公司和中建八局第一公司也随之转变为非国有公司。因此，其身份不属于国家工作人员，不具备受贿罪、挪用公款罪的主体要件。

济南市中级人民法院经公开审理查明的上诉人王海洋收受郭峰、李忠阳等人27.6万元贿赂以及挪用本单位资金147 850.65元的事实和证据与一审相同。

济南市中级人民法院另查明，2007年12月，经国务院国资委同意，中国建筑工程总公司（以下简称中建总公司）联合中国石油天然气集团公司、宝钢集团有限公司、中国中化集团公司作为发起人（以上均为国有股东，其中中建总公司持股94%），发起设立中建股份公司。随后，中建总公司决定将中建八局公司100%国有法人股权作为其出资的一部分投入中建股份公司，并与中建股份公司签订了股权转让协议，中建八局公司由此成为中建股份公司独家持股的独资有限公司。2009年7月，中建股份公司在上海证券交易所上市，从2009年至2013年，该公司国有股东持股比例均保持在60%以上。2009年12月，中建股份公司为中建八局公司增资9.65亿元。2010年12月，经中建股份公司同意，中建八局公司收购上诉人王海洋所在单位中建八局第一公司49%的社会法人股及自然人股股权（另51%股权继续由中建八局公司持有）。2011年3月10日，中建八局第一公司工商登记注册变更为中建八局的独资有限公司。

济南市中级人民法院认为，上诉人王海洋身为非国有公司的工作人员，利用职务上的便利，非法收受他人财物，为他人谋取利益，数额巨大；利用职务上的便利，挪用本单位资金归个人使用，进行营利活动，数额较大，其行为构成非国家工作人员受贿罪和挪用资金罪，依法应当数罪并罚。原审认定王海洋的行为构成受贿罪和挪用公款罪有误，应当予以纠正。鉴于王海洋受贿赃款已全部追回，归案后如实供述其挪用资金的事实，对其依法可以从轻处罚。据此，依照《中华人民共和国刑事诉讼法》第二百二十五条第一款第二项、《中华人民共和国刑法》第一百六十三条第一款、第二百七十二条第一款、第六十九条第一款、第六十七条第三款、第六十四条之规定，济南市中级人民法院改判如下：

上诉人王海洋犯非国家工作人员受贿罪，判处有期徒刑六年；犯挪用资金罪，判处有期徒刑一年；决定执行有期徒刑六年六个月。

二、主要问题

如何认定国家出资企业中工作人员的主体身份?

三、裁判理由

本案被告人王海洋的身份是否属于国家工作人员,应当综合以下两个问题进行分析认定:一是王海洋所在单位是否属于刑法意义上的国有公司;二是如果其单位不属于国有公司,王海洋是否属于《最高人民法院、最高人民检察院关于办理国家出资企业中职务犯罪具体应用法律若干问题的意见》(以下简称《国家出资企业意见》)第六条第二款所规定的国家工作人员类型。二审法院在查明有关事实的基础上,遵循上述思路,认定王海洋不具有国家工作人员主体身份,并据此改判。具体理由如下:

(一)被告人所属公司出资股东的性质决定了该公司的性质是非国有公司,由此被告人不是国有公司中从事公务的人员

刑法意义上的国有公司仅指国家出资的国有独资公司,不包含国有资本控股公司、国有资本参股公司等其他类型的国家出资企业。刑法条文中含有"国有公司""非国有公司"的表述,但刑法条文没有对"国有公司""非国有公司"的内涵和外延作出明确规定,对其界定只能依据最高司法机关出台的规范性指导文件。从最高人民法院2001年发布的《关于在国有资本控股、参股的股份有限公司中从事管理工作的人员利用职务便利非法占有本公司财物如何定罪问题的批复》、2003年发布的《全国法院审理经济犯罪案件工作座谈会纪要》、2005年出台的《关于如何认定国有控股、参股股份有限公司中的国有公司、企业人员的解释》等规定来看,刑法意义上的国有公司仅限于国有独资公司,这也是长期刑事司法实践中一贯掌握的标准。"两高"2010年联合出台的《国家出资企业意见》与上述规定一脉相承,在坚持国有公司、企业既定外延的基础上,仅对国家出资企业中"以国家工作人员论"的范围有所突破和扩大。

本案一审之所以认定被告人王海洋所在的中建八局第一公司是国有公司,王海洋的身份是国家工作人员,主要是基于该公司在诉讼阶段出具了一份证明:2010年前该公司的国有法人股占51%,社会法人股占10%,职工股占39%,2010年经上级同意改为国有企业,社会股和职工股资金全部退出。然而问题的关键是,能否仅凭该证明认定中建八局第一公司属于国有公司。我们认为,对公司性质的认定,不能仅凭公司的工商注册登记或者公司自身所做的说明,而应当严格依照《国家出资企业意见》第七条的规定,遵循"谁投资,谁拥有产权"的原则,从公司的实际出资情况进行认定。具体联系本案,从相关文件来看,2011年3月,中建八局第一公司变更为中建八局公司的全资子公司,中建八局公司是中建八局第一公司的唯一股东,因此中建八局公司的国有性质决定了中建八局第一公司的国有性质。然而,从股东实际出资情况来看,中建八局公司后改制为国有控股公司,即非国有公司,从而决定了中建八局第一公司属于国家出资企业,而不属于国有公司。这一过程大致可以划分为两个阶段:(1)中建八局公司原是国有公司中建总公司的全资子公司,2007年12月,该公司的股东即出资人变更为中建股份公司,此时,中建股份公司仍是国有公司,故中建八局公司也是国有公司。(2)2009年7月,中建股份公司在上海证券交易所上市,转变为国有控股公司,由此,中建八局公司因其股东不再是国有独资公司,其在性质上也就不再属于国有公司,而是转变为国有控股公司。相应地,中建八局第一公司的性质也应变为国有控股公司。基于上述分析,可以认定王海洋的身份不属于国有公司中从事公务的人员。

(二)从被告人的任职程序和实际履行的职责来看,被告人不属于《国家出资企业意见》规定的"国家工作人员"

《出资企业意见》第六条将非国有独资的国家出资企业中的国家工作人员分为两种类型:第

一种类型与刑法第九十三条第二款对应，属于“委派型”国家工作人员。本案中，被告人王海洋所在公司及上级公司均为国有控股公司，故不属于国有公司委派到非国有公司任职的情形。第二种类型即“间接委派型”或者“代表型”国家工作人员。《国家出资企业意见》第六条第二款规定：“经国家出资企业中负有管理、监督国有资产职责的组织批准或者研究决定，代表其在国有控股、参股公司及其分支机构中从事组织、领导、监督、经营、管理工作的人员，应当认定为国家工作人员。”根据该规定，对于国家出资企业中的工作人员是否属于“国家工作人员”，应当从以下两个方面进行认定：一是形式要件，即经国家出资企业中负有管理、监督国有资产职责的组织批准或者研究决定。这里的“组织”主要是指上级或者本级国家出资企业内部的党委、党政联席会。二是实质要件，即代表负有管理、监督国有资产职责的组织在国有控股、参股公司及其分支机构中从事组织、领导、监督、经营、管理工作，实质要件具有“代表性”和“公务性”两个特征。在判断层次上，对于形式要件、实质要件的判断分别属于形式判断和实质判断，首先要进行形式判断，形式判断是进行实质判断的重要前提和依据。

本案中，被告人王海洋任职本公司西客站交通枢纽项目部商务经理是经本公司总经理办公会研究决定任命，并非经国家出资企业中负有管理、监督国有资产职责的组织批准或者研究决定任命。

综上，本案被告人王海洋不是国家工作人员，其利用职务之便，为他人谋取利益，收受他人贿赂的行为以及挪用本单位资金的行为，不构成受贿罪和挪用公款罪，应当以非国家工作人员受贿罪和挪用资金罪论处。

（撰稿：山东省济南市中级人民法院　张威力　李洪川
审编：最高人民法院刑二庭　逄锦温）

［第1071号］陈强等贪污、受贿案

——国家工作人员套取的公款中用于支付原单位业务回扣费用的部分，是否应当计入贪污数额

【关键词】　国家工作人员　公款　回扣　贪污　套取

一、基本案情

被告人陈强，男，1951年6月5日出生，原系浙江省残疾人康复指导中心副主任、浙江省残疾人辅助器具资源中心主任、浙江省听力技术服务中心（以下简称听力中心）主任。2013年5月20日因涉嫌犯贪污罪、受贿罪被逮捕。

被告人胡海燕，女，1981年10月13日出生，原系杭州达那福医疗器械有限公司（以下简称达那福公司）总经理、杭州贝迪科技有限公司（以下简称贝迪公司）法定代表人。2013年3月14日因涉嫌犯贪污罪被逮捕。

被告人沈士锋，男，1980年10月26日出生，原系浙江省现代假肢矫形器装配中心（以下简称假肢中心）主任。2013年5月10日因涉嫌犯贪污罪、受贿罪被逮捕。

被告人张彬，女，1979年8月9日出生，原系听力中心主任。2013年3月31日因涉嫌犯受贿罪被逮捕。

被告人周文波，女，1974年5月27日出生，原系听力中心主任。2014年9月4日因涉嫌犯贪污罪、受贿罪被逮捕。

浙江省杭州市人民检察院以被告人陈强等人犯贪污罪、受贿罪，向杭州市中级人民法院提起公诉。

被告人陈强等人及辩护人提出，成立达那福等第三方公司的目的是替浙江省残联下属的听力中心、假肢中心等单位或部门支付无法从单位内部支出的业务员销售助听器、假肢配件、矫形器所必需的费用，多余的利润仅够支付第三方公司经营的必要成本，各被告人并未侵吞国有资产，且系为了单位利益，不构成贪污罪。

浙江省杭州市中级人民法院经公开审理查明：

2005年年底，时任浙江省残疾人康复指导中心副主任、辅具中心主任的被告人陈强为侵吞听力中心公款，并解决听力中心销售助听器的业务费用支付问题，授意被告人胡海燕成立达那福公司，该公司由陈强、胡海燕实际控制。2006年3月至2011年1月，陈强对听力中心谎称达那福公司系供货商的分公司，同时对供货商谎称达那福公司系听力中心的下属单位，并指使先后担任听力中心负责人的被告人周文波、张彬利用采购助听器的职权，与胡海燕里应外合，通过增加助听器交易环节的方式，即要求供货商以原供货价格和模式将助听器先行销售给达那福公司，达那福公司再加价转售给听力中心，获取不法利益。陈强、胡海燕控制的达那福公司通过上述方式累计非法获利人民币（以下币种同）3 630 408元，并将供货商原应返给听力中心的助听器（价值442 114元）予以侵吞。在此过程中，达那福公司按照助听器实际销售额4.5%～13.5%的比例，以现金形式支付给听力中心业务员共计约2 529 000元，用于支付销售助听器的业务费用，剩余价值约1 543 522元的财物被陈强、胡海燕侵吞。此后，陈强授意胡海燕、张彬成立杭州天聪听力设备有限公司（以下简称天聪公司）接替达那福公司，通过上述同样方式累计获利633 953元，其中按照一定比例以现金形式支付给听力中心业务员共计约282 088元，用于支付销售助听器的业务费用，剩余约351 865元被陈强、胡海燕、张彬侵吞。

2008年5月，被告人陈强为了侵吞康复指导中心增设机构辅具中心的公款，并解决辅具中心下属部门假肢中心销售假肢配件、矫形器的业务费用支付问题，授意时任假肢中心负责人的被告人沈士锋成立杭州来帮特假肢矫形器有限公司（以下简称来帮特公司），通过上述同样方式累计获利148 225元，其中按照一定比例以现金形式支付给假肢中心业务员共计约50 000元，用于支付销售假肢配件、矫形器的业务费用，剩余约98 225元由沈士锋等人侵吞。

被告人陈强、沈士锋、周文波还分别利用职务之便，收受他人财物。

浙江省杭州市中级人民法院认为，被告人陈强、周文波、张彬、沈士锋身为国家工作人员，分别结伙或伙同胡海燕，利用陈强等的职务之便侵吞公共财物共计2 093 412元，其行为均已构成贪污罪，其中陈强参与贪污2 093 412元，胡海燕参与贪污1 995 187元，张彬参与贪污1 301 013元，沈士锋参与贪污98 225元，周文波参与贪污667 077元；陈强、沈士锋、周文波身为国家工作人员，利用职务之便，非法收受他人财物，为他人谋取利益，其行为均已构成受贿罪，其中，陈强和沈士锋共同受贿372 590元，周文波受贿26 000元，依法应予数罪并罚。各被告人及其辩护人提出的辩解理由和辩护意见均不能成立，不予采纳。鉴于张彬、周文波在部分贪污事实中系从犯，张彬、沈士锋具有自首情节，陈强、周文波对受贿事实具有自首情节且案发后主动退缴部分赃款，依法对上述四被告人分别予以减轻处罚或者从轻处罚。据此，依照《中华人民共和国刑法》第九十三条第二款，第三百八十二条，第三百八十三条，第三百八十五条第一款，第三百八十六条，第二十五条第一款，第二十六条第一款、第四款，第二十七条第一款，第六十七条第一款，第六十九条，

第六十四条之规定，判决如下：

1. 被告人陈强犯贪污罪，判处有期徒刑十二年，并处没收个人财产人民币二十万元；犯受贿罪，判处有期徒刑七年，并处没收个人财产人民币五万元，决定执行有期徒刑十七年，并处没收个人财产人民币二十五万元。

2. 被告人胡海燕犯贪污罪，判处有期徒刑十一年，并处没收个人财产人民币十五万元。

3. 被告人沈士锋犯贪污罪，判处有期徒刑七年，并处没收个人财产人民币五万元；犯受贿罪判处有期徒刑六年六个月，并处没收个人财产人民币五万元，决定执行有期徒刑十一年六个月，并处没收个人财产人民币十万元。

4. 被告人张彬犯贪污罪，判处有期徒刑九年，并处没收个人财产人民币十万元。

5. 被告人周文波犯贪污罪，判处有期徒刑五年，并处没收个人财产人民币三万元；犯受贿罪，判处有期徒刑一年，决定执行有期徒刑五年六个月，并处没收个人财产人民币三万元。

6. 本案查扣的涉案财物予以追缴，以贪污数额为限发还浙江省残疾人康复指导中心，余款作为受贿赃款予以追缴，上缴国库。责令各被告人退赔其余相应违法所得，依法处理。

一审宣判后，五名被告人均提出上诉。浙江省高级人民法院经审理后认为，原判定罪及适用法律正确，量刑适当，裁定驳回五名被告人的上诉，维持原判。

二、主要问题

国家工作人员成立第三方公司套取单位公款，将其中部分公款用于支付原单位业务回扣费用，该部分公款是否应当计入贪污犯罪数额？

三、裁判理由

本案中，被告人陈强等人的行为依法构成贪污罪，对此并无争议。争议焦点在于，陈强等人套取的公款中为原单位支出的业务回扣费用（属违法违规费用），是否应当计入贪污数额。一种意见认为，各被告人通过虚增交易环节、抬高交易价格的方式从听力中心等单位套取公款，已经完成了对该笔钱款的贪污行为，属贪污犯罪既遂，此后用于支付原单位业务回扣费用，系犯罪既遂后对赃款的处置，且该项费用因系违规已被上级主管单位严令禁止，故不应将该笔钱款从各被告人的贪污数额中扣除。另一种意见认为，陈强等人成立第三方公司的目的之一，就是要解决原单位业务回扣费用的支付问题，套取公款后也确实按照预期计划支付该项费用，陈强等人对该笔钱款主观上没有非法占有的故意，客观上也未侵吞，故应将该笔钱款从各被告人的贪污数额中扣除。

我们同意后一种意见，即本案中套取公款用于支付原单位业务回扣费用的部分不应计入贪污数额。理由如下：

（一）本案中，套取的公款用于支付原单位业务回扣费用的部分，不属于各被告人贪污的对象，不应计入贪污数额

通说认为，国家工作人员套取公款后，再将部分钱款用于原单位公务支出，不论出于何种原因，均应全额计入贪污数额，理由是该行为属于犯罪既遂后的赃款处置行为。本案与上述"套取公款后用于单位业务开支"的情形有以下本质区别：

第一，各被告人自始至终均无占有该部分用于支付业务回扣费用的钱款的主观故意。在各被告人产生贪污犯意之前，支付业务回扣费用的做法在原单位早已存在，且已成惯例，后因审计部门及上级主管单位明令禁止该项支出，切断了直接支付路径，各被告人才决定另立第三方公司解决业务回扣费的走账问题，将无法直接从原单位支出的该部分费用经由第三方公司中转支付，以规避审计和调查，并在走账过程中谋取个人私利。可见，本案各被告人在贪污犯意产生之际，已商定将套取公款中的部分钱款用于支付原单位业务回扣费用，并无侵吞该部分钱款的故意。

这与一般案件中，行为人最初对套取的全部公款具有非法占有的故意，在套取公款后因各种原因才临时将部分钱款用于单位开支的情况存在本质差异。

第二，各被告人客观上对该部分用于支付业务回扣费用的钱款并无自由支配权。一般案件中，行为人套取公款后便实际掌握该笔公款，并有权决定该笔公款的用途，包括是否拿出部分用于单位业务支出、拿出多少、用于何种支出等，均由行为人决定。本案中，各被告人套取公款之前，关于从第三方公司领取该部分钱款用于支付业务回扣费用一事，原单位及第三方公司其他人员均已知情，且钱款的支出方式、数量、用途等相关内容在双方协议中也已注明，各被告人无权自由变更，因此，原单位将该笔钱款转至各被告人控制的第三方公司账户时，各被告人对该笔钱款仅起到暂为保管、中转的作用，并无自由支配权，也未实际占有。

第三，在实际操作中，第三方公司成立后，确如各被告人事前商议的，由原单位业务员按照之前的惯例报送本月应支付的业务回扣费用，第三方公司从截留的利润中支付该项费用。各被告人并未侵吞该部分钱款。

综上，各被告人对第三方公司替原单位支付的业务回扣费用，在主观上没有非法占有的故意，在客观上也未实际控制和占有；同时，该部分业务费用支出客观上有利于原单位开展业务，各被告人实施的贪污犯罪未造成原单位的财产损失。鉴于此，第三方公司代原单位支出的上述违规业务费用不属贪污对象，不应计入相关被告人的贪污数额。

（二）从贪污数额中扣除该部分费用，并不意味着放纵或默许业务回扣的行为

本案中，支付回扣费用的做法在相关被告人原单位由来已久，各被告人也确是出于单位利益的考虑而决定继续沿用惯例。这种支付业务回扣费用的做法固然应予取缔，但从行业惯例和现实的角度评判，不能将全部责任归于相关被告人。如将该部分费用计入各被告人的贪污数额，将会导致罪刑不相适应。

从贪污数额中扣除该部分费用，只是表明相关被告人对该部分钱款不用承担贪污罪的责任，并不意味着放纵或默许业务回扣的行为。至于业务回扣行为是属于违法违规还是构成行贿犯罪、是个人行贿还是单位行贿等，均需另行评判。

（撰稿：浙江省杭州市中级人民法院　张　琦
审编：最高人民法院刑三庭　罗国良）

[第1087号] 祝贵财等贪污案

——如何区分非法经营同类营业罪和贪污罪

【关键词】 非法经营　贪污　国有公司　同类营业

一、基本案情

祝贵财，男，1955年11月16日出生，研究生文化程度，原北京万商投资发展有限公司副总经理兼北京万商大厦总经理。2012年3月27日因涉嫌犯贪污罪被逮捕。

杨超，男，1964年1月24日出生，大学文化程度，原北京万商大厦副总经理兼万商物业管理有限公司经理。2011年6月28日因涉嫌犯贪污罪被逮捕。

王东立，男，1951年10月28日出生，大专文化程度，原北京万商投资发展有限公司综合管理

部副经理。2012年3月27日因涉嫌犯贪污罪被逮捕。

及永才，男，1955年2月26日出生，大学文化程度，原北京万商投资发展有限公司总经理助理兼北京万商如一酒店管理有限公司总经理。2012年3月27日因涉嫌犯贪污罪被逮捕。

北京市石景山区人民检察院以被告人祝贵财、杨超、王东立、及永才犯贪污罪，向石景山区人民法院提起公诉。

被告人祝贵财、杨超、王东立、及永才及各自的辩护人均认为各被告人的行为仅构成非法经营同类营业罪，不构成公诉机关指控的贪污罪。

北京市石景山区人民法院经公开审理查明：

被告人祝贵财、杨超、王东立、及永才均系国有公司北京万商大厦管理人员。2004年2月至3月间，四被告人和陈瑞琴（另案处理）等人共同商定并出资，以祝贵财亲属的名义成立了北京恒威佳信经贸有限公司（以下简称恒威佳信公司）。同年3月，北京中复电讯设备有限责任公司（以下简称中复电讯公司）有意承租万商大厦裙楼一层约488平方米原“鞋服城”项目用于经营。

时任北京万商大厦总经理的祝贵财与时任副总经理的杨超，共同利用职务便利，由杨超代表北京万商大厦与中复电讯公司洽谈租赁万商大厦底商事宜，在双方商定租赁价格后，采用由恒威佳信公司同日先与北京万商大厦签订承租合同，再与中复电讯公司签订转租合同的手段，截留本应属于北京万商大厦的底商租赁款。

被告人及永才受祝贵财指派负责管理恒威佳信公司，将所截留的房屋租金收入扣除各类税款等费用后不定期分配给上述被告人，2006年12月该公司注销。2007年1月，被告人王东立受祝贵财指派，以自己与他人共同成立的北京瑞源通泰商贸有限责任公司（以下简称瑞源通泰公司）接替恒威佳信公司继续开展上述业务，并受祝贵财指派管理瑞源通泰公司所截留的房屋租赁款，不定期分配给上述被告人。

2004年5月至2010年10月间，四被告人利用恒威佳信公司和瑞源通泰公司截留万商大厦底商租赁差价款共计人民币（以下币种同）2 122 501.96元。其中，上述两家公司上缴国家的各类税款共计657 584.19元。

2010年10月，祝贵财因其他原因向单位领导承认了上述事实，后四被告人陆续向单位退缴了部分赃款。其中，祝贵财退缴71 500元，杨超退缴40 000元，及永才退缴71 500元，王东立退缴71 500元；另被告人王东立将其管理的瑞源通泰公司账户内249 301.96元上缴所在单位。在法院审理阶段，王东立亲属又退缴60 000元，北京市石景山区人民法院依法冻结了瑞源通泰公司银行账户内资金人民币217 532.45元。

2011年5月20日，四被告人被北京市人民检察院第一分院立案侦查，同年6月28日，杨超被逮捕；同年7月7日，祝贵财、及永才、王东立被检察机关取保候审，2012年3月27日被逮捕。

北京市石景山区人民法院认为，被告人祝贵财、杨超、王东立、及永才身为国有公司的工作人员，利用祝贵财、杨超的职务便利，由及永才、王东立实际操作，采用先承租万商大厦底商后转租的手段，共同截留本应属于万商大厦的国有财产，四被告人的行为侵犯了国家工作人员的职务廉洁性以及国有财产的所有权，均构成贪污罪，依法均应予以惩处。祝贵财系公司决策人、杨超系本案的提议者和具体实施者，在共同犯罪中起主要作用，均系主犯，依照各自在犯罪中的作用分别予以处罚；及永才、王东立受祝贵财指使负责管理公司并分配赃款，在犯罪中起次要作用，均系从犯，分别依法予以减轻处罚。另考虑到四被告人退缴了部分违法所得，可酌情予以从轻处罚。据此，根据本案犯罪的事实、性质、情节及对社会的危害程度，依照《中华人民共和国刑法》[刑法修正案（九）实施前]第三百八十二条第一款，第三百八十三条第一款第一项，第九十三条第二款，

第二十五条第一款，第二十六条第一款、第四款，第二十七条，第六十四条，第六十一条之规定，石景山区人民法院以贪污罪对被告人分别判处刑罚。

一审宣判后，祝贵财、杨超、王东立、及永才均不服，向北京市第一中级人民法院提起上诉。北京市第一中级人民法院裁定驳回上诉，维持原判。

二、主要问题

如何区分非法经营同类营业罪和贪污罪?

三、裁判理由

本案审理过程中，对于祝贵财、杨超、王东立、及永才四人行为的定性存在两种意见：一种意见认为，祝贵财、杨超、王东立、及永才四人的行为构成非法经营同类营业罪；另一种意见认为，祝贵财、杨超、王东立、及永才四人的行为构成贪污罪。

我们赞同后一种意见。上诉人祝贵财、杨超、王东立、及永才身为国有公司的工作人员，利用职务上的便利，共同非法占有公共财产，其行为均构成贪污罪。

非法经营同类营业罪与贪污罪的主体有重合之处，国有公司、企业的董事、经理都可以成为两罪的主体，客观方面都要求利用职务上的便利并获取一定数额的非法利益，主观方面均为直接故意。在司法实践中，对于获取购销差价的非法经营同类营业行为与增设中间环节截留国有财产的贪污行为，由于两行为存在相似之处，区分起来有一定难度，争议较大。我们认为，虽然获取购销差价的非法经营同类营业行为与增设中间环节截留国有财产的贪污行为在增设中间环节、获取购销差价上具有共同性，但同时存在以下区别：

（一）对增设的中间环节是否客观存在要求不同

两种犯罪行为都人为地增设了中间环节，使国有公司、企业原本与业务单位的直接购销关系变成了有其他公司、企业参与的间接购销关系，这个中间环节不是因经营的客观需要而自然产生的，本来不应存在，属于行为人故意设置。但是对获取购销差价的非法经营同类营业行为而言，由于需要从事同类营业，故增设的中间环节通常是客观所需，且中间环节所涉及的公司、企业往往成立并从事同类或者类似的经营行为已有一定时日。而对增设中间环节截留国有财产的贪污行为而言，由于虚设的中间环节不是用于正常的经营活动，故增设的中间环节通常是为了截留国有资产的目的而虚构的。在经济活动中，尽管有时增设的中间环节涉及的公司、企业真实存在，但这些公司、企业往往是为了承揽相关业务而成立，并无从事同类或者类似经营行为的经历。本案中，虽然恒威佳信公司客观存在，但其是各被告人为了在万商大厦公司和中复电讯公司之间的租赁关系增设中间环节而突击成立。中复电讯公司之前一直与万商大厦公司接洽租赁万商大厦底商事宜，直到签订合同时，才得知必须与恒威佳信公司签订合同而不是直接与万商大厦签订合同，中复电讯公司从未接洽过恒威佳信公司。而恒威佳信公司与万商大厦公司签订承租万商大厦底商的合同，恒威佳信公司向中复电讯公司转租底商的合同，万商大厦出具的同意转租书面意见均在同一天时间内完成。恒威佳信公司此时刚刚成立，之前并无从事同类或者相似经营行为的经历。

（二）对增设的中间环节是否具有经营能力要求不同

如果增设的中间环节都是客观存在的，则要看增设的中间环节是否具有经营能力。一般而言，贪污罪中为截留国有财产而增设的中间环节的经营，往往是无经营投资、无经营场地和无经营人员，即属于“三无”经营；而非法经营同类营业罪中增设的中间环节的经营，是有投资、有经营场所、有经营人员的经营，即具有经营同类营业的完全能力。司法实践中，一些国有公司、企业的董事、经理为了截留国有财产而增设的中间环节系“三无”经营公司、企业，不具有经营能力，只是为变相贪污国有财产掩人耳目。本案中，恒威佳信公司成立之后，并不具备实体经营的特征。具体体现在:一是恒威佳信公司的注册资金仅50万元,而万商大厦底商出租给中复电讯公司第一年的租金就高达150万元。如果不能马上转租,恒威佳信公司并不具备承租万商大厦的经济实力。二是恒威佳信公司并不具备开展经营活动所需的最低限度的组织机构。该公司法定代表人仅是挂名,不参与公司管理,公司仅有一名会计负责管理公司收付租金、报税等工作,公司的股东基本上均为国家工作人员,平时也不参与公司经营。恒威佳信公司不具备开展实体经营的条件。三是从恒威佳信公司的经营情况来看,该公司成立后除了从事万商大厦底商出租的业务外,基本上从未开展其他的经营业务。四是该公司虽然缴纳了65万余元的税款,但这是因为万商大厦底商出租收入而必然产生的成本,不能作为该公司曾进行实体经营活动的根据。

(三)对增设的中间环节是否进行了实际经营活动并承担一定的经营责任风险要求不同

如果增设的中间环节都客观存在且具有经营能力,则要看增设的中间环节是否进行了实际经营活动并承担一定的经营责任风险。有经营就有风险,就可能存在盈亏。如果增设的中间环节进行了实际经营活动并承担了一定的经营责任风险,则行为人所获取的购销差价系通过利用国有公司、企业让渡的商业机会所进行的经营所得,属于获取购销差价的非法经营同类营业行为。如果增设的中间环节没有进行实际经营活动,而是由国有公司、企业一手操办,或者进行了相关的经营活动,但只管盈利,而由国有公司、企业承担经营责任风险的,则此时行为人所获取的购销差价不是经营所得而是截留的国有财产,属于增设中间环节截留国有财产的贪污行为。本案中,在案证据不能证明恒威佳信公司介入中复电讯承租万商大厦底商业务承担了相应的经营风险。辩护人辩称恒威佳信公司介入中复电讯承租万商大厦底商业务承担了相应的经营风险,理由是:一是恒威佳信公司承租万商大厦的合同期限长达15年,租金总额2 439万元,而中复电讯与恒威佳信公司的合同期限仅为8年,租金总额为1 400万元。中复电讯与恒威佳信公司的合同履行终止以后,恒威佳信公司还要对万商大厦承担7年的承租合同义务,还有超过1000万元的巨额租金需要交付。二是如果中复电讯如不能如期缴付租金,则恒威佳信公司将立即面临对万商大厦的租金支付风险。三是涉案几名被告人年龄较大,其职务便利无法覆盖合同履行全过程,且万商大厦有可能改制成为民营企业,届时将只能按照市场规则与万商大厦打交道。但辩护人的上述意见,均是基于祝贵财等人将严格受恒威佳信公司与中复电讯,恒威佳信公司与万商大厦所签订合同的约束的推断和假设。

从本案的事实分析,祝贵财等人实际上并无严格受其所签订合同约束的意愿。2006年年底,在恒威佳信公司与万商大厦、恒威佳信与中复电讯合同正常履行的情况下,祝贵财仅凭个人意愿就将恒威佳信公司注销,让王东立以瑞源通泰公司接下恒威佳信转租万商大厦底商的业务,并对中复电讯公司谎称恒威佳信公司改组更名为瑞源通泰公司,原租赁合同均以瑞源通泰公司继续履行。可见,祝贵财等人并不认为恒威佳信公司严格受其与万商大厦、中复电讯签订合同的限制,恒威佳信公司不论是转租万商大厦底商,还是退出承租业务自行注销,均是由祝贵财等人利用其职务便利行使职权所致,而非市场行为,其根本没有承担相应的经营风险。

此外,恒威佳信公司的成立、注销、由其他公司代为承接业务、减少股东等均极其随意,未经过正常、必要的程序,从中反映出祝贵财等人只是将恒威佳信公司作为截留公款的工具,而非将恒威佳信公司视为真正的经营实体。而承接万商大厦底商转租的瑞源通泰公司也无实际的经营项目,账目混乱,对获取的转租款中的将近50万无法合理说明具体去向。

(四)对所获取的购销差价是否合理要求不同

如果增设的中间环节不仅客观存在、具有经营能力,而且进行了实际经营活动并承担了一定的经营责任风险,则要看所获取的购销差价是否合理。获取的购销差价合理的,属于获取购销差价的非法经营同类营业行为;不合理的,则为增设中间环节截留国有财产的贪污行为,因为此时的差价不再是经营行为的对价。当然,在法律没有明确规定的情况下,其合理范围需要司法人员根据经验具体把握。

一言以蔽之,区分获取购销差价的非法经营同类营业行为与增设中间环节截留国有财产的贪污行为的关键,在于行为人是采取何种方式取得非法利益的。如果行为人直接通过非法手段将国有公司、企业的财产转移到兼营公司、企业中,属于截留国有财产的贪污行为,构成贪污罪。如果行为人没有直接转移财产,而是利用职务便利将任职国有公司、企业的盈利性商业机会交由兼营公司、企业经营,获取数额巨大的非法利益的,则构成非法经营同类营业罪。因为国有公司、企业让渡给兼营公司、企业的是商业机会,商业机会本身并非财物,不能成为贪污罪的对象。而且兼营公司、企业所获取的非法利益,系利用让渡的商业机会所进行的经营所得,这种经营行为本身就存在一定的风险,并不意味着百分之百地获利,与采取非法手段将国有公司、企业的财产直接转移到兼营公司、企业中去的贪污行为方式不同。

综上,本案四被告人的行为实际上是将国有公司本可直接获得的房租收入转移给其个人成立的没有实际经营能力的公司,属于截留国有财产的贪污行为,构成贪污罪,北京市石景山区人民法院、北京市第一中级人民法院对四被告人的行为定性是正确的。

(撰稿:北京市第一中级人民法院　林辛建
审编:最高人民法院刑二庭　叶晓颖)

[第1088号]赵明贪污、挪用公款案

——对采取虚列支出手段实施平账行为的认定及上诉不加刑原则在数罪并罚中的理解与适用

【关键词】 虚列支出　平账　上诉不加刑　财务

一、基本案情

被告人赵明,男,1972年9月19日出生,原系天津城建隧道股份有限公司财务核算中心副主任。2011年10月25日因涉嫌犯挪用公款罪被逮捕。

天津市人民检察院第一分院以被告人赵明犯贪污罪、挪用公款罪,向天津市第一中级人民法院提起公诉。

天津市第一中级人民法院经审理查明:

被告人赵明原系国有独资企业天津市政管理局第二市政公路工程有限公司干部。2008年7月赵明所在公司根据产业结构调整需要,由上级单位天津城建集团有限公司决定划转至天津城建隧道股份有限公司,赵明受天津城建集团公司委派担任国有控股企业天津城建隧道股份有限公司会计。2011年4月,赵明被任命为该公司财务核算中心副主任。

2009年4月至12月,被告人赵明利用负责快速路配套工程盾构管片项目财务工作的职务之便,采取提取备用金的手段,多次从其负责的项目账上支取现金共计人民币783 800元,用于个人赌博。2010年1月至2011年10月,赵明采取偷盖单位印鉴、私自填写现金支票的方式提取单位银行存款共计人民币3 223 000元,用于个人赌博。其中,有累计人民币2 952 659.58元的账目赵

明以支付相关单位劳务费、租金、材料款等记账形式予以列支，弥补其私自支取公款的账面差额。赵明曾私盖一本“天津市环城地铁管片有限公司”（系盾构管片项目与天津市环美混凝土制造有限公司成立的合资公司，但从未开展业务）的收据用以掩盖挪用公款的事实。赵明受赌博网站“太阳城”代理张丽的唆使，将挪用的公款大部分转到了张丽提供的账户中用于个人网上赌博，还曾使用电脑制作虚假的单位开户银行上海浦东银行的对账单，用以隐瞒私自动用的单位公款。自2008年7月至2011年10月案发前，赵明挪用单位公款4 006 800元，虚列支出2 592 659.58元。赵明以现金还款方式陆续归还公款共计人民币1 377 500元，给单位造成实际经济损失人民币2 629 300元。

天津市第一中级人民法院认为，被告人赵明身为国有控股企业的财务管理人员，利用职务之便侵吞公款，且数额特别巨大；挪用公款归个人使用，进行非法活动，且数额巨大。鉴于其如实供述犯罪事实，认罪态度较好，积极退还公款1 377 500元，依法可以从轻处罚。据此，依照《中华人民共和国刑法》第二百七十一条第二款，第三百八十二条第二款，第三百八十三条第一款第一项、第二款，第二百七十二条第二款，第三百八十四条第一款，第五十七条第一款，第六十七条第三款，第六十九条第一款之规定，天津市第一中级人民法院判决如下：被告人赵明犯贪污罪，判处无期徒刑，剥夺政治权利终身，并处没收个人全部财产；犯挪用公款罪，判处有期徒刑十二年，决定执行无期徒刑，剥夺政治权利终身，并处没收个人全部财产。

一审宣判后，被告人赵明以其行为不构成贪污罪且有自首情节为由提出上诉，其辩护人认为上诉人赵明系初犯，具有认罪、悔罪表现，建议二审法院从轻处罚。

天津市高级人民法院经二审审理认为，被告人赵明身为受国有公司委派从事公务的人员，利用管理本单位资金使用的便利条件，擅自提取备用金或以现金支票提取单位存款，进行赌博非法活动，其行为已构成挪用公款罪。对于被告人赵明所提其没有非法占有公款故意，其行为属于挪用公款性质的上诉理由，经查，赵明以“虚列支出”形式掩盖公款的真实去向，但其所列支出与提取款项存根票据不存在一一对应关系，故仅能掩盖账面总体差额，其提取公款行为有账可查；虚列支出的收款单位与赵明所在单位有正常业务往来，虚列支出项目在工程结算时无法核销，故无法达到侵吞公款之目的；被告人具有陆续归还公款行为，因此被告人“虚列支出”的行为不能证明被告人主观故意发生转化，与采取虚假发票平账、销毁有关账目且无归还行为的转化型贪污犯罪不属同一性质。对被告人提出的自首问题，经查，本案案发系单位发现银行支票退票，在单位报案并提供侦查线索后，检察机关找到赵明核实情况，不能认定为自首。据此，依照《中华人民共和国刑法》第二百七十二条第二款、第三百八十四条第一款、第六十四条，《中华人民共和国刑事诉讼法》第二百二十五条第一款第三项之规定，判决如下：

1. 维持天津市第一中级人民法院(2012)一中刑初字第123号刑事判决中对被告人赵明犯挪用公款罪的定罪。

2. 撤销天津市第一中级人民法院(2012)一中刑初字第123号刑事判决中对被告人赵明犯贪污罪的定罪量刑、挪用公款罪的量刑以及数罪并罚的量刑。

3. 上诉人赵明犯挪用公款罪，判处有期徒刑十五年。

4. 继续追缴上诉人赵明未归还的公款人民币2 629 300元，发还被害单位。

二、主要问题

1. 赵明虚列支出的平账行为应认定为贪污罪还是挪用公款罪？

2. 二审法院对赵明的整体犯罪事实都按照挪用公款罪处罚是否违背刑事诉讼法上的上诉不加刑原则？

三、裁判理由

（一）对采取虚列支出手段进行平账的犯罪事实，不宜直接推定被告人犯罪故意转化为非法占有目的

采取虚假发票等方式虚列支出是挪用公款罪转化为贪污罪的常见手段，《全国法院审理经济犯罪案件工作座谈会纪要》（以下简称《纪要》）中"挪用公款转化为贪污的认定"第二项规定："行为人挪用公款后采取虚假发票平账、销毁有关账目等手段，使所挪用的公款已难以在单位财务账目上反映出来，且没有归还行为的，应当以贪污罪定罪处罚。"本案中，赵明作为公司会计，以"虚列支出"形式掩盖自己挪用公司款项的犯罪事实，能否由此推断其主观上犯罪故意发生了转化，由非法占用转化为非法占有，成为审理本案的关键。有观点认为，赵明虚列支出并开具虚假收据平账的行为等同于《纪要》中规定的"采取虚假发票平账"的行为，表明其内心中将财物非法占为己有的主观心态，犯罪行为性质随之发生转变，构成转化型贪污罪。另有观点认为，赵明虚列支出并开具虚假收据只能起到暂时性掩饰作用，无法通过这种手段侵吞公款，在主观上不具有非法占有目的，应以挪用公款罪处罚。

我们认为，非法占有目的是对被告人主观心态的评价，审判实践中一定要避免把虚开票据、虚列支出平账的客观行为与非法占有主观目的之间直接挂钩。平账是指把各个分类账户的金额与其汇总账户的金额互相核算，将原本不相等的情况调整为相等，只是账目处理的一种技术性手段，不能取代对被告人的主观心态评价。在缺乏直接证据印证时，推定被告人具有非法占有目的，需要结合被告人实施犯罪过程中的具体行为，以对被告人的内心想法和真实目的作出综合性判断。合理评价实施虚开票据的平账行为，应当遵循以下审查标准：

第一，平账行为是否造成挪用的公款从单位账目上难以反映出来。本案中，被告人赵明在公司账目上虚列支出与现金取款的次数及数额并不一一对应，反映其虚列的支出并不针对某一笔挪用的款项，对于"现金取款人是赵明本人"这一事实，赵明在账目票据中没有作假和隐瞒，因此虚列支出仅能从宏观上反映出"收支平衡"的假象，仔细查账立刻就能查出问题。

第二，对财务账目的处理能否达到掩盖涉案款项去向效果。本案中，赵明虚列支出的收款单位均与本单位有业务往来且本单位有到期付款义务，天津城建隧道股份公司所欠业务单位的款项均有相关证人证言可以证实。赵明虚列支出处理财务账目的行为，尽管从表面上掩盖了公司总账目的差额，但这种账目平衡仅仅是账目总额结果的收支平衡，只能起到暂时性掩饰作用。从账目本身上看，各明细条目中并未实现一一对应，虚列支出项目在工程结算时无法核销，相关单位在盾构管片项目工程结束后结款清算时必然能够查出赵明挪用公款的行为。赵明不可能通过这种虚列支出行为实现侵吞公款目的，不符合挪用转化贪污案件中"平账为了永久占有公款"的特征。

第三，从有无归还行为上判断被告人是否有非法占有目的。赵明在挪用公款的每一年度均有相同方式的还款行为，与挪用转化贪污案件相关司法解释中"且没有归还行为"的要件相矛盾。特别是在 2009 年赵明是以环美混凝土制造有限公司的名义现金还款，反映出其主观上明知其虚列支出的行为造成本单位与债权单位的债务额发生变化，其通过债权单位给付现金避免账目混乱，因此还款行为进一步证明其主观故意没有发生转化。

（二）对数罪并罚的案件，在不超过一审判决决定执行刑罚，且对刑罚执行也无不利影响情况下，将多个罪名改判为一罪并加重该罪判处刑罚，不违背上诉不加刑原则

根据《最高人民法院关于适用〈中华人民共和国刑事诉讼法〉的解释》（以下简称《刑诉法解释》）第三百二十五条第一款的规定，审理被告人或者其法定代理人、辩护人、近亲属提出上诉的

案件，不得加重被告人的刑罚；原判对被告人实行数罪并罚的，不得加重决定执行的刑罚，也不得加重数罪中某罪的刑罚。上诉不加刑原则的立法目的是保护被告人利益，避免被告人因行使上诉权利受到侵害。本案中，二审合议庭认为一审法院对被告人赵明构成贪污罪的判决部分不当，应当将该部分钱款数额计入挪用公款罪进行处罚。然而，在审理过程中对上诉不加刑这一原则的理解产生了分歧。一种观点认为，将原审判决中贪污罪的2 629 300元计入挪用公款罪犯罪数额，会导致对被告人在挪用公款一罪的处罚上加重，违反了《刑诉法解释》第三百二十五条第一款第三项的规定；另一种观点认为，尽管对挪用公款罪个罪处罚上有所加重，但整体来看减轻了对赵明的处罚，并不违反上诉不加刑原则。

我们赞同第二种观点。我们认为，本案的情形并不属于《刑诉法解释》第三百二十五条第一款第三项规定的情形，这项规定中的"不得加重数罪中某罪的刑罚"暗含着一个前提，即一、二审定罪处罚的事实基础相同。也就是说，要求二审判决不得针对同一犯罪事实在刑罚上给予更重评价，否则即便是最终决定执行刑罚上予以减轻，对这一犯罪事实的法律评价上也违反了上诉不加刑原则。但是，如果二审将一审分别评价的两部分犯罪事实合并进行评价，刑罚处罚的事实基础发生变化，自然会带来刑期的变化，这显然不宜认定为违背上诉不加刑原则。

具体到本案，二审判决采取的做法是撤销一审判决对被告人赵明犯贪污罪的定罪量刑、挪用公款罪的量刑及数罪并罚量刑。将一审认定为贪污的2 629 300元数额计入挪用公款罪犯罪数额中一并评价，判处被告人赵明15年有期徒刑。从形式上来看，对挪用公款罪一审判处12年有期徒刑，二审判处15年有期徒刑，似乎加重了对被告人的刑罚。但是，从实质上来看，无论是罪名还是刑期，都减轻了对被告人的处罚。这是因为，对同样的事实，一审将其分割为两个部分，以贪污罪和挪用公款罪分别定罪量刑；而在二审中，将一审法院认定为贪污的2 629 300元犯罪事实并入挪用公款罪，全案以挪用公款罪定罪量刑，此时，挪用公款罪的刑罚评价事实基础发生了变化，犯罪数额增长为4 006 800元，因此，二审"挪用公款罪"的量刑应当与一审"贪污罪+挪用公款罪"的量刑进行比较。一审以贪污罪和挪用公款罪并罚后，决定执行无期徒刑，而二审直接以挪用公款罪判处被告人有期徒刑15年，可见，不但没有加重对被告人的处罚，反而减少了罪名，减轻了刑期，既做到了罪责刑相适应，又体现了有利于被告人的原则，故没有违反上诉不加刑原则的精神和要求。

对上述情形的处理，最高人民法院研究室2014年1月15日针对类似问题的请示作出的《关于上诉不加刑原则具体运用有关问题的批复》（法研〔2014〕6号）作了明确规定："对于原判数罪并罚的上诉案件，在不超过原判决定执行的刑罚，且对刑罚执行也无不利影响的情况下，可以将其中两个或者两个以上的罪名改判为一罪并加重该罪的刑罚。"本案的处理与这一批复的精神是完全一致的。

（撰稿：天津市高级人民法院　熊　灿　白云飞
审编：最高人民法院刑二庭　逄锦温）

[第1136号]张建军、刘祥伟对非国家工作人员行贿案

——在国有建设用地使用权挂牌出让过程中串通竞买的行为应如何定性

【关键词】 非国家工作人员 国有建设用地 挂牌 串通 竞买 贿赂

一、基本案情

被告人张建军,男,1962年2月8日出生。2010年2月12日因涉嫌犯串通投标罪被逮捕。

被告人刘祥伟,男,1969年10月5日出生。2010年8月24日因涉嫌犯诈骗罪被逮捕。

安徽省濉溪县人民检察院以被告人张建军犯对非国家工作人员行贿罪、串通投标罪、诈骗罪、破坏监管秩序罪,以被告人刘祥伟犯对非国家工作人员行贿罪、串通投标罪、诈骗罪,向濉溪县人民法院提起公诉。

被告人张建军及其辩护人对公诉机关指控张建军串通投标的事实不持异议,但辩称不构成串通投标罪;张建军的辩护人另提出张建军的行为不符合对非国家工作人员行贿罪、诈骗罪和破坏监管秩序罪的构成要件,应对其宣告无罪。被告人刘祥伟对指控事实及罪名均无异议。

濉溪县人民法院经公开审理查明:

2009年11月19日至30日,经濉溪县人民政府批准,濉溪县国土资源局挂牌出让濉国土挂(2009)023号地块国有建设用地使用权。安徽通和煤炭检测有限公司法定代表人杨坤(另案处理,已判刑)借用淮北圣火房地产开发有限责任公司(以下简称圣火公司)名义申请参加该宗土地使用权挂牌出让竞买活动,山东日照利华房地产开发有限公司(以下简称日照利华公司)、淮北春盛公司(以下简称春盛公司)、淮北国利房地产开发有限公司(以下简称国利公司)、淮北金沙纺织服装有限公司(以下简称金沙公司)均报名获得竞买资格。同年11月29日,杨坤与无业人员被告人张建军商议,以承诺给付补偿金的方式,让其他竞买人放弃竞买。当日,张建军在淮北市“爵士岛”茶楼先后与其他竞买人商谈,春盛公司副经理马大中同意接受200万元退出;金沙公司法人代表邵春海、国利公司皇孝利(其妻系该公司法人代表)均同意接受250万元退出。日照利华公司提出接受500万元退出,杨坤向张建军表示最多给付450万元让日照利华公司退出。张建军即通过被告人刘祥伟与日照利华公司商谈,日照利华公司同意接受300万元退出竞买。此后,张建军仍告知杨坤日照利华公司同意450万元退出。次日,在濉溪县国土局023号地块竞买现场,按照杨坤的安排,日照利华公司、春盛公司均未举牌竞价,金沙公司邵志潮以8 100万元的价格举牌竞价一次,杨坤以8 200万元举牌竞价一次,杨坤的朋友张峰持国利公司皇孝利的号牌以8 300万元举牌竞价一次,杨坤与皇孝利又分别加价100万元各举牌一次,最终杨坤以8 600万元(保留底价8 500万元)竞买成功。后张建军、刘祥伟伙同杨坤共付给参与竞买的其他公司相关人员贿赂840万元。其间,张建军、刘祥伟采取多报支出等方式,侵吞违法所得共计355万元。案发后,刘祥伟向公安机关退缴违法所得130万元。

另查明:被告人张建军于2010年1月8日因本案被羁押于濉溪县看守所期间,多次实施或指使他人殴打同监室在押人员,组织同监室人员绝食,并于开庭前指使他人自杀、袭警,然后由其实施抢救、制止,以骗取立功,严重破坏监管秩序。

濉溪县人民法院认为,被告人张建军、刘祥伟伙同他人在国有建设用地使用权挂牌出让过程

中，贿买参与竞买的其他公司的负责人放弃竞买，共计行贿840万元，数额巨大，其行为均已构成对非国家工作人员行贿罪。张建军、刘祥伟采取行贿方式串通竞买，使杨坤以低价获得国有建设用地使用权，该行为不符合串通投标罪的犯罪构成要件；指控张建军构成诈骗罪的证据不足；张建军虽有破坏监管秩序的行为，但其不属于依法被关押的罪犯，故不构成破坏监管秩序罪。在共同行贿犯罪中，张建军参与预谋并积极实施，起主要作用，系主犯，应按照其参与的全部犯罪处罚；刘祥伟帮助联络、磋商，起次要作用，系从犯，且已退缴赃款，有悔罪表现，可从轻处罚。根据刘祥伟的犯罪情节及悔罪表现，没有再犯罪的危险，宣告缓刑对所居住社区没有重大不良影响，予以宣告缓刑。依照《中华人民共和国刑法》第一百六十四条第一款，第二十五条第一款，第二十六条第一款、第四款，第二十七条第一款、第二款，第六十四条，第七十二条第一款之规定，判决如下：

1. 被告人张建军犯对非国家工作人员行贿罪，判处有期徒刑六年，并处罚金人民币六百万元；

2. 被告人刘祥伟犯对非国家工作人员行贿罪，判处有期徒刑三年，缓刑四年，并处罚金人民币五十万元。

宣判后，被告人张建军以一审判决对其量刑过重为由，向淮北市中级人民法院提出上诉。其辩护人提出：本案属于单位犯罪，张建军在被追诉前主动交代了行贿行为，请求法院对其自由刑从轻处罚，对财产刑减轻处罚。

淮北市中级人民法院经依法审理，认为原判定罪准确，量刑适当，裁定驳回上诉，维持原判。

二、主要问题

在国有建设用地使用权挂牌出让过程中，通过贿赂指使参与竞买的其他人放弃竞买、串通报价，最终使请托人竞买成功的，应如何定性？

三、裁判理由

本案审理过程中，对被告人张建军、刘祥伟通过贿赂指使参与竞买的其他人放弃竞买、串通报价，使请托人杨坤竞买成功的行为如何定性，存在不同意见：

第一种意见认为，二被告人的共同犯罪部分，仅构成串通投标罪一罪。理由是，挂牌出让系国土资源部《招标拍卖挂牌出让国有建设用地使用权规定》（以下简称《规定》）规定的国有建设用地出让的重要形式。虽然挂牌和招标在设置目的、运作形式等方面有很多不同点，在目前尚未出台相关法律对该制度予以规制的情况下，挂牌制度的操作也是参照招标进行的。本案中，被告人张建军、刘祥伟在国有建设用地使用权挂牌出让过程中，通过贿买参与竞买的其他公司的负责人的方法，指使其他公司负责人串通报价，放弃竞拍，使杨坤以低价获得国有建设用地使用权，其行为均构成串通投标罪。二被告人受杨坤指使向其他竞买人行贿，该行为属于前行为，是串通投标整体行为中的一部分，不应单独定罪。因此，二被告人的行为不构成对非国家工作人员行贿罪。

第二种意见认为，被告人张建军、刘祥伟受杨坤之托，在国有建设用地使用权挂牌出让过程中，向参与竞买的其他公司的负责人行贿，数额特别巨大，指使其串通报价，放弃竞拍，使杨坤以低价获得国有建设用地使用权，其行为同时构成对非国家工作人员行贿罪和串通投标罪。

第三种意见认为，对二被告人的共同犯罪部分应以对非国家工作人员行贿罪一罪定罪。从刑法规定来看，尚没有对挂牌竞买人相互串通，情节严重，追究刑事责任的规定，也无相关司法解释。本案中，二被告人为达到让几家竞买企业串通报价，从而使请托人杨坤顺利竞买成功的目的，采取了行贿的手段，该手段行为显然触犯了刑法的规定，构成对非国家工作人员行贿罪。

我们同意第三种意见,即被告人张建军、刘祥伟的行为构成对非国家工作人员行贿罪。具体理由如下:

第一,挂牌竞买不能等同于招投标。招标与挂牌均系国有建设用地使用权出让的重要形式,国土资源部《规定》对此予以明确并加以区别,按照《规定》及《中华人民共和国招标投标法》的规定,招标的主要程序为:公开招标或邀请招标—投标(仅有一次竞买机会)—开标—评标—中标(发出中标通知书,招标人可否决所有投标)。招投标作为市场经济条件下一种常用的竞争方式,在我国建筑工程等领域普遍推行。《规定》第二条第四款规定,"挂牌出让国有建设用地使用权,是指出让人发布挂牌公告,按公告规定的期限将拟出让宗地的交易条件在指定的土地交易场所挂牌公布,接受竞买人的报价申请并更新挂牌价格,根据挂牌期限截止时的出价结果或者现场竞价结果确定国有建设用地使用权人的行为",其主要程序为:出让人挂牌公告—竞买人挂牌报价—更新挂牌价(竞买人可反复更新报价,有多次竞买机会)—确定竞得人(签订成交确认书,出让人无权否决最高挂牌人)。挂牌制度脱胎于拍卖制度,但又不同于拍卖制度,该制度有一个挂牌报价、更新报价的前置程序,而且不必然进入公开竞买程序(该程序类似于拍卖程序)。目前,挂牌出让仅发生于建设用地流通领域,在适用范围、操作程序、出让人否决权等方面与招投标程序有显著的区别。因此,挂牌竞买与招投标无论是在字面上还是实质程序上均存在差别,不能等同。

第二,法律没有明文规定为犯罪的,不能类推定罪。刑法第二百二十三条的规定:"投标人相互串通投标报价,损害招标人或其他投标人利益,情节严重的,处三年以下有期徒刑或者拘役,并处或者单处罚金。投标人与招标人串通投标,损害国家、集体、公民的合法利益的,依照前款的规定处罚。"从文义解释的角度,挂牌竞买显然不能等同于招投标。

有一种观点认为,可以忽略二者文义上的差别,从实质危害性相当的角度对串通投标罪中的招投标进行合目的的扩张解释。具体言之,该观点认为挂牌出让是在总结国有建设用地使用权拍卖和招投标实践基础上的创新,具备招投标的主要特点,同时融入了拍卖制度的某些有益成分;从危害性来看,串通竞买与串通投标均是采取串通方式消除或减少公平竞争,损害出让人或招标人利益,由串通者分享,故将挂牌出让过程中的串通竞买行为解释为串通投标,符合立法本意。

对此,我们持否定意见。刑法第二百二十三条的规定显然将串通投标罪限定在招投标领域。罪刑法定原则是刑法的基本原则,刑法的扩张解释的适用在部分条款中虽不可避免,但应该遵循基本的文义解释规则。换言之,对法律概念进行扩张解释不能远远超出概念的核心含义,解释结论要在一般公民的预测可能性范围之内。否则,抛开概念的基本语义,完全从处罚必要性的角度进行扩张解释,容易滑向类推适用的境地。挂牌出让固然与招投标有相似之处,但二者无论是在概念文义,还是适用范围、操作程序、出让人否决权等方面都存在显著差异,二者的差异性远大于相似性。尽管从实质上看,挂牌出让中的串通竞买行为也具有社会危害性,但在刑法明确将串通投标罪的犯罪主体界定为投标人、招标人的情况下,客观上已不存在将挂牌出让解释为招投标从而予以定罪的空间。

第三,数个关联行为存在牵连关系,但只有其中某一行为构成犯罪的,可以该行为触犯的罪名对被告人定罪处罚。本案中,二被告人实施了一系列的关联行为,其中包括:接受杨坤的请托向其他竞买人行贿;指使其他竞买人放弃竞买或串通报价;直接占有请托人给付的部分行贿款项等。二被告人实施的上述系列行为,存在手段行为与目的行为间的牵连关系。二被告人指使其他竞买人放弃竞买或串通报价是目的行为,向其他竞买人行贿是手段行为,但鉴于目的行为不构成犯罪,而实施的行贿行为显然触犯了刑法的规定,已构成对非国家工作人员行贿罪,依法予以认定是正确的。

关于本案中诈骗罪的指控。杨坤作为串通竞买的主谋和主要受益者,系本案对非国家工作人员行贿罪的共犯,根据审理查明的事实,被告人张建军受杨坤之托与竞买人交涉,协商支付款项等事宜,在这一过程中向杨坤虚报了部分支出,但总体尚在杨坤授权的事项范围内,且杨坤对张建军可能从中非法占有部分款项持听之任之的默认态度。张建军所实施的行为确有一定背信性质,但认定其故意捏造事实、隐瞒真相以达到非法占有目的的证据并非特别充足。故一、二审法院对公诉机关的指控未予支持。

关于被告人张建军在看守所羁押期间破坏监管秩序的行为,我们认为不构成破坏监管秩序罪,主要理由是:张建军不符合该罪的主体要件。刑法第三百一十五条明确规定破坏监管秩序罪的犯罪主体为罪犯;第三百一十六条脱逃罪的犯罪主体则规定为罪犯、被告人、犯罪嫌疑人。两相对比,显然可以得出罪犯即被生效法律文书确定为构成犯罪的人,而不包括犯罪嫌疑人、被告人。张建军在被羁押的看守所实施不服管教、绝食、指使他人自杀、袭警等行为时,尚未被确定为罪犯,属于未决犯,不属于依法被关押的罪犯。因此,张建军不符合破坏监管秩序罪的主体要件。

需要指出的是,本案的审理也反映出几个值得重视的法律完善问题:一是国有建设用地使用权挂牌出让、拍卖活动中串通竞买的行为与招投标过程中串通投标行为,均是采取串通方式消除或者减少公平竞争,从而损害出让人、拍卖人、招标人利益,破坏市场公平竞争秩序的行为,两者侵害的法益及社会危害性相当,但刑法仅对串通投标行为进行规制,对出让和拍卖活动中的串通竞买行为亟待完善相关法律规定。二是刑法所规定的对单位行贿罪中的“单位”仅限于国有单位,在当前经济往来中,作为市场主体的非国有单位既可能是商业行贿的主体,也完全可能成为商业受贿的主体,但类似本案,目前只能以对非国家工作人员行贿罪定罪处罚,回避了实践中存在的非国有单位受贿行为的法律评价。三是刑法将破坏监管秩序罪的主体限定为罪犯,但是,在看守所羁押的未决犯,完全可能实施类似本案被告人张建军破坏监管秩序的行为。且实践中,一些犯罪嫌疑人、被告人,特别是拟判处并复核死刑的被告人长期羁押,实施破坏看守所监管秩序的行为,具有相当严重的社会危害性,但刑事定罪依据不足,立法上确需引起重视并予以完善。

(撰稿:安徽省高级人民法院　张　俊　黄　浩
审编:最高人民法院刑一庭　杜国强)

[第1139号]周爱武、周晓贪污案

——贪污特定款物的司法认定以及新旧法选择适用时罚金刑的判处

【关键词】　贪污　特定款物　服务券　占有公共财物

一、基本案情

被告人周爱武,女,1968年1月18日出生,原系北京市朝阳区安贞街道社区服务中心工作人员。2015年1月26日被逮捕。

被告人周晓,女,1972年11月16日出生,原系北京市朝阳区安贞街道社区服务中心工作人

员。2015 年 1 月 26 日被逮捕。

北京市朝阳区人民检察院以被告人周爱武、周晓犯贪污罪,向北京市朝阳区人民法院提起公诉。

被告人周爱武、周晓对公诉机关的指控未提出异议。二被告人的辩护人均辩称:涉案的尚未兑换现金的养老服务券 102 327 元不应计入贪污数额。周爱武的辩护人另提出了周爱武的贪污行为并未造成严重后果,具有自首情节,真诚悔过并如实供述罪行,积极退赃,建议法庭对其从宽处罚的辩护意见。周晓的辩护人另提出了周晓系从犯,具有自首情节,认罪、悔罪态度好,积极退赃,建议法庭对其从宽处罚的辩护意见。

北京市朝阳区人民法院经审理查明:被告人周爱武、周晓均在北京市朝阳区安贞街道社区服务中心从事居家养老服务工作,共同负责安贞街道办事处居家养老(助残)服务券(以下简称服务券)的申领、发放工作。2012 年至 2014 年间,经周爱武提议,二被告人共同利用职务便利,虚报养老(助残)人数申领服务券,然后按照实有人数发放,从中截留面值共计人民币(以下币种同)916 900元的服务券据为己有。后由周爱武通过北京康复信和商贸有限公司等朝阳区养老服务商将其中面值 814 573 元的服务券兑换成钱款,并将其中部分钱款分配给周晓。二被告人于 2015 年 1 月 9 日主动投案,并各自退赃 30 万元。尚未兑换现金的服务券 102 327 元,起获后已退回朝阳区社区服务中心。在法院审理期间,周爱武亲属退缴 134 573 元,周晓亲属退缴 80 000 元。

北京市朝阳区人民法院认为,被告人周爱武、周晓利用职务便利,非法占有公共财物,数额巨大,二被告人的行为均已构成贪污罪,依法均应予惩处。北京市朝阳区人民检察院指控被告人周爱武、周晓犯贪污罪的事实清楚,证据确实、充分,罪名成立。被告人周爱武、周晓主动投案,如实供述,系自首,并主动退缴违法所得;被告人周晓在共同犯罪中所起作用小于被告人周爱武,故对二被告人所犯罪行分别予以从轻处罚。二被告人的辩护人关于尚未兑现的服务券金额不应计入贪污犯罪数额的辩护意见,经查,涉案服务券可以在一定范围内不记名流通使用,具有财物属性,不论被告人是否使用,均应计入犯罪数额,故对此辩护意见,不予采纳。但尚未兑现部分,属于犯罪未遂,应以既遂部分的数额确定刑罚。在案钱款,一并处理。据此,依照《中华人民共和国刑法》第十二条第一款,第三百八十二条,第三百八十三条第一款第二项、第二款、第三款,第二十三条,第六十七条第一款,第六十一条,第四十五条,第四十七条,第五十二条,第五十三条,第六十四条之规定,于 2016 年 5 月 18 日判决如下:

1. 被告人周爱武犯贪污罪,判处有期徒刑四年,罚金人民币三十万元;

2. 被告人周晓犯贪污罪,判处有期徒刑三年,罚金人民币二十万元;

3. 在案之人民币 814 573 元,上缴国库。

一审宣判后,检察机关未抗诉,被告人周爱武、周晓亦未上诉,判决已发生法律效力。

二、主要问题

1.《最高人民法院、最高人民检察院关于办理贪污贿赂刑事案件适用法律若干问题的解释》(以下简称《解释》)中规定的"特定款物"如何认定?

2. 贪污服务券类财物的,犯罪数额如何把握?

3. 贪污罪的罚金刑是否适用于刑法修正案(九)实施前的贪污犯罪行为?

三、裁判理由

本案属于行为发生于刑法修正案(九)实施之前,判决发生于新法实施之后的案件。《解释》对贪污罪的犯罪对象以及附加刑适用都做出了新的规定,需要正确理解和适用。

（一）本案的犯罪对象不应按照《解释》规定的特定款物认定

根据《解释》第一条的规定，贪污一般财物数额在3万元以上的，属于“数额较大”，应当定罪处罚。而贪污救灾、抢险、防汛、优抚、扶贫、移民、救济、防疫、社会捐助等特定款物，数额达到1万元以上的，即认定为“情节严重”，应当定罪处罚。救灾等特定款物具有特定用途，专用于特定的事项或者特定的人。行为人贪污此类款物，有可能会影响专项工作，或者影响特定人的生活保障，相对于贪污其他财物，具有更大的社会危害性。换个角度看，对于这些特定款物都能动贪污之念的行为人，其主观恶性也显然更大。鉴于多种因素的考量，司法解释对特定款物做了特别规定，加大了保护的力度。

在司法解释对特殊款物做了相应规定的情况下，认定贪污罪犯罪对象是否为特定款物就具有了实质意义。如果贪污数额在1万元以上3万元以下，是否属于特定款物会决定罪与非罪。如果贪污数额在3万元以上，贪污对象是否属于特定款物不会影响定罪，但会影响量刑。虽然司法解释没有规定贪污特定款物从重处罚，但是在入罪标准上的差别就决定了在数额相同的情况下，贪污特定款物量刑应当重于贪污一般款物。也就是说，司法解释中蕴含着贪污特定款物从重处罚的量刑原则。按照量刑规范化的基本原理，对贪污特定款物的案件，在确定量刑起点和基准刑时，应区别于一般案件。例如，同样是贪污100万元，在对象是一般款物时，应以贪污20万元确定量刑起点，以超出的80万元增加刑罚量确定基准刑。由于贪污一般款物20万元以上300万元以下，对应的法定刑为有期徒刑三年以上十年以下，相当于在20万元的基础上数额每增加40万元即增加基准刑一年，贪污100万元对应的基准刑为有期徒刑五年。而如果贪污特定款物100万元，应当以10万元确定量刑起点，以超出的90万元增加刑罚量确定基准刑。贪污特定款物10万元以上150万元以下，对应的法定刑为有期徒刑三年以上十年以下，相当于在10万元的基础上，数额每增加20万元即增加基准刑一年，贪污特定款物100万元对应的基准刑为有期徒刑七年六个月。所以，犯罪对象是否属于特殊款物，对被告人的定罪量刑具有实质意义。在办案的过程中，需要对犯罪对象进行准确界定。

本案中，二被告人贪污的是养老（助残）服务券，从服务券本身的特点来看属于特定款物。《解释》第一条第二款第一项对贪污特定款物的表述为：“贪污救灾、抢险、防汛、优抚、扶贫、移民、救济、防疫、社会捐助等特定款物的”，在列举了九种类型的特定款物之后，又用了“等”的表述方式。那么服务券是否属于特定款物呢？我们认为，判断一种款物是否属于特定款物，首先要看其是否属于解释明确规定的类型，如果符合条文列举的九种类型则当然属于特定款物。如果不属于前述九种类型，则看其是否与列举的款物具有同样的性质。当然，这种解释应当贯彻谦抑原则，审慎对待。

养老（助残）服务，是社会福利制度发展的体现，服务券是对老年人和残疾人这一特殊群体进行救助而发放的具有一定面额的纸质券，领取对象具有特定性。从这一角度看，服务券可以理解为救济款物的一种。即使其不属于典型的救济款，也可以通过对“等”的解释将其纳入特定款物。但是，判断一种款物是否属于特定款物，不仅要看其外在的表现形式，还要看其代表事项的重要性、用途的特定性以及时间的紧迫性。服务券由政府向老年人、残疾人发放，相关人员领取到服务券后可以到政府指定的服务商处消费或者接受服务。本案的二被告人是社区工作人员，其工作职责是向政府报告辖区内符合领取服务券人员的数量和金额，并代为领取，领取后向符合条件的人员发放。但是在实际工作中，二被告人采取虚报人数的方式，从政府多领取服务券，然后按照实有人数发放，这样就产生了差额，差额部分由二被告人截留，然后套现。从中可以看出，二被告人是以虚报的手段，骗取政府多付的资金，而非截留侵吞政府按实际名额发放的资金，其行为性质和贪污政府的一般公款并无二致。反过来看,如果二被告人根据实有符合条件人数领取服务券后,没有发放给相应的老年人或者残疾人,自己截留,从而使社会救济对象没有得到社会救济,则其行为对象已定型化为特定款物,应认定为特定款物。在这种情况下,行为人的行为使特定群体不能得到救济,危害性更大。而本案中二被告人的行为,没有侵犯特定的老年人或者残疾人的受救济权利,没有妨害国家的救济制度,只是导致了财政款的流失,所以犯罪对象应当认定为普通款物。

综上所述,司法解释蕴含了贪污特定款物从重处罚的原则,在办案过程中区分犯罪对象是否属于特定款物直接影响着对被告人的定罪量刑。司法实践中认定犯罪对象是否属于特定款物,不仅要看具体款物的表现形式,还要通过贪污方式看其本质特征,只有在公款已经类型化为特定款物且妨害了特定事项办理或者特殊群体权利的情况下,才认定为特定款物。

(二)贪污养老(助残)服务券的,应以其贪污的票面金额确定犯罪金额

本案贪污的对象为服务券,不是钱款,因此如何认定犯罪数额也成了控辩双方争议的焦点。服务券由政府印制,具有票面金额。持有人只能在政府指定的服务商处按照票面额持券消费,而不能在社会上流通。服务商收取服务券后,凭服务券到政府相应部门兑换钱款,政府收回服务券、支付对价款,服务商即可收回应得款。本案中二被告人将虚报冒领的服务券交付服务商,服务商凭服务券兑现后扣除一定的费用,剩余部分返给二被告人。据此,二被告人实际获取的钱款数额会低于其截留的服务券的票面金额。但是,认定其贪污数额只能以服务券票面金额认定,而不能以其实际获取钱款的金额认定。因为在服务券流转的过程中,政府是按照票面金额向服务商支付钱款的,被告人的贪污行为造成的公款损失数额与票面金额相等,至于服务商和被告人之间如何分配,不影响贪污数额的认定。

本案中,二被告人截留服务券金额为 90 余万元,实际通过服务商兑换了 80 余万元,尚有 10 万余元在案发前未交付服务商兑换。公诉机关认为应当以其截留的票面金额认定,而辩护人认为应当以实际完成兑换的部分认定。对此,应当结合服务券的自身特点来分析。

二被告人通过虚报多领的方式,从政府机关领取了面值达 90 余万元的服务券,而且对多领部分没有下发的打算,具有截留的直接故意。其犯罪针对的就是 90 余万元金额的服务券,应以 90 余万元作为犯罪数额。政府部门印制的服务券是不记名的票券,从政府部门流出后,即处于不可控状态,持有人随时可以到指定服务商处消费。二被告人意图占有 90 余万元的金额,也实际取得了可以支配使用的服务券,从主客观角度看,应当将全部票面金额认定为犯罪数额。

(三)适用新法对被告人量刑时,应当附加判处罚金刑

刑法修正案(九)颁布以前,刑法对贪污罪没有设置罚金刑。刑法修正案(九)对贪污罪设立了罚金刑,《解释》又进一步明确了罚金的数额,从而让贪污犯罪分子受到经济上的严厉制裁。这一立法变化,使贪污罪的刑罚从单一主刑转变为主刑、附加刑同时科处。对于刑法修正案(九)实施之后的犯罪行为,并处罚金自然没有争议,但对于刑法修正案(九)实施之前的犯罪行为,能否适用罚金刑存在争议。这主要涉及从旧兼从轻原则的理解问题,即对于行为时原本没有罚金刑的案件,适用新法后判处罚金刑是否违背从旧兼从轻的原则。

刑法第十二条规定:“中华人民共和国成立以后本法施行以前的行为,如果当时的法律不认为是犯罪的,适用当时的法律;如果当时的法律认为是犯罪的,依照本法总则第四章第八节的规定应当追诉的,按照当时的法律追究刑事责任,但是如果本法不认为是犯罪或者处刑较轻的,适用本法。”这一规定确立了从旧兼从轻的刑法适用原则。在新旧法交替时期,从旧兼从轻原则对案件中的法律适用问题具有重大指导意义。《最高人民法院关于适用刑法第十二条几个问题的

解释》进一步明确:“刑法第十二条规定的‘处刑较轻’,是指刑法对某种犯罪规定的刑罚即法定刑比修订前刑法轻。”同时规定:“如果刑法规定的某一犯罪有两个以上的法定刑幅度,法定最高刑或者最低刑是指具体犯罪行为应当适用的法定刑幅度的最高刑或者最低刑。”这一司法解释规定了比较法定刑轻重的方法。即比较法定刑轻重,主要看同样的犯罪行为,在新旧法中所对应的法定刑幅度,从中选取较轻的法定刑幅度适用。如果新法较轻的,则适用新法。适用新法,当然要适用新法规定的全部法定刑。

如果旧法未规定附加刑,而新法增设了附加刑,如何比较法定刑轻重呢?我们认为,比较法定刑的轻重,首要的标准在于主刑的轻重,而不在于刑种的多少。在两个主刑存在轻重之分的情况下,有无附加刑不影响法定刑轻重的判断。主刑重的,属于处刑较重的;主刑轻的,属于处刑较轻的。这是因为,在我国的刑罚体系中,主刑与附加刑具有不同的地位,主刑的适用范围广、惩罚力度大,而附加刑只能附加适用,或者作为一种轻刑独立适用于轻罪。当然,如果两个条文对应的主刑相同,而一个有附加刑,另一个没有附加刑,则有附加刑的重于没有附加刑的。此外,从法定刑的性质来看,在同时规定有主刑和附加刑的情况下,二者是一个有机整体。适用某一法律条文,必须做到完整适用,而不能割裂开来。如果主刑用新法,附加刑用旧法,新法旧法同时适用,则违背了从旧兼从轻原则,造成法律适用上的混乱。

适用附加刑还有一个价值判断的问题,即主刑的降低与附加刑的平衡问题,主刑减少的刑期与附加刑增加、罚金经济价值的比较,不同地区是有差别的,应综合判断适用附加刑的数量,附加刑的判处还要考虑被告人的执行能力、过错等。

具体到本案中,二被告人贪污90余万元,按照旧刑法,对应的法定刑幅度为有期徒刑十年以上的刑罚。而按照新刑法,对应的法定刑幅度为三年以上十年以下有期徒刑,并处罚金。新法的法定刑幅度在整体上轻于旧法,可以直接选择新法的法定刑幅度作为量刑依据,新法的法定刑中就包括了罚金刑。这一做法,既符合从旧兼从轻的原则,也是刑法第十二条所规定的“适用本法”的当然要求。相反,选择适用新法的主刑,而不适用罚金刑,则是缺乏法律依据的做法。

(撰稿:北京市朝阳区人民法院　臧德胜
审编:最高人民法院刑二庭　王晓东)

[第1140号]郑祖文贪污、受贿、滥用职权案

——如何处理以威胁方法收集的被告人供述及司法实践中对“重复供述”如何采信

【关键词】　威胁　贪污　滥用职权　重复供述

一、基本案情

被告人郑祖文,男,1943年8月14日出生,原系汕头海关副关长、党组成员兼调查局局长。

广东省广州市人民检察院以被告人郑祖文犯贪污罪、受贿罪和滥用职权罪,向广州市中级人民法院提起公诉。其中,对受贿罪部分的犯罪事实指控如下(其他指控内容略):

1998年8月,被告人郑祖文(时任汕头海关副关长兼调查局局长)接到李某辉(时任汕头海关调查局综合处处长)的报告称,汕头海关在处理“青油8”走私棕榈油、大豆油一案过程中,发现

涉案油料被盗。郑祖文指示李某辉调查后发现涉案走私油系被原货主汕头保税区伟建贸易公司（以下简称伟建公司）的法定代表人李建平盗走，郑祖文随即指示李某辉安排李建平参加原定涉案走私油的公开拍卖以及确保他竞投成功后缴款，并指使汕头经济特区拍卖行总经理翁德川配合空拍，企图以此掩盖其海关相关人员监管涉案走私油失职等。1998 年 9 月 5 日，拍卖行对涉案走私油依原定程序公开拍卖，李建平以汕头经济特区鸿成发展公司的名义竞投成功，成交价为每吨人民币（以下币种同）8 060 元，总价 24 106 557.28 元。

1998 年 9 月 5 日拍卖成交当晚，李建平约郑祖文在汕头市衡山路旁的绿化带见面，向其贿送 40 万元，对郑祖文在处理该批食用油过程中提供的帮助表示感谢，并请求降低拍卖成交价。郑祖文收受该款后，用于个人支配使用。

被告人郑祖文及其辩护人均否认起诉书指控的受贿犯罪事实，提出在侦查阶段，侦查人员以抓捕其家属相威胁，进行疲劳审讯，并以取保候审相诱惑，其在侦查阶段对收受贿款部分的供述系侦查人员非法取得，应当依法排除。同时，辩护人还认为，证人证言与被告人供述有矛盾，不能相互印证，公诉机关指控被告人犯受贿罪的事实不清，证据不充分，被告人不构成受贿罪。

广州市中级人民法院经公开审理查明后认为，李建平交代的行贿细节与被告人郑祖文的供述存在不吻合之处，且郑祖文当庭否认受贿，提出侦查办案人员以取保候审相利诱和以抓捕其子女相威胁获取其有罪供述，公诉机关未能提出有罪供述系合法取得的相关证据，故相关有罪供述依法应当排除。综合全案，在无其他证据佐证的情况下，公诉机关指控郑祖文犯受贿罪的证据不足，故有关郑祖文犯受贿罪的指控不能成立。

一审宣判后，广州市人民检察院提出抗诉，广东省人民检察院支持抗诉，认为本案在侦查过程中虽然存在侦查机关威胁被告人郑祖文要抓捕其女儿、女婿和以取保候审相利诱等情形，但这种情况是否属于刑事诉讼法规定的威胁、欺骗情形，目前尚无明确的认定标准。侦查机关没有严重侵犯郑祖文的基本权利，郑祖文仍有选择余地，不能因为侦查部门的审讯策略而排除其认罪供述。郑祖文在侦查阶段对收受贿款的认罪供述和行贿人李建平的指认吻合一致，郑祖文受贿 40 万元的事实清楚，证据确实、充分，应予认定（其他抗诉内容略）。

广东省高级人民法院经审理认为，检察机关指控原审被告人郑祖文受贿的依据是郑祖文的部分供述及李建平的证言。郑祖文在本案侦查阶段虽然曾经供认收受李建平 40 万元，但郑祖文后来否认其在侦查阶段所作的全部受贿供述，辩称之前之所以承认受贿是受侦查人员以取保候审相利诱和以抓捕其子女相威胁。郑祖文的辩解有讯问笔录、某市人民检察院反贪局出具的《情况说明》、某市人民检察院对郑某某、陈某某的询问笔录相印证，具有较强的合理性。侦查机关没有充分的证据排除郑祖文承认受贿的供述存在被威胁、引诱的合理怀疑，根据刑事诉讼法的规定不能采信为定案依据。因此，在仅有行贿人李建平的供述，无其他证据佐证的情况下，一审判决认定检察机关指控郑祖文犯受贿罪证据不足的理由充分。检察机关的相关抗诉意见不能成立，不予采纳。据此，广东省高级人民法院依法裁定驳回抗诉，维持原判。

二、主要问题

1. 如何处理以威胁方法收集的被告人供述？

2. 司法实践中对“重复供述”如何采信？

三、裁判理由

本案审理过程中，对于受贿罪的指控，被告人及其辩护人提出被告人承认收受贿款的有罪供述是在侦查人员威胁、引诱的情形下作出的，均应依法予以排除。侦查机关则认为侦查人员对被告人的讯问虽然存在一定的威胁、欺骗，但没有严重侵犯被告人的基本权利，不能因为侦查部门的审讯策略而排除其对受贿的有罪供述；且被告人在侦查阶段尚有多次对受贿的有罪供述是合法取得的，供述内容与证人证言能相互印证，应予采信。对此，人民法院应当如何处理采用威胁手段收集的被告人的供述以及如何确定供述的采纳范围，实践中做法不一，故有必要讨论。

（一）如何处理采用威胁手段取得的犯罪嫌疑人、被告人供述

刑事诉讼法第五十条规定："……严禁刑讯逼供和以威胁、引诱、欺骗等其他非法方法收集证据，不得强迫任何人证实自己有罪……"第五十四条进一步规定："采用刑讯逼供等非法方法收集的犯罪嫌疑人、被告人供述和采用暴力、威胁等非法方法收集的证人证言、被害人陈述，应当予以排除……"从上述规定看，刑事诉讼法对采用刑讯逼供等非法手段获取的犯罪嫌疑人、被告人的供述明确规定了应当予以排除的原则，而对采用威胁、引诱、欺骗等非法取证方法仅作出禁止性的规定，没有明确以此类手段取得的犯罪嫌疑人、被告人的供述是否应当予以排除。对此，实务界与理论界均存在认识分歧，大致形成以下几种观点：第一种观点认为，讯问中夹带一定的威胁、欺骗，只是侦查部门的审讯策略，没有严重侵犯被告人的基本权利。第二种观点认为，通过采用威胁手段获取的证据是一种严重侵犯人权的行为，从规范司法的长远角度，应当予以排除，并且刑事诉讼法对此也有明确的禁止性规定。第三种观点认为，对于这种证据，应当综合多种可能损害公正审判的因素决定是否排除。

我们同意第二种观点，理由是：第一，从刑事诉讼法第五十条、五十四条规定的字面意思分析，通过刑讯逼供和采用暴力、威胁等非法方法收集的供述都是非法证据排除的对象。第二，仅仅排除通过刑讯逼供获取的供述不利于侦查手段向合法、规范与专业化方向的转变，与刑事诉讼法修改中全面贯彻落实"尊重和保障人权"的原则相违背。第三，威胁手段不应当视为审讯策略。因为，威胁手段在超越一定的度的情况下，即威胁达到严重程度时，一般会引起恐惧，属于典型的造成精神痛苦的非法方法，容易使犯罪嫌疑人、被告人被迫作出违背意愿的供述，严重损害口供的客观真实性，形成虚假证据材料的可能性高。

如何判断威胁达到严重程度，应当综合个案案情加以判断。一般而言，仅有言语上的威胁，抑制或者剥夺犯罪嫌疑人、被告人意志自由的程度是有限的，犯罪嫌疑人、被告人经过利益权衡后觉得供述比抵抗对自己更有利而交代犯罪事实，则其供述虚假可能性比刑讯逼供取得的要小。但是，如果威胁的方法超出一定的度，如严重损害本人及其近亲属合法权益，或者以法律禁止的方法、以社会道德难以容忍的方式进行威胁，则应当认定威胁达到严重程度，属于《最高人民法院关于适用〈中华人民共和国刑事诉讼法〉的解释》第九十五条关于"其他使被告人在精神上遭受痛苦的方法"。按照该条的规定，应当认定为刑事诉讼法第五十四条规定的"刑讯逼供等非法方法"，以此方法所收集的犯罪嫌疑人被告人的供述，应当予以排除。

就本案而言，指控被告人郑祖文受贿40万元的证据主要是行贿人李建平的指认和郑祖文在侦查阶段的认罪供述。郑祖文在侦查阶段的16次审讯中，后期7次供述承认收受李建平贿赂款。其中，2011年8月19日第7次讯问中首次承认收受李建平贿赂款20万元，在之后有6次供述，供认收受李建平贿赂款40万元。但一审审判时，郑祖文提出其没有收受贿赂款，辩称之前之所以承认，是因为侦查人员采用疲劳审讯手段、以抓捕其家属相威胁以及以取保候审进行利诱，故其在侦查阶段对受贿的有罪供述是侦查人员非法取得的，依法应当予以排除。[①] 法庭经审理查明，郑祖文辩称侦查人员威胁他不承认受贿就查处其女婿的公司，抓捕其女儿、女婿，威胁内容、时间、地点和实施人员均具体、明确，并得到相关书证、证人证言的证实，具体体现在：郑祖文的女

① 起诉时公诉机关没有向法院移送被告人在审查起诉阶段的供述。

儿郑某某、女婿陈某某于2011年8月19日下午3时被传唤到侦办机关并被留置至8月20日晚上7时;郑祖文首次承认受贿的讯问笔录没有记载讯问的起止时间,看守所的记录反映当天的讯问持续达8个多小时,但讯问录音录像却只有半小时的认罪供述。因此,郑祖文的辩解具有合理性。

结合本案的实际情况,郑祖文被讯问时已退休近10年、年近70岁,因个人的原因导致女儿、女婿(公职人员)被检察机关“抓起来”,这对其心理必然起到强烈的胁迫作用,迫使他为保住一家老小的平安,选择做出牺牲,违背意愿作出有罪供述。这种以针对被告人本人及其亲属的重大不利相威胁,产生的精神强制效力达到了严重程度,极大可能导致被告人精神痛苦并违背意志进行供述。此外,郑祖文辩解其之所以供认受贿的事实,除受到“女儿、女婿被检察机关抓起来”威胁的影响外,还因为侦查人员承诺其供认受贿的事实后即对其取保候审,即侦查人员同时以取保候审对郑祖文进行引诱。郑祖文所作辩解有讯问笔录等材料相印证。这种引诱与威胁相配合的方法在一定程度上加强了胁迫的作用,使被告人精神上遭受极大痛苦。据此,可以认定郑祖文为免子女受牵连及获得取保候审而违背意志作出虚假供述的可能性很大,其辩解具有合理性,对其本次供述依法应当予以排除。

(二)对被告人在侦查阶段的“重复供述”如何采信

在判定被告人在侦查阶段首次的认罪供述系因非法方法取得,依法应当予以排除的前提下,对侦查机关后续取得的被告人的有罪供述,即被告人在侦查阶段作出的其他多次重复的认罪供述应如何处理?如果采纳,应当如何明确采纳标准?刑事诉讼法、相关司法解释以及《关于办理刑事案件排除非法证据若干问题的规定》对此均没有明确规定。

所谓“重复供述”,又称“重复自白”。“重复自白”理论在欧美和日本等国已经形成比较完整的理论体系及实务应用规则。如英国、日本等国采取限制其证据能力并予以排除的规则,美国则采取排除加例外原则等。在我国,目前大致形成三种有代表性的观点:第一种观点认为重复供述应当全部排除,认为后续供述很可能是犯罪嫌疑人的恐惧心理导致的,是“毒树之果”。我国现行司法体制和刑事诉讼机制,产生了一种“绑定”效应,先前的非法讯问行为一经实施,其与后续的自白之间的因果关系就很难被切断,因而不存在不予排除的例外。第二种观点认为重复供述不应排除,重复供述并非派生证据,不适用“毒树之果”规则;且相关法律并未对重复供述作出禁止性规定,将其排除无法律依据。第三种观点认为应当区别对待,综合考虑违法取证手段的严重性、取证主体的改变情况、特定的讯问要求等因素综合考虑是否排除。

我们同意第三种观点,理由是:第一,在一般情况下,重复供述与前次非法讯问行为之间具有因果关系,属于非法证据排除规则的范畴。第二,因个案具体情况不同,非法取证手段的影响、效果持续性也可能存在差异,重复供述与前次非法讯问获取的供述之间的联系也不是固定不变的,对重复供述不予考量一概排除,难免有“一刀切”的嫌疑,不符合司法实践的需要。第三,对重复供述一概不予排除,极有可能导致侦查机关采取先对犯罪嫌疑人实施非法手段取证,再经合法讯问取得犯罪嫌疑人有罪供述的策略,以此规避非法证据排除规则的适用,使非法证据排除规则被架空,同时也丧失了其吓阻和遏制非法侦查行为、保障犯罪嫌疑人合法权利的功能。据此,我们认为在具体案件中,应当结合先前非法取证的性质和严重程度、诉讼程序的推进、取证主体的变更等情况综合衡量重复供述是否自愿、可靠,有没有充分的证据排除被告人的供述存在被威胁的合理怀疑,从而决定是否排除重复供述。

就本案而言,侦查单位与审查起诉单位分别是两个市的人民检察院(指定异地审判管辖案件)。被告人郑祖文对收受贿款的有罪供述均是在某市人民检察院侦查阶段作出,而在案件移交广州市人民检察院审查起诉阶段没有作过有罪供述，一审庭审时更当庭否认受贿的事实。由于郑祖文于2011年8月19日的第一次有罪供述是在被威胁下作出的供认，在侦查阶段取证主体没有改变的情况下，不能排除受到这种胁迫后产生的心理恐惧始终存在。郑祖文在“不认则抓人（女儿女婿），认了就放人”的强烈心理恐惧下，存在处于同一侦查主体讯问期间不敢改变原来供认的可能，即在取证主体没有变更，郑祖文所受的精神胁迫制约仍然存在的条件下，前后供述的关联度高。因此，不能简单以侦查阶段后续几次审讯表面上没有威胁行为就否定其供述受到前面胁迫手段的影响而予以采信，而应当根据刑事诉讼法第五十八条的规定予以排除。

综上分析，根据刑事诉讼法第五十四条、第五十八条的规定，现有证据不能排除被告人郑祖文自认受贿的供述存在以非法方法收集证据的情形，不应作为定案依据。据此，在仅有行贿人的交代，无其他证据佐证的情况下，认定郑祖文犯受贿罪的证据不足，不应予以支持。本案一审虽然在2012年修改的刑事诉讼法及相关司法解释实施之前下判，但对把握非法言词证据的认定标准与刑事诉讼法及相关司法解释对非法言词证据的规定是相符的。

（撰稿：广东省高级人民法院　黄建屏　林恒春
审编：最高人民法院刑二庭）

[第1141号]吴毅、朱蓓娅贪污案

——侦查机关通过疲劳审讯获得的被告人供述是否属于非法证据以及非法证据排除后是否对量刑事实形成影响

【关键词】 疲劳审讯　供述　非法证据　量刑

一、基本案情

被告人吴毅，男，1961年5月28日出生，原系扬州市人力资源和社会保障局新城西区办事处副主任、主任。因本案于2013年1月11日被逮捕。

被告人朱蓓娅，女，1980年9月29日出生，原系扬州市人力资源和社会保障局开发区办事处合同制聘用人员。因本案于2013年1月11日被逮捕。

江苏省扬州市江都区人民检察院以被告人吴毅、朱蓓娅犯贪污罪向江都区人民法院提起公诉。

被告人吴毅提出的辩解是：(1)其没有骗取退保金，不构成贪污罪，其行为是工作失职，属于渎职犯罪。(2)其多开具发票是为了单位利益，而不是为了个人，故亦不构成贪污罪。

被告人吴毅的辩护人提出的辩护意见是：(1)起诉书指控被告人吴毅贪污33万余元事实不清、证据不足。吴毅在2012年12月27日的1份询问和3份讯问的有罪供述，系侦查机关采用变相肉刑的方式获取口供，应当作为非法证据予以排除；吴毅在2013年1月7日江苏省人民检察院逮捕前提审的一份有罪供述，因侦查机关未按规定进行同步录音、录像，亦应作为非法证据予以排除。(2)吴毅贪污1.1万元事实不清、证据不足。(3)起诉书指控的第一节贪污犯罪中，吴毅即使构成贪污罪，指控其贪污数额33万余元的证据不足。2008年骗取退保金10万余元只有朱蓓娅的供述，故该笔贪污款应予扣除；有证据证实2009年5月以后，社保业务章不在吴毅处，因而2009年5月以后的骗取退保数额不再计入吴毅的贪污数额。

被告人朱蓓娅未提出辩解。朱蓓娅的辩护人提出的辩护意见是:(1)朱蓓娅在共同犯罪中是从犯,可以减轻处罚;(2)朱蓓娅认罪态度较好、积极退赃,请求法院对其从轻处罚。

扬州市江都区人民法院经公开审理查明:

(一)吴毅、朱蓓娅共同贪污部分

按照相关规定,外省在扬州务工人员在返乡时可以一次性提取的养老保险金,称为"退保金"。办理退保金的正常流程是:由申请人向扬州市人力资源和社会保障局开发区办事处(以下简称开发区办事处)提供身份证、户口本、回乡务工证明、社会保险手册以及个人申请等资料,通过经办人员初步审核后计算退保金额,填写《江苏省职工养老社会保险金结算(支付)凭证》(以下简称结算凭证),将结算凭证以及所附上述材料交给分管领导签字审核,再加盖社会保险专用章,申请人即可到扬州市社保中心领取退保金。

2009 年 1 月至 11 月间,退保金申请材料审查报送经办人朱蓓娅利用其在开发区办事处经办退保金的职务便利,伙同分管退保金申请材料审核的开发区办事处副主任吴毅,多次采取虚构事实、冒用退保人员名义等方式作案 15 次,共骗取退保资金 39 笔,共计人民币(以下币种同)228 718.2元。具体作案手法是:朱蓓娅制作虚假的结算凭证,交给吴毅签字,而后盖章。朱蓓娅再将签字、盖章后的结算凭证交由其亲戚、朋友冒充退保人员到扬州市社保中心领取退保金,朱蓓娅取得退保金后再和吴毅进行分赃。2009 年年底,开发区办事处退保金遭骗取事件暴露,朱蓓娅交代了自己贪污的事实,其父母代为退出全部赃款。嗣后,朱蓓娅被开发区办事处解聘。

(二)吴毅单独贪污部分

2011 年 12 月至 2012 年 12 月间,吴毅在担任扬州市人力资源和社会保障局新城西区办事处(含筹备小组)负责人期间,利用直接管理后勤工作的职务便利,在单位公务招待过程中,私下要求扬州天地酒业有限公司、扬州风正经贸有限公司多次开具消费发票,侵吞公款合计 11 000 元。

庭审中,朱蓓娅对公诉机关指控其与吴毅共同贪污的主要犯罪事实不持异议,但辩解骗保行为系受吴毅指使所为;吴毅在到案初期的 1 份询问笔录、3 份讯问笔录以及悔过书中承认知道朱蓓娅骗取退保金,自己从中分得 4.8 万元的事实。2013 年 1 月 7 日,吴毅在接受江苏省人民检察院审查批捕人员讯问时,承认朱蓓娅在 2009 年期间给过其 4.8 万元,给钱是因为其袒护朱蓓娅,对她拿来的空白凭证没有审核就签字。此后包括在庭审中,吴毅翻供,否认其参与朱蓓娅骗取退保金并分赃的事实,认为自己仅仅是工作上失职、没有尽到审查义务,提出其有罪供述是其在受到疲劳审讯、精神恍惚时做出的,属于非法证据应予排除。

扬州市江都区人民法院认为,被告人吴毅在到案初期的四份有罪供述,因侦查机关在取证时违反相关规定,因而不具有证明效力。但是,吴毅在江苏省人民检察院逮捕前提审所作的有罪供述,并未违反相关规定,具有证明效力。被告人吴毅、朱蓓娅身为国家事业单位中从事公务的人员,利用职务上的便利,冒充退保人员,虚构结算凭证,侵吞国家社保资金 22 万余元,其行为均构成贪污罪,且系共同犯罪。朱蓓娅在案发后如实供述犯罪事实,系坦白认罪,且在案发后退出全部赃款,故依法可以从轻处罚。吴毅当庭拒不认罪,故对这一情节在量刑时予以考虑。据此,扬州市江都区人民法院依照《中华人民共和国刑法》第三百八十二条第一款、第三百八十三条第一款第一项、第二十五条第一款、第六十七条第三款、第五十五条第一款、第五十六条第一款之规定,判决如下:

1. 被告人吴毅犯贪污罪,判处有期徒刑十二年,剥夺政治权利二年,没收财产人民币五万元;

2. 被告人朱蓓娅犯贪污罪,判处有期徒刑十年,剥夺政治权利二年。

一审宣判后,被告人吴毅、朱蓓娅不服,均向扬州市中级人民法院提起上诉。吴毅的上诉理由是:2013年1月7日江苏省人民检察院的提审笔录也属于非法证据应当予以排除;即使不排除江苏省人民检察院的提审笔录,一审判决认定吴毅伙同朱蓓娅共同贪污事实不清、证据不足,不能排除朱蓓娅单独作案或者与吴毅以外的他人共同作案的合理怀疑。朱蓓娅的上诉理由是:其在共同犯罪中系从犯。

扬州市中级人民法院认为,上诉人吴毅、朱蓓娅身为国家事业单位中从事公务的人员,利用职务上的便利,冒充退保人员,虚构结算凭证,侵吞国家社保资金22万余元,其行为均构成贪污罪,且系共同犯罪。朱蓓娅实施了填写虚假结算凭证、指使他人冒领赃款、分配赃款等共同贪污中的大部分行为,在共同犯罪中起主要作用,系主犯;吴毅在共同犯罪中的作用小于朱蓓娅,系从犯,依法应当减轻处罚。朱蓓娅案发前已向本单位如实交代了自己的主要犯罪事实,案发后也如实供述犯罪事实,系自首,依法可以减轻处罚,且其已退出全部赃款,可以从轻处罚。吴毅拒不认罪,对这一情节在量刑时予以考虑。原判决认定事实清楚,证据充分,但量刑不当,应予纠正。据此,改判:

1. 上诉人吴毅犯贪污罪,判处有期徒刑五年六个月,并处没收财产人民币三万元;

2. 上诉人朱蓓娅犯贪污罪,判处有期徒刑五年,并处没收财产人民币二万元。

二、主要问题

1. 侦查机关通过疲劳审讯获得的被告人供述是否属于非法证据?

2. 非法证据排除后是否对量刑事实形成影响?

三、裁判理由

本案系共同犯罪,被告人朱蓓娅对自己伙同被告人吴毅共同贪污的基本事实一直供述稳定,吴毅到案初期也如实交代其伙同朱蓓娅共同贪污的基本事实,但其后翻供。对吴毅到案初期的有罪供述,法院经审查后认为属于非法言词证据,应予排除,没有作为最终定案依据使用。主要理由如下:

(一)通过疲劳审讯获得的有罪供述属于非法证据,应当予以排除

吴毅在一审开庭时当庭提出,其到案初期所作的4次有罪供述系受到侦查机关疲劳审讯、精神恍惚情况下作出的,属于非法证据;其后,江苏省人民检察院审查批捕人员提审时,由于前期侦查人员在场,其心理上受到干扰,所作的重复有罪供述仍然属于非法证据,也应当予以排除。吴毅及其辩护人提供了其到案时间、到案初期数次讯问的时间,以证明侦查机关对其实施了长时间的疲劳审讯。

一审法院经过初步审查后认为有必要启动证据合法性调查程序,法院决定中止法庭调查,启动非法证据排除调查程序,对侦查人员的取证行为是否合法进行调查。为此,法院当庭播放了讯问过程的同步录音录像,通知侦查人员出庭作证,对取证过程进行说明。讯问笔录和同步录音录像反映,侦查机关采用上下级机关"倒手""轮流审讯"的方式连续讯问吴毅长达30多小时,而且其间没有给予吴毅必要休息,属于疲劳审讯。

对于使用刑讯逼供、暴力、威胁等方法非法收集的言词证据,世界各国通常都是规定绝对排除。我国刑事诉讼法也坚持了这一原则,对非法言词证据绝对予以排除。修改后的刑事诉讼法第五十四条明确规定,采用刑讯逼供等非法方法收集的犯罪嫌疑人、被告人供述和采用暴力、威胁等非法方法收集的证人证言、被害人陈述,属于非法言词证据,均应予以排除。但对于疲劳审讯是否属于"刑讯逼供等方法",由此获得的犯罪嫌疑人、被告人供述是否属于非法言词证据,是否应当绝对排除,尚未有相关规范性文件作出明确规定。我们认为,除了传统的吊打、捆绑等暴力手段以外,其他一系列变相的逼供措施,如足以形成肉体或精神强烈痛苦的罚站、罚跪、冻饿、

日晒、雨淋、火烤、强光、噪音、“车轮战”、不准睡眠等非暴力方法也应属于刑讯逼供方法，而且这些变相逼供手段已成为非法取证的主要手段。为此，《最高人民法院关于适用〈中华人民共和国刑事诉讼法〉的解释》第九十五条第一款进一步明确了非法言词证据的范围：“使用肉刑或者变相肉刑，或者采用其他使被告人在肉体上或者精神上遭受剧烈疼痛或者痛苦的方法，迫使被告人违背意愿供述的，应当认定为刑事诉讼法第五十四条规定的‘刑讯逼供等非法方法’。”

根据该规定，我们认为，疲劳审讯应当属于非法取证的范围。本案中，被告人吴毅在长达30多小时的连续讯问过程中没有得到必要休息，这种疲劳审讯属于一种变相肉刑，它对公民基本权利的侵犯程度与刑讯逼供基本相当。吴毅在这种情况下所作有罪供述不能排除是在精神和肉体遭受痛苦的情况下，违背自己意愿作出的。这种供述不可靠，属于使用非法方法取得的证据，应当予以排除，不得作为定案依据使用。据此，一审法院对吴毅到案初期的4份有罪供述认定为非法证据，予以排除，没有作为定案依据使用。需要指出的是，其后吴毅在江苏省人民检察院审查批捕人员提审时所作的认罪供述，因为讯问主体不同，最初的侦查人员并不在场，整个提审活动没有诱供逼供、疲劳审讯等情形，最初影响其自愿供述的因素已经不复存在，故该份证据具有可采性。

（二）非法证据排除后对案件量刑事实可能会造成影响

根据法律规定，非法证据排除原则解决的是证据的法庭准入资格问题，也就是说，只有合法取得的证据才能具有证据资格，作为证据提交法庭，法庭进而对其进行证明力大小强弱的审查。一旦法院作出排除非法证据的决定，被排除的非法证据就不能作为定案的根据。但非法证据排除后是否对案件量刑事实造成影响，一、二审法院对此存在不同的看法。

一审法院认为，被告人吴毅到案初期的4份有罪供述不仅包括其伙同朱蓓娅共同贪污的事实，而且包括犯意的提起、二人在共同犯罪的分工、赃款的分配等方面的事实。结合朱蓓娅的供述，可以认定吴毅和朱蓓娅在共同犯罪中的地位作用相当，不分主次。其后吴毅在审查批捕阶段仅承认自己明知朱蓓娅实施贪污，自己分得部分赃款，但对涉及共同犯罪中二人如何分工合作、赃款如何分配等方面并无具体交代。一审法院虽然在形式上排除了吴毅到案初期的4份有罪供述，但内心确信吴毅之前的有罪供述是真实的，加上吴毅另有单独贪污事实，又拒不认罪，因此认定二被告人均系主犯，对二被告人均判处十年以上有期徒刑。二审法院经审理后认为，已经排除的非法证据既然不得作为证据使用，当然也不应当对定罪量刑产生影响，否则非法证据排除就形同虚设，没有实际意义。在吴毅被认定具有证据资格的供述中，关于本案犯意的提起、二被告人在共同犯罪中如何分工、赃款如何分配等事实均没有具体供述。而朱蓓娅关于受吴毅指使实施犯罪的供述因其与吴毅有利害关系不能完全采信，因而根据现有证据无法认定二被告人在共同犯罪中的地位和作用相当。相反，大量书证和证人证言均证实，朱蓓娅实施了填写虚假结算凭证、指使他人冒领赃款、控制和分配赃款等共同贪污犯罪中的大部分行为，而吴毅仅实施了在虚假结算凭证上签字的行为。因此，二审法院认定吴毅在共同犯罪中的作用小于朱蓓娅，所起作用是次要的，认定其为从犯。因朱蓓娅在事发后已经向所在单位承认的自己贪污事实，退出了全部赃款，二审法院认为可以认定其为自首。据此，二审法院对两人均减轻处罚，改判吴毅有期徒刑五年六个月，朱蓓娅有期徒刑五年。判决书送达后，二人均服判息诉。

我们认为，侦查机关通过疲劳审讯取得的供述属于非法证据，应当予以排除。非法证据的排除，不仅会对定罪事实造成影响，而且也会对量刑事实造成影响。具体到本案，如果被排除的被告人吴毅的有罪供述既包含定罪事实又包含量刑事实，而具有证据资格的有罪供述仅包含定罪事实而缺乏量刑事实，那么在没有相关证据补证量刑事实的情况下，仅能依据供述认定吴毅的定罪事实。二审法院综合其他证据,认定被告人朱蓓娅、吴毅在共同犯罪中的作用和地位是正确的。

(撰稿:江苏省扬州市中级人民法院 周庆琳 汤咏梅
审编:最高人民法院刑二庭 刘晓虎)

[第1142号]王雪龙挪用公款、贪污案

——如何认定"小金库"性质公司及公务性支出能否从贪污数额中扣除

【关键词】 挪用公款 "小金库" 公务性支出 自首

一、基本案情

被告人王雪龙,男,1964年1月2日出生,原系上海市青浦区农业机械管理站站长、上海神牛农机服务有限公司法定代表人、上海通阳农机服务有限公司法定代表人。于2014年5月7日被逮捕。

上海市青浦区人民检察院以被告人王雪龙犯挪用公款罪、贪污罪向上海市青浦区人民法院提起公诉。

被告人王雪龙及其辩护人对公诉机关指控的犯罪事实和罪名均无异议,但王雪龙辩称其贪污所得钱款绝大部分用于公务支出。其辩护人以王雪龙挪用公款部分系自首,贪污部分属如实供述罪行,贪污所得绝大部分用于农机站日常工作开支,以及王雪龙的家属代为部分退赃等为由,请求法庭对王雪龙予以从轻处罚。

上海市青浦区人民法院经公开审理查明:

(一)挪用公款罪

上海市青浦区农业机械管理站(以下简称青浦区农机站)是青浦区农业委员会设立的全额拨款事业单位。上海神牛农机服务有限公司(以下简称神牛公司)是青浦区农机站全额出资成立的有限责任公司。2008年1月至2014年间,被告人王雪龙任青浦区农机站站长、神牛公司法定代表人。

2008年11月,被告人王雪龙与张永辉经事先商量,欲共同成立上海青育农机服务有限公司(以下简称青育公司)。同年11月5日、11月10日,王雪龙利用其全面负责神牛公司工作的职务便利,个人决定挪用神牛公司公款人民币(以下币种同)20万元,用于青育公司申报注册资本;2009年1月5日,青育公司归还神牛公司20万元。2009年6月24日,王雪龙个人决定挪用神牛公司公款70万元,用于青育公司增加注册资本;同年8月4日,青育公司归还神牛公司70万元。

(二)贪污罪

2009年8月,神牛公司以设置青浦区农机零配件服务网点名义出资成立上海通阳农机服务有限公司(以下简称通阳公司),王雪龙担任公司法定代表人,股东为王雪龙及时任青浦区农机站党支部书记的祝建林。2011年4月19日,王雪龙利用其全面负责神牛公司、通阳公司工作的职务便利,私自将通阳公司无偿转让至马雪元名下并由王雪龙个人实际控制,至工商变更登记当日,通阳公司利润合计22万余元。2012年9月,王雪龙个人决定将上海昊燊农业机械设备有限

公司（以下简称昊燊公司）支付神牛公司的服务费36万元由通阳公司收取。后王雪龙将上述通阳公司利润及收取的服务费用于个人套现、消费等。

2013年4月，王雪龙与王川民经事先商量，成立上海厚缘农业科技服务有限公司（以下简称厚缘公司），王雪龙为实质股东之一。2013年5月、12月，王雪龙利用其全面负责神牛公司的职务便利，个人决定将昊燊公司支付神牛公司的服务费42万元由厚缘公司收取。后王雪龙将上述厚缘公司收取的服务费用于个人套现、消费等。

另查明，王雪龙有自首、积极退赃等量刑情节。

上海市青浦区人民法院认为，被告人王雪龙利用职务上的便利，挪用公款共计90万元，数额较大，归个人进行营利活动，其行为已构成挪用公款罪。王雪龙利用职务上的便利，侵吞公款100余万元，数额巨大，其行为已构成贪污罪，应数罪并罚。王雪龙犯罪以后自动投案，并如实供述其挪用公款的罪行，后又供述了贪污部分的基本事实，对挪用公款部分罪行可认定为自首，依法可从轻处罚，对贪污部分也可从轻处罚。依照《中华人民共和国刑法》第十二条第一款，第三百八十四条第一款，第三百八十二条第一款，第三百八十三条第一款第二项、第二款，第九十三条第二款，第六十七条第一款、第三款，第五十二条，第五十三条，第六十四条，第六十九条及《最高人民法院、最高人民检察院关于办理贪污贿赂刑事案件适用法律若干问题的解释》第二条之规定，以挪用公款罪判处王雪龙有期徒刑二年；以贪污罪判处有期徒刑五年六个月，并处罚金人民币五十万元，决定执行有期徒刑七年，并处罚金人民币五十万元。

一审宣判后，被告人王雪龙不服，向上海市第二中级人民法院提起上诉。

被告人王雪龙的主要上诉理由是：原判认定其犯贪污罪的事实不清、证据不足。通阳公司、厚缘公司均属于青浦区农机站下属的"小金库"性质企业，且其将绝大部分涉案款项用于青浦区农机站日常开支等公务性支出，其行为不构成贪污罪。即使构成贪污罪，也应将用于公务性支出的款项从贪污数额中扣除。

上海市第二中级人民法院经审理后认为，原判定罪及适用法律正确，量刑适当，裁定驳回上诉，维持原判。

二、主要问题

1. 如何认定"小金库"性质的公司？

2. 贪污款项用于公务性支出的部分能否从贪污数额中扣除？

三、裁判理由

（一）认定"小金库"性质的公司，应当从其设置的知情面、设置的目的、公司的管理、经费的使用及受益方等方面进行综合考量

2009年《中共中央办公厅、国务院办公厅印发〈关于深入开展"小金库"治理工作的意见〉的通知》发布以后，全国各级、各部门均开展了全面治理"小金库"的行动。关于"小金库"的界定，中央纪委发布的《关于设立"小金库"和使用"小金库"款项违纪行为适用〈中国共产党纪律处分条例〉若干问题的解释》中将"小金库"定义为"违反法律法规及其他有关规定，应列入而未列入符合规定的单位账簿的各项资金（含有价证券）及其形成的资产"。中央纪委、监察部、财政部、审计署发布的《关于在党政机关和事业单位开展"小金库"专项治理工作的实施办法》中沿用了上述定义并将"小金库"总结为7种表现形式：违规收费、罚款及摊派设立"小金库"；用资产处置、出租收入设立"小金库"；以会议费、劳务费、培训费和咨询费等名义套取资金设立"小金库"；经营收入未纳入规定账簿核算设立"小金库"；虚列支出转出资金设立"小金库"；以假发票等非法票据骗取资金设立"小金库"；上下级单位之间相互转移资金设立"小金库"等。综观上述规定，可

以看出"小金库",在设立、管理、使用过程中均应经过单位的集体决策程序,体现单位意志,任何个人决定或者以个人名义截留公共款项设立的所谓"小金库",均属于违纪、违法甚至犯罪行为,不应认定为本单位的"小金库"。

本案中,对通阳公司、厚缘公司是青浦区农机站下属的"小金库"性质公司,还是被告人王雪龙控制下用于侵吞公款的私营企业的认定,直接影响到王雪龙的行为是否构成贪污罪的问题。对这一问题,法院在审理中形成两种意见:

一种意见认为,通阳公司、厚缘公司实际上是青浦区农机站下属的"小金库"性质公司,王雪龙将昊桑公司本应支付给神牛公司的服务费分别由通阳公司、厚缘公司收取这一行为本身,只是为规避国家的政策和逃避监督,将属于原单位的资金隐匿于部门财务会计账外,但其资金的性质仍属于公有资金。王雪龙将大部分资金主要用于原单位的公务性支出,其个人并没有非法侵吞公款,不能据此认定其构成贪污罪。

另一种意见认为,转制后的通阳公司以及厚缘公司并非青浦区农机站下属的"小金库"性质公司,而是由王雪龙实际控制的私营企业,是王雪龙利用职务之便侵吞神牛公司公款的工具。王雪龙私自将净资产22万元的通阳公司无偿转让给马雪元并由王雪龙实际控制,属于典型的利用职务便利侵吞国有资产的行为;其又利用职务便利私自将昊桑公司本应支付给神牛公司的服务费分别由通阳公司、厚缘公司收取,这一行为亦具有非法占有公共财物的性质,其行为构成贪污罪。

我们同意第二种意见。主要理由是:

1. 从公司设立知情面来看,虽然从表面上知情面较窄,具有一定隐蔽性,但由于"小金库"性质公司的设立体现的是单位意志,单位的决策管理层应当对该公司的设立知情,而绝非仅个别领导知情。本案中,转制前的通阳公司由神牛公司出资设立,此时神牛公司管理层对通阳公司的设立是知情的。2011年4月,王雪龙利用职务便利私自将通阳公司转让给马雪元并办理了工商变更登记,此后神牛公司的管理层对通阳公司的存在及运营状况毫不知情,完全由王雪龙一人实际控制。至于厚缘公司,从设立之初就与神牛公司没有任何关联,神牛公司也并不知情。

2. 从公司设置目的来看,单位设立"小金库"一般用于安置单位违规收费、罚款、摊派的资金、以会议费等名义套取的资金、虚列支出转出的资金等,以便单位逃避监管违规发放工资、福利、接待等,也不排除部分资金用于弥补正常公务支出的差额。就本案来讲,王雪龙控制通阳公司、厚缘公司的目的完全是供个人套现、消费、截留神牛公司的业务款项,与神牛公司安置、支出资金无关,不符合单位设置"小金库"的目的性要求。

3. 从公司管理来看,"小金库"及"小金库"性质公司的管理同样应体现单位意志,在"小金库"资金的收入、支出,或者"小金库"性质公司的人、财、物管理等方面都应体现出单位的集体决策。因为从本质来讲,单位"小金库"中的资金仍属于单位财产,即使成立了独立的"小金库"性质公司,该公司的财产也属于设立该公司的单位所有,公司事务也应由设立其的单位管理。本案中,转制后的通阳公司以及厚缘公司均由王雪龙个人实际控制,公司性质已变更为私营企业,神牛公司与该两家公司之间客观上并无管理与被管理的关系。

4. 从经费的使用及受益方来看,"小金库"或者"小金库"性质公司中的资金由设立其的单位支配、使用,受益方也是设立该"小金库"的单位,这是由"小金库"的性质决定的。本案中,改制后的通阳公司及厚缘公司的资产全部由王雪龙等人支配、使用,受益方也无疑是王雪龙个人。即使有部分资金用于神牛公司的公务性支出,也与神牛公司支配、使用资金具有本质区别。

综上,通阳公司、厚缘公司并非"小金库"性质的公司,王雪龙利用职务便利将昊桑公司支付给神牛公司的服务费通过上述其个人控制的公司进行截留,并个人套现消费使用,其行为应认定为贪污罪。

(二)公务性支出不能从贪污数额中扣除

关于公务性支出能否从贪污数额中扣除,是本案的另一争议焦点,审理中也存在两种意见:

一种意见认为,不论通阳公司、厚缘公司是否属于国有单位的“小金库”,因部分涉案款项被王雪龙用于公务性支出,王对该部分款项没有占为己有的主观故意,客观上也没有使国有财产受到损失,对该部分款项应从贪污数额中予以扣除。

另一种意见认为,本案涉案款项进入通阳公司、厚缘公司以后,王雪龙的行为即成立贪污罪的既遂,此后即使王雪龙将部分款项用于公务性支出,也属于对赃款的处分行为,该部分款项不能从贪污数额中扣除。

我们同意第二种意见。理由是:

1. 被告人王雪龙的贪污犯罪行为已经既遂。根据贪污罪既遂标准的通说“控制说”,只要行为人取得对公共财物的实际控制与支配,既构成贪污罪的既遂。最高人民法院 2003 年 11 月 13 日印发的《全国法院审理经济犯罪案件工作座谈会纪要》第二条第一项专门就“贪污罪既遂与未遂的认定”做出规定:“贪污罪是一种以非法占有为目的的财产性职务犯罪,与盗窃、诈骗、抢夺等侵犯财产罪一样,应当以行为人是否实际控制财物作为区分贪污罪既遂与未遂的标准……行为人控制公共财物后,是否将财物据为己有,不影响贪污既遂的认定。”本案中,通阳公司、厚缘公司属于财务独立核算的私营企业,王雪龙将本应由神牛公司收取的款项转由两家公司分别收取以后,便实际实现了对这部分款项的控制、支配,其贪污犯罪行为已经既遂。

2. 行为人将赃款用于公务性支出的,不影响对其贪污行为的认定,用于公务支出的部分不能从贪污数额中扣除。根据犯罪既遂理论,犯罪既遂即代表着行为人的行为已经齐备了某种犯罪的全部构成要件,对其应以既遂状态下的行为及其结果定罪处罚。此后行为人对赃款、赃物的处分以及退赃、退赔等情形,不影响对其行为的定性,也不影响对犯罪数额的认定。这些事后行为只能在量刑时酌情考虑。

对此,2016 年 4 月 18 日《最高人民法院、最高人民检察院关于办理贪污贿赂刑事案件适用法律若干问题的解释》第十六条第一款明确规定:“国家工作人员出于贪污、受贿的故意,非法占有公共财物、收受他人财物之后,将赃款赃物用于单位公务支出或者社会捐赠的,不影响贪污罪、受贿罪的认定,但量刑时可以酌情考虑。”该解释对贪污、贿赂犯罪既遂后,行为人出于各种目的将赃款用于公务性支出或者社会公益事业如何认定犯罪数额的问题进行了明确规定,统一了法律适用。

综上,被告人王雪龙将部分赃款用于单位公务性支出,对该部分赃款不能从其贪污数额中扣除,只能在量刑时酌情考虑。

(撰稿:上海市第二中级人民法院　王宗光　夏稷栋　关敬杨

审编:最高人民法院刑二庭　康　瑛)

[第1143号]罗菲受贿案

——如何认定特定关系人是否成立受贿罪共犯

【关键词】 特定关系人 受贿 共犯 掩饰、隐瞒犯罪所得

一、基本案情

被告人罗菲,女,1981年8月12日出生,原系中国铁路文工团歌舞团歌唱演员。因涉嫌犯受贿罪于2011年7月8日被逮捕。

北京市人民检察院第二分院以被告人罗菲犯掩饰、隐瞒犯罪所得罪向北京市第二中级人民法院提起公诉;后北京市人民检察院第二分院变更起诉指控事实和适用法律,以被告人罗菲犯受贿罪向北京市第二中级人民法院提起公诉。

被告人罗菲辩称其没有帮助杨建宇从张曙光(已判刑)处获得利益,其行为不构成受贿罪。其辩护人提出以下辩护意见:罗菲对杨建宇直接向张曙光请托的事项及张曙光实际为杨建宇提供帮助的事项不知情,主观上没有与张曙光就利用张曙光的职务便利为杨建宇谋利的问题形成通谋,客观上没有向张曙光转达请托,没有与张曙光相互配合实施利用张曙光的职务便利为杨建宇谋取利益的行为,罗菲的行为不构成受贿罪。

北京市第二中级人民法院经公开审理查明:

2007年上半年至2011年1月间,被告人罗菲明知广州中车铁路机车车辆销售租赁有限公司等公司法定代表人杨建宇给予其财物,是为讨好其情夫张曙光,以获得张曙光利用担任原铁道部运输局局长的职务便利提供帮助,仍在北京、香港等地,多次收受杨建宇给予的折合人民币157.686万元的财物,并征得张曙光同意或者于事后告知张曙光。为此,张曙光于同一期间,为杨建宇的公司解决蓝箭动车组租赁到期后继续使用及列车空调设备销售等问题提供了帮助。其中,罗菲收受财物的事实具体如下:

1. 2007年上半年,经张曙光同意,罗菲接受杨建宇在北京香格里拉饭店停车场给予的人民币30万元,用于购买宝马X3轿车一辆,并于购车后告诉了张曙光。

2. 2007年12月,罗菲在香港旅游期间,接受杨建宇出资港币30万元帮助其在香港购买迪威特手表一块,并在回北京后告诉了张曙光。

3. 2008年5月至2011年1月间,经张曙光同意,罗菲接受杨建宇的安排,到华车(北京)交通装备有限公司担任宣传总监,在实际未为该公司工作的情况下,在该公司领取31个月工资,共计人民币49.6万元。

4. 2010年10月,经张曙光同意,罗菲接受杨建宇出资人民币50万元在北京励骏酒店一层商场帮助其购买瑞驰迈迪手表一块。

北京市第二中级人民法院认为,被告人罗菲明知杨建宇给予其财物是为讨好其情夫张曙光,以获得张曙光利用担任铁道部运输局局长的职务便利提供帮助,仍收受杨建宇给予的财物并于事前征得张曙光同意或者事后告知了张曙光,张曙光亦接受杨建宇的请托利用职务便利为杨建宇提供了帮助,据此应认定罗菲具有与张曙光共同受贿的故意,参与实施了共同受贿行为,其行为符合《最高人民法院、最高人民检察院关于办理受贿刑事案件适用法律若干问题的意见》第七条、第十一条的规定,应认定为与张曙光构成共同受贿,对其应当按受贿罪的共犯定罪处罚。在

共同受贿犯罪中，罗菲仅参与收受财物，系起次要作用的从犯。鉴于罗菲系从犯，且有如实供述自己罪行、赃款赃物已全部追缴等情节，对其依法减轻处罚。根据罗菲的犯罪事实、犯罪的性质、情节和对于社会的危害程度，依照《中华人民共和国刑法修正案（九）》修改前的《中华人民共和国刑法》第三百八十五条第一款，第三百八十六条，第三百八十三条第一款第一项、第二款，第二十五条，第二十七条，第六十七条第三款，第六十一条之规定，以受贿罪判处被告人罗菲有期徒刑五年。

一审宣判后，被告人罗菲不服，向北京市高级人民法院提出上诉。

被告人罗菲上诉提出：其与张曙光之间不存在利用张曙光的职务便利为杨建宇谋利的通谋。其辩护人提出：杨建宇向张曙光请托事项以及张曙光利用职务便利为杨建宇提供帮助的事项均与罗菲没有任何关联，罗菲既不知晓亦未参与其中，罗菲并未与张曙光形成共谋，未与张曙光互相配合实施为请托人谋取利益的行为，也没有利用张曙光的关系为请托人办理请托事项，从而谋取财物的具体行为，罗菲的行为不符合刑法关于特定关系人犯受贿罪的犯罪构成。

北京市高级人民法院经审理认为，在案有关证人证言及相关书证证实，上诉人罗菲在明知杨建宇系为感谢和讨好张曙光而给予其财物，明知张曙光利用职务便利为杨建宇谋取了利益的情况下，仍收受杨建宇给予的财物并于事先征得张曙光的同意或事后告知了张曙光，足以认定其具有与张曙光共同受贿的故意，并参与实施了共同受贿的行为，符合共同犯罪的构成要件，应当作为受贿罪的共犯论处。一审法院所作判决，事实清楚，证据确实、充分，定罪及适用法律正确，量刑适当，审判程序合法，据此，依法裁定驳回上诉，维持原判。

二、主要问题

如何认定特定关系人与国家工作人员构成受贿罪共犯？

三、裁判理由

近年来，国家工作人员受贿犯罪案件中，特定关系人参与犯罪的现象越发突出，如不少国家工作人员的配偶、子女、情人或是代请托人转达请托事项并直接收受财物，或是积极帮助收受财物，或是帮助保管、隐匿受贿所得财物。这些特定关系人的行为对国家工作人员的受贿犯罪起不可忽视的推波助澜作用，而对其是否追究刑事责任以及如何定罪处罚在司法实践中的认识和处理不一，直接影响到依法惩治受贿犯罪的社会警示和预防效果，有必要结合案情根据刑法规定进行研究规范，本案即为其中一例，涉及如何认定特定关系人与国家工作人员成立受贿罪共犯的问题。

本案在审理过程中，被告人罗菲多次收受杨建宇所送财物的事实客观存在，控辩双方的争议主要在于罗菲的行为是否成立受贿罪共犯。

一种意见认为，根据2003年《全国法院审理经济犯罪案件工作座谈会纪要》（以下简称《纪要》）的规定，特定关系人向国家工作人员代为转达请托事项是认定成立受贿罪共犯的前提条件，在案证据不足以认定罗菲有代杨建宇向张曙光转达请托事项的行为，故不能认定其构成受贿罪共犯。罗菲明知杨建宇给其的款物是张曙光的受贿犯罪所得，而予以消费、使用、存入银行账户，并在张曙光案发后将部分财物转移，应以掩饰、隐瞒犯罪所得罪定罪处罚。

另一种意见认为，虽然在案证据不足以认定罗菲有代杨建宇向张曙光转达请托事项的行为，但在案证据证实，罗菲在明知杨建宇系为感谢和讨好张曙光而给予其财物，明知张曙光利用职务便利为杨建宇谋取了利益的情况下，仍收受杨建宇给予的财物并于事先征得张曙光的同意或事后告知了张曙光，足以认定其具有与张曙光共同受贿的故意，并参与实施了共同受贿的行为，符合共同犯罪的构成要件，应当作为受贿罪的共犯论处。

我们同意第二种意见,具体理由如下:

根据现行刑法规定及共同犯罪理论,二人以上基于共同的故意实施共同的犯罪行为即成立共同犯罪。这里的共同故意既包括事前通谋的情况,也包括事中通谋的情况。同时,同一犯罪可以由不同行为环节构成,各行为人在共同犯罪故意的支配下分别实施了构成共同犯罪整体行为的某一部分行为,即可认定为共同参与了犯罪实施。就受贿罪而言,受贿行为由两部分组成:一是为他人谋利,二是收受他人财物。据此,特定关系人只要主观上与国家工作人员形成受贿的通谋,客观上实施了部分受贿行为,对其以受贿罪共犯论处是符合刑法规定和共同犯罪理论的。

对于特定关系人成立受贿罪共犯的认定,虽然根据《纪要》的有关规定,国家工作人员的近亲属收受请托人财物构成受贿罪共犯的前提条件是其向国家工作人员代为转达请托事项,但司法实践中不能将此规定作为认定特定关系人成立受贿罪共犯的排他性标准。因为这一规定主要针对的是当时司法实践中较为突出的一类情形,为了统一认识,才予以例示性写入《纪要》,属于注意规定而非创设新的共犯认定标准。而关于非国家工作人员成立受贿罪共犯的条件,《纪要》同时也有总则性规定,即"根据刑法关于共同犯罪的规定,非国家工作人员与国家工作人员勾结伙同受贿的,应当以受贿罪的共犯追究刑事责任。非国家工作人员是否构成受贿罪共犯,取决于双方有无共同受贿的故意和行为"。据此,虽不具有代为转达请托事项行为,但特定关系人与国家工作人员具有受贿通谋和行为的,仍构成受贿罪共犯。因此,《纪要》并未改变刑法关于受贿罪共同犯罪认定的基本标准,那种将向国家工作人员代为转达请托事项认定为国家工作人员的近亲属构成受贿罪共犯的必要条件的认识是对《纪要》有关规定的片面理解,实际是对受贿罪限定了较一般共同犯罪更为严格的条件,与刑法共同犯罪理论不符,不能适应当前打击腐败犯罪形势的需要,在实践中更会造成放纵部分特定关系人的负面效果。

对此,2007年《最高人民法院、最高人民检察院关于办理受贿刑事案件适用法律若干问题的意见》中就专门予以强调,"特定关系人与国家工作人员通谋,共同实施前款行为(国家工作人员利用职务上的便利为请托人谋取利益,授意请托人将有关财物给予特定关系人——笔者注)的,对特定关系人以受贿罪的共犯论处"。该规定就未再提及代为转达请托事项这一条件,符合刑法共同犯罪理论的一般要求,进一步明确了受贿罪共犯"通谋+行为"的认定标准。

这里的"通谋"指的是双方对于受贿故意的意思联络、沟通。从"通谋"发生的时段上看,既包括事先通谋,也包括事中通谋,即虽然特定关系人与国家工作人员事先未就为请托人谋利并收受财物形成共同的犯意联络,但其在对国家工作人员利用职务便利为他人谋利的事实明知的情况下仍代国家工作人员收受财物,应认定与国家工作人员具有通谋。从"通谋"的形式上看,既有特定关系人与国家工作人员之间明示性的谋议,也有心照不宣的默契配合,当然,后一种情况要求相互对对方行为和意思具有确定性明知。从"通谋"的内容上看,特定关系人与国家工作人员不仅对收受请托人财物具有共同意思沟通,而且对由国家工作人员利用职务便利为请托人谋利具有共同意思联络。需要指出的是,对于特定关系人没有事先与国家工作人员通谋,仅是在请托人给予国家工作人员财物时在场的,一般不宜认定为受贿罪共犯。

此外,2016年4月18日公布实施的《最高人民法院、最高人民检察院关于办理贪污贿赂刑事案件适用法律若干问题的解释》第十六条第二款规定:"特定关系人索取、收受他人财物,国家工作人员知道后未退还或者上交的,应当认定国家工作人员具有受贿的故意。"此规定实际上将认定"通谋"成立的时段进一步予以延伸,因为该规定针对的情况,往往是国家工作人员已经利用职务便利为请托人谋取了利益,其特定关系人收受请托人财物的行为已经完成,只不过国家工作人员在为请托人谋利时对其特定关系人收受财物并不知情(此时如果案发,则特定关系人可能构成利用影响力受贿罪,国家工作人员可能构成渎职犯罪,但因为彼此缺乏受贿犯意的沟通而并不构成受贿罪共犯),如果事后特定关系人将其收受请托人财物的情况告知了国家工作人员,则国家工作人员具有退还或上交财物的法定义务,否则就视为其与特定关系人之间具有了受贿的共同故意,双方就应均以受贿罪共犯论处。

本案中,被告人罗菲系国家工作人员张曙光的特定关系人。在案证据证实,罗菲对于请托人杨建宇与张曙光之间具有请托谋利关系知情,即罗菲明知杨建宇系为感谢和讨好张曙光并得到张的职务上的帮助、关照而给予其财物,明知张曙光利用职务便利为杨建宇谋取了利益的情况下,仍收受杨建宇给予的财物并于事先征得张曙光的同意或事后告知了张曙光,张曙光对之予以认可,足以认定其与张曙光形成了受贿"通谋",二人具有共同受贿的故意,罗菲收受杨建宇财物的行为系张曙光受贿行为的组成部分,因此,法院对罗菲以受贿罪共犯定罪处罚是正确的。

至于被告人罗菲事后对杨建宇给其的款物予以消费、使用、存入银行账户,并在张曙光案发后将部分财物转移,虽具有掩饰、隐瞒犯罪所得的故意,但鉴于其之前收受财物的行为已作为受贿行为评价,与张曙光成立受贿罪共犯,其上述行为属于事后不可罚的行为,依法只应以受贿一罪处理。

(撰稿:最高人民法院刑二庭　康　瑛
审编:最高人民法院刑二庭　韩维中)

[第1144号]孙昆明受贿案

——如何区分合法的债权债务关系与非法收受他人财物的情形

【关键词】 债权债务关系　受贿　国家工作人员　房屋买卖

一、基本案情

被告人孙昆明,男,1966年9月17日出生,系长丰房地产开发公司原董事长。2014年4月4日被逮捕。

北京市海淀区人民检察院以孙昆明犯受贿罪,向北京市海淀区人民法院提起公诉。

被告人孙昆明及其辩护人辩称:孙昆明不具有国家工作人员身份,没有利用职务便利;孙昆明与刘某某之间的房屋买卖是真实交易,欠款30万元属于民事行为,不应认定为索贿,故孙昆明不构成受贿罪。

北京市海淀区人民法院经公开审理查明:

北京科技园建设(集团)股份有限公司(以下简称北科建集团)成立于1999年11月,2008年5月重组后股东变更为北京国有资产经营公司等三家公司,其中北京国有资产经营公司持股70.77%。北科置地公司成立于2000年9月,股东有北科建集团等六家公司,其中北科建集团持股80%。2007年12月至2011年12月,长丰房地产开发公司的股东为北科置地公司和昆明星耀体育运动城有限公司(以下简称昆明星耀公司),其中北科置地公司持股51%;2012年2月长丰房地产开发公司的股东变更为北科置地公司、北科建集团和昆明星耀公司,北科置地公司和北科建集团分别持股51%和34.52%。2009年8月,经北科建集团党委、北科建集团和北科置地公司推荐,被告人孙昆明任长丰房地产开发公司董事长。2011年5月、12月,孙昆明利用负责云南长丰星宇园房地产工程的职务便利，接受工程分包方恒安消防工程公司法定代表人刘某某的请托，为恒安消防工程公司解决工程款拖欠问题，并在北京市海淀区中国人民大学和云南省昆明世纪金源大酒店等地，先后两次收受刘某某给予的好处费人民币各10万元。

2012年2月至2013年3月，孙昆明假称与刘某某买卖房屋，签订购房协议，陆续收取刘某某给予的"房款"130万元，其间还以租金的名义向刘某某返还43 000元。后因孙昆明调动工作到北京，刘某某向孙昆明索要100万元，并称将剩余30万元作为孙昆明之前帮忙的好处费，孙昆明同意并返还刘某某100万元。后孙昆明因得知有人因类似问题被查处，于2014年2月25日找到刘某某补写了一张30万元的欠条以应付检查。通过上述手段，孙昆明共收取刘某某给予的好处费人民币257 000元。综上，孙昆明共计受贿人民币457 000元，均未退缴。

北京市海淀区人民法院认为，被告人孙昆明身为国家工作人员，利用职务上的便利为他人谋取利益，非法收受他人财物，数额巨大，其行为已构成受贿罪。关于孙昆明及其辩护人认为北科建集团不是国有公司、孙昆明不具有国家工作人员主体身份的辩护意见，经查，北京国有资产经营公司是经北京市人民政府授权、对北京市重要的国有资产进行经营和管理的国有独资公司，北科建集团是由北京国有资产经营公司绝对控股的股份制公司。北科建集团和北科置地公司的相关文件及会议纪要证实，孙昆明出任长丰房地产开发公司董事长一职系由北科建集团确定人选后向其下属的北科置地公司推荐，再由北科置地公司以控股股东的身份向长丰房地产开发公司推荐。孙昆明系受国有控股公司北科建集团委派到长丰房地产开发公司从事公务的人员，属于刑法意义上的国家工作人员。故对孙昆明及其辩护人的该项辩护意见不予采纳。关于孙昆明及其辩护人认为孙昆明与刘某某买卖房屋系真实交易，欠款30万元系民事行为的辩护意见，经查，孙昆明与刘某某签订的购房协议存在明显不对等的权利义务关系，且不具备实际履行的条件。孙昆明事后向刘某某补写欠条，但并无还款的意思表示和实际行为，这与刘某某证言中有关孙昆明并非真心卖房，而是以此为掩饰收受好处费的内容吻合，能够证明孙昆明名为卖房、实为受贿的行为本质，故对被告人孙昆明及其辩护人的该项辩护意见不予采纳。孙昆明假借买卖房屋，分多次收受刘某某支付的购房款130万元，又以租金的名义向刘某某还款43 000元，在购买协议解除后，又分三次向刘某某返还首付款共计100万元。故本着有利于被告人的原则，以孙昆明实际获得的钱款数额认定其该起受贿数额为257 000元。依照《中华人民共和国刑法》第三百八十五第一款，第三百八十六条，第三百八十三条第一款第二项、第二款，第十二条，第九十三条，第五十三条第一款，第六十四条之规定，认定孙昆明犯受贿罪，判处有期徒刑八年，罚金人民币五万元；继续向孙昆明追缴赃款人民币457 000元，予以没收。

一审宣判后，孙昆明不服，提出上诉。

上诉人孙昆明及其辩护人上诉认为，孙昆明不符合国家工作人员的主体资格；涉案的30万元是孙昆明的民事债务，不应认定为受贿；在案件审理期间，刑法修正案（九）公布实施，请求二审法院依法予以改判。

北京市第一中级人民法院经审理后认为，孙昆明身为国家工作人员，利用职务上的便利，非法收受他人财物，为他人谋取利益，其行为已构成受贿罪，且数额巨大。孙昆明的辩护人提出鉴于本案审理期间，刑法修正案（九）公布实施，根据从旧兼从轻原则，原判对孙昆明量刑畸重，请求二审法院依法予以改判的辩护意见，酌予采纳。一审法院根据孙昆明犯罪的事实、性质、情节和对社会的危害程度所作出的判决，定罪及适用法律正确，审判程序合法，唯二审审理期间最高人民法院、最高人民检察院发布施行《关于办理贪污贿赂刑事案件适用法律若干问题的解释》，致量刑标准发生变化，依法予以改判。据此，依照《中华人民共和国刑法》第十二条第一款，第三百八十五条第一款,第三百八十六条,第三百八十三条第一款第二项、第二款,第九十三条第二款,第五十三条第一款,第六十四条,第六十一条及《最高人民法院、最高人民检察院关于办理贪污贿赂刑事案件适用法律若干问题的解释》第二条第一款、第十九条第一款及《中华人民共和国刑事诉讼法》第二百二十五条第一款第二项之规定,判决如下:

1. 维持原审判决主文第二项,即"继续向被告人孙昆明追缴赃款人民币 457 000 元,予以没收";

2. 撤销原审判决主文第一项,即"被告人孙昆明犯受贿罪,判处有期徒刑八年,罚金人民币五万元";

3. 孙昆明犯受贿罪,判处有期徒刑五年,并处罚金人民币四十万元。

二、主要问题

如何区分合法的债权债务关系与非法收受他人财物的情形?

三、裁判理由

民法通则第八十四条规定:"债是按照合同的约定或者依照法律的规定,在当事人之间产生的特定的权利和义务关系。"债权,是指得请求他人为一定行为(作为或不作为)的权利。相对于债权者为债务,即必须为一定行为(作为或不作为)的义务。基于权利义务相对原则,债权和债务都不能单独存在。引起债权债务关系发生的最主要、最常见的依据则是当事人之间的契约行为。合同的订立应当遵守平等、自愿、公平、诚实信用和善良风俗原则。合法的债权债务关系受法律保护。相反,违反上述原则的合同不受法律保护。

在实践中,行为人为了逃避侦查,常常将行贿、受贿行为伪装成合法的债权债务关系,常见的有欠条形式、交易形式、收受干股、合作投资、委托理财等。对此,应当结合具体案情,对涉案行为进行实质审查,符合权钱交易本质的,应当认定为受贿。所谓"权"指的就是国家工作人员的"职权"。这种职权既包括本人职务上主管、负责、承办某项公共事务的职权,也包括利用职务上有隶属、制约关系的其他国家工作人员的职权,还包括担任单位领导职务的国家工作人员通过不属自己主管的下级部门的国家工作人员的职务而获得的"间接职权"。因而,当国家工作人员收受的财物与其职权密切相关时,即可认定是"非法收受"。

本案中,孙昆明提议刘某某用房屋买卖合同加高倍违约金的方式支付贿赂款。孙昆明起草了房屋买卖协议,协议约定刘某某同意自协议签订之日起 7 个工作日内支付孙昆明首付款 100 万元,每延迟 1 天付款,刘某某需支付房屋出售价的 1% 的违约金。孙昆明办理好有关房屋产权手续后 7 个工作日内通知刘某某支付尾款并协助刘某某办理过户手续。刘某某接到孙昆明支付尾款通知之日起 7 个工作日内支付尾款,每延迟 1 天付款,刘某某需支付房屋出售价的 1% 的违约金,若刘某某在 1 个月内未足额付清尾款,则孙昆明不再将本房屋出售给刘某某,且已经收取的房屋首付款 100 万元不退还。如果孙昆明未能在 2013 年 6 月底前办理好本房屋产权手续,孙昆明须将所收刘某某 100 万首付扣掉刘某某首付违约金后退还。事实上,孙昆明的房子是单位集体盖的,无法过户,合同实质上无法履行。事过半年后,孙昆明因得知有人因类似问题被查处之后,找到刘某某补写了一张 30 万元的欠条,但欠条上未署还款日期。孙昆明在法庭审理中提出 30 万元房款系民事债务,不应当认定为受贿。

对此,一二审法院均认为:第一,从购房协议的内容看,双方存在不对等的权利义务关系,即刘某某违约时需支付高额的违约金,而孙昆明违约时不但无须承担任何责任,在退还首付款时还要扣除刘某某需支付的违约金,这些约定有悖于正常的市场交易。第二,孙昆明所售房屋不能过户,协议不具备实际履行的条件。第三,从借条可以看出,孙昆明在返还刘某某首付款时,未就差额部分出具欠条,而是在半年后为了逃避审查才补写欠条,且未就还款情况作出约定,孙昆明在客观上也没有偿还刘某某款项的具体行为。第四,案中证据反映,长丰房地产开发公司在向总包方和分包人支付工程款方面处于主导地位,孙昆明作为长丰房地产开发公司的董事长,在支付工程款方面具有决定权。长丰房地产开发公司支付工程款的进度直接决定了恒安消防工程公司获得工程款的时间。刘某某的证言也证明正基于此,其才会与孙昆明签订一份不可能履行的房屋买卖合同。根据上述因素综合判断,孙昆明与刘某某并不存在真实的债权债务关系,而是以借款为名,非法收受他人财物。

需要注意的是,在案件审理过程中,有意见认为,涉案的30万元属于《最高人民法院、最高人民检察院关于办理贪污贿赂刑事案件适用法律若干问题的解释》(以下简称《解释》)第十二条规定的"财产性利益"。我们认为,这种意见值得商榷。

《解释》第十二条规定:"贿赂犯罪中的'财物',包括货币、物品和财产性利益。财产性利益包括可以折算为货币的物质利益如房屋装修、债务免除等,以及需要支付货币的其他利益如会员服务、旅游等。后者的犯罪数额,以实际支付或者应当支付的数额计算。"实践中经常出现的财产性利益主要有两种:一是行贿人支付货币购买后转送给受贿人消费;二是行贿人在社会上作为商品销售的自有利益,免费提供给受贿人消费。两种情况实质相同,均应作为贿赂犯罪处理。本案中,虽然"合同"中写明孙昆明不履行合同义务的情况下不退还刘某某违约金,表面上符合"债务免除"的规定,但究其本质,其合同乃至合同规定的债务关系都是虚拟的,而"财产性利益"中"债务免除"的前提是双方存在真实的债权债务关系,因而涉案的30万元钱款属于被告人非法收受的货币,而不是财产性利益。

实践中,财产性利益也经常表现为某种债权债务关系,包括积极财产的增加和消极财产的减少,如使自己或第三人取得债权、使他人免除自己或第三人的债务、债务延期履行等。准确界定贿赂犯罪的界限,认定行为是受贿还是正常的债权债务关系,关键还是要把握"权钱交易"这个本质特征。首先要判断行为人是否利用了职务上的便利为对方谋取了利益,其次要判断债权债务关系是否符合正常的市场交易规则。对于明显有违公平原则、加重一方义务的合同要注意审查双方订立合同的本意,依法打击以"合同"之名行贿赂之实的行为。

(撰稿:北京市第一中级人民法院　周维平　张　静
最高人民法院刑二庭　段　凰
审编:最高人民法院刑二庭　王晓东)

[第1145号]朱渭平受贿案

——国家工作人员对特定关系人收受他人财物事后知情且未退还,如何判定其是否具有受贿故意;国家工作人员收受请托人所送房产,后请托人又将该房产用于抵押贷款的,是受贿既遂还是未遂

【关键词】 国家工作人员　特定关系人　房产　抵押

一、基本案情

被告人朱渭平,男,1961年9月29日出生,原系中共无锡市滨湖区委书记。2012年12月24

日因涉嫌犯受贿罪被逮捕。

江苏省南京市人民检察院以被告人朱渭平犯受贿罪向南京市中级人民法院提起公诉。

南京市中级人民法院经审理查明：

1998年至2012年间，被告人朱渭平利用担任中共无锡市滨湖区委书记等职务的便利，在企业经营、工程承揽、职务晋升、工作安排等方面为他人谋取利益，单独或者通过其妻子金某等人先后非法收受吴某某、刘某等人和单位给予的财物，共计折合人民币（以下币种同）2 000余万元。其中：

1. 被告人朱渭平利用担任中共无锡市滨湖区委书记的职务便利，接受上海某房地产有限公司总经理吴某某的请托，为吴某某收购上海某酒店式公寓项目提供帮助，收受吴某某所送的价值1 400余万元的住房一套及其他财物。

2. 被告人朱渭平利用担任中共无锡市滨湖区委书记的职务便利，接受无锡某建设有限公司法定代表人刘某的请托，为该公司承接建设工程提供帮助，后通过其妻金某收受刘某所送价值12.5万余元的500克金条一根。

（其他受贿犯罪事实略）

南京市中级人民法院认为，被告人朱渭平身为国家工作人员，利用职务便利，为他人谋取利益，非法收受他人财物，折合人民币共计2 000余万元，其行为已构成受贿罪。依照《中华人民共和国刑法》第三百八十五第一款，第三百八十六条，第三百八十三条第一款第一项、第二款，第六十七条第三款，第五十九条，第六十四条及《最高人民法院关于处理自首和立功具体应用法律若干问题的解释》第四条之规定，以受贿罪判处朱渭平有期徒刑十五年，并处没收财产人民币二百万元。

一审宣判后，被告人朱渭平未上诉，检察机关也未抗诉，判决已发生法律效力。

二、主要问题

1. 特定关系人索取、收受他人财物，国家工作人员知道后要求特定关系人退还而特定关系人未退还的，国家工作人员是否具有受贿故意？

2. 国家工作人员收受请托人所送房产，后请托人又将该房产用于抵押贷款的，是受贿既遂还是未遂？

三、裁判理由

（一）国家工作人员和特定关系人在事先未通谋的情况下，利用职务上的便利为请托人谋取利益，在知道特定关系人索取、收受请托人财物后虽有退还的意思表示，但发现特定关系人未退还予以默认的，应当认定国家工作人员具有受贿故意，构成受贿罪

司法实践中，国家工作人员办事，特定关系人收钱的情况屡见不鲜，一些行贿人甚至将“攻克领导干部的身边人”作为一条事半功倍的捷径。在国家工作人员和特定关系人事先有通谋的情形下，实施上述行为，构成受贿罪的共犯。2003年《全国法院审理经济犯罪案件工作座谈会纪要》第三条第五项明确规定：“国家工作人员的近亲属向国家工作人员代为转达请托事项，收受请托人财物并告知该国家工作人员，或者国家工作人员明知其近亲属收受了他人财物，仍按照近亲属的要求利用职权为他人谋取利益的，对该国家工作人员应认定为受贿罪，其近亲属以受贿罪共犯论处。”2007年《最高人民法院、最高人民检察院关于办理受贿刑事案件适用法律若干问题的意见》（以下简称《意见》）第七条第二款亦明确：“特定关系人与国家工作人员通谋，共同实施前款行为的，对特定关系人以受贿罪的共犯论处。”但是，如果国家工作人员和特定关系人没有事前通谋，特定关系人利用或通过国家工作人员的职权或职务上的便利条件为他人谋取利益，单独索

取、收受请托人财物，这种情况下能否以受贿罪追究国家工作人员的刑事责任？长期以来，对这一问题存在不少争议。

结合本案看，被告人朱渭平在收受刘某所送500克金条第一笔事实中，其本人与刘某并不相识，妻子金某和刘某在业务交往中相识。刘某在得知金某系朱渭平的妻子后，欲让金某通过朱渭平向相关人员打招呼，以帮助自己承接土石方工程。朱渭平应妻子金某要求，为刘某承接土石方工程向相关人员打招呼，后妻子金某收受刘某所送的500克金条。金某将上述金条带回家后告知朱渭平，朱渭平因担心刘某不可靠，遂让金某退还该金条，但金某并未退还，此后朱渭平发现金某未退还金条，未再继续要求金某退还。

本案在起诉、审判时，2016年《最高人民法院、最高人民检察院关于办理贪污贿赂刑事案件适用法律若干问题的解释》（以下简称《解释》）尚未出台，对上述行为是否应该评价为受贿罪，主要形成以下两种意见：

一种意见认为，收受金条系朱渭平妻子金某的个人行为，朱渭平在得知金某收受金条后立刻让金某退还，这一行为表明朱渭平主观上并没有受贿的故意，而妻子金某并未退还，在此种情形下，不应对朱渭平有过高的要求，朱渭平在该笔事实中不构成受贿罪；另一种意见认为，朱渭平虽在得知妻子金某收受刘某所送金条后有过退还的意思表示，但其在发现妻子并未退还后，未继续坚持要求妻子退还，表明其主观上仍然具有受贿的故意，应当认定为受贿罪。

我们同意后一种意见。我们认为，国家工作人员和特定关系人没有事前通谋，国家工作人员利用职务上的便利为请托人谋取利益，特定关系人索取或收受请托人财物的，判定国家工作人员是否具有受贿的故意，关键看其对收钱一事是否知情以及知情后的态度。具体可以分为以下几种情形：

第一种情形，特定关系人索取、收受请托人财物后一直未告知国家工作人员，直至案发国家工作人员才知道其收钱的事实。在这种情况下，由于国家工作人员主观上对收受财物没有认知，无受贿之故意，显然不能以受贿罪追究其刑事责任。但是，根据新修订的《中国共产党纪律处分条例》第八十条的规定："利用职权或者职务上的影响为他人谋取利益，本人的配偶、子女及其配偶等亲属和其他特定关系人收受对方财物，情节较重的，给予警告或者严重警告处分；情节严重的，给予撤销党内职务、留党察看或者开除党籍处分。"虽然国家工作人员对收钱一事确不知情，但由于没有管住身边人，仍可能面临党纪处分。

为了弥补可罚性漏洞，刑法修正案（七）增设了利用影响力受贿罪。在上述情形中，对于收受财物的特定关系人，若其为请托人谋取的系不正当利益，可能构成刑法第三百八十八条之一规定的利用影响力受贿罪。本案中，金某在被告人朱渭平要求其将金条还给刘某后，不仅没有退还金条，后又再次收受刘某所送500克金条，但其因为害怕朱渭平说她而未再告诉朱渭平。对再次收受刘某所送金条的事实，因朱渭平并不知晓，不能认定其具有受贿的故意，故检察机关未列入其受贿事实中加以指控。而此时，金某收受第二根金条的行为有可能构成利用影响力受贿罪。

第二种情形，特定关系人索取、收受他人财物，国家工作人员知道后及时退还或者上交。国家工作人员在知晓特定关系人收受财物后，及时退还或者上交的，表明国家工作人员对收受请托人财物持反对、否定的态度，主观上没有受贿的故意，不能以受贿罪追究其刑事责任。《意见》第九条规定："国家工作人员收受请托人财物后及时退还或者上交的，不是受贿。"根据该意见，既然国家工作人员本人收受财物后及时退还或者上交的不是受贿，那么，国家工作人员知道特定关系人收受财物后及时退还或者上交的，也应坚持同一标准，不应评价为受贿。需要注意的是，这种情况下特定关系人仍有可能构成利用影响力受贿罪，"及时退还或者上交"仅仅作为利用影响力受贿罪的一个酌定量刑情节予以考虑。

第三种情形,国家工作人员知道特定关系人索取、收受请托人财物后,虽有退还的意思表示,但发现特定关系人未退还后予以默认的。此种情形也就是朱渭平一案中存在的情况,应当认定国家工作人员主观上具有受贿的故意。结合本案看,具体有以下几点理由:

首先,被告人朱渭平应妻子金某的要求为请托人刘某承接工程提供帮助,事后得知妻子收受刘某所送金条。从主观上看,朱渭平对所收受财物的性质有明确的认识,知道该金条是其先前利用职权为刘某谋利行为的回报。

其次,被告人朱渭平得知妻子收受金条后,的确有要求妻子退还的意思表示,但不能简单地根据这种言语表达来否定朱渭平主观上具有受贿的意思。朱渭平要求妻子退还金条的动机,是朱渭平和刘某不熟悉,担心刘某不可靠,害怕随便收"生人"的钱容易出事。要求妻子退还金条,反映了朱渭平对收受财物一开始是持担忧、疑虑和否定态度的。但最终,朱渭平发现妻子并未按其要求退还金条后,未再坚持让妻子退还,亦未将金条上交,说明朱渭平经一番权衡考虑之后,还是心存侥幸,对收受请托人财物持默许、认可和接受的态度。对受贿故意的考察判断,不能孤立地看国家工作人员得知特定关系人收受他人财物这一时间节点的个别言语和行为,而要综合考察国家工作人员知情后,是否积极敦促、要求特定关系人退还财物,最终对收受他人财物是否持认可、默许的态度。国家工作人员和特定关系人处于同一利益共同体,共同体中的任何一方收受他人财物的行为,客观上应视为"利益共同体"的整体行为。当国家工作人员发现特定关系人未按要求退还财物仍然默许的,表明其对共同体另一方收受财物的行为总体上持认可态度,当然应对这种客观上未退还的不法后果担责。本案中,检察机关对该笔事实以受贿罪追究朱渭平的刑事责任(对其妻子金某另案处理),也得到了法院裁判的认可。《解释》第十六条第二款明确规定:"特定关系人索取、收受他人财物,国家工作人员知道后未退还或者上交的,应当认定国家工作人员具有受贿故意。"可见,《解释》亦明确了此种情形下应当认定国家工作人员具有受贿的故意。

第四种情形,国家工作人员知道特定关系人索取、收受请托人财物后,要求特定关系人退还,特定关系人欺骗国家工作人员财物已经退还。这种情形下,客观上财物未退还或者上交,能否依据《解释》认定符合"国家工作人员知道后未退还或者上交"的要求,直接判定国家工作人员具有受贿的故意?我们认为,还是应当从案件实际情况出发谨慎判断受贿故意的有无。若国家工作人员知道特定关系人收受财物后强烈反对,坚决要求特定关系人及时退还财物并多次提醒、督促,特定关系人欺骗国家工作人员财物已经退还,根据案件的具体情况,确有合理理由相信国家工作人员被蒙蔽,确信财物已经退还的,不宜认定其主观上具有受贿的故意。

第五种情形,国家工作人员知道特定关系人索取、收受请托人财物后,口头要求特定关系人退还财物,事后不再过问此事,特定关系人实际未退还财物的。司法实践中第五种情形并不少见,办案机关也经常听到国家工作人提出类似辩解,"开始我不知道她收了钱,她告诉我后,我让她赶紧还掉,谁知道居然没有还"。这种情形比较复杂,需要结合具体案情,包括国家工作人员有无积极监督、督促特定关系人退还财物,国家工作人员事后有无接触并问询请托人,有无亲自向请托人退还财物的条件,有无上交财物的条件等,综合判断国家工作人员要求特定关系人退还财物的意思表示是随口说说,还是确有此意。如果国家工作人员对退还财物本无真心,实际上持"还不还根本无所谓"的心态,事后也不再过问财物是否退还,甚至在得知特定关系人再次索要、收受请托人财物后仍默许和收受的,应当认定其主观上具有受贿的故意。

第六种情形,国家工作人员知道特定关系人索取、收受请托人财物后,坚决要求特定关系人退还,而特定关系人始终不肯退还并和国家工作人员就此发生矛盾、冲突,最终财物未退还或者上交。在此种情形中,国家工作人员要求退还财物的态度是明确的,表明收受财物实质上违背了国家工作人员的意愿,但由于在利益共同体内部,国家工作人员和特定关系人就是否退还财物发生了激烈的对抗冲突,此时能否将特定关系人收受财物的结果归责于国家工作人员?此种情形下认定国家工作人员是否具有受贿故意,容易产生较大分歧。《解释》出台后,有意见认为,国家工作人员对收受财物知情而客观上未退还或上交的,应直接适用《解释》,判定国家工作人员具有受贿的故意,而不问国家工作人员和特定关系人在归还财物一事上是否有分歧、矛盾和冲突。我们认为,由于国家工作人员和特定关系人利益的一致性和关系的亲密性,法律对国家工作人员提出了"退还或者上交财物"的严格要求,只要客观上财物未退还或者上交的,我们在考察国家工作人员是否具有受贿意图时通常会做出不利于国家工作人员的推断,但这种情形也不能一概而论。例如,国家工作人员的情妇收受请托人一块翡翠,国家工作人员知道后坚决要求情妇退还,情妇不肯退还并和国家工作人员发生争吵甚至大打出手,情妇将翡翠藏匿并以揭发其与国家工作人员的特殊关系相要挟,拒绝退还翡翠,国家工作人员为此和情妇断交。在此情况下,国家工作人员坚持要求退还、和情妇断交等一系列的行为,反映其主观上并没有受贿的故意,但由于情妇藏匿翡翠,国家工作人员客观上无法退还和上交翡翠,又因情妇以告发关系相威胁,我们很难期待国家工作人员主动揭发情妇、鱼死网破。在类似案例中,我们应从案件的基本情况出发,客观、公正地认定国家工作人员是否具有受贿故意,谨慎地判断是否以受贿罪追究国家工作人员的刑事责任。

(二)国家工作人员收受请托人所送房产,后请托人又将该房产用于抵押贷款的,应当认定构成受贿的既遂

本案中,被告人朱渭平收受吴某某所送房产之后,吴某某由于资金周转困难,又将该房产用于抵押贷款以解决资金周转问题,那么被告人朱渭平的行为究竟是构成受贿罪的既遂还是未遂,在认定时引发争议。朱渭平利用职务上的便利,为吴某某收购上海某酒店式公寓项目提供融资帮助,吴某某在该项目成功收购后,将该项目中一套价值人民币1 400余万元的房产过户至朱渭平实际控制的公司名下并代缴了买方应缴税费。因该公司办理年检等手续均由吴某某代办,后吴某某在经营资金周转困难时,将该房产抵押以获取贷款供自己经营使用,案发后吴某某还清上述贷款并解除该房产的抵押。

对上述事实,一种意见认为:吴某某用该房产抵押贷款至案发时尚未还清,被告人朱渭平对该房产所拥有的权能受限,应当认定为受贿未遂;另一种意见则认为,朱渭平通过吴某某将该套房产转移至自己实际控制的公司名下,受贿已经既遂。

我们同意后一种观点,理由如下:

首先,被告人朱渭平利用职务上的便利为吴某某收购房地产项目提供融资帮助,后其为掩人耳目,与吴某某商定,将欲收受的房产过户至其实际控制的上海某公司名下,其行为已构成受贿罪。

其次,在该房产完成交易过户至被告人朱渭平实际控制的公司名下之日起,受贿已经既遂,即便朱渭平并不实际居住该房产甚至钥匙亦在吴某某手中,亦不影响对其受贿行为既遂的认定。因为朱渭平与吴某某商定的上述方式正是为了掩人耳目、逃避打击,当房产过户至其实际控制的公司之日起,其权钱交易行为的实质危害性已经实现。

最后,吴某某因资金周转困难,利用代办被告人朱渭平实际控制的上海某公司年检等事项的便利,将该房产用于抵押,获取贷款以解决自己资金周转困难的行为并不影响朱渭平受贿犯罪的

形态。表面上看,吴某某用该房产抵押贷款的行为似乎表明房产尚未实际交付给朱渭平,因为行贿人尚能行使该房产的抵押权,但上述行为是受贿事实完成后吴某某利用其代管公司公章等便利条件行使部分物权的行为,其本质上属于受贿完成后的事后行为,不能据此否定朱渭平的受贿故意、吴某某的行贿心态和客观上已经完成的变更产权所有人的行为。

《意见》第八条明确规定:“国家工作人员利用职务上的便利为请托人谋取利益,收受请托人房屋、汽车等物品,未变更权属登记或者借用他人名义办理权属变更登记的,不影响受贿的认定。”司法实务中,针对行贿、受贿双方为逃避打击而采取不断变化的方式、手段、方法所进行的特殊形式的权钱交易行为,要根据上述意见中的精神,结合行贿、受贿双方主观心态和客观行为的隐蔽性、实质性进行综合判定。本案中,朱渭平收受吴某某所送房产的事实应当认定为犯罪既遂。

(撰稿:南京市人民检察院　黄　勇　余枫霜
审编:最高人民法院刑二庭　尚晓阳)

[第1146号]李明辉受贿案

——刑法修正案(九)施行后,二审在减轻犯受贿罪被告人主刑的同时,能否加重财产刑

【关键词】　受贿　主刑　财产刑　减轻

一、基本案情

被告人李明辉,男,1955年10月9日出生,原系湖北省武汉市经济技术开发区城市建设服务中心主任。2014年3月28日被逮捕。

武汉市人民检察院以李明辉犯受贿罪,向武汉市中级人民法院提起公诉。

被告人李明辉及其辩护人对起诉书指控的犯罪事实无异议,但提出李明辉系主动到武汉市纪律检查委员会交代罪行,有自首情节,且到案后积极配合调查,全部退赃,认罪悔罪,请求法院对其减轻处罚。

武汉市中级人民法院经公开审理查明:

2004年至2006年间,被告人李明辉利用其担任武汉经济技术开发区城市建设服务中心主任的职务便利,先后接受武汉经开建设工程发展有限公司(以下简称武汉经开公司)总经理喻中奕、武汉阳光房地产估价有限责任公司(以下简称武汉阳光估价公司)评估师陈少华的请托,在征地拆迁补偿、审核征地拆迁评估报告的事宜上为对方提供帮助,非法收受上述二人给予的钱款共计人民币(以下币种同)13万元。具体事实如下:

1. 2004年,武汉经济技术开发区管理委员会委托武汉经开公司负责318国道南段绿化带征地拆迁工作,武汉中雄商贸发展有限公司(以下简称武汉中雄公司)的25亩土地及房屋在拆迁范围内。被告人李明辉利用职务上的便利,接受武汉经开公司总经理喻中奕的请托,使武汉中雄公司虚高的征地拆迁预评估报告通过审核,并报送武汉经济技术开发区管理委员会主任办公会讨论通过。武汉中雄公司获得894.164万元征地拆迁补偿款。喻中奕为感谢李明辉的帮助,安排其公司职员王航和其胞弟喻中海将10万元送给了李明辉。

2. 2004 年,武汉经济技术开发区管理委员会 318 国道南段绿化带征地拆迁范围内的土地及房屋需要委托评估机构进行评估并形成报告。武汉阳光估价公司评估师陈少华承接了武汉中雄公司、江汉油田加油站、薛峰南街等征地拆迁评估工作。被告人李明辉利用自己审核评估报告的职务便利,使上述评估报告顺利通过了审核。陈少华为感谢李明辉的帮助及今后继续获得李明辉的支持和关照,两次向李明辉行贿共计 3 万元。其中 2005 年春节前,李明辉收受了 2 万元。2006 年春节前,李明辉收受了 1 万元。

2014 年 3 月 12 日,武汉市东西湖区人民检察院工作人员将被告人李明辉从其单位带至该院接受询问,李明辉如实供述了检察机关已掌握的上述事实。李明辉到案后退出全部赃款。

武汉市中级人民法院认为,被告人李明辉身为国家工作人员,利用职务上的便利,为他人谋取利益,多次收受他人财物共计 13 万元,其行为已构成受贿罪。对于李明辉及其辩护人提出李明辉系自首的意见,经查,李明辉是在办案机关已经掌握其涉嫌受贿犯罪有关线索的情况下,被办案人员从其单位带至办案机关接受调查谈话而归案的,该归案过程不具有主动性。且李明辉到案后交代的受贿事实系办案机关已经掌握的事实,依照《最高人民法院、最高人民检察院关于办理职务犯罪案件认定自首、立功等量刑情节若干问题的意见》的规定,李明辉的行为不构成自首,该辩解、辩护意见不能成立,不予采纳。李明辉归案后虽对其到案情况有所辩解,但其对涉嫌受贿事实供认不讳,且全部退赃,依法可对其从轻处罚,被告人及辩护人所提该项辩解、辩护意见成立,予以采纳。依照《中华人民共和国刑法修正案(九)》修正之前的《中华人民共和国刑法》第三百八十五条第一款,第三百八十六条,第三百八十三条第一款第一项、第二款,第六十七条第三款,第六十四条之规定,以受贿罪判处被告人李明辉有期徒刑十年,并处没收个人财产人民币一万元。

一审宣判后,李明辉不服,向湖北省高级人民法院提出上诉。其主要上诉理由为:应认定其为自首,请求二审法院对其从轻处罚。

湖北省高级人民法院经审理后认为,上诉人李明辉在担任武汉经济技术开发区城市建设服务中心主任期间,利用职务上的便利,为他人谋取利益,非法收受他人财物,其行为已构成受贿罪。对于李明辉及其辩护人的上诉理由及辩护意见,一审已查明其到案经过,李明辉依法不构成自首。李明辉归案后能如实供述犯罪事实,且全部退赃,依法可对其从轻处罚。一审法院根据李明辉犯罪的事实、性质、情节和对社会的危害程度所作出的判决正确,审判程序合法。但鉴于本案在二审期间,《中华人民共和国刑法修正案(九)》生效,致量刑幅度发生变化,故根据从旧兼从轻的刑法原则,依法予以改判。依照《中华人民共和国刑法》第十二条第一款、第三百八十五条第一款、第三百八十六条、第三百八十三条第一款第一项及第二款、第六十四条、第六十七条第三款、第九十三条第一款,《中华人民共和国刑事诉讼法》第二百二十五条第一款第二项,《最高人民法院、最高人民检察院关于办理贪污贿赂刑事案件适用法律若干问题的解释》第一条第一款、第十九条第一款之规定,以受贿罪改判上诉人李明辉有期徒刑二年六个月,并处罚金人民币十万元。

二、主要问题

刑法修正案(九)及《最高人民法院、最高人民检察院关于办理贪污贿赂刑事案件适用法律若干问题的解释》(以下简称《解释》)施行后,二审法院在减轻被告人主刑的同时,能否加重财产刑?

三、裁判理由

本案一审宣判时间为 2015 年 4 月 20 日,当时刑法修正案(九)和《解释》尚未公布。二审期间,刑法修正案(九)和《解释》先后公布实施。根据从旧兼从轻原则,本案应当适用修正后的刑法及《解释》进行量刑,二审法院根据被告人的受贿数额以及归案后能如实供述犯罪事实,且全部退赃的情节,将主刑依法改判为有期徒刑二年六个月是适当的。

二审争议的焦点在于是否应当适用新法中关于罚金刑及《解释》第十九条中关于罚金刑幅度的规定,加重被告人的财产刑。一审根据修正前刑法判处没收被告人个人财产人民币1万元,而根据修正后刑法及《解释》第十九条“对贪污罪、受贿罪判处三年以下有期徒刑或者拘役的,应当并处十万元以上五十万元以下的罚金”的规定,应判处10万元至50万元的罚金。对财产刑的处理,二审审理过程中形成了两种意见:

第一种意见认为,二审不得加重被告人的财产刑,应当维持一审判决“没收个人财产人民币一万元”的部分。理由是:从实体角度分析,根据从旧兼从轻原则,对被告人应当适用处刑更轻的刑法规定。比较刑法修正案(九)修正前后的刑法规定,在主刑方面,新法提高了贪污受贿罪的数额标准,被告人李明辉收受他人财物共计13万元,应当判处“三年以下有期徒刑或者拘役”;而根据旧法,应当“处十年以上有期徒刑或者无期徒刑”;在附加财产刑方面,新法加大了对贪污贿赂犯罪分子的经济处罚力度,增加了罚金刑,根据《解释》第十九条第一款的规定,对李明辉应当并处10万元以上50万元以下的罚金;而根据旧法,应当并处没收财产,一审对李明辉并处没收财产1万元,显然轻于《解释》的规定。因此,主刑应当适用新法,而附加刑应当适用旧法,即主刑减为三年以下有期徒刑或者拘役,但是附加刑仍然维持“没收个人财产人民币一万元”的一审判决;从程序角度分析,根据上诉不加刑原则,不得加重被告人的附加刑。

第二种意见认为,应当适用修正后的刑法及《解释》,在对被告人李明辉减轻主刑的同时,对其依法并处10万元以上50万元以下的罚金。

我们同意第二种意见。

(一)二审期间应当整体适用刑法修正案(九)和《解释》进行量刑

关于刑法的溯及力,刑法第十二条明确规定了从旧兼从轻原则。而对于司法解释的溯及力问题,学术界历来有争论。①《最高人民法院、最高人民检察院关于适用刑事司法解释时间效力问题的规定》(以下简称《规定》)第二条指出:“对于司法解释实施前发生的行为,行为时没有相关司法解释,司法解释施行后尚未处理或者正在处理的案件,依照司法解释的规定办理。”第三条指出:“对于新的司法解释实施前发生的行为,行为时已有相关司法解释,依照行为时的司法解释办理,但适用新的司法解释对犯罪嫌疑人、被告人有利的,适用新的司法解释。”上述规定一方面明确了司法解释对施行前的行为是适用的,有别于刑法原则上不溯及既往的效力;另一方面也明确了司法解释适用的从轻原则。

根据刑法及司法解释的适用原则以及其中蕴含的有利于被告人的精神,交叉引用新、旧刑法的不同法条在司法实践已经得到确认。例如,《最高人民法院关于〈中华人民共和国刑法修正案(八)〉时间效力问题的解释》中规定了关于普通累犯适用修正前刑法第六十五条的规定。关于坦白适用修正后刑法第六十七条的规定,不难想象,如果一被告人同时具备上述两种情节时,判决中必须分别适用新、旧刑法。但是交叉引用新、旧法应当以罪刑式法条为最基本的单位,不能继续进行拆分。② 法条作为刑法条文最基础的单位,相对独立并完整,作为条文内部的罪状、法定刑的概念、文字、数字并没有独立的意义。在评价修正后刑法及《解释》是轻法的同时,已经包含

① 对于司法解释的溯及力学界观点包括从旧兼从轻说、从新兼从轻说等。参见陈兴良:《〈关于办理贪污贿赂刑事案件适用法律若干问题的解释〉总置评》,载《浙江社会科学》2016年第8期;黄京平:《论刑事司法解释的溯及力》,载《中国刑事法杂志》2010年第5期;刘宪权:《我国刑事司法解释时间效力的再思考》,载《法学》2002年第2期等。

② 罪刑式法条,可以是一个独立的条文,也可以是一个独立的条款,还可以是规定一个具体犯罪的几个刑法分则条文。参见曲新久:《论从旧兼从轻原则》,载《人民检察》2012年第1期。

了并处罚金刑这一情形。因而,并处罚金是贪污贿赂犯罪的法定刑构成中不可拆分的一部分,不具有独立的溯及力。主刑、附加刑分别适用新、旧法是对刑法条文完整性的侵害,同时也违背了罪刑法定原则。

刑法条文的整体适用也是罪责刑相适应原则的要求。贪污贿赂犯罪属于贪利型犯罪,基于"刑罚应当尽量与犯罪的性质相似"①的原则,为了加大对腐败犯罪的经济处罚力度,提高腐败犯罪的经济成本,刑法修正案(九)增加了贪污贿赂犯罪的罚金刑规定。自由刑和财产刑的组合共同构成了贪污贿赂犯罪的刑罚体系,共同承担刑罚的惩罚与预防功能。如果仅选择主刑而不附加并处罚金,则会破坏犯罪与刑罚之间、主刑与附加刑之间的内在平衡关系,也会造成对被告人不当的双重从轻处罚,影响刑罚效果。

讨论中还有观点认为,本案的附加刑可以适用修正后刑法,但是对于罚金的幅度不必适用《解释》,即适用新法旧解释,根据《最高人民法院关于适用财产刑若干问题的规定》,综合考虑犯罪情节和被告人缴纳罚金的能力,在财产刑部分改判"并处罚金人民币一万元"。

我们认为,在确定整体适用修正后刑法、对被告人并处罚金的基础上,应当同时适用《解释》第十九条关于罚金幅度的规定。首先,《最高人民法院关于适用财产刑若干问题的规定》第二条与《解释》第十九条并不是新、旧解释的关系,而是一般性规定与特殊规定的关系。对贪污贿赂犯罪并处罚金是刑法修正案(九)在量刑上作出的调整,之前并无相关司法解释,因而根据《规定》第二条和《解释》第十九条具有溯及力;其次,司法解释是对司法工作中具体应用法律问题的解释,具有依附于法律的溯及力。就本案而言,《解释》第一条、第十九条共同构成对刑法第三百八十三条第一款第一项罪刑关系的解释,既然刑法条文不可以割裂适用,《解释》这两条也不可以分开适用。因而,对本案被告人应当在"十万元以上五十万元以下"的幅度内并处罚金。

(二)二审提高财产刑并不违背上诉不加刑的原则

上诉不加刑作为刑事诉讼的一项特殊原则,被视为国家对于刑事被告人上诉的司法承诺,旨在保障被告人依法享有上诉权,使其不至于因为害怕上诉后有可能被加重刑罚而放弃上诉权,从而确保上诉审制度不致成为虚设,因而被称为"保障被告人上诉权的基石"。对上诉不加刑原则,《最高人民法院关于适用〈中华人民共和国刑事诉讼法〉的解释》第三百二十五条第一款第七项作出了明确规定:"原判事实清楚,证据确实、充分,但判处的刑罚畸轻、应当适用附加刑而没有适用的,不得直接加重刑罚、适用附加刑,也不得以事实不清、证据不足为由发回第一审人民法院重新审判。"《最高人民法院关于刑事第二审判决改变第一审判决认定的罪名后能否加重附加刑的批复》也强调,"第一审人民法院没有判处附加刑的,第二审人民法院判决改变罪名后,不得判处附加刑;第一审人民法院原判附加刑较轻的,第二审人民法院不得改判较重的附加刑,也不得以事实不清或者证据不足发回第一审人民法院重新审理"。可见,上诉不加刑原则实质是国家为了保障刑事被告人的诉讼权利而对刑罚权、审判权作出的一种让渡,因而上文所述的刑法条文整体适用的实体正当性并不能当然地成为二审加重财产刑的理由,还应当从程序价值上进行分析。

从上诉不加刑原则的设立本意和内在价值分析,其核心是"不得加重刑罚"。上文中刑事诉讼法的解释和批复都强调了附加刑的加重同样也是加重刑罚,因而问题的实质在于主刑和附加刑并存时刑罚轻重的比较。

刑法修正前后对同一罪名主刑和附加刑的规定可能存在以下几种变化情形:第一种情形是主刑不变、附加刑变化或者附加刑不变、主刑变化。第二种情形是主刑、附加刑发生同向变化,即

① [英]边沁:《立法理论——刑法典原理》,孙力等译,中国人民公安大学出版社1993年版。

同时变重或同时变轻。上述两种情形下刑罚的轻重比较一目了然。第三种情形则是主刑、附加刑发生逆向变化,即主刑变重,附加刑变轻或者附加刑变重,主刑变轻。在这种情形下,刑罚轻重的比较原则上应当以主刑为比较对象。这是因为:首先,主刑包括生命刑和自由刑,附加刑包括财产性和资格刑,主刑剥夺的是犯罪人更根本更重要的权利。现代社会的基本价值观也决定了在刑罚体系中,生命刑重于自由刑,自由刑重于财产刑、资格刑;其次,主刑是刑罚体系的主干,是国家惩治犯罪的主要措施。主刑的轻重是区分轻罪与重罪的主要标准,体现了国家对犯罪否定性评价的尺度和等级。因此,一般情况下,应当以主刑是否加重来判断刑罚是否加重。结合本案情形,二审将主刑从一审判决的有期徒刑十年减为二年六个月,将附加刑从一审的没收财产1万元增加为罚金10万元,是不违背上诉不加刑原则的。

本案中,二审法院根据《解释》的规定,在大幅度减轻被告人主刑的情况下,结合被告人受贿数额及犯罪情节,对被告人并处罚金人民币10万元是正确的。

(撰稿:北京市第一中级人民法院　周维平
最高人民法院刑二庭　段　凰
审编:最高人民法院刑二庭　康　瑛)

[第1147号]吴六徕受贿案

——以欺骗方式让行贿人主动交付财物的,应认定为索贿

【关键词】　欺骗　索贿　国家工作人员　高速公路

一、基本案情

被告人吴六徕,男,1962年6月28日出生。因涉嫌犯受贿罪于2013年6月24日被逮捕。

湖南省岳阳市人民检察院以被告人吴六徕犯受贿罪向岳阳市中级人民法院提起公诉。

湖南省岳阳市中级人民法院经公开审理查明:2006年至2013年3月,被告人吴六徕在担任湖南省高速公路管理局养护工程公司副经理、湖南省郴州至宁远高速公路筹备组组长、湖南省郴宁高速公路建设开发有限公司总监、湖南省洞口至新宁高速公路筹备组组长和湖南省洞新高速公路建设开发有限公司(以下简称洞新公司)经理期间,利用职务之便,在耒宜高速维护业务,郴宁高速公路、洞新高速公路的土建工程、监理、路面工程、材料供应及驻地建设等业务的招投标,以及工程质量监督、工程管理、工程款支付等方面为他人谋取利益,单独或伙同其情妇赵某某(另案处理)、其妻成某某共同收受其他单位和个人财物。吴六徕收受财物共计折合人民币(以下币种同)1 223.078 9万元。其中,2010年下半年,吴六徕担任洞新公司经理期间,某公司股东徐某某多次找到吴六徕,要求承接某高速所需钢绞线全部供应业务。吴六徕原计划安排赵某某承接该业务,便以"让领导的朋友退出"为由,要徐某某给予"领导的朋友"好处费100万元,徐某某表示同意。之后,吴六徕利用职权,决定由徐某某以三家公司的名义承接总额7 000余万元的钢绞线供应业务。2010年9月底,徐某某按约定联系吴六徕交付100万元好处费。吴六徕带徐某某与赵某某的弟弟见面,谎称赵某某的弟弟系领导的朋友。赵某某的弟弟收到徐某某所送的100万元后将该笔钱款转交给赵某某。

(其他犯罪事实略)

湖南省岳阳市中级人民法院认为,被告人吴六徕身为国家工作人员,利用职务之便,单独或伙同他人非法收受、索取他人财物共计折合人民币1 223.078 9万元,为他人谋取利益,其行为已构成受贿罪,且数额特别巨大。依照《中华人民共和国刑法》第三百八十五条第一款,第三百八十六条,第三百八十三条第一款第一项、第二款,第六十七条第三款,第二十五条第一款,第二十六条第一款,第六十一条,第五十七条第一款,第五十九条之规定,于2014年6月15日以被告人吴六徕犯受贿罪,判处无期徒刑,剥夺政治权利终身,并处没收个人全部财产。

一审宣判后,被告人吴六徕以其未向徐某某索贿等为由提出上诉。其辩护人亦提出吴六徕不具有索贿情节的意见。

湖南省高级人民法院经二审审理认为,被告人吴六徕作为国家工作人员,在收受徐某某100万元贿赂过程中,虽然徐某某首先提出愿意出钱让"竞争对手"退出竞争,但实际上吴六徕所说的竞争对手系其情妇赵某某联系的单位。为获取非法利益,吴六徕假称领导朋友要介入钢绞线业务并以此为由收受徐某某100万元作为"领导朋友"退出竞争的对价,还安排赵某某的弟弟冒充领导朋友,最终使赵某某实际收受贿款。吴六徕并非单纯利用职务便利为他人谋取利益,而是通过虚构事实、隐瞒真相向行贿人索取财物,其情节比单纯的受贿更加严重。一审法院就该笔犯罪事实认定吴六徕构成索贿并无不妥。吴六徕及其辩护人所提相关意见不成立。原审判决认定的事实清楚,证据确实、充分,定罪准确,量刑适当,审判程序合法。据此,依照《中华人民共和国刑事诉讼法》第二百二十五条第一款第一项之规定,于2015年7月13日裁定驳回上诉,维持原判。

二、主要问题

以欺骗方式主动让行贿人交付财物的,如何定性?

三、裁判理由

本案中,被告人吴六徕多次收受他人财物,利用职务便利为行贿人谋利,其行为构成受贿罪,对此并无异议。但对其以欺骗方式收受徐某某100万元的行为是否构成索贿,审理过程中存在不同意见:一种意见认为,徐某某为顺利承揽工程,在得知有"领导的朋友"介入后主动向吴六徕提出给予对方好处费,以换取对方退出竞争,不能认定吴六徕索贿。另一种意见认为,吴六徕得知徐某某有意承揽工程后,通过虚构有"领导的朋友"介入的事实给徐某某施加压力,在徐某某表示愿意支付好处费后即提出100万元的补偿要求,最终通过赵某某等人收取该笔贿款,构成索贿,应酌情从重处罚。我们同意第二种意见,具体分析如下:

首先,必须准确把握"索贿""索取他人财物"的含义。根据刑法第三百八十五条第一款的规定,受贿罪的行为方式分为"索取他人财物"和"非法收受他人财物"两种,刑法第三百八十六条又规定"索贿的从重处罚"。"索贿"即是指"索取他人财物"。刑法及相关司法解释未对"索贿"或"索取他人财物"的含义作出规定,在司法实践中可以按照上述用语的通常含义来认定索贿。依据《现代汉语词典》(第5版)的解释,索取即"向人要(钱或东西)",索贿即"索取贿赂"。可见,只要行为人主动向他人索要财物,即属于"索取他人财物","索贿"只是刑法对"索取他人财物"的简便表述,二者含义相同。因此,认定行为人是否构成索贿关键看其是否主动要求对方交付财物作为对价。本案中,被告人吴六徕表面上似乎并未直接向行贿人徐某某索要财物,而是以要给"领导的朋友"好处费为由主动要求徐某某交付财物给第三人。这一行为能否认定为索贿?我们认为,吴六徕虽然采取欺骗手段使徐某某相信确有"领导的朋友"介入并"自愿"向"领导的朋友"支付好处费,但吴六徕在徐某某"自愿"交付之前已向其传递出明确的信号,即徐某某不付出一定代价不可能顺利承揽业务,徐某某面对这种情况并无多少选择余地。在徐某某表示愿意给对方好处费后,吴六徕立即提出100万元的数额要求。该起受贿事实中,吴六徕与徐某某的沟通过程符合索贿犯罪中受贿人积极地主导权钱交易进程，而行贿人比较被动地按照受贿人的要求给付财物的特点，犯罪情节较一般的被动接受贿赂的受贿犯罪更为恶劣，理应认定为索贿并酌情从重处罚。至于吴六徕使用的欺骗手段，并不改变其主动向徐某某索要巨额贿赂的实质。

其次，对索贿行为必须结合行为人利用职务上的便利实施犯罪的背景准确定性。有观点认为，被告人吴六徕虚构事实、隐瞒真相促使徐某某交付财物的行为符合诈骗罪的犯罪构成。我们认为，单纯地看该起事实，形式上似乎也符合诈骗罪的犯罪构成，但吴六徕实施上述行为时充分利用了职务上的便利，徐某某也是基于对吴六徕职权的信任交付财物，后在吴六徕的帮助下承接了相关业务。徐某某虽误以为其所送财物交给了"领导的朋友"，但其对送出财物以满足吴六徕的要求，进而借助吴的权力谋取利益有清晰的认识，其关注的重点不在于何人收取贿赂，而在于能否用贿赂换取利益，事实上徐某某也确实通过行贿获得了巨额利益。因此，以索贿而不是诈骗来评价吴六徕在本起事实中的行为性质更为准确。

综上，以虚构事实、隐瞒真相的方式向行贿人施加压力进而索要财物，并利用职务上的便利为行贿人谋取利益的行为，属于索贿。一、二审认定被告人吴六徕的本起事实属于索贿是正确的。

（撰稿：湖南省高级人民法院　陈　健
审编：最高人民法院刑五庭　马　岩）

[第1148号]丁利康受贿案

——社区卫生服务中心办公室信息管理员"拉统方"非法收受财物行为之定性

【关键词】　医药　国家工作人员　受贿

一、基本案情

被告人丁利康，男，1977年7月6日出生，原系上海市嘉定区马陆镇社区卫生服务中心办公室信息管理员。2011年5月24日因涉嫌犯受贿罪被取保候审。

上海市嘉定区人民检察院以被告人丁利康犯受贿罪，向嘉定区人民法院提起公诉。

被告人丁利康对公诉机关指控的事实和罪名无异议。

上海市嘉定区人民法院经审理查明：

被告人丁利康在担任上海市嘉定区马陆镇社区卫生服务中心办公室信息管理员期间，利用负责构建、维护计算机网络及日常信息统计工作等职务便利，于2006年至2011年间，分别收受医药销售代表许荣、张汉球，以及电脑设备供应商吴银兵等人给予的好处费共计4.7万余元，并向上述人员提供医院相关药品使用情况及其他便利。具体如下：

1. 2006年至2011年间，收受非洛地平片、伤湿止痛膏等医药销售代表许荣给予的好处费27 600元；

2. 2007年下半年至2011年3至4月间，收受浙江海力生制药公司医药销售代表张汉球给予的好处费18 000余元；

3. 2008年至2010年间，收受电脑设备供应商上海银兵贸易有限公司负责人吴银兵给予的价值2 000元的礼券、消费卡。

2011年5月23日，丁利康在单位领导找其谈话时主动交待了其收受有关医药代表贿赂的犯罪事实。当日，丁利康经通知在接受检察机关调查谈话时，亦如实供述了上述犯罪事实。一审审理过程中，丁利康退出赃款5万元。

上海市嘉定区人民法院认为，被告人丁利康原系社区卫生服务中心办公室信息管理员，具有构建、维护计算机网络及日常信息统计工作职责，其向医药销售代表提供医院相关药品使用情况，系利用了不具有职权内容的工作便利，不具有从事公务的性质，对其不应以国家工作人员论，其行为构成非国家工作人员受贿罪，应依法惩处。丁利康具有自首情节，退出了赃款，可以从轻处罚。据此，依照《中华人民共和国刑法》第一百六十三条第一款，第六十七条第一款，第七十二条第一款，第七十三条第二款、第三款，第六十四条之规定，以被告人丁利康犯非国家工作人员受贿罪，判处有期徒刑一年九个月，缓刑一年九个月；违法所得予以没收。

一审宣判后，上海市嘉定区人民检察院以原判定性错误，从而导致适用法律错误，量刑明显不当为由，向上海市第二中级人民法院提出抗诉。

上海市嘉定区人民检察院认为，上海市嘉定区马陆镇社区卫生服务中心系国有事业单位，被告人丁利康系该单位事业编制人员。丁利康作为办公室信息管理员，其工作职责具备技术和管理相结合的双重特征，其中丁利康对医院内用药数据等信息管理、监控、保密的职责实质上是履行对公共事务的管理、监督职责。故丁利康的职责具有从事公务的性质，一审判决仅注意到信息管理工作技术属性的一面，忽略了其公共事务管理属性的另一面。医药销售代表之所以给予丁利康钱财，系在于丁提供的相关用药数据，可使医药销售代表在市场竞争中获得优势地位，本质上属于通过非正当手段获取经济利益。丁利康利用职权提供相关用药数据，收受钱款，为医药销售代表谋取利益，符合受贿罪的本质。

上海市人民检察院第二分院认为，嘉定区人民检察院抗诉正确，应予支持。现有证据证实丁利康作为国有事业单位办公室信息管理员，其工作职责除了计算机和网络管理等技术服务外，还具有协助中心相关部门进行医疗信息管理、统计以及保证上述数据信息安全等工作职责，其所从事的工作是医院、医保部门监管工作的基础，具备公务性质，其收受医药销售代表钱款的行为符合受贿罪的构成要件。一审法院认为，丁利康利用了不具职权内容的工作便利，不具有从事公务的性质，从而认定其行为构成非国家工作人员受贿罪，属于定性错误，导致适用法律及量刑不当。建议法院依法纠正。

被告人丁利康对原判不持异议。其指定辩护人认为，丁利康系利用工作便利，将与其工作间接有关的信息提供给医药销售代表，原判定性为非国家工作人员受贿罪正确。丁利康没有主动索贿，因法制观念淡薄而接受好处费，且有自首、退赃情节，悔罪表现好，请求对丁利康从轻处罚并宣告缓刑。

上海市第二中级人民法院经公开审理查明：原判认定被告人丁利康在担任上海市嘉定区马陆镇社区卫生服务中心办公室信息管理员期间，利用其维护计算机网络及医疗信息管理的职务便利，于2006年至2011年间，分别收受许荣、张汉球、吴银兵给予的好处费共计4.7万余元，并为上述人员谋取利益等事实清楚，证据确实、充分。

上海市第二中级人民法院认为，原审被告人丁利康是国有事业单位上海市某社区卫生服务中心的事业编制人员。丁利康作为办公室信息管理员，工作职责包括监控信息数据库使用情况、管理用户权限、协助相关部门进行医保数据的统计、传输等信息管理工作，并对数据的真实性、准确性和安全性负责。这些信息是国有事业单位医院对医疗业务进行管理、监督、决策的重要依据。丁利康管理、监控医院用药数据等医保信息，是履行公共事务管理、监督等职责，从事的活动具有公务性质,故其应以国家工作人员论。丁利康身为事业单位中从事公务的国家工作人员,利用信息管理的职权,私自向药商提供数据,收受钱款,符合受贿罪钱权交易的特征。其还利用具有单位电脑采购建议权的职务便利,在计算机网络日常维护管理工作中,收取电脑设备供应商的礼券、消费卡,相关金额应与前述收取医药销售代表的贿赂款累计,一并以受贿罪论处。原判认定丁利康收受贿赂的行为及数额正确,但定性错误,导致适用法律及量刑不当,依法应予纠正。抗诉机关及上海市人民检察院第二分院的意见正确。丁利康自动投案,并如实供述自己的罪行,系自首,案发后又退出赃款,具有悔罪表现,采纳指定辩护人提出对丁从轻处罚并宣告缓刑的意见。据此,裁定撤销原判,改判丁利康犯受贿罪,判处有期徒刑三年,缓刑三年。

二、主要问题

社区卫生服务中心办公室信息管理员,利用"拉统方"非法收受医药销售代表财物的行为构成受贿罪,还是非国家工作人员受贿罪?

三、裁判理由

本案涉及受贿罪与非国家工作人员受贿罪的区分问题。根据刑法第三百八十五条和第一百六十三条的规定,两罪的根本区别在于犯罪主体不同,即受贿人是否系国家工作人员。同时,基于受贿罪对公务廉洁形象的危害更大的原因,刑法对受贿罪所配置的刑罚远远重于非国家工作人员受贿罪。因此,对丁利康是否系国家工作人员的认定是本案定性的关键所在。我们认为,丁利康系国有事业单位的编制人员,其管理、监控用药数据等医保信息,实质上是代表国家履行公共事务的管理、监督职责,从事的工作具有公务性质,应以国家工作人员论。具体分析如下:

(一)从事公务是判断行为人是否具备受贿犯罪主体的基本标准

受贿罪的犯罪主体是特殊主体,只有国家工作人员才能构成该罪。但是,无论是刑法学界还是司法实务界,对国家工作人员的认定标准都经历了从"身份论"到"公务论"的演变过程。刑法第九十三条规定:"本法所称国家工作人员,是指国家机关中从事公务的人员。国有公司、企业、事业单位、人民团体中从事公务的人员和国家机关、国有公司、企业、事业单位委派到非国有公司、企业、事业单位、社会团体从事公务的人员,以及其他依照法律从事公务的人员,以国家工作人员论。"该规定体现了从事公务是判断行为人是否属于国家工作人员和能否以国家工作人员论,即是否具备受贿犯罪主体条件的基本标准。

由此可见,认定行为人是否系国家工作人员,并非以其所在单位的性质或者人事编制性质作为唯一标准,而应考虑行为人是否具有"从事公务"这一本质特征。换言之,无论行为人是否在国有单位工作,无论其工作是被任命还是受委派或委托的,也无论其是否系编制内员工或者具有其他身份,当且仅当行为人系依法从事公务时,方能被认定为国家工作人员。具体而言:

1. 国家机关中从事公务的人员

国家机关中从事公务的人员是国家工作人员的主体成员。在判断国家机关中的工作人员是否为从事公务的人员时,若该行为人本身系各级国家权力机关、行政机关、司法机关中的公务员和军事机关中的现役军官、文职干部,此时,其资格身份和公务身份便具有统一性,其职务行为理应视为"公务"。当行为人取得了公务员或者现役军官、文职干部的资格身份之时,便意味着具备了履行国家公务的职能,其资格身份的取得是公务职能取得的前提条件。也就是说,在肯定"公务论"的同时,并没有彻底否认"身份论"的主张。所谓的"公务论",严格来说,是"身份 + 公务论"。从事公务在本质上不应受取得从事公务资格的方式的限制,也不应受在何种单位从事公务的限制。但是,这种不受限制的特性只有在判断本身不具有国家工作人员资格身份的准国家机关工作人员是否系从事公务的人员时才显得有意义和有必要性。因此,"公务论"在一定程度上是对"身份论"的扩大解释，本身具有资格身份的国家机关中的工作人员理应视为从事公务的人员。在判断这类人是否构成受贿罪时，根据其享有的资格身份已经可以认定其为国家机关中从事公务的人员，因而重点考量的应当是其受贿行为与职务的关联性。

2. 公司、企业、事业单位、社会团体中从事公务的人员

根据刑法第九十三条的规定，国有公司、企业、事业单位、人民团体中从事公务的人员和国家机关、国有公司、企业、事业单位委派到非国有公司、企业、事业单位、社会团体从事公务的人员，以国家工作人员论。这主要是由于这类人员从事的职务具有国家代表性和管理性的特征。对于具有资格身份的行为人，其资格身份即是界定从事公务的标准；而对于不具有资格身份的行为人，准确把握其工作职责是否符合从事公务的内涵和特性就显得更为重要和关键。《全国法院审理经济犯罪案件工作座谈会纪要》指出："从事公务，是指代表国家机关、国有公司、企业事业单位、人民团体等履行组织、领导、监督、管理等职责。公务主要表现为与职权相联系的公共事务以及监督、管理国有财产的职务活动。如国家机关工作人员依法履行职责，国有公司的董事、经理、监事、会计、出纳人员等管理、监督国有财产等活动，属于从事公务。那些不具备职权内容的劳务活动、技术服务工作，如售货员、售票员等所从事的工作，一般不认为是公务。"因此，从事公务的内涵即在于代表国家行使国家管理职能，且不受取得从事公务资格的方式的限制，也不受在何种单位从事公务的限制。同时，公务直接或间接地体现国家对社会的管理，对于保证社会稳定、有序的发展具有重要的意义，关系到多数人或不特定人的利益，具有裁量、判断、决定性质，由国家机关或者其他法定的公共机构或者公共团体组织或者安排。公务的性质可以归纳为两个方面：一是国家代表性，即公务的行使代表着国家权力，这一点使其与私务区别开来。二是管理性，即公务是一种组织、领导、监督、管理、协调活动，这一点使其与劳务区别开来。

3. 其他依照法律从事公务的人员

根据刑法第九十三条的规定，其他依照法律从事公务的人员，以国家工作人员论。这一规定，包含两方面内容：一是行为人既不是国家机关工作人员，也不是国有公司、企业、事业单位、人民团体中从事公务的人员；二是行为人的行为是依照法律从事公务的行为。这方面最典型的是《全国人民代表大会常务委员会关于〈中华人民共和国刑法〉第九十三条第二款的解释》的规定："村民委员会等村基层组织人员协助人民政府从事下列行政管理工作，属于刑法第九十三条第二款规定的'其他依照法律从事公务的人员'：（一）救灾、抢险、防汛、优抚、扶贫、移民、救济款物的管理；（二）社会捐助公益事业款物的管理；（三）国有土地的经营和管理；（四）土地征收、征用补偿费用的管理；（五）代征、代缴税款；（六）有关计划生育、户籍、征兵工作；（七）协助人民政府从事的其他行政管理工作。"

本案中，丁利康系国有事业单位中不具有行政职务身份的工作人员，但对其工作性质是否符合公务的认定，仍应当从以上三个方面来考量。

（二）信息管理员代表国家对医保信息、国有资产行使管理权，应以国家工作人员论

被告人丁利康系国有事业单位办公室的信息管理员，在考量其是否系从事公务的人员时，应当从其工作职责是否符合国家代表性和管理性这两个公务的特性上出发。

1. 信息管理员的工作具有国家代表性

根据国务院1998年发布的《事业单位登记管理暂行条例》（2004年修正）的规定，事业单位是指国家为了社会公益目的，由国家机关举办或者其他组织利用国有资产举办的，从事教育、科技、文化、卫生等活动的社会服务组织。事业单位主要从事公共服务活动，尤其是从某一具体的专业领域、利用其工作人员的特定专长为社会提供公共服务，其存在和发展的根本目的是社会公

益，从事的事业多是政府职能的延伸和具体化。本案中，社区卫生服务中心属于国有医疗机构，和其他国有事业单位一样，基本上是依靠国家投资建设起来的，接受国家财政拨款，是国家的公共福利机构，承担的就是代表国家为社会公众提供公共医疗服务、保障公民生命健康的职能。丁利康系该单位的事业编制人员，其所在的办公室是该中心对业务科室开展日常管理、监督的重要综合部门。根据《事业单位岗位说明书》《信息科系统管理员岗位职责》等规章制度，作为办公室信息管理员，丁利康代表本单位行使对公共医疗服务信息的管理、监督职责和对计算机等国有资产的维护管理职责，因而具有公务所体现的国家代表性。

2. 被告人丁利康享有对国家事务的管理权

丁利康在卫生服务中心担任计算机与网络管理工作，负责业务数据传输及医保接口的操作，完善计算机相关数据管理及保密制度等，对国有资产负有管理职责。其工作职责除了计算机和网络系统维护等技术性工作外，还包括监控信息数据库使用情况、管理用户权限、协助相关部门进行医保数据的统计、传输等信息管理工作，并对数据的真实性、准确性和安全性负责。这些信息是卫生服务中心对医疗业务进行管理、监督、决策的重要依据，关系到多数人或不特定人的利益，且具有非公开性，只有享有管理权限的相关人员才能获取。因此，丁利康的工作职责具备技术性和管理性相结合的双重属性，其管理、监控用药数据等医保信息，实质上是履行公共事务管理、监督的职责，体现了裁量、判断、决定等性质。所以，应当认定丁利康从事的工作具有公务性，其属于事业单位中从事公务的人员，应以国家工作人员论。

（三）被告人丁利康“拉统方”是利用其职务上的便利，应以受贿罪论处

上文中，我们肯定了被告人丁利康系国有事业单位中的准国家工作人员，具备受贿罪的犯罪主体——国家工作人员的主体资格。但是，正如前文所述，丁利康的工作职责具有技术性和管理性的双重属性，因此，在认定其“拉统方”行为是否构成受贿罪时，还应考虑该行为是否与其所从事的公务具有关联性。何谓“统方”？“统方”是指医院对医生用药信息量的统计。为商业目的的“统方”即“拉统方”，则是指医院中个人或部门为医药营销人员提供医生或部门一定时期内临床用药量信息，以便医药营销人员据此向用药医生支付药品回扣的行为。本案中，丁利康利用医院赋予的信息管理的职务便利，私自向医药销售代表提供相关用药数据，收受钱款，为医药销售代表谋取利益。这些用药数据正是基于丁利康日常负责、承办的信息管理事务的职权所获取的，系利用了其本人职务上的便利。医药销售代表之所以给丁利康钱财，系在于其提供的相关用药数据，可使医药销售代表在市场竞争中获得优势地位，本质上属于通过非正当手段获取经济利益，符合受贿罪的本质。此外，丁利康利用其对单位电脑采购方面具有建议权的职务便利，在计算机网络日常维护管理工作中，即履行国有资产管理职责的过程中，收取电脑设备供应商的礼券、消费卡，也符合受贿罪的构成要件。

综上所述，被告人丁利康作为国有事业单位的编制人员，其从事信息管理工作符合从事公务的本质特征，应当以国家工作人员论。其“拉统方”系利用本人职务上的便利，谋取不正当利益，应以受贿罪论处。二审法院改判丁利康犯受贿罪，并考虑其有自首等从轻处罚情节，判处有期徒刑三年，缓刑三年是适当的。

（撰稿：上海市第二中级人民法院　陈姣莹　周　嫣
审编：最高人民法院刑四庭　陆建红）

[第1149号]毋保良受贿案

——赃款、赃物用于公务支出，是否影响受贿罪的认定；为请托人谋取利益前多次收受请托人财物，数额较大的，如何认定受贿数额；索取、收受下属或者被管理人员的财物价值较大的，能否视为承诺谋取利益

【关键词】 公务支出 受贿 国家工作人员

一、基本案情

被告人毋保良，男，1960年11月15日出生，系中共萧县县委原书记。2012年9月17日被逮捕。

安徽省合肥市人民检察院以被告人毋保良犯受贿罪，向合肥市中级人民法院提起公诉。

被告人毋保良对公诉机关指控的犯罪事实供认不讳。其辩护人的辩护意见主要有：毋保良具有自首情节；上交到萧县招商局、县委办的1 790余万元应从受贿数额中扣除；部分金额系节日收受的礼金或人情往来，无具体请托事项，不应以受贿论处。

合肥市中级人民法院经审理查明：

2003年至2012年间，被告人毋保良利用担任萧县人民政府副县长、县长，中共萧县县委副书记、书记等职务便利，在工程项目、征地拆迁、干部调整等方面为他人谋取利益，非法收受他人财物，共计人民币1 869.2万元、美元4.2万元、购物卡6.4万元以及价值3.5万元的手表一块。

2006年12月至2012年2月间，毋保良累计23次将现金人民币1 790余万元及美元、购物卡、手表等物品交存到萧县招商局、县委办，知情范围极其有限，款物的使用、支配由毋保良决定、控制。后1 100余万元用于公务支出，400余万元用于退还他人、为退休领导违规配车及招待费用等，尚有余款280余万元及购物卡、物品等。2012年年初，毋保良在与其有关联的他人遭查处，办案机关已初步掌握其涉嫌受贿犯罪线索后，始退还部分款项，并向县委班子通报、向上级领导报告收受他人1 600余万元及交存情况。

合肥市中级人民法院认为，被告人毋保良身为国家工作人员，在担任萧县人民政府原副县长、县长，中共萧县县委原副书记、书记期间，利用职务之便，为他人在企业经营、工作调动及职务、职级调整等方面谋取利益，共收受他人现金人民币1 869.2万元、美元4.2万元、购物卡6.4万元以及价值3.5万元的手表一块，其行为严重侵害了国家工作人员职务的廉洁性，构成受贿罪。公诉机关指控的罪名成立。毋保良为掩饰受贿犯罪，采取边退边收的方式混淆视听、逃避打击，将部分款物交存于招商局、县委办，是犯罪既遂后对赃款的处置；非法礼金166万余元，不以犯罪论处，从受贿数额中予以扣除。鉴于毋保良具有自首情节，案发后积极退赃，犯罪所得主要用于公务活动等具体情况，可对其从轻处罚。依照《中华人民共和国刑法》第三百八十五条第一款，第三百八十六，第三百八十三条第一款第一项、第二款，第六十七条第一款，第五十七条第一款，第六十四条之规定，以受贿罪判处被告人毋保良无期徒刑，剥夺政治权利终身，并处没收个人财产六十万元；受贿所得赃款、赃物依法予以追缴，上缴国库。

一审宣判后，被告人毋保良提出上诉，理由是：(1)其没有占有上交至招商局、县委办以及其他单位的款物的意图，相应款项应认定为依法上交，从受贿数额中扣除，一审判决认定其交存款

物系犯罪既遂后对赃款的处理不当;(2)除一审判决依法扣除的礼金外,仍有部分被认定为受贿的款项亦属礼金,应予扣除;(3)其具有自首情节,受贿款项基本都依法上交且主要用于公务活动,判处无期徒刑明显过重。请求二审法院依法改判。

安徽省高级人民法院对一审判决查明的事实予以确认,并对毋保良收受他人现金及具体年份,与交存于萧县招商局、县委办的现金及具体年份统计、列表(仅统计现金人民币,不含美元、购物卡、手表;2011年度收款数额含他人转毋保良代交的300万元)。

时间(年)	2003	2004	2005	2006	2007	2008	2009	2010	2011	2012	总计
收款(万元)	2	9	51	42.8	115.8	259.8	543.6	840	463.5	8.4	2335.9
交款(万元)	0	0	0	2	21.6	114.6	991	501	153.8	6.3	1790.3
差额(万元)	2	9	51	40.8	94.2	145.2	-447.4	339	309.7	2.1	545.6

安徽省高级人民法院经审理认为,毋保良虽将部分款物交存国有单位,后大部分用于公务支出,但其受贿故意明显,综合其交存款物的来源、比例以及知情范围等因素,应认定为受贿犯罪既遂后的处分行为,旨在逃避查处;接受请托前后,数次收受存在职务隶属关系的下级或任职区域内企业经营者数额较大甚至巨大的财物,利用职务便利给予或承诺给予帮助,应以受贿论处。毋保良受贿数额达1 900万余元,一审判决已充分考虑自首等情节及悔罪表现,量刑适当。毋保良的上诉理由均不能成立。一审判决认定事实清楚,证据确实、充分,定罪准确,审判程序合法,应当予以维持。依照《中华人民共和国刑事诉讼法》第二百二十五条第一款第一项之规定,裁定驳回上诉,维持原判。

二、主要问题

1. 受贿后,部分赃款交存于国有单位,后大部分用于公务支出,能否认定为及时上交,不以受贿论处?

2. 请托人无请托事项时,数次给予受贿人数额较少的财物,有明确请托事项时另行给予数额较大甚至巨大财物,受请托前收受的财物是否应计入受贿数额?

3. 索取、收受具有上下级关系的下属或者具有行政管理关系的被管理人员的价值较大的财物,可能影响职权行使的,是否视为承诺为他人谋取利益?

三、裁判理由

(一)行为人出于受贿故意,非法收受他人财物后,部分赃款交存于国有单位,后大部分用于公务支出,仍以受贿论处

根据罪刑法定原则,行为人的行为是否构成犯罪,应以刑法规定的犯罪构成要件为标准,对司法解释的理解和适用亦应遵循该原则,与立法本意一致而不能随意脱离、相悖。受贿罪作为故意犯罪,只要国家工作人员具有受贿故意,利用职务上的便利,为他人谋取利益,或者利用本人职权或者地位形成的便利条件,通过其他国家工作人员职务上的行为,为请托人谋取不正当利益,并实际索取、收受他人财物的,即应认定为受贿既遂。《最高人民法院、最高人民检察院关于办理受贿刑事案件适用法律若干问题的意见》(以下简称《意见》)第九条第一款"国家工作人员收受请托人财物后及时退还或者上交的,不是受贿"的规定,是针对实践中国家工作人员主观上没有

受贿故意,但客观上收受了他人财物,并及时退还或者上交,并非针对受贿既遂后退还或者上交的情形。该款明确表述为“收受请托人财物后”,而非第二款表述的“受贿后”,并强调“及时退还或者上交”,索贿情形被排除在外即为此意。例如,某甲利用职权为朋友某乙实际谋取了利益,某乙为表示感谢,送给某甲价值800元的两盒茶叶,其中一盒内置现金3万元,某甲当时未详加查看,发现藏有现金后及时退还。此种情形下,某甲虽客观收受了他人财物,但自始至终均无受贿故意,没有侵犯职务行为的廉洁性,当然不应认定为犯罪。但如果某甲没有及时退还或上交,且没有任何无法退还或上交的客观理由,应认定其实际收受财物后,主观心理发生了变化,产生了非法占有故意,应认定为受贿。第二款所明确的不影响认定受贿罪的行为,与第一款规定的行为性质迥异,旨在避免第一款在司法实践中被错用、滥用,不能错误理解为行为人受贿后,在自身或者与其受贿有关联的人、事被查处前,主动上交、退还的,视为第一款规定的不构成受贿的及时退交。就本案所查明的全部犯罪事实而言,毋保良均具有受贿故意,并为他人实际谋取或承诺谋取利益,部分谋利行为积极主动,甚至置法律、组织原则于不顾,不惜严重损害国家利益。以毋保良收受吴秀芝、周长青900万元的事实为例,周长青就其欲与吴秀芝共同开发萧县老火车站地块,通过毋保良的原秘书姜连杰向毋提出请托,并承诺按照净利润的20%给予回报,毋保良同意后通过姜连杰向周长青透露涉案土地的拍卖标底,致使该地块的最终出让价格仅高于底价200万元。此外,毋保良在加大拆迁力度、证照办理以及周长青承接其他工程等方面,均给予积极帮助,先后三次、每次300万元,共收受吴秀芝、周长青给予的900万元。再以毋保良收受萧县体育局局长邢华、县卫生局副局长兼疾控中心主任王建乐28万元为例,邢华系萧县原教育局局长,因无证游医参与学生体检事件被免职,毋保良应邢华、王建乐夫妇之请托,在三常委小范围酝酿干部人选时罔顾其他两位异议,坚持并实际安排邢华担任体育局局长,承诺调整王建乐任萧县人民医院院长。毋保良的此种利用职权积极为请托人谋利,收受甚至索取财物的行为,在本案中极为常见。再就毋保良交存款项的数额、时间及来源看,2003年至2005年间分文未交,2009年收少交多,其他年份收多交少,并非及时、全部交存且差异明显,部分源于所查明的受贿事实和非法礼金,部分并不在查明事实之列而是源于其他收入甚至非法收入。从交存款物的部门、知情范围及处分情况来看,也能证明毋保良有受贿故意及心存侥幸:一是交存款物的部门既非纪律检查部门,亦非廉政专用账户,而是毋保良主管、便于控制的县招商局和县委办;二是知情者极少且知情内容有限,通报相关情况系迫于压力;三是交存款物的支取,必须经过毋保良同意或安排,毋具有绝对的控制、处分权。因此,毋保良案发前退还、交存部分款物,不属于《意见》第九条“及时退还或者上交”,而是借此混淆视听,逃避查处,相应数额不应从受贿数额中扣除。

毋保良交存款物后主要用于公共支出,系其受贿犯罪既遂后对赃款、赃物的处置,属自由行使处分权的范畴,不影响受贿犯罪的性质及故意犯罪完成形态的认定,仅作为量刑情节酌情考虑。因为贪污、受贿犯罪既已实施完毕,赃款赃物的事后处分不影响刑事定罪。对赃款赃物去向与贪污、受贿故意的认定关系问题,2016年4月18日起施行的《最高人民法院、最高人民检察院关于办理贪污贿赂刑事案件适用法律若干问题的解释》(以下简称《解释》)第十六条第一款进一步明确:“国家工作人员出于贪污、受贿的故意,非法占有公共财物、收受他人财物之后,将赃款赃物用于单位公务支出或者社会捐赠的,不影响贪污罪、受贿罪的认定,但量刑时可以酌情考虑。”

(二)请托人无请托事项时,数次给予数额较少的财物,有明确请托事项时另行给予数额较大甚至巨大财物,受请托前收受的财物应计入受贿数额

众所周知,受贿犯罪普遍具有长期性、隐蔽性、连续性特点,给予财物者无请托事项时,数次给予数额较少的财物以联络感情,在有明确请托事项时另行给予数额较大甚至巨大财物,在这种

情形下,应当如何计算受贿数额?在请托前收受的数额较少的财物是否应当计入?

我们认为,行贿人长期连续给予受贿人财物,且超出正常人情往来,其间只要发生过具体请托事项,则可以把这些连续收受的财物视为一个整体,全额认定为受贿数额。在认定时应当注意以下两点:一是收受的连续性,这是得以在法律上将之作为整体行为对待的事实基础;二是排除人情往来因素。本案中,被告人收受财物在时间上较为连贯,权钱交易性质明显,故不能将前期无请托事项时给予财物的行为与之后的关照、提拔割裂开来,而应作为同一整体对待,将多次收受的财物累计计算,以受贿论处。

值得注意的是,《解释》对国家工作人员利用职务上的便利为请托人谋取利益,受请托之前收受的应计入受贿数额的财物数额予以了明确,即在1万元以上的,应当一并计入受贿数额。

(三)索取、收受具有上下级关系的下属或者具有行政管理关系的被管理人员价值较大的财物,可能影响职权行使的,视为承诺为他人谋取利益

"为他人谋取利益"是受贿犯罪的法定构成要件,对这一要件的理解和认定问题,是长期困扰司法实践的一个难题。尤其是在行为人收受具有上下级关系的下属或者具有行政管理关系的被管理人员财物时,如何把握受贿犯罪与"感情投资"的界限,是正确认定这一类型受贿犯罪的关键。

对于日常意义上的"感情投资",通常分为两种情形:一种是与行为人当前职务无关的感情投资;另一种是与当前行为人职务行为有着具体关联的所谓的"感情投资"。对于后者,由于双方行为人在日常职务活动中的紧密关系,谋利事项要么已经通过具体的职务行为得以体现,要么可以直接推断出给付金钱有对对方职务行为施加影响的图谋,在这种情况下只要能够排除正常人情往来的,即可认定为受贿。

综观本案,给予毋保良数额较大甚至巨大财物者,或为已在或欲在萧县境内从事经营活动的商人,或为与毋保良存在职务隶属关系的萧县乡镇、科局干部,这些人员除了商业经营、工作需要可能与毋发生联系外,并无证据证明他们与毋存在长期的、深厚的亲情、友情等特殊关系;毋保良既没有给予他们大体相当的款物,也不能作出合理解释。上述人员无一不是谋求与毋处好关系,由毋对现行或将来请托事项给予帮助,而实际上毋亦实际给予或承诺给予帮助,实质仍为权钱交易,并非正常的人情往来,故相应款物依法应计入受贿数额。

《解释》为适应惩治受贿犯罪的实践需要,进一步统一了在"礼金型"受贿犯罪类型中"为他人谋取利益"要件的理解,第十三条第二款规定:"国家工作人员索取、收受具有上下级关系的下属或者具有行政管理关系的被管理人员的财物价值三万元以上,可能影响职权行使的,视为承诺为他人谋取利益。"其中,"价值三万元以上"是为了便于实践掌握而对非正常人情往来作出的量化规定。

本案于2014年5月20日作出终审裁定,裁判中对几个焦点问题的判决依据,完全符合2016年4月18日颁布施行的《解释》的相关规定。这在一定程度上,也说明《解释》客观反映司法实际需求,将实务中反腐败的做法和经验成文化、制度化,为法治反腐提供了坚实基础。

(撰稿:安徽省高级人民法院 陈华舒
审编:最高人民法院刑二庭 刘为波)

[第1150号]耿三有受贿案

——二审期间因刑法修改及司法解释出台导致定罪量刑标准发生变化的,应如何适用法律

【关键词】 二审 定罪量刑 受贿 司法解释

一、基本案情

被告人耿三有,男,1959年11月15日出生。2011年7月23日因涉嫌犯受贿罪被逮捕。

河南省郑州市人民检察院以被告人耿三有犯贪污罪、受贿罪,向郑州市中级人民法院提起公诉。

被告人耿三有及其辩护人辩称,耿三有没有侵吞土地所83.5万元公款,其行为不构成贪污罪;指控耿三有所犯3起受贿犯罪,事实不清、证据不足,不能成立。

郑州市中级人民法院经公开审理查明:

1.被告人耿三有在担任河南省登封市城关镇副镇长兼城关镇土地所所长期间,接受毛建国的请托,利用职务便利,帮助登封市嵩山少林精武院申办人王占洋办理土地审批手续,于1996年10月29日、1997年1月1日通过毛建国收受王占洋人民币(以下币种同)50万元。在得知检察机关调查其经济问题后,耿三有于2011年7月11日将该款退还给王占洋。

2. 2004年,被告人耿三有在担任中共登封市国土资源局党委书记期间,利用职务便利,帮助河南嵩山建筑安装有限公司法定代表人孙建文、股东孙建山等人协调征地事宜,并提出以10万元低价向孙建山购买该公司开发的位于登封市少林大道东段北侧的登封市中医院家属院商品房一套。经鉴定,该房产价值为35.781 5万元。耿三有至案发前一直未支付剩余房款。

起诉书指控的贪污犯罪及第3起受贿犯罪的事实不清,证据不足,不予认定。

郑州市中级人民法院认为,被告人耿三有作为国家工作人员,利用职务上的便利,非法收受他人财物,为他人谋取利益,其行为已构成受贿罪。根据其所具有的索贿等情节认定被告人耿三有犯受贿罪,于2015年10月19日判处其有期徒刑十二年,并处没收个人财产人民币二十万元。

被告人耿三有上诉及其辩护人辩称:王占洋请托耿三有的事项不属于耿三有的职权范围,且耿三有当时已将收受的钱款退还,其行为不构成受贿罪;耿三有购买孙建山开发房产未付剩余房款属民事纠纷。辩护人另辩称,耿三有检举揭发他人犯罪,其行为符合一般立功表现,请求对其从轻处罚。

河南省高级人民法院认为,被告人耿三有身为国家工作人员,利用职务上的便利,非法收受他人财物,为他人谋取利益,其行为已构成受贿罪,依法应予惩处。耿三有具有索贿情节,依法应对其从重处罚;其具有立功表现,依法可对其从轻处罚。原判定罪准确,审判程序合法。耿三有共计受贿人民币75.781 5万元,根据修正后的刑法及司法解释的规定,原判量刑不当,综合耿三有的犯罪数额、手段及一般立功表现等情节,于2016年6月17日改判有期徒刑五年,并处没收个人财产人民币二十万元。

二、主要问题

1.二审期间因刑法修改及司法解释出台,导致相关定罪量刑标准发生变化的,应如何适用法律和司法解释?

2. 对于被告人兼有从重和从轻处罚情节的，应如何量刑？

三、裁判理由

本案在审理过程中对于被告人耿三有的行为构成受贿罪没有异议，但对于二审期间刑法修正案（九）及《最高人民法院、最高人民检察院关于办理贪污贿赂刑事案件适用法律若干问题的解释》（以下简称《解释》）出台后，有关贪污贿赂犯罪规定的新的定罪量刑标准是否能适用于本案，存在两种不同观点：第一种观点认为，本案一审时贪污贿赂犯罪的定罪量刑标准并没有发生变化，一审法院依照原刑法和相关规定对被告人耿三有以受贿罪判处有期徒刑 12 年，并处没收个人财产人民币 20 万元并无不当，二审期间出台的法律和司法解释对本案没有溯及力。第二种观点认为，虽然本案一审判决依据当时法律所判并无不当，但二审期间一审判决并未生效，此时刑法修改，新的司法解释出台，适用新法明显有利于被告人，根据从旧兼从轻的刑法适用原则，修改后的刑法和新的司法解释对本案有溯及力。

（一）刑法修正案亦应适用从旧兼从轻原则

我国刑法（1997 年刑法）对于溯及力问题，从实际需要和罪刑法定的要求出发，采用了从旧兼从轻的原则。刑法第十二条规定："中华人民共和国成立以后本法施行以前的行为，如果当时的法律不认为是犯罪的，适用当时的法律；如果当时的法律认为是犯罪的，依照本法总则第四章第八节的规定应当追诉的，按照当时的法律追究刑事责任，但是如果本法不认为是犯罪或者处刑较轻的，适用本法。本法施行以前，依照当时的法律已经作出的生效判决，继续有效。"对此，我们认为，刑法修正案仍然应当贯彻刑法所规定的从旧兼从轻原则，区分以下不同情况进行处理：

1. 1997 年刑法不认为是犯罪，刑法修正案认为是犯罪的，只能适用刑法修正案生效以前的刑法，刑法修正案不具有溯及力。因此，不能以刑法修正案已经将该行为规定为犯罪、犯罪的主体范围已经扩大、犯罪构成的行为要件标准已经降低为由而追究行为人的刑事责任。

2. 1997 年刑法认为是犯罪，但刑法修正案不认为是犯罪的，只要这种行为未经审判或者判决尚未生效，应当适用刑法修正案的规定，即刑法修正案具有溯及力。

3. 1997 年刑法和刑法修正案都认为是犯罪，并且按照刑法第四章第八节的规定应当追诉的，原则上应按 1997 年刑法追究刑事责任。但是，如果 1997 年刑法处罚比刑法修正案重的，则适用刑法修正案。

4. 根据 1997 年刑法已经作出了生效判决的，该判决继续有效。即使按刑法修正案的规定，其行为不构成犯罪或者处刑较 1997 年刑法要轻，也不例外。因为，对一种行为刑法是否溯及适用，只限于未经审理或者虽经审理但尚未作出生效判决的场合；已经生效的判决，不应根据刑法的规定加以改变，以维护人民法院生效判决的严肃性和稳定性。① 对此，1997 年刑法第十二条第二款已作出了明确规定。

就本案来讲，一审判决日期为 2015 年 10 月 19 日，宣判后被告人提出上诉，刑法修正案（九）于 2015 年 8 月 29 日公布、同年 11 月 1 日起施行，此时本案正在二审审理之中。因此，本案能否适用刑法修正案（九）关键在于比较 1997 年刑法和刑法修正案（九）对于贪污受贿犯罪的刑罚哪个更轻，如果刑法修正案（九）更轻，则应适用修正案。但是刑法修正案（九）只是将贪污贿赂犯罪的定罪量刑标准由以前规定的单纯的数额标准，修改为数额加情节的标准，并将数额划分为"数额较大""数额巨大"及"数额特别巨大"三个层次，而没有规定"数额较大""数额巨大"及"数额特别巨大"的具体标准，据此无法确定被告人耿三有受贿犯罪的具体情节和应适用的刑罚，也

① 黄太云：《刑法修正案和刑法立法解释溯及力问题探析》，载《人民检察》2006 年第 19 期。

就无从比较新旧刑法规定的刑罚孰轻孰重。2016 年 4 月 18 日,《解释》公布并自该日起施行,进一步将刑法修正案(九)规定的“数额较大”“数额巨大”及“数额特别巨大”的标准明确化、具体化。那么对于本案《解释》是否具有溯及力?

我们认为,从刑法司法解释本身的性质来看,按照最高人民法院 2007 年 3 月 23 日颁布的《关于司法解释工作的规定》第 6 条的规定,司法解释只能对刑事司法实践活动中具体适用刑事法律问题进行解释,是立法原意内就如何具体应用刑事法律中所产生的问题加以明确化、具体化。所以,司法解释具有依附性特征,即必须严格地依附于所解释的刑法条文之规定,不能创制新的法律,不得对刑法修改、补充。因此,它的效力与其所解释的刑法效力同步,也即它的生效时间应与其所解释的刑法生效时间相同。从这个角度理解,《解释》应与刑法修正案(九)的效力同步,即《解释》虽于 2016 年 4 月 18 日公布,但其效力可以溯及至 2015 年 11 月 1 日刑法修正案(九)施行之日。

此外,2001 年 12 月 7 日,最高人民法院、最高人民检察院颁布的《关于适用刑事司法解释时间效力问题的规定》(以下简称《规定》)明确规定:“二、对于司法解释实施前发生的行为,行为时没有相关司法解释,司法解释施行后尚未处理或者正在处理的案件,依照司法解释的规定办理。三、对于新的司法解释实施前发生的行为,行为时已有相关司法解释,依照行为时的司法解释办理,但适用新的司法解释对犯罪嫌疑人、被告人有利的,适用新的司法解释。四、对于在司法解释施行前已办结的案件,按照当时的法律和司法解释,认定事实和适用法律没有错误的,不再变动。”具体到司法实践中,对于某一司法解释的适用应先看该解释出台前是否对同一问题有其他解释,如果没有其他解释,该解释是唯一司法解释,则适用该解释。如果在同一问题上先后出台两个解释且内容出现矛盾时,应选择有利于犯罪嫌疑人、被告人的司法解释作为定罪量刑之依据。

本案中,被告人耿三有共计受贿人民币 75.781 5 万元,根据 1997 年刑法的规定,应处以“十年以上有期徒刑或者无期徒刑”,故一审法院判处其有期徒刑十二年并无不当;在二审审理期间,根据修正后的刑法及司法解释的规定,受贿数额 20 万元以上不满 300 万元的属于“数额巨大”,应处“三年以上十年以下有期徒刑”。耿三有受贿 75.781 5 万元,属于“数额巨大”,应处“三年以上十年以下有期徒刑”。与旧法相比,修改后的刑法及相关司法解释的处罚明显较轻,这种情况下应遵循从旧兼从轻的刑法适用原则,适用处罚较轻的新标准对被告人定罪量刑,即刑法修正案(九)和《解释》对本案均有溯及力。因此,二审法院按照从旧兼从轻的原则将耿三有的刑期改判为有期徒刑五年是符合法律规定的。

(二)在兼有从重和从轻处罚情节时应在分别评判的基础上综合考虑量刑幅度

从本案查明的情况来看,被告人耿三有同时具有两种量刑情节:一是在收受孙建山等人的贿赂时,具有索贿的情节,依法应当从重处罚;二是在被羁押期间,检举、揭发他人行贿、受贿近 100 万元的事实,经查证属实,构成一般立功,依法可以从轻或者减轻处罚。

那么,对于同时具有从重和从轻处罚情节的被告人,应该如何量刑呢?一种意见认为,从重情节和从轻情节虽方向相逆,但性质相同,作用相似,都是为了修正刑罚的幅度,二者一加一减,可以相互抵销;另一种意见认为,兼有从重情节和从轻情节量刑时不能采取简单的抵销处理,而应根据不同情节的作用(包括正面和负面)大小和影响程度分别考量,然后再进行综合评价。

我们赞同后一种意见。因为,量刑情节是影响量刑的各种主客观事实情况,这些情况虽被归纳为几大类别,如自首、立功、犯罪预备、中止、未遂等,但具体分析,各种情节的价值或者说影响力并不是等量齐观的,即便是同一种量刑情节,其意义也不尽相同。以自首为例,一般自首和特别自首是不一样的,罪行还未被发现便已自首和被抓捕期间自首亦不相同。如果对各种量刑情节不加区分地相互抵销,就可能会犯以偏概全的错误。就本案来说,确定被告人耿三有的最终刑罚大致可分为几个步骤:首先,根据受贿的数额和基本情节确定基准刑,如耿三有受贿 70 多万元,结合其认罪态度、悔罪表现及实际退赃等情况,可确定其基准刑为四年半至五年;其次,针对耿三有所具有的索贿情节,依法应予从重处罚,从重处罚的幅度,结合索贿的数额等情况,参照量刑规范化的一般要求,可掌握在基准刑的 20% ~30% 上下;最后,考虑耿三有检举、揭发他人贿赂犯罪的立功表现,依法予以从轻处罚,从轻处罚的幅度,根据《最高人民法院关于常见犯罪的量刑指导意见》(2014 年 1 月 1 日起实施)的规定,"一般立功的,可以减少基准刑的 20% 以下"。综合全案的量刑情节,二审法院判处耿三有有期徒刑五年是适当的。

(撰稿:最高人民法院刑四庭　汪　雷
河南省高级人民法院　李连武　李欣磊
审编:最高人民法院刑四庭　陆建红)

[第 1151 号]沈海平受贿案

——如何把握辩方提交的证据证明标准和作相关证据审查以及出于受贿的故意非法收受他人财物后又退还部分钱款的,如何认定受贿数额

【关键词】　证明标准　受贿数额　扣除　国家工作人员

一、基本案情

被告人沈海平,男,1973 年 5 月 15 日出生。2015 年 2 月 16 日被逮捕。

原上海市闸北区人民检察院以被告人沈海平犯受贿罪,向原上海市闸北区人民法院提起公诉。

被告人沈海平及其辩护人对公诉机关指控的事实和罪名不持异议。

原上海市闸北区人民法院经审理查明:2013 年至 2014 年间,被告人沈海平在担任上海飞机制造有限公司(以下简称上飞公司)安全保障部部长期间,利用其负责公司后勤保障、采购、供应商选择等工作的职务便利,在与新昌县羽林街道羽林茶厂(以下简称羽林茶厂)、上海粤珍小厨餐饮管理有限公司(以下简称粤珍公司)、广州百利文仪实业有限公司(以下简称百利公司)的业务往来过程中,非法收受羽林茶厂上海地区业务负责人黄淼给予的人民币(以下币种同)2 万元、粤珍公司总经理陆海峰给予的 2 万元、百利公司上海分公司经理彭东升给予的 7 万元,为上述三家公司谋取利益。2015 年 2 月 4 日,沈海平主动向上飞公司纪委交代其收受粤珍公司陆海峰、百利公司彭东升给予好处费的事实,后在公司纪委陪同下,主动向原上海市闸北区人民检察院投案,并如实供述了全部犯罪事实。在审理过程中,沈海平在家属的帮助下退还全部违法所得。

原上海市闸北区人民法院认为,被告人沈海平身为国家工作人员,利用职务便利,为他人谋取利益,非法收受他人财物,数额较大,其行为构成受贿罪。沈海平具有自首情节,可以减轻处罚;能退还全部违法所得,可以酌情从轻处罚。据此,依照《中华人民共和国刑法》第三百八十五条第一款、第三百八十六条、第三百八十三条、第六十七条第一款和第六十四条之规定,原上海市

闸北区人民法院于2015年8月以受贿罪判处沈海平有期徒刑五年；退还的违法所得依法没收。

一审宣判后，沈海平不服，向上海市第二中级人民法院提出上诉。二审审理期间，沈海平的辩护人提交了证人百利公司上海分公司经理彭东升于2015年8月25日所作的证言，意图证明2014年11月左右，沈海平在得知彭东升的父亲患癌症，彭要回老家后，给了彭2万元钱款。沈海平及其辩护人对原判认定沈海平犯受贿罪的主要事实和罪名不持异议，但提出如下意见：(1)根据二审审理期间辩护人提交的新证据以及沈海平在二审庭审中的供述，2013年至2014年9月至10月间沈海平收受彭东升给予的7万元后，及时退还给彭东升2万元，依照《最高人民法院、最高人民检察院关于办理受贿刑事案件适用法律若干问题的意见》（以下简称《意见》）第九条"国家工作人员收受请托人财物后及时退还或者上交的，不是受贿"的规定，应当从沈海平的受贿总额中扣除该2万元；(2)沈海平具有自首情节并在一审审理期间全部退赃，且没有索贿情节，应当对沈海平减轻处罚，原判量刑过重，请求二审法院予以改判。

上海市第二中级人民法院经审理认为，二审期间辩方提供的证据存有很大疑点，未达到证明其主张的"证据占优势"，结合本案事实、证据、相关法律规定和刑法理论，难以认定上诉人沈海平在案发前给过彭东升2万元。而且即使沈海平给过彭东升2万元，由于之前沈海平在主观上具有收受彭东升钱款的故意，客观上利用职务上的便利收受了7万元，且实际为彭东升所在的百利公司上海分公司谋取了利益，已构成受贿既遂，故不宜从沈海平的受贿总额中扣除该2万元。沈海平身为国家工作人员，利用职务便利，为他人谋取利益，非法收受他人贿赂共计11万元，数额较大，其行为构成受贿罪。原判决认定事实正确，且诉讼程序合法。鉴于《中华人民共和国刑法修正案（九）》自2015年11月1日起施行，根据从旧兼从轻的刑法溯及力原则，对上诉人沈海平的行为应当适用《中华人民共和国刑法修正案（九）》的相关规定予以改判。沈海平犯罪以后自动投案，如实供述自己的罪行，具有自首情节，依法可以从轻处罚；其家属在一审审理期间帮助沈海平退还全部违法所得，可以酌情从轻处罚。据此，依照《中华人民共和国刑事诉讼法》第二百二十五条第一款第二项；《中华人民共和国刑法》第三百八十五条第一款，第三百八十六条，第三百八十三条第一款第一项、第二款，第九十三条第二款，第六十七条第一款，第十二条，第六十四条以及《最高人民法院、最高人民检察院关于办理贪污贿赂刑事案件适用法律若干问题的解释》第一条第一款、第十九条第一款之规定，上海市第二中级人民法院于2016年4月29日判决如下：

1. 维持原上海市闸北区人民法院(2015)闸刑初字第634号刑事判决的第二项，即退出的违法所得依法没收；

2. 撤销原上海市闸北区人民法院(2015)闸刑初字第634号刑事判决的第一项，即被告人沈海平犯受贿罪，判处有期徒刑五年；

3. 上诉人沈海平犯受贿罪，判处有期徒刑一年三个月，并处罚金人民币十万元。

二、主要问题

1. 如何把握辩方提供证据的证明标准以及如何依照该标准对相关证据进行审查？

2. 出于受贿的故意非法收受他人财物后又退还部分钱款的，如何认定受贿数额？

三、裁判理由

本案的主要争议焦点在于，沈海平收受彭东升给予的7万元贿赂之后，在彭东升之父患病期间又给了彭东升2万元，该2万元是否应当从沈海平的受贿数额中扣除。审理过程中主要存在两种意见：

一种意见认为，应当从沈海平的受贿总额中扣除2万元，认定其受贿数额为9万元。主要理由如下：(1)根据辩护人提交的新证据，彭东升于2015年8月25日所作的证言与沈海平在二审庭审中的供述基本一致，证实2014年11月至12月，沈海平得知彭东升的父亲患重病，彭要回老家一次，遂给了彭2万元现金。我国刑事诉讼法没有关于被告人及辩护人必须在某一时间段内提供证据，否则不予采纳的规定，因此本案应当根据二审出现的新证据认定案件事实。(2)《意见》第九条规定："国家工作人员收受请托人财物后及时退还或者上交的，不是受贿。国家工作人员受贿后，因自身或者与其受贿有关联的人、事被查处，为掩饰犯罪而退还或者上交的，不影响认定受贿罪。"沈海平于2013年秋天至2014年9月至10月分三次收受彭东升给予的贿赂共计7万元，其在收受彭东升给予的最后一笔贿赂款后，并非为了掩盖犯罪而于11月至12月归还了2万元，应当认定为及时退还，该2万元应当从沈海平的受贿总额中予以扣除。

另一种意见认为，不宜从沈海平的受贿总额中扣除2万元，应当认定沈海平的受贿数额为11万元。主要理由如下：(1)虽然表面上根据二审期间出现的新证据，上诉人沈海平与证人彭东升关于沈海平曾给过彭东升2万元的说法一致，但仔细审查沈海平、彭东升之前未作相关陈述的理由，二审期间两人的陈述细节，结合分析沈海平系自首，且明知其家属为他退出了11万元贿赂的情况，辩方提供的新证据存有很大疑点，未达到"证据占优势"，故不应采纳辩方提交的新证据。(2)沈海平具有受贿的故意，收受彭东升7万元贿赂已经既遂，即使其因彭东升父亲生病而给予彭2万元，也不能表明沈海平之前没有受贿故意，故不宜从沈海平的受贿数额中扣除2万元。

我们赞同第二种观点，理由是：

(一)在辩方提供的证据存有很大疑点，未达到"证据占优势"的情况下，不宜采纳辩方证据

目前，在我国的刑事诉讼理论中尚未就控辩双方承担的证明责任适用差别证明标准进行系统研究。立法仅就控方承担证明责任应当达到的证据证明标准作出了规定，没有涉及被告一方承担相应责任所应达到的证据证明标准。司法实践中，一般也只关注控方的证明责任承担应当达到的证据证明标准，对被告方承担有关责任的程度如何把握则比较混乱。因此，在我国，控辩双方承担相应证明责任是否要适用不同的证据证明标准，以及具体适用何种标准是目前亟待研究和解决的问题。

我国刑事诉讼法第一百七十二条规定："人民检察院认为犯罪嫌疑人的犯罪事实已经查清，证据确实、充分，依法应当追究刑事责任的，应当作出起诉决定，按照审判管辖的规定，向人民法院提起公诉，并将案卷材料、证据移送人民法院。"因此，控诉方承担证明责任所要达到的证据证明标准是客观标准，即"犯罪事实清楚，证据确实、充分"。所谓犯罪事实已经查清，是指与定罪量刑有关的事实和情节，都必须查清，而那些不影响定罪量刑的细微情节，则无须都要查清。所谓证据确实、充分，是对证据质和量提出的总体要求。证据确实，即每个证据对案情必须具有证明力，也就是具有客观性和关联性；证据充分，是指足以证明案件真实情况要有多个证据证明或提供印证，与证据不足或证据不充分相对立，但也不能将其简单量化，要视具体案情而定。证据确实和充分是相辅相成、不可分割的辩证统一的关系。① 刑事案件中，对被告人实行无罪推定，且在绝大多数公诉案件中，公诉人是诉讼程序的启动者，处于举证的便利位置，而被告人在追诉过程中明显处于身受限制的不利地位，因此证明责任无疑应当由控方承担。被告人可以提出相反证据反驳控方证据，或者从逻辑、经验角度对控方的证据提出质疑。如被告人针对控方的指控提出了新的主张，这一主张提出与否将可能直接影响到罪与非罪或者罪行轻重的认定，然而其却并未被控方所掌握，辩方对这些主张的证明标准只要达到"证据占优势"的程度即可。在学理上，这些主张被称为肯定性辩护。辩方提供的用来证明自己的主张或者反驳控方的证据不需要达到与控

---

① 参见卞建林主编：《证据法学》，中国政法大学出版社2000年版，第279页。

方一样的证据证明标准,只要使裁判者相信辩方的主张及相应的证据存在的可能性明显大于不可能性即可,也即学理上提出的“证据占优势”。① 这里的“证据占优势”与民事诉讼中的“优势证据”在对证据证明标准的要求上基本相同。即如果相关证据显示某一待证事实存在的可能性明显大于其不存在的可能性,使法官有理由相信它很可能存在,尽管还不能完全排除存在相反的可能性,也应当允许法官根据相关证据认定这一事实。当证明某一事实存在或不存在的证据的分量与证明力比反对的证据更具有说服力,或者比反对的证据可靠性更高,由法官采用具有优势的一方当事人所列举的证据认定案件事实。辩方也不需要证明控方证据存在的不可能性大于可能性,而只需要使裁判者产生合理的怀疑即可。如果将“排除合理怀疑”表示为“百分之九十以上的确信”,那么辩方只要表明控方证明结果也许在“百分之十”以上有可能不存在即可。当然,并不是说辩方否定了控方提供的某一个证据,就意味着否定了控方的整个证据链。是否破坏控方形成的证据链,要综合全案证据予以认定。

具体到本案,公诉机关根据上飞公司提供的企业法人营业执照、沈海平的任职证明、相关采购合同、协议,证人黄淼、陆海峰、彭东升的证言,以及沈海平的供述等证据起诉指控沈海平收受贿赂共计11万元,公诉机关已完成了其证明责任,指控事实清楚,证据确实、充分,一审法院据此认定沈海平构成受贿罪,受贿数额为11万元。二审期间,上诉人沈海平及其辩护人提出了新的主张,即沈海平收受彭东升给予的7万元贿赂后,给过彭东升2万元钱款,并提供了相应证据。二审法院应当对该新证据进行审查,衡量辩方的主张是否达到了“证据占优势”的程度。经审查,发现辩方的证据存有很大疑点,未达到“证据占优势”的程度。

首先,沈海平之前未供述曾给过彭东升2万元,且其关于为何未作供述的理由与二审审理查明的事实、常理不符。二审庭审中,法庭讯问沈海平为何不向纪委、检察机关、一审法院反映上述情况,沈称在纪委谈话的时间很短,所以没说;检察机关打断了其关于如何使用受贿款用途的供述,所以没说;一审开庭时因害怕会影响对自首情节的认定,所以没说。经审查,在侦查阶段,检察机关讯问过沈海平是否将收受的钱款归还百利公司和彭东升,是否与百利公司和彭东升具有借贷关系,沈海平均回答没有。检察机关也讯问过沈海平将收受的贿赂用于何处,沈海平回答将贿赂款用于个人的理财及日常开销。因此,沈海平关于之前为何未作供述的理由与二审查明的事实不符。如果沈海平因为接受纪委调查的时间短,来不及供述给过彭东升2万元的情况,则其在一审审理过程中完全可以向一审法院作供述,其一审期间聘请了专职律师为其辩护,经咨询辩护人就会知晓即使作了相关供述也不会影响对其自首的认定,而沈海平未向辩护人提及曾给过彭东升2万元的情况。

其次,证人彭东升之前未陈述沈海平曾退还给他2万元,且其关于为何未作陈述的理由与二审审理查明的事实不符。沈海平的辩护人在2015年8月25日的调查笔录中询问彭东升是否向检察机关讲过沈海平给他钱款一事,彭东升回答没有;辩护人进一步询问为何其未向检察机关提过沈海平给他钱款一事,彭回答因为检察机关没有问过他和沈海平是否有人情及经济往来,所以他没有说。经查彭东升在侦查阶段的证言,检察机关询问过彭东升关于沈海平是否向他归还过钱款,彭回答没有;检察机关在审查起诉阶段也询问过彭东升,百利公司以及他个人与沈海平之间是否存在借贷、投资等其他经济行为,彭东升回答没有。因此,检察机关不但询问过彭东升关于沈海平是否归还彭的钱款,而且也询问过彭与沈海平之间有无其他经济往来的情况,彭均称没有。可见,彭东升关于之前为何未陈述沈海平归还2万元的理由与二审审理查明的事

① 参见陈光中:《刑事证据制度与认识论》,载《中国法学》2001年第1期。

实不符。

再次，二审期间，法庭进一步讯问了沈海平和彭东升有关沈、彭所称的因彭的父亲患重病，彭要回老家探望以及之后两人交往的细节，两人说法有很大出入。沈海平称彭东升打电话给他说因为彭的父亲患癌症，彭要回老家照顾父亲，所以彭所负责的厂区要更换负责人，并称彭东升回老家后没有再和彭联系。而彭东升称他只回去几天，走前和沈海平打个招呼，百利公司上海分公司的负责人还是他，从老家回来后经常与沈海平联系。

最后，沈海平的家属在一审审理期间为沈海平退出了检察机关起诉指控沈海平收受的 11 万元贿赂。在一审庭审中，法庭告知沈海平上述情况，并征询沈海平有无意见，沈海平表示没有意见。因此，如果沈海平曾给过彭东升 2 万元，当一审法院明确告知其家属为其退出 11 万元赃款并征询沈海平意见时，沈海平当即就应当提出异议，而不是在二审庭审中再提出异议。

综上，公诉机关指控以及一审法院判决认定沈海平收受彭东升 7 万元贿赂的证据确实、充分，而辩方提供的证据以及沈海平在二审庭审中关于曾给过彭东升 2 万元钱款的供述存有很大疑点，与查明的事实及常理不符，未达到“证据占优势”，故难以认定沈海平在案发前归还给彭东升 2 万元。

（二）出于受贿故意非法收受他人财物后又退还部分钱款的，退还的部分不能从受贿数额中扣除

我国刑法理论的通说认为，不管是索取贿赂还是收受贿赂，都以行为人收受贿赂为既遂标准。因此，《意见》第九条第一款所规定的“国家工作人员收受请托人财物后及时退还或者上交的，不是受贿”仅限于国家工作人员客观上虽然收受了他人财物，但主观上没有受贿故意的情形。在实践中主要表现为以下几种情形：第一种情形，国家工作人员明确拒绝请托人给付的财物，但请托人强行将财物留下，国家工作人员事后及时退还或者上交。例如，请托人前往国家工作人员住宅，国家工作人员一开门，请托人将财物扔进室内后立即离开。次日，国家工作人员将财物退还或者上交。在这种场合下，国家工作人员客观上的拒绝行为与事后及时上交或退还的行为，足以表明其没有受贿故意。第二种情形，在请托人给付财物时，国家工作人员内心拒绝，但基于某种原因不能做出拒绝表示或者做出拒绝表示不合适，事后及时退还或者上交。例如，请托人趁国家工作人员躺在医院行动（说话）不便时，将金钱放在床边，国家工作人员出院后将金钱退还或者上交。第三种情形，请托人在国家工作人员不知情的情况下，暗地里将财物置于国家工作人员支配的场所，国家工作人员发现后及时退还或者上交。例如，请托人进入国家工作人员住宅后，将价值 3 万元的购物卡放在沙发垫下，也没有告诉国家工作人员。6 个月后，国家工作人员清理沙发时发现了购物卡，并立即退还或者上交。在这种场合下，国家工作人员不知道请托人交付财物以及后来及时退还或者上交的事实，足以表明其没有受贿故意。第四种情形，请托人将数额较大的财物伪装成价值微薄的小礼品送给国家工作人员，国家工作人员以为是小额礼品便接受了。国家工作人员事后发现自己所接收的并非小额礼品，而是数额较大的财物而退还或者上交。国家工作人员以为是价值微薄的小额礼品而收受时，并无受贿的故意，发现真相后立即退还或者上交，进一步表明国家工作人员没有受贿故意。

《意见》第九条第一款所规定的情形仅限于国家工作人员没有受贿故意的情形，所以只能从行为人是否具有受贿故意的角度判断“及时”与否，不可能有一个具体明确的期限或者期间。不能一概认为，1 个月之内退还或者上交的，就不是受贿；也不能一概认为，3 个月之后退还或者上交，就肯定是受贿。一般而言，能够表明国家工作人员没有受贿故意的上交与退还，都属于《意见》第九条第一款的“及时”。而国家工作人员是否具有受贿故意，又不能仅凭退还或者上交的时

间作出判断，国家工作人员在什么状态下客观收受了请托人的财物，是重要的判断依据。而且，在不同的案件中，收受请托人财物的具体情况与退还或者上交的时间，对判断国家工作人员是否具有受贿故意所起的作用可能并不完全相同。

要准确把握对退还的财物是否从受贿数额中扣除，还要对《意见》第九条第一款与第二款的关系作进一步分析。《意见》第九条第二款规定："国家工作人员受贿后，因自身或者与其受贿有关联的人、事被查处，为掩饰犯罪而退还或者上交的，不影响认定受贿罪。"《意见》第九条第一款只是为了说明客观上收受他人财物，但主观上没有受贿故意的，不成立犯罪。《意见》第九条第二款，只是对常见的行为人具有受贿故意应当以受贿罪论处的一种列举，因此，只要行为人客观上利用职务上的便利收受了他人财物，主观上具有受贿故意，即使不符合《意见》第九条第二款的规定，也要直接根据刑法第三百八十五条的规定认定为受贿既遂。概言之，《意见》第九条第一款与第二款所规定的并不是A与非A的关系，或者说不是完全的对立关系。属于《意见》第九条第二款规定的情形的，当然应认定为受贿罪。然而，虽然不属于《意见》第九条第二款规定的情形，但基于非法占有的目的收受贿赂既遂后退还的，也应认定为受贿罪。

本案中，沈海平利用担任上飞公司安全保障部部长的职务便利，在上飞公司接收、安装百利公司上海分公司运送的办公家具过程中，为百利公司上海分公司提供配合和帮助，于2013年至2014年9月至10月间三次共收受彭东升11万元，足以反映出沈海平具有受贿的故意，已经构成受贿既遂。即使其于2014年11月至12月因彭东升父亲生病而给了彭东升2万元，因其受贿犯罪已经实施完毕，赃款的事后处分不影响其受贿数额的认定，故不能从沈海平的受贿数额中扣除2万元。

综上，被告人沈海平身为国家工作人员，利用职务上的便利，为他人谋取利益，非法收受他人给予的贿赂共计11万元，其行为构成受贿罪。鉴于二审法院审理期间，刑法修正案（九）施行，根据从旧兼从轻的刑法溯及力原则，对沈海平的行为应当适用刑法修正案（九）的相关规定。上海市第二中级人民法院未采纳沈海平及其辩护人二审期间提交的新证据，但对沈海平以受贿罪改判有期徒刑一年三个月，并处罚金十万元是正确的。

（撰稿：上海市第二中级人民法院　沈　言
审编：最高人民法院刑二庭　刘晓虎）

[第1165号] 黄金东受贿、陈玉军行贿案

——非法限制被告人人身自由期间取得的供述能否作为诉讼证据使用

【关键词】　限制人身自由　诉讼证据　程序　合法性

一、基本案情

被告人黄金东，曾用名黄金栋，男，1955年12月11日出生，原系宁夏跃进渠管理处处长兼宁西供水公司副总经理。2012年1月19日因涉嫌犯受贿罪被逮捕。

被告人陈玉军，男，1964年2月10日出生。2012年4月9日因涉嫌犯行贿罪被取保候审。

宁夏回族自治区银川市西夏区人民检察院以被告人黄金东犯受贿罪、被告人陈玉军犯行贿

罪,向银川市西夏区人民法院提起公诉。

被告人黄金东辩称,起诉书指控其收受干股 231 798 元及索贿 100 000 元与事实不符。黄金东的辩护人指出,黄金东在侦查期间的有罪供述存在取证程序不合法等问题,属非法证据,应当予以排除,不能作为诉讼证据使用;黄金东的行为不构成犯罪。

被告人陈玉军辩称,其与黄金东、魏光辉等人属于正当合伙经营,没有谋取不正当利益,其不构成行贿罪。陈玉军的辩护人指出,指控陈玉军构成行贿罪的事实不清,定性不准。

开庭审理前,被告人黄金东及其辩护人提出,办案单位未经合法传唤手续,于 2012 年 1 月 9 日至 13 日将黄金东传唤至银川市人民检察院接受调查,采用变相体罚的方式逼取口供,黄金东患有高血压、心脏病,近 90 个小时没有休息,办案人员在黄金东多次出现胸闷且不让其吃药的情形下,连续制作了 7 份讯问笔录,上述证据应当作为非法证据予以排除。对此,公诉机关提交了看守所体检记录、医院检查病历资料、讯问录音录像、讯问笔录、破案经过等证据,证实黄金东隐瞒人大代表身份,从而导致银川市人民检察院向人大报批迟延;黄金东在接受调查期间,侦查人员没有对其刑讯逼供,不存在对其非法取证的情况,不应将其在银川市人民检察院所作的供述作为非法证据予以排除。银川市西夏区人民法院认为,银川市人民检察院于 2012 年 1 月 9 日至 1 月 13 日期间传唤黄金东违反了刑事诉讼法相关规定,其间收集的被告人供述应依法排除,黄金东及其辩护人提出的将黄金东在银川市人民检察院的供述作为非法证据予以排除的辩解理由和辩护意见,予以采纳。

银川市西夏区人民法院经公开审理查明:

(一)2002 年年底,宁夏跃进渠管理处将职工集资购买的卡特 320 型挖掘机对外拍卖,宁夏水利厅盐环定扬水管理处停薪留职职工被告人陈玉军以其妻兄强生贤的名义购得该挖掘机,强生贤于 2002 年 11 月 29 日与跃进渠管理处签订了挖掘机转让协议,双方约定转让价格为 57 万元,首付款为 30 万元,剩余款项分四个月三次交清。强生贤根据协议将购买挖掘机的首付款 30 万元交给跃进渠管理处财务人员,剩余款项 27 万元由陈玉军分三次交给跃进渠管理处财务人员。后陈玉军与时任宁夏跃进渠管理处副处长的被告人黄金东及魏光辉商议,由三人共同出资 57 万元购买该挖掘机,魏光辉支付陈玉军购买挖掘机款 10 万元。2004 年至 2009 年,陈玉军经营的该挖掘机在黄金东任职的宁夏跃进水利水电工程有限公司承揽了银新干沟开挖工程、景观水道三标工程、渠口太阳梁防洪工程、跃进渠清淤工程,获取利润 79 230 元。黄金东在未支付购机款,也未参与经营的情况下,获取分红款 23 769 元。2011 年 7 月,在宁夏水利厅纪委调查此事期间,黄金东找到陈玉军和强生贤,让强生贤向宁夏水利厅纪委调查组作假证说黄金东在 2003 年 4 月给过强生贤 10 万元购机款,企图掩盖其未出资的事实。2011 年 9 月 7 日,黄金东将分红赃款上缴宁夏水利厅。

(二)被告人陈玉军自 2003 年起在被告人黄金东任领导的宁夏跃进渠管理处及下属单位承包工程,2010 年 2 月,陈玉军请黄金东帮忙承包工程及催要拖欠的工程款,并向黄金东表示如有事可找其帮忙,黄金东随即提出儿子买房缺 10 万元。陈玉军于同年 3 月 13 日向黄金东的工商银行卡存入 10 万元。同年 3 月 14 日,黄金东让其朋友杨庆芳将此款转入杨庆芳个人账户,后用于个人购房。同年 3 月 21 日,陈玉军与宁夏跃进水利水电工程有限公司签订中卫市兴仁综合供水工程施工合同,合同标的为 2 598 838 元。同年 4 月 6 日,宁夏跃进水利水电工程有限公司支付陈玉军工程款 659 103 元。

银川市西夏区人民法院认为,被告人黄金东在先后担任宁夏跃进渠管理处副处长、处长期间,对下属公司宁夏跃进水利水电工程有限公司具有主管职权,其明知被告人陈玉军经营的挖掘机在本单位下属公司承揽工程，在既未出资，亦未参与经营的情况下，以与陈玉军、魏光辉合伙经营挖掘机为名，承揽其职权范围内工程，收受陈玉军给予的人民币23 769元；黄金东明知陈玉军有请托事项，向陈玉军索要现金10万元，其行为已构成受贿罪。起诉书还指控，被告人陈玉军经营的该挖掘机在内蒙古自治区、宁夏回族自治区石嘴山市、盐池县、青铜峡市、贺兰县等地承揽工程，黄金东参与分红20余万元，因公诉机关提供的证据不足以证实黄金东所分的上述利润系利用职务之便为陈玉军谋取的利益所得，故对该部分受贿金额不予认定。陈玉军在黄金东任职单位的下属公司承揽工程，其在明知黄金东既不出资，亦不参与经营的情况下，以利润分红的方式，送给黄金东钱款23 769元，系为谋取不正当利益而给予国家工作人员财物，其行为已构成行贿罪。黄金东具有索贿情节，依法应从重处罚。黄金东将涉案赃款80 727元上缴宁夏水利厅，应视为其具有退赃情节，可酌情从轻处罚。据此，依照《中华人民共和国刑法》第三百八十五条第一款，第三百八十六条，第三百八十三条第一款第一项、第二款，第三百八十九条第一款，第三百九十条第一款，第七十二条第一款，第七十三条第二款、第三款，第六十四条，以及《中华人民共和国刑事诉讼法》第五十四条第一款之规定，以受贿罪判处黄金东有期徒刑十年；以行贿罪判处陈玉军有期徒刑一年，缓刑二年。

宣判后，被告人黄金东、陈玉军未提出上诉，检察机关亦未抗诉，该判决已发生法律效力。

二、主要问题

非法限制被告人人身自由期间取得的供述能否作为定案的根据？

三、裁判理由

本案审理过程中，关于被告人供述的合法性，主要存在以下两个具有关联性的问题：一是办案单位传唤被告人黄金东到案后持续羁押90个小时的做法是否符合法律规定；二是非法限制被告人人身自由期间取得的供述能否作为诉讼证据使用。

（一）办案单位传唤被告人到案后持续羁押超过法定期限的行为不符合法律规定，属于非法限制人身自由

本案办理过程中，被告人黄金东于2012年1月9日被传唤至银川市人民检察院，因其未如实告知人大代表身份，2012年1月12日，银川市人民检察院才委托中宁县人民检察院按照规定向中宁县人民代表大会常务委员会报请许可刑事拘留、逮捕并获批准。尽管黄金东最初未如实告知人大代表身份，但这只是影响办案单位向人大常委会报告的问题，与传唤的法定期限无关。根据刑事诉讼法规定，传唤持续的时间不得超过12小时；案情特别重大、复杂，需要采取拘留、逮捕措施的，传唤持续的时间不得超过24小时。法律还要求不得以连续传唤的方式变相拘禁犯罪嫌疑人。在2013年1月13日银川市人民检察院对黄金东宣布刑事拘留前，已经将其传唤到案并限制人身自由达90个小时，该做法明显违反法律对传唤期限的规定，超出法定传唤期间对黄金东的羁押属于非法限制人身自由。

（二）采用非法限制被告人人身自由的方法取得供述，属于刑事诉讼法第五十条规定的“其他非法方法”，由此取得的供述应当予以排除，不得作为诉讼证据使用

刑事诉讼法第五十条规定，严禁刑讯逼供和以威胁、引诱、欺骗以及其他非法方法收集证据，不得强迫任何人证实自己有罪。在司法实践中，有的办案单位未经依法批准就对犯罪嫌疑人、被告人采取强制措施，或者在采取强制措施超过法定期限后仍然非法羁押犯罪嫌疑人、被告人，通过非法限制人身自由的方法取得供述，明显违反法定程序，且严重侵犯犯罪嫌疑人、被告人的人权，应

当被视为刑事诉讼法第五十条规定的与刑讯逼供和威胁、引诱、欺骗并列的“其他非法方法”。①

本案中，被告人黄金东及其辩护人提出，黄金东于2012年1月9日至13日被传唤至银川市人民检察院接受调查期间，采用变相体罚的方式逼取口供，黄金东患有高血压、心脏病，近90个小时没有休息，办案人员在黄金东多次出现胸闷且不让其吃药的情形下，连续制作了7份讯问笔录，有关供述应当作为非法证据予以排除。从该辩解理由反映的情况来看，本案既存在超出法定传唤期限非法限制被告人人身自由的情形，也包括长时间疲劳讯问以及在被告人患病情况下不让其吃药等情形，其中，超出法定传唤期限非法限制被告人人身自由居于主导地位，是长时间疲劳讯问等情形的前提。针对被告人及其辩护人提出的排除非法证据申请，公诉机关虽然提交了讯问录音录像、体检记录、破案经过等证据证实没有对黄金东刑讯逼供，但由于办案单位传唤黄金东的时间违反了刑事诉讼法相关规定，存在非法限制被告人人身自由的情形，故有关供述应当予以排除，不得作为诉讼证据使用。

（撰稿：最高人民法院刑三庭　刘静坤
重庆市高级人民法院　王　彪
审编：最高人民法院刑三庭　罗国良）

[第1166号]王平受贿案

——对仅存部分讯问录音录像的案件，如何结合讯问录音录像审查判断讯问笔录的证据能力，以及如何把握疲劳讯问的认定标准

【关键词】 录音录像　证据能力　疲劳讯问　供述部分

一、基本案情

被告人王平，女，1956年9月15日出生，原系贵州省黔东南苗族侗族自治州文化体育局副局长。2011年5月3日因涉嫌犯受贿罪被逮捕。

贵州省黔东南苗族侗族自治州人民检察院以被告人王平犯受贿罪，向黔东南苗族侗族自治州中级人民法院提起公诉。

黔东南苗族侗族自治州中级人民法院经审理查明：2008年6月至2010年5月间，被告人王平利用职务之便，同意或指使他人采取规避手段，违规审批发放网络文化经营许可证和娱乐经营许可证，收受他人贿赂人民币（以下币种同）31.9万元。2010年12月4日，贵州省凯里市发生化学品仓库爆炸波及网吧致人死亡事件，贵州省黔东南苗族侗族自治州人民检察院针对全州文化市场及网吧存在的问题开展专项调查后，王平于2011年1月、3月分别退还相关人员共计24.7万元，并向检察机关退缴赃款14.7万元。

黔东南苗族侗族自治州中级人民法院认为，被告人王平在担任贵州省黔东南苗族侗族自治州文化体育局副局长期间，利用管理、监督、审批网络文化经营许可证和娱乐经营许可证的职务

---

① 对此，2017年最高人民法院、最高人民检察院、公安部、国家安全部、司法部联合出台的《关于办理刑事案件严格排除非法证据若干问题的规定》第四条明确规定：“采用非法拘禁等非法限制人身自由的方法收集的犯罪嫌疑人、被告人供述，应当予以排除。”

之便，以及利用本人职权或者地位形成的便利条件，通过其他国家工作人员职务上的行为，违规审批或指使他人违规审批网络文化经营许可证和娱乐经营许可证，收受他人贿赂共计31.9万元，为他人谋取利益，其行为已构成受贿罪。鉴于被告人王平在案发前退缴部分赃款，可酌情从轻处罚。据此，依照《中华人民共和国刑法》第三百八十五条、第三百八十八条、第三百八十六条、第三百八十三条第一款第一项、第六十四条之规定，以受贿罪判处被告人王平有期徒刑十年。

宣判后，被告人王平不服，向贵州省高级人民法院提出上诉。

被告人王平的上诉理由是：侦查机关办案程序严重违法，没有初查报告、立案报告、审结报告等相关法律文书；2011年4月22日第11次讯问属疲劳审讯且有明显的逼供行为；在其患重病准备赴外省就医的情况下，侦查机关没有合法手续连续讯问53个小时，属于非法取证，所获得的相关证据材料系非法证据。一审法院没有对侦查机关办案程序、取证方法等问题进行审查，被告人及其辩护人就证据收集合法性提出异议后，公诉机关未加以证明，相关证据依法不能作为定案的根据。

二审庭审中，上诉人王平对证据收集合法性问题另提出以下辩解理由：第一，侦查机关未依法对讯问过程进行全程录音录像，仅对两次讯问进行录音录像，未进行全程录音录像的讯问笔录应依法予以排除，有录音录像的两次讯问也有记录不实的情形，相关笔录亦应当排除。第二，2011年4月22日9时55分至16时30分侦查机关进行的第11次讯问为连续长时间的疲劳讯问，系明显的逼供行为。第三，侦查人员对证人进行刑讯逼供，关键证人均处于被采取强制措施期间，本案证人所作证言的合法性、真实性存在严重瑕疵。

上诉人王平的辩护人提出，一审开庭前的讯问笔录，依法应予以排除，不能采信。

检察机关认为，一审判决认定上诉人王平犯受贿罪的事实清楚，证据确实、充分，定罪准确，量刑适当。建议驳回上诉，维持原判。

贵州省高级人民法院经审理认为，上诉人王平在担任贵州省黔东南苗族侗族自治州文化体育局副局长期间，利用职务之便，以及利用本人职权或者地位形成的便利条件，通过其他国家工作人员职务上的行为，违规审批或指使他人违规审批网络文化经营许可证和娱乐经营许可证，收受他人贿赂款共计30.4万元，为他人谋取利益，其行为已构成受贿罪。关于上诉人王平提出的"侦查机关没有初查报告、立案报告、审结报告等相关法律文书，属程序严重违法"的上诉理由，经查，本案卷内有侦查机关初查报告、立案报告、立案决定书、侦查终结报告等相关法律文书，侦查机关程序合法，该上诉理由不能成立，不予采纳。关于上诉人王平提出的"未进行全程录音录像的讯问笔录系非法证据，应依法予以排除；两次进行录音录像但记录不实的笔录也属违法，应当排除"的上诉理由及其辩护人提出的"一审开庭前的讯问笔录，应依法予以排除"的辩护意见，经查，侦查机关在立案之前对上诉人王平所作的调查笔录不符合法律关于证据种类的规定，不属于诉讼证据，该上诉理由和辩护意见合理，予以采纳；侦查机关在立案后对王平的讯问笔录，其中没有同步录音录像的2011年4月21日1份、4月22日1份、4月28日1份、4月29日9时30分至11时55分1份、5月4日1份，不符合《最高人民检察院讯问职务犯罪嫌疑人实行全程同步录音录像的规定(试行)》①第二条"每次讯问犯罪嫌疑人时，应当对讯问全过程实施不间断的录音录像"的规定，不得作为定案的根据，该上诉理由和辩护意见合理，予以采纳；对有同步录音录像的2011年4月20日15时08分至17时13分、4月29日14时50分至16时49分的讯问笔录，同步录音录像证明侦查机关不存在取证不合法的情形，对讯问笔录个别内容与同步录音录像不一致

---

① 《最高人民检察院讯问职务犯罪嫌疑人实行全程同步录音录像的规定》已于2014年3月17日正式通过。

的部分，由于不影响该讯问笔录的真实性，对讯问笔录与同步录音录像内容相一致部分与其他证据相互印证的，可以作为定案的证据，不一致的部分不予采用。关于上诉人王平提出的"关键证人均处于被采取强制措施期间，本案证人所作证言的合法性、真实性存在严重证据瑕疵"的辩解理由，经查，由于本案中向王平行贿的相关人员的行为均涉嫌犯罪，司法机关对相关人员采取强制措施系依法作出，上述证人所作的证言没有证据证明存在不合法、不真实的问题，故该辩解理由不能成立，不予采纳。上诉人王平及其辩护人提出的其他辩解理由和辩护意见亦不成立（具体分析略）。鉴于上诉人王平及其亲属积极退清全部赃款，可依法酌情从轻处罚。原判定罪准确，量刑适当，审判程序合法。据此，依照《中华人民共和国刑法》第三百八十五条第一款、第三百八十八条、第三百八十六条、第三百八十三条第一款第一项、第六十四条和《中华人民共和国刑事诉讼法》第二百二十五条第一项、第二项的规定，贵州省高级人民法院判决维持原判对上诉人王平的定罪量刑。

二、主要问题

1. 对仅存部分讯问录音录像的案件，如何结合讯问录音录像审查判断讯问笔录的证据能力？

2. 如何把握疲劳讯问的认定标准？

三、裁判理由

（一）对仅存部分讯问录音录像的案件，如何结合讯问录音录像审查判断讯问笔录的证据能力

在职务犯罪案件中，被告人供述通常是关键的定案证据，为确保被告人供述的合法性和真实性，《最高人民检察院讯问职务犯罪嫌疑人实行全程同步录音录像的规定》（2014 年修订）第二条规定："讯问犯罪嫌疑人时，应当对每一次讯问的全过程实施不间断的录音、录像。讯问录音、录像是人民检察院在直接受理侦查职务犯罪案件工作中规范讯问行为、保证讯问活动合法性的重要手段。讯问录音、录像应当保持完整，不得选择性录制，不得剪接、删改。"有的案件，办案单位仅提交部分讯问录音录像，此种情况下，如何结合讯问录音录像审查判断讯问笔录的证据能力，值得深入研究。

实践中，审查讯问笔录的证据能力，首先应当关注讯问笔录自身。讯问笔录应当符合法律规定的形式要求，体现讯问程序的合法性。对讯问笔录自身的审查，应当注意以下内容：讯问是否在刑事立案之后进行；讯问笔录是否明确载明讯问时间、地点；讯问是否违反规定较长时间持续进行（是否存在疲劳讯问）；讯问过程中是否保证犯罪嫌疑人饮食和必要的休息时间；讯问场所是否符合法律规定；讯问人员是否符合法律规定；讯问时是否告知如实陈述自己罪行可以从轻或者减轻处罚的法律规定；讯问笔录是否交犯罪嫌疑人核对或者向其宣读；讯问笔录是否由犯罪嫌疑人签名捺指印；讯问过程是否进行录音录像，等等。如果讯问笔录的形式不符合法律规定的要求，反映出可能存在非法讯问情形，或者讯问笔录的真实性存疑，就需要结合讯问录音录像审查讯问笔录的合法性和真实性。

本案中，侦查机关所作的讯问笔录存在以下三类问题：

第一，侦查机关在立案之前对上诉人王平所作的调查笔录，不符合法律规定的证据种类，不能作为诉讼证据使用。

第二，侦查机关在立案后对上诉人王平的讯问笔录，其中没有同步录音录像的 2011 年 4 月 21 日 1 份、4 月 22 日 1 份、4 月 28 日 1 份、4 月 29 日 9 时 30 分至 11 时 55 分 1 份、5 月 4 日 1 份，不符合《最高人民检察院讯问职务犯罪嫌疑人实行全程同步录音录像的规定》第二条的规定，在王平对此提出质疑的情况下，无法确保讯问笔录的合法性，亦无法确保讯问笔录内容的真实性，

故不得作为定案的根据。需要指出的是，王平并未辩称遭到刑讯逼供，如其辩称遭到刑讯逼供，并提供相关线索或者材料，办案单位不能提供证据证明取证合法性，又不能提供讯问录音录像的，由于相关供述不能排除以非法方法收集的情形，应当作为非法证据予以排除。此外，基于重复性供述排除规则，除了要依法排除未对讯问录音录像的供述外，后续的重复性供述可能要予以排除。①

第三，对本案中有同步录音录像的2011年4月20日15时08分至17时13分、4月29日14时50分至16时49分的讯问笔录，虽然讯问笔录与讯问录音录像内容存在部分不一致，但讯问录音录像内容证明侦查机关不存在取证不合法的情形，对讯问笔录个别内容与同步录音录像不一致的部分，由于不影响该讯问笔录的真实性，两者并不存在重大实质性差异，故对有关讯问笔录可以采纳。有关讯问笔录与讯问录音录像内容相一致部分，能与其他证据相互印证，可以作为定案的根据。但如果讯问笔录与讯问录音录像的内容有重大实质性差异的，该讯问笔录相关内容则不得作为证据使用。

（二）如何把握疲劳讯问的认定标准

上诉人王平辩称，2011年4月22日9时55分至16时30分侦查机关进行的讯问为连续长时间的疲劳讯问，系明显的逼供行为。尽管二审法院以该次讯问没有同步录音录像为由，已对该次讯问笔录予以排除，但如何界定疲劳讯问，值得进一步研究。

关于讯问时间，刑事诉讼法未作专门规定，但刑事诉讼法第一百一十七条第二款规定，传唤、拘传持续的时间不得超过12小时，特殊情况不得超过24小时。一般认为，长时间、连续不断的疲劳讯问是一种变相肉刑的恶劣取证手段，实践中对疲劳讯问构成非法取证方法这一点已经基本达成共识。2013年最高人民法院印发的《关于建立健全防范刑事冤假错案工作机制的意见》第八条将疲劳讯问明确规定为非法取证方法。但是难点在于如何认定疲劳讯问，即讯问持续多长时间才能认定为疲劳讯问？实务部门普遍反映，有必要明确疲劳讯问的时间界限。

根据法律规定，讯问犯罪嫌疑人，应当保证犯罪嫌疑人的饮食和必要的休息时间。尽管法律没有对讯问持续的时间作出明确规定，但如果长时间连续讯问超出合理的限度，没有为犯罪嫌疑人、被告人提供必要的休息时间，使犯罪嫌疑人、被告人遭受难以忍受的痛苦而违背意愿作出供述，就应当认定为疲劳讯问，并依法排除有关供述。

（撰稿：最高人民法院刑三庭　刘静坤
浙江省高级人民法院　冯喜恒
审编：最高人民法院刑三庭　罗国良）

---

① 对此，2017年最高人民法院、最高人民检察院、公安部、国家安全部、司法部联合出台的《关于办理刑事案件严格排除非法证据若干问题的规定》第五条规定："采用刑讯逼供方法使犯罪嫌疑人、被告人作出供述，之后犯罪嫌疑人、被告人受该刑讯逼供行为影响而作出的与该供述相同的重复性供述，应当一并排除，但下列情形除外：（一）侦查期间，根据控告、举报或者自己发现等，侦查机关确认或者不能排除以非法方法收集证据而更换侦查人员，其他侦查人员再次讯问时告知诉讼权利和认罪的法律后果，犯罪嫌疑人自愿供述的；（二）审查逮捕、审查起诉和审判期间，检察人员、审判人员讯问时告知诉讼权利和认罪的法律后果，犯罪嫌疑人、被告人自愿供述的。"

[第 1207 号]周根强、朱江华非国家工作人员受贿案

——如何认定行政管理职权转委托情形下受托方的滥用职权及收受财物行为

【关键词】 职务便利 滥用职权 非国家工作人员 适格主体 受贿

一、基本案情

被告人周根强,男,1950 年 8 月 5 日出生。因涉嫌犯滥用职权罪、受贿罪于 2014 年 11 月 19 日被取保候审,2016 年 6 月 13 日被逮捕。

被告人朱江华,男,1956 年 9 月 18 日出生。因涉嫌犯滥用职权罪、受贿罪于 2015 年 3 月 25 日被取保候审,2016 年 6 月 13 日被逮捕。

上海市黄浦区人民检察院以被告人周根强、朱江华犯滥用职权罪、受贿罪,向上海市黄浦区人民法院提起公诉。

上海市黄浦区人民法院经审理查明:

上海南外滩集团房产前期开发有限公司(以下简称前期公司)系国有公司。2007 年 8 月至 2008 年 1 月间,前期公司受上海市市政工程管理处委托,负责上海市西藏路道路改建工程 2 期一标段所涉周边房屋拆迁工作。周根强、朱江华分别受前期公司委托,担任该标段动迁项目总经理和经理。其间,周根强、朱江华二人在明知西藏南路 265 弄 1 号底层后客堂、西藏南路 265 弄 1 号底层中客堂、西藏南路 277 弄 9 号底层灶间及桃源路 65 号底层前客堂均处于空户状态,动迁安置补偿款应归上海南外滩房产(集团)有限公司(以下简称南房集团)所有的情况下,接受上海北门物业管理公司(以下简称北门物业)总经理陈明德、办公室负责人丁开虹(均已另案处理)的请托,共同利用审批审核动迁安置费用等职务便利,按照陈明德、丁开虹提供的涉案房屋虚假用户材料,违规审批内容虚假的拆迁安置签报、居民动迁安置用款申请表等相关材料,使陈明德、丁开虹等人冒领涉案房屋的拆迁补偿款得以成功,导致国家财产计人民币 1 384 130 元(以下币种均为人民币)遭受损失。

周根强、朱江华利用上述职务便利,在违规审批之前分别收受陈明德、丁开虹给予的"好处费"各 10 000 元。事成之后,陈明德、丁开虹又将 198 000 元按周根强要求,转入朱江华个人账户,其中 28 000 元被朱江华花用。

上海市黄浦区人民法院认为,周根强、朱江华系受国家机关委托从事公务的人员,在履行国家机关职权的过程中,滥用职权致使公共财产遭受重大损失,其行为构成滥用职权罪;被告人周根强、朱江华在行使上述职权过程中,利用职务上的便利,非法收受他人财物,为他人谋取利益,数额巨大,其行为构成受贿罪;周根强、朱江华均在判决宣告前一人犯数罪,应当数罪并罚。鉴于周根强、朱江华能如实供述且退赔了全部赃款,可以依法分别从轻和酌情从宽处罚。据此,依照《中华人民共和国刑法》第三百九十七条、第三百八十五条第一款、第三百八十六条、第三百八十三条第一款第二项、第六十九条、第二十五条第一款、第六十七条第三款、第六十四条及《最高人民法院、最高人民检察院关于办理贪污贿赂刑事案件适用法律若干问题的解释》第二条之规定,以滥用职权罪判处被告人周根强有期徒刑一年六个月,以受贿罪判处周根强有期徒刑三年,并处罚金人民币二十万元,决定执行有期徒刑三年六个月,并处罚金人民币二十万元;以滥用职权罪

判处被告人朱江华有期徒刑一年三个月,以受贿罪判处朱江华有期徒刑三年,并处罚金人民币二十二万元,决定执行有期徒刑三年三个月,并处罚金人民币二十二万元;违法所得予以追缴。

一审判决后,被告人周根强、朱江华均不服,向上海市第二中级人民法院提出上诉。

周根强上诉提出,其不具有国家工作人员身份,收受他人钱款的行为构成非国家工作人员受贿罪,且不构成滥用职权罪。周根强的辩护人进一步提出,周根强未接受国家机关委托,也未从事公务,故其不具有滥用职权罪的主体资格,周根强所在的上海更强房产服务有限公司(以下简称更强公司)与前期公司存在劳务委托关系,退一步说,周根强即使构成滥用职权罪也超过了追诉时效;周根强也不具有受贿犯罪的主体资格,未分得钱款,且具有自首情节,请求二审法院依法判决,并对其适用缓刑。

朱江华上诉提出,其按照正常程序办理,不符合滥用职权罪的主体身份,也未参与受贿。朱江华的辩护人进一步提出,朱江华为更强公司打工,原审认定的受贿19.8万元,系更强公司支付朱江华的劳务费,请求二审法院改判朱江华无罪。

上海市人民检察院第二分院认为,原审法院判决认定上诉人周根强、朱江华犯滥用职权罪、受贿罪正确。周根强不符合自首的条件。至于滥用职权罪是否已过追诉时效,应依法裁判。

上海市第二中级人民法院经审理确认了原判认定的事实,并进一步查明:2007年8月至2008年1月间,国有公司前期公司受上海市市政工程管理处委托,负责本市西藏路道路改建工程2期一标段所涉周边房屋拆迁工作。前期公司与周根强、朱江华所在的更强公司签订《委托实施拆迁劳务协议》《委托动拆迁劳务费结算协议》,委托更强公司以前期公司动迁二部的名义实施西藏路道路拆迁的具体工作,并支付劳务费用。后周根强、朱江华受前期公司负责人口头任命,分别以前期公司动迁二部总经理、经理的名义,具体负责动拆迁工作。黄浦区动迁指挥部将动迁款分成安置费和劳务费两部分下拨到前期公司,被动迁户的安置费根据周根强、朱江华提供的清册,二人在安置审批表上签字,由前期公司审核后直接支付到具体动迁户的专用存折里。其间,周根强、朱江华明知涉案房屋系空户状态,仍受他人请托,违规审批他人提供的虚假材料,使拆迁补偿款被冒领,致使公共财产遭受138万余元的损失。周根强、朱江华以此共同收受他人给予的“好处费”共计21.8万元。

上海市第二中级人民法院认为,周根强、朱江华作为公司、企业的工作人员,利用职务上的便利,非法收受他人财物,为他人谋取利益,数额较大,其行为均已构成非国家工作人员受贿罪。国有公司前期公司与非国有公司更强公司之间的委托关系仅存续于拆迁项目的运作中,周根强、朱江华属于受合同委托在特定时间段内从事特定事务,此后即无相关权限,周、朱二人仍系更强公司的工作人员,而非前期公司的工作人员,故二人不符合受贿罪的主体要件;周根强、朱江华工作职能的依据系前期公司与更强公司之间的委托协议及前期公司管理人员的口头委托,并非依法或受国家机关委托进行工作,故二人亦不符合滥用职权罪的主体要件。据此,依照《中华人民共和国刑事诉讼法》第二百二十五条第一款第二项,《中华人民共和国刑法》第一百六十三条第一款、第二十五条第一款、第六十七条第三款、第六十四条之规定,以非国家工作人员受贿罪,分别改判周根强、朱江华有期徒刑一年六个月。

二、主要问题

受国家机关委托行使行政管理职权的公司将相关职权再次委托给其他人员,相关人员的滥用职权行为和收受财物行为如何认定?

三、裁判理由

本案在审理中对于周根强、朱江华的主体身份认定及行为定性,存在以下三种观点:

第一种观点认为，周根强、朱江华二人可认定为国家机关工作人员，符合滥用职权罪和受贿罪的犯罪主体要求，应以滥用职权罪和受贿罪论处，但滥用职权罪已过追诉时效，故仅以受贿罪定罪处罚。根据2012年12月7日《最高人民法院、最高人民检察院关于办理渎职刑事案件适用法律若干问题的解释（一）》［以下简称《渎职解释（一）》］第七条的规定，依法或者受委托行使国家行政管理职权的公司、企业、事业单位的工作人员，在行使行政管理职权时滥用职权或者玩忽职守，构成犯罪的，适用渎职罪的规定追究刑事责任。周根强、朱江华接受前期公司的口头委托，对外以前期公司名义具体负责动拆迁的管理工作。本案涉及的西藏路道路改建工程2期一标段为市政工程，周根强、朱江华系受委托行使国家行政管理职权，即周根强、朱江华可视作国家机关工作人员，当然也能以国家工作人员论。周根强、朱江华在履行职务的过程中，利用职务上的便利，非法收受他人财物21.8万元，为他人谋取利益，数额巨大，其行为构成受贿罪。

第二种观点认为，周、朱二人作为国有公司、企业工作人员，应以国有公司、企业人员滥用职权罪和受贿罪定罪处罚，但国有公司、企业人员滥用职权罪已过追诉时效，故仅以受贿罪定罪处罚。此观点认为，周根强、朱江华可视作前期公司的工作人员，亦符合刑法第九十三条规定的国家工作人员的范围。周根强、朱江华接受前期公司季某某、邬某某的口头任命，对外以前期公司的名义从事拆迁工作，前期公司为周、朱办理上岗证等，劳务费的取得、发放由前期公司决定，发放流程为周根强制单上报前期公司后，从动迁指挥部下拨劳务费中直接支付，故二人可视作国有公司前期公司的工作人员，符合刑法第一百六十八条国有公司、企业人员滥用职权罪的主体要件。同时，根据刑法第九十三条第二款的规定，国有公司、企业、事业单位中从事公务的人员，以国家工作人员论，符合受贿罪的主体要件。

第三种观点认为，周、朱二人不属于国家机关工作人员，也不属于国家工作人员，不能成立滥用职权罪和受贿罪。二人作为从事劳务工作的公司、企业人员，在履行职务的过程中，收受他人贿赂，其行为构成非国家工作人员受贿罪。

我们同意第三种观点，理由如下：

（一）周根强、朱江华不属于国家机关工作人员，其行为不构成滥用职权罪

1. 滥用职权罪的主体界定

关于滥用职权罪，刑法第三百九十七条规定犯罪主体为国家机关工作人员。同时，2002年《全国人民代表大会常务委员会关于〈中华人民共和国刑法〉第九章渎职罪主体适用问题的解释》规定："在依照法律、法规规定行使国家行政管理职权的组织中从事公务的人员，或者在受国家机关委托代表国家机关行使职权的组织中从事公务的人员，或者虽未列入国家机关人员编制但在国家机关中从事公务的人员，在代表国家机关行使职权时，有渎职行为，构成犯罪的，依照刑法关于渎职罪的规定追究刑事责任。"2012年《渎职解释（一）》第七条规定："依法或者受委托行使国家行政管理职权的公司、企业、事业单位的工作人员，在行使行政管理职权时滥用职权或者玩忽职守，构成犯罪的，应当依照《全国人民代表大会常务委员会关于〈中华人民共和国刑法〉第九章渎职罪主体适用问题的解释》的规定，适用渎职罪的规定追究刑事责任。"根据上述立法解释和司法解释，可以将滥用职权罪的主体划分为以下几类：

（1）在国家机关中从事公务的人员。这类人员即传统意义的国家机关工作人员，主要包括在国家权力机关、行政机关、司法机关和军事机关中从事公务的人员。

（2）在依照法律、法规规定行使国家行政管理职权的组织中从事公务的人员。主要包括以下几种情况：一是某些法律、法规直接授权规定某些非国家机关的组织在某些领域行使国家行政管理职权、监督职权，如证监会、保监会；二是在机构改革中，有些国家机关被调整为事业单位，但仍

然保留着某些行政管理的职能,如我国的知识产权局、气象局、地震局、科学院等单位;三是在一些非国家机关所设的具有国家机关性质的机构,如铁路、林业、油田等系统内设立的纪检、监察、审计以及公安司法机构等。

(3)在受国家机关委托代表国家机关行使职权的组织中从事公务的人员。国家机关按照一定程序将某些管理职权委托给非国家机关的组织代为行使,受委托组织对外以国家机关的名义行使国家管理职权,其行为的后果由委托的国家机关承担,对于在受委托行使职权的组织中从事公务的人员,应当视为国家机关工作人员。

(4)虽未列入国家机关人员编制但在国家机关中从事公务的人员。例如,对外代表各级人大或人大常委会履行职能的各级人大代表;各级人民法院的人民陪审员;在监狱行使监管、看守职责的合同制民警、武警战士等。这些人员本身并不属于国家机关工作人员,但当其代表国家机关行使管理职责时,依法可以成为渎职罪的主体。

虽然根据《渎职解释(一)》的规定,依法或者受委托行使国家行政管理职权的公司、企业、事业单位的工作人员可以构成渎职犯罪,但从司法解释文义来看,主体身份的认定要回归到2002年的立法解释,也就是说,公司、企业、事业单位的工作人员只有接受特定的委托主体(国家机关)的委托才有可能构成渎职罪。

综上,对于公司、企业工作人员而言,构成滥用职权罪的前提应是依法或受国家机关委托代表国家机关行使行政管理职权,所从事的公务需与国家机关职权内容紧密联系。

2. 本案不符合滥用职权罪的主体要件要求

在本案中,上海市市政工程管理处将房屋拆迁相关工作委托给前期公司,前期公司属于受国家机关委托代表国家机关行使职权的国有公司,市政工程管理处并未将相关职权直接委托给更强公司,更强公司系受前期公司转委托而行使管理职权。周、朱二人工作职能的依据系前期公司与更强公司之间的委托协议的规定及前期公司管理人员的口头委托,并非依法或受国家机关委托进行工作。故周、朱二人的职权资格并非直接来源于国家机关,不符合滥用职权罪主体身份的要求,其在履职中造成公共财产重大损失的行为,不构成滥用职权罪。

(二)周根强、朱江华不属于国家工作人员,其行为不构成受贿罪

1. 国家工作人员的范围界定

根据刑法理论通说,受贿罪的保护法益是国家工作人员职务行为的不可收买性,也可以说是国家工作人员职务行为与财物行为的不可交换性。因此,受贿罪是身份犯,行为主体为国家工作人员,其范围应根据刑法第九十三条的规定确定。刑法第九十三条规定:“本法所称国家工作人员,是指国家机关中从事公务的人员。国有公司、企业、事业单位、人民团体中从事公务的人员和国家机关、国有公司、企业、事业单位委派到非国有公司、企业、事业单位、社会团体从事公务的人员,以及其他依照法律从事公务的人员,以国家工作人员论。”

《全国人民代表大会常务委员会关于〈中华人民共和国刑法〉第九十三条第二款的解释》规定:“村民委员会等村基层组织人员协助人民政府从事下列行政管理工作,属于刑法第九十三条第二款规定的‘其他依照法律从事公务的人员’:(一)救灾、抢险、防汛、优抚、扶贫、移民、救济款物的管理;(二)社会捐助公益事业款物的管理;(三)国有土地的经营和管理;(四)土地征用补偿费用的管理;(五)代征、代缴税款;(六)有关计划生育、户籍、征兵工作;(七)协助人民政府从事的其他行政管理工作。”

2003年11月13日最高人民法院发布的《全国法院审理经济犯罪案件工作座谈会纪要》(以下简称《纪要》)就贪污贿赂犯罪和渎职犯罪的主体中“其他依照法律从事公务的人员”的认定作

了界定,认为刑法第九十三条第二款规定的"其他依照法律从事公务的人员"应当具有两个特征:一是在特定条件下行使国家管理职能;二是依照法律规定从事公务。具体包括:(1)依法履行职责的各级人民代表大会代表;(2)依法履行审判职责的人民陪审员;(3)协助乡镇人民政府、街道办事处从事行政管理工作的村民委员会、居民委员会等农村和城市基层组织人员;(4)其他由法律授权从事公务的人员。

可以看出,尽管全国人大常委会对刑法第九十三条规定的"其他依照法律从事公务的人员"作出了立法解释,但也只是对村民委员会等村基层组织人员协助政府从事行政管理工作时,明确其属于"其他依照法律从事公务的人员"。2003年最高人民法院《纪要》也只列出了四种情形,而且表述上仍都使用了"其他"字样,表明其范围并没有穷尽。司法实践中应注意参照《纪要》的精神准确认定"其他依照法律从事公务的人员"。

所谓从事公务,是指组织、领导、监督、管理社会公共事务和国家事务。根据我国现行刑法的规定,我国的公务活动包括以下几种:(1)各级国家权力、行政、司法机关以及军队中的事务,即单纯的国家事务;(2)国有事业单位、人民团体的事务,即国家参与管理的一部分社会性事务;(3)国有公司、企业等经营管理国有财产的事务。判断立法解释和《纪要》之外的主体是否属于国家工作人员时,最重要的是要看其是否是依照法律,在法律的授权下对包括国家事务、社会事务等在内的公共事务进行管理,如果管理的权限不是源于法律的规定而是来源于其他的行为(如委托),则行为人不能认定为国家工作人员。

2. 本案中周、朱二人不是国家工作人员

本案中,周根强、朱江华分别受前期公司委托,担任该标段动迁项目总经理和经理,没有直接接受国家机关的委托。因此,周、朱二人不是国家工作人员,不构成受贿罪。具体而言:(1)更强公司非国家机关,故二人不属于国家机关中从事公务的人员;(2)更强公司不具备国有性质,故二人不属于国有公司、企业中从事公务的人员;(3)周、朱二人也不是国有公司、企业委派到非国有公司、企业从事公务的人员。

需要指出的是,委托并不等同于委派。根据《纪要》的规定,"所谓委派,即委任、派遣,其形式多种多样,如任命、指派、提名、批准等"。"委派"要具有刑法效力,必须同时具备有效性、法定性、隶属性和内容特定性四个条件。所谓有效性,就是做出委派意思表示的主体必须是国家机关、国有公司、企业、事业单位而非私人委派,且其意思表示必须明确。同时,被委派人也必须作出明确的接受委派的意思表示。所谓法定性,就是委派单位必须在其法定的权限范围内作出委派的意思表示,不能越权委派。所谓隶属性,是指被委派人必须接受委派单位的领导、管理和监督,被委派人与委派单位之间的关系属于行政隶属关系而非平等委托关系。所谓内容特定性,即被委派人到被委派单位从事的工作限于领导、管理、监督的公务行为,而非诸如生产、服务等一般的劳务活动。

本案中,前期公司属国有公司,《委托实施拆迁劳务协议》等书证证实更强公司挂靠在前期公司拆迁管理部下,周、朱二人也只是接受了前期公司负责人的口头委托,这里的"挂靠""口头委托"并不等于"委派",故周、朱二人也非国有公司、企业委派到非国有公司、企业从事公务的人员;周、朱二人工作职能的依据系前期公司与更强公司之间的委托协议之规定及相关口头委托,并非依照法律从事公务。综上,周、朱二人不是刑法规定的国家工作人员。

3. 受贿罪的主体不包括受委托管理、经营国有财产的人员

根据刑法第三百八十二条第二款的规定,受国家机关、国有公司、企业、事业单位、人民团体委托管理、经营国有财产的人员,利用职务上的便利,侵吞、窃取、骗取或者以其他手段非法占有

国有财物的，以贪污论。据此，肯定观点认为，受国家机关等国有单位委托管理、经营国有财产的人员，实际上属于"其他依照法律从事公务的人员"，因而应以国家工作人员论，因此这类人员受贿的也应当按照受贿罪论处。否定观点认为，刑法第三百八十二条第二款规定是国有单位委托他人管理、经营国有财产，主要形式是承包、租赁等方式，这些人本身不是国家工作人员，只是说他们受委托管理、经营国有财产，有义务保证国有资产的安全，如果利用职务之便以各种手段占有国有资产的，应构成贪污罪；而受贿罪的主体是国家工作人员，不包括上述人员。这种争议本质上是第三百八十二条第二款究竟是法律拟制还是注意规定的问题。

我们认为，刑法第三百八十二条规定属于法律拟制，只能在贪污罪中适用，将受贿罪的主体范围等同于贪污罪的主体范围是不正确的。法律拟制具有相当性，只有拟制情形与被拟制情形在社会危害程度上具有相当性且能够建立起等值关系时，才能进行法律拟制。受委托管理、经营国有财产的人员之所以能构成贪污罪，是因为此类人员的贪污行为侵犯的客体与国家工作人员的贪污行为侵犯的客体具有等值关系，二者的社会危害具有相当性。此外，从刑法条文的前后设置上看，此规定也只能属于法律拟制。如果此规定属于注意规定，受委托管理、经营国有财产的人员本来就属于刑法第九十三条第二款规定的应当以国家工作人员论的其他依照法律从事公务的人员，那么刑法第三百八十二条第一款中的"国家工作人员"自然就包含了这类主体，第二款关于这类主体利用职务上的便利非法占有国有财物以贪污论的专门规定就显得多此一举了。显然，刑法第三百八十二条第二款的规定表明，"受委托管理、经营国有财产的人员"并不包括在国家工作人员范围之内，这一款的规定自然也就不能类推适用于受贿罪的认定。

（三）周根强、朱江华不构成国有公司、企业人员滥用职权罪

我国刑法第三章第三节规定了妨害对公司、企业的管理秩序罪。根据刑法第一百六十八条第一款的规定，国有公司、企业的工作人员滥用职权，造成国有公司、企业破产或者严重损失，致使国家利益遭受重大损失的，构成国有公司、企业人员滥用职权罪。本罪的犯罪主体为特殊主体，即国有公司、企业工作人员。

在本案中，周根强、朱江华分别受前期公司委托，担任动迁项目总经理和经理，更强公司是依照平等主体间签订的委托合同的规定，以前期公司名义从事拆迁工作。双方委托关系仅存续于拆迁项目的运作中，在从事拆迁工作期间，周根强、朱江华仍然系更强公司的人员，而非前期公司的人员，因此二人不是国有公司、企业的工作人员，不构成国有公司、企业人员滥用职权罪。

（四）周根强、朱江华构成非国家工作人员受贿罪

我们认为，周、朱二人不符合滥用职权罪和受贿罪的主体要求，其行为均应以非国家工作人员受贿罪论处。刑法第一百六十三条第一款规定，公司、企业或者其他单位的工作人员利用职务上的便利，索取他人财物或者非法收受他人财物，为他人谋取利益，数额较大的，处五年以下有期徒刑或者拘役；数额巨大的，处五年以上有期徒刑，可以并处没收财产。本案中，周、朱二人作为更强公司的工作人员，利用职务上的便利，非法收受他人财物，为他人谋取利益，数额较大，符合非国家工作人员受贿罪的犯罪构成。

至于是否与行贿人构成贪污罪的共同犯罪，根据在案证据，周、朱二人虽帮助行贿人违规取得拆迁款，但认定二人系贪污共犯的证据不足。故对周、朱二人，仅能以非国家工作人员受贿罪一罪论处。

综上，滥用职权罪的主体是国家机关工作人员，受贿罪的主体是国家工作人员，二者的范围都应当严格根据法律规定来界定，恪守罪刑法定的原则。《渎职解释（一）》规定的受委托情形，应当是根据法律规定的直接委托，而不包括转委托。本案中，受国有公司的委托管理相关事务的

主体因为并非直接接受国家机关的委托而不属于国家机关工作人员和国家工作人员的范畴，不属于滥用职权罪和受贿罪的适格主体，故对被告人应以非国家工作人员受贿罪定罪处罚。

（撰稿：上海市第二中级人民法院　陈姣莹　朱婷婷　宋文健
审编：最高人民法院刑二庭　刘晓虎）

[第1233号]朱思亮非国家工作人员受贿案
——如何认定“受委派从事公务”

【关键词】　受贿　非国家工作人员　委派　公务

一、基本案情

被告人朱思亮，男，1964年3月19日出生，湖北省天门市信用合作联社原主任。2013年5月24日因涉嫌犯受贿罪被逮捕。

湖北省松滋市人民检察院以被告人朱思亮犯受贿罪、巨额财产来源不明罪，向松滋市人民法院提起公诉。

被告人朱思亮辩称其不属国家工作人员，指控其犯巨额财产来源不明罪不能成立；指控其所犯受贿罪，证据不足，即使构成犯罪也应认定为非国家工作人员受贿罪。

湖北省松滋市人民法院经公开审理查明：

2006年，湖北省人民政府根据中央要求对农村信用社管理体制进行改革，全省农村信用社的管理由省人民政府负责，具体方式为组建湖北省农村信用社联合社（以下简称省联社），履行省政府对全省农村信用社的管理、指导、协调和服务职能。经湖北省银监局批准，2007年2月，湖北省天门市农村信用合作社联合社改制为股份合作制的社区性地方金融机构，即天门市信用合作联社（以下简称天门联社），由自然人股本金21 106万元和法人股本金352万元构成注册资本，由社员代表大会选举理事组成理事会，由理事会聘任联社主任。根据中共湖北省委组织部、省联社党委相关文件，各市县联社理事长、副理事长、主任、副主任、监事长、党委书记、副书记、纪委书记、党委委员属省联社党委管理的干部，由省联社党委进行考察和任免。2009年12月，省联社党委明确被告人朱思亮为天门联社党委委员，提名主任人选。2010年1月，天门联社理事会聘任朱思亮为联社主任。2010年11月，省银监局核准朱思亮天门联社主任的任职资格。

2010年7月至2011年1月，朱思亮在担任天门联社主任、贷款审查委员会主任委员期间，利用职务上的便利，为天门双赢置业投资有限公司申请贷款提供帮助，伙同黄某（时与朱思亮同居，另案处理）先后三次收受该公司法定代表人罗某某及其妻林某某所送人民币130万元及价值人民币1.14万元路易威登品牌女包一个。

另查明：2008年至2013年案发时，被告人朱思亮的个人和家庭财产及支出总额为人民币603.677 9万元，而朱思亮能说明来源的收入为231.407 112万元，朱思亮对于差额人民币372.270 788万元的财产不能说明来源。

松滋市人民法院认为，被告人朱思亮任职的单位性质为股份合作制企业，不属于国有单位，但综合分析朱思亮的任职方式，省联社经省政府授权承担对全省农村信用社进行管理的职能，其对朱思亮的人事任免在省政府授权的职能范围之内，朱思亮符合“受委派从事公务”的特征，应以国家工作人员论。据此，于2013年10月10日作出判决：朱思亮犯受贿罪，判处有期徒刑十一年，并处没收个人财产人民币一百万元；犯巨额财产来源不明罪，判处有期徒刑三年；决定执行有期徒刑十二年，并处没收个人财产人民币一百万元。

一审宣判后，被告人朱思亮提出上诉，理由与一审时所提辩解相同。

湖北省荆州市中级人民法院经公开开庭审理查明的事实和证据与一审相同。关于被告人朱思亮的主体身份，法院认为湖北省联社、天门联社均不属国有企业或国家出资企业，省联社党委不构成法定的“委派”主体，朱思亮的职位不具有“从事公务”性质，因而朱思亮的主体身份不能以国家工作人员论。一审判决认定受贿罪罪名不当，认定朱思亮构成巨额财产来源不明罪有误。据此，于2015年4月24日判决撤销原审判决；以朱思亮犯非国家工作人员受贿罪，判处其有期徒刑九年，并处没收财产人民币一百万元。

二、主要问题

如何认定刑法规定的“国家机关、国有公司、企业、事业单位委派到非国有公司、企业、事业单位、社会团体从事公务”的人员？

三、裁判理由

（一）天门联社和省联社均不属国有企业或国家出资企业

对于天门联社不属国有企业或国家出资企业，两审法院和控辩双方意见一致，因为天门联社注册资本中确实没有国有资产，联社股本由自然人股和法人股组成，其中自然人股本金人民币21 106万元，法人股人民币352万元，其决策、经营机构的产生方式是由社员代表大会选举理事，组成理事会，由理事会聘任主任。

对于天门联社的上级机构省联社是否具有国有性质，一审法院和二审法院存在分歧：一审法院认为，尽管省联社并无国有资本控股或者参股，但其代表省政府履行对全省信用社管理职责，具有明显行政管理性质，其管理权来源于省政府的授权，并代表省政府承担管理责任。省政府出于金融稳定的考虑，对于各信用社经营中产生金融风险和其他突发风险，势必会以某种形式介入并化解风险，国有资本有可能随时介入信用社的运作。就目前中国国情来说，农村信用社是以国有资本和国家信用为最终保障进行经营的，因此受省政府委托对全省农村信用社进行管理的省联社带有一定国有性质。公诉机关亦持此观点。二审法院则认为，湖北省联社注册资金全部由湖北省内的90家市县区农村信用社共同认购，共同以出资额为限对省联社承担责任，不具有任何国有性质。

我们同意二审法院的意见，理由是：（1）从省联社现有股权结构看，其不是国有企业或国家出资企业，而是自主经营、自负盈亏的独立法人，以对全省农村信用社提供有偿服务的收入和按规定收取的管理费作为省联社的费用来源，自担风险，自我约束。（2）从省联社职能看，受计划经济影响，地方政府及相关主管部门对农村信用社负有一定管理职责，如同政府对商业银行的管理职责和信用担保一样，但不能由此改变企业所有制性质，故公诉机关和一审法院以所谓“国有资金随时可能介入”否定该企业非国有性质的观点，不能成立。

（二）省联社党委不具有“委派”主体资格

公诉机关和一审法院认定本案成立“委派”，理由是：（1）从历史背景分析，农村信用社是由农民自愿入股组成的合作制金融机构，定位于服务“三农”。2005年，国务院决定对信用社进行改革，要求省级人民政府通过省级联社或其他形式的信用社省级管理机构实现对当地信用社的管理、指导、协调和服务；同时防范和处置信用社的金融风险。湖北省改革方案亦明确省联社为省委、省政府领导下的厅级金融机构，具体承担省政府对全省农村信用社的管理、指导、协调和服务职能。(2)省联社以企业的形式出现是因为其同时还具有办理系统内资金结算业务等服务功能,是特殊历史条件下的一种特殊的组织形式,虽然形式上是商业性金融机构,但实质上主要是受省政府委托履行行政管理职责的特殊组织。(3)由于省政府承担对信用社金融风险的防范和处置责任,因而有权力和责任加强对全省信用社的管理,统一组织有关部门防范和处置辖内信用社金融风险。基于省联社的特殊性质和肩负的职责,其对辖内信用社高级管理人员的管理采取了特殊的形式,将管理人员按级别和职责分属省委、省委组织部、省联社党委管理。被告人朱思亮属于省联社党委管理的高级管理人员,其任职先由省联社党委提名,再按信用社章程进行选举,最终决定权在省联社。(4)虽然省联社行使对各市县信用社高级管理人员职务的任免权,与省联社章程中的规定存在一定冲突,但这恰恰说明在实际工作中,省联社并没有严格按照国务院和省政府文件规定放权,而是严格遵循"党管干部"的原则,基于权力的延续性和省政府的授权,代表政府行使人事任免权。综上,朱思亮任职天门市信用社主任实质上是由省联社主导,可以视为省政府通过省联社行使委派权。

二审法院认为,根据刑法和有关司法解释规定,"委派"主体限于国有单位或者国家出资企业中特定组织,湖北省联社党委不符合这一要求,不具有"委派"的主体资格。

我们同意二审法院的意见,理由是:(1)《最高人民法院、最高人民检察院关于办理国家出资企业中职务犯罪案件具体应用法律若干问题的意见》(以下简称《意见》)对于如何认定"国家机关、国有公司、企业、事业单位委派到非国有公司、企业、事业单位、社会团体从事公务"(以下简称"受委派从事公务")规定:"经国家出资企业中负有管理、监督国有资产职责的组织批准或者研究决定,代表其在国有控股、参股公司及其分支机构中从事组织、领导、监督、经营、管理工作的人员,应当认定为国家工作人员。"据此,委派的主体应限于两类组织:一是刑法明确规定的"国家机关、国有公司、企业、事业单位";二是上述《意见》中规定的"国家出资企业中负有管理、监督国有资产职责的组织"。从形式上看,湖北省联社不属于刑法规定的上述单位中的任何一种;省联社党委也不属于国家出资企业中的组织,本案并不具备认定"委派"的前提条件。(2)根据国务院、湖北省改革方案和湖北省联社章程,省联社的主要职能是对成员社提供协调关系、资金调剂、信息支持、风险处置等方面的有偿服务。省联社管理职责限于规范经营和防范风险等宏观方面,并不对全省众多成员社的经营管理负责,这有别于总公司对分公司的管理职能,而类似于人民银行对商业银行和其他金融机构的监督、管理。因而,省联社的管理权不应包括对高级管理人员实质意义上的任免权。朱思亮任职之所以由省联社提名,一方面是基于银行业的特殊管理需要;另一方面是基于历史传统的习惯性延续。那种认为独立自主经营各市县区信用社的管理人员必须由政府主导任命的观点,也与国务院、湖北省人民政府的改革方案、省联社章程以及给企业经营自主权的改革方向相悖。因而,本案没有充分事实依据表明省联社对于朱思亮天门联社主任职务的任命具有主导权。(3)省联社是受国家机关委托对辖区内信用社进行管理的组织,由于省政府的委托授权,省联社代为行使了省政府的部分行政职权。然而,受国家机关委托代表国家行使职权的组织本身不能视为国家机关,也并不因为这种授权委托而改变其自身的法律性质。值得注意的是,省联社的工作人员如果在代为行使行政管理职权的过程中有职务犯罪行为,应当将其视为国家工作人员,但并不因此改变省联社作为企业法人的性质。正如村民委员会等基层组织人员在受政府委托协助政府从事救灾、抢险、防汛、优抚、扶贫、移民、救济款物的管理等工作时,以国家工作人员论,但并不因此改变村委会作为基层群众自治性组织的法律性质。

(三)被告人朱思亮的行为不属于"从事公务"

公诉机关和一审法院认为,天门联社尽管没有国家出资,但从各级党委下发的文件看,市州县级信用社负责人具有一定行政职权,被告人朱思亮受贿放贷的行为不仅具有经营性质,还具有一定从事公务的性质。二审法院则认为朱思亮的职务行为不具有从事公务性质。

我们同意二审法院的意见,理由是:(1)所谓"从事公务",是指代表国家机关、国有公司、企业、事业单位、人民团体等履行组织、领导、监督、管理等职责。公务主要表现为与职权相联系的公共事务以及监督、管理国有财产的职务活动。"从事公务"是认定国家工作人员的本质特征。公务具有国家代表性、职能性和管理性,三者缺一不可。对于受国家机关委派从事公务的,主要表现为管理公共事务或者经营管理国有资产;对于受国家出资企业委派的,主要是代表国有投资主体对国有资产行使监督管理权,使其保值增值,体现国有投资主体的意志。一般来说,委派主体属于国家机关或者以国有资本出资,是受委派者从事经营管理国有资产的前提,本案并不满足这一前提条件。(2)国家代表性是公务的本质特征,被告人朱思亮的管理职位不具有国家意志性,因为朱思亮并非代表国家机关、国有企业行使职权。农村信用社是独立经营、自负盈亏的以营利为宗旨的股份制企业,服务"三农"、防止金融风险等只是附带责任。任何企业在追求利润的同时都担负一定的社会责任,但不能将这种社会责任一律视为"与职权相联系的公共事务"。依照我国目前的金融管理体制,任何商业银行金融风险的防控和应急处置,最终均由人民银行、银监会等政府部门负责,都是国家信誉担保,但显然不能基于这种国家信誉担保一概认定这些金融机构的管理人员都在从事公务。(3)从产权结构和历史背景看,省联社的资本构成是由作为发起人的90家市县区信用社共同出资认购的,不存在国有资本成分,而天门联社与湖北省其他市县区联社一样,都是由集体所有制改制而成的股份制金融企业,同样不存在国有资本成分,因此认定朱思亮代表国家担负经营、监督、管理国有资产,使其保值、增值的职责并无依据。从刑法第九十三条第二款的立法目的看,"受委派从事公务"人员作为国家工作人员认定主要是保护国有资产。受委派人员是否属于从事公务,与接受委派的公司是否包含国有资产具有直接关联。国有资产所在,即是受委派人员的公务所在。一般情况下,只有非国有公司中有国有资产,才存在委派;若无国有资产,既无委派必要,亦无委派可能。

综上,湖北省联社、天门联社均不属国有企业或国家出资企业;湖北省联社党委不构成法定的"委派"主体;被告人朱思亮的职务不具有"从事公务"性质。因而朱思亮不属国家工作人员,也不属刑法规定的"国家机关、国有公司、企业、事业单位委派到非国有公司、企业、事业单位、社会团体从事公务的人员"。二审法院以非国家工作人员受贿罪对被告人朱思亮定罪处罚并撤销一审判决认定的巨额财产来源不明罪符合法律和法理,是正确的。

(撰稿:最高人民法院刑二庭　黄明刚
湖北省荆州市中级人民法院　沈维琼
审编:最高人民法院刑二庭　尚晓阳)

[第1235号]任润厚受贿、贪污、巨额财产来源不明违法所得没收申请案

——关于违法所得没收程序具体操作规范和裁判要点解析

【关键词】 巨额财产来源不明罪 违法所得 没收

一、基本案情

犯罪嫌疑人任润厚,男,1957年10月19日出生,山西省人民政府原副省长,曾任山西潞安矿业(集团)有限责任公司董事长、总经理,山西潞安环保能源开发股份有限公司董事长,2014年9月20日因严重违纪被免职,同年9月30日因病死亡。

利害关系人任某甲,女,1959年9月19日出生,系犯罪嫌疑人任润厚妻子。

利害关系人任某乙,女,1984年6月30日出生,系犯罪嫌疑人任润厚女儿。

利害关系人袁某,男,1982年12月30日出生,系犯罪嫌疑人任润厚女婿。

江苏省扬州市人民检察院于2016年12月2日以犯罪嫌疑人任润厚涉嫌实施受贿、贪污、巨额财产来源不明犯罪,向扬州市中级人民法院提出没收违法所得申请。

遵照最高人民法院的指定管辖决定,扬州市中级人民法院依照《最高人民法院、最高人民检察院关于适用犯罪嫌疑人、被告人逃匿、死亡案件违法所得没收程序若干问题的规定》(以下简称《追赃规定》)第九条、第十四条之规定,组成合议庭,分别在立案审查阶段和开庭审理阶段,就本案犯罪事实、申请没收的财产与犯罪事实关联性事实进行审理。经审查,有证据证明任润厚实施了受贿、贪污、巨额财产来源不明犯罪,符合立案受理条件,遂于2016年12月9日立案受理,并于同月17日发布公告。公告期间内,利害关系人任某甲、任某乙、袁某申请参加诉讼。扬州市中级人民法院于2017年6月21日公开开庭审理了本案,利害关系人任某乙、袁某到庭参加诉讼,任某甲因身体原因未到庭。

经立案审查查明和公开开庭审理查明的事实分别如下:

(一)立案审查查明的事实

1. 实施受贿犯罪事实

2001年至2013年,犯罪嫌疑人任润厚利用担任山西潞安矿业(集团)有限责任公司(以下简称潞安集团)董事长、总经理,山西潞安环保能源开发股份有限公司(以下简称潞安环能公司)董事长,山西省人民政府副省长等职务上的便利,为洪某职务晋升及其亲属到潞安集团工作提供帮助,2011年至2013年,先后三次收受洪某现金人民币(以下如无注明币种同)共计15万元;为肖某职务晋升、调整提供帮助,2007年至2009年,先后三次收受肖某现金共计15万元;2007年,指使下属郭某向潞安环能公司常村煤矿矿长王某索要15万元用于贿选;2010年,指使郭某分别向潞安环能公司常村煤矿矿长王某、潞安环能公司王庄煤矿矿长肖某索要30万元、25万元用于贿选;2011年,要求潞安集团报销其个人及亲属旅游、疗养费用123.505 549万元。以上共计223.505 549万元。

2. 实施贪污犯罪事实

2006年至2007年,犯罪嫌疑人任润厚利用担任潞安集团董事长、潞安环能公司董事长职务上的便利,通过其时任秘书毛某指使潞安集团驻北京办事处主任申某、驻太原办事处主任张某为

其贿选购买礼品，安排餐饮、住宿，并将相关费用共计44.167 38万元在潞安环能公司报销。

3. 实施巨额财产来源不明犯罪事实

检察机关冻结犯罪嫌疑人任润厚及其亲属任某甲、任某乙、袁某名下的银行存款本金人民币1 859.059 088万元、港币18.063 768万元、美元54.947 599万元、欧元8.140 057万元；扣押现金人民币312.38万元、港币24.992万元、美元49.496万元、欧元13.267 5万元、加元1万元、英镑100镑；扣押珠宝、玉石45件，黄金制品53件，字画22幅，手表11块，纪念币、手机、相机、电脑16件，银行卡、存单存折194张，资料类物品8件。截至案发，任润厚及其亲属名下财产和支出共计折合3 000余万元，另有珠宝、玉石、黄金制品、字画、手表等物品。任润厚在纪检监察部门调查期间未对上述财产和支出来源作出说明。扣除任润厚夫妇合法收入、任润厚部分受贿所得（贪污、部分受贿所得直接消费）以及任润厚亲属能够说明来源的财产，尚有本外币存款、现金折合2 000余万元及物品100余件，任润厚亲属在侦查、审查起诉阶段均不能说明来源。

（二）公开开庭审理查明的事实

1. 扣押、冻结财产中，有30万元属于犯罪嫌疑人任润厚实施受贿犯罪所得

2007年至2009年，任润厚先后三次在其家中收受肖某现金共计15万元；2011年至2013年任润厚先后三次在其家中及医院病房收受洪某现金共计15万元。上述钱款已转变、转化为现扣押、冻结在案的任润厚及其亲属名下财产。

2. 扣押、冻结财产中，不包含犯罪嫌疑人任润厚实施受贿犯罪所得193.505 549万元、实施贪污犯罪所得44.167 38万元

2007年、2010年，任润厚先后实施受贿犯罪所得共计70万元，均被直接用于任润厚贿选支出；2011年，任润厚实施受贿犯罪所得123.505 549万元，被直接用于任润厚及其亲属外出旅游、疗养支出；2006年至2007年，任润厚实施贪污犯罪所得44.167 38万元，被直接用于购买礼品后用于贿选。以上共计237.672 929万元，与扣押、冻结在案财产未发生混同。

3. 扣押、冻结财产中，有人民币1 265.562 708万元、部分外币以及物品135件属于犯罪嫌疑人任润厚实施巨额财产来源不明犯罪所得

任润厚在接受纪检监察部门调查期间，未对其本人及其亲属名下财产来源作出说明。审理期间，作为利害关系人参与诉讼的任润厚亲属均对任润厚实施巨额财产来源不明犯罪所得相应部分财产，即扣押、冻结在案的任润厚及其亲属名下的人民币1 265.562 708万元、港币42.975 768万元、美元104.294 699万元、欧元21.320 057万元、加元1万元以及物品135件，不能说明来源。

扬州市中级人民法院认为，本案有证据证明犯罪嫌疑人任润厚实施了受贿、贪污、巨额财产来源不明犯罪；检察机关申请没收的财产中，有30万元属于任润厚实施受贿犯罪所得，有1 265.562 708万元及部分外币、物品属于任润厚实施巨额财产来源不明犯罪所得，依法应当没收；上述违法所得存入银行部分产生的孳息，依法应当一并没收。任润厚实施受贿犯罪所得193.505 549万元、实施贪污犯罪所得44.167 38万元，均被直接用于贿选和旅游、疗养支出，未与扣押、冻结在案的财产发生混同，检察机关申请没收的财产中不包含该部分违法所得，故对相应没收申请不予支持。扬州市中级人民法院依照《中华人民共和国刑法》第三百八十二条第一款、第三百八十五条第一款、第三百九十五条第一款，《中华人民共和国刑事诉讼法》第二百八十条第一款、第二百八十二条第一款以及《追赃规定》第一条第一款第一项、第二项，第六条，第十六条，第十七条之规定，裁定没收任润厚实施受贿犯罪所得人民币30万元、实施巨额财产来源不明犯罪所得人民币1 265.562 708万元、港币42.975 768万元、美元104.294 699万元、欧元21.320 057万元、加元1万元及孳息，以及珠宝、玉石、黄金制品、字画、手表等物品135件，上缴国库；驳回检

察机关所提没收任润厚实施受贿、贪污犯罪所得237.672 929万元的申请。

一审宣判判决后,利害关系人均未提出上诉,检察机关亦未提出抗诉,本案违法所得没收裁定已生效。

二、主要问题

1. 如何认定犯罪嫌疑人实施犯罪的事实?

2. 如何认定申请没收的财产属于违法所得?

3. 如何在犯罪嫌疑人死亡案件中认定巨额财产来源不明?

4. 如何公示催告犯罪嫌疑人近亲属及其他利害关系人行使权利?

5. 能否等价没收直接用于消费支出而未与扣押、冻结在案财产发生混同的违法所得?

三、裁判理由

(一)如何认定犯罪嫌疑人实施犯罪的事实

对犯罪嫌疑人实施犯罪事实的认定是适用违法所得没收程序的前提。在具体案件中,对犯罪嫌疑人实施犯罪事实的认定问题,可以分解为两个层面:一是制度设计层面,即在哪一阶段由什么主体进行认定;二是实体认定层面,即如何明确认定实施犯罪的证明标准。

1. 程序设计:应当组成合议庭在立案受理阶段审查认定

(1)立案受理阶段对实施犯罪事实进行审查认定的原因

《追赃规定》第九条将人民法院立案受理没收违法所得申请案件的条件明确为"属于没收违法所得申请受案范围和本院管辖,且材料齐全、有证据证明有犯罪事实"。由上述规定可知,与普通刑事案件立案受理阶段仅进行形式审查不同,没收违法所得申请案件在立案受理阶段除了形式审查还涉及实体内容审查,即还要对犯罪嫌疑人是否实施犯罪的事实、证据进行实体审查。虽然没收违法所得申请案件最终无须定罪,但违法所得没收程序在适用上具有罪名限制,加上不同的犯罪基本构成事实也不同,故在审查认定实施犯罪的事实部分,应当认定具体实施了何种犯罪。

将犯罪事实部分的审查认定提前至立案受理阶段,是《追赃规定》对既有诉讼制度的最大突破。这种制度设计,最直接的动因在于解决因犯罪嫌疑人不在案导致开庭审理存在的各种难题,同时将实施犯罪事实的审查关口前移,客观上提高了没收违法所得申请案件的立案受理门槛,有利于尽早发现查封、扣押、冻结是否存在错误,能够在一定程度上避免对当事人合法财产侵害的不当扩大。

在没收违法所得申请案件中,如果在开庭审理阶段对实施犯罪的事实进行审查认定,一般会面临以下难题:①

一是开庭前的难题。开庭前,是否将检察机关移送法院的刑事部分证据提供给利害关系人及诉讼代理人?如不提供便构成证据突袭,不利于利害关系人诉讼权利的保障,如提供则可能会妨碍正在进行或者即将进行的刑事侦查。违法所得没收程序专门适用于犯罪嫌疑人、被告人逃匿、死亡的案件,因犯罪嫌疑人、被告人未到案,刑事部分可能正在侦查或者将来需要进一步侦查。如将刑事部分的证据提供给利害关系人及其诉讼代理人,则容易让逃匿在外的犯罪嫌疑人、被告人掌握侦查情况。即使是犯罪嫌疑人、被告人死亡,也可能存在同案犯逃匿的情况,一旦将刑事部分的证据提供给利害关系人及其诉讼代理人,对正在进行或者将来进行的侦查极为不利。

---

① 参见裴显鼎、王晓东、刘晓虎:《〈关于犯罪嫌疑人、被告人逃匿、死亡案件适用违法所得没收程序若干问题的规定〉的理解与适用》,载《人民司法·应用》2017年第16期。

当然，在有的犯罪嫌疑人、被告人死亡案件中，既不存在犯罪嫌疑人、被告人反侦查的情况，也不存在同案犯的情况，在开庭审理阶段审查犯罪事实部分似不存在上述障碍。然而，没收违法所得申请案件作为一类案件，应当适用统一程式，如果因为个案特殊情况改变诉讼程式，则将会造成违法所得没收程序适用的司法混乱。

二是开庭审理过程中的难题。不利于侦查仅是开庭前的难题，在立案受理阶段进行事实审查还有为避免开庭审理难题的考虑：一方面，证明犯罪事实的证据是否全部出示，以及是否允许参与诉讼的利害关系人、诉讼代理人就证明犯罪事实的证据进行质证存在难题，如出庭的检察人员在庭审过程中不宣读、出示证明犯罪事实的证据，或者虽然宣读、出示，但不允许诉讼参与人提出意见，则对犯罪事实的审理完全流于形式，对查明相关案情起不到实际作用。另一方面，在部分案件中，犯罪嫌疑人、被告人所在国可能将允许犯罪嫌疑人、被告人的诉讼代理人参与诉讼作为协助执行我国法院裁定的条件，在此种情况下，如果诉讼代理人就犯罪事实部分提出异议，则其身份与辩护人几乎无异，这样的做法不仅违背了特别程序的本意，而且审判的社会效果也不好。

（2）由审判业务庭组成合议庭进行审查认定的原因

对于普通刑事案件的立案受理，一般由立案庭进行形式审查，然而没收违法所得申请案件涉及事实内容的实体审查，且在犯罪嫌疑人、被告人逃匿案件中，审查认定的是重大犯罪事实（只有重大犯罪才适用违法所得没收程序），故由合议庭审查更为妥当。虽然在犯罪嫌疑人、被告人死亡的案件中，违法所得没收程序的适用没有重大犯罪的条件限制，但此类案件，不像逃匿案件那样，一旦裁定错误，犯罪嫌疑人、被告人可以通过归案审理得到救济，因此应当审慎把握犯罪事实的认定，由合议庭进行审查更为妥当。在此前提下，由于实施犯罪事实的认定与申请没收的财产是否属于违法所得及其他涉案财产的认定一脉相承，特别是在巨额财产来源不明犯罪事实中，两者内容有很多交叉重合，故由负责审判的合议庭在立案受理阶段对犯罪嫌疑人、被告人实施犯罪的事实进行审查，既有利于合议庭综合把握案件事实，又能节约司法资源。

本案中，扬州市中级人民法院在立案审查期间组成合议庭，对本案犯罪嫌疑人任润厚实施犯罪的事实和证据进行了全面审查，在此基础上，认定了犯罪嫌疑人任润厚实施受贿、贪污、巨额财产来源不明犯罪的事实，切实把好立案审查关，为接下来的开庭审理工作打下了坚实基础。

2. 证明标准：适用"有证据证明有犯罪事实"的证明标准

（1）适用"有证据证明有犯罪事实"证明标准的考虑

由于没收违法所得申请案件中犯罪嫌疑人、被告人未到案，缺少犯罪嫌疑人、被告人供述等直接证据，一般对实施犯罪事实的证明难以符合普通刑事案件证明标准的要求。加上此类案件认定犯罪嫌疑人、被告人实施犯罪事实系为确认申请没收的财产是否属于违法所得，而不涉及定罪处罚，故没有必要适用普通刑事案件证据的证明标准。据此，《追赃规定》第十条参考域外一些国家的法律制度，从司法实际出发，对"有证据证明有犯罪事实"的证明标准作出明确。根据该条的规定，同时具备以下情形，应当认定为"有证据证明有犯罪事实"：一是有证据证明发生了犯罪事实；二是有证据证明该犯罪事实是犯罪嫌疑人、被告人实施的；三是证明犯罪嫌疑人、被告人实施犯罪行为的证据真实、合法。上述证明标准借鉴了《人民检察院刑事诉讼规则（试行）》第一百三十九条第二款有关逮捕条件的规定，第一、二项是关于证据关联性的规定，第三项是关于证据客观性、合法性的规定。

（2）严格依照降低的证据证明标准对实施犯罪行为准确定性

相比排除合理怀疑标准，"有证据证明有犯罪事实"的证明标准在证明力度和要求上均有所降低，但降低证明标准，并不意味着对实施犯罪事实的认定以及对行为的定性可以模糊、含混。

“有证据证明有犯罪事实”是没收违法所得申请案件进入审判的前置条件,也是认定违法所得及其他涉案财产的前提基础,对犯罪事实认定不清、定性不准,可能直接导致申请没收的财产处理不当,直接关涉到违法所得没收程序能否依法适用。因此,在立案受理阶段,人民法院应当严格按照“有证据证明有犯罪事实”的证明标准对有关实施犯罪的事实进行审查并准确定性,把好证据关、事实关、定性关,防止“带病”起诉。

本案中,扬州市中级人民法院经立案审查查明,没收违法所得申请书所载关于犯罪嫌疑人任润厚指使郭某通过肖某套取公款25万元,实施贪污犯罪的事实和定性有误。实际经过是,任润厚指使郭某向肖某索要25万元用于贿选,但对肖某是否套取公款并不知情,也未实际参与。合议庭适用“有证据证明有犯罪事实”证明标准,严格根据证明内容,对任润厚实施的该起犯罪事实和定性进行了更正,将定性由贪污改为受贿。对事实和行为定性的更正有时直接影响到涉案财产的处理:本案如认定任润厚实施了受贿犯罪,其违法所得应当没收,上缴国库;如认定任润厚实施了贪污犯罪,其违法所得应当返还被害单位。本案后因查明任润厚实施上述受贿犯罪所得的25万元被其直接用于贿选支出,未与扣押、冻结在案的财产发生混同,由于此类案件不能对在案合法财产进行等价没收,故扬州市中级人民法院裁定驳回了检察机关的相关没收申请。

(二)如何认定申请没收的财产属于违法所得

如何准确区分违法所得及其他涉案财产与犯罪嫌疑人、被告人、利害关系人的合法财产,是没收违法所得申请案件审理的关键。为确保审慎查明申请没收的财产的产权属性,《追赃规定》分别在程序设计和认定标准上作了明确规定。

1. 程序设计:开庭审理阶段审查

由于有关刑事部分的事实和证据已在立案阶段审查,没收违法所得申请案件审理过程中应仅就申请没收的财产是否属于违法所得及其他涉案财产进行审理。

根据《追赃规定》第十四条,没收违法所得申请案件按照有无利害关系人、诉讼代理人参加诉讼,可分为开庭审理和不开庭审理两种方式:一是对于有利害关系人申请参加或委托诉讼代理人参加诉讼的,应当开庭审理;二是对于无利害关系人参加诉讼的,不开庭审理。对于利害关系人及其诉讼代理人无正当理由拒不到庭,且无其他利害关系人和其他诉讼代理人参加诉讼的,相当于无利害关系人参加诉讼,可以不开庭审理。

对于开庭审理的案件,出庭的检察人员应仅就申请没收的财产属于违法所得及其他涉案财产的事实出示、宣读证据。由于出庭的检察人员不对刑事部分证据进行出示、宣读,利害关系人及其诉讼代理人自然无法对有关犯罪事实及证据提出异议,其仅可以就申请没收的财产属于违法所得及其他涉案财产等相关事实及证据提出意见。

考虑到没收违法所得申请案件中犯罪嫌疑人、被告人完全有可能将来被缉拿归案或者主动到案而适用普通刑事诉讼程序,此类案件的法庭调查应尽可能不妨碍正在进行或者即将进行的刑事侦查。对于确有必要出示,但可能妨碍刑事侦查的证据,法庭调查应当不公开进行。

本案中,犯罪嫌疑人任润厚的近亲属作为利害关系人申请参加诉讼,扬州市中级人民法院公开开庭审理了本案。庭审过程中,出庭的检察人员、利害关系人围绕申请没收的财产是否属于违法所得及其他涉案财产进行了举证、质证和法庭辩论,利害关系人还发表了最后意见。对于任润厚实施受贿、贪污、巨额财产来源不明犯罪事实以及相关证据,未在庭审中进行调查和辩论。

2. 证明标准:申请没收财产高度可能属于违法所得及其他涉案财产

(1)违法所得及其他涉案财产的范围

要审查认定申请没收的财产是否属于违法所得及其他涉案财产,首先应把握违法所得及其他涉案财产的范围。违法所得及其他涉案财产可进一步区分为“违法所得”和“其他涉案财产”两部分。

①违法所得的范围

根据《追赃规定》第六条，通过实施犯罪直接或者间接产生、获得的任何财产，应当认定为“违法所得”；违法所得已经全部或部分转变、转化为其他财产的，转变、转化后的财产应当视为“违法所得”；来自违法所得转变、转化后的财产收益，或者来自已经与违法所得相混合财产中违法所得相应部分的收益，应当视为“违法所得”。

本案中，犯罪嫌疑人任润厚实施犯罪所得钱款与其家庭合法财产混合，大部分被存入银行账户以及用于购买理财产品，因此产生收益中来自违法所得相应的部分，应当视为“违法所得”，扬州市中级人民法院据此裁定予以没收。

②其他涉案财产的范围

《中华人民共和国刑事诉讼法》《最高人民法院关于适用〈中华人民共和国刑事诉讼法〉的解释》《追赃规定》均未对“其他涉案财产”的范围作出明确界定，对“其他涉案财产”的范围，可参照刑法的相关规定确定。刑法第六十四条规定，犯罪分子违法所得的一切财物，应当予以追缴或者责令退赔；对被害人的合法财产，应当及时返还；违禁品和供犯罪所用的本人财物，应当予以没收。参照该规定，与犯罪具有关联的财产被分为“违法所得”和“违禁品和供犯罪所用的本人财物”并列的两类，其中“违禁品和供犯罪所用的本人财物”与违法所得没收程序中“其他涉案财产”相互对应。本案未涉及对其他涉案财产的认定及没收。

(2)具有高度可能的盖然性证据证明标准

刑事诉讼法第二百八十二条规定，对经查证属于违法所得及其他涉案财产，除依法返还被害人的以外，应当裁定予以没收。该规定仅概括性地对违法所得没收程序的处理结果作出规定，而对于“查证属于违法所得及其他涉案财产”应采用何种证明标准则未予明确。

有观点认为，违法所得没收程序中，应当坚持适用与普通刑事案件同一的证明标准，检察机关提出证明申请没收的财产是违法所得及其他涉案财产的证据应当确实充分，达到排除合理怀疑的程度，才能有效防止该程序被滥用，更好地保障犯罪嫌疑人、被告人的财产权利。[①]《追赃规定》第十七条第一款明确了高度盖然性证明标准，主要基于以下考虑[②]：一是符合立法原意和司法实践需求。由于没收违法所得申请案件中犯罪嫌疑人、被告人逃匿、死亡，在证据收集方面一般比普通案件难度更大，如果坚持遵循“事实清楚，证据确实、充分”的证明标准，则大部分没收违法所得申请案件都只能裁定驳回申请，这种结果必然会导致检察机关申请没收的积极性大大降低，最终意味着将刑事诉讼法增设的违法所得没收程序束之高阁，严重背离了立法初衷。二是符合违法所得没收程序的本质特征。违法所得没收程序本质上是对财产权属的确认之诉，这一本质特征决定了其证明标准与普通刑事诉讼程序相比可以有所降低。同时，高度盖然性证据证明标准既适用于检察机关没收违法所得的申请，也适用于利害关系人对申请没收的财产主张权利。这种证明标准上的平衡，可以有效避免因为单向适用高度盖然性证据证明标准损害犯罪嫌疑人、被告人、利害关系人合法财产权利。三是借鉴吸收部分国外相关理论研究成果和实践经验。不定罪没收制度最早发源于英国，后在美国、加拿大、澳大利亚、新西兰等英美法系国家得到推广完

---

① 参见陈卫东：《构建中国特色刑事特别程序》，载《中国法学》2011 年第 6 期。

② 参见裴显鼎、王晓东、刘晓虎：《〈关于犯罪嫌疑人、被告人逃匿、死亡案件适用违法所得没收程序若干问题的规定〉的理解与适用》，载《人民司法·应用》2017 年第 16 期。

善。上述国家对于申请没收的财产与犯罪事实的关联性均采用优势证据证明标准。国外多年的理论研究和实践证明,优势证据证明标准对于不定罪没收制度既具有必要性又具有可行性,为我国违法所得没收程序中适用优势证据证明标准提供了借鉴和参考。高度盖然性证据证明标准,在优势证据证明标准基础上,进一步要求证据优势必须达到高度盖然的程度,更加体现了我国司法机关在违法所得及其他涉案财产认定上的审慎和严谨态度。

值得强调的是,“具有高度可能”是《追赃规定》为认定申请没收的财产属于违法所得及其他涉案财产设定的最低证明标准。在具体案件中,检察机关就申请没收的财产与违法所得及其他涉案财产的关联性收集的证据可能已达到排除合理怀疑的标准,远远高于盖然性证据证明标准。本案中,扬州市中级人民法院对申请没收的财产属于违法所得及其他涉案财产的认定基本达到了排除合理怀疑的标准,确保了事实认定准确。

(三)如何在犯罪嫌疑人死亡案件中认定实施巨额财产来源不明犯罪

有观点认为,认定巨额财产来源不明罪一个必不可少的环节是犯罪嫌疑人、被告人对财产来源作出说明,而在犯罪嫌疑人、被告人逃匿、死亡案件中,特别是在犯罪嫌疑人、被告人死亡案件中,犯罪嫌疑人、被告人没有说明财产来源的机会,因此,此类案件无法达到巨额财产来源不明罪的认定标准,巨额财产来源不明罪不宜适用违法所得没收程序。

我们认为,《追赃规定》第一条明确将巨额财产来源不明罪列入违法所得没收程序适用罪名,符合刑事诉讼法增设违法所得没收程序的立法本意,且不会因此导致违法所得范围任意扩大,对犯罪嫌疑人、被告人以及利害关系人的合法财产权利造成侵害。法院只要在立案阶段查明有证据证明犯罪嫌疑人、被告人实施了巨额财产来源不明犯罪,审理阶段如没有利害关系人对申请没收的相应财产主张权利,或者虽然主张权利但未提供相关证据,或提供的证据没有达到优势证据证明标准,即可以认定相应财产属于巨额财产来源不明违法所得及其他涉案财产,裁定予以没收。主要理由如下:

1. 犯罪嫌疑人、被告人未到案作出说明一般不会影响巨额财产来源不明基本事实的认定。如果在案物证、书证、证人证言等证据足以证明“国家工作人员的财产、支出明显超过合法收入,差额巨大”,那么犯罪嫌疑人、被告人没有到案说明来源一般不会影响巨额财产来源不明犯罪的认定。因为此种情形下,犯罪嫌疑人、被告人即使到案对财产、支出明显超过合法收入作出说明,也基本上是进一步交代财产具体来源于贪污还是受贿,而非说明财产来源于合法收入,否则证明明显超过合法收入的相关证据就不充分。

2. 违法所得没收程序的本质特征决定了巨额财产来源不明犯罪事实证明标准有所降低。巨额财产来源不明违法所得的认定本质上系对明显超过合法收入的财产权属的确认,不涉及对犯罪嫌疑人、被告人的定罪处罚,对巨额财产来源不明犯罪事实的证明标准,可以比照普通刑事案件有所降低。特别是在犯罪嫌疑人、被告人逃匿案件中,犯罪嫌疑人、被告人到案后还可以按照普通刑事诉讼程序重新进行审理。因此,降低证明标准未必最终对犯罪嫌疑人、被告人的合法财产权利造成不当侵害,即使造成不当侵害,也可以有相应的救济机制矫正。

3. 利害关系人对申请没收的财产主张权利可以起到补充说明财产来源的作用。虽然巨额财产来源不明犯罪事实系在立案受理阶段认定的,但这一阶段认定的犯罪事实不要求巨额财产来源不明的数额十分准确,可以综合物证、书证、证人证言,包括犯罪嫌疑人、被告人的近亲属的证言认定。鉴于巨额财产来源不明数额直接涉及违法所得及其他涉案财产的认定,可以在开庭审理过程中通过对证据示证、质证进一步查证。犯罪嫌疑人、被告人的近亲属以及其他利害关系人可以申请参加诉讼,对申请没收的财产(包括巨额财产来源不明)主张权利。查明数额有误的,可以对具体数额进行调整。《追赃规定》第十七条第二款进一步明确，对于申请没收巨额财产来源不明犯罪案件的违法所得，没有利害关系人主张权利，或者虽然主张权利但提供的证据没有达到相应证明标准的，申请没收的财产视为属于违法所得及其他涉案财产。

本案中，法院经立案审查查明，有证据证明犯罪嫌疑人任润厚财产、支出明显超过合法收入，差额巨大，犯罪嫌疑人任润厚在接受纪检监察部门调查期间，未对其本人及亲属名下财产和支出的来源情况作出说明，利害关系人仅对部分物品及冻结的个别账户资金说明来源，据此认定了任润厚实施了巨额财产来源不明犯罪事实。在开庭审理过程中，利害关系人任某乙对在案冻结的其名下账户存款1.1万美元主张权利，提出该款系其父母给其出国留学费用结余部分，因相关留学费用已计入任润厚家庭重大支出，故该留学费用不应再作为任润厚财产重复冻结。法院根据庭审查明的证据，经对该账户存款时间、金额等情况与任某乙留学期间出入境情况的契合程度等方面综合分析，采用高度盖然性证明标准，认为该账户内冻结资金高度可能是任润厚给任某乙留学费用结余，并据此在统计任润厚家庭支出中核减了对应金额，调整了巨额财产来源不明数额。此外，利害关系人未对申请没收的任润厚实施巨额财产来源不明犯罪所得其他财产主张权利，或者虽然主张权利但提供的相关证据没有达到相应证明标准，法院据此对任润厚实施巨额财产来源不明犯罪所得进行了认定，并裁定予以没收。

关于对任某乙所提留学费用结余部分应当如何核减问题，曾有观点认为，任某乙接受任润厚给予的留学费用后即取得该款所有权，该款结余部分亦应属任某乙的个人财产，且该笔留学费用统计在任润厚家庭重大支出中，在认定任润厚实施巨额财产来源不明犯罪所得财产时已作考虑，故对该笔留学费用结余资金应当解除冻结。我们认为，本案现有证据证明该账户资金流向明确，能够认定相关账户资金系任润厚给予任某乙留学费用的结余，故该笔钱款属于任润厚现有财产，不应解除冻结，相应金额应在统计任润厚家庭支出中予以扣减。扬州市中级人民法院据此对利害关系人任某乙所提主张的评判意见及处理方式是正确的。

（四）如何公示催告犯罪嫌疑人近亲属及其他利害关系人行使权利

《追赃规定》通过明确公告发布时间、方式及内容，最大限度地使利害关系人能够知晓没收违法所得申请事项。发布公告是没收违法所得申请案件审理的必经程序。公告除了对犯罪嫌疑人、被告人具有告知的功能外，还有发现利害关系人，以及公示催告利害关系人申请参加诉讼的功能。

为最大限度地确保公告内容为当事人知晓，在传统公告方式的基础上，《追赃规定》对公告发布及张贴明确了具体要求：没收违法所得申请案件立案后，应当在15日内在全国公开发行的报纸、信息网络等媒体和最高人民法院的官方网站刊登、发布公告；必要时，公告可以在犯罪地、犯罪嫌疑人、被告人居住地或者被申请没收财产所在地张贴。同时，为进一步确认受送达人知悉公告内容，确保其诉讼权利得到充分保护，《追赃规定》明确，对于已经掌握境内利害关系人联系方式的，应当直接送达；直接送达有困难的，可以委托送达、邮寄送达；经受送达人同意，可以采取传真、电子邮件等能够确认其收悉的方式告知其公告内容，并记录在案。

本案中，扬州市中级人民法院于2016年12月6日决定对本案立案受理，同年12月17日，在《人民法院报》及最高人民法院官方网站发布了公告，并将公告内容分别直接送达给利害关系人任某甲、任某乙以及袁某。由于本案在发布公告时《追赃规定》还没有颁布实施，公告内容如严格按照《追赃规定》标准要求，仍有可进一步完善之处。但从发布公告时间、方式以及送达情况来看，起到了公示催告利害关系人的作用，能够体现对利害关系人合法权利的充分保护。

（五）能否等价没收直接用于消费支出而未与扣押、冻结在案财产发生混同的违法所得

根据刑事诉讼法第二百八十二条，人民法院经审理，对经查证属于违法所得及其他涉案财

产，除依法返还被害人的以外，应当裁定予以没收；对不属于应当追缴的财产的，应当裁定驳回申请，解除查封、扣押、冻结措施。该规定与刑法第六十四条的规定不同，对不属于应当追缴的财产仅规定了“应当裁定驳回申请，解除查封、扣押、冻结措施”，而未规定“责令退赔”的处理办法。本案中，法院经公开开庭审理查明，检察机关申请没收的犯罪嫌疑人任润厚受贿、贪污违法所得中，有230余万元系任润厚为特定用途索要、套取，相关款项均被直接用于支付赌选及旅游、疗养费用。对于该230余万元是否应裁定没收，有观点认为，由于钱款属于种类物，任润厚收受钱款即直接转化为其个人财产，其赌选等支出费用亦应系其总资产中支出，现在案扣押、冻结款物价值远超过任润厚合法收入与犯罪所得总和，故其上述受贿、贪污犯罪所得230余万元，具有高度可能包含于在案扣押、冻结钱款中，依法应予没收。

我们认为，对该230余万元不能裁定没收。本案现有证据足以证明任润厚上述实施受贿、贪污犯罪所得230余万元被直接用于赌选以及旅游、疗养费用支出，未与任润厚家庭财产混同，亦未包含在检察机关查扣、冻结财产之中，任润厚收受、套取的相关钱款用途特定、流向明确，该钱款并未与任润厚其他财产发生混同，依照相关法律及司法解释规定，不能对任润厚合法财产等价没收。扬州市中级人民法院据此驳回检察机关相应没收申请的处理是正确的。

本案系《追赃规定》颁布实施后宣判的第一起因犯罪嫌疑人死亡而适用违法所得没收程序的省级干部职务犯罪案件，体现了党和国家依法惩治腐败和对赃款、赃物一追到底的坚定决心和鲜明态度，对腐败犯罪分子“牺牲一人，幸福全家”的潜在心理造成有力震慑。同时，本案立案审查、发布公告、开庭审理以及各类裁判文书制作都是全新的司法实践活动，对违法所得没收制度的发展以及同类案件审判具有重要参考和借鉴价值。

（撰稿：最高人民法院刑二庭　刘晓虎
长春市中级人民法院　张　宇
审编：最高人民法院刑二庭　王晓东）

[第1250号]张帆受贿案

——利用职务便利为自己与他人合作的项目谋取利益，后明显超出出资比例获取分红的行为定性

【关键词】　职务便利　分红　受贿　经济适用房

一、基本案情

被告人张帆，男，1969年2月2日出生，安徽省太和县住建局原副局长，曾任太和县经济适用房公司经理、建设委员会副主任。2013年3月30日因涉嫌犯受贿罪被逮捕。

安徽省颍上县人民检察院以被告人张帆犯受贿罪，向颍上县人民法院提起公诉。

被告人张帆及辩护人均认为，张帆为自己与他人合作的项目谋利后收受超比例分红的行为，不构成受贿罪。

安徽省颍上县人民法院经公开审理查明：

2004年4月，时任安徽省太和县建设委员会副主任的被告人张帆与太和籍开发商张培亮、合肥商人孙诚发、刘长忠、胡正传、许道权等人商议在太和共同投资房地产开发项目。同年6月，几

人以安徽诚发置业有限公司(以下简称诚发公司)名义竞得政府挂牌出让的太和县环城东路旧城改造的一宗土地。在竞买过程中,张培亮和太和经济适用房公司先期缴纳竞拍保证金120万元,张帆引入诚发公司参与竞拍后,因该公司未缴纳竞拍保证金不具备竞拍资格,张帆为此向太和县国土局土地储备中心主任杨永打招呼并在杨永的关照下,让太和经济适用房公司和张培亮分别出具证明,证明其缴纳的竞拍保证金系替诚发公司缴纳。竞得土地后,张帆又分别向太和县城建局规划科科长张余恒、办证科科长王西华打招呼,得以顺利办理规划许可证。

竞得土地后,为便于项目运作,张帆、张培亮与诚发公司负责人孙诚发等人签订合伙投资开发协议书,在太和县注册成立了诚发公司太和分公司,并约定首期投资总额约1 000万元,其中孙诚发和刘长忠二人各出资21%;张帆、张培亮二人各出资20%;胡正传出资8%;许道权出资10%,并按出资比例承担风险、分享利润。张帆考虑到自己是党员领导干部,以其胞弟张珠峰名义入股。协议签订后,几人以该分公司的名义投资开发了"太和世家"商住小区。后项目实际投资总额为897.442 08万元,除张帆实际交投资款139.186万元后表示再也拿不出钱投资,其余人基本按实际总投资比例足额投入资金。张培亮与刘长忠商议,开发过程中有很多事情需张帆关照解决,就不再让张帆继续投入资金,将来仍按20%分红。刘长忠和孙诚发等人表示同意。2008年年底,张帆等人分别收回各自的投资本金后,将"太和世家"剩余的75间门面房作为利润分成5份予以分配。投资较少的胡正传、许道权二人1份,张帆等其余4人每人1份,即每人分到利润总额的20%。根据当时房屋的实际市场销售价格计算,作为利润分配的门面房总价值为3 254.605 6万元。张帆按照20%的比例分到的门面房,在找补差价后,实际价值为650.921 12万元。而按其实际投资占总投资比例的15.51%计算,其应得利润为504.789 329万元,即张帆获得超额利润146.131 791万元。

另查明,张帆在担任太和县经济适用房公司经理期间,利用职务便利收受工程承包人礼金人民币8万元,为上述人员谋取利益。

颍上县人民法院认为,被告人张帆身为国家工作人员,利用职务之便,为合作投资人谋取利益,获取明显高出投资比例应得收益146.131 791万元;同时又利用职务上的便利,非法收受他人贿赂人民币8万元,为他人谋取利益,其行为构成受贿罪,且受贿数额巨大,依法应予惩处。案发后,张帆退缴全部赃款,且受贿8万元的相关情节系主动坦白,对其可酌情从轻处罚。依照《中华人民共和国刑法》第三百八十五条第一款、第三百八十六条、第三百八十三条第一款第一项、第九十三条第一款、第五十九条、第六十四条、第八十九条的规定,判决如下:

1. 被告人张帆犯受贿罪,判处有期徒刑十一年,并处没收个人财产十万元;

2. 违法所得予以追缴。

宣判后,被告人张帆不服,向阜阳市中级人民法院提出上诉。张帆及其辩护人提出如下主要意见:(1)张帆自己实际投资并参与管理经营,其从事的行为是作为股东的正常履职行为,系为自己谋取利益,而非为他人谋取利益;(2)张帆没有收受他人财物,其未出资到位仅应按照公司法承担出资不实的法律责任,且其他股东亦没有出资到位;(3)项目仍在运转,并未核算利润,分配门面房系阶段性分红,不是最终分配方案;(4)张帆除了139万余元出资,还委托张培亮出资18万元、安排妻子张洁承建售楼部花费20万元以及将自己的房屋交给项目参与者吕克华租住应得租金15万元,其投资比例已超过判决认定的15.51%。

阜阳市中级人民法院经公开审理认为,被告人张帆身为国家工作人员,在与他人合作投资房地产开发项目期间,利用本人职权地位形成的便利条件,通过其他国家工作人员职务上的行为,为合作投资人谋取不正当利益,又利用职务之便为合作投资人谋取利益,获取明显高出投资比例应得的收益126.131 791万元;其在担任太和县经济适用房公司经理期间,利用职务上的便利,非法收受他人贿赂8万元,为他人谋取利益,其行为已构成受贿罪且数额巨大,依法应予惩处。一审判决定罪准确,审判程序合法,但关于张帆受贿数额的事实认定有误,应扣除张帆妻子张洁修建售楼部的20万元出资,故依法予以纠正,判决如下:

1. 撤销安徽省颍上县人民法院(2014)颍刑初字第00440号刑事判决;

2. 上诉人(原审被告人)张帆犯受贿罪,判处有期徒刑四年,并处罚金人民币四十万元;

3. 对张帆违法所得予以追缴。

二、主要问题

利用职务便利为自己与他人合作的项目谋取利益,后明显超出出资比例获取分红的行为,能否认定为受贿?

三、裁判理由

根据刑法及相关规定,受贿罪的基本构成要件有三个方面:一是利用职务上的便利,这一要件以主体要件适格为前提;二是为他人谋取利益,以他人请托或知情并因此给予财物为条件;三是权钱交易,即索取或非法收受他人财物。三者缺一不可。本案被告人张帆主体要件适格,其为自己实际出资、与他人合作的项目谋取利益,从项目获取财物的基本事实没有争议,问题的焦点在于:(1)被告人"利用职务便利"为项目谋利,是否属于股东正常参与项目的经营管理行为;(2)被告人为自己谋利的同时是否也为他人谋利;(3)被告人获取的分红中是否有他人份额,也即是否收受了他人财物。现解析如下:

(一)被告人张帆"利用职务便利"为项目谋利,不属于股东正常参与项目的经营管理行为

关于第一个问题,存在两种意见:第一种意见认为,被告人为自己投资的项目协调关系属于股东参与自己所投资项目的经营管理行为。第二种意见认为,被告人为项目协调关系利用的是其职务赋予的公权便利,不属于普通的经营管理行为。

我们同意第二种意见,理由如下:

受贿犯罪的对象是公权力,公权力的题中之义是其不可私用性。一旦行为人利用了职务便利使之为私人获利,不论该"私人"是否包含自己,由于其侵犯了公权力的不可私用性,均不属于普通的经营管理行为。

本案中,被告人张帆时任太和县建设局副局长,对建设项目用地和审批等有直接的职务便利,张培亮、刘长忠等人会选择与张帆合作该项目正是基于对张帆该职务便利的期待,双方对这一点均明知。合作后,张帆积极利用了其职务便利为项目谋利:证人杨永证明,其时任太和县土地局土地储备中心负责人,张帆曾向其打招呼,杨永考虑到平时好多事情需要张帆的关照,就答应了张帆的请托,通过一系列操作行为使本没有竞拍资格的诚发公司获得资格并顺利拍得土地;证人张余恒、王西华证明,二人分别负责项目审批和办证,张帆曾要求二人快速办理"太和世家"项目的规划许可证,张帆系单位领导,安排的事情很快就办了。上述证人所证内容,得到项目股东张培亮、刘长忠、孙诚发等证人证言的印证,张帆亦始终供认,足以认定。

由上可见,张帆利用的是其担任建设局副局长这一领导职务的便利,使与其有制约或者隶属关系的他人按照其要求为涉案项目谋取利益,而非利用地缘、人缘等职务外便利或普通工作上的便利,不属于辩方所提正常参与项目经营的行为,其侵犯了公权的不可私用性,具备受贿犯罪的第一个要件。

(二)被告人张帆为自己谋利的同时亦为他人谋利

关于第二个问题,亦存在两种意见:第一种意见认为,被告人为自己投资的项目协调关系是

为自己谋利,缺乏"为他人谋利"这一受贿罪构成要件。第二种意见认为,被告人并非该项目的独立或主要投资受益人,其为自己谋利的同时,也为其他股东谋取了利益并因此成为其他股东让渡收益的原因,权钱交易特征明显。

我们同意第二种意见,理由如下:

太和世家项目不论发起、出资、分配利润,自始至终不是张帆一人,张帆仅在其中占有少量比例(约定20%,实际只出资15%余),项目所获利润并非张帆一人所有,其完全明知自己是在为整个项目的土地获得和顺利进行而向他人打招呼,是为项目所涉每个股东谋取利益;此后的分红情况和证人证言进一步证明,张帆拥有并利用了能为项目协调解决问题、为股东谋取利益的职权,这是其他股东同意张帆出资15%余却按20%分红的原因所在。

因此,尽管张帆自己在项目中亦有所出资,亦有利益,不影响认定其主观明知并客观在为自己谋利的同时为他人谋取了利益,并成为后面其要求从其他股东的份额里获得超额分红的对价,从而具备了受贿犯罪的第二个要件。

(三)被告人张帆获取的超额分红中应含有他人的份额,亦即收受了他人财物

受贿犯罪侵犯的核心法益是公权的廉洁性,即不可收买性。如果张帆没有收受他人财物的故意和行为,即使其利用了职务便利为项目谋取利益,同时符合上述两个构成要件,亦不能构成受贿罪。本案中,张帆未足额投资,但其他股东考虑到需要其职务帮助,同意其仍按约定比例分红,后其按约定比例而非实际投资比例获得分红,而其多获得的分红款正是本属于其他股东而由其他股东让渡的利润。结合被告人及其辩护人提出的意见,具体分析如下:

1.如上所述,相关证人证言、书证及被告人供述等证据充分证明,张帆实际出资额15%余,但按20%分红,而其原因,正如其他股东张培亮、刘长忠、孙诚发所证,"张帆出资达不到约定比例,仍按照20%分红给他主要是考虑到他是建设局副局长,没有他的协调,我们拿不到土地,也不会顺利办到规划许可证,后面还有很多事情需要张帆协调"。在张帆已通过职务行为为项目实际谋取到利益的情况下,各股东同意其超出出资比例分红,既有对其前期行为的感谢也有对其后续行为的期待。张帆显然明知利益的获取与其职务行为有关,而其他股东也显然不是基于平等自愿的意思自治同意多给张帆股份,而正是看中张帆职务所能带来的便利和利益,把自己应得的利润让渡给了张帆。故权钱交易特征明显。

2.关于张帆及其辩护人所提"其他股东均未足额出资"。相关书证和证人证实,合作协议约定总投资额约为1 000万元,刘长忠、孙诚发各21%,张帆、张培亮各20%,许道权10%、胡正传8%。后实际出资情况如下:刘长忠、孙诚发各199.5万元,张培亮188万余元,张帆(张珠峰名下)139万余元,许道权出资95万元,胡正传76万元,共计897.44万余元。1 000万元是协议时预计的项目投资总额,而最终实际投资总额为897.44万余元,各投资人应按实际总额对应自己的投资比例履行出资义务。由此我们发现,刘长忠等人均比约定的比例多出资5%左右,而不是未足额出资(如刘长忠、孙诚发按897.44万元的21%出资应为188.46万元,但实际出资199.5万元,占比约22.23%);只有张帆一人未足额出资(实际出资139.186万元,占比约15.51%),其他股东多出资的部分正是补了张帆未出资部分。

3.关于张帆及辩护人所提"张帆除了139万余元出资,还委托张培亮出资18万元、将自己的房屋交给项目参与者吕克华租住应得租金15万元、安排妻子张洁承建售楼部花费20万元,投资比例应超过判决认定的15.51%"。经查,首先,卷内证据已充分证明,经全体股东知情并同意,张帆出资139.186万元,张培亮在侦查阶段亦证明,张帆转18万元给其是还其代张帆归还欠信用社的贷款,后张培亮改变证言不仅与相关证据不吻合,也有因系张帆表叔为张帆开脱之嫌,难以采

信；其次，吕克华作为拟承揽工程后未果的独立相对方，虽租住张帆的别墅属实，但没有证据证明吕克华、孙诚发等人知情或同意将租金转为张帆的投资款，二人的租赁关系应属另外的法律关系，不影响张帆投资情况的认定；最后，张洁承建所谓售楼部（违章建筑）属实，但当时"太和世家"已有对外售楼部，其他股东事先不知情且未商定将该部分损耗算入张帆出资额，只是后来孙诚发听张培亮提及后承诺从公司未分配的房产里出钱还给张洁，进一步证明这不是张帆的出资款。故认定张帆仅出资139万余元正确。

综上分析，张帆所获分红款中既有自己投资所得，亦有其他股东投资应得但考虑到张帆的职务帮助而让渡给张帆的部分，故应认定张帆超出出资比例所获分红款系其非法收受的他人的财物，具备受贿犯罪的第三个要件。

综上，本案被告人张帆利用职务便利，为自己与他人合作的项目谋取利益，后在项目中获取明显超出出资比例分红的行为，构成受贿罪，一、二审法院裁判定性准确。

（撰稿：最高人民法院刑二庭　曹吴清
审编：最高人民法院刑二庭　王晓东）

［第1281号］刘宝春贪污案

——自收自支事业单位中非法套取公款发放"奖金"的行为如何定性

【关键词】　事业单位　套取　奖金　国有资产　公款

一、基本案情

被告人刘宝春，男，1962年2月14日出生，原系北京市顺义区自来水公司经理，2016年2月4日被逮捕。

北京市顺义区人民检察院以被告人刘宝春犯贪污罪，向北京市顺义区人民法院提起公诉。

被告人刘宝春否认指控的罪名，辩解称其领取的绩效奖金是经公司领导班子集体讨论发放的，未如实记账是为了避免职工知道此事后引起混乱。其辩护人提出，刘宝春的行为属于违规违纪行为，不构成贪污罪，理由是自来水公司系企业化管理的自收自支事业单位，公司领导班子有权自主决定利润分配方式，刘宝春领取的钱款系经过公司领导班子集体研究决定并且是相对公开的，其不具有非法占有公款的主观故意。

北京市顺义区人民法院经公开审理查明：北京市顺义区自来水公司自2006年至2013年系自收自支事业单位（2016年改制变更为北京顺义自来水有限责任公司，以下简称自来水公司）。2007年至2012年，被告人刘宝春在担任自来水公司经理期间，利用管理自来水公司全面工作的职务便利，指使自来水公司财务科科长李海容（另案处理）、现金会计张淑桂（另案处理），采取虚构交易、通过其他公司倒账等形式每年从公司账户套取现金为其本人、公司其他领导班子成员及李海容、张淑桂发放年度"额外奖金"，并采取虚列开支、使用没有发生真实业务的发票等方式平账。其中，刘宝春分得人民币63万元，李海容分得人民币32万元，张淑桂分得人民币16万元。2016年1月22日，刘宝春经侦查机关电话通知后主动到案。案发后，刘宝春、李海容、张淑桂已将上述个人所得钱款全部退缴。

顺义区人民法院经审理认为，被告人刘宝春作为国家工作人员，伙同他人利用职务上的便利，非法占有公共财物，数额巨大，其行为已构成贪污罪，且系共同犯罪，应予惩处。刘宝春违反相关规定，擅自决定为其本人及会计发放“奖金”，并采取了虚构交易、虚开发票平账等隐蔽手段，其实质是以发放奖金之名行侵吞公款之实，客观上符合贪污罪的构成要件；主观上，刘宝春明知奖金的正常决策和发放程序以及会计应如实记账的规定，仍然违反相关程序和要求发放涉案钱款、授意会计虚假记账，其本人亦领取了涉案钱款，足以证明其主观上具有非法占有的故意，故其行为已构成贪污罪。刘宝春及其辩护人相关辩解及辩护意见不予采纳。鉴于刘宝春有自首情节，积极退缴赃款，依法对其从轻处罚。依照《中华人民共和国刑法》第三百八十三条，第二十五条第一款、第六十七条第一款等相关规定，认定被告人刘宝春犯贪污罪，判处有期徒刑三年，并处罚金人民币二十万元。

宣判后，被告人刘宝春提出上诉，认为其行为属于自定薪酬，违规发放津贴、补贴，没有非法占有国有资产的主观故意，不构成贪污罪。

北京市第三中级人民法院经依法审理，裁定驳回上诉，维持原判。

二、主要问题

在自收自支事业单位中，单位负责人非法套取公款为本人及他人发放“奖金”的行为如何定性？

三、裁判理由

在本案审理过程中，对于被告人刘宝春指使财务人员套取资金发放奖金的行为如何定性，存在三种不同意见：

第一种意见认为，自来水公司属于自主经营单位，其上缴国家利税后的剩余利润部分不能直接认定为公款，刘宝春违规发放奖金不构成贪污罪，应认定为违纪行为。

第二种意见认为，自来水公司不同于一般公司企业，其经营具有社会公共性和垄断性，其投资及投资收益属于国有资产，刘宝春侵占公款，构成贪污罪。

第三种意见认为，本案中违规发放奖金是自来水公司班子集体行为，并非刘宝春个人行为，应构成私分国有资产罪。

我们赞同第二种意见。在自收自支的事业单位中，对违规发放奖金的行为，应当从所发放钱款的性质、来源及行为方式等方面区分犯罪与一般违纪行为，同时根据客观要件的不同准确区分共同贪污和私分国有资产罪。具体分析如下：

（一）综合多方面的因素区分犯罪行为与一般违纪行为

1. 从所发钱款性质、来源方面来看，考察单位对所分财产有无支配权，进而认定该款是否属于公款。自收自支的事业单位，虽然国家不再核拨经费，靠自身经营收入维持，但对于经营收入并不能完全自由支配，其自留分成部分，包括发放工资、奖金、福利的标准等都要经过相关部门的核定。1985 年 8 月 19 日发布的《劳动人事部、财政部关于国家机关和事业单位工作人员工资制度改革后奖金、津贴、补贴和保险福利问题的通知》规定，凡有经济收入的事业单位，应由主管部门会同财政部门核定收入分成比例、各项基金比例和奖金限额。换言之，发放奖金、福利应当在核定允许的范围内。如果在依法上缴利税之后，将其所获利润部分在核定标准范围内用于发放奖金、福利的，是正当合法的行为；如果超过核定标准和范围的发放奖金、福利，通常属于违反财经纪律的行为；如果违法套取钱款或者违规截留应当上缴国家、无权支配的钱款，则侵犯了国家对于公共财产的经营、管理和支配的权限，已超出一般违纪行为的范畴，应受刑法的规制。

本案中，从钱款来源和性质分析，自来水公司虽然在案发期间系自收自支事业单位，但其经营具有社会公共性和垄断性，在市场竞争中具有特殊优势地位，国家对自来水公司的投资和投资所形成的财产权益属于国有资产。自来水公司作为自收自支的事业单位，其发放工资、奖金由国资委进行核定，对于超出核定范围的资金，公司不具有支配权。被告人刘宝春所发放的奖金系其授意财务人员通过不如实记账、虚构与其他公司的交易套取的资金，该部分钱款显然属于自来水公司和刘宝春无权支配与处分的公款。

2. 从行为方式来看，是否采取掩饰或者隐瞒手段可以反映出行为人是否具有非法占有公共财产的目的。实践中，以发放奖金为名侵吞公共财产的犯罪行为，往往巧立名目，采取虚假记账、虚构交易等手段掩人耳目。本案中，被告人刘宝春授意财务人员通过虚增支出套取资金，并在账目上进行了虚假平账。刘宝春以套取的公款为单位领导班子成员及两名财务人员发放奖金，发放范围、标准均由刘宝春个人决定，能够认定刘宝春具有非法侵吞公款的目的。

综上，本案中，被告人刘宝春以发放奖金的名义实施套取、侵吞国家公款的行为，且涉案金额共计100余万元，严重侵犯了国家财产所有权，已非一般违纪行为，应当依法追究其刑事责任。

（二）关于共同贪污与私分国有资产罪的区分

1. 从客观要件的不同把握二者的关键区别。从刑法条文来看，贪污罪客观要件的核心内容是“侵吞、窃取、骗取或以其他手段非法占有”，共同贪污系在单位内某个人或几个人的意志支配下，采取侵吞、窃取、骗取等所谓“暗箱操作”的非法手段占有公共财产，具有小范围性和秘密性。而私分国有资产罪的客观要件是“违反国家规定，以单位名义将国有资产集体私分”，在单位内部具有普遍性和公开性。简而言之，二者的区别在于，共同贪污是有权决定者共同利用职权便利，为少数人牟私利；私分国有资产罪是有权决定者利用职权便利，非法为多数人牟私利。因此，共同贪污通常表现为有权决定者与公司财务、营销或其他少数公款知情者相勾结，各自利用职权，共同侵吞公共财产；而私分国有资产罪则通常表现为有权决定者集体决定将国有资产私分给单位员工，犯罪意志具有整体性特征，受益人一般也不以某一特定层面为限且具有广泛性特征。共同贪污多会采取做假账或平账的手段以掩人耳目；私分国有资产罪一般在财务账上不会隐瞒私分的国有资产，只是采取不按规定、规范记账的方法来应付各种监督。

本案中，从发放程序来看，虽然被告人刘宝春辩解发放奖金之前召开过班子会议，但并无会议记录、决议等相关文件，发放奖金的人员范围、数额标准均由刘宝春个人随意决定，未经正常决策程序和发放程序，亦无具体发放标准和考核办法，发放额外奖金实为刘宝春个人意志而非单位意志的体现。从发放范围来看，发放对象仅限所有领导班子成员、财务人员，相对于全体职工而言范围很小，且对其他职工保密，不具备一定的公开性。从奖金来源来看，发放的奖金均系由虚增支出等倒账形式套取出来的钱款，且使用未真实发生的发票进行虚假平账。综上，刘宝春的行为不符合私分国有资产罪的犯罪构成，实则是以发放奖金之名行贪污之实。

2. 从受益人对发放钱款的性质、来源是否知晓来判断其主观内容。共同贪污表现的是个人犯罪意志，主观上要求每个成员均具有将公共财产非法占为己有的故意，故需对发放钱款的性质、来源均明知。而私分国有资产罪体现的是单位犯罪意志，单位决策人员应对所分钱款的性质、来源知悉，其他受益人则不要求必须知晓。本案中，发放额外奖金的数额、范围均由被告人刘宝春个人决定，系刘宝春个人意志的体现。刘宝春明知奖金的正常决策及发放程序、规定，仍违反相关流程和规定发放额外奖金，并授意会计虚假记账，两名财务人员明知奖金发放不合常规，仍积极套取钱款、虚假记账，故两名财务人员对该钱款的性质和来源是明知的，主观上具有相互勾结共同侵吞公款的共同贪污故意。

综上，一、二审人民法院认定被告人刘宝春指使单位员工套取公款，以发放奖金的名义予以非法侵占的行为构成贪污罪，是正确的。

（撰稿：北京市顺义区人民法院　宋素娟　朱进博文
审编：最高人民法院刑一庭　管应时）

[第1282号]被告单位成都主导科技有限责任公司、被告人王黎单位行贿案

——“在被追诉前主动交待行贿行为”以及揭发他人犯罪行为构成立功的认定

【关键词】　单位行贿　立功　揭发　主动交代

一、基本案情

被告单位成都主导科技有限责任公司（以下简称成都主导公司），住所地四川省成都市青羊区蛟龙工业港高新区A区X座。

被告人王黎，男，汉族，1959年10月7日出生于安徽省阜阳市，大学文化，成都主导公司法定代表人、总经理，西南交通大学物理科学与技术学院院长、光电工程研究所所长。2012年9月14日被监视居住，同年10月30日被逮捕。

郑州铁路运输检察院以被告单位成都主导公司、被告人王黎犯单位行贿罪，向郑州铁路运输法院提起公诉。

郑州铁路运输法院经公开审理查明：

2005年年初，被告人王黎与时任铁道部运输指挥中心装备部车辆管理验收处副处长刘瑞扬（另案处理）相识后，为确保成都主导公司轮对故障动态检测系统设备在铁路第六次大提速中得到推广使用，和感谢刘瑞扬帮助其公司成为该产品的唯一供应商，自2005年年初至2009年年底，多次以劳务费等名义从公司提款，陆续给予刘瑞扬人民币（以下如无特别注明币种同）120万元、欧元10万元（折合人民币97.059万元），共计价值217.059万元。2006年，刘瑞扬利用其负责全国铁路车辆设备招投标的职务之便，使成都主导公司的轮对故障动态检测系统设备以800万元的单价进入高铁市场。2008年2月，时任北京铁路局动车段工程建设指挥部指挥长的刘瑞扬代表北京动车段与成都主导公司签订了2套轮对故障动态检测系统的设备采购合同。案发后，侦查机关对成都主导公司108万元款项予以扣押。

另查明，郑州铁路运输检察院在收到上级检察机关指定管辖决定书后，于2012年9月14日对被告人王黎依法询问，王黎如实供述其行贿犯罪事实，郑州铁路运输检察院当日立案。同年9月20日，王黎主动揭发北京铁路局原动车段建设指挥部副指挥长戴伟跃收受其15万元现金和报销2万元机票等费用。根据该线索，河南省人民检察院郑州铁路运输分院反贪污贿赂局于2013年3月3日对戴伟跃涉嫌受贿犯罪立案侦查。经侦查查明，戴伟跃涉嫌受贿金额150余万元。

公诉机关认为，成都主导公司及其法定代表人王黎违反国家规定，采取向国家工作人员行贿的方式以谋取竞争优势，其行为构成单位行贿罪，提请依法判处。公诉人当庭提出，本案存在如

下量刑情节:被告人王黎在被追诉前主动交待犯罪事实,可以减轻处罚;王黎有重大立功表现,依法应当减轻处罚;王黎主动认罪,自愿坦白;单位主动退缴不当得利 108 万元;王黎行贿高于立案数额的 10 倍,数额巨大,可酌情从重处罚。综合被告单位、被告人的犯罪情节及被告人归案后的表现,建议对被告人王黎判处有期徒刑或者拘役六个月,或者判处缓刑;被告单位成都主导公司已主动退缴不当得利,判处罚金时可以依法减轻处罚。

被告单位成都主导公司及其辩护人对公诉机关指控成都主导公司向刘瑞扬行贿的事实不持异议。其辩护人提出,成都主导公司在竞争性谈判中获得的竞争优势和价格优势是其自有优势,该公司成为唯一供应商,并非完全由刘瑞扬帮助取得。成都主导公司受当时市场环境影响,主观恶性较小,造成的危害后果较轻、社会不良影响较小。据此,请求法院对王黎免予刑事处罚。

被告人王黎及其辩护人对公诉机关指控的事实和罪名不持异议。其辩护人提出,王黎系初犯,主观恶性较小,犯罪情节较轻,被追诉前主动交待单位行贿行为,且认罪悔罪,具有重大立功情节;王黎长期以来对社会作出积极贡献,是高铁领域不可多得的专家学者,建议对王黎免予刑事处罚。

郑州铁路运输法院认为,被告单位成都主导公司的行为构成单位行贿罪,同时应当追究被告人王黎的刑事责任。王黎不属于"在被追诉前主动交待行贿行为",不具有立功情节,但认罪悔罪,积极配合退赃,依法可以从宽处罚。综合被告单位成都主导公司的犯罪事实、性质、对社会的危害程度以及上述情节,以单位行贿罪判处被告单位成都主导科技有限责任公司罚金人民币五百万元,判处被告人王黎有期徒刑三年。

二、主要问题

1. 如何认定单位行贿罪?

2. 如何认定"在被追诉前主动交待行贿行为"?

3. 如何把握揭发他人犯罪行为构成立功的认定要点?

三、裁判理由

在本案审理过程中,对被告人王黎是以行贿罪还是以单位行贿罪追究刑事责任、王黎是否属于"在被追诉前主动交待行贿行为"以及是否具有立功情节,均存在不同意见。下文围绕上述三个争议焦点展开论述。

(一)关于单位行贿罪的认定

本案中,关于应当追究被告人王黎单位行贿罪的刑事责任还是行贿罪的刑事责任,存在不同意见。

一种意见认为,被告人王黎的行为构成行贿罪。主要理由如下:一是本案犯意地提起、实施行贿过程以及最后完成行贿的,都是王黎。整个行贿行为没有经单位集体决定,虽然行贿款是单位的,但整体上属于形式上设立公司法人,实际上以个人意志运作的情形。二是王黎占有公司 70% 的股份,受益最大,王黎是权钱交易的一方主体,应当以行贿罪追究其刑事责任。

另一种意见认为,被告单位成都主导公司的行为构成单位行贿罪,应当追究被告人王黎单位行贿罪的刑事责任。主要理由如下:一是王黎作为成都主导公司的法定代表人,系为谋取单位利益,代表被告单位实施行贿行为,目的是确保公司产品进入高铁市场。二是本案所涉行贿款均来源于成都主导公司,且所谋取利益归属于被告单位。王黎作为法定代表人与铁路方洽谈,以公司名义签署合同,利益按股份比例通过年终分红的形式分配。三是被告单位成都主导公司于 2000 年设立,系依法设立的具有法人资格的有限责任公司,经营业务系向铁路部门供应多种产品,不属于有关司法解释规定的"个人为进行违法活动而设立公司实施犯罪和设立公司后以实施犯罪为主要活动”的情形。

我们赞同后一种意见，被告单位成都主导公司及被告人王黎构成单位行贿罪。主要理由是：

1. 本案符合单位行贿罪主体和对象特征。(1)主体适格。被告单位成都主导公司系依法设立的具有法人资格的有限责任公司，合同的签订均以被告单位名义，并且开具发票列入单位利润，排除了被告单位形式上设立公司法人，实际上以个人意志运作和获利的情况；成都主导公司2000年设立，成立以来向铁路部门供应多种产品，不属于“个人为进行违法活动而设立公司实施犯罪和设立公司后以实施犯罪为主要活动”的情形。(2)符合单位行贿犯罪对象的身份特征。在案证据证明，刘瑞扬在与王黎认识及交往期间均在铁道部、北京铁路局担任领导职务，在铁道部车辆管理验收处任职期间负责铁道车辆相关检修、检测、检修专用设备的技术评审、鉴定、选型和推广等方面工作，任北京铁路局动车段工程建设指挥部指挥长期间负责该单位全面工作，主管计财、技术装备部，具有国家工作人员身份。

2. 本案符合单位行贿罪的主、客观特征。(1)王黎作为被告单位法定代表人，主观上系为单位谋取利益而实施行贿行为。(2)王黎向刘瑞扬行贿，目的是确保单位产品形成市场竞争优势乃至垄断，无论被告单位产品本身是否具有实际竞争优势，只要属于为了通过行贿获取更多竞争优势，就应当认定为“谋取不正当利益”。(3)本案签订合同、收取货款、开具发票等活动均是以被告单位名义，王黎没有绕开单位私自经营产品和截留货款，其本人获取利益系根据单位经营情况，通过分红、奖金等形式从公司支取，虽然王黎占有大部分股份，收益最大，但是，在法律上自然人的人格与单位是不同的，即便是同一个公司，也不能将两个不同主体混用，从而否认单位行为的性质。

(二)关于“在被追诉前主动交待行贿行为”的认定

关于被告人王黎是否属于“在被追诉前主动交待行贿行为”的情形，能否适用刑法第三百九十条第二款的规定从宽处罚，主要形成两种意见：

一种意见认为，王黎属于“在被追诉前主动交待行贿行为”情形。(1)根据《最高人民法院、最高人民检察院关于办理行贿刑事案件具体应用法律若干问题的解释》(以下简称《行贿解释》)第十三条，认定是否属于“被追诉前”的节点在于检察机关对行贿人的行贿行为刑事立案，只要在立案前主动交代，就应认定为被追诉前主动交代。本案检察机关出具的侦破经过证明，办案机关系先询问后立案，王黎在接受询问时如实供述，属于被追诉前主动交代。(2)因行贿人主动交待行贿行为而破获受贿案件，也包括对在案证据的证明力加强的情形。如果行贿人不承认，受贿的事实可能依然难以认定。(3)只要检察机关对行贿人尚未立案查处，行贿人作为证人接受检察机关调查，承认向受贿人行贿的事实，就应当认定为“在被追诉前主动交待行贿行为”的情形。以《刑事审判参考》第787号案例袁钰行贿案为例，行贿人在纪检监察部门查处他人受贿案件时，主动交待(承认)向他人行贿的事实，被认定属于“在被追诉前主动交待行贿行为”的情形。本案中，根据检察机关出具的归案经过，侦查机关对王黎进行询问，王黎如实供述自己的行贿事实，虽然侦查机关当日对其立案，但检察机关对王黎正式立案是在王黎如实供述犯罪事实之后。因此，王黎属于“在被追诉前主动交待行贿行为”。

另一种意见认为，王黎不属于“在被追诉前主动交待行贿行为”，不应适用刑法第三百九十条第二款的规定。理由是：在检察机关已经掌握王黎向刘瑞扬行贿线索并指定管辖的情况下，王黎接受调查时供述上述事实不属于“在被追诉前主动交待行贿行为”情形。

我们赞同后一种意见。主要理由是：(1)据被告人王黎的供述，当时其知道有关部门在调查刘瑞扬，完全有条件主动向司法机关说明情况，却基于种种考虑没有主动投案，而是等到检察机关在接到上级指定管辖决定书后找其谈话时，才供述其向刘瑞扬行贿的事实，是被动接受调查而交代，不具有主动性。(2)尽管从检察机关出具的侦破经过来看，检察机关系在询问王黎后立案，但是本案系经最高人民检察院、河南省人民检察院、河南省人民检察院郑州铁路运输分院逐级指定管辖后，由郑州铁路运输检察院立案。根据《人民检察院刑事诉讼规则(试行)》第十八条的规定，郑州铁路运输检察院在接到上级检察机关指定管辖决定书后，就已具备立案条件，也应当依法立案，而不以犯罪嫌疑人是否到案作为立案的条件。(3)从《行贿解释》第七条第一款规定的立法原意分析，刑法规定被告人在被追诉前主动交待行贿事实可以减轻或者免除处罚，旨在通过行贿人的交代，获取更多证据，帮助破获相关受贿犯罪案件并推进案件进入司法审判。本案是先破获受贿案件，再根据线索侦破行贿案件。在王黎交代之前，刘瑞扬已供述了收受王黎贿赂的事实，检察机关已经掌握了刘瑞扬受贿和王黎代表单位实施行贿的犯罪事实。此种情况下若将其认定为"在被追诉前主动交待行贿行为"，对行贿人从宽处罚，有违立法本意。

(三)关于揭发他人犯罪行为构成立功的认定

关于被告人王黎是否构成立功，形成以下两种意见。

一种意见认为，王黎构成一般立功。理由是：(1)通过王黎的揭发行为，司法机关查明戴伟跃收受贿赂150余万元，有利于打击犯罪和节约司法资源，如不认定为立功，意味着对王黎的揭发行为没有作出法律评价，亦未体现激励政策导向。(2)王黎的行为符合《最高人民法院关于处理自首和立功具体应用法律若干问题的解释》第五条"提供侦破其他案件的重要线索，经查证属实"的规定。犯罪分子到案后有检举、揭发他人犯罪行为，经查证属实，应当认定为有立功表现。本案中，戴伟跃的受贿犯罪相对于王黎而言，属于他人犯罪行为，可以认定王黎具有立功表现。(3)戴伟跃犯罪数额为150万元，根据目前全国、河南省对受贿犯罪的判罚情况，一般不会被判处无期徒刑以上刑罚，而且戴伟跃案也不是在本省或者全国有较大影响的案件，故不宜认定王黎为重大立功，仅构成一般立功。

另一种意见认为，被告人王黎向戴伟跃的行贿行为，系王黎自己参与的对合犯罪，不构成立功。理由是：《行贿解释》第九条规定，行贿人揭发受贿人与其行贿无关的其他犯罪行为，查证属实，构成立功。根据该规定，构成立功必须具备两个条件：一是与自己的行贿行为无关；二是揭发与本人行贿行为无关的他人其他犯罪。本案中，王黎虽然到案后主动供述司法机关尚未掌握的自己其他行贿犯罪事实，但因该事实属于与其行贿犯罪事实关联的事实，故王黎的行为不构成立功。

我们赞同后一种意见。主要理由是：根据《行贿解释》第九条的规定，行贿人构成立功，必须是揭发受贿人与其行贿无关的其他犯罪事实。本案中，王黎系因行贿犯罪(向刘瑞扬行贿)归案后，又主动供述司法机关尚未掌握的本人其他行贿事实(向戴伟跃行贿)，该事实属于与其行贿在法律上、事实上有紧密关联的事实，而非揭发他人其他犯罪，故不应认定为立功。王黎如实供述自己行贿的犯罪事实，依法应当认定为坦白，可以从轻处罚。同时，需要注意的是，王黎虽然不具有立功情节，但王黎的主动交待行为在客观上为司法机关查明戴伟跃受贿案件起到了积极作用，在量刑时应予考虑。

此外，能否对被告人王黎适用缓刑也是本案讨论的重点之一。我们认为，本案不宜对王黎判处缓刑。理由如下：(1)王黎不属于追诉前主动供述，不构成立功，不具有法定减轻处罚情节；关于王黎的学术成就，难以认定为杰出贡献，不属于法定减轻情节。根据被告人的犯罪情节，在仅有从轻处罚情节的情况下，对其适用缓刑依据不足。(2)除了公诉机关指控的行贿数额外，对王黎于2010年送200万元现金、2012年报销30万元左右发票、2012年送10万元现金，刘瑞扬及王黎的相关笔录中均载明了相关事实,可见,王黎系多次向多人行贿,而公诉机关未予追诉。公诉机关指控的行贿数额明显少于实际数额,前后行贿的情形和性质类似,公诉机关以未牟取不正当利益作为不追诉的理由不够充分。根据刑事诉讼法不诉不理的原则,人民法院只能就公诉机关指控的事实进行裁判,但在量刑时可以酌情考虑。(3)在当前反腐败斗争形势依然严峻的情况下,为遏制腐败源头,深入贯彻打击行受贿并重的政策精神,在严厉打击受贿犯罪的同时,有必要加大对行贿犯罪的打击力度。本案行贿数额达数百万元,如果判处缓刑,社会效果不好。

综上,郑州铁路运输法院的判决定罪准确,量刑适当。

(撰稿:最高人民法院刑二庭　刘晓虎　许建华
审编:最高人民法院刑二庭　王晓东)

[第1296号]林少钦受贿案

——新的司法解释降低受贿行为对应的法定刑幅度后,已经立案侦查并进入诉讼程序的受贿案件是否需要重新计算诉讼时效

【关键词】 法定刑　诉讼程序　诉讼时效　受贿

一、基本案情

被告人林少钦,男,汉族,1955年6月17日出生,福建省三明市粮食局原局长、党组书记,2014年6月27日因涉嫌犯受贿罪被逮捕。

福建省三明市人民检察院以被告人林少钦犯受贿罪,向福建省三明市中级人民法院提起公诉。

被告人林少钦对公诉机关指控的事实和罪名不持异议,但辩称其系主动接受纪检部门的调查。林少钦的辩护人提出,林少钦系主动投案,归案后能如实供述自己的犯罪事实,应当认定为自首;公诉机关指控林少钦利用职务便利为陈荣强谋取利益的依据不足;林少钦主观恶性小,案发后退出全部赃款,当庭自愿认罪,建议对其判处缓刑。

福建省三明市中级人民法院经审理查明:2000年,福建省三明市农业局将该市红岩新村37、38幢住宅办公楼旧房改造项目对外公开招投标,招标条件是由开发商出资,农业局出土地后按建筑面积的一定比例分取建成房屋。陈荣强(另案处理)为承接该工程,托人介绍认识时任三明市农业局局长的林少钦后,多次宴请林少钦并表示希望林少钦在旧房改造项目的招投标上给予关照。在一次宴请席间,陈荣强问及三明市农业局对项目招标的最低要求,林少钦将单位内部掌握的两项基本要求透露给陈荣强,即返还给农业局建筑面积的比例至少要42%,及办公楼一楼大堂面积要达到100平方米以上。尔后陈荣强即根据上述要求制作标书投标并中标,于2000年5月31日以挂靠的三明市建筑工程公司的名义与三明市农业局签订开发协议。后陈荣强得知林少钦要去美国公派考察,想借机送美元给林少钦以表感谢,可当其欲给林少钦送钱时,林少钦已结束考察回国。为在项目建设方面继续得到林少钦的支持,陈荣强决定仍兑换1万美元送给林少钦。2000年年底的一天,陈荣强约林少钦在三明市工会大厦附近见面,将林少钦约至自己车上将1万美元送给林少钦。后林少钦将该1万美元找私人兑换成人民币8万元,用于家庭及个人日常开销。林少钦到案后,向三明市监察局退缴了人民币83 000元。

福建省三明市中级人民法院认为，被告人林少钦身为国家工作人员，利用职务便利，为他人谋取利益，非法收受他人财物，其行为构成受贿罪。林少钦具有坦白情节，且退出全部赃款，酌情予以从轻处罚。据此，依照《中华人民共和国刑法》第三百八十五条第一款、第三百八十六条、第三百八十三条第一款第二项、第六十七条第三款、第五十九条第一款、第六十四条之规定，于2015年4月1日以受贿罪判处林少钦有期徒刑五年，并处没收个人财产人民币二万元，退还的违法所得依法没收。

一审宣判后，林少钦不服，向福建省高级人民法院提出上诉。林少钦辩称原判认定其利用职便为陈荣强谋取利益及未认定自首情节有误，原判适用法律错误，一审违反法律规定的程序。林少钦的辩护人提出如下意见：本案认定林少钦构成受贿罪的证据不足，实体上应判决林少钦无罪；林少钦有自首、退赃和悔罪等法定情节；本案已过追诉时效，程序上应宣告林少钦无罪。

福建省高级人民法院经审理认为，根据刑法相关规定，追诉期限应依据司法机关立案侦查时的法律规定予以认定，对于在立案侦查时未过追诉时效且已进入诉讼程序的案件，在新的法律规定生效后应继续审理。上诉人林少钦利用职务便利，为陈荣强谋取利益，收受陈荣强1万美元的受贿行为发生在2000年年底，侦查机关于2014年6月对林少钦立案侦查，根据立案侦查时的法律规定，其追诉时效为十五年，故本案未超过追诉时效。林少钦身为国家工作人员，利用职务上的便利，为他人谋取利益，非法收受他人钱款1万美元，其行为已构成受贿罪。林少钦归案后如实供述自己的犯罪事实，属坦白，且退出全部赃款，酌情予以从轻处罚。原判认定事实清楚，证据充分，定罪准确，审判程序合法。因本案审理期间，《中华人民共和国刑法修正案（九）》及相关司法解释颁布施行，受贿罪的定罪量刑标准发生变化，二审依法予以改判。依照《中华人民共和国刑法》第十二条第一款、第三百八十五条第一款、第三百八十六条、第三百八十三条第一款第一项、第六十七条第三款、第六十四条，《最高人民法院、最高人民检察院关于办理贪污贿赂刑事案件适用法律若干问题的解释》第一条第一款、第十九条第一款以及《中华人民共和国刑事诉讼法》（2012年修正）第二百二十五条第一款第二项的规定，福建省高级人民法院于2017年3月15日改判被告人林少钦犯受贿罪，判处有期徒刑一年十一个月，并处罚金人民币十万元。

二、主要问题

新生效的刑事实体法律规定降低了犯罪行为对应的法定刑幅度后，已经立案侦查并进入诉讼程序的追诉行为，是否还要按照新的法律规定重新计算追诉时效？

三、裁判理由

本案在审理过程中，对被告人林少钦收受陈荣强1万美元并为其谋取利益的受贿事实，没有异议。主要争议在于，林少钦的受贿行为发生在2000年年底，侦查机关于2014年6月11日立案侦查，一审法院于2015年4月1日作出一审判决，其后林少钦提出上诉。二审期间，《中华人民共和国刑法修正案（九）》[以下简称《刑法修正案（九）》]于2015年8月29日通过，自2015年11月1日起施行。在《刑法修正案（九）》施行之前，受贿1万美元的行为，应处五年以上有期徒刑，属于法定最高刑为十年以上有期徒刑的犯罪，追诉时效为十五年；在《刑法修正案（九）》施行并经《最高人民法院、最高人民检察院关于办理贪污贿赂刑事案件适用法律若干问题的解释》（2016年4月18日起施行，以下简称《贪污受贿司法解释》）明确幅度标准后，受贿1万美元的行为，应处三年以下有期徒刑或者拘役，并处罚金，属于法定最高刑为不满五年有期徒刑的犯罪，追诉时效为五年。就林少钦受贿1万美元是否超过追诉时效一节，审理过程中主要存在两种意见：

第一种意见认为，林少钦受贿1万美元的行为，已经超过追诉时效。主要理由是：不仅在对被告人定罪量刑的时候应当适用从旧兼从轻的原则，在计算被告人犯罪行为的追诉期限的时候，也应当适用从旧兼从轻原则,即按照对被告人有利的定罪量刑标准所确定的法定刑幅度来确定对应的追诉期限。如果在定罪量刑的时候,适用对被告人有利的新法,而在计算追诉期限的时候,却是按照对被告人不利的旧法确定的法定刑来计算追诉期限,不仅在司法解释和法律的适用上不统一,也没有完全贯彻从旧兼从轻的原则。故林少钦受贿行为的追诉期限为五年,本案已过追诉期限。

第二种意见认为,林少钦受贿1万美元的行为,没有超过追诉时效。主要理由是对于已立案的案件,即使在诉讼程序中新法降低了被告人犯罪行为定罪量刑的标准,案件也应当继续审理。

我们赞同上述第二种意见,理由是:

(一)追诉时效制度具有独立的程序价值,追诉行为开始后不再受追诉时效的限制

刑事诉讼法第二条规定:"中华人民共和国刑事诉讼法的任务,是保证准确、及时地查明犯罪事实,正确应用法律,惩罚犯罪分子,保障无罪的人不受刑事追究,教育公民自觉遵守法律,积极同犯罪行为作斗争,维护社会主义法制,尊重和保障人权,保护公民的人身权利、财产权利、民主权利和其他权利,保障社会主义建设事业的顺利进行。"惩罚犯罪和保障人权同等重要。追诉时效制度,正是体现了立法者在惩罚犯罪和保障人权、在追求公平正义与节约诉讼资源之间的平衡。所谓追诉时效,是指依照法律规定对犯罪分子追究刑事责任的期限,在追诉时效期限内,司法机关应当依法追究犯罪分子刑事责任;超过追诉时效,则不再追究其刑事责任。

追诉犯罪,意味着国家已经动用司法资源来打击犯罪,虽然追诉行为直接针对的是被告人,但社会公众及受害人等利益相关主体会对追诉行为产生信赖,这种信赖利益包括:一是国家准备作出或已经作出的追诉行为体现了国家打击犯罪的决心,享有独立的信赖利益;二是被害方依法提出追诉要求,享有程序法上的信赖利益;三是案发地群众、基层组织等社会公众,对追诉行为具有期待性,享有信赖利益;四是犯罪行为人亦享有信赖利益。正是基于此,刑法第八十七条第四项规定,对于法定最高刑为无期徒刑、死刑的,犯罪经过二十年不再追诉;如果二十年以后认为必须追诉的,须报请最高人民检察院核准。《最高人民检察院关于办理核准追诉案件若干问题的规定》第五条第三项规定,对于超过追诉期限,但不追诉会严重影响社会稳定或者产生其他严重后果的,对犯罪嫌疑人应当追诉。

综上,追诉行为一旦开始就具有独立的程序价值。无论从保护社会公众的信赖利益,还是从节约有限的司法资源的角度分析,追诉行为一旦已经开始,通常整个刑事诉讼程序发生法律效力,便不再受追诉时效期限的限制,也无须根据新生效的法律重新计算追诉期限,这符合追诉时效制度设计的本意。

(二)以刑事立案作为追诉行为的起点符合我国法律规定

对于是以立案、起诉还是审判作为追诉期限的计算终点,世界各国立法有不同的规定,大致可归为三类:第一类是以侦查机关刑事立案为追诉期限的计算终点;第二类是以提起公诉为追诉期限的计算终点,如日本等;第三类是以一审判决为追诉期限的计算终点,如德国、意大利、瑞士等。

我国刑法第八十九条只规定了追诉期限开始计算的日期,却没有规定追诉期限停止计算的日期,但事实上,已经立案侦查并进入诉讼程序的追诉行为不再受追诉期限的限制,符合司法解释的规定,也是司法实践中一以贯之的做法。最高人民法院印发的《关于执行刑法中若干问题的初步经验总结》(1981年11月)中提道:"根据刑法第七十八条的规定,追诉期限应当从犯罪构成之日起计算;如果犯罪行为有连续或者继续状态的,从犯罪行为终了之日起计算。在法定追诉期限内,自诉案件从自诉之日,公诉案件从采取强制措施之日都视为已被追诉,此后的侦查、起诉、

审判时间不再受追诉期限的限制。”虽然该文件是立足于1979年刑法的规定，以采取强制措施之日作为公诉案件不受追诉期限限制的起点，但是明确了追诉行为的效力及于侦查、起诉、审判整个刑事诉讼程序。1982年8月19日，最高人民检察院印发的《关于贪污罪追诉时效问题的复函》（已废止）指出：“检察机关决定立案时未过追诉期限的贪污犯罪，在立案以后的侦查、起诉或者判处时超过追诉期限的，不得认为是超过追诉时效的犯罪，应当继续依法追究。”这不仅明确规定了立案中止计算追诉期限的法律效力及于整个刑事诉讼程序，还明确规定及于“判处时”。2012年12月26日最高人民法院、最高人民检察院公布的《关于办理行贿刑事案件具体应用法律若干问题的解释》明确规定刑法第三百九十条第二款规定的“被追诉前”，是指检察机关对行贿人的行贿行为刑事立案前，再次明确指出立案是判定刑事追诉行为开始的标志性诉讼活动。

司法实践中有一种观点认为，应对刑法第八十八条第一款进行反向解释，即只要犯罪嫌疑人、被告人没有逃避侦查或审判，追诉期限就不能停止计算，而应当继续计算至审判终结之日；而且在新的立法或司法解释降低犯罪行为对应的法定刑幅度后，追诉期限也应当适用刑法第八十七条的规定相应地缩短。

我们认为，这种理解是片面的。刑法第八十八条第一款规定，在人民检察院、公安机关、国家安全机关立案侦查或者在人民法院受理案件以后，逃避侦查或者审判的，不受追诉期限的限制。该条明确了限制追诉期限的情形，除非有法律明确规定的情形，否则以立案为标志的追诉行为受到追诉期限的限制。本案中，被告人林少钦没有逃避侦查的行为，《刑法修正案（九）》颁行期间该案也已经进入审判的二审上诉程序，林少钦也没有逃避审判的行为，再加上本案不属于由被害人提出控告的案件，所以不属于刑法第八十八条规定的范围。

（三）已经立案侦查并进入诉讼程序的追诉行为不再受追诉期限的限制，没有违反有利于被告人的原则

有利于被告人原则，自罗马法开始便构成程序与实体兼顾的一条综合性的刑事法律原则。我国刑事诉讼法规定，认定事实要排除合理怀疑，证据存疑时应作出有利于被告人的认定；刑法规定在定罪量刑时应当适用行为时的法律，但同时应当兼顾“从轻”原则，上述规定都是有利于被告人原则的具体体现。

需要明确的是，有利于被告人的原则在定罪量刑规则和追诉时效规则中保护的法益并不相同：同样的具体行为，新的刑事实体法降低了旧法对应罪名的入罪条件、法定刑，在不认为是犯罪时，实质是立法者对具体行为侵害法益的可能性及其行为的刑事可罚性有了新的减轻评价，行为人应根据新法享有评价利益。而刑事程序法则不同，追诉行为发动或者不发动，涉及国家、被害人、社会公众和犯罪行为人四类主体的信赖利益，不可能通过牺牲国家追诉行为的信赖利益、社会公众的信赖利益和被害人要求依法追诉的信赖利益来保障犯罪行为人这一项信赖利益。否则，有利于被告人原则变成了“仅利于被告人的原则”，这样的解释结论显然与平衡惩治犯罪和保障人权的刑事程序法功能定位是不相符的。

正是基于上述考虑，《最高人民法院关于被告人林少钦受贿请示一案的答复》（〔2016〕最高法刑他5934号）指出，“追诉时效是依照法律规定对犯罪分子追究刑事责任的期限，在追诉时效期限内，司法机关应当依法追究犯罪分子刑事责任。对于法院正在审理的贪污贿赂案件，应当依据司法机关立案侦查时的法律规定认定追诉时效。依据立案侦查时的法律规定未过时效，且已经进入诉讼程序的案件，在新的法律规定生效后应当继续审理。”

我们认为，该答复虽然是针对个案审理所作出的，不属于《最高人民法院关于司法解释工作的规定》第六条所规定的“解释”“规定”“批复”“决定”四种司法解释的形式之一，但是该答复进

一步明确了对已经立案侦查并进入诉讼程序的追诉行为不受追诉期限的限制,符合司法解释的规定,对实践中明确追诉时效计算规则具有一定的独立意义,体现了有利于被告人原则在指导追诉时效规则和定罪量刑规则适用上应有的区别,对明确具体法律规定的含义和适用,以及其他类似案件的办理都同样具有指导意义。

(撰稿:福建省三明市人民检察院　谢俊翔
福建省三明市中级人民法院　徐　浩
福建省三明市人民检察院　余欣雯
审编:最高人民法院刑二庭　韩维中)

刘志军受贿、滥用职权案

【关键词】 受贿　滥用职权　死刑　从宽

一、基本案情

被告人刘志军,男,汉族,1953 年 1 月 29 日出生,原铁道部部长、党组书记,2012 年 7 月 24 日被逮捕。

北京市人民检察院第二分院指控被告人刘志军犯受贿罪、滥用职权罪,向北京市第二中级人民法院提起公诉。

被告人刘志军对公诉机关指控的事实及罪名不持异议,表示认罪。其辩护人提出:(1)公诉机关指控刘志军收受丁羽心 4 900 万元贿赂一节,因系刘志军让丁羽心办事,丁羽心为此花费 4 900万元,刘志军未实际占有该款,认定其构成受贿罪定性不准,上述行为应定性为刘志军与丁羽心共同行贿未遂。(2)刘志军在被调查期间,如实供述犯罪事实,并主动交代了有关部门不掌握的部分受贿事实,且受贿款已大部分追缴,滥用职权所造成的损失也已基本挽回。建议法庭对刘志军从轻处罚。

北京市第二中级人民法院经公开审理查明:

(一)关于受贿事实

1986 年至 2011 年间,被告人刘志军先后利用担任郑州铁路局武汉铁路分局(以下简称武汉铁路分局)党委书记、分局长、郑州铁路局副局长、沈阳铁路局局长、原铁道部(以下简称铁道部)运输总调度长、副部长、部长、党组书记的职务便利,为邵力平、何洪达、丁羽心等 11 人在职务晋升、亲友就业、承揽工程、获取铁路运输计划等事项上提供帮助,非法收受上述人员给予的财物共计折合 64 605 457.6 元。

(二)关于滥用职权事实

被告人刘志军在利用职权为丁羽心及其与亲属实际控制的公司获得铁路货物运输计划、获取动车组轮对组装生产项目公司的股权、运作铁路建设工程项目中标、解决企业经营资金提供帮助的过程中,违反相关规定,徇私舞弊,滥用职权,使丁羽心等人获得巨额经济利益,致使公共财产、国家和人民利益遭受特别重大损失。

2012 年 7 月 10 日,被告人刘志军被侦查机关查获归案。

北京市第二中级人民法院认为,被告人刘志军身为国家工作人员,利用职务便利为他人谋取利益,非法收受他人财物,其行为已构成受贿罪,且数额特别巨大,情节特别严重。刘志军身为国家机关工作人员，徇私舞弊，滥用职权，致使公共财产、国家和人民利益遭受特别重大损失，其行为已构成滥用职权罪，且情节特别严重，均应依法惩处并数罪并罚。刘志军的受贿行为严重侵害了国家工作人员职务行为的廉洁性，败坏了国家工作人员的声誉，论罪应当判处死刑。鉴于刘志军在被有关部门调查期间，能如实供述自己的罪行，并主动交代办案机关尚未掌握的部分受贿事实，且认罪悔罪，案发后赃款已大部分被追缴，对其判处死刑，可不立即执行。刘志军徇私舞弊，滥用职权，犯罪的情节和后果均特别严重，虽造成的经济损失已大部分被挽回，但不足以对其从轻处罚。

2013 年 7 月 8 日，北京市第二中级人民法院以（2013）二中刑初字第 1030 号刑事判决，认定被告人刘志军犯受贿罪，判处死刑，缓期二年执行，剥夺政治权利终身，并处没收个人全部财产；犯滥用职权罪，判处有期徒刑十年；决定执行死刑，缓期二年执行，剥夺政治权利终身，并处没收个人全部财产。

一审宣判后，被告人刘志军未提出上诉，案件报北京市高级人民法院复核。

2013 年 8 月 27 日，北京市高级人民法院以（2013）高刑复字第 396 号刑事裁定，核准北京市第二中级人民法院（2013）二中刑初字第 1030 号刑事判决。

二、裁判理由

（一）关于刘志军指使他人疏通关系行为的定性

本案审理中，被告人刘志军受贿事实部分存在争议的主要是刘志军指示他人疏通关系行为的定性问题。2007 年 12 月，铁道部政治部原主任何洪达（另案处理）因涉嫌严重违纪被调查，刘志军担心自己收受何洪达贿赂的事情暴露，指使丁羽心疏通关系帮助何洪达逃避查处。为此，丁羽心支付给谎称有能力运作此事的刘琳、于振永（均另案处理）钱款共计 4 900 万元。

被告人刘志军及辩护人提出本起事实应定性为刘志军与丁羽心共同行贿未遂。

《刑法》第三百八十五条规定，国家工作人员利用职务上的便利，索取他人财物的，或者非法收受他人财物，为他人谋取利益的，是受贿罪。该起受贿事实中，丁羽心与被告人刘志军行、受贿的方式，与传统行、受贿案件直接收取财物的行为方式有较为明显的差异。审查认为，刘志军本人及其特定关系人并未直接占有涉案财物，但刘志军明知丁羽心按其要求运作相关事项（防止何洪达案牵连自己及为自己职务调整创造条件）需要花费巨资，仍指使丁羽心为其运作上述事项，丁羽心根据刘志军的要求将涉案财物直接支付给第三人，事后丁羽心亦将花费数千万元的情况告知刘志军。因而，刘志军虽未直接占有该款，但该款是根据刘志军的意志、为刘志军的利益而支付。同时，在案证据证实，刘志军利用职务便利，为丁羽心及其与亲属实际控制的公司获取巨额经济利益提供了帮助，丁羽心的证言亦证实，其花巨资为刘志军办事，是对刘志军帮助其获取巨额经济利益的回报。故刘志军的行为具有权钱交易的本质特征，符合受贿罪的构成要件。故人民法院依法认定该起受贿事实是正确的。

（二）职务犯罪案件中死刑的适用

宽严相济刑事政策和“保留死刑，严格控制和慎重适用死刑”的死刑政策是职务犯罪案件死刑适用的指导原则。在非暴力犯罪，尤其是经济、职务犯罪领域，慎重适用乃至逐步减少死刑的适用也符合社会文明的发展及对犯罪规律的客观认知。近年来以刑法修正案为代表的我国刑事立法中死刑罪名的减少情况也在一定程度上反映了这个特点。但贪污贿赂犯罪的高发态势决定了刑法对此类犯罪的打击不能放松，所以立法上对贪污受贿犯罪仍然保留死刑，但刑法规定死刑只适用数额特别巨大，并使国家和人民利益遭受特别重大损失的情形。

本案中，被告人刘志军受贿金额达到 6 400 余万元。对比同类案件，这一数额在当时来是非常大的，而且被告人在为丁羽心等人以承揽工程、获取铁路运输计划的方式谋取利益过程中，给国家和人民利益遭受了特别重大的损失。人民法院认为刘志军的受贿行为严重侵害了国家工作人员职务行为的廉洁性,败坏了国家工作人员的声誉,论罪应当判处死刑。但同时,刘志军还具有一些从宽的情节,如其在被有关机关调查期间如实供述自己的罪行,并主动交代办案机关尚未掌握的部分受贿事实,认罪悔罪,且案发后赃款已大部分被追缴,并在关联案件中予以处理。人民法院考虑上述情节,对刘志军判处死刑,可不立即执行。

【编后语】

铁道部原部长刘志军受贿、滥用职权案是一起发生于特殊历史时期、发生在国计民生重大领域的严重职务犯罪案件。为了应对2008年席卷全球的金融危机,国家于2008年11月出台了进一步扩大内需、促进经济平稳较快增长的十项措施,到2010年年底,累计投入4万亿元资金。其中很大一部分投入到基础设施建设领域,我国的高速铁路建设得益于这次经济刺激计划,迎来了快速发展的时机,为稳定经济、改善民生、发展高速铁路相关技术作出了积极贡献,取得了良好效果,也树立了良好的国际形象,为我国相关产业走出国门打下了良好的基础。但伴随着巨量资金的投入和高铁事业的快速发展,一系列问题随之产生。高速铁路建设招投标市场失序,招投标程序被架空,部分高速铁路建设施工企业通过中介买卖高速铁路建设工程项目,不法商人和铁道部内部人员相互勾结,大发横财,给我国高速铁路发展造成严重影响,给国家和人民利益造成重大损失。2011年"7·23"甬温线特别重大铁路交通事故造成40人死亡、172人受伤,直接经济损失19 371.65万元的特别严重后果,给我国高速铁路事业的来之不易的国际形象造成严重的负面影响,事故调查组认定刘志军等对事故的发生负有主要领导责任。

对铁道部原部长刘志军及相关人员的依法、及时处理,纠正了高速铁路发展这一关系国计民生、关系"中国制造"国际形象的重点行业发展中出现的偏差,为保证高速铁路的安全可靠,保证高速铁路建设的稳步发展,保证国家财政资金的安全和积极财政政策的贯彻落实保驾护航。刘志军案是十八大前查处的一件有重大影响的省部级领导犯罪,随着十八大后国家反腐力度的不断加大,陆续查处了相当一部分省部级领导甚至更高级别领导的违法犯罪行为,这一系列案件的处理彰显了党中央反腐败的一贯态度和决心,揭开了我国反腐败斗争新的篇章,在我国反腐败斗争史上留下了浓墨重彩的一笔。

(撰稿:北京市第二中级人民法院刑一庭　朱洪范
审编:最高人民法院刑二庭　韩维中)

薄熙来受贿、贪污、滥用职权案

【关键词】　非法证据　职务便利　滥用职权　谋利

一、基本案情

被告人薄熙来,男,汉族,1949年7月3日出生,原系十七届中共中央政治局委员,曾任辽宁省大连市人民政府市长、中共大连市委书记、中共辽宁省委副书记、辽宁省人民政府省长、商务部部长、中共重庆市委书记,第十一届全国人民代表大会代表(2012年9月28日被依法终止代表资格)。2012年9月29日被逮捕。

山东省济南市人民检察院指控被告人薄熙来犯受贿罪、贪污罪、滥用职权罪,向济南市中级人民法院提起公诉。

被告人薄熙来及其辩护人对公诉机关的指控提出以下辩解和辩护意见：

1. 薄熙来有关收受唐肖林贿赂及知晓徐明为薄谷开来母子支付费用的两份自书材料系在办案人员施加不正当压力和诱导下违心所写，该两份自书材料及之后与此相关的供述和亲笔供词均属于2012年修正的《刑事诉讼法》第五十四条规定的非法证据，应当予以排除；或者属于该法第五十条规定的“以威胁、引诱、欺骗以及其他非法方法收集”的证据，应当不予采信。

2. 证人薄谷开来有精神障碍，其作证能力存疑，且其全部证言均形成于死刑缓期执行考验期内，可能是在某种特殊的压力下或者为了自身立功减刑而作出，影响其证言的真实性。

3. 不能排除证人徐明、唐肖林、王正刚、吴文康、王立军等人因被刑事追诉或者与薄熙来存在重大利害冲突而推卸责任的可能性，其证言的真实性存在疑问。

4. 起诉指控薄熙来为唐肖林谋利的事项，均系薄熙来依法支持大连国际公司相关工作的职务行为，薄熙来对唐肖林从中获利并不知情，并非为唐肖林个人谋利；起诉指控薄熙来为实德集团提供的支持和帮助，均系薄熙来出于支持地方企业、促进当地经济发展的目的而依法履行职务的行为；薄熙来当时未与唐肖林、徐明二人约定事后给予其好处，故不能认定薄熙来为收受贿赂而为他人谋取利益。

5. 证人唐肖林关于其三次给予薄熙来钱款的证言与其他证据存在矛盾，不应采信，薄熙来亦否认曾收受唐肖林钱款，起诉指控的该起受贿事实难以认定。

6. 证人薄谷开来关于自己曾三次从与薄熙来共用的保险柜中取过美元和人民币的证言不可信。

7. 证人徐明与薄谷开来证言中关于二人与薄熙来共同观看枫丹·圣乔治别墅幻灯片情节的具体描述存在矛盾；徐明关于2004年薄熙来在商务部要求其对购买别墅一事保密的证言系孤证，且徐明所称当时持有商务部车证一事无在卷证据支持；薄熙来当庭否认上述情节，且其对别墅的运作过程、产权关系、面积、价值等全部细节均不知晓，不能认定薄熙来对薄谷开来收受徐明钱款用于购买枫丹·圣乔治别墅一事知情。

8. 薄熙来对徐明为薄谷开来和薄瓜瓜等人支付机票、住宿、旅行费用以及购买电动平衡车、归还信用卡欠款均不知情。

9. 薄熙来没有贪污公款的主观故意，亦未参与实施任何侵吞公款行为，其不构成贪污罪。

10. 证人王正刚的证言与在案其他证人证言、书证有重大矛盾，内容虚假，不能证明王正刚确实向薄熙来请示过涉案款项的处理，不应作为定案根据。

11. 薄熙来并未要求关海祥对王鹏飞立案调查，只是让关海祥弄清楚所谓薄谷开来杀人、王立军进入美领馆等事情的来龙去脉，其也不知道关海祥对王鹏飞立案调查。

12. 认定薄熙来批准对外发布王立军接受“休假式治疗”的虚假信息的证据不足。

13. 薄熙来打王立军耳光系因误判王立军基于个人目的诬陷薄谷开来杀人，在情绪失控下对王立军发泄怒气，并非表明其严禁重新调查“11·15”案件；薄熙来只是同意吴文康找王智、王鹏飞二人正常谈话，并没有同意吴文康对二人非法调查；薄熙来同意取消王鹏飞副区长候选人提名并无不当；薄熙来提议免去王立军重庆市公安局党委书记、局长职务，属于调整王立军作为副市长的职务分工，且系集体决策，虽然违反组织程序，但不应承担刑事责任；薄谷开来参与王立军叛逃事件的研究应对，系因王立军叛逃事件突发，相关人员于深夜到其家中汇报此事的情况下所发生，不能认定为薄熙来有意纵容；薄熙来并不知道王立军精神疾病诊断证明是虚假的；发布王立军接受“休假式治疗”的微博系为引导和管控舆论；导致“11·15”案件不能及时依法查处的主要原因是王立军等人徇私枉法，而王立军叛逃的主要责任不在薄熙来，薄熙来的行为与起诉指控的滥用职权后果不具有法律上的因果关系。

除上述意见外，被告人薄熙来的辩护人还提出以下辩护意见：

1. 薄熙来与时任深圳市人民政府市长的于幼军之间没有职务上的隶属、制约关系，其批请于幼军支持“大连大厦”建设，没有利用职务上的便利，而且是为大连国际公司和大连驻深办建设“大连大厦”谋取正当利益，薄熙来的该行为不符合受贿罪构成要件。

2. 公诉机关出示的证明枫丹·圣乔治别墅购买过程的书证均来自境外，未经公证、认证手续，也无相关司法协助文件，书证的来源不明，且均系复印件，真实性不能确认，现有证据也不能证明系徐明提供的钱款用于购买枫丹·圣乔治别墅，且不能证明别墅产权属于薄谷开来。

3. 公诉机关出示的实德集团为薄谷开来、薄瓜瓜等人支付机票、住宿、旅行费用的部分证据存在瑕疵、数额计算有误。

4. 徐明为薄瓜瓜信用卡还款属于民事垫付行为。

5. 认定薄谷开来收受徐明为薄瓜瓜信用卡还款的数额，应当按照实际存入薄谷开来银行账户的外币数额并以国家外汇牌价折算。

6. 指控的贪污事实发生时，薄熙来系担任辽宁省人民政府省长一职，不能直接决定、支配大连市的财政事务，故其不具有贪污的职务便利。

7. 涉案人民币 500 万元在流转过程中，有 150 万元被李石生挪用，并未进入赵东平账户，另有 32 万余元用于缴税，起诉指控赵东平收到 500 万元并按 500 万元追赃有误。

济南市中级人民法院经公开审理查明：

（一）受贿事实

1999 年至 2012 年，被告人薄熙来在担任大连市人民政府市长、中共大连市委书记、辽宁省人民政府省长、商务部部长期间，利用职务上的便利，为大连国际公司及该公司总经理唐肖林、实德集团谋取利益，收受唐肖林给予的钱款，明知并认可其妻薄谷开来、其子薄瓜瓜收受实德集团董事长徐明给予的财物，共计折合人民币 20 447 376.11 元。

（二）贪污事实

2000 年，在被告人薄熙来担任中共大连市委书记期间，大连市人民政府承担了一项上级单位涉密场所改造工程。该工程由薄熙来负责，时任大连市城乡规划土地局局长王正刚具体承办。2002 年 3 月工程完工后，该上级单位通知王正刚，决定向大连市人民政府拨款人民币 500 万元。王正刚遂就如何处理该款项向已调任辽宁省人民政府省长的薄熙来请示，薄熙来未明确表态。不久之后，王正刚再次就此事向薄熙来请示，并提出大连市有关领导及相关部门均不知晓该款，可将该款留给薄熙来补贴家用。薄熙来即将此事通过电话告知薄谷开来，让王正刚与薄谷开来商议处理。薄谷开来与王正刚商定，将该款转至与薄谷开来关系密切的昂道律师事务所主任赵东平处。后薄谷开来安排赵东平与王正刚办理转款事宜，并让赵东平为其代管。为掩人耳目，王正刚要求上级单位将 500 万元汇至承揽该改造工程的大连经济技术开发区艺声视听系统有限公司（以下简称艺声视听公司）。2002 年 5 月至 2005 年 3 月，上述款项陆续汇至赵东平指定的其朋友李石生名下公司账户和昂道律师事务所账户。

（三）滥用职权事实

2011 年 11 月 13 日，薄谷开来及张晓军在重庆市丽景度假酒店投毒杀害英国公民尼尔·伍德。同月 15 日，尼尔·伍德被发现死亡。负责侦办该案的郭维国（时任重庆市公安局副局长，已判刑）、李阳（时任重庆市公安局刑警总队总队长，已判刑）、王鹏飞（时任重庆市渝北区副区长兼公安分局局长)、王智(时任重庆市公安局沙坪坝区分局副局长)为包庇薄谷开来,徇私枉法,使该案未被依法侦破。2012 年 1 月至 2 月,被告人薄熙来作为中共中央政治局委员兼中共重庆市委书记,在有关人员告知其薄谷开来涉嫌故意杀人后,以及在时任重庆市人民政府副市长的王立军叛逃前后,违反规定实施了一系列滥用职权行为。具体如下:

2012 年 1 月 28 日晚,王立军将薄谷开来涉嫌投毒杀害尼尔·伍德一事告知被告人薄熙来。次日上午,薄熙来召集王立军、郭维国、吴文康(时任中共重庆市委副秘书长兼市委办公厅主任)谈话,斥责王立军诬陷薄谷开来,打了王立军一记耳光,并将杯子摔碎在地上。当晚,薄熙来得知"11·15"案件原侦查人员王智、王鹏飞根据王立军授意,以提交辞职信方式揭发薄谷开来涉嫌杀人后,根据薄谷开来的要求,安排吴文康对该二人进行调查。

1 月 29 日起,被告人薄熙来先后向重庆市委多名领导提议,免去王立军重庆市公安局党委书记、局长职务。时任中共重庆市委组织部部长陈存根、中共重庆市委政法委书记刘光磊均提出,按照组织程序任免公安局党委书记、局长须报经上级公安机关批准,故此事需报经公安部同意。在未报经公安部批准的情况下,薄熙来于 2 月 1 日下午主持召开中共重庆市委常委会议,决定免去王立军的重庆市公安局党委书记、局长职务。次日上午,按照薄熙来的要求,中共重庆市委组织部宣布了该决定。

2 月 6 日,王立军叛逃至美国驻成都总领事馆。次日凌晨,时任中共重庆市委常委、秘书长的翁杰明及吴文康等人到被告人薄熙来住处向其报告此事。在研究应对措施过程中,薄熙来纵容薄谷开来参与。薄谷开来提出可由医院出具诊断证明以表明王立军系因患精神疾病而叛逃,薄熙来对此表示同意。当日,薄谷开来和吴文康协调重庆市大坪医院出具了"王立军存在严重抑郁状态和抑郁重度发作"的虚假诊断证明。2 月 8 日上午,经薄熙来批准,重庆市有关部门对外发布了"据悉,王立军副市长因长期超负荷工作,精神高度紧张,身体严重不适,经同意,现正在接受休假式的治疗"的虚假信息。

2 月 15 日,在薄谷开来向重庆市公安局举报王鹏飞诬告陷害其杀人后,重庆市公安局按照被告人薄熙来的要求对王鹏飞进行审查并移送重庆市渝中区公安分局侦查。次日,渝中区公安分局以涉嫌诬告陷害为由对王鹏飞立案侦查,后决定对王鹏飞采取禁闭措施。2 月 17 日,经薄熙来提议和批准,重庆市渝北区第十七届人民代表大会主席团会议取消了时任渝北区副区长王鹏飞继续作为该职务候选人的提名。

被告人薄熙来的上述行为,是导致"11·15"案件不能依法及时查处和王立军叛逃事件发生的重要原因,并造成特别恶劣的社会影响,致使国家和人民利益遭受重大损失。

2013 年 9 月 21 日,济南市中级人民法院以(2013)济刑二初字第 8 号刑事判决,认定被告人薄熙来犯受贿罪,判处无期徒刑,剥夺政治权利终身,并处没收个人全部财产;犯贪污罪,判处有期徒刑十五年,并处没收个人财产人民币一百万元;犯滥用职权罪,判处有期徒刑七年;决定执行无期徒刑,剥夺政治权利终身,并处没收个人全部财产。

一审宣判后,被告人薄熙来提出上诉。并提出以下上诉理由:

1. 其供认犯罪的自书材料和亲笔供词系在办案人员的压力下形成,应作为非法证据予以排除,不应作为证据采信。

2. 薄谷开来系本案关键证人,但作证能力存疑,又未到庭接受质证,薄谷开来的证言不应采信作为定案根据。

3. 其为大连国际公司、实德集团提供支持和帮助,均是正常履行职责、公事公办,不属于受贿罪中的谋利事项。

4. 其未收受唐肖林钱款，一审法院认定其收受唐肖林钱款的证据只有唐肖林的证言，系孤证，且唐肖林关于在其沈阳家中送5万美元时薄瓜瓜在家的证言与薄瓜瓜当时在英国读书的事实不符，该证言内容虚假。

5. 其同意将大连驻深办划归大连国际公司系因大连驻深办经费困难无法维持，并非受唐肖林请托；唐肖林证明送给其8万美元与"大连大厦"的建设直接相关，但一审判决并未认定其批示请于幼军支持"大连大厦"建设一事为谋利事项，该8万美元不应认定为受贿犯罪。

6. 其未实施帮助实德集团列入商务部成品油非国营贸易经营企业名单的具体行为，该事项不应认定为其为实德集团谋利事项。

7. 薄谷开来关于曾向其告知接受徐明出资购买法国别墅，接受徐明为薄谷开来、薄瓜瓜支付相关费用的证言虚假，其对上述情况均不知情。

8. 其主观上没有贪污的故意，客观上也没有同意王正刚将公款给其补贴家用的提议，其对于相关款项最终进入与薄谷开来有关的律师事务所亦不知情；王正刚关于曾向其请示涉案工程款处置的证言与薄谷开来的证言不能相互印证，且所证见面时间与其秘书车辉关于其活动情况的记载矛盾，王正刚所作证言内容虚假，一审判决认定其犯贪污罪与事实不符。

9. 其在涉案工程款拨付时已调任辽宁省省长，不再兼任大连市的职务，且其亦非相关工程的负责人，没有贪污涉案工程款的职务便利。

10. 其没有严禁复查"11·15"案件的意图和行为，其打王立军耳光、调整王立军职务并非意图掩盖"11·15"案件，要求调查王智、王鹏飞系为了解事情真相，未要求对王鹏飞进行刑事立案侦查，取消王鹏飞渝北区副区长职务提名并无不当；其未纵容薄谷开来参与研究王立军叛逃的应对措施；王立军患精神疾病的诊断证明亦非虚假，出具王立军患精神疾病的诊断证明及发布王立军接受"休假式治疗"的微博不是滥用职权；其行为不是导致"11·15"案件不能依法及时查处和王立军叛逃的重要原因。

11. 一审判决认定其滥用职权情节特别严重系因王立军叛逃，但量刑却重于王立军犯叛逃罪所判处的刑罚，主次颠倒。

上诉人薄熙来的辩护人除提出与薄熙来上诉理由基本相同的辩护意见外，还提出如下辩护意见：

1. 一审庭审中播放的法国别墅幻灯片不能证明系薄谷开来、徐明当时观看的幻灯片；办案人员提取幻灯片的苹果牌电脑系2005年生产，不可能在2002年用于播放幻灯片，且该电脑及储存在该电脑中的幻灯片未经一审庭审出示、质证，不能作为定案证据。

2. 涉及法国别墅的书证均来源于境外，但未经公证、认证程序，亦非通过司法协助途径调取，真实性无法确认，不能作为证据使用；现有证据不足以证实薄谷开来系涉案别墅的实际控制人。

3. 徐明为薄谷开来、薄瓜瓜之外其他人员支付的费用不应认定为薄熙来受贿数额；认定徐明为薄谷开来、薄瓜瓜等人支付费用的部分票据真实性存疑，相关费用不应计入薄熙来受贿数额。

4. 一审法院未考虑薄熙来涉嫌受贿犯罪大多是被动所为、事后知情，对其以受贿罪判处无期徒刑量刑过重。

山东省高级人民法院经依法不开庭审理，于2013年10月24日以(2013)鲁刑二终字第110号刑事裁定驳回上诉，维持原判。

二、裁判理由

(一)关于受贿罪中"谋利"的认定

关于正常履行职责是否属于受贿罪中的谋利事项，以及正常履行职责后，对行贿人是否从中获利不知情、谋利时未对收受财物进行约定是否影响受贿罪认定的问题，根据我国刑法关于受贿罪的规定，国家工作人员利用职务便利为他人谋取利益，并收受他人财物的，即构成受贿罪，只要行为人实施了权钱交易的行为，无论行为人为请托人谋取利益的手段是否合法，为请托人谋取的利益是否属于不正当利益，是为请托人个人谋取利益还是为与请托人相关的单位谋取利益，也无论在为他人谋利时是否已有收受财物的故意，均不影响受贿罪的成立。本案中，薄熙来本人直接或通过其家人多次收受唐肖林、徐明款物，并应二人请托利用职务便利为大连国际公司、实德集团提供帮助，无论其提供帮助的行为是否属于正常履职，对行贿人从中获利是否知情，均不影响对其利用职务便利为他人谋取利益行为性质的认定。

（二）关于贪污罪中“职务便利”的认定

本案中，指控被告人薄熙来贪污事实发生时，薄熙来已担任辽宁省人民政府省长一职。据此，辩护人提出，此时薄熙来已不能直接决定、支配大连市的财政事务，故其不具有贪污的职务便利。

人民法院经审理认为，在上级单位决定向大连市人民政府拨付涉案款项时，被告人薄熙来虽已调任辽宁省人民政府省长，但其职权范围仍覆盖辽宁省所辖的大连市，且其作为涉密工程的原负责人，仍对该工程负有特定的延续管理职责，具有管理、支配涉案款项的职务便利。法院据此认定被告人利用职务便利，非法占有公共财物，构成贪污罪是正确的。

（三）关于滥用职权罪的认定

在案证据显示，2012 年 1 月 29 日之后，被告人薄熙来实施了一系列超越职权或者违反规定行使职权的行为，包括：在通知时任中共重庆市委办公厅主任吴文康、时任重庆市公安局副局长郭维国到场的情况下，斥责王立军诬陷薄谷开来杀人并打王立军耳光；按照薄谷开来的要求，安排不具有调查权限的吴文康对揭发薄谷开来涉嫌杀人的“11 · 15”案件原侦查人员王智、王鹏飞进行调查；提议免去王立军重庆市公安局党委书记、局长职务，并在明知未按程序报经公安部批准的情况下，执意主持会议通过并宣布该免职决定；要求重庆市公安局对拒不承认诬告陷害薄谷开来的王鹏飞进行审查，并因此取消王鹏飞作为副区长候选人提名。薄熙来的上述行为均发生在 2012 年 1 月 28 日王立军告知其薄谷开来涉嫌杀人之后，且均直接指向揭发薄谷开来涉嫌杀人的“11 · 15”案件原办案人员，足以表明其严禁复查“11 · 15”案件的主观意图，并导致“11 · 15”案件未能依法及时查处。同时，王立军的证言证明其之所以叛逃，系因其被违规免去公安局局长职务，身边工作人员亦被调查，认为自身处境危险所致，与薄熙来的滥用职权行为直接相关。此外，在王立军叛逃后，薄熙来允许无权参与处置，且与王立军叛逃事件相关联的薄谷开来参与王立军叛逃事件的研究应对，并同意薄谷开来提出的由医院出具诊断证明以表明王立军系因患精神疾病而叛逃的意见，无论其是否知道该诊断证明内容虚假，都应当对此承担责任；况且，薄熙来与王立军共事多年，王立军又担任重要领导职务，其仅凭薄谷开来的片面之词即相信王立军确实患有精神疾病，不知道诊断证明内容虚假的说法显然不合情理。薄熙来在明知王立军真实去向的情况下，仍然批准对外发布王立军接受“休假式治疗”的虚假消息，错误引导舆论，造成了恶劣的社会影响，依法应当对此承担责任。

（四）证据合法性问题

1. 关于书证是否必须是原件，来自在于境外的书证是否需经司法协助程序取得，是否需公证、认证的问题

根据《最高人民法院关于适用〈中华人民共和国刑事诉讼法〉的解释》的规定，对于办案机关收集的来自境外的证据材料，人民法院经审查，能够证明案件事实且符合刑事诉讼法规定的，可

以作为证据使用,并不要求必须经过公证、认证程序;书证的复制件,经与原件核对无误、经鉴定为真实或者以其他方式确认为真实的,可以作为定案的根据。本案涉及枫丹·圣乔治别墅的相关书证分别系办案机关依法从徐明境内住所调取或者由证人德维尔、姜丰向办案机关提供,来源清楚,其所证明的内容与薄谷开来、德维尔、姜丰等人的证言及相关书证能够相互印证,内容真实,可以作为定案的根据。同时,薄谷开来、德维尔、徐明、姜丰等人的证言及相关书证可以证明,薄谷开来为隐瞒别墅真实产权关系及避税,安排德维尔使用徐明提供的购房资金,通过实施复杂的购房方案专门设立系列公司并以枫丹·圣乔治房产公司的名义购买了枫丹·圣乔治别墅;此后,薄谷开来为继续掩盖涉案别墅真实产权关系并进一步加强实际控制,以罗素地产公司出资成立的罗素国际度假公司取代加拿大投资托管公司成为枫丹·圣乔治房产公司的唯一股东,又相继改变涉案别墅所属公司及关联公司股权的代为持有人,充分证明了其以控制涉案别墅所属公司及关联公司为手段拥有涉案别墅,并行使所有人权利的事实。别墅产权虽未登记在薄谷开来名下,但不影响薄谷开来系涉案别墅实际所有人的认定。

2. 关于关键证人未到庭接受质证,其书面证言能否采信的问题

本案中,被告人薄熙来及其辩护人均提出薄谷开来系本案关键证人,但作证能力存疑,又未到庭接受质证,薄谷开来的证言不应采信作为定案根据。

经查,薄谷开来故意杀人案生效判决确认的司法鉴定意见书载明,薄谷开来在2011年11月13日实施杀人犯罪时患有精神活性物质所致精神障碍,但该意见书同时载明薄谷开来辨认能力完整,具有完全刑事责任能力;薄谷开来在本案中所作证言及其作证录音录像均反映,其对办案人员的询问有明确的认知,表达清晰、语言流畅、情绪稳定,表明其具有作证能力。此外,一审法院审理本案期间,控辩双方均申请薄谷开来出庭作证,一审法院亦依法通知了薄谷开来到庭,但薄谷开来明确表示拒绝出庭作证。依照2012年修正的《刑事诉讼法》第一百八十八条第一款的规定,被告人配偶拒绝出庭的,人民法院不能强制其出庭作证。薄谷开来虽未出庭接受质证,但其书面证言经一审当庭宣读,其作证录音录像经当庭播放,并经控辩双方质证,其所证内容与在案其他证人证言、书证等能够相互印证,并与被告人薄熙来供认犯罪的自书材料、亲笔供词相互印证,足以确认其相关证言内容的真实性,可以作为定案根据。

【编后语】

薄熙来案是我国推进依法治国进程中具有里程碑意义的标志性案件,《法制日报》称,"薄熙来案不仅是司法史上的一个重要里程碑,也是法治普及的一堂重要公开课"。该案被新华社评为2013年国内十大新闻。其典范意义主要表现在以下四个方面:

1. 庭审实质化。强化庭审中心主义,严格按照法定程序办案,法庭居中审判,公诉机关依法指控犯罪,被告人薄熙来及其辩护人充分辩护,关键证人出庭作证,控辩双方角力激烈、针锋相对,使诉讼各方能够围绕定罪、量刑问题充分举证、充分质证、充分辩论,形成了精彩的庭审对抗式交锋,是一次贯彻现代法治精神的实质性的真正审判。

2. 裁判文书说理详尽。长达5万多字的判决书在庭审依法查明的案件事实、采信的证据基础上,详尽地阐释了定罪量刑依据,展现了裁判结果形成过程,对控辩双方庭审中的质证和辩论意见作了充分回应,对薄熙来作出罚当其罪的有罪判决,并通过官方微博全文公开,向社会各界阐明了程序的合法性和结果的公正性。

3. 公开透明。除组织公众旁听庭审、举办新闻通报会外,人民法院还以微博直播方式实时播报庭审过程,特别是在我国法治史上首开先河,将庭审笔录包括审判人员、公诉人、被告人、辩护

人的对话以及证人作证音频、视频资料上网公之于众，全方位公开法院的审判活动，极大地满足了社会公众了解案件庭审的愿望，合理维护了司法公开与庭审秩序之间的平衡，是法院庭审使用新媒体的标志性案件，为全国法院司法公开、公正司法树立了标杆，成为法治宣传教育的范本，受到国内外舆论的广泛肯定和高度评价。

4. 彰显反腐决心。反腐倡廉是现代法治的刚性要求，也是我们党和国家一贯坚持的鲜明政治立场和法治原则。党的十八大将反腐倡廉提到前所未有的高度，并提出"把权力关进制度的笼子"等重要举措。身居高位的薄熙来被提起公诉和审判，表明了我们党和国家反腐的坚定决心与鲜明态度。薄熙来案件作为一起涉及原党和国家领导人实施严重腐败犯罪的大要案，牵涉面广，社会影响大。法院严格贯彻法律面前人人平等原则，依靠党委的领导和支持，依法公正行使审判权，既是对腐败高官提出的现实警戒，也是对反腐败之民心民意的积极回应。

（撰稿：山东省高级人民法院刑二庭　盛　文
审编：最高人民法院刑二庭　韩维中）

白恩培受贿、巨额财产来源不明案

【关键词】 终身监禁　从旧兼从轻　量刑　国家工作人员

一、基本案情

被告人白恩培，男，汉族，1946 年 9 月 8 日出生，原系全国人大环境与资源保护委员会副主任委员，曾任青海省人民政府省长、中共青海省委书记、中共云南省委书记。2015 年 1 月 13 日被逮捕。

河南省安阳市人民检察院指控被告人白恩培犯受贿罪，向安阳市中级人民法院提起公诉。

被告人白恩培对指控的事实及罪名均无异议。其辩护人提出：(1)白恩培收受财物的行为大多是在正常履行职务后接受当事人的事后感谢，并未给当事人谋取不正当利益，其主观恶性较小；(2)被告人白恩培具有到案后主动交代办案机关未掌握的大部分受贿事实、认罪悔罪、涉案赃款赃物已全部追缴等从轻情节。

安阳市中级人民法院审理查明：

2000 年至 2013 年，被告人白恩培利用担任中共青海省委书记、中共云南省委书记、全国人大环境与资源保护委员会副主任委员等职务上的便利以及职权和地位形成的便利条件，为世纪金源投资集团有限公司、腾冲汇恒基房地产开发有限公司、邵维兴、高劲松等十七个单位和个人，在房地产开发、拓展公司业务、获取矿权、职务晋升等事项上提供帮助，直接或通过其妻张慧清（另案处理）非法收受上述单位和个人给予的财物共计折合人民币 2.46764511 亿元。白恩培还有巨额财产明显超过合法收入，不能说明来源。

安阳市中级人民法院认为，被告人白恩培身为国家工作人员，利用职务上的便利，为他人谋取利益，利用职权和地位形成的便利条件，通过其他国家工作人员职务上的行为，为他人谋取不正当利益，非法收受他人财物，其行为构成受贿罪；白恩培的财产、支出明显超过合法收入，差额特别巨大，不能说明来源，构成巨额财产来源不明罪，应数罪并罚。白恩培受贿数额特别巨大，犯罪情节特别严重，社会影响特别恶劣，给国家和人民利益造成特别重大损失，论罪应当判处死刑。鉴于其到案后，如实供述自己罪行，主动交代办案机关尚未掌握的大部分受贿犯罪事实；认罪悔罪,赃款赃物已全部追缴,具有法定、酌定从轻处罚情节,对其判处死刑,可不立即执行。同时,根据白恩培的犯罪事实和情节,决定在其死刑缓期执行二年期满依法减为无期徒刑后,终身监禁,不得减刑、假释。

2016年9月30日,河南省安阳市中级人民法院作出(2016)豫05刑初18号刑事判决,认定被告人白恩培犯受贿罪,判处死刑,缓期二年执行,剥夺政治权利终身,并处没收个人全部财产,在其死刑缓期执行二年期满依法减为无期徒刑后,终身监禁,不得减刑、假释;犯巨额财产来源不明罪,判处有期徒刑十年,决定执行死刑,缓期二年执行,剥夺政治权利终身,并处没收个人全部财产,在其死刑缓期执行二年期满依法减为无期徒刑后,终身监禁,不得减刑、假释。

一审宣判后,检察机关不抗诉,被告人白恩培不上诉,安阳市中级人民法院依法报送河南省高级人民法院复核。

河南省高级人民法院复核认为,原审判决认定的事实清楚,证据确实、充分。定罪准确,量刑适当。审判程序合法。

2017年1月12日,河南省高级人民法院以(2016)豫刑核68244237号刑事裁定,核准安阳市中级人民法院(2016)豫05刑初18号刑事判决。

二、裁判理由

2015年11月1日开始实施的《刑法修正案(九)》规定,对于犯贪污、受贿罪被判处死刑缓期执行的,人民法院根据犯罪情节等情况可以同时决定在其死刑缓期执行二年期满依法减为无期徒刑后,终身监禁,不得减刑、假释。本案被告人白恩培受贿数额达人民币2.46亿元,数额特别巨大,并给国家和人民利益造成特别重大损失,但其犯罪行为均发生在《刑法修正案(九)》实施之前,对其受贿罪裁量刑罚时,能否适用终身监禁,是法院在审理过程中重点考虑的一个问题。2015年11月1日起施行的《最高人民法院关于〈中华人民共和国刑法修正案(九)〉时间效力问题的解释》(法释〔2015〕19号)第八条明确规定,对于2015年10月31日以前实施贪污、受贿行为,罪行极其严重,根据修正前刑法判处死刑缓期执行不能体现罪刑相适应原则,而根据修正后刑法判处死刑缓期执行同时决定在其死刑缓期执行二年期满依法减为无期徒刑后,终身监禁,不得减刑、假释可以罚当其罪的,适用修正后《刑法》第三百八十三条第四款的规定。对于该条,具体分析如下:

(一)对于《刑法修正案(九)》实施之前的犯罪适用终身监禁不违反“从旧兼从轻”原则

有观点认为,《刑法修正案(九)》将被判处死缓的贪污受贿犯罪人的实际服刑期限由限制最低期限变成了终身服刑,提高了刑罚的严厉程度,因而根据“从旧兼从轻”原则,终身监禁不应适用于在此之前的犯罪。我们认为,这一观点是对终身监禁的法律性质理解有误,是对终身监禁是死刑缓期执行的法律后果还是死刑立即执行的部分替代措施认识不同。对此,可以从立法原意、新旧刑法比较等几个方面进行考察。

1. 从立法原意看,立法机关是将终身监禁作为死刑立即执行的部分替代措施和刑罚执行方法来规定的。全国人民代表大会法律委员会《关于〈中华人民共和国刑法修正案(九)(草案)〉审议结果的报告》(以下简称《报告》)提出:“法律委员会经同中央政法委等有关部门研究认为,对贪污受贿数额特别巨大、情节特别严重的犯罪分子,特别是其中本应当判处死刑的,根据慎用死刑的刑事政策,结合案件的具体情况,对其判处死刑缓期二年执行依法减为无期徒刑后,采取终身监禁的措施,有利于体现罪刑相适应的刑法原则……据此,建议在刑法第三百八十三条中增加一款规定。”从中可以看出,立法机关在提出设立终身监禁制度的立法建议时,其设想的适用对象是贪污受贿数额特别巨大、情节特别严重,“本应当判处死刑的”犯罪分子。终身监禁的设置是为了贯彻"慎用死刑(此处指立即执行)"的刑事政策,减少死刑的适用同时又使犯罪分子受到其应得的惩罚。因而从这一层面理解,可以认为终身监禁是死刑立即执行的部分替代措施。

2. 从终身监禁的适用方式看,终身监禁是死刑立即执行而非死缓的法律后果。死缓的法律后果通常确定于死刑缓期二年执行的考验期满以后,而且后果的内容取决于死缓罪犯在缓期执行期间表现,即有无故意犯罪及是否情节恶劣、有无立功表现等,与犯罪分子实施的犯罪性质及情节无关;而终身监禁是在对犯罪分子判处死刑缓期二年执行的判决中同时决定,不是在死缓执行期满后再做决定,而且决定是否终身监禁的依据是其被判处死缓的犯罪的性质及具体情节。正是上述区别,说明终身监禁并不是死刑缓期执行的法律后果,而是立法机关针对严惩贪污受贿犯罪和贯彻慎用死刑政策两方面的现实需要,新设的一种严厉程度介于死刑立即执行和一般死缓之间的死刑执行方法。

3. 从新旧刑法的比较看,终身监禁是对原本应当判处死刑立即执行的犯罪分子的从宽处理。立法机关并不是直接对贪污受贿犯罪增设了终身监禁制度,而是在对贪污受贿犯罪的定罪量刑标准及法定情节体系进行修改的同时,增设了终身监禁制度。对于刑法修订之前实施的犯罪,在处罚时选择适用新法还是旧法,不能单从某一法定刑的严厉性来比较,而应当针对同一严重程度的罪行分别适用新、旧法所可能面临的刑罚后果进行比较。根据 1997 年《刑法》第三百八十六条和第三百八十三条第一款第(一)项之规定,贪污或受贿"数额在十万元以上的,处十年以上有期徒刑或者无期徒刑,可以并处没收财产;情节特别严重的,处死刑,并处没收财产"。而《刑法修正案(九)》将第三百八十三条的相关规定内容修改为贪污或受贿"数额特别巨大或者有其他特别严重情节的,处十年以上有期徒刑或者无期徒刑,并处罚金或者没收财产;数额特别巨大,并使国家和人民利益遭受特别重大损失的,处无期徒刑或者死刑,并处没收财产"。《最高人民法院、最高人民检察院关于办理贪污贿赂刑事案件适用法律若干问题的解释》(以下简称《贪污贿赂案件解释》)又进一步规定贪污或受贿数额 300 万元以上的属于"数额特别巨大"。以上两文件相比较可以看出,《刑法修正案(九)》提高了贪污、受贿犯罪的量刑数额标准,相当一部分依照旧法规定可能判处死刑立即执行的犯罪,依照新法达不到判处死刑的程度,甚至达不到判处无期徒刑的程度。与此同时,《刑法修正案(九)》针对贪污、受贿犯罪又专门规定具有"在提起公诉前如实供述自己罪行、真诚悔罪、积极退赃,避免、减少损害结果的发生"等情节的可以从轻处罚,上述情节在刑法修改之前都属于酌定情节,而《刑法修正案(九)》将这些情节规定为法定情节,这也使一部分原来可以判处死刑立即执行的犯罪,由于上述情节的适用,而不需要再判处死刑。因此新法在实质上进一步压缩了死刑立即执行的适用范围,在此层面上,可以说新法对死刑立即执行的罪量要求更高,更有利于被告人。对于犯罪分子而言,适用旧法被判处死刑立即执行,适用新法被判处死缓并同时决定终身监禁,当然后者属于"处罚更轻的情形",是一种从轻处理。

本案中,被告人白恩培受贿数额达到 2.46 亿元,并给国家和人民利益造成特别重大损失,依照旧法判处的话,属于"情节特别严重"的情形,虽然其归案后能如实供述并能退赃,但这些依据旧法都属于酌定情节,考虑到其犯罪情节之严重,不足以对其从轻处罚,应当判处死刑(立即执行)。一审判决选择适用对白恩培有利的修正后刑法,对其判处死刑缓期二年执行并终身监禁,正是对"从旧兼从轻原则"的正确理解和运用。

(二)终身监禁的适用条件

《刑法》第三百八十三条第四款规定,对犯贪污、受贿罪的,根据法律规定被判处死刑缓期执行的,人民法院根据犯罪情节等情况可以同时决定在其死刑缓期执行二年期满依法减为无期徒刑后,终身监禁,不得减刑、假释。有观点认为,凡是依照修正前刑法规定可以判处死刑立即执行的被告人，均可以依照修正后刑法的规定判处死刑缓期二年执行并同时决定对其适用终身监禁。还有观点认为，凡是依照修正后刑法规定可以判处死刑缓期二年执行的，均可以同时决定对其适用终身监禁。这两种观点均失于偏颇。《报告》提出，对于（贪污贿赂犯罪）其中本应当判处死刑的，根据慎用死刑的刑事政策，结合案件的具体情况，对其判处死刑缓期二年执行依法减为无期徒刑后，采取终身监禁的措施，有利于体现罪刑相适应的刑法原则，维护司法公正，防止在司法实践中出现这类罪犯通过减刑等途径服刑期过短的情形，符合宽严相济的刑事政策。从上述立法报告可以看出，终身监禁制度的立法原意一是为了限制死刑立即执行的适用，二是为了限制贪污受贿犯罪分子逃避刑期而对刑罚执行阶段可能出现的不公正现象作出预先应对，以保障罪责刑相适应原则的实现。根据这一立法精神，对于终身监禁的适用，应当从以下两个方面进行把握：

1. 决定适用终身监禁的对象，应当是依照新、旧刑法均可能判处死刑立即执行的犯罪分子

《贪污贿赂案件解释》第四条第一款规定，贪污、受贿数额特别巨大，犯罪情节特别严重、社会影响特别恶劣、给国家和人民利益造成特别重大损失的，可以判处死刑。同时，该条第三款规定，符合第一款规定情形的，根据犯罪情节等情况可以判处死刑缓期二年执行，同时裁判决定在其死刑缓期执行二年期满依法减为无期徒刑后，终身监禁，不得减刑、假释。

《贪污贿赂案件解释》是在《刑法修正案（九）》对贪污、受贿罪进行修正后对具体条款作出的司法解释，其与刑法条文应保持内在一致，以实现刑法规范整体的内部和谐。作为一项刑法修正后新确立的刑罚制度，终身监禁的适用应当结合《刑法》第十二条关于刑法溯及力原则的规定来确定。根据“从旧兼从轻”原则，对于《刑法修正案（九）》之前实施的贪污受贿犯罪，在裁判时确定要判处的刑罚，应首先将具体犯罪分别放在新旧刑法中进行评价，确定可能适用的法定刑幅度，然后再进行比较。由于《刑法修正案（九）》大幅度提高了贪污受贿定罪量刑的数额标准，通常适用新法更有利于被告人，符合“从轻”原则。对于适用旧法被判处死刑，但适用新法判处死缓足以罚当其罪的，应当直接判处死缓，不能再决定对其适用终身监禁。只有在判处死刑立即执行偏重、判处一般死缓又偏轻、不能体现罪刑相适应原则的情形下，才可以考虑适用终身监禁。

2. 对被告人决定终身监禁，应当综合考虑案件的量刑因素

《刑法》第三百八十三条第四款和《贪污贿赂案件解释》第四条第三款均规定，人民法院“根据犯罪情节等情况”可以同时决定在被告人死刑缓期执行二年期满依法减为无期徒刑后，终身监禁，不得减刑、假释。此处“犯罪情节等情况”是指由刑法规定的，体现行为的社会危害性程度和行为人的人身危险性程度，从而影响定罪和量刑的各种事实情况。

对犯罪分子决定终身监禁，不得减刑、假释，是一种确定不变的刑罚适用，意味着犯罪人要承担相当严厉的刑罚后果。因而，法院决定终身监禁的裁判应当格外慎重。首先，对反映被告人犯罪行为的社会危害性的情节进行判断，是否属于“贪污、受贿数额特别巨大，犯罪情节特别严重、社会影响特别恶劣、给国家和人民利益造成特别重大损失的”的情形，确定是否达到判处死刑立即执行的条件；其次，在此基础上对反映被告人主观恶性和人身危险性的情节进行判断，确定是否满足“不是必须立即执行”所要求的从宽条件；最后，综合行为人全部犯罪情节，将从严情节与从宽情节的价值相比较，进行准确的评价。实践中的案例存在从“刚达到判处死刑标准”到“远超过判处死刑标准”的不同层次，从宽情节也存在不同层次，因而这个比较的过程是动态的，取决于具体贪污受贿犯罪之罪责的质、量与相关宽宥情节价值的比较。具体影响量刑的因素除了犯罪数额外，还包括犯罪的手段、对当地或所在单位造成的恶劣影响、给国家和人民利益造成的损失情况等。比如，索贿在全部犯罪数额中占比较大的，通常说明犯罪人的主观恶性大，社会影响也更恶劣；犯罪的时间长、次数多，通常反映出行为人具有一定的惯性；犯罪人是正常履职后受贿还

是收受他人贿赂为他人谋取不正当利益也反映了犯罪分子对公平规则和自由竞争秩序的破坏程度不同。

本案中,之所以对被告人白恩培适用终身监禁,除其受贿数额特别巨大外,其还具有以下情节:一是白恩培作为党的高级领导干部,利用职权插手项目建设、工程发包、矿权转让等经济领域事项,破坏公平自由的市场竞争秩序,影响了当地的经济发展;其还在干部职务提拔、调整等事项上为他人谋取利益,所提拔的干部如玉溪市原市长高劲松、普洱市原市长李小平、云南省统计局原局长姚堂文、云南省人民医院原院长王天朝等,均因为受贿犯罪被查处,严重损害了党和政府在人民群众中的形象,在云南当地造成特别恶劣的社会影响。二是白恩培为请托人的企业向地方党政领导打招呼,要求全力支持企业发展,地方党政领导为落实其指示,违反、规避相关法律规定为请托人的企业提供土地或调整用地规划,并提供返还土地出让金等优惠政策,客观上确实给国家利益造成特别重大损失。三是白恩培先后数十次收受他人贿赂,反映出其犯罪具有一定的惯性;其每次受贿数额均极大,为行贿人谋取的利益多数都属于在市场竞争、政府管理、职务升迁上的不正当利益,反映出其贪财动机强烈,且不惜破坏法律和公平原则。同时,白恩培如实供述自己罪行,主动交代办案机关尚未掌握的大部分受贿犯罪事实;认罪悔罪,赃款赃物已全部追缴,具有法定、酌定从轻处罚情节。综合考虑案件全部情况,法院决定判处其死刑,缓期二年执行,同时决定对其终身监禁,以达到罪刑相适应的效果。

【编后语】

白恩培案是我国适用终身监禁第一案。《刑法修正案(九)》增加终身监禁的规定,是立法贯彻宽严相济刑事政策的典范,既体现了慎重适用死刑的精神,也从法律层面封堵官员的"赎身暗门",避免个别官员利用减刑、假释程序逃避刑罚,防止司法实践中贪腐罪犯实际服刑期过短的情形。

人民法院依法审理白恩培案,对其判处死缓的同时决定对其终身监禁,对科学合理地惩治贪腐犯罪具有示范意义和标杆效应。可以预见,终身监禁将成为惩罚贪腐犯罪、震慑犯罪分子的司法利器,正所谓"死刑可逃,活罪难免,贪得无厌,牢底坐穿"。

(撰稿:河南省高级人民法院　蔡智玉　张开乐
审编:最高人民法院刑二庭　韩维中)

李华波违法所得没收、贪污案

【关键词】　违法所得　自首　域外服刑

一、基本案情

被告人李华波,男,汉族,1961年4月20日出生,江西省鄱阳县财政局经济建设股原股长。2011年1月29日潜逃境外,同年2月16日被决定逮捕,同月23日国际刑警组织对李华波发布红色通报,2015年5月9日被执行逮捕。

(一)李华波违法所得没收案审理情况

李华波因涉嫌犯贪污罪逃匿,江西省上饶市人民检察院于2013年3月6日向上饶市中级人民法院申请没收李华波违法所得。

利害关系人李某某、王某甲(系犯罪嫌疑人李华波的父母)及诉讼代理人提出,涉案城东小区的住宅于2002年动工建设,2004年取得产权证,均早于李华波涉嫌犯罪的时间,故上述房产不属于李华波的违法所得,不应予以没收,请求法院驳回检察机关没收该房产的申请。此外,该房产建设期间,李华波夫妇曾向李某某、王某甲借款人民币13万元未归还。

上饶市中级人民法院经公开审理查明:2006年10月至2010年12月间,犯罪嫌疑人李华波利用担任鄱阳县财政局经济建设股股长的职务便利,伙同张庆华、徐德堂(另案处理)等人,从鄱阳县财政局在鄱阳县农村信用联社城区信用社开立的基建专户内,先后将公款共计人民币9 400万元转出,直接或通过鄱阳县锦绣市政工程建设有限公司(以下简称锦绣公司,系李华波等人为转移赃款而专门设立的公司)账户,转入李华波、徐某某(李华波之妻)、黄贵生(另案处理)等人的个人账户内,除李华波与徐德堂赌博挥霍及徐德堂、张庆华、黄贵生等同案犯分得部分赃款外,其余赃款被李华波占有。现已查明,李华波用上述赃款中的人民币249.565万元为其本人及家人办理了移民新加坡的手续及在新加坡购置一套房产(购买价新加坡元40.98万元);将上述赃款中的人民币2 703.79万元通过新加坡中央人民币汇款服务私人有限公司(以下简称中央汇款公司)兑换成新加坡元,转入李华波本人及徐某某在新加坡大华银行开立的账户内,两项共计人民币2 953.355万元。后李华波夫妇使用其中的新加坡元14.4万余元,在新加坡购置了三处房产,将其中的新加坡元150万元用于新加坡"全球投资计划"(GIP)项目投资,尚有现金及存款新加坡元339.9万余元,以上房产、投资、现金及存款共计价值新加坡元545.4万余元。除用于"全球投资计划"(GIP)项目投资的钱款外,其余均已被新加坡警方扣押和查封。

另查明,江西省鄱阳县公安局已在我国境内扣押李华波名下国产白色雅阁牌小型轿车一辆,鄱阳县人民检察院已对李华波夫妇名下城东小区的住宅禁止交易。

2011年1月29日,李华波经澳门逃往新加坡,同年2月13日,鄱阳县人民检察院以涉嫌犯贪污罪对李华波立案侦查,同月16日,江西省上饶市人民检察院以涉嫌犯贪污罪对李华波决定逮捕,同月23日,国际刑警组织对李华波发布了红色通报。

上饶市中级人民法院于2015年3月3日作出(2013)饶中刑二没初字第1号刑事裁定,认为犯罪嫌疑人李华波身为国家工作人员,利用职务便利,伙同他人将巨额公款转出后非法占有,涉嫌重大贪污犯罪,其逃匿新加坡后被通缉,一年后未能到案。现有证据证明,李华波将其所贪污公款中的人民币2 953.355万元转移至新加坡,被新加坡警方查封的李华波夫妇名下的财产,以及李华波在新加坡用于"全球投资计划"(GIP)项目投资的新加坡元150万元,均系李华波的违法所得,依法均应予以没收。但对于检察机关没收城东小区的住宅一栋及国产白色雅阁牌小型轿车一辆的申请,经查,上述房产及车辆虽在李华波夫妇或李华波个人名下,但房产的建设时间及车辆的购置时间均在李华波涉嫌犯罪之前,检察机关以上述房产及车辆系李华波贪污犯罪违法所得或涉案财物为由,申请法院判令没收的依据不足,不予支持。综上所述,裁定对李华波的下列违法所得予以没收:

1. 扣押在新加坡总检察署总会计师办公室的如下财产:(1)徐某某持有的现金新加坡元88 600元,(2)我国香港地区的上海汇丰银行(HSBC)及星展银行(DBS)三张支票兑现所得新加坡元14 755.61元,(3)房产商退还的三处房产的购房款共计新加坡元144 421.4元;

2. 李华波在新加坡大华银行账户内的余额新加坡元1 308 510.14元;

3. 李华波在新加坡星展银行账户内的余额新加坡元14 756.54元;

4. 李华波在新加坡滨海湾金沙酒店账户内的余额新加坡元121 088元;

5. 李华波在新加坡圣淘沙名胜世界账户内的余额新加坡元403 750元;

6. 徐某某在新加坡大华银行账户内的余额新加坡元 1 321 014.69 元；

7. 徐某某在新加坡星展银行账户内的余额新加坡元 27 462.38 元；

8. 徐某某在新加坡滨海湾金沙酒店账户内的余额新加坡元 100 000 元；

9. 1 Elizabeth Drive #06 - 11 Hill Vista Singapore 669743 房产的购房款新加坡元 409 800 元；

10. 李华波用于“全球投资计划”(GIP)项目的新加坡元 1 500 000 元。

驳回上饶市人民检察院没收李华波名下国产白色雅阁牌小型轿车一辆、李华波和徐某某名下位于鄱阳县鄱阳镇城东小区的住宅一栋的申请，解除对上述车辆及房产的扣押、冻结措施。

一审宣判后，利害关系人均未提出上诉。

（二）李华波贪污案的审理情况

李华波于 2011 年 1 月 29 日潜逃到新加坡。同年 2 月 23 日，国际刑警组织对李华波发布红色通缉令。李华波后因三项“不诚实盗取赃物”的罪名，被新加坡法院判处 15 个月监禁。

2015 年 2 月 2 日上午，我国驻新加坡大使馆参赞兼总领事刘红梅前往新加坡樟宜监狱，对正在服刑的李华波进行领事探视时，李华波承认自己在国内犯下了严重的罪行，给国家造成了巨大损失，主动写信交给中国驻新加坡大使馆要求回国投案自首；同日还向新加坡高等法院、法官、总检察署、检察官、律师出具书面声明，表示自愿撤销在新加坡的所有诉讼（包括 2 月 2 日、3 月 27 日的诉讼）。2015 年 5 月 9 日，李华波在新加坡服刑完毕后被遣返并被执行逮捕。

2016 年 1 月 6 日，上饶市人民检察院指控被告人李华波犯贪污罪，向上饶市中级人民法院提起公诉。

被告人李华波对公诉机关指控其贪污的事实不持异议，自愿认罪并表示接受法律的处罚，但辩解称是徐德堂提出借钱，大部分钱都是徐德堂使用的。其辩护人提出：李华波不应认定为主犯；李华波具有自首、积极退赃、认罪悔罪、无前科的法定和酌定从轻或减轻处罚情节，恳请对李华波从轻处罚。

上饶市中级人民法院经公开审理查明：1980 年 12 月至 2011 年 2 月，被告人李华波在江西省鄱阳县财政局工作。2005 年 2 月 28 日，李华波经鄱阳县财政局党组任命为经建股股长。2006 年 10 月 18 日，鄱阳县财政局在城区信用社开设了基建专户并预留印鉴卡，按规定该专户只能允许财政方面的资金转入，且基建专户只能与相关的对公账户发生往来。经建股负责五个部门（国土局、交通局、供销社、商业总公司、粮食局）预算内外资金的审核拨付；负责中央、省级预算内基本建设资金的管理与拨付；负责粮食直补、家电下乡等部分涉农、惠民补贴资金指标的管理与拨付。本案发生之前，李华波负责经建股的全面工作。张庆华负责原基建专户账务管理、指标管理拨款手续。

被告人李华波与徐德堂通过打麻将相互认识，之后因为经常在一起打牌、吃饭渐渐熟悉。2006 年 10 月，李华波与徐德堂两人商议，李华波从管理的鄱阳县财政局设在城区信用社的基建专户内转出公款给徐德堂使用，徐德堂向李华波支付利息。李华波提出需借用外地人的名义成立一家公司，通过该公司的账户才能将基建专户内的公款转出。于是徐德堂委托其朋友注册成立了锦绣公司，并为该公司在城区信用社开设账户。其间，李华波向张庆华提出，将经建股管理的基建专户资金转给徐德堂使用。张庆华表示同意，但提出将钱转给徐德堂，财务上的账目无法做平，怕被查出来。李华波表示做账的事情先不考虑，以后再说。

2006 年 10 月至 2008 年 10 月间，被告人李华波指使张庆华以拨付工程款、基建款等名义，先后九次开具票面金额合计为 1 770 万元的转账支票，再套用已经使用过的基建项目拨付审批手续，骗取鄱阳县财政局印鉴管理人员的信任，在该支票上加盖“鄱阳县财政局基建财务管理专用章”,从基建专户内将公款1 770万元转到锦绣公司账户。而后,李华波和徐德堂指使徐国堂(另案处理)、黄贵生,将上述1 770万元公款从锦绣公司分多次转账和提取现金后共同占有,并以支付利息的名义分给张庆华部分公款。

2008年始,被告人李华波、徐德堂使用骗得的公款到我国澳门特别行政区赌场进行赌博,并输掉大量公款。2009年11月间,李华波、徐德堂商议,再从基建专户弄些公款到澳门赌博。两人对张庆华谎称承揽了一个高速公路建设工程项目,要求再从基建专户转出1 730万元,与前期转出的1 770万元凑成3 500万元,用于投资高速公路工程,并承诺工程完工后人均可分得利润250万元左右。张庆华表示同意。李华波为避免套用使用过的审批手续,到财政局办公室加盖公章次数多了会被人发现,于是私自雕刻了一枚假基建专户的印鉴。2009年11月18日、12月20日,李华波私自开具转账支票并在支票上加盖假印鉴,先后两次从城区信用社基建专户转出公款合计1 730万元至个人及锦绣公司账户后,与黄贵生分多次将上述资金转账和提取现金,所得公款由李华波、徐德堂共同占有。

被告人李华波、徐德堂在澳门赌博输掉大量资金,投资景德镇景禹新能源公司(以下简称景禹公司)也亏损巨大。李华波为了全家移民定居新加坡,以及与徐德堂继续到澳门赌博,决定再从基建专户内骗取公款。2010年6月11日至12月21日,李华波先后五次开具转账支票,在支票上加盖假基建专户的印鉴,从城区信用社基建专户内转出公款合计人民币5 900万元至锦绣公司账户。徐德堂介绍胡文生(另案处理)帮助李华波将上述公款转账,并提供胡文生等人身份证给李华波开户用于转账。之后,李华波指令黄贵生、胡文生将上述转出的5 900万元公款,多次予以转账或提取现金,所得公款由李华波、徐德堂共同占有。

被告人李华波、徐德堂、张庆华第一次将基建专户内公款骗出后,为使基建专户银行账目上没有显示亏空,应付相关单位的检查,掩盖犯罪事实,共同商议制作假的银行对账单。2006年10月至2009年11月,李华波、张庆华共同制作了七份假银行对账单。2010年期间,李华波单独制作了四份假银行对账单。李华波将以上十一份对账单给徐德堂加盖城区信用社业务公章后,交给张庆华保管。

被告人李华波、徐德堂合伙从鄱阳县财政局套出公款后,将其中230万元投资景禹公司,此外,还借给景禹公司200万元。2010年12月26日,李华波、徐德堂将他们在景禹公司名下的股份折价150万元,转让给景德镇市中南担保投资集团有限公司。

被告人李华波、徐德堂将基建专户套出的公款3 857万元,先后转给广东省珠海市的陈某甲,由陈某甲帮其兑换成港币后,存入李华波在澳门赌场的账户;将基建专户套出的公款1 261万元,先后转给澳门特别行政区的何某某,由何某某帮其兑换成港币后,存入李华波在澳门赌场的账户。之后,徐德堂又将套取的公款577万元转给陈某甲,由陈某甲帮其兑换成港币后,存入徐德堂在澳门赌场的账户。另外,李华波、徐德堂还将部分赃款以现金形式交给陈某甲,由陈某甲兑换成港币后,交给李华波、徐德堂或存入二人在赌场的账户。

被告人李华波、徐德堂将上述通过陈某甲和何某某转入赌场账户的资金共同用于赌博,两人在澳门威尼斯人赌场多次输掉港币合计5 647.26万元。其间,李华波通过何某某将澳门赌场取出的资金兑换成人民币813万元,转入福建省厦门市的陈某乙、白某账户;通过黄贵生、胡文生等人将1 890.79万元转入福建省厦门市陈某乙、陈某丙账户;然后通过新加坡的人民币汇款公司负责人王某乙,将以上转入陈某乙、白某、陈某丙账户的资金合计2 703. 79万元,按当时汇率兑换成新加坡元后存入李华波、徐某某在新加坡大华银行的账户,供其移民后个人和家庭使用。此外,被告人李华波将骗取的公款251.565万元,转入广东省深圳市澳德华信息咨询有限公司及其负责人谢某某的账户,由谢某某用于帮助李华波办理全家移民新加坡及在新加坡购置房产。

上饶市中级人民法院已追缴徐德堂等人被扣押的赃款合计 482.98 万元;依照违法所得没收程序没收被告人李华波被扣押在新加坡的财产合计 5 454 158.76 新加坡元。

2017 年 1 月 23 日,上饶市中级人民法院以(2016)赣 11 刑初 1 号刑事判决,认定被告人李华波犯贪污罪,判处无期徒刑,剥夺政治权利终身,并处没收个人全部财产。

一审宣判后,李华波服判,没有提出上诉。判决发生法律效力。

二、裁判理由

(一)没收违法所得案件部分

《刑法》第六十四条规定,犯罪分子违法所得的一切财物,应当予以追缴或者责令退赔。该条款体现了任何人不得通过犯罪行为获得利益的法治精神。犯罪嫌疑人、被告人逃匿、死亡的情形不得成为怠于追缴或不追缴违法所得及其收益的理由,更不能因为怠于追缴或不追缴而使得违法所得及其收益成为犯罪分子的"合法财产"。

但在 2012 年《刑事诉讼法》修正之前,由于缺乏相应的程序规定,犯罪嫌疑人、被告人不能到案时,违法所得及收益迟迟不能追缴,国家和人民的利益持续处于遭受损失的状态。2012 年修正《刑事诉讼法》时增设了犯罪嫌疑人、被告人逃匿、死亡案件违法所得的没收程序,其中第二百八十条①第一款规定,对于贪污贿赂犯罪、恐怖活动犯罪等重大犯罪案件,犯罪嫌疑人、被告人逃匿,在通缉一年后不能到案,或者犯罪嫌疑人、被告人死亡,依照刑法规定应当追缴其违法所得及其他涉案财产的,人民检察院可以向人民法院提出没收违法所得的申请。该条款是对物的规定,不涉及对人追究刑事责任。

根据刑事诉讼法的规定,犯罪嫌疑人、被告人虽于 2013 年 1 月 1 日前逃匿或死亡,但其在逃匿、死亡前因实施贪污贿赂犯罪、恐怖活动犯罪等重大犯罪案件而获得的违法所得及收益的不法状态依然存在,并持续至 2013 年 1 月 1 日之后,应适用修订后的刑事诉讼法。

本案中,被告人李华波于 2006 年 10 月至 2010 年 12 月伙同徐德堂等人共同贪污公款共计 9 400万元,李华波于 2011 年 1 月 29 日潜逃至新加坡,同年 2 月 13 日检察机关以涉嫌犯贪污罪对其立案侦查,同月 16 日对其决定逮捕,同年 2 月 23 日国际刑警组织对李华波发布红色通缉令。李华波贪污犯罪行为在刑事诉讼法修改前已立案侦查,其通过贪污犯罪非法获取的违法所得及收益的不法状态持续至 2013 年 1 月 1 日刑事诉讼法修订后,国家和人民的利益持续遭受损失,应对李华波适用修订后的刑事诉讼法没收其违法所得。

在李华波违法所得没收案中,人民法院充分保障了犯罪嫌疑人李华波及利害关系人的各项诉权。上饶市中级人民法院严格按照刑事诉讼法的规定组成合议庭,依法进行了公告,告知犯罪嫌疑人的近亲属和其他利害关系人有权申请参加诉讼,也可以委托诉讼代理人参加诉讼,其近亲属委托了两名律师作为诉讼代理人,案件依法公开开庭审理,对查证属于违法所得及其他涉案财产,裁定予以没收;对不属于应当追缴的在国内的房屋和车辆裁定驳回申请,解除扣押、冻结措施。

(二)贪污案件部分

1. 关于自首的认定

《刑法》第六十七条第一款规定,犯罪以后自动投案,如实供述自己的罪行,是自首。"自动投案"要求犯罪嫌疑人投案要具有主动性和自愿性。如犯罪嫌疑人在境外只是口头表示愿意回国

① 现行《刑事诉讼法》第二百九十八条。

接受司法处理,但实际滞留在境外直至被遣返,则不具有主动性,不符合自动投案这一条件,当然不能成立自首。本案中,被告人李华波虽在新加坡监狱服刑,但其刑满释放后仍具有谋求继续滞留境外的机会及可能,其主动放弃,并写信表示愿意回国投案,自愿回国接受司法处理,具有主动性及自愿性,应视为"自动投案"。李华波到案后能如实供述自己的主要犯罪事实,法院依法认定其构成自首。

2. 关于域外服刑刑期是否应扣除的问题

《刑法》第十条规定,凡在中华人民共和国领域外犯罪,依照本法应当负刑事责任的,虽然经过外国审判,仍然可以依照本法追究,但是在外国已经受过刑罚处罚的,可以免除或者减轻处罚。该条是对域外刑事判决的消极承认,但在本案中,被告人李华波潜逃至新加坡后,因实施了洗钱犯罪,被新加坡法院根据其本国法判处监禁15个月,其在新加坡洗钱犯罪事实与国内贪污犯罪事实不属同一事实,其归案后检察机关并未对其洗钱犯罪予以指控,故对李华波贪污犯罪的处罚不应适用《刑法》第十条的规定,李华波在新加坡服刑的刑期不应当被扣除。

【编后语】

"红通"①二号人物李华波案是我国《刑事诉讼法》增设违法所得没收特别程序后,司法机关依照该程序追缴涉案赃款的第一案;也是全国第一件以违法所得没收特别程序审结后,犯罪嫌疑人主动投案,继而又以普通刑事诉讼程序对被告人审判的案件。该案同时也是中国和新加坡依据《联合国反腐败公约》、践行《北京反腐败宣言》开展追讨追赃合作的成功案例。案件的审理对后续司法解释的出台及同类案件的审理提供了宝贵的司法实践经验。

人民法院依法运用违法所得没收程序,裁定通过国际刑事司法协助,得到了新加坡的承认和执行,切断了被告人的经济来源,对外逃的腐败分子犹如釜底抽薪。在被告人回国后,法院又依法审理其贪污犯罪,并综合考虑贪污的情节、数额、被告人的认罪悔罪态度进行量刑,审理过程充分体现党和国家惩治腐败犯罪、追回境外赃款、赃物的鲜明态度和坚强决心,对携款外逃的犯罪分子和潜在的腐败分子既起到了巨大震慑效应,也是向他们郑重宣告主动回国接受法律制裁才是唯一正确的出路。

(撰稿:长春市中级人民法院刑一庭　曲鹏程
江西省高级人民法院刑二庭　林勇康
审编:最高人民法院刑二庭　王晓东)

杨秀珠贪污、受贿案

【关键词】　国家工作人员　自首　溯及力　违法所得

一、基本案情

被告人杨秀珠,女,汉族,1946年9月15日出生,浙江省建设厅原副厅长,曾任温州市人民政府市长助理、温州市人民政府副市长、浙江省金温铁路建设工程总指挥部副总指挥、温州铁路房

---

① "百名红通"是指中央反腐败协调小组集中公布100名涉嫌犯罪外逃国家工作人员、重要腐败案件涉案人等人员的红色通缉令。

地产开发有限公司董事长。2003 年 6 月 16 日被决定逮捕,2016 年 11 月 16 日被逮捕。

浙江省杭州市人民检察院指控被告人杨秀珠犯贪污罪、受贿罪,向杭州市中级人民法院提起公诉。

被告人杨秀珠及其辩护人对公诉机关指控的事实及罪名均无异议,但提出杨秀珠具有自首、认罪悔罪、积极配合退赃、年龄偏大且身患疾病等多项从轻、减轻处罚情节;辩护人还提出杨秀珠所涉两罪性质相近,并罚时应从宽处罚,请求对杨秀珠减轻处罚。

杭州市中级人民法院经公开审理查明:

(一)贪污事实

1996 年 12 月至 1997 年 12 月间,被告人杨秀珠利用担任温州铁路房地产开发有限公司(现更名为温州市轨道交通置业有限公司,以下简称铁路房开公司)董事长、浙江省金温铁路建设工程总指挥部(以下简称金温铁路指挥部)副总指挥、温州市副市长等职务上的便利,以非法占有为目的,侵吞公款共计人民币(以下如无注明,币种相同)1 904.5155 万元。具体事实如下:

1. 铁路房开公司成立于 1993 年,系国有独资公司温州市地方铁路有限公司(以下简称地方铁路公司)控股的有限公司。1995 年 3 月,被告人杨秀珠被任命为铁路房开公司董事长,1996 年 10 月,地方铁路公司委派杨秀珠任铁路房开公司董事。1996 年 12 月下旬,杨秀珠利用担任铁路房开公司董事长职务上的便利,指使时任该公司总经理高云光、财务人员金建林(均已判刑)及林素华(已死亡)等人,虚构温州水心汇昌小区项目需补缴配套费事由,采用先以作废发票入账报销、后在转账支票存根联上填写虚假的收款单位平账等方式侵吞单位公款。截至 1997 年 9 月,杨秀珠等人从铁路房开公司账户套取资金 1 104.5155 万元。

2. 1997 年 11 月至 12 月,被告人杨秀珠利用担任金温铁路指挥部副总指挥、温州市副市长职务上的便利,指使时任温州火车站站前开发建设指挥部(系温州市人民政府 1996 年 10 月成立的临时性机构,于 1999 年 8 月撤销,以下简称站前指挥部)副指挥高云光套取 800 万元,高云光遂联系温州市华中房地产开发有限公司法定代表人黄长顺,以虚假材料申请拆迁补偿、虚增工程款等方式,从温州市人民政府划拨至站前指挥部的工程建设资金中套取 800 万元。

(二)受贿事实

1994 年 4 月至 1999 年 5 月,被告人杨秀珠利用担任温州市市长助理、副市长、浙江省建设厅副厅长等职务上的便利,为金剑平及其经营的温州新世界房地产开发有限公司(以下简称新世界房产公司)、陈其跃及其经营的温州米莉沙鸿州房地产开发有限公司(以下简称米莉沙鸿州房产公司)在取得土地使用权、调整项目规划、增加建筑面积、减免配套费等事项上提供帮助,收受上述个人、单位所送的钱款,共计折合 735.43 万元。具体事实如下:

1. 1994 年 4 月至 1997 年 12 月,被告人杨秀珠利用担任温州市市长助理、副市长职务上的便利,为金剑平及其经营的新世界房产公司在取得温州市广场路 54 号地块、马鞍池西路 1 号地块的土地使用权、调整项目规划、增加建筑面积、减免配套费等事项上提供帮助。1997 年 12 月至 1998 年 8 月,杨秀珠先后三次收受上述个人、单位银行转账港币 110 万元、现金人民币 200 万元、银行转账美元 20 万元,共计折合人民币 483.43 万元。

2. 1996 年 10 月至 1999 年 5 月,被告人杨秀珠利用担任温州市副市长、浙江省建设厅副厅长职务上的便利,为陈其跃及其经营的米莉沙鸿州房产公司在取得温州市动物园地块、车站大道 3 ~ 3 号地块土地使用权、调整容积率、增加建筑面积等事项上提供帮助。1997 年 9 月至 1998 年 12 月,杨秀珠先后多次收受上述个人、单位所送的现金共计 252 万元。

2003 年 4 月,被告人杨秀珠潜逃出境。2016 年 11 月 16 日,杨秀珠主动回国投案,如实供述贪污、受贿事实。案发后,被告人杨秀珠积极配合退缴赃款、赃物,现已扣押赃款1 225.961798万元。杨秀珠实际出资购买的温州市县前头大楼C、D幢118号商铺(登记产权人潘春花)、温州市东南大厦112号商铺(登记购房人李毓麟,未办理产权证)、杭州市文欣苑2幢801室住宅(登记购房人潘琛名义,未分割过户)及杨秀珠名下杭州市宝石二路7号1幢2单元501室住宅等四处房产已被限制交易。杨秀珠自愿以上述款物退缴违法所得。

杭州市中级人民法院于2017年10月12日作出(2017)浙01刑初71号刑事判决,认为被告人杨秀珠身为国家工作人员,利用职务上的便利侵吞公款1 904.5155万元,其行为构成贪污罪,且数额特别巨大;杨秀珠利用职务上的便利,为他人谋取利益,收受他人财物735.43万元,其行为构成受贿罪,且数额特别巨大。上述两罪依法应予并罚。公诉机关指控杨秀珠犯贪污罪、受贿罪的事实清楚,证据确实、充分,指控罪名成立。杨秀珠指使他人为其侵吞公款,在贪污共同犯罪中起主要作用,系主犯。杨秀珠主动回国投案,如实供述罪行,具有自首情节,且真诚悔罪,积极配合退缴全部违法所得,依法可以对其减轻处罚。对杨秀珠及其辩护人所提相应辩护意见予以采纳。杨秀珠从铁路房开公司侵吞的公款1 104.5155万元应返还温州市轨道交通置业有限公司,从站前指挥部套取的公款800万元应直接上缴国库,受贿所得予以没收。判决认定被告人杨秀珠犯贪污罪,判处有期徒刑六年,并处罚金人民币五十万元;犯受贿罪,判处被告人杨秀珠有期徒刑五年,并处罚金人民币三十万元,决定执行有期徒刑八年,并处罚金人民币八十万元;追缴被告人杨秀珠贪污所得人民币一千一百零四万五千一百五十五元,返还温州市轨道交通置业有限公司;追缴被告人杨秀珠贪污、受贿所得人民币一千五百三十五万四千三百元,予以没收,上缴国库。

一审宣判后,被告人杨秀珠未提出上诉。判决已经发生法律效力。

二、裁判理由

(一)国家工作人员的认定

我国《刑法》第九十三条规定,国家工作人员是指在国家机关中从事公务的人员。国有公司、企业、事业单位、人民团体中从事公务的人员和国家机关、国有公司、企业、事业单位委派到非国有公司、企业、事业单位、社会团体从事公务的人员,以及其他依照法律从事公务的人员,以国家工作人员论。涉案期间,杨秀珠于1993年4月任金温铁路指挥部副总指挥,同年7月任温州市市长助理;1995年1月任温州市副市长,同年3月兼任铁路房开公司董事长;1998年4月任浙江省建设厅副厅长。杨秀珠担任温州市市长助理、温州市副市长、浙江省建设厅副厅长等职务,属于在国家机关中从事公务的人员,系国家工作人员。

关于国家机关、国有公司、企业、事业单位委派到非国有公司、企业、事业单位、社会团体从事公务的人员的认定,2003年《全国法院审理经济犯罪案件工作座谈会纪要》规定,所谓委派,即委任、派遣,其形式多种多样,如任命、指派、提名、批准等。不论被委派的人身份如何,只要是接受国家机关、国有公司、企业、事业单位委派,代表国家机关、国有公司、企业、事业单位在非国有公司、企业、事业单位、社会团体中从事组织、领导、监督、管理等工作,都可以认定为国家机关、国有公司、企业、事业单位委派到非国有公司、企业、事业单位、社会团体从事公务的人员。如国家机关、国有公司、企业、事业单位委派在国有控股或者参股的股份有限公司从事组织、领导、监督、管理等工作的人员,应当以国家工作人员论。具体到本案,铁路房开公司于1993年9月由地方铁路公司(国有独资公司,杨秀珠为法定代表人,与金温铁路指挥部系一套班子、两块牌子)和温州市巨一皮鞋厂出资成立,地方铁路公司占股60%,属国有控股公司。杨秀珠受地方铁路公司委派担任铁路房开公司董事,经铁路房开公司董事会决定担任董事长,属于受国有公司委派到非国有公司(国有控股的股份有限公司)从事公务,按照前述规定,应当以国家工作人员论。

(二)新旧刑法的适用

杨秀珠实施的贪污、受贿犯罪发生在1994年4月至1997年12月间。我国1997年《刑法》第三百八十三条第一款第一项规定,个人贪污数额在十万元以上的,处十年以上有期徒刑或者无期徒刑,可以并处没收财产;情节特别严重的,处死刑,并处没收财产。第三百八十六条规定,对犯受贿罪的,根据受贿所得数额及情节,依照本法第三百八十三条的规定处罚。索贿的从重处罚。随着时代发展,我国1997年《刑法》规定的贪污、受贿数额标准已经偏低,与社会经济的发展不相适应。2015年,《刑法修正案(九)》对贪污、受贿犯罪作出修改:"(一)贪污数额较大或者有其他较重情节的,处三年以下有期徒刑或者拘役,并处罚金。(二)贪污数额巨大或者有其他严重情节的,处三年以上十年以下有期徒刑,并处罚金或者没收财产。(三)贪污数额特别巨大或者有其他特别严重情节的,处十年以上有期徒刑或者无期徒刑,并处罚金或者没收财产;数额特别巨大,并使国家和人民利益遭受特别重大损失的,处无期徒刑或者死刑,并处没收财产。"2016年《最高人民法院、最高人民检察院关于办理贪污贿赂刑事案件适用法律若干问题的解释》(以下简称《贪污贿赂司法解释》)进一步规定,贪污或者受贿数额在三万元以上不满二十万元的,应当认定为《刑法》第三百八十三条第一款规定的"数额较大",依法判处三年以下有期徒刑或者拘役,并处罚金;贪污或者受贿数额在二十万元以上不满三百万元的,应当认定为《刑法》第三百八十三条第一款规定的"数额巨大",依法判处三年以上十年以下有期徒刑,并处罚金或者没收财产;贪污或者受贿数额在三百万元以上的,应当认定为《刑法》第三百八十三条第一款规定的"数额特别巨大",依法判处十年以上有期徒刑、无期徒刑或者死刑,并处罚金或者没收财产。该解释第十九条规定,对贪污罪、受贿罪判处三年以下有期徒刑或者拘役的,应当并处十万元以上五十万元以下的罚金;判处三年以上十年以下有期徒刑的,应当并处二十万元以上犯罪数额二倍以下的罚金或者没收财产;判处十年以上有期徒刑或者无期徒刑的,应当并处五十万元以上犯罪数额二倍以下的罚金或者没收财产。可以看出,随着社会经济的发展,贪污、受贿犯罪数额标准已大幅提高。

关于溯及力,我国《刑法》第十二条规定:"中华人民共和国成立以后本法施行以前的行为,如果当时的法律不认为是犯罪的,适用当时的法律;如果当时的法律认为是犯罪的,依照本法总则第四章第八节的规定应当追诉的,按照当时的法律追究刑事责任,但是如果本法不认为是犯罪或者处刑较轻的,适用本法。"本案中,杨秀珠贪污1 900余万元,受贿700余万元,适用《刑法修正案(九)》施行后的刑法显然比适用1997年《刑法》判刑要轻,法院遂依据2015年修正后的《刑法》及《贪污贿赂司法解释》作出上述判决,体现了刑法适用的"从旧兼从轻"原则。

(三)自首情节的认定

我国《刑法》第六十七条第一款规定,犯罪以后自动投案,如实供述自己的罪行的,是自首。对于自首的犯罪分子,可以从轻或者减轻处罚。其中犯罪较轻的,可以免除处罚。关于如何认定自动投案,1998年《最高人民法院关于处理自首和立功具体应用法律若干问题的解释》第一条第一款第一项规定,自动投案,是指犯罪事实或者犯罪嫌疑人未被司法机关发觉,或者虽被发觉,但犯罪嫌疑人尚未受到讯问、未被采取强制措施时,主动、直接向公安机关、人民检察院或者人民法院投案。

本案中,被告人杨秀珠实施贪污、贿赂犯罪后,因害怕被调查,于2013年4月潜逃出境,先后辗转我国香港地区、新加坡、荷兰、美国等地。浙江省人民检察院于2003年6月16日对该案立案侦查,同日对杨秀珠决定逮捕。经长期劝返工作,滞留美国的杨秀珠表示愿意回国接受调查,并于2016年11月16日从美国搭乘飞机回国,同日被执行逮捕。杨秀珠潜逃后虽系经劝返回国投案,但其投案系基于意志自由而选择的结果,仍具有投案的自动性,应认定为自动投案。杨秀珠自动投案后,如实供述自己的贪污、受贿罪行,具有自首情节。法院依法认定杨秀珠构成自首,并对其从宽量刑是正确的。

【编后语】

党的十八大以来,反腐败工作持续深入推进。国际追逃追赃是国内高压反腐的延伸,中国在多边、双边外交场合积极发声,广泛开展务实有效的反腐败国际合作,外逃人员生存空间越发窄小。推进反腐败国际追逃追赃,既让外逃人员无处藏身,也强化了对国内腐败分子的震慑。2015年4月,中央追逃办公布"百名红通"令,杨秀珠位列"百名红通"人员首位。经过不懈的追逃努力,2016年11月16日,杨秀珠在潜逃海外13年零7个月后回国投案。

司法机关在办案过程中始终坚持依法办案,切实保障杨秀珠的各项诉讼权利,并考虑其年逾七旬、患有多种慢性疾病等情况,给予充分的人文关怀,彰显法律尊严与司法文明。杨秀珠在庭审最后陈述阶段数次哽咽、痛哭流涕,为自己给国家财产和人民利益造成重大损失感到忏悔,通过其外逃经历告诫腐败犯罪分子不能对外逃心存侥幸,表示认罪悔罪,服从人民法院判决,并对办案机关的教育和关怀表示感谢。人民法院对杨秀珠量刑时,充分考虑其主动回国投案,如实供述罪行,具有自首情节,且真诚悔罪,积极配合退缴全部违法所得,依法对其减轻处罚。

对杨秀珠依法公正审判,既维护了国家司法主权,也彰显了严厉打击外逃腐败分子的坚定决心,警示腐败分子,海外不是法外,避罪没有天堂,无论跑到天涯海角,都逃脱不了法律的制裁。对杨秀珠依法减轻处罚,也起到了引导尚在外逃的"红通"人员主动归国接受审判的政治效果和法律效果。

(撰稿:浙江省高级人民法院刑二庭　吴国宝　董晓超
审编:最高人民法院刑二庭　王晓东)

王银成受贿案

【关键词】　索取　占有　贪污　受贿

一、基本案情

被告人王银成,男,汉族,1960年8月10日出生,中国人民保险集团股份有限公司原党委副书记、总裁,曾任中国人民财产保险股份有限公司党委委员、副总裁、党委书记、总裁。2017年7月18日被逮捕。

福建省福州市人民检察院指控被告人王银成犯受贿罪,向福州市中级人民法院提起公诉。

被告人王银成对公诉机关指控的犯罪事实无异议。其辩护人主要提出以下辩护意见:(1)对于指控王银成通过其兄收受相关公司420万元一节,相关公司获得工程项目系工程具体负责人收受贿赂后所为,王银成对其兄收取的420万元款项系事后知情,且款项始终由其兄占有支配,其所起作用及主观恶性较小;(2)王银成收受李某某为其支付油画款一节,涉案油画始终在王银成办公室使用,王未将之占为己有,故该油画款应在受贿数额中扣除;(3)王银成具有自首、立功情节,案发前主动退还部分贿赂款,应予以从轻、减轻处罚;(4)王银成到案后主动交代办案机关尚未掌握的受贿事实,认罪悔罪,已退缴全部赃款赃物,应予以从轻处罚。

福州市中级人民法院经公开审理查明：

2006 年至 2016 年，被告人王银成利用担任中国人民财产保险股份有限公司（以下简称人保财险）党委委员、副总裁、党委书记、总裁及中国人民保险集团股份有限公司（以下简称人保集团）党委副书记、总裁的职务便利，为相关单位和个人在工程承揽、职务晋升、子女就业等事项上提供帮助，直接或通过特定关系人非法收受上述单位和个人给予的财物共计折合人民币 870.2966 万元。

福州市中级人民法院认为，被告人王银成身为国家工作人员，利用职务上的便利，为他人谋取利益，非法收受他人财物，数额特别巨大，其行为已构成受贿罪。鉴于王银成到案后，能够如实供述自己的罪行，主动交代办案机关尚未掌握的部分受贿犯罪事实，认罪悔罪，积极退赃，涉案赃款赃物已全部退缴，依法可以从轻处罚。

2018 年 5 月 24 日，福州市中级人民法院以（2018）闽 01 刑初 43 号刑事判决，认定被告人王银成犯受贿罪，判处有期徒刑十一年，并处罚金人民币一百万元。

一审宣判后，被告人王银成未上诉，检察机关亦未抗诉。判决已发生法律效力。

二、裁判理由

本案的争议焦点主要围绕一笔具体事实：2008 年至 2011 年间，被告人王银成利用担任人保财险党委书记、总裁职务上的便利，为时任人保财险某分公司党委委员、副总经理的李某某提拔为总经理提供帮助。2012 年上半年，王银成出于封建迷信将单位配置的办公室装饰画更换为一幅“风吹麦浪”油画，为此要求李某某代为支付相关费用 88.88 万元，李某某以虚列开支方式从分公司出账，为王银成支付了上述费用。该笔事实存在以下三个方面的争议：

（一）贪污还是受贿

一般认为，贪污罪和受贿罪定义清晰，界限明确：贪污是利用影响本单位财物的职务便利占有该财物，受贿是利用影响他人利益的职务便利占有他人给予的财物，二者不论从利用的职务便利，还是占有的财物属性看，均有明显区别。但司法实践往往是复杂多样的。

针对该笔事实，有观点认为，被告人王银成是人保财险的一把手，其对分公司的财务有支配、控制的职务便利，且其供述知道李某某是分公司总经理，比较容易处理一些其无法处理的开支，因此，其让李某某为其支付油画款，后李某某以虚列开支的方式用分公司公款支付了该费用，故可认定王银成利用对分公司财务可支配、控制的职务便利，通过李某某以虚列开支的方式侵吞了分公司公款，构成贪污罪。

我们认为上述观点不能成立。被告人王银成虽然是人保财险总公司的一把手，对分公司的财务有支配、控制的职务便利，但在本案中，其并没有直接利用自己的职务便利骗取或者侵吞分公司的财物。那么，王银成是否通过李某某实施了侵吞公款的行为，与李某某是否构成贪污罪的共犯？根据王银成的供述，其知道李某某作为分公司总经理，容易处理一些费用，证明其对李某某最终用分公司公款为其支付油画款有一定的预见性，而这也是产生分歧意见的重要证据因素。但这一供述不当然等于其与李某某共谋或者指使李某某使用公款。在案证据表明，王银成只是交代李某某处理油画款，并未交代也不会关心李某某如何处理，李某某处理完相关费用后也只是告诉王银成已经处理而并未告知如何处理，王银成自始至终不清楚李某某如何处理该笔费用。因此，在虚假出账、贪污公款层面，二人并未进行犯意沟通，欠缺共同犯罪之基本要素——意思联络，故不能认定王银成与李某某构成贪污的共犯。综上所述，王银成的上述行为不构成贪污罪。

本案中，李某某作为被告人王银成的下属，是经王银成两次动议提拔起来的分公司经理，正如其证言所证，因为王银成是时任人保财险的党委书记、总裁，其在人保财险分公司任一把手离不开王银成的支持和帮助。为了感谢王银成一直以来的支持和帮助，同时也为了继续得到王银成的关照，所以才会帮王银成支付画款。李某某道出了该起事实过程权钱交易的本质，完全符合国家工作人员利用职务上的便利为他人谋取利益，非法收受他人财物的典型受贿构成要件。故人民法院依法认定本起事实王银成构成受贿罪。至于李某某用于行贿的钱款是以何种手段取得、来源于何处，不属于王银成受贿事实的评价范畴。

（二）如何理解"索取"

根据《刑法》第三百八十五条的规定，索取他人财物的，不需要具备为他人谋取利益的构成要件，即已侵犯了国家工作人员职务的廉洁性，构成受贿。同时，《刑法》第三百八十六条规定，索贿的从重处罚。索贿是受贿犯罪在刑法中唯一的法定从重情节，考虑到索贿行为对国家工作人员职务的廉洁性的危害比一般受贿行为更大，社会影响也更恶劣，因而刑法对索贿行为规定了较重的刑罚。但是，赋予人权利应从宽掌握，科以人重负应从严把关，这对于剥夺他人自由的刑罚而言，意义尤为重大。因此，在实践中应当正确理解和慎重把握受贿行为中的"索取"。

"索取"，顾名思义，索要并收取。一般而言，向没有意思表示的对方索要，违背对方意愿的可能性大。因而，有观点认为，索要就是开口向别人要，区别索要还是收受的标准在于谁提出。笔者认为，这一观点有一定的片面性，在行受贿这一特殊对合犯罪中，它忽视了职权这一特别对价。受贿犯罪中，受贿人是基于拥有职务便利而向行贿人提出，行贿人往往是已经或者正想得益于该职务便利，故一直积极寻找机会完成这一权钱交易。因而，当受贿人提出时，对行贿人而言，不仅不违背其意愿，反而是求之不得的机会，或者至少是不违背其意愿的邀约。因此，笔者认为，"索"的本质不是看谁先提出，而是看提出是否违背对方的意愿，使对方产生被迫感。如果提出给对方的感受是"正合我意""心甘情愿"甚至"求之不得"，就不能称为被"索"。有观点质疑，没有人愿意把自己辛苦赚的钱拿出来给别人，被"要"当然是违背意愿的。但这一观点忽视了一个前提，那就是行贿人把钱拿出来往往是因为要获得更大的利益，而又有谁会拒绝以小换大？当然，并非所有的人都愿意或者有必要参与这一权钱交易，当如果权力拥有者对无意者提出，并产生一定的现实强制时，仍然构成索贿。

本案中，被告人王银成主动开口让李某某为其处理油画款，如果以谁先提出为标准，应该认定索贿。但在案证据显示，李某某的证言称，"王银成时任人保财险公司总裁，会让我处理这笔画款，说明我是王银成信得过的人"；证人谢某证明，"李某某和王银成的关系很好，他的任职以及日常工作都离不开王银成的帮忙，王银成很信任李某某，李某某也愿意帮助王银成出账这笔钱"；王银成也供述，"在李某某个人发展过程中，我为其提供多次帮助。他对我心存感激，我交代的事情，他会处理好，也愿意帮忙处理。我对李某某比较信任，关系一直不错，我让李帮忙解决画款，他会把这件事当作一种信任"。上述供证吻合，证明王银成和李某某即行受贿双方都认为王银成的"开口"是一种信任，行贿人是愿意的，如果将其理解为受制、被迫、被索要，就违背了客观事实。故人民法院依法认定本起事实属于一般收受而不属于"索贿"。

（三）如何理解刑法中的"占有"

针对该笔事实，辩护人提出，涉案油画始终在被告人王银成办公室使用，王未将之占为己有，故该油画款应在受贿数额中扣除。

经查，在案证据证明被告人王银成收受他人为其支付的油画款，并完全占有该油画。首先，购买该油画不是单位意思、不是为办公室装饰必要，而是王银成听信了所谓风水大师的建议，出于封建迷信而更换掉单位原已配置的办公室装饰画，证明该油画系王银成个人所需；其次，因该油画不是为公务之必要，且金额较大，单位财务无法报账，故王银成通过自筹的方式，即让其提拔过的李某某来支付该费用完成对油画的购买，证明该油画系王银成个人购买；最后，王银成购买该油画后，从未将该油画在人保财险登记入库，其调离人保财险时，亦未将油画向单位移交，只是因该油画太大，无法悬挂在新办公室，故王银成交代自己的司机将油画收起，司机就将油画暂存于人保财险一个王银成专用的、只有其司机持有钥匙的库房。由上可见，涉案油画完全是王银成因个人需要而自行筹资购买的、自始占有的私有物品，不应因其将该油画放在办公室使用而改变该物品的私有属性。辩护人的辩护观点不能成立。

需要说明的是，刑法意义上的“占有”不仅包含占为自己直接所有或者使用，也包含经自己支配、处分后指向他人的物权改变。受贿犯罪中，只要受贿人接受行贿人给予的财物，不论是自己直接接受还是通过特定的他人接受，接受后是用于为公还是为私，只要是经其支配、处分，即已构成“占有”，至于受贿人将财物放在何处都只是犯罪后财物的去向问题，不影响对受贿犯罪的认定。因此，本案中，即使被告人王银成将油画送给公司，也不影响对其受贿事实的认定，更何况其是放在自己办公室使用。

【编后语】

人民群众最痛恨腐败现象，腐败是我们党面临的最大威胁。惩治贪污贿赂职务犯罪是以习近平同志为核心的党中央深入贯彻全面依法治国方针的一项重要工作。人民法院应始终把职务犯罪审判工作作为一项重大的政治任务，以最严格的法律标准来对待。在此过程中，既要亮出反腐的坚定利剑，又要彰显法律的公平正义，既要实现公众风清气正、不姑息腐败的心愿，又要确保刑罚的宽严相济，不搞运动式打击，只有这样，才能实现惩治贪污贿赂犯罪的法律效果和社会效果的最好统一。但随着反腐斗争的深入，腐败的形式也更加多样化，并由表面性向隐蔽性发展。本案中的争议焦点问题就充分反映了这一特征。王银成曾是党的高级领导干部，案件的审判过程受到社会广泛关注。人民法院在此类职务犯罪大要案的审理过程中，准确适用法律，特别谨慎把握罪与非罪、此罪彼罪、罪轻罪重的界限，做到既有效打击犯罪，又保持刑法的谦抑性；既追求个案中被告人罪责刑相适应，也为同类案件的处理起到示范效应；既让犯罪分子认罪悔罪，又让后人警钟长鸣，为构建风清气正的良好政治生态和实现社会的长治久安提供坚强有力的司法保障。

（撰稿：最高人民法院刑二庭　曹吴清
审编：最高人民法院刑二庭　王晓东）

艾文礼受贿案

【关键词】　罪刑罚量　监察　从宽　认罪认罚

一、基本案情

被告人艾文礼，男，汉族，1955 年 2 月 20 日出生于河北省唐山市，硕士研究生文化，原系河北省政协原副主席。2018 年 10 月 23 日因涉嫌犯受贿罪被逮捕。

江苏省苏州市人民检察院以被告人艾文礼犯受贿罪，向苏州市中级人民法院提起公诉。苏州市中级人民法院遵照最高人民法院指定管辖决定立案受理。

苏州市中级人民法院经审理查明：2005 年至 2013 年，被告人艾文礼利用其担任中共石家庄市委副书记、河北省承德市人民政府市长、中共承德市委书记、河北省石家庄市人民政府市长、中共河北省委常委、宣传部部长等职务上的便利，为相关单位和个人在企业改制、项目开发、舆情处置、安排工作等方面谋取利益。2006 年至 2014 年，被告人艾文礼直接或通过其亲属等人收受上述单位和个人给予的财物，共计折合人民币 6 478.2918 万元。

另查明，被告人艾文礼系主动到中央纪委国家监察委员会投案，并主动上交折合人民币共计 4 046.9912 万余元的涉案款物。艾文礼到案后，如实供述了办案机关已经掌握的受贿 5 起共计折合人民币 2 228.3857 万元的事实，主动交代了办案机关尚未掌握的受贿 6 起共计折合人民币 4 249.9061万元的事实，主动交代的受贿数额占总额的 65.6%；受贿所得赃款赃物已全部追缴、退缴。在案件提起公诉前，艾文礼在辩护人的见证下签署《认罪认罚具结书》，明确表示承认指控的犯罪事实，愿意接受公诉机关提出的减轻处罚量刑建议。

苏州市中级人民法院认为，被告人艾文礼身为国家工作人员，利用职务上的便利，直接或通过其近亲属非法收受他人财物共计折合人民币 6 478.2918 万元，数额特别巨大，为他人谋取利益，其行为已构成受贿罪。公诉机关指控被告人艾文礼犯受贿罪的事实清楚，证据确实、充分，罪名成立。被告人艾文礼犯罪以后自动投案，如实供述自己的罪行，系自首，依法可从轻或减轻处罚。艾文礼在提起公诉前，如实供述自己罪行、真诚悔罪、积极退赃，避免、减少损害结果的发生，依法可从轻处罚。被告人艾文礼自愿如实供述自己的罪行，承认指控的犯罪事实，愿意接受处罚，依法可从宽处罚。根据艾文礼犯罪的事实、性质、情节和对社会的危害程度，决定采纳公诉机关提出的减轻处罚量刑建议及辩护人的相应辩护意见，对被告人艾文礼减轻处罚。据此，依照《中华人民共和国刑法》第十二条第一款、第三百八十五条第一款、第三百八十六条、第三百八十三条第一款第（三）项、第二款、第三款、第六十七条第一款、第五十二条、第五十三条第一款、第六十四条，《中华人民共和国刑事诉讼法》第十五条、第二百零一条及《最高人民法院、最高人民检察院关于办理贪污贿赂刑事案件适用法律若干问题的解释》第三条第一款、第十五条第一款、第十九条第一款之规定，以受贿罪判处被告人艾文礼有期徒刑八年，并处罚金人民币三百万元；对查封、扣押在案的受贿所得财物及其孳息，予以追缴，上缴国库。

宣判后，被告人艾文礼未提出上诉，检察机关亦未抗诉，判决已发生法律效力。

二、裁判理由

（一）现行刑法将涉案数额与情节作为确定受贿罪罪刑罚量及其梯级关系的基本依据

本案中，作为贿赂的财物共计折合人民币 6 478 万余元，可谓达到数额特别巨大的程度。但是，法院判决对被告人艾文礼所判处的主刑仅仅是八年有期徒刑。可能有人认为判决对艾文礼的量刑结果有轻纵的问题。这实际上涉及法院判决对本案予以减轻处罚的法理依据问题。对此，需要结合 1997 年《刑法》的规定并结合本案的量刑情节进行具体分析。

本案中，被告人艾文礼被指控实施受贿行为的时间均在 2015 年 11 月 1 日这一《刑法修正案（九）》施行的起点日期之前，其受审的时间则是在 2019 年。《刑法修正案（九）》对 1997 年《刑法》中原受贿罪的处罚规定进行了修改，而修改后的受贿罪的处罚规定对被告人艾文礼来说较为有利。《刑法》第十二条第一款规定："中华人民共和国成立以后本法施行以前的行为，如果当时的法律不认为是犯罪的，适用当时的法律；如果当时的法律认为是犯罪的，依照本法总则第四章第八节的规定应当追诉的，按照当时的法律追究刑事责任，但是如果本法不认为是犯罪或者处刑较轻的，适用本法。"据此，法院在对本案的判决中适用了由《刑法修正案（九）》修改后的受贿罪的处罚规定。

被告人艾文礼的行为属于受贿数额特别巨大的情形。依据由《刑法修正案（九）》修改后的受贿罪的处罚规定,应当适用的法定刑幅度是“处十年以上有期徒刑或者无期徒刑,并处罚金或者没收财产”。自2016年4月18日起施行的《最高人民法院、最高人民检察院关于办理贪污贿赂刑事案件适用法律若干问题的解释》规定:“贪污或者受贿数额在三百万元以上的,应当认定为刑法第三百八十三条第一款规定的‘数额特别巨大’,依法判处十年以上有期徒刑、无期徒刑或者死刑,并处罚金或者没收财产。”由此,三百万元是受贿案件“数额特别巨大”的起点。本案的受贿数额高达6 478万余元,比受贿案件“数额特别巨大”起点的21倍还要多一些。因此,不考虑被告人艾文礼所具有的量刑情节,单纯从受贿数额来看,对其十年以上的有期徒刑甚至无期徒刑,都是正常的。

问题是,量刑是法院运用犯罪数额加量刑情节综合评价犯罪行为的社会危害性和犯罪人的人身危险性的活动。就受贿案的量刑而言,受贿数额的大小是影响受贿罪法定刑幅度的选择乃至具体判处多重的刑罚时需要考虑的重要因素。但是,数额并非唯一因素,不能由此陷入“唯数额论”,将数额作为影响受贿罪量刑轻重的唯一因素。应当看到,在受贿案的量刑中,影响量刑结果的因素是多种多样的。如果过分强调受贿数额对量刑的影响,而对数额以外的量刑情节没有给予足够的重视,就会造成量刑失当的局面。

就本案而言,被告人艾文礼在犯罪以后自动投案,并如实供述自己的罪行,据此,其具有自首情节,依据《刑法》第六十七条的规定,可以从轻或者减轻处罚。其在提起公诉前如实供述自己罪行、真诚悔罪、积极退赃,避免、减少损害结果的发生,依据由《刑法修正案(九)》增设的《刑法》第三百八十三条第三款的规定,可以从轻处罚。其自愿如实供述自己的罪行,承认指控的犯罪事实愿意接受处罚,依据2018年10月26日修改后的《刑事诉讼法》第十五条的规定,可以依法从宽处理。2009年3月最高人民法院、最高人民检察院发布的《关于办理职务犯罪案件认定自首、立功等量刑情节若干问题的意见》指出:“对于具有自首情节的犯罪分子,应当根据犯罪的事实、性质、情节和对于社会的危害程度,结合自动投案的动机、阶段、客观环境,交代犯罪事实的完整性、稳定性以及悔罪表现等具体情节,依法决定是否从轻、减轻或者免除处罚以及从轻、减轻处罚的幅度。”据此,法院决定采纳公诉机关提出的减轻处罚的量刑建议,对本案予以减轻处罚。依据2011年5月1日起施行的《刑法修正案(八)》修改后的《刑法》第六十三条第一款“犯罪分子具有本法规定的减轻处罚情节的,应当在法定刑以下判处刑罚;本法规定有数个量刑幅度的,应当在法定量刑幅度的下一个量刑幅度内判处刑罚”的规定,法院在受贿罪的“处十年以上有期徒刑或者无期徒刑,并处罚金或者没收财产”的下一个法定刑幅度内即“处三年以上十年以下有期徒刑,并处罚金或者没收财产”内对被告人艾文礼判处有期徒刑八年,并处罚金人民币三百万元。这是具有充分的法理依据的,也是能够罚当其罪的。

(二)监察新体制下宽严相济刑事政策得妥当适用

2018年3月《监察法》的公布为我国纪检监察工作在历史新起点上再次出发、再创佳绩提供了坚实的规范基础,为新时代完善和发展中国特色社会主义制度、推进全面从严治党提供了重要制度保障。通过不断深化国家监察体制,国家监督体系不断健全,国家治理体系和治理能力得到进一步现代化。也正是通过此前长期不懈努力的反腐败斗争,对国家工作人员的全面从严管理不断向纵深发展,反腐败斗争形成压倒性态势并得到巩固发展。在十九大后的反腐败进一步高压态势之下,监察机关、司法机关在新的监察体制下发挥综合治理效能,不敢腐的震慑效应开始充分显现,一批腐败分子投案自首并依法得到惩治,标本兼治综合效应更加凸显。艾文礼主动到中央监委投案自首正是这样一种震慑效应的生动写照。

正是在上述背景下,被告人艾文礼受贿一案的司法裁判具有了样本性的指导意义。本案是

《监察法》实施以来首例原省部级领导干部携带赃款赃物主动到中央纪委国家监委投案的案例。通过对这一案件的司法裁量，显示了在新的监察体制之下宽严相济刑事政策仍然将得到妥当的运用，从而实现监察、司法机关对腐败行为进行多措并举、科学灵活的反应，以达到感召腐败分子积极投案自首的良好示范效应，进一步推动我国的反腐败工作。

人民法院以受贿罪判处被告人艾文礼有期徒刑八年，并处罚金人民币三百万元，这一裁判结论鲜明地展示了宽严相济政策在当前腐败犯罪惩治过程中的重要作用。实际上，宽严相济政策历来是我们党在惩治腐败犯罪过程中所坚持的原则。例如，2005 年中共中央《建立健全教育、制度、监督并重的惩治和预防腐败体系实施纲要》中明确提出，坚持法律和纪律面前人人平等，对任何组织和个人的违纪违法行为，都必须依纪依法严肃处理。正确运用政策和策略，体现宽严相济，区别对待，从而增强办案的政治、经济和社会效果。2018 年《中国共产党纪律处分条例》第四条第（五）项也规定，处理违反党纪的党组织和党员，应当实行惩戒与教育相结合，做到宽严相济。2019 年《中国共产党纪律检查机关监督执纪工作规则》第三条也同样规定，监督执纪工作应当遵循以下原则：坚持实事求是，以事实为依据，以党章党规党纪和国家法律法规为准绳，强化监督、严格执纪，把握政策、宽严相济，对主动投案、主动交代问题的宽大处理，对拒不交代、欺瞒组织的从严处理。

刑事司法中对贪污受贿的惩处一直坚持严厉打击的态势，但同样也注意到宽严相济政策得妥当运用。2006 年十六届六中全会作出《关于构建社会主义和谐社会若干重大问题的决定》，明确提出要实施宽严相济的刑事司法政策，此后宽严相济政策在职务犯罪刑事司法过程也同样得到了广泛的运用，在诸多司法解释中得到了持续地贯彻。例如，2007 年《最高人民法院、最高人民检察院关于办理受贿刑事案件适用法律若干问题的意见》第十二条规定，办理受贿案件，要根据刑法关于受贿罪的有关规定和受贿罪权钱交易的本质特征，惩处少数，教育多数，在从严惩处受贿犯罪的同时，对于具有自首、立功等情节的，依法从轻、减轻或者免除处罚。2009 年《最高人民法院、最高人民检察院关于办理职务犯罪案件认定自首、立功等量刑情节若干问题的意见》等均对有关量刑情节的运用进行详细而明确的规定，以便根据不同的量刑情节判处相应刑罚。

在惩治腐败过程中贯彻宽严相济的刑事司法政策，是对腐败现象及其规律的认识进一步理性化的结果，也是对腐败惩治体系的认识进一步社会化的选择。腐败犯罪的产生具有极为复杂的社会原因、经济原因，犹如一种社会病灶，其产生、发展也具有一定的综合性和规律性。对腐败犯罪的治理必须有足够清醒的认知和重视，治理的体系也应当注重综合政策，重视包括刑罚手段在内的多元化的综合机制，严密腐败惩罚的纪律之网、法律之网，规范权力运行监督体制，通过权力运行程序的公开透明化，把公权力牢牢扎紧在笼子内，形成不敢腐、不能腐和不愿腐的高压态势和权力运行氛围，达到抑制增量、减少腐败存量的目标。同时，在严厉打击过程中，重视不同量刑情节的依法妥当运用，注重自首、立功、认罪认罚从宽等制度的恰当运用，重视财产的没收、违法所得的追缴以及财产刑的判处，继续加大海外追逃力度，形成合理的刑罚反应体系。

对腐败犯罪的高压惩处与宽严相济政策的运用并不矛盾，而且应当综合运用，协调整合，配合实施，从而全面发挥各自相应的独特作用。人民法院在刑事审判过程中，通过宽严相济的制度性设计和实践的妥善运用，尤其通过各种情节的不同从宽幅度的调节平衡适用、多种从宽量刑情节复合情形下的从宽力度增加，以及在程序运用上不同阶段的认罪认罚从宽，达到鼓励乃至迫使腐败犯罪分子作出理性抉择，采取主动态度，尽早尽快实现刑事责任的追究，从而节约司法资源，避免、减少国家和社会的损失，最大限度地实现对腐败犯罪的查明、处罚，减少腐败黑数，持续不断地解决既有腐败犯罪的存量。更多的腐败违法犯罪分子向监察机关、司法机关等自首、投案、坦白、退赃，一方面说明了前一时期的反腐败斗争取得了预期效果，另一方面也在腐败犯罪分子群体中继续形成分化形势，对其他腐败犯罪分子形成另外一种巨大的心理压力，感召、激励、督促他们走上悔过自新道路，主动接受司法的审判和法律的惩罚。艾文礼案件的审判对这一司法政策做了极其清晰明确的阐述，相信在新时代监察体制改革背景下，这一案件对未来的腐败犯罪司法审判将发挥其积极的指导意义。

（三）本案裁判体现了认罪认罚从宽处罚的法治正能量

实践中，相比于普通犯罪，腐败犯罪的主体具有特殊身份，腐败犯罪案件的办理难度明显大于其他普通案件。进一步地讲，腐败犯罪案件的隐蔽性很强，侦查取证的难度比普通刑事案件大，往往耗费更多的司法资源，对其适用认罪认罚从宽制度，可以最大限度地发现犯罪事实、节约司法成本，可以减轻司法机关的负担、强化惩防力度和提升司法效益。而且对腐败犯罪案件适用认罪认罚从宽制度，不仅可以提高反腐实际效果，还特别对积极退赃、海外追逃与劝返、海外追赃与退赃等具有显著作用。更重要的是，其最终目的是鼓励涉嫌职务犯罪的被调查人、涉案人员犯罪后改过自新、将功折罪，积极配合监察机关的调查工作，争取宽大处理。此举既体现了我们党惩前毖后、治病救人的一贯方针，也有利于监察机关顺利查清案件，提高反腐败工作效率。

对于艾文礼案件，中央纪委国家监委对外发布的中管干部党纪政务处分通报中首次使用有关“提出减轻处罚的建议”的表述。2018 年 12 月，被告人艾文礼在辩护人见证下签署了《认罪认罚具结书》，明确表示承认指控的犯罪事实，愿意接受公诉机关提出的减轻处罚量刑建议。基于此，检察机关根据《刑事诉讼法》的规定在提起公诉的同时，也一并提出减轻处罚的建议。

审判实践还进一步证明，党中央完善认罪认罚从宽制度的决策部署符合我国国情，有利于在更高质量上实现公正与效率的统一，有利于推进全面依法治国、促进国家治理体系和治理能力现代化。对被告人艾文礼投案自首、如实交代问题后提出从宽处罚的建议，于法有据，于理有依，体现了以法治思维和法治方式惩治腐败的重大进步，兼顾了惩戒的政治效果、纪法效果和社会效果。

【编后语】

被告人艾文礼受贿案系《监察法》实施以来，首例携带赃款赃物主动到中央纪委国家监委投案的案件。中央纪委国家监委对外发布的有关通报中，首次使用了“提出减轻处罚的建议”的表述，检察机关的量刑建议中，亦提出对艾文礼予以减轻处罚的意见。人民法院对艾文礼的依法判处，对腐败分子具有强大震慑和示范效应。

近年来，宽严相济、认罪认罚从宽的震慑和政策感召效应日益显现。据统计，从中央纪委国家监委获悉，党的十九大以来，在反腐败高压态势下，全国共有 2.7 万名党员干部主动交代了违纪违法问题，5 000 余名党员干部主动投案。腐败分子主动投案，已经成为当前反腐败工作的一个新特点。对被告人艾文礼的从宽量刑，不仅是对艾文礼本身的投案自首行为的正面评价，而且对尚未归案或者已经归案的违法犯罪分子走投案自首、认罪认罚从宽之路也具有政策导向作用，即投案自首、认罪悔罪始终是职务犯罪分子犯罪后争取宽大处理的最好选择。

（撰稿：最高人民法院刑二庭　高洪江
审编：最高人民法院刑二庭　王晓东）

禹作敏等窝藏、妨害公务、行贿、非法拘禁、非法管制案

【关键词】 定罪量刑 藏匿 行贿 妨害公务

一、基本案情

被告人禹作敏,男,1930年7月19日出生,原天津市静海县蔡公庄乡大邱庄企业集团总公司董事长。

被告人禹绍政,男,1968年2月30日出生,原天津市静海县蔡公庄乡大邱庄企业集团总公司副董事长兼总经理。

被告人刘永华,男,1957年1月4日出生,原天津市静海县蔡公庄乡大邱庄万全集团公司代总经理。

被告人周克文,男,1953年6月12日出生,原天津市静海县蔡公庄乡大邱庄企业集团总公司治保会主任。

被告人马德水,男,1954年10月11日出生,原天津市静海县蔡公庄乡大邱庄万全集团公司副总经理兼泉汾热轧带钢厂厂长。

被告人黄乃奇,男,1958年4月5日出生,原天津市静海县蔡公庄乡大邱庄万全集团公司国际贸易实业有限公司经理。

被告人陈广洪,男,1955年12月26日出生,原天津市静海县蔡公庄乡大邱庄尧舜集团公司驻广州市海珠区邱港联营公司经理。

被告人石家明,女,1955年3月3日出生,原天津市静海县蔡公庄乡大邱庄企业集团总公司副董事长兼秘书长。

天津市人民检察院分院指控被告人禹作敏、禹绍政、刘永华、周克文、马德水、黄乃奇、陈广洪、石家明共同或分别犯有窝藏罪、妨害公务罪、行贿罪、非法拘禁罪、非法管制罪,于1993年8月14日向天津市中级人民法院提起公诉。

天津市中级人民法院经审理查明:1992年12月13日,天津市静海县蔡公庄乡大邱庄万全集团公司经理部经理刘云章及李振彪、陈相歧、刘绍升等18人(均另案处理),将大邱庄原华大集团公司养殖场职工危福合殴打致死。被告人刘永华将危福合被殴打致死的情况报告了被告人禹作敏后,禹作敏与刘永华等商议对策,并指使刘永华挑选几名可靠之人承担罪责。刘永华遂召集刘云章、李振彪、陈相歧、刘绍升编造谎言、统一口径,推卸罪责。后刘永华又组织其他打人凶手开会,暗示他们不能承认打死危福合,以此逃避公安机关侦查。同年12月14日晨,禹作敏得知公安机关确认刘云章、李振彪、陈相歧、刘绍升为重点嫌疑人后,指使刘永华安排刘云章等四人外逃。当日上午,刘永华分别给四人各20 000元人民币资助逃往外地。刘云章、李振彪、陈相歧、刘绍升潜逃后,刘永华恐藏匿外地不安全,即向禹作敏请示,禹作敏决定让刘云章等四人回村藏匿。12月15日,刘永华伙同被告人马德水派人将刘云章等四人接回大邱庄藏匿。1993年2月16日,刘永华指使马德水将陈相歧、刘绍升藏匿在马德水家中。2月17日,天津市公安、检察干警到大邱庄搜捕刘云章、李振彪、陈相歧、刘绍升四名案犯。禹作敏明知他们在村内藏匿,却向公安、检察干警提供假情况,并借故拖延,致使公安、检察机关未能缉捕到案犯。2月20日,刘永华通过马德水又资助陈相歧、刘绍升20 000元人民币,并派车将刘绍升送到河北省献县临河村藏匿。1993年3月1日,刘永华派车由被告人陈广洪将陈相歧带至内蒙古自治区包头市藏匿。3月11日,刘

永华、马德水与被告人黄乃奇密谋后，由黄乃奇将刘云章、李振彪送到万全集团公司泉汾热轧带钢厂龙门吊机房藏匿。3 月 14 日，刘永华又资助刘云章、李振彪每人 20 000 元人民币，由黄乃奇开车将刘云章、李振彪送往河北、山东、浙江、江苏等地藏匿。

1992 年 12 月 15 日晚，天津市公安局刑科所刑侦干警宋忆光等 6 人，在静海县公安局刑警队副队长刘洪春的协助下，到大邱庄对危福合死亡现场进行勘查。被告人周克文得知后报告了禹作敏，禹作敏下令将勘查现场的公安人员扣留。周克文按禹作敏的授意向大邱庄治保会巡逻队队长孙岳文作了布置。孙岳文派人对进入现场着手勘查的宋忆光等人蛮横阻挠后，将宋忆光等 6 名干警扣留在勘查现场的三楼楼道内，断绝了与外界的联系。16 日上午 8 时许，禹作敏又让周克文派人将扣留的宋忆光、刘洪春带至总公司三楼会议室，由禹作敏主持，对宋忆光、刘洪春进行无理指责。直至上午 11 时许，禹作敏迫于天津市领导“立即放人”的指示，才将宋忆光等人放回，非法扣留 6 名公安干警长达 13 个小时。严重妨碍了公安干警依法执行公务。

1993 年 2 月 16 日晚，被告人禹作敏得知公安、检察干警将要进村搜捕刘云章、李振彪、陈相歧、刘绍升四名案犯的消息后，连夜召开会议，策划阻碍执行公务的干警进村，并令周克文负责组织人员把守进村口。周克文又召集总公司所属各集团公司保卫科长进行部署。17 日上午，禹作敏带领并指使他人对进入大邱庄的市公安、检察机关和静海县负责人进行围攻指责，并以辞职相要挟，阻挠公安、检察干警搜捕案犯和张贴通缉令。当日 16 时许，禹作敏得知大邱庄附近有集结待命执行公务的武警和公安干警后，即命令总公司所属各集团公司负责人调集人员“保卫”总公司，封堵进村路口，周克文受禹作敏指派负责指挥村庄外围的警戒巡逻。随后，总公司大楼前聚集了上万名不明真相的群众，进入大邱庄的主要路口分别被卡车、油罐车堵塞，要害部位均有手持钢棍的人员昼夜把守。18 日上午，禹作敏在总公司三楼会议室召开全村广播大会，煽动全村的工厂停工、学校停课，致使公安、检察干警未能正常执行公务。

被告人禹作敏、禹绍政为获取与大邱庄发生犯罪案件有关的国家机密，向北京某机关干部高潮多次行贿。1992 年 12 月底，禹绍政在大邱庄给高潮人民币 10 000 元；1993 年 2 月，禹作敏在大邱庄给高潮人民币 10 000 元；1993 年 3 月禹绍政在北京给高潮人民币 5 000 元。高潮向禹作敏、禹绍政提供了与大邱庄发生的犯罪案件有关的国家重要机密文件三份。此外，禹作敏对大邱庄村民禹作相、禹作立等七人于 1991 年因故意伤害罪被依法判刑不满。1992 年 8 月，禹作敏在大邱庄给高潮美元 1 000 元，欲通过高潮向有关部门寻求帮助。

1992 年 11 月下旬，被告人禹作敏怀疑大邱庄原华大集团公司有经济问题，遂将该集团公司所属企业分由其他公司负责审查。同年 12 月，刘永华派人将原华大集团公司氧气厂厂长田宜正带到万全集团公司非法关押审查。12 月 7 日下午 4 时许，禹作敏纠结刘永华、周克文、石家明等 20 余人，由禹作敏主持，在总公司三楼会议室对田宜正非法审讯。禹作敏首先打田宜正耳光，刘永华、石家明、周克文等 20 余人先后对田宜正拳打脚踢，将田宜正上衣扒光，用电警棍电击，田宜正被非法审讯殴打两个小时。后禹作敏令人将田宜正押回万全集团继续关押审查至 12 月 15 日。

1992 年 12 月 4 日 16 时许，在总公司三楼会议室，禹作敏主持并纠集被告人禹绍政、石家明等 10 人对大邱庄原华大集团公司副经理侯洪滨非法审讯，禹作敏、禹绍政对侯洪滨进行殴打，在场人亦对侯洪滨拳打脚踢，至晚 7 时许，禹作敏令周克文将侯洪滨带到治保会继续关押。在关押期间，周克文又对侯洪滨非法审讯。12 月 13 日 11 时许，禹作敏、禹绍政、石家明等人再次对侯洪滨非法审讯，侯洪滨被关押，审查至 1993 年 1 月 14 日。

1992 年 12 月 8 日 16 时许，被告人禹作敏派人将大邱庄原华大集团养殖场场长宋宝带至总公司三楼会议室，在禹作敏的主持下，禹绍政、周克文、石家明对宋宝进行非法审讯。周克文、石家明等人10余人还对宋宝进行辱骂、殴打。当日20时许，禹作敏令人将宋宝押至尧舜集团公司所属农场继续关押审查。12月10日，刘永华指使他人将宋宝带至万全集团公司继续关押审查。关押期间，刘永华曾对宋宝进行非法审讯，直至1993年1月15日才将宋宝放出。

1992年11月27日，北京市国家安全局第三局干部学校学员20余人，在教师程钢的带领下到大邱庄参观。当日14时许，学员张新泽等人在大邱庄香港街博通商店，因询问价格、货源等问题，与该店经理石家萍发生争执，后被大邱庄保安人员带至香港街保安联防队。周克文接报后派人将学员10余人押到治保会看押、体罚。周克文不问缘由，先后对程钢、周坚毅、徐刚等师生进行殴打，在场人一拥而上，对周坚毅等学员拳打脚踢。16时许，周克文向被告人禹作敏做了汇报，禹作敏指使周克文将程钢带至总公司三楼会议室，禹作敏、禹绍政、周克文、石家明等人对程钢进行质问、辱骂，石家明揪扯程钢的头发，禹绍政打程钢耳光。之后，禹作敏让禹绍政等人将张新泽带到三楼会议室审问，在禹作敏的暗示下，禹绍政等人对张新泽进行殴打，致张新泽左耳膜穿孔。21时许，北京市国家安全局校方领导来电话交涉，要求放人，禹作敏又逼迫程钢违心地写了"悔过书"后才将被扣押的师生放回。经法医鉴定，被扣押的程钢、周坚毅等师生15人被殴打致伤，其中张新泽为轻伤。

1990年4月11日，大邱庄村民禹作相、禹作立等七人（均已判刑）殴打致死刘玉田案件发生后，被告人禹作敏指使大邱庄所属有关单位负责人停止了被害人刘玉田亲属刘金刚、刘金会、刘金功等在大邱庄所属企业的工作，并派人对刘玉田之妻禹荣田、子女刘金会、刘金川、刘金功、刘金云、刘金敏等人及其家庭成员进行非法监视，不许出村，直至1992年12月才得以解除。

天津市中级人民法院根据禹作敏等八名被告人犯罪的事实、性质、情节和对社会的危害程度，依法作出如下判决：被告人禹作敏犯窝藏罪，判处有期徒刑六年；犯妨害公务罪，判处有期徒刑三年；犯行贿罪，判处有期徒刑十年，剥夺政治权利二年；犯非法拘禁罪，判处有期徒刑三年；犯非法管制罪①，判处有期徒刑三年。决定执行有期徒刑二十年，剥夺政治权利二年。

被告人禹绍政犯行贿罪，判处有期徒刑九年；犯非法拘禁罪，判处有期徒刑二年。决定执行有期徒刑十年。

被告人刘永华犯窝藏罪，判处有期徒刑四年；犯非法拘禁罪，判处有期徒刑二年。决定执行有期徒刑四年。

被告人周克文犯妨害公务罪，判处有期徒刑二年零六个月；犯非法拘禁罪，判处有期徒刑三年。决定执行有期徒刑五年。

被告人马德水犯窝藏罪，判处有期徒刑三年。

被告人黄乃奇犯窝藏罪，判处有期徒刑三年。

被告人陈广洪犯窝藏罪，判处有期徒刑二年。

被告人石家明犯非法拘禁罪，判处有期徒刑一年。

天津市中级人民法院宣判后，被告人禹绍政不服，提出上诉。天津市高级人民法院经审理认为，原审判决根据上诉人及各被告人的犯罪事实、情节和在共同犯罪中的地位、作用及认罪态度，对上诉人、被告人的定罪准确，量刑适当，于1993年9月10日裁定驳回上诉，维持原判。

---

① 根据1979年《刑法》第一百四十四条的规定，非法管制他人，或者非法搜查他人身体、住宅，或者非法侵入他人住宅的，处三年以下有期徒刑或者拘役。该罪在1997年《刑法》修改时已被废止，相关行为纳入非法搜查罪、非法侵入住宅罪等罪名规制。

二、裁判理由

本案被告人数众多,部分犯罪时间跨度之广、犯罪事实之繁杂、影响之恶劣,皆触目惊心。为此,严把入罪标准,厘清具体罪名成为该案审判工作的重中之重。且该案共涉及八名被告人,为均衡量刑,区分首恶,在量刑技术层面应作统一考量。

(一)关于窝藏罪的定罪量刑

1992 年 12 月,大邱庄原华大集团公司养殖场职工危福合被刘云章等 18 人殴打致死后,被告人禹作敏向公安、检察机关提供虚假情况,隐瞒事实真相,策划由少数人顶罪,为多数人开脱罪责,指使刘永华把承担罪责的刘云章等 4 人在村内藏匿,帮助外逃,企图使刘云章等 18 人逃避法律制裁。被告人刘永华挑选刘云章等 4 人顶罪;指使被告人马德水、黄乃奇将刘云章等人于村内藏匿,并提供外逃经费。被告人马德水、陈广洪、黄乃奇参与藏匿刘云章等人,上述被告人均依法构成窝藏罪。

根据 1979 年《刑法》第一百六十二条第二款的规定:“窝藏或者作假证明包庇其他犯罪分子的,处二年以下有期徒刑、拘役或者管制;情节严重的,处二年以上七年以下有期徒刑。”被告人等多次为 4 名被通缉的犯罪分子提供钱财、藏身地,指使他人顶罪,属于“情节严重”的情形,应当在“二年以上七年以下有期徒刑”的幅度内量刑。在共同窝藏犯罪中,禹作敏、刘永华系主犯,应依法惩处;马德水、黄乃奇、陈广洪系从犯,比照主犯从轻处罚。法院根据各被告人在犯罪中的地位、作用,以窝藏罪分别判处二年至六年不等的有期徒刑。

(二)关于妨害公务罪的定罪量刑

被告人禹作敏决定并指使被告人周克文扣留勘查现场的公安干警,策划阻碍执行公务的干警进村,下令封堵进村路口,指使周克文组织人员把守,带领并指使他人围攻进村执行公务的有关机关负责人,煽动群众罢工停课,公开抗拒公安、检察机关干警依法执行公务。被告人周克文部署封堵路口,指挥警戒、巡逻。二人行为均依法构成妨害公务罪。

根据 1979 年《刑法》第一百五十七条的规定,以暴力、威胁方法阻碍国家工作人员依法执行职务的,或者拒不执行人民法院已经发生法律效力的判决、裁定的,处三年以下有期徒刑、拘役、罚金或者剥夺政法权利。被告人禹作敏、周克文组织、指挥群众以暴力阻碍公安、检察干警依法进村执行公务,扣押勘查现场的公安人员,围攻执行公务的国家工作人员,法院根据二人妨害公务的事实、情节和造成的后果,依法判处禹作敏有期徒刑三年,周克文有期徒刑二年零六个月。

(三)关于非法拘禁罪的定罪量刑

被告人禹作敏、禹绍政、刘永华、周克文、石家明非法关押、审查、殴打非法关押、审查、殴打田宜正的行为,禹作敏、禹绍政、周克文、石家明非法扣押、审问、殴打北京市国家安全局第三局干部学校师生 10 余人的行为,均依法构成非法拘禁罪。

被告人禹作敏、禹绍政、刘永华、周克文、石家明私设公堂,非法关押、审讯他人,其行为构成非法拘禁罪,且具有殴打、侮辱情节。1979 年《刑法》第一百四十三条规定,严禁非法拘禁他人,或者以其他方法非法剥夺他人人身自由。违者处三年以下有期徒刑、拘役或者剥夺政治权利。具有殴打、侮辱情节的,从重处罚。对被告人等的非法拘禁犯罪,应当在“三年以下有期徒刑、拘役或者剥夺政治权利”这一幅度内从重量刑。在共同非法拘禁犯罪中,禹作敏、刘永华、周克文系主犯,应依法惩处;禹绍政、石家明系从犯,比照主犯从轻处罚。法院根据各被告人在犯罪中的地位、作用,以非法拘禁罪分别判处一年至三年不等的有期徒刑。

(四)关于行贿罪的定罪量刑

被告人禹作敏、禹绍政为了非法获取国家机密而共同向国家机关工作人员高潮行贿,其二人行为均构成行贿罪。

被告人禹作敏、禹绍政为谋取不正当利益，向国家工作人员行贿，根据1988年《全国人民代表大会常务委员会关于惩治贪污罪贿赂罪的补充规定》（已失效）第七条第一款、第八条第一款的规定，对犯行贿罪的，处五年以下有期徒刑或者拘役；因行贿谋取不正当利益，情节严重的，或者使国家利益、集体利益遭受重大损失的，处五年以上有期徒刑；情节特别严重的，处无期徒刑，并处没收财产。禹作敏等人行贿的目的是获取国家机密，因而属于"情节严重"的情形。在行贿过程中，虽然禹作敏与禹绍政的分工、地位及作用不同，但都具有共同利用行贿手段非法获取国家机密的故意，均系主犯，均应在"五年以上有期徒刑"的幅度内量刑。考虑禹作敏在犯罪中所起作用更大，法院以行贿罪依法判处禹作敏有期徒刑十年，禹绍政有期徒刑九年。

【编后语】

作为大邱庄的老书记，被告人禹作敏带领村民一砖一瓦搞建设，从一个远近闻名的一穷二白的落后村庄，依靠发展村办工业，逐步走向富裕，成为实力雄厚的"中国第一村"。创业的过程是艰辛的，当大邱庄逐步富裕起来时，大多数家庭都告别了茅草房，搬进了砖瓦房，不少人劝禹作敏也搬，他执意要等村里人都住上砖瓦房，再最后一个搬家。作为村企业集团总公司董事长、党委书记的禹作敏，为大邱庄经济的发展无疑做出了重要贡献，因而被评为全国劳动模范，并被评为"全国十佳优秀农民企业家"。然而，随着财富的增加、名声的显赫、桂冠的增多，禹作敏逐步忘却初心、迷失自我，将自己凌驾于国家法律之上，以至于在大邱庄内，没有"法律"，只有禹作敏的"指示"，其私设公堂，动用私刑，随意监禁、殴打、侮辱他人，窝藏罪犯，行贿国家干部，干扰案件查处，阻碍司法机关办案，甚至纠集群众，武力对抗国家机关，种种行为，令人瞠目结舌。但是禹作敏等被告人低估了执法机关坚决打击犯罪的决心和能力，最终受到了法律的严惩。禹作敏从一个名扬四海的致富带头人，最终沦为国法不容的罪犯，其留下的教训是深刻的。在接受审讯时，禹作敏不止一次地提到自己过去15年间在大邱庄创业和发展中的辛苦历程，他的蜕变与犯罪，确实令人扼腕叹息，但是共和国的法律不容践踏，法治社会也不允许任何人有超越法律的特权。人民法院对禹作敏案的依法审判，为塑造风清气正的政商环境、规规矩矩的创业环境作出了正确的指引。

（撰稿：天津市高级人民法院刑二庭　孙　潇
审编：最高人民法院刑二庭　韩维中）

蒋英库等组织、领导、参加黑社会性质组织，故意杀人，抢劫，故意伤害，私藏枪支，介绍贿赂，包庇黑社会性质组织案

【关键词】 黑社会性质组织　故意杀人　抢劫　组织领导　成员

一、基本案情

被告人蒋英库，男，1956年5月21日出生。2001年2月13日被逮捕。

被告人蒋英权，男，1963年6月13日出生。2001年2月13日被逮捕。

被告人万忠，男，1969年6月13日出生。2001年2月13日被逮捕。

被告人刘一东,男,1969 年 3 月 9 日出生。2001 年 2 月 13 日被逮捕。

被告人刘一刊,男,1965 年 7 月 1 日出生。2001 年 2 月 13 日被逮捕。

被告人李国辉,男,1956 年 7 月 5 日出生。2001 年 2 月 27 日被逮捕。

黑龙江省哈尔滨市人民检察院指控被告人蒋英库犯组织、领导黑社会性质组织罪、故意杀人罪、抢劫罪、私藏枪支罪、介绍贿赂罪,被告人蒋英权犯参加黑社会性质组织罪、故意杀人罪、抢劫罪、故意伤害罪,被告人万忠犯参加黑社会性质组织罪、故意杀人罪、抢劫罪,被告人刘一东、刘一刊犯参加黑社会性质组织罪、故意杀人罪,被告人李国辉犯窝藏罪,向哈尔滨市中级人民法院提起公诉。

被告人蒋英库、蒋英权、万忠、李国辉对公诉机关指控的犯罪事实基本供认,被告人刘一东、刘一刊辩解其没有参加黑社会性质组织犯罪及实施故意杀人犯罪。各辩护人分别提出蒋英库的部分犯罪事实不清,证据不足,且有立功情节;蒋英权参加黑社会性质组织犯罪的证据不足,且部分犯罪被害人存在过错;万忠不构成参加黑社会性质组织罪,在故意杀人犯罪中系从犯,有自首情节;指控被告人刘一东、刘一刊参加黑社会性质组织犯罪的证据不足;李国辉认罪态度较好。

哈尔滨市中级人民法院经公开审理查明:被告人蒋英库于 1990 年 8 月被调入黑龙江省肇东市人民检察院工作,1998 年 7 月因无正当事由不上班,被肇东市人民检察院予以清调。1992 年 12 月,蒋英库同贾勇(因病死亡)等人在肇东市开办了陶瓷公司,通过招纳"小弟"、聘用员工、纠集同道等途径,逐步建立起以蒋英库为组织者、领导者,以被告人蒋英权、万忠、刘一东、刘一刊及贾勇、蒋树渊(自杀身亡),蒋树海(被杀灭口)、刘德(被杀灭口)、王英利(被杀灭口),沈显贵(在逃)等人为骨干成员的黑社会性质组织。蒋英库为控制组织成员,对组织成员非打即骂,甚至为防止组织实施的犯罪败露而将骨干成员蒋树海、刘德、王英利杀死灭口,使组织其他成员对蒋英库产生畏惧心理,从而形成了严格的组织纪律。自 1993 年至 2000 年间,该组织先后在肇东市和哈尔滨市,采用枪击、刀刺、绳勒等手段,大肆进行杀人、抢劫、伤害等犯罪,致 21 人死亡、1 人重伤,在一定的区域内严重破坏了社会经济、生活秩序。

该组织实施的具体犯罪事实如下:

(一)故意杀人事实

1993 年 1 月,被告人蒋英库经被害人张国臣(肇东市纺织工业供销处第一经销站经理)和被害人李海(肇东市恒益五金交化商场业主)同意,以经销站名义申请贷款 60 万元,并以李海经营的商场作担保。为占有此款,蒋英库产生杀死李海、张国臣之念。同月 14 日,蒋英库纠集蒋树海,以帮李海办贷款为由,将李海骗至肇东市正阳南三道街陶瓷公司。蒋英库假意让李海填写贷款审批表时,示意蒋树海动手杀人,蒋树海持尖刀捅刺李海背部数刀,致李死亡。后蒋英库、蒋树海把李海尸体抬至公司食堂,将尸体肢解,塞进炉灶内焚烧灭迹。同年 2 月 8 日,蒋英库纠集被告人蒋英权和蒋树海,将张国臣骗至肇东市七道街一平房内。蒋树海持斧子朝张国臣头部猛砍数下,将张杀死,后用刀将尸体肢解,在该房屋炉灶内焚烧灭迹。

1993 年 4 月,被告人蒋英库为防止杀害张国臣、李海的罪行败露,产生杀死蒋树海灭口之念。同月中旬的一天,蒋英库指使被告人蒋英权将蒋树海带至陶瓷公司。当日 20 时许,蒋英库趁蒋树海在陶瓷公司业务室熟睡之机,持东风三型口径手枪朝蒋树海头部射击一枪,将其打死。后蒋英库把尸体拽至公司食堂,用刀将尸体肢解,放入炉灶内焚烧灭迹。

1993 年 11 月至 1994 年 10 月,因被告人蒋英库以肇东市陶瓷公司名义建造陶瓷大厦住宅楼,拖欠被害人吕宝珠价值 3 万余元的建筑钢材款,拖欠被害人宋立国价值 17 万余元的建筑材料款,拖欠被害人孟宪明(系公司施工队工长)所在的肇东市安阳建筑工程公司 100 万余元工程款,产生杀人灭债之念,分别纠集沈显贵、贾勇、刘德,将吕宝珠、宋立国、孟宪明开枪杀死,并将尸体肢解后焚烧灭迹。

1995年10月,被告人蒋英库为防止与其共同实施抢劫犯罪的王英利暴露罪行,产生杀人灭口之念。蒋英库纠集被告人蒋英权、万忠及蒋树渊,由蒋英权、万忠将王英利骗至哈尔滨市太平区新滨街蒋树渊经营的饭店内开枪杀死,并将尸体肢解后焚烧灭迹。

1997年1月,被告人蒋英库欲将借给其情妇、被害人刘某某使用的陶瓷大厦住宅楼一套门市房收回,产生杀死刘某某之念。蒋英库纠集被告人刘一东、刘一刊及贾勇、刘德、蒋树渊,由贾勇、刘德将刘某某骗至陶瓷公司仓库。蒋英库、刘一东、刘一刊分别持锤子、斧子将刘某某杀死,贾勇、刘德用刀将尸体肢解后焚烧灭迹。

1997年2月,被告人蒋英库因怀恨其姘妇张某甲的姐姐被害人张某乙给张某甲介绍过异性朋友,而产生杀死张某乙之念。蒋英库乘为张某乙买感冒药之机,将2粒康泰克胶囊内的药物倒掉,放入安眠药,骗张某乙吃下。待张某乙昏睡后,蒋英库持尖刀将其杀死,并将尸体肢解后焚烧灭迹。

1998年11月,被告人蒋英库为防止其以刘德名义向肇东市公安局原副局长张照伟之妻马晓光索要5万元的事情暴露,产生杀死刘德灭口之念。蒋英库同蒋树渊预谋后,由蒋树渊将被害人姚淑华、刘德骗至肇东市北十街龙燃公司院内北侧蒋英库所租的房屋内,并骗二被害人喝下掺有安眠药的酒水。待二人昏睡后,蒋英库持尖刀将刘德、姚淑华杀死,并将二人尸体肢解后焚烧灭迹。

2000年3月,被告人蒋英库因其朋友袁成(黑龙江省人民检察院干部)与被害人潘淑珍发生口角,在劝说潘时与潘产生矛盾,蒋英库遂产生杀死潘淑珍之念。袁成走后,蒋英库同蒋树渊预谋并乘潘淑珍不备,用尼龙绳共同猛勒潘颈部,将潘勒死。后蒋英库指使蒋树渊将潘淑珍尸体肢解,并焚烧灭迹。

2000年11月,被告人蒋英库为防止被害人袁成将其杀害潘淑珍的罪行败露,产生杀人灭口之念。蒋英库纠集被告人蒋英权及蒋树渊,由蒋英库将袁成和被害人果冬梅(黑龙江省人民检察院助理检察员)骗至蒋树渊租住处,诱骗袁、果将掺有安眠药的酒水喝下。待袁成、果冬梅昏睡后,蒋英库指使蒋英权、蒋树渊用尼龙绳将袁成、果冬梅勒死,并将二人尸体肢解,焚烧灭迹。

(二)抢劫事实

1994年11月,被告人蒋英库欲抢劫拆迁户被害人宋金仲、孙淑芹2万元进户费,纠集被告人蒋英权及王英利,由蒋英库将二被害人骗到肇东市陶瓷公司杀死,共抢得现金2万元及金饰品。蒋英库得赃款4 000元,蒋英权分得金饰品,王英利得赃款16 000元。后蒋英库把二被害人尸体肢解,并焚烧灭迹。

1995年8月,被告人蒋英库从被告人蒋英权及王英利处得知被害人刘绍备家有钱,遂产生抢劫之念。蒋英库纠集蒋英权、被告人万忠及王英利、刘德,由蒋英权将刘绍备骗至陶瓷公司车库杀死。后蒋英库又指使蒋英权、万忠、王英利去刘绍备家抢劫钱财。蒋英权、万忠、王英利进入刘绍备家中,将刘绍备的妻子朱晓琴、儿子刘汉隆、女儿刘汉蟒杀死,共抢得现金1 100元及价值820元的三星S20型单放机1台,白金戒指1枚。后蒋英库等人将四被害人尸体肢解后焚烧灭迹。蒋英库分得白金戒指1枚,万忠分得单放机1台,赃款被蒋英库等人分掉挥霍。

1998年8月,被告人蒋英库因发现被害人邵明琴喜好佩戴金饰品,产生抢劫之念。蒋英库将邵明琴骗至肇东市一房屋内杀死,并将尸体肢解后焚烧灭迹。蒋英库抢得金项链1条、金手镯1个、金脚链1条、金戒指5枚,销赃后得款6 000余元,用于挥霍。

（三）私藏枪支、介绍贿赂、故意伤害、包庇黑社会性质组织事实

1993 年 4 月，被告人蒋英库以 5 000 元的价格从其亲属张兴华（另案处理）处购得东风三型口径手枪 1 支藏匿，后用此枪作为杀人、抢劫作案工具。

1997 年 7 月，肇东市公安局原副局长张照伟因涉嫌受贿被肇东市人民检察院立案侦查。被告人蒋英库受张妻马晓光之托，通过刘永祥向办案人员陈枫、常万罡（均已判刑）共计行贿 42 000 元。

2000 年 10 月，被告人蒋英权酒后与被害人杨大兵因琐事发生厮打，蒋英权将杨大兵的左耳咬掉。经法医鉴定，杨大兵损伤为重伤。

2000 年 11 月，被告人李国辉（原系肇东市人民检察院反贪局助理检察员）明知被告人蒋英库杀害袁成、果冬梅犯罪事实，仍帮助蒋英库藏匿作案工具，向其亲属通风报信，并帮助蒋英库租车逃匿。

2001 年 12 月 13 日，黑龙江省哈尔滨市中级人民法院以（2001）哈刑初字第 458 号刑事判决，认定被告人蒋英库犯组织、领导黑社会性质组织罪，判处有期徒刑十年，剥夺政治权利二年；犯故意杀人罪，判处死刑，剥夺政治权利终身；犯抢劫罪，判处死刑，剥夺政治权利终身，并处没收个人全部财产；犯介绍贿赂罪，判处有期徒刑三年；犯私藏枪支罪，处有期徒刑二年；决定执行死刑，剥夺政治权利终身，并处没收个人全部财产。被告人蒋英权犯参加黑社会性质组织罪，判处有期徒刑十年，剥夺政治权利二年；犯故意杀人罪，判处死刑，剥夺政治权利终身；犯抢劫罪，判处死刑，剥夺政治权利终身，并处没收个人全部财产；犯故意伤害罪，判处有期徒刑十年，剥夺政治权利二年；决定执行死刑，剥夺政治权利终身，并处没收个人全部财产。被告人万忠犯参加黑社会性质组织罪，判处有期徒刑七年；犯故意杀人罪，判处死刑，剥夺政治权利终身；犯抢劫罪，判处死刑，剥夺政治权利终身，并处没收个人全部财产；决定执行死刑，剥夺政治权利终身，并处没收个人全部财产。被告人刘一东犯参加黑社会性质组织罪，判处有期徒刑五年；犯故意杀人罪，判处死刑，剥夺政治权利终身；决定执行死刑，剥夺政治权利终身。被告人刘一刊犯参加黑社会性质组织罪，判处有期徒刑五年；犯故意杀人罪，判处死刑，剥夺政治权利终身；决定执行死刑，剥夺政治权利终身。被告人李国辉犯包庇黑社会性质组织罪，判处有期徒刑十年。

一审宣判后，被告人蒋英库、蒋英权、万忠、刘一东、刘一刊、李国辉均不服，提出上诉。上诉理由与一审辩解、辩护意见基本相同。

黑龙江省高级人民法院经依法审理，于 2001 年 12 月 20 日以（2001）黑刑一终字第 399 号刑事裁定，驳回上诉，维持原判，并核准对蒋英库、蒋英权、万忠、刘一东、刘一刊的死刑判决。

二、裁判理由

（一）黑社会性质组织的认定

《刑法》第二百九十四条对组织、领导、参加黑社会性质组织犯罪采用了简单罪状的规定，仅对构成要件作了简单描述，并未具体规定“黑社会性质组织”的概念及特征。2000 年，最高人民法院印发《关于审理黑社会性质组织犯罪的案件具体应用法律若干问题的解释》（以下简称《司法解释》），首次提出认定黑社会性质组织应具备“四个特征”。2002 年，全国人大常委会通过《关于〈中华人民共和国刑法〉第二百九十四条第一款的解释》（以下简称《立法解释》），进一步将“四个特征”明确为“组织特征、经济特征、行为特征和非法控制特征”。2011 年，“四个特征”的规定被纳入《刑法修正案（八）》。为进一步明确“四个特征”的认定标准，更好地指导司法实践，“最高人民法院、最高人民检察院、公安部”、最高人民法院、“最高人民法院、最高人民检察院、公安部、司法部”先后于 2009 年、2015 年、2018 年以会议纪要和指导意见的形式对“四个特征”作了详细阐释。本案发生于《司法解释》实行期间，被告人蒋英库先后纠集被告人蒋英权、万忠等 11 人形

成以蒋英库为组织者、领导者，其他成员为骨干成员的黑社会性质组织，该组织的结构比较紧密，人员较多，且有严格的组织纪律；该组织通过实施杀害李海、张国臣而将他人贷款60万元据为己有，为组织奠定了初步的经济基础，又在杀害吕宝珠、宋立国、孟宪明后侵吞100余万元的工程款和材料款，使该组织具备了一定的经济实力；为积极寻求国家工作人员为组织提供非法保护，蒋英库结交了肇东市公安局原副局长张照伟，并结拜为兄弟，且蒋英库多次利用其黑龙江省肇东市人民检察院工作人员的身份，对抗侦查；该组织先后在黑龙江省肇东市和哈尔滨市疯狂实施10余起暴力犯罪，致21人死亡、1人重伤，在一定的区域内严重破坏了社会经济、生活秩序，符合《司法解释》规定的黑社会性质组织特征，应当认定为黑社会性质组织。

（二）黑社会性质组织成员地位的认定

我国刑法采用行为与地位、作用相结合的划分标准，将黑社会性质组织的成员分为组织者、领导者、积极参加者、其他参加者（又称“一般参加者”）等不同类型，并规定了不同的刑罚。本案被告人蒋英库先开办陶瓷公司、招揽员工，后又纠集、组织实施了12起故意杀人犯罪、3起抢劫犯罪，既是组织的发起者、创建者，又是具体犯罪的协调者、决策者，故认定被告人蒋英库黑社会性质组织的组织者、领导者的地位是准确的。黑社会性质组织的骨干成员也是成员在黑社会性质组织中地位的一种表示方式，最早出现在《司法解释》中，该解释规定，“黑社会性质组织”一般应具备以下组织特征：“组织结构比较紧密，人数较多，有比较明确的组织者、领导者，骨干成员基本固定，有较为严格的组织纪律。”后《立法解释》和《刑法修正案（八）》均吸收和沿用了“骨干成员”这一称谓。本案中被告人蒋英权、万忠、刘一东、刘一刊直接听命于蒋英库并积极参与实施了该组织的暴力犯罪，其中蒋英权实施故意杀人犯罪3起、抢劫犯罪2起，共致10人死亡；万忠实施故意杀人犯罪1起、抢劫犯罪1起，共致5人死亡；刘一东、刘一刊各实施故意杀人犯罪1起，杀死1人。上述4名被告人系黑社会性质组织的积极参加者，且系直接听命于组织者、领导者的积极参加者，故人民法院认定其为黑社会性质组织的骨干成员。

（三）黑社会性质组织的组织者、领导者对具体犯罪的罪责承担

关于组织者、领导者对具体犯罪承担责任的范围，《司法解释》第三条规定，对于黑社会性质组织的组织者、领导者，应当按照其所组织、领导的黑社会性质组织所犯的全部罪行处罚，即组织者、领导者应对黑社会性质组织所犯的全部罪行承担刑事责任。本案被告人蒋英库应对其亲自组织实施的12起故意杀人犯罪、3起抢劫犯罪承担刑事责任自无异议，但其是否需要对被告人蒋英权实施的故意伤害犯罪承担刑事责任曾有不同观点。我们认为，主要应看蒋英权实施的故意伤害犯罪是黑社会性质组织犯罪还是其个人犯罪。本案中蒋英权酒后与被害人杨大兵因琐事发生厮打，蒋英权将杨大兵的左耳咬掉，该犯罪既不是蒋英库组织策划的，也与维护和扩大该组织势力、实力、影响等无任何关联，更不是按照组织惯例、纪律、活动规约实施的，应作为蒋英权个人的犯罪行为处理。故法院认定蒋英库不对蒋英权个人实施的故意伤害犯罪行为承担刑事责任。

【编后语】

蒋英库等6人黑社会性质组织案，是一起检察干警组织、领导，影响极其恶劣的黑社会性质组织犯罪。此中华人民共和国成立以来罕见的案件引起了中央和黑龙江省委、省政府的高度重视，被列为公安部第6号特大杀人案，2000年黑龙江省打黑除恶1号案件，系公安部、最高人民法院挂牌督办的黑龙江省头号涉黑犯罪案件。

黑社会性质组织犯罪是社会的“毒瘤”，是有组织犯罪最为典型的一种形式，其进行杀人、绑架等各种犯罪活动，聚敛巨额财富，社会危害性极为严重，与普通的集团犯罪相比危害更大。本

案以蒋英库为首的黑社会性质组织实施的犯罪行为性质极其恶劣，均是杀人、抢劫等严重威胁人民群众生命财产安全的暴力性犯罪；犯罪动机极其卑劣，不是杀人灭债，即是杀人灭口，无论是生意伙伴还是同事朋友，甚至是组织成员，稍有不慎即遭杀身之祸；犯罪后果极其严重，共致21人死亡；犯罪手段极其残忍，每一名被害人尸体均被肢解焚烧灭迹；社会危害性极其严重，严重破坏了社会经济秩序，严重危害了人民群众的人身、财产安全，必须坚决予以打击。人民法院对5名犯罪分子依法处以极刑，并对其中3名犯罪分子并处没收个人全部财产，取得了良好的法律效果和社会效果。

（撰稿：黑龙江高级人民法院刑一庭　李岫岩　李景辉　范海涛
审编：最高人民法院刑二庭　叶邵生）

于学伟等非法储存危险物质、非法经营、危险物品肇事、单位行贿案

——天津港“8·12”特大火灾爆炸事故案

【关键词】 爆炸　化学品　重大生产责任　死刑

一、基本案情

被告人于学伟，男，1974年5月15日出生。2015年9月21日被逮捕。

被告人董社轩，男，1982年4月18日出生。2015年9月21日被逮捕。

被告人只峰，男，1972年8月4日出生。2015年9月21日被逮捕。

被告人尚庆森，男，1983年6月28日出生。2015年9月21日被逮捕。

被告人曹海军，男，1971年9月12日出生。2015年9月21日被逮捕。

被告人郭向滨，男，1962年12月5日出生。2015年9月21日被逮捕。

被告人刘振国，男，1983年10月22日出生。2015年9月21日被逮捕。

被告人宋齐，男，1969年2月23日出生。2015年9月21日被逮捕。

被告人李雅翔，男，1972年8月15日出生。2015年9月21日被逮捕。

被告人田旺，男，1983年11月13日出生。2015年9月21日被逮捕。

被告人杨默，男，1982年8月21日出生。2015年9月21日被逮捕。

被告人李亮，男，1981年4月19日出生。2015年9月21日被逮捕。

被告人周志刚，男，1986年6月25日出生。2015年9月21日被逮捕。

天津市人民检察院第二分院指控被告人于学伟犯非法储存危险物质罪、非法经营罪、危险物品肇事罪、单位行贿罪，被告人只峰、董社轩、尚庆森、曹海军、郭向滨犯非法储存危险物质罪、非法经营罪、危险物品肇事罪，被告人刘振国、宋齐、李亮、杨默、田旺、李雅翔犯非法储存危险物质罪、非法经营罪，被告人周志刚犯危险物品肇事罪，向天津市第二中级人民法院提起公诉。

被告人于学伟、只峰、董社轩、尚庆森、曹海军、郭向滨、刘振国、宋齐、李亮、杨默、田旺、李雅翔、周志刚对起诉书指控的犯罪事实及罪名均无异议。于学伟的辩护人提出，于学伟在非法储存危险物质罪、单位行贿罪中，不属于情节严重，其主观上属于过失，且系自首。董社轩的辩护人提出，董社轩具有自首情节，且未参与公司经营管理，没有弄虚作假行为。只峰的辩护人提出，只峰

起次要作用，且系初犯。尚庆森的辩护人提出，尚庆森如实供述罪行，且系从犯。曹海军、郭向滨、刘振国、宋齐、田旺、杨默、李亮的辩护人分别提出，上述7人均系从犯，构成自首。田旺的辩护人另提出，田旺主动供述于学伟行贿的事实，构成立功。李雅翔的辩护人提出，李雅翔系从犯。周志刚的辩护人提出，周志刚具有坦白情节。

天津市第二中级人民法院经公开审理查明：

2012年11月28日，天津东疆保税港区瑞海国际物流有限公司(以下简称瑞海公司)由天津市滨海新区工商行政管理局(以下简称滨海新区工商局)准予注册登记，被告人李亮代被告人于学伟持股55%，舒铮代被告人董社轩持股45%，法定代表人为李亮。瑞海公司危险品仓库位于天津市滨海新区天津港国际物流中心吉运二道95号，占地46 226平方米。

2013年1月24日，瑞海公司办理工商营业执照变更登记，将经营范围由"仓储业务经营(危化品除外、港区内除外)"变更为"在港区内从事仓储业务经营(危化品除外)"。2015年1月29日，滨海新区工商局准予瑞海公司法定代表人变更为被告人只峰。

被告人于学伟、董社轩系瑞海公司的实际出资人、实际控制人。瑞海公司中，被告人只峰任总经理、法定代表人；被告人田旺任副总经理(后于2014年年初离职)，主管安保部；被告人尚庆森任副总经理，主管安保部和运抵部；被告人曹海军任副总经理，主管操作部；被告人刘振国任副总经理，主管装箱部和危申部；被告人郭向滨任安保部部长；被告人宋齐任财务总监；被告人杨默任办公室主任(后于2014年年初离职)；被告人李雅翔任装箱部副经理；被告人李亮挂名担任董事长，曾担任法定代表人；被告人周志刚任操作部业务员。

2016年3月21日，瑞海公司被天津市滨海新区市场和质量监督管理局吊销营业执照。

2013年1月18日至2014年5月4日，被告人于学伟等人以贿赂手段非法取得多份临时港口危险化学品经营批复，此后通过伪造环境影响评价公众参与调查表、提供虚假公示证明材料、低报危险化学品实际仓储面积等方式骗取通过环境影响评价验收，采取编造防爆叉车购买合同、临时码放集装箱充当防火墙、验收当天暂停作业等违法手段，通过消防验收审核及安全验收评价，最终于2015年6月23日违法取得《港口经营许可证》和《港口危险货物作业附证》(以下简称"两证")。2016年7月1日，"两证"被依法吊销。经查，2013年5月20日至2015年8月12日，瑞海公司非法储存氰化钠、甲基磺酰氯等剧毒化学品7种，总计49 332.97吨。此外，瑞海公司还违法违规经营和储存烧碱、电石、硝酸铵等其他危险化学品，数额达47 805 252.64元。

被告人于学伟等人在瑞海公司的日常经营过程中，存在违规存放硝酸铵，严重超负荷经营、超量存储，违规混存、超高堆码危险货物，违规开展拆箱、搬运、装卸等严重违反安全生产管理规定的问题。2015年8月12日22时许，瑞海公司危险品仓库运抵区南侧集装箱内的硝化棉由于湿润剂散失出现局部干燥，在高温(天气)等因素的作用下加速分解放热，积热自燃，引起相邻集装箱内的硝化棉和其他危险化学品长时间大面积燃烧，导致堆放于运抵区的硝酸铵等危险化学品发生爆炸。事故造成165人遇难，8人失踪，798人受伤住院治疗；304幢建筑物、12 428辆商品汽车、7 533个集装箱受损。截至2015年12月10日，已核定直接经济损失人民币68.66亿元。案发当晚，被告人周志刚作为瑞海公司值班负责人，未履行职责，对瑞海公司发生爆炸事故亦负有直接责任。

另查明，被告人于学伟归案后主动供述其为瑞海公司违规办理港口危险货物经营资质，多次向时任市交港局副局长李志刚、港口管理处处长冯刚请托，送给李志刚高尔夫球杆1套，价值35 000元，现金10 000元，贵州茅台酒1箱，价值6 600元，高尔夫测距仪1台，价值2 650元，友谊商场提货单，价值35 000元，三星牌电视机1台，价值9 000元，共计折合98 250元；送给冯刚高尔夫测距仪1台，价值2 650元，贵州茅台酒1箱，价值6 600元，海信广场购物卡，价值50 000元，共计折合59 250元。上述财物共计折合157 500元。

2015年8月13日至9月9日，于学伟等13名被告人分别被查获归案。

2016年11月9日，天津市第二中级人民法院作出（2016）津02刑初100号刑事判决，认定如下：

1. 被告人于学伟犯非法储存危险物质罪，判处死刑，缓期二年执行，剥夺政治权利终身；犯非法经营罪，判处有期徒刑十二年，并处罚金人民币五十万元；犯危险物品肇事罪，判处有期徒刑七年；犯单位行贿罪，判处有期徒刑四年，并处罚金人民币二十万元；决定执行死刑，缓期二年执行，剥夺政治权利终身，并处罚金人民币七十万元。

2. 被告人董社轩犯非法储存危险物质罪，判处无期徒刑，剥夺政治权利终身；犯非法经营罪，判处有期徒刑十一年，并处罚金人民币五十万元；犯危险物品肇事罪，判处有期徒刑七年；决定执行无期徒刑，剥夺政治权利终身，并处罚金人民币五十万元。

3. 被告人只峰犯非法储存危险物质罪，判处无期徒刑，剥夺政治权利终身；犯非法经营罪，判处有期徒刑十一年，并处罚金人民币十五万元；犯危险物品肇事罪，判处有期徒刑七年；决定执行无期徒刑，剥夺政治权利终身，并处罚金人民币十五万元。

4. 被告人尚庆森犯非法储存危险物质罪，判处有期徒刑十年，剥夺政治权利三年；犯非法经营罪，判处有期徒刑六年，并处罚金人民币八万元；犯危险物品肇事罪，判处有期徒刑五年；决定执行有期徒刑十八年，剥夺政治权利三年，并处罚金人民币八万元。

5. 被告人曹海军犯非法储存危险物质罪，判处有期徒刑十年，剥夺政治权利三年；犯非法经营罪，判处有期徒刑六年，并处罚金人民币八万元；犯危险物品肇事罪，判处有期徒刑五年；决定执行有期徒刑十八年，剥夺政治权利三年，并处罚金人民币八万元。

6. 被告人郭向滨犯非法储存危险物质罪，判处有期徒刑八年；犯非法经营罪，判处有期徒刑五年，并处罚金人民币七万元；犯危险物品肇事罪，判处有期徒刑五年；决定执行有期徒刑十五年，并处罚金人民币七万元。

7. 被告人刘振国犯非法储存危险物质罪，判处有期徒刑八年；犯非法经营罪，判处有期徒刑五年，并处罚金人民币七万元；决定执行有期徒刑十年，并处罚金人民币七万元。

8. 被告人宋齐犯非法储存危险物质罪，判处有期徒刑六年；犯非法经营罪，判处有期徒刑四年，并处罚金人民币六万元，决定执行有期徒刑八年，并处罚金人民币六万元。

9. 被告人李雅翔犯非法储存危险物质罪，判处有期徒刑四年；犯非法经营罪，判处有期徒刑二年，并处罚金人民币三万元；决定执行有期徒刑五年，并处罚金人民币三万元。

10. 被告人田旺犯非法储存危险物质罪，判处有期徒刑三年；犯非法经营罪，判处有期徒刑二年，并处罚金人民币三万元；决定执行有期徒刑四年，并处罚金人民币三万元。

11. 被告人杨默犯非法储存危险物质罪，判处有期徒刑三年；犯非法经营罪，判处有期徒刑二年，并处罚金人民币三万元；决定执行有期徒刑四年，并处罚金人民币三万元。

12. 被告人李亮犯非法储存危险物质罪，判处有期徒刑三年；犯非法经营罪，判处有期徒刑一年，并处罚金人民币一万五千元；决定执行有期徒刑三年六个月，并处罚金人民币一万五千元。

13. 被告人周志刚犯危险物品肇事罪，判处有期徒刑三年。

一审宣判后，各被告人均未提出上诉。天津市高级人民法院经复核，认为一审判决认定事实和适用法律正确、量刑适当、诉讼程序合法，于2016年12月13日以（2016）津刑核11751851号刑事裁定，核准天津市第二中级人民法院（2016）津02刑初100号对被告人于学伟判处死刑，缓期二年执行，剥夺政治权利终身，并处罚金人民币七十万元的刑事判决。

二、裁判理由

（一）爆炸事故中相关罪名的认定

瑞海公司相关人员采取违法手段获取经营资质，非法储存危险化学品发生爆炸，根据爆炸的原因以及危险化学品种类、性质的不同，触犯的刑法罪名也不同。人民法院依据相关刑法条文的规定，将相关犯罪事实确定为数个罪名。

1.《刑法》第一百二十五条第二款规定，非法制造、买卖、运输、储存毒害性、放射性、传染病病原体等物质，危害公共安全的，构成非法制造、买卖、运输、储存危险物质罪。

按照《危险化学品名录》（2015年版），瑞海公司储存的氰化钠等七种危险化学品是剧毒化学品，易致人中毒或者死亡，对人体、环境具有极大的毒害性和危险性，属于《刑法》第一百二十五条第二款规定的"毒害性物质"。

《危险化学品安全管理条例》对危险化学品的生产、储存、运输等环节均设置了明确、具体的要求。依照《港口法》《港口危险货物安全管理规定》等法律规章，在港区内从事危险化学品经营的企业必须获得"两证"。被告人于学伟等人采取伪造环境评价公众参与调查表、提供虚假公示证明材料、低报危险化学品实际存储面积等违法手段，通过环境影响评价验收；采取编造防爆叉车购买合同、临时码放集装箱充当防火墙、验收当天暂停作业等违法手段，通过消防验收审核及安全验收评价，最终使瑞海公司获得"两证"。因此，瑞海公司虽在形式上具备"两证"，但系于学伟等人通过违法手段取得，实质上不具备储存毒害性物质的资质与条件，属于"非法储存"。因而，被告人等非法储存氰化钠等毒害性物质，危害公共安全，依法应当认定为非法储存危险物质罪。

2.瑞海公司相关人员除了非法储存氰化钠等毒害性物质外，还非法从事烧碱、电石等其他危化品的储存业务，按照我国制定的《危险化学品名录》，这些属于剧毒化学品之外的其他危险化学品，不属于毒害性、放射性、传染病病原体等危险物质，因而被告人非法储存烧碱、电石等其他危险化学品的行为不构成非法储存危险物质罪，应当另行评价。

对于其他危险化学品，相关文件同样也规定了生产、储存、运输等环节需要相应的资质与条件。正如上文所述，瑞海公司在形式上具备"两证"，但"两证"系被告人非法取得，实质上并不具备港口危险货物经营资质，属于无证违法经营。因而，被告人等非法储存其他危化品的行为，依法应当认定为非法经营罪。

需要说明的是，有意见认为，储存行为不属于经营行为。我们认为，《刑法》第二百二十五条非法经营罪中的"经营行为"，应包括以营利为目的的生产、运输、仓储、买卖等行为，并不仅限于购买和销售行为。

3.《刑法》第一百三十六条规定，违反爆炸性、易燃性、放射性、毒害性、腐蚀性物品的管理规定，在生产、储存、运输、使用中发生重大事故，造成严重后果的，构成危险物品肇事罪。瑞海公司相关人员违反安全生产规定，进行违规操作，致使硝酸铵等危险化学品发生爆炸，造成特别严重后果，依法应当认定为危险物品肇事罪。

需要说明的是，本次事故的直接原因是硝化棉积热自燃，最终引起硝酸铵等危险化学品发生爆炸。硝酸铵属于《危险货物分类和品名编号》（GB 6944－2012）中的5.1类危险货物，即氧化性物质，虽不属于《刑法》第一百二十五条第一款规定的"爆炸物"，也不属于《刑法》第一百二十五条第二款规定的"毒害性、放射性、传染病病原体等危险物质"，而属于《刑法》第一百三十六条规定的"危险物品"。因此，虽然发生了爆炸事故，但瑞海公司储存的硝酸铵不属于爆炸物，不符合非法储存爆炸物罪的构成要件，被告人等不构成非法储存爆炸物罪。

（二）重大生产责任案件中死刑的适用

根据《刑法》第一百二十五条第一款、第二款的规定，非法储存危险物质，危害公共安全的，处三年以上十年以下有期徒刑；情节严重的，处十年以上有期徒刑、无期徒刑或者死刑。本案中，于学伟等人非法存储氰化钠等毒害性物质共计4.9万余吨，数量特别巨大；同时，于学伟等人为谋取私利，采用贿赂、欺骗等非法手段获取经营资质，置周边人民群众的生命、财产安全于不顾，严重危害公共安全，犯罪手段卑劣，主观恶性深，社会危害性大。综合全案的事实情节，于学伟等人的行为属于《刑法》第一百二十五条规定的非法储存危险物质犯罪中“情节严重”的情形，应当在“十年以上有期徒刑、无期徒刑或者死刑”这一幅度内量刑。但是，本案引发爆炸的直接原因是硝酸铵爆炸，而不是氰化钠等危险物质，事故中的遇难者经鉴定均系遭燃烧、爆炸造成伤亡，瑞海公司非法储存氰化钠等毒害性危险物质并未直接造成严重人身伤亡后果；另外，瑞海公司作为正常的生产经营者，主观上不可能希望发生生产安全事故，对造成严重事故后果最多持间接故意心态。在此情况下，对相关被告人适用死刑要特别慎重。故法院在裁量刑罚时，对被告人于学伟犯危险物品肇事罪顶格判处七年有期徒刑，对其所犯非法储存危险物质罪，综合案件事实、情节等因素，认定其属“情节严重”，判处死刑，但认为可不立即执行。

【编后语】

天津港“8·12”特大火灾爆炸事故造成165人遇难、8人失踪，798人受伤住院治疗，直接经济损失68.66亿元的严重后果。事故伤亡人数众多，经济损失特别巨大，社会危害性极大，是中华人民共和国成立以来最大的安全生产责任事故。事故发生后，党中央、国务院及天津市委、市政府高度重视，积极组织救援和善后工作。司法机关依法履行法律职责，依法对涉案生产企业的13名责任人员追究刑事责任。

庭审过程中，各被告人当庭认罪、悔罪，且在宣判之后均服从判决，不再上诉。案件庭审和裁判结果得到人民群众的普遍认可。人民法院依法从严惩处企业无视安全生产主体责任、违法违规经营的犯罪行为，是从法治的角度警示企业要有基本的守法意识和企业良知，对法律、对生命要有敬畏之心。系列案件的审判达到了给生产经营企业立规矩、给审批监管等职能部门划底线、给人民一个满意交代的预期目标，对行业监管和安全生产起到树标杆、鸣警钟的作用，实现了政治效果、社会效果和法律效果的有机统一。

（撰稿：天津市高级人民法院　王力欣
审编：最高人民法院刑二庭　叶邵生）

[第1298号] 吴小军非法经营同类营业、对非国家工作人员行贿案

——非法经营同类营业罪的主体范围及对“同类营业”的准确理解

【关键词】 非法经营　同类　非国家工作人员　国有公司、企业　行贿

一、基本案情

被告人吴小军，男，1971年8月10日出生，曾任农银国联无锡投资管理有限公司总经理。2014年10月17日被逮捕。

江苏省淮安市人民检察院以被告人吴小军犯非法经营同类营业罪、对非国家工作人员行贿罪,向淮安市中级人民法院提起公诉。

淮安市中级人民法院经公开审理查明:

(一)主体身份的事实

农银国联无锡投资管理有限公司(以下简称农银国联)设立于2011年9月30日。其股东包括:(1)无锡国联资本管理有限公司(国有独资)股本占比30%。2012年12月无锡国联资本管理有限公司将30%的股份转让给国联信托股份有限公司(国有控股)。(2)农银无锡投资咨询有限公司(以下简称农银无锡)股本占比70%。农银无锡系农银国际(中国)投资有限公司(也被称为北京总部)的子公司。农银国际(中国)投资有限公司的股东为农银国际控股有限公司(在我国香港地区设立,以下简称农银控股)。农银控股的股东为中国农业银行股份有限公司和捷骏公司(1份股份)。中国农业银行股份有限公司系国有控股金融企业(参见示意图)。

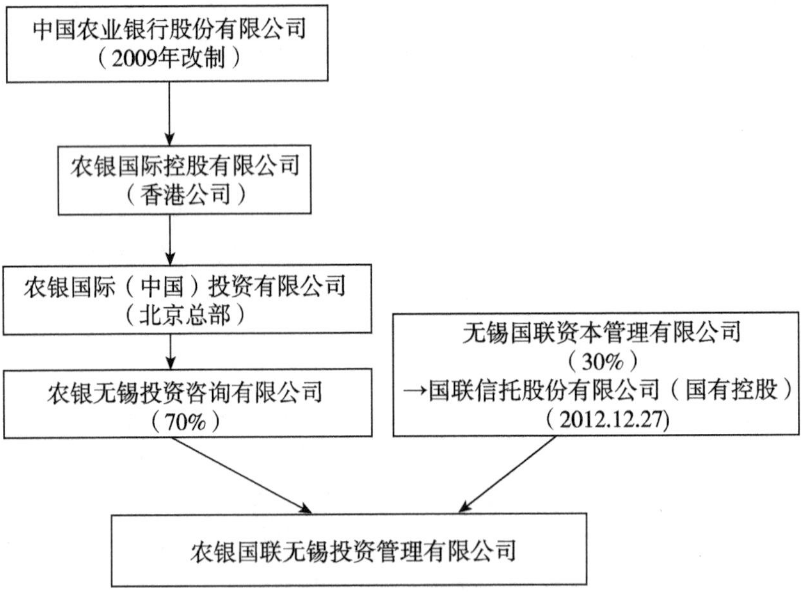

农银国联的股权结构示意图

吴小军原系中国农业银行江苏省分行(以下简称省农行)员工,2011年10月24日,省农行聘任吴小军为投资银行部总经理(正处级);省农行党委组织部经研究同意吴小军提任正处级干部;2011年12月派至农银控股,任农银国联总经理(正处级)。吴小军于2011年12月31日与省农行解除劳动合同。2011年12月22日吴小军赴农银国联任职,2012年12月5日吴小军向农银控股提交了个人辞呈,2013年1月25日吴小军签订了离职承诺书,2013年4月9日农银国联董事会决议解聘吴小军的总经理职务。

(二)非法经营同类营业事实

1.被告人吴小军在担任农银国联总经理期间,利用本公司与苏宁电器集团有限公司(以下简称苏宁集团)接洽并提供融资服务的便利,得知苏宁集团有10亿元融资需求,遂安排工作人员以苏宁集团需融资5亿元立项上报北京总部。在北京总部作出暂缓决议后,吴小军个人决定私下运作苏宁集团融资项目。吴小军联系了中国农业银行秦皇岛分行作为资金托管行,大连银行作为出资行,安徽国元信托有限责任公司(以下简称安徽国元)作为信托通道。2012年7月19日,苏宁集团与安徽国元达成10亿元借款合同；相关各方也分别达成资金信托合同。吴小军通过其朋友控制的江苏中港担保有限责任公司与苏宁集团签订财务顾问协议，收取顾问费，非法获利7 800万元。

2. 2012年6月，被告人吴小军经原农行同事引荐，结识了南京丰盛产业控股集团有限公司（以下简称丰盛集团）老总季昌群。经商谈，初步认为可以用丰盛集团“六合文化城”项目融资。吴小军遂安排农银国联工作人员和丰盛集团对接，并完成项目尽职报告。2012年9月，经北京总部审核，认为该项目有风险，未立即批准该项目。在与丰盛集团接触过程中，吴小军得知丰盛集团年底前还需融资30亿元。吴小军在未告知本公司的情况下，决定利用自己实际控制的南京来恩投资管理有限公司（以下简称来恩公司）完成该业务。吴小军主要联系了宏源汇智投资有限公司（以下简称宏源汇智公司）落实项目的资金方、过手方。以安徽国元作为信托通道和放款单位，确定了融资各方的利率。在吴小军的斡旋下，丰盛集团30亿元融资项目得以落实。为确保自己收益，吴小军将自己的收益拆分为两部分，分别从丰盛集团及安徽国元收取财务顾问费。至案发，吴小军将本公司承揽的业务转给其个人经营的公司运作，非法获利共计23 119.779 453万元。

（三）对非国家工作人员行贿事实

2012年11月，吴小军运作丰盛集团融资项目时，其联系了宏源汇智公司的胡挺（另案处理），由胡挺负责安排出资方、名义担保方，并与各方确定收益比例。吴小军为了掩盖该项目系农银国联的业务，要求胡挺为其保密。2012年11月底吴小军与胡挺见面时，确定给予胡挺个人好处费700万元。吴小军在扣除7.5万元税款后，由其控制的来恩公司向胡挺指定的上海坤山投资管理咨询有限公司、上海市挺友投资管理有限公司汇款共计692.5万元。

被告人吴小军对公诉机关指控事实不表异议，但提出其不构成非法经营同类营业罪。主要理由是：(1)主体不适格。非法经营同类营业罪的主体是“国有公司、企业的董事、经理”，《刑法》中的“国有公司、企业”仅限于国有独资公司、企业，而其所任职的农银国联是国有控股公司。(2)其没有经营“同类营业”的行为。其任职的农银国联的经营范围不包括“财务顾问业务”。

淮安市中级人民法院认为，被告人吴小军原系省农行员工，后被委派担任国有控股的农银国联的总经理，负责公司全面工作，符合认定“国有公司、企业工作人员”所要求的“经委派”和“从事公务”的构成要件，可以被视为“国有公司、企业工作人员”。同时，吴小军又是国有控股的农银国联总经理，符合《刑法》第一百六十五条“国有公司、企业的董事、经理”的规定。吴小军的非法经营同类营业行为，是将本应属于农银国联的交易机会据为己有，损害了农银国联的利益，也损害了公司管理秩序、市场秩序，依法构成非法经营同类营业罪。吴小军在非法经营同类营业过程中，为谋取不正当利益，给予其他公司工作人员以财物，数额巨大，其行为已构成对非国家工作人员行贿罪。综上，依照《刑法》有关规定，对被告人吴小军以非法经营同类营业罪判处有期徒刑四年，并处罚金人民币二百万元；以对非国家工作人员行贿罪判处有期徒刑三年，并处罚金人民币一百万元，决定执行有期徒刑六年，并处罚金人民币三百万元。扣押在案的犯罪所得赃款共计292 980 823.13元予以没收，上缴国库。不足部分，继续追缴。

一审宣判后，被告人吴小军提出上诉。江苏省高级人民法院裁定驳回上诉，维持原判。

二、主要问题

1. 吴小军作为国有控股公司的经理，是否符合非法经营同类营业罪的主体要件？

2.《国民经济行业分类》是否可作为认定“同类营业”的依据？对“同类营业”应坚持怎样的判断标准？

3. 非法经营同类营业罪的社会危害性如何判断？

三、裁判理由

（一）非法经营同类营业罪中的“国有公司、企业”不限于国有独资公司、企业

《刑法》第一百六十五条规定了非法经营同类营业罪的主体是“国有公司、企业的董事、经理”。通常而言，刑法中的国有公司、企业仅限于国有独资公司、企业。“刑法意义上的国有公司仅指国家出资的国有独资公司，不包含国有资本控股公司、国有资本参股公司等其他类型的国家出资企业。”①据此，有观点认为，非法经营同类营业罪的主体必须是国有独资公司、企业的董事、经理，而本案中，农银国联系国有控股公司，不属于《刑法》意义上的“国有公司、企业”，故被告人吴小军不具备非法经营同类营业罪的主体资格。我们认为，上述观点缺乏法律依据。“国有公司、企业的董事、经理”并非“国有公司、企业”与“董事、经理”两个词语的简单拼接组合，认为“国有公司、企业”仅限于国有独资公司、企业，进而得出“国有公司、企业的董事、经理”仅限于国有独资公司、企业的董事、经理的观点不符合立法本意。

随着我国经济体制改革的深入推进，市场经济体制的完善，国有经济更多地以国有控股、参股的形式出现，而《刑法》中存在大量以“国有公司、企业人员”为特殊主体的罪名，如按照上述观点，则相关罪名面临着被虚置的窘境，不利于对犯罪的打击。为了顺应经济发展现实，最高人民法院先后颁布了多个规范性文件，在坚持国有公司、企业既定外延（仅限于国有独资公司）的基础上，对“国有公司、企业人员”的范围进行了逐步的扩大。其中，2005 年《最高人民法院关于如何认定国有控股、参股股份有限公司中的国有公司、企业人员的解释》明确“国有公司、企业委派到国有控股、参股公司从事公务的人员，以国有公司、企业人员论”之后，针对多次委派、层层委派等问题，2010 年《最高人民法院、最高人民检察院关于办理国家出资企业中职务犯罪案件具体应用法律若干问题的意见》（以下简称《意见》）第六条规定，“经国家出资企业中负有管理、监督国有资产职责的组织批准或者研究决定，代表其在国有控股、参股公司及其分支机构中从事组织、领导、监督、经营、管理工作的人员，应当认定为国家工作人员。”

综上，《刑法》意义上“国有公司、企业”还仅限于国有独资公司、企业，但“国有公司、企业人员”的外延已经进行了调整。换句话说，经委派到国家出资企业中从事公务的人员，虽然其所任职的企业不能被认定为《刑法》意义上的“国有公司、企业”，甚至委派他的单位也不是刑法意义上的“国有公司、企业”，但其本人在符合特定条件的情况下，仍可以被认定为“国有公司、企业人员”。所谓符合特定条件，主要从以下三个方面考察：一是委派的主体。适格的委派主体应当是国有公司、企业，或者国有控股、参股公司中负有管理、监督国有资产职责的组织。二是委派的实质内容，即委派是否体现国有单位、组织的意志。至于委派的具体形式、被委派单位是否通过特定程序对被委派人员进行任命等，均不影响委派的认定。三是是否从事公务，主要体现为“从事组织、领导、监督、经营、管理工作”。

本案中，省农行系国有控股公司，被告人吴小军是由省农行党委研究决定，以中国农业银行总行发文推荐的方式，推荐吴小军为国有控股的农银国联总经理（正处级）人选，作为“总经理”，其职务范围无疑属于《意见》所规定的“组织、领导、监督、经营、管理工作”。综上，吴小军符合国家出资企业中“国家工作人员”的认定条件，属于“国有公司、企业人员”。而无论从语义解释，还是从体系解释等角度出发，“国有公司、企业的董事、经理”都应当被认定是“国有公司、企业人

---

① 张威力、李洪川：《王海洋非国家工作人员受贿、挪用资金案——如何认定国家出资企业中工作人员的主体身份》，载最高人民法院刑事审判第一、二、三、四、五庭主办：《刑事审判参考》（总第 102 期），法律出版社 2016 年版，第 3 页。

员”的子概念，是“国有公司、企业人员”的特定部分。吴小军经委派，担任国有控股公司的总经理，符合《刑法》第一百六十五条“国有公司、企业的董事、经理”的规定。综上所述，被告人吴小军具备非法经营同类营业罪的主体资格。

（二）吴小军的行为属于“同类营业”行为

根据《国民经济行业分类》，吴小军所开展的业务对应的分类是“财务管理咨询”，而农银国联工商登记资料显示其经营范围为“投资管理；企业管理咨询；利用自有资金对外投资”，并不包括“财务管理咨询”，且两者所属类别亦有所区别。尽管如此，我们认为这并不影响非法经营同类营业罪的认定，具体理由如下：

首先，私法领域，法无明文禁止即可为。根据公司法的相关规定，公司的经营活动即便超出了其营业执照标示的范围，只要不违反国家禁止性规定，都不应当被认定为无效。故农银国联法务主管所称的“企业管理咨询是指我们对其他企业提出管理意见，也包括为资金方和资金提供方提供服务，收取中介费，撮合资金供方和需方达成协议”，更接近于农银国联对自身经营范围的理解。并且，农银国联也曾以“农银无锡”名义做过融资咨询业务，该融资咨询业务与吴小军所从事的苏宁集团、丰盛集团融资业务并无本质区别。综上，农银国联可以从事财务顾问业务，吴小军及其来恩公司的行为属于非法经营同类营业行为。

其次，“同类营业”并非“同样营业”。吴小军因自身资金实力限制，而将相关业务做成了财务顾问形式。但事实上，对于丰盛集团而言，其只需要在自己可接受的融资成本范围内实现融资即可，至于是通过财务顾问形式，还是债权投资形式均可接受。因此，如果仅仅将该笔业务作为财务顾问业务看待，进而审查农银国联是否进行“同样营业”，是相对片面的。我们应当将该笔业务作为一次交易机会，审查农银国联是否可以在自己的业务范围内满足相对方的融资需求，即审查农银国联是否有“同类营业”。经查，农银国联的经营范围包括债权投资，其也有实力通过优先劣后等形式完成债权投资。故即便认为农银国联不具备财务顾问的业务范围，农银国联也完全可以在自己登记的业务范围内实现与丰盛集团的交易。吴小军在北京总部未对“六合文化城”项目表态的情况下，对于其利用职务之便获知的丰盛集团30亿元融资项目未作汇报，剥夺了本公司的交易机会，属于同类营业行为。

需要说明的是，被告人吴小军利用其担任农银国联总经理期间获得的交易信息及前期所做工作，通过其他公司运作苏宁集团、丰盛集团的融资项目，将本应属于农银国联的交易机会据为己有，其行为构成非法经营同类营业罪而非受贿罪。

（三）吴小军的行为具有社会危害性

认定某一行为是否构成犯罪，不仅要看该行为是否符合犯罪构成要件，还要审查该行为是否具有社会危害性，即是否侵害刑法所保护的法益。本案中，被告人吴小军及其来恩公司在运作苏宁集团、丰盛集团融资项目过程中，融资交易基本上得到了履行，交易各方的利益没有受损，甚至可以说，各方还不同程度地从交易行为中获利。但是，竞业禁止规则是市场经济的基本规则，非法经营同类营业罪是竞业禁止规则在刑法中的体现，其所保护的法益并非交易各方的利益，而是正常的市场秩序以及国有公司、企业的利益。吴小军私下抢占农银国联的交易机会，其行为损害了农银国联的利益，危害了公司管理秩序和市场秩序，具有社会危害性，且获取非法利益数额特别巨大，应依《刑法》予以制裁。一审判决、二审裁定是正确的。

（撰稿：江苏省淮安市中级人民法院　时恒支　王广田
审编：最高人民法院刑二庭　韩维中）

[第1313号]佟茂华、牛玉杰私分国有资产,佟茂华挪用公款、受贿案

——如何认定国企改制期间和国家出资企业中的职务犯罪

【关键词】 改制 国有资产 挪用公款 受贿

一、基本案情

被告人佟茂华,男,汉族,1962年2月6日出生,安徽省阜阳市汽车运输集团有限公司原董事长、总经理。2012年7月8日因涉嫌犯贪污罪被逮捕。

被告人牛玉杰,男,汉族,1948年3月6日出生,安徽省阜阳市汽车运输集团有限公司原财务部部长。2012年4月28日被监视居住。

安徽省阜阳市人民检察院以被告人佟茂华犯贪污罪、挪用公款罪、受贿罪,被告人牛玉杰犯贪污罪,向阜阳市中级人民法院提起公诉。

被告人佟茂华、牛玉杰辩称,内部银行利息并非国有财产,优惠的交建基金、客运跨区资金余额均为企业负债,且佟茂华、牛玉杰没有重复计提部分交建基金,两人的行为不构成贪污罪;阜阳市汽车运输集团有限公司并非国有企业,佟茂华用集团定期存单质押贷款供高管补缴缺额股金的行为经集体研究,旨在解决单位改制时的历史遗留问题,并非谋取个人利益,不构成挪用公款罪;佟茂华因缴纳股金、购房需求向朋友借款,部分出具了借条,属于正常借款而非受贿犯罪。

安徽省高级人民法院经公开审理查明:

(一)佟茂华、牛玉杰在国有企业改制期间隐匿国有资产,转入改制后的国家参股、众多经营管理人员和职工持股企业的事实

阜阳市汽车运输总公司(以下简称阜汽总公司)系1949年成立的国有企业,长期主要从事公路客运、货运、房地产开发等业务,截至2000年上半年共有在职职工约5 800名,被告人佟茂华自1997年10月起即担任该公司法定代表人。在经营期间,阜汽总公司因从事客运跨区业务,与省内外其他运输企业对开客运班线,创设公司内部银行,利用所管理的内部银行资金向下属单位、承包车主等发放有偿贷款,自1991年12月起,代交通行政部门收取交建基金(后更名为客运附加费),并由此形成客运跨区、内部银行利息和交建基金三个资金账户。截至2000年3月31日,客运跨区科目贷方账户余额为472.983 836万元,内部银行利息差异账户余额为303.225 1万元,交建基金科目账户贷方余额为2 339.419 176万元。

2000年年初,阜汽总公司响应阜阳市政府号召并报经阜阳市政府批准,决定改制为国家参股,内部职工以工会为代表集体持股,经营管理层控股的阜阳市汽车运输集团有限公司(以下简称阜汽集团)。在与阜汽总公司副总经理秦少华、仝敏,财务科长被告人牛玉杰,总经理助理张跃等人商议改制事宜时,被告人佟茂华数次强调公司管理层要多持股、持大股,但鉴于企业职工经济状况普遍不佳,评估时尽量把国有资产评低些,让国有资产在改制后企业所占股份的比例小些,既便于实现管理层控股,也给改制后企业留点后劲。在与中亚评估公司商谈阜汽总公司的经营性国有净资产评估事项时,佟茂华也提出了类似要求,中亚评估公司表示尽量予以满足。中亚评估公司承接评估业务后,成立由张明华(另案处理)、潘志超负责,注册评估师吴建超、助理会计师高敏等为组员的资产评估小组,进驻阜汽总公司开展评估。牛玉杰应佟茂华安排,负责将相关

的财务报表及资料报佟茂华审核、签字后，提供给资产评估小组。在此期间，牛玉杰向佟茂华汇报称内部银行账户共有300余万元的贷款利息在公司总账目中没有反映，贷款所形成的呆坏账、税金等尚未处理，提出不向资产评估小组提供相应财务资料的建议，佟茂华听后决定不予提供，牛玉杰便没有向评估小组提供与内部银行有关的财务资料，由此内部银行利息差异账户余额303.225 1万元没有被纳入阜汽总公司资产评估。

2000年5月，中亚评估公司初步评估阜汽总公司的经营性国有净资产数额为1 000多万元，潘志超、张明华、吴建超就此向阜汽总公司作了通报。被告人佟茂华在与被告人牛玉杰、张跃等人听取通报后，当即表示初评的国有净资产数额太大，而阜汽总公司职工工资都不高，如果国有股份比例过大，将无法实现市政府关于改制公司由公司管理层控股的目标，要求在场人员共同想办法降低国有净资产数额。潘志超称此时只有增加负债，把能用的政策用上、用足。牛玉杰提出阜汽总公司原是把客运跨区科目贷方余额作为欠兄弟单位的负债申报的，而中亚评估公司将之评估为收入，可以将其评估为负债，对外解释为与兄弟单位对开班线形成，结算后还需对外支付。众人都认可了牛玉杰的说法，佟茂华便提出将其按照企业负债评估。接着，佟茂华提出能否再计提部分交建基金。牛玉杰称阜汽总公司的交建基金已经计提并按月定额上缴至阜阳市交通局，不便再计提。佟茂华决定按照省交通厅文件规定的每月每座60元的标准，再次计提2000年1月至3月的交建基金，并安排牛玉杰配合张明华落实重复计提事宜。潘志超向中亚评估公司负责人司颖泉汇报上述情况后，司颖泉表示同意，后资产评估小组将客运跨区科目贷方余额472.983 836万元调整为负债，依据安徽省交通厅相关文件再次计提2000年1月至3月交建基金382.296万元作为负债，并于2000年6月12日出具了阜汽总公司经营性国有净资产为267.55万元的资产评估报告。同月15日，阜阳市国有资产管理局对阜汽总公司呈报的该份资产评估报告予以确认，同月28日决定将阜汽总公司管理的经营性国有净资产267.55万元折为国有股，投入新组建的股份制企业，股权由阜阳市国有资产投资管理公司持有，委托改制后企业的法定代表人为产权代表，签订责任书，负责国有资产的保值增值。

2000年6月20日，阜汽集团改制委员会相继颁布了公司募股章程、股份制改制方案，被告人佟茂华担任改制委员会主任，仝敏、于业平等9名公司高管担任副主任或成员，被告人牛玉杰、张跃等人担任办公室成员；注册资金除国有资产外，只允许本公司干部职工持股，国有股由市政府委托集团公司持有，职工股以工会为单位持股，职工入股坚持自愿认购原则，不下任务，不附加条件，最高额不超过3 000元，也可以不出资；阜汽总公司领导、基层领导、管理人员必须入股，按市政府批示精神，鼓励经营管理人员多持股，集体控股，法人代表持大股，出资不足部分，以个人资产作抵押贷款入股。募股期间，阜汽总公司在管理层、普通职工中进行了广泛宣传，但管理层、普通职工普遍反映家庭经济收入水平较低，认购股份积极性不高，相当数量的普通职工自愿放弃入股，高中级管理层反映无力承担数万元甚至数十万元的入股资金。为此，阜汽总公司班子例会研究决定，要求认购股份的普通职工按100%的现金到位，对认购股份的管理人员，公司领导按10%、助理按20%、正科级按30%、副科级按50%的现金到位，其余部分实行贷转股，后研究实施了企业内部专项贷款方案。实际募股及股份比例的情况为：国有经营性净资产折股267.55万元，占股本总额的8.92%；阜汽总公司管理层167人共持股1 810.2万元（其中现金缴款391万元），占股本总额的60.34%；1 700余名普通职工以工会名义集体持股922.25万元，占股本总额的30.74%。其中，佟茂华认购股份200万元（其中现金缴款20万元），占股本总额的6.67%；牛玉杰认购股份20万元（其中现金缴款2万元），占股本总额的0.67%。

同年6月30日，阜阳市政府批复同意阜汽总公司改制为阜汽集团，由阜汽总公司资产评估折股后，联合45个股东（普通职工以工会名义集体持股）出资共同设立，股本总额为3 000万元，其中国有经营性净资产折股267.55万元，占股本总额的8.92%；个人股2 732.45万元，占股本总额的91.08%。同日，阜汽集团成立并召开第一届股东代表大会，通过公司章程并选举被告人佟茂华和仝敏等18人为阜汽集团董事、监事，佟茂华担任董事长。

2002年8月底，阜汽集团财务部长牛玉杰安排财务人员李欣荣将内部银行利息差异余额448.7万元调入阜汽集团新设立的股金账户。2006年1月底，阜汽集团财务部长杨永振安排李欣荣将内部银行利息差异303.225 1万元作收入处理，转入阜汽集团的财务账户。

（二）被告人佟茂华安排他人用阜汽集团定期存单质押为包括其本人在内的10名集团高管贷款的事实

2000年上半年，阜汽总公司改制时，按照阜阳市政府关于改制后的企业经营管理层控股、法人代表持大股的要求，规定副科级以上的经营管理层必须认缴数额不等的股份。其中，时任公司总经理的被告人佟茂华需入股200万元，副总经理尚丙启、于业平等其他9名高管需分别入股80万元，基层、中层管理人员需分别入股2万至25万元不等。在募股期间，企业经营管理层普遍反映家庭经济收入水平较低，认购股份积极性不高，纷纷表示无力支付数万元甚至数十万元的入股资金。为此，阜汽总公司于同年6月30日召开领导班子例会，研究决定对认购改制公司股份的管理人员，总公司领导按10%、助理按20%、正科级按30%、副科级按50%的现金到位，其余部分实行贷转股。同日，阜汽集团第一次股东大会召开，决议通过企业内部贷款方案，明确规定“按政府批示精神鼓励经营管理人员多持股、控股，法人代表持大股，出资不足部分，以个人资产作抵押入股”的精神，在集团募股阶段，副科级以上经营管理人员入股资金不能一次性到位的，集团决定对其在按一定比例出资后与规定股本间的差额给予贷款入股；阜汽总公司将在账的银行借款与其他借款的一部分按缴纳现金的一定比例转借股东作为股本，由股东承担还本付息义务，股东以其所持股份对集团承担责任；申请参与贷转股的人员，必须具备5年内还本付息能力，5年内还清借款有困难的，可申请不超过2年的延期。同年7月1日，佟茂华、于业平、仝敏等10名公司高管分别与阜汽集团签订内部专项贷款合同，佟茂华贷款180万元，其他9人分别贷款72万元，共计828万元。专项贷款合同对借款的期限、利息支付、担保等内容，作了同“企业内部贷款方案”精神相同的约定。

2000年7月4日，被告人佟茂华被选举和聘任为阜汽集团董事长、总经理，同时接受阜阳市国有资产管理局委托，担任阜汽集团国有资产的产权代表。2001年12月10日，佟茂华被阜阳市交通局党组任命为阜汽集团党委书记。2004年，阜阳市纪委在调查阜汽总公司改制问题时，发现阜汽集团对企业管理层实行内部专项借款，入股资金并没有完全到位，便要求相关人员限期缴纳未到位的股本金。阜汽集团随即据此向企业经营管理层的相关人员提出了相应要求，但大家仍普遍反映经济依旧困难，在补缴部分缺额股金后，纷纷表示即便卸任职务，也无力补缴全部的缺额股金，个别高管甚至为此与佟茂华发生争吵，催缴股金改制陷入困境。在此情形下，佟茂华提议由10位高管自行筹资缴纳50%的股金，剩下50%由阜汽集团提供贷款担保，各高管私人从银行贷款缴纳并支付本息，大家都表示同意或默许。之后，佟茂华在与中国农业银行阜阳分行腾达支行行长李春玲联系好贷款缴纳股金的事宜后，安排阜汽集团总经理助理张跃、财务部长杨永振、会计李欣荣等人，用阜汽集团460万元资金定期存入腾达支行，并以此存单作为质押，共为包括佟茂华在内的10名集团高管担保贷款429万元，同时阜阳同济房地产开发有限公司还为佟茂华的99万元贷款提供了担保。2005年年初，在阜阳市纪委发现前述行为后要求予以纠正时，佟茂华又安排集团财务人员为前述10名集团高管从阜阳市银河信用社贷款，清偿尚未归还的农行腾达支行贷款本息。经计算,腾达支行的贷款本息共计 450.189 545 万元,后均由贷款的高管予以偿还。

(三)被告人佟茂华利用职务便利为他人谋取利益,收受他人给予的财物,或以多种理由向他人借款,长期不还的事实

2002 年至 2012 年,被告人佟茂华利用其担任阜汽集团党委书记、董事长、总经理的职务便利,为他人谋取利益,以借款为名,通过现金或转账的方式,向他人索要 145.8 万元,以现金或接受他人赠予高档礼品、豁免债务等方式,收受他人 44.014 8 万元和两幅书法作品。

阜阳市中级人民法院一审判决认为,被告人佟茂华、牛玉杰在国有企业改制过程中,故意隐匿内部银行利息、重复计提交建基金、虚列客运跨区资金收入为负债的行为客观存在,两人故意低估、隐瞒资产,转为本人持有股份的改制后的公司所有,应以共同贪污犯罪论处;没有证据证明佟茂华在改制过程中为购买公司股份,利用职务上的便利,将公司 460 万元的存单质押,用于个人和其他人员贷款担保的行为经过公司管理层决议,其行为构成挪用公款罪;佟茂华明知下属及业务单位有求于己,仍以各种理由提出借款,出具的借条极不规范,在具有较强的还款能力的情况下,直至案发无任何还款行为,并在出借人暗示还款时不予理睬,表示帮助处理掉借款时予以默许,所谓借款应认定为利用职务上的便利非法向他人索取财物。据此,于 2015 年 11 月 9 日作出判决:佟茂华犯贪污罪,判处有期徒刑十五年,犯挪用公款罪,判处有期徒刑六年,犯受贿罪,判处有期徒刑十三年,决定执行有期徒刑二十年;牛玉杰犯贪污罪,判处有期徒刑十年;佟茂华、牛玉杰非法所占股份及佟茂华违法所得予以追缴,上缴国库。

安徽省高级人民法院二审判决认为,阜汽总公司作为国有企业,在企业改制时违反国家规定,采取虚列负债、隐瞒收入等手段故意隐瞒、低估国有资产 685.521 1 万元,转入改制后的由国家、1 870 余名原公司经营管理层以及部分普通职工共同持股的股份制企业,造成国有资产 624.373 529万元被私分,其行为构成私分国有资产罪。被告人佟茂华作为阜汽总公司法定代表人,组织实施整个私分行为,系直接负责的主管人员;被告人牛玉杰作为阜汽总公司财务科长,参与私分国有资产 276.177 421 万元,系其他直接责任人员,二人的行为均构成私分国有资产罪。佟茂华在担任阜汽集团董事长、总经理期间,利用职务上的便利,为他人谋取利益,索取、收受他人财物 189.814 8 万元,其行为构成受贿罪。佟茂华使用阜汽集团的存单质押,为公司高管贷款缴纳入股资金系为解决改制时的遗留问题,且经集体研究决定,其行为不构成挪用公款罪。在私分国有资产犯罪中,佟茂华起组织、指挥作用,行为积极主动,依法按照其所组织、指挥的全部犯罪处罚;牛玉杰参与犯罪的数额、作用及获利数额均较佟茂华小,依法予以减轻处罚。佟茂华犯两罪,依法予以数罪并罚。据此,作出判决:佟茂华犯私分国有资产罪,判处有期徒刑四年,并处罚金人民币三十万元;犯受贿罪,判处有期徒刑十一年,并处没收财产人民币六十万元,决定执行有期徒刑十三年,并处没收财产人民币六十万元,罚金人民币三十万元;牛玉杰犯私分国有资产罪,判处有期徒刑二年,并处罚金人民币十万元。被私分的国有资产、佟茂华受贿所得赃款、赃物依法予以追缴,上缴国库。

二、主要问题

1. 在企业改制期间隐匿国有资产,转为国家参股、众多经营管理人员和职工持股的改制后企业的行为,构成贪污罪还是私分国有资产罪?

2. 经集体研究决定,使用单位定期银行存单质押,贷款供他人使用的行为,是否构成挪用公款罪?

3. 如何准确区分借款和"以借为名"的受贿行为?

三、裁判理由

（一）在企业改制期间隐匿国有资产，转为国家参股、众多经营管理人员和职工持股的改制后企业的行为，应以私分国有资产罪论处

《最高人民法院、最高人民检察院关于办理国家出资企业中职务犯罪案件具体应用法律若干问题的意见》（以下简称《意见》）第二条第二款规定的以贪污罪定罪处罚的情形，主要针对由少数人共同实施，企业其他人员不知情或不知实情，分取利益范围以参与决策、具体实施贪污行为以及为贪污行为提供帮助等少数某一层面的人（如企业管理层）为限的情形，而对由单位决定并统一组织实施，在企业内部一定程度公开，企业不同层面的多数人员获得利益的情形，一般应当认定为私分国有资产罪。

就本案而言，被告人佟茂华作为阜汽总公司主要负责人，牛玉杰作为阜汽总公司财务科长，在改制过程中所作出的决定或利益取舍时的选择，都可能与履行职责密切联系，必须对所体现的是单位意志还是个人意志加以考量，不能简单地以没有经过企业集体研究决定而予以否定。佟茂华、牛玉杰隐瞒内部银行利息这一具体行为虽然不为评估小组或阜汽总公司其他高管所知晓，但改制时将低评国有资产，以及重复计提交建基金虚增债务等具体行为，在阜汽总公司、评估小组内部具有一定的公开性，部分人员甚至不同程度地实际参与，而大部分普通职工因没有具体决策权，实际不了解企业的重大决策和具体部署，也符合企业经营的客观实际。改制伊始，阜汽总公司即把普通职工自愿入股，经营管理人员必须入股，鼓励管理层多持股实现集体控股，法人代表持大股的募股原则予以公布。评估期间面向企业全体职工的募股宣传即已展开，评估报告获得批准后始颁布募股章程、股份制改制方案，秉承前述原则对募股对象、原则及限额等问题作出了具体规定。除国有股外，入股阜汽集团的经营管理人员、普通职工虽然仅占阜汽总公司所有在职职工的32%，但参股人数仍高达1 870余人，既包括佟茂华、尚丙启等集团高管，又包括牛玉杰、张跃等中基层管理人员，还包括自愿入股的千余名普通职工，而佟茂华、牛玉杰仅分别持6.67%、0.67%的股份。没有入股的普通职工或因经济困难，或因不看好改制企业前景，自愿放弃入股，并非遭到他人蓄意阻止；针对高中级管理层无力承担巨额股金的募股困局，阜汽总公司颁布实施以改制企业资产担保的贷转股方案，最终经营管理层共持有60.34%的股份，系改制既定目标和强制管理层入股的结果，而非佟茂华、牛玉杰积极追求目标的实现。由此可见，佟茂华、牛玉杰借改制之机，通过虚列债务、隐瞒收入手段降低国有经营性净资产数额时，主要目的是降低国有股份比例，以期完成管理层集体控股、法人代表持大股的改制目标，并为改制后的企业以及阜汽总公司全体职工谋取利益，而非实现个人或少数人非法占有国有资产的目的，所实施的前述行为体现为单位意志，并在阜汽总公司内部具有一定的公开性，对二人应以私分国有资产罪论处。

（二）经单位集体研究决定，使用单位定期银行存单质押，贷款供他人使用的行为，不构成挪用公款罪

国有企业改制政策性较强，一些地方出台的政策与中央政策存在一些出入，鼓励、支持甚至要求管理层持大股，并为此提供相关配套措施，原管理人员为加快企业改制进程，或直接用企业资金入股，或用企业资金、财产担保入股，违规违法现象较为普遍，有的还得到了地方政策的认可或者有关部门批准。为此，《意见》规定，“对于特定历史条件下，为了顺利完成企业改制而实施的违反国家政策法律规定的行为，行为人无主观恶意或者主观恶意不明显，情节较轻，危害不大的，可以不作为犯罪处理”。

就本案而言，阜汽总公司改制委员会秉承阜阳市政府关于经营管理层控股、法人代表持大股

的精神所制定的、经市政府批准的募股章程和改制方案,明确要求副科级以上管理层必须认缴数额不等的股份,佟茂华、尚丙启、于业平等高管必须认购数百万元、数十万元不等的股份,这对区域经济较为落后、薪酬水平总体偏低的经营管理层而言,根本无力承担,少数高管甚至表示即便卸任职务也无法足额出资,经阜汽集团股东大会批准的企业内部贷款方案应运而生。在整改改制遗留问题,限期缴纳未到位股金时,阜汽集团经营管理层仍普遍反映经济困难,无力补缴全部的缺额股金,佟茂华提议由阜汽集团提供担保,各位高管从银行贷款缴纳缺额股金并支付贷款本息,各高管均表示同意或默许,在银行职员到阜汽集团集中办理贷款手续时,高管均在贷款合同、担保合同等贷款手续上签名。从质押贷款的整个过程来看,历史缘由为阜汽总公司改制时,违规借款给确实无力足额缴纳股金的经营管理层使用,仅在形式上完成改制任务;现实缘由则为相关部门纠正改制问题时催缴股金,阜汽集团经营管理层仍无力足额补缴。实际上,无论是企业内部贷款方案,还是用存单质押贷款,实质均为以集团财产提供担保,贷款股东以其所持股份向集团提供反担保或股东间互为保证、其他公司担保,两者并无本质不同。前者经阜汽集团集体研究决定,体现为单位集体意志;后者由佟茂华提出的由阜汽集团担保的贷款方案,在分别征求各集团高管意见并获得同意或默许后组织实施,虽然与召开集团管理层会议专门研究并作出决定存在形式上的差异,但本质并无不同,此种情形在公司经营管理中并不少见,应认定为经单位领导集体研究决定。《全国法院审理经济犯罪案件工作座谈会纪要》(以下简称《纪要》)指出,"经单位领导集体研究决定将公款给个人使用,或者单位负责人为了单位利益,决定将公款给个人使用的,不以挪用公款罪定罪处罚"。二审判决在全面查清佟茂华安排他人使用阜汽集团定期存单质押,贷款供10名高管补缴股金的事实基础上,结合改制时特定历史条件、社会稳定等因素,严格把握犯罪与一般违规行为的界限,并作出相应改判是符合法理、情理的。

(三)对"以借为名"的受贿行为的认定

在受贿罪的认定中,准确把握受贿和借款的界限,对区分罪与非罪具有重要意义。为此,《纪要》中规定"国家工作人员利用职务上的便利以借为名向他人索取财物,或者非法收受财物为他人谋取利益的,应当认定为受贿",并提出具体认定时,不能仅看是否具有书面借款手续,还应根据借款事由、款项去向、双方关系以及是否有经济往来、出借方是否要求借方利用职务便利为己谋利、借款后有无归还的意思表示及行为、有无归还能力、未归还的原因等综合判定。因此,对涉案行为必须进行实质审查,对符合权钱交易本质的,应当认定为受贿。

就本案而言,作为国家出资企业阜汽集团党委书记、董事长、总经理的佟茂华,其借款的对象或为与己具有管理与被管理的关系的下属,或为与阜汽集团存在业务联系、合作关系的私营企业主,双方之间除工作关系、业务联系以及婚丧嫁娶、年节之际的小额礼金外,并无其他特殊关系或较大数额的经济往来。佟茂华利用其职务便利,在职务提拔、工作推进以及合作开展等方面,分别帮助出借人实际谋取利益;以各种理由向前述人员借款时,虽然大都具有补缴股金、购买商品房等正当理由,实际用途真实,并出具借条,但相关借条或无具体年份,或无还款期限,即便承诺支付利息亦语焉不详,不符合大额借款所具备的基本特征;借款后的数年里既不归还借款,又无任何还款意思表示,或在出借人暗示还款时不予理睬,或在之后又连续收受、索取业务单位负责人财物。佟茂华曾供称其不会主动归还所借款项,作为下属或业务客户的出借人,虑及其地位和给予的帮助,也不会主动要求自己归还。出借人为其下属的,有的证称其因佟茂华数年间利用职务便利对己多有关照,不想也不敢要求佟归还借款;出借人为阜汽集团业务合作单位负责人的,证称其私营公司数年来与阜汽集团合作,利用该集团的存量土地开发房地产,实际谋取利益巨大,提供借款前后也连续赠送佟茂华价值不菲的财物,不会主动要求佟茂华还款。而在此期间,佟茂华先后为其家庭、特定关系人在阜阳、亳州、合肥等地购置、装修多套住房,被抓获时也随身携带大额现金,并非无能力归还借款。综上,佟茂华所实施的前述行为,实际上就是以借款之名敛财,进行权钱交易的受贿行为。法院判决认定其行为构成受贿罪,是正确的。

(撰稿:安徽省高级人民法院　陈华舒
审编:最高人民法院刑二庭　韩维中)

[第1352号]李群受贿案

——接受他人装修房屋长期未付款,也未有付款表示的行为能否认定为受贿行为

【关键词】 房屋装修　受贿　主体　翻供

一、基本案情

被告人李群,男,1964年10月7日出生,原系陕西省石泉县残疾人联合会理事长。2018年4月4日被逮捕。

陕西省石泉县人民检察院以被告人李群犯受贿罪,向石泉县人民法院提起公诉。

被告人李群对指控事实和罪名无异议。其辩护人提出,韩某某给李群装修只是民事法律行为,不应用刑法评价,李群的行为不构成受贿罪。

石泉县人民法院经审理查明:被告人李群于2007年至2015年任石泉县残疾人联合会(以下简称石泉县残联)理事长。2012年陕西省残疾人联合会下文,各市可按要求上报符合享受省级残疾人就业保障金支持集中安置残疾人就业企业补助资金项目条件的企业,石泉县残联负责审核上报本县符合该项目条件的企业。2013年5月,安康美沃窗业有限责任公司(以下简称美沃公司)法定代表人韩某某得知李群自建房屋已建设完成,便提出给李群的自建房安装窗户、幕墙,口头议定价格按成本价,经李群同意后,韩某某安排李群军全面负责该项工程并拆除了原已安装好的窗户。施工过程中,韩某某找到李群要求申报县残联残疾人企业补助项目。2013年10月该工程完工后,李群军向李群出示工程结算单,工程价款共计人民币51 429.54元,但并未明确表示要求李群立即结算。2013年九十月,李群在明知美沃公司不符合申报条件的情况下向美沃公司提供制造虚假申报材料的方法,并利用职权帮助美沃公司顺利申报2013年补助项目,次年美沃公司获得补助款30万元,2014年、2015年继续申报补助项目,三年共获取国家项目补助资金共计90万元。李群因帮助美沃公司顺利申报补助项目一事产生私心,工程结束后一直未予结算该笔工程款,美沃公司后也因项目申报一事受到李群的帮助未再向李群索要该工程款,且以此工程作为申报项目的好处送予李群,并于2014年年底核销了该笔工程款。在残疾人企业项目申报期间,李群于2013年、2015年分三次收受韩某某礼金共计10 000元。经石泉县价格认证中心认定,李群自建房窗户、幕墙工程价值人民币51 320元。2018年4月20日,李群向石泉县纪律检查委员会退交赃款61 000元,庭审中退交赃款320元。

石泉县人民法院认为,被告人李群利用职务上的便利,非法收受他人财物,为他人谋取利益,所收财物共计人民币61 320元,数额较大,其行为已构成受贿罪。关于辩护人的辩护意见,法院审理认为,2013年,李群的别墅(自建房屋)装修已安装窗户,经与美沃公司协商,双方议定重新

装修，此时双方属房屋装修民事法律关系。施工时逢服务对象美沃公司申报争取集中安置残疾人就业企业补助资金项目，为促成实施项目申报，美沃公司及韩某某给李群送钱送物，此时被告人理应警醒，不惜对尚未使用窗户拆除而接受美沃公司的成本价装修，已有美沃公司使用装修利润行贿之嫌。美沃公司示意让李群结账无果。李群为美沃公司连续争取到两年度项目补助资金后，美沃公司决定将装修款作为李群关照的酬劳并将该款予以核销从而实现了对李群的债务免除。李群因连续三年度为美沃公司争取资金而在有能力支付装修费的情况下长达四年之久无支付该装修款的任何意思表示，具有权钱交易的本质特征。李群审核不严，为不符合要求的美沃公司获取不正当利益，致使公共财产遭受损失。鉴于被告人李群系初犯，能认罪、悔罪，如实供述犯罪事实，并在检察机关公诉前积极退赃，可对其从轻处罚。根据被告人犯罪的性质、情节，以及对社会的危害程度，依照《中华人民共和国刑法》第三百八十五条第一款，第三百八十六条，第三百八十三条第一款第（一）项、第二款、第三款，第六十四条，第六十七条第三款，《最高人民法院、最高人民检察院关于办理依法贿赂刑事案件适用法律若干问题的解释》第一条第一款，第三款第（二）项，第十二条，第十三条第一款第（一）项、第（二）项，第十五条，第十八条，第十九条之规定，判决如下：

被告人李群犯受贿罪，判处有期徒刑七个月，并处罚金人民币十万元。

宣判后，被告人李群不服提出上诉称，其无明确的受贿、索贿意思，美沃公司无具体的行贿意思表示，原审认定其收受美沃公司 51 320 元贿赂款，系其与美沃公司正常的债权债务关系。其辩护人提出相同辩护意见。

陕西省安康市中级人民法院经审理后认为，被告人李群身为国家工作人员，利用职务上的便利，非法收受他人财物，为他人谋取利益，且收受财物价值 61 320 元，数额较大，其行为已构成受贿罪。原判认定的事实清楚，证据确实、充分，定罪准确，量刑适当。审判程序合法。依照《中华人民共和国刑事诉讼法》第二百三十六条第一款第（一）项之规定，裁定如下：

驳回上诉，维持原判。

二、主要问题

（一）被告人李群接受美沃公司价值 51 320 元的房屋装修的行为是否属于受贿行为？

（二）本案的行贿主体是公司还是个人？

（三）被告人一审认罪获得轻判，二审又翻供的，如何处理？

三、裁判理由

（一）被告人李群接受美沃公司价值 51 320 元的房屋装修的行为属于受贿行为

本案中，被告人李群对接受美沃公司价值 51 320 元的房屋装修的事实并无异议，但认为该装修款属于未偿还的民事欠款，而不属于受贿金额。分析认为，李群于案发时任石泉县残联理事长，对于县内残疾人就业补助项目的申请具有管理审核职权，而美沃公司是申报残疾人就业补助项目的企业，在这种关系之下，李群作为国家工作人员，在接受美沃公司装修后，本应及时结清价款，根据其在 2012 年至 2018 年的银行存取款情况证明，其具有该笔费用的还款能力，但李群在长达四年多的时间内，既未结清装修价款，也未有任何还款的意思表示，而且在明知美沃公司不符合条件的情况下，连续三年为美沃公司争取残疾人就业补助资金，美沃公司在争取到该补助资金后，将该笔账务予以核销。也就是说，虽然李群没有直接向美沃公司索取贿赂，也没有直接收取美沃公司的财物，美沃公司也没有明确告知其免除李群的装修款，但是，从李群的偿还能力、拖欠装修款的时间，美沃公司财务上予以核销该笔装修款以及美沃公司委托李群办理残疾人补助金，李群利用职务之便违规为美沃公司办理残疾人补助金等事实，可以推定出美沃公司已经将装修款作为李群为美沃公司办理残疾人补助金项目的回报这一事实。在一审庭审中，李群对这一推定事实也是认可的。

根据《最高人民法院、最高人民检察院关于办理贪污贿赂刑事案件适用法律若干问题的解释》第十二条之规定："贿赂犯罪中的'财物'，包括货币、物品和财产性利益。财产性利益包括可以折算为货币的物质利益如房屋装修、债务免除等，以及需要支付货币的其他利益如会员服务、旅游等。后者的犯罪数额，以实际支付或者应当支付的数额计算。"因此，被告人李群接受他人房屋装修的财产性利益，原判以其应当支付的数额计算其受贿金额并无不当。

综上，被告人李群接受了美沃公司的财产性利益，并利用其职务之便，为美沃公司谋取了非法利益，即为美沃公司违法办理残疾人补助金等，李群与美沃公司之间实际上存在权钱交易的关系，李群的行为构成受贿罪。

（二）本案的行贿主体是公司

关于本案行贿主体是个人，还是公司的问题，我们认为，本案行贿主体应该是美沃公司而非法定代表人个人。理由如下：（1）韩某某作为美沃公司的法定代表人，其对被告人李群作出的意思表示具有代表公司意志的效力。（2）李群为之谋取不正当利益的对象是美沃公司。（3）装修工程的实施主体是美沃公司，且在装修工程完工后四年中，美沃公司并未向李群索要欠款，反而将李群的工程款以给付门窗材料款、主营业务成本予以核销。当然，至于美沃公司通过什么样的方式核销该笔账款，以及公司如何处理该笔账款，是美沃公司的内部事务，并不影响李群受贿事实的成立。

（三）被告人一审认罪获得轻判，二审翻供的，应当根据案件事实、证据依法处理

被告人李群在一审期间对自己的犯罪事实供认不讳并获得轻判，但其在二审期间，对自己作无罪辩护，主张自己只是因为经济困难没有及时结清欠款，而不是不想给，其家属在案件侦办过程中交付的51 320元不是退赃，而是履行公民义务，交付涉案财物。我们认为，李群在侦查阶段、审查起诉阶段和一审庭审时对其利用职务之便非法收受他人贿赂为他人谋取利益的事实均有供述，多次供述稳定，且与其亲笔写给妻子的书信及其亲笔书写的《对我犯错误的认识》及其他证人证言相一致，并经一审庭审质证，证据之间能够相互印证。虽然其在二审中对部分事实翻供，否认其接受装修款的受贿事实和受贿数额，但不能合理说明其翻供原因，也不能提供证据证实，原审采纳的证据来源、形式均合法有效，且原审正是基于被告人退赃、认罪的事实，对其予以从轻判处，故对其二审翻供理由不予采信。同时，虽然一审作出判决时，将李群的认罪、悔罪态度作为酌定量刑情节予以考虑，二审阶段李群予以翻供，表明其认罪、悔罪情况有了变化，但依据上诉不加刑原则，二审法院不能以李群认罪悔罪情况有变化为由，加重对李群的刑罚。

综上，被告人李群身为国家工作人员，利用职务上的便利，非法收受他人现金10 000元，并接受与其有行政管理关系的公司为其装修房屋，装修价值为51 320元，事后其有能力付款但在四年多时间内未付款，也未有付款表示的行为构成受贿罪，其受贿金额应当以其收受的现金加上其应当支付的装修款数额计算。一审、二审法院认定李群构成受贿罪，受贿金额为人民币61 320元，并作出相应的裁判是适当的。

（撰稿：陕西省安康市中级人民法院　张　晔
审编：最高人民法院刑四庭　陆建红）

刑事立法、司法规范

最高人民法院
关于《中华人民共和国刑法修正案(九)》时间效力问题的解释(节录)

(2015 年 10 月 19 日最高人民法院审判委员会第 1664 次会议通过　2015 年 10 月 29 日公布　自 2015 年 11 月 1 日起施行　法释〔2015〕19 号)

为正确适用《中华人民共和国刑法修正案(九)》,根据《中华人民共和国刑法》第十二条规定,现就人民法院 2015 年 11 月 1 日以后审理的刑事案件,具体适用修正前后刑法的有关问题规定如下:

第一条　对于 2015 年 10 月 31 日以前因利用职业便利实施犯罪,或者实施违背职业要求的特定义务的犯罪的,不适用修正后刑法第三十七条之一第一款的规定。其他法律、行政法规另有规定的,从其规定。

第二条　对于被判处死刑缓期执行的犯罪分子,在死刑缓期执行期间,且在 2015 年 10 月 31 日以前故意犯罪的,适用修正后刑法第五十条第一款的规定。

第三条　对于 2015 年 10 月 31 日以前一人犯数罪,数罪中有判处有期徒刑和拘役,有期徒刑和管制,或者拘役和管制,予以数罪并罚的,适用修正后刑法第六十九条第二款的规定。

第八条　对于 2015 年 10 月 31 日以前实施贪污、受贿行为,罪行极其严重,根据修正前刑法判处死刑缓期执行不能体现罪刑相适应原则,而根据修正后刑法判处死刑缓期执行同时决定在其死刑缓期执行二年期满依法减为无期徒刑后,终身监禁,不得减刑、假释可以罚当其罪的,适用修正后刑法第三百八十三条第四款的规定。根据修正前刑法判处死刑缓期执行足以罚当其罪的,不适用修正后刑法第三百八十三条第四款的规定。

第九条　本解释自 2015 年 11 月 1 日起施行。

最高人民法院　最高人民检察院
关于办理贪污贿赂刑事案件适用法律若干问题的解释

(2016 年 3 月 28 日最高人民法院审判委员会第 1680 次会议、2016 年 3 月 25 日最高人民检察院第十二届检察委员会第 50 次会议通过　2016 年 4 月 18 日公布　自 2016 年 4 月 18 日起施行　法释〔2016〕9 号)

为依法惩治贪污贿赂犯罪活动,根据刑法有关规定,现就办理贪污贿赂刑事案件适用法律的若干问题解释如下:

第一条　贪污或者受贿数额在三万元以上不满二十万元的,应当认定为刑法第三百八十三条第一款规定的"数额较大",依法判处三年以下有期徒刑或者拘役,并处罚金。

贪污数额在一万元以上不满三万元,具有下列情形之一的,应当认定为刑法第三百八十三条第一款规定的"其他较重情节",依法判处三年以下有期徒刑或者拘役,并处罚金:

（一）贪污救灾、抢险、防汛、优抚、扶贫、移民、救济、防疫、社会捐助等特定款物的；

（二）曾因贪污、受贿、挪用公款受过党纪、行政处分的；

（三）曾因故意犯罪受过刑事追究的；

（四）赃款赃物用于非法活动的；

（五）拒不交待赃款赃物去向或者拒不配合追缴工作，致使无法追缴的；

（六）造成恶劣影响或者其他严重后果的。

受贿数额在一万元以上不满三万元，具有前款第二项至第六项规定的情形之一，或者具有下列情形之一的，应当认定为刑法第三百八十三条第一款规定的“其他较重情节”，依法判处三年以下有期徒刑或者拘役，并处罚金：

（一）多次索贿的；

（二）为他人谋取不正当利益，致使公共财产、国家和人民利益遭受损失的；

（三）为他人谋取职务提拔、调整的。

第二条　贪污或者受贿数额在二十万元以上不满三百万元的，应当认定为刑法第三百八十三条第一款规定的“数额巨大”，依法判处三年以上十年以下有期徒刑，并处罚金或者没收财产。

贪污数额在十万元以上不满二十万元，具有本解释第一条第二款规定的情形之一的，应当认定为刑法第三百八十三条第一款规定的“其他严重情节”，依法判处三年以上十年以下有期徒刑，并处罚金或者没收财产。

受贿数额在十万元以上不满二十万元，具有本解释第一条第三款规定的情形之一的，应当认定为刑法第三百八十三条第一款规定的“其他严重情节”，依法判处三年以上十年以下有期徒刑，并处罚金或者没收财产。

第三条　贪污或者受贿数额在三百万元以上的，应当认定为刑法第三百八十三条第一款规定的“数额特别巨大”，依法判处十年以上有期徒刑、无期徒刑或者死刑，并处罚金或者没收财产。

贪污数额在一百五十万元以上不满三百万元，具有本解释第一条第二款规定的情形之一的，应当认定为刑法第三百八十三条第一款规定的“其他特别严重情节”，依法判处十年以上有期徒刑、无期徒刑或者死刑，并处罚金或者没收财产。

受贿数额在一百五十万元以上不满三百万元，具有本解释第一条第三款规定的情形之一的，应当认定为刑法第三百八十三条第一款规定的“其他特别严重情节”，依法判处十年以上有期徒刑、无期徒刑或者死刑，并处罚金或者没收财产。

第四条　贪污、受贿数额特别巨大，犯罪情节特别严重、社会影响特别恶劣、给国家和人民利益造成特别重大损失的，可以判处死刑。

符合前款规定的情形，但具有自首，立功，如实供述自己罪行、真诚悔罪、积极退赃，或者避免、减少损害结果的发生等情节，不是必须立即执行的，可以判处死刑缓期二年执行。

符合第一款规定情形的，根据犯罪情节等情况可以判处死刑缓期二年执行，同时裁判决定在其死刑缓期执行二年期满依法减为无期徒刑后，终身监禁，不得减刑、假释。

第五条　挪用公款归个人使用，进行非法活动，数额在三万元以上的，应当依照刑法第三百八十四条的规定以挪用公款罪追究刑事责任；数额在三百万元以上的，应当认定为刑法第三百八十四条第一款规定的“数额巨大”。具有下列情形之一的，应当认定为刑法第三百八十四条第一款规定的“情节严重”：

（一）挪用公款数额在一百万元以上的；

（二）挪用救灾、抢险、防汛、优抚、扶贫、移民、救济特定款物，数额在五十万元以上不满一百

万元的;

(三)挪用公款不退还,数额在五十万元以上不满一百万元的;

(四)其他严重的情节。

第六条 挪用公款归个人使用,进行营利活动或者超过三个月未还,数额在五万元以上的,应当认定为刑法第三百八十四条第一款规定的“数额较大”;数额在五百万元以上的,应当认定为刑法第三百八十四条第一款规定的“数额巨大”。具有下列情形之一的,应当认定为刑法第三百八十四条第一款规定的“情节严重”:

(一)挪用公款数额在二百万元以上的;

(二)挪用救灾、抢险、防汛、优抚、扶贫、移民、救济特定款物,数额在一百万元以上不满二百万元的;

(三)挪用公款不退还,数额在一百万元以上不满二百万元的;

(四)其他严重的情节。

第七条 为谋取不正当利益,向国家工作人员行贿,数额在三万元以上的,应当依照刑法第三百九十条的规定以行贿罪追究刑事责任。

行贿数额在一万元以上不满三万元,具有下列情形之一的,应当依照刑法第三百九十条的规定以行贿罪追究刑事责任:

(一)向三人以上行贿的;

(二)将违法所得用于行贿的;

(三)通过行贿谋取职务提拔、调整的;

(四)向负有食品、药品、安全生产、环境保护等监督管理职责的国家工作人员行贿,实施非法活动的;

(五)向司法工作人员行贿,影响司法公正的;

(六)造成经济损失数额在五十万元以上不满一百万元的。

第八条 犯行贿罪,具有下列情形之一的,应当认定为刑法第三百九十条第一款规定的“情节严重”:

(一)行贿数额在一百万元以上不满五百万元的;

(二)行贿数额在五十万元以上不满一百万元,并具有本解释第七条第二款第一项至第五项规定的情形之一的;

(三)其他严重的情节。

为谋取不正当利益,向国家工作人员行贿,造成经济损失数额在一百万元以上不满五百万元的,应当认定为刑法第三百九十条第一款规定的“使国家利益遭受重大损失”。

第九条 犯行贿罪,具有下列情形之一的,应当认定为刑法第三百九十条第一款规定的“情节特别严重”:

(一)行贿数额在五百万元以上的;

(二)行贿数额在二百五十万元以上不满五百万元,并具有本解释第七条第二款第一项至第五项规定的情形之一的;

(三)其他特别严重的情节。

为谋取不正当利益,向国家工作人员行贿,造成经济损失数额在五百万元以上的,应当认定为刑法第三百九十条第一款规定的“使国家利益遭受特别重大损失”。

第十条 刑法第三百八十八条之一规定的利用影响力受贿罪的定罪量刑适用标准,参照本解释关于受贿罪的规定执行。

刑法第三百九十条之一规定的对有影响力的人行贿罪的定罪量刑适用标准，参照本解释关于行贿罪的规定执行。

单位对有影响力的人行贿数额在二十万元以上的，应当依照刑法第三百九十条之一的规定以对有影响力的人行贿罪追究刑事责任。

第十一条 刑法第一百六十三条规定的非国家工作人员受贿罪、第二百七十一条规定的职务侵占罪中的"数额较大""数额巨大"的数额起点，按照本解释关于受贿罪、贪污罪相对应的数额标准规定的二倍、五倍执行。

刑法第二百七十二条规定的挪用资金罪中的"数额较大""数额巨大"以及"进行非法活动"情形的数额起点，按照本解释关于挪用公款罪"数额较大""情节严重"以及"进行非法活动"的数额标准规定的二倍执行。

刑法第一百六十四条第一款规定的对非国家工作人员行贿罪中的"数额较大""数额巨大"的数额起点，按照本解释第七条、第八条第一款关于行贿罪的数额标准规定的二倍执行。

第十二条 贿赂犯罪中的"财物"，包括货币、物品和财产性利益。财产性利益包括可以折算为货币的物质利益如房屋装修、债务免除等，以及需要支付货币的其他利益如会员服务、旅游等。后者的犯罪数额，以实际支付或者应当支付的数额计算。

第十三条 具有下列情形之一的，应当认定为"为他人谋取利益"，构成犯罪的，应当依照刑法关于受贿犯罪的规定定罪处罚：

（一）实际或者承诺为他人谋取利益的；

（二）明知他人有具体请托事项的；

（三）履职时未被请托，但事后基于该履职事由收受他人财物的。

国家工作人员索取、收受具有上下级关系的下属或者具有行政管理关系的被管理人员的财物价值三万元以上，可能影响职权行使的，视为承诺为他人谋取利益。

第十四条 根据行贿犯罪的事实、情节，可能被判处三年有期徒刑以下刑罚的，可以认定为刑法第三百九十条第二款规定的"犯罪较轻"。

根据犯罪的事实、情节，已经或者可能被判处十年有期徒刑以上刑罚的，或者案件在本省、自治区、直辖市或者全国范围内有较大影响的，可以认定为刑法第三百九十条第二款规定的"重大案件"。

具有下列情形之一的，可以认定为刑法第三百九十条第二款规定的"对侦破重大案件起关键作用"：

（一）主动交待办案机关未掌握的重大案件线索的；

（二）主动交待的犯罪线索不属于重大案件的线索，但该线索对于重大案件侦破有重要作用的；

（三）主动交待行贿事实，对于重大案件的证据收集有重要作用的；

（四）主动交待行贿事实，对于重大案件的追逃、追赃有重要作用的。

第十五条 对多次受贿未经处理的，累计计算受贿数额。

国家工作人员利用职务上的便利为请托人谋取利益前后多次收受请托人财物，受请托之前收受的财物数额在一万元以上的，应当一并计入受贿数额。

第十六条 国家工作人员出于贪污、受贿的故意，非法占有公共财物、收受他人财物之后，将赃款赃物用于单位公务支出或者社会捐赠的，不影响贪污罪、受贿罪的认定，但量刑时可以酌情考虑。

特定关系人索取、收受他人财物，国家工作人员知道后未退还或者上交的，应当认定国家工作人员具有受贿故意。

第十七条 国家工作人员利用职务上的便利，收受他人财物，为他人谋取利益，同时构成受贿罪和刑法分则第三章第三节、第九章规定的渎职犯罪的，除刑法另有规定外，以受贿罪和渎职犯罪数罪并罚。

第十八条 贪污贿赂犯罪分子违法所得的一切财物，应当依照刑法第六十四条的规定予以追缴或者责令退赔，对被害人的合法财产应当及时返还。对尚未追缴到案或者尚未足额退赔的违法所得，应当继续追缴或者责令退赔。

第十九条 对贪污罪、受贿罪判处三年以下有期徒刑或者拘役的，应当并处十万元以上五十万元以下的罚金；判处三年以上十年以下有期徒刑的，应当并处二十万元以上犯罪数额二倍以下的罚金或者没收财产；判处十年以上有期徒刑或者无期徒刑的，应当并处五十万元以上犯罪数额二倍以下的罚金或者没收财产。

对刑法规定并处罚金的其他贪污贿赂犯罪，应当在十万元以上犯罪数额二倍以下判处罚金。

第二十条 本解释自2016年4月18日起施行。最高人民法院、最高人民检察院此前发布的司法解释与本解释不一致的，以本解释为准。

办理贪污贿赂刑事案件要准确把握法律适用标准

□万　春　绿　杰　卢宇蓉　杨建军

2016年4月18日，最高人民法院、最高人民检察院联合发布了《关于办理贪污贿赂刑事案件适用法律若干问题的解释》（以下简称《解释》）。现对《解释》的主要内容说明如下：

一、《解释》的制定背景

贪污贿赂犯罪滋生各种腐化现象，败坏社会风气，扰乱国家机关正常活动和社会主义市场经济秩序，严重破坏国家廉政建设，严重影响党和政府的形象，动摇我国执政根基，社会危害性极大，成为影响社会经济健康发展和社会稳定的突出问题。党的十八届三中全会明确提出加强反腐败工作，加大惩处腐败犯罪的力度，坚持有腐必反、有贪必肃，坚持反腐败无禁区，“老虎”“苍蝇”一起打。近些年特别是党的十八大以来，虽然党风廉政建设取得了较大成效，但反腐败斗争的形势依然严峻。实践中，存在许多法律适用问题亟待司法解释予以明确。

一是《中华人民共和国刑法修正案（九）》［以下简称《刑法修正案（九）》］对贪污贿赂犯罪有关定罪量刑规定的修改亟须明确适用标准。《刑法修正案（九）》有关修改主要包括：取消贪污罪、受贿罪定罪和量刑的具体数额标准，突出数额之外其他情节在定罪量刑中的作用；对贪污罪、受贿罪增设死刑缓期二年执行减为无期徒刑后终身监禁；对贪污罪和贿赂犯罪增设罚金刑；增设对有影响力的人行贿罪；对行贿罪从宽处罚规定更为严格的适用条件。《刑法修正案（九）》已于2015年11月1日生效施行，这些新规定在司法实践中应该如何理解、把握和具体适用，亟须制定司法解释予以明确。

二是贪污贿赂犯罪出现的新情况、新问题亟须明确处理意见。随着经济社会发展变化，贪污贿赂犯罪呈现出一些新情况和特点，给司法实践带来了新的法律适用问题。例如，过去贿赂犯罪的对象主要是金钱和物品，现在出现了各种形式的财产性利益输送，对于给予、收受这些利益的行为能否以贿赂犯罪处理？又如，受贿犯罪，过去主要表现为国家工作人员直接索取或者收受贿赂，现在一些案件中国家工作人员本人没有收受贿赂，收受贿赂的是国家工作人员的近亲属或者与其关系密切的人员，这种情况能否以受贿罪追究该国家工作人员的刑事责任？这些新情况新问题给刑事法网的严密性和刑罚惩治的针对性提出了更高的要求，亟须制定司法解释予以明确。

三是司法实践当中长期存在的一些争议问题亟须统一意见。贪污贿赂犯罪具有其特殊复杂性，理论上和实践中对于一些法律适用问题长期存在意见分歧。例如，作为受贿犯罪的法定要件，“为他人谋取利益”究竟应如何理解，“正常履职后收受感谢费”“感情投资”等能否认定为“为他人谋取利益”？又如，实践中经常遇见犯罪嫌疑人、被告人辩称自己没有非法占有财物，不构成贪污受贿，因为有关涉案款物均是用于公务支出、社会捐赠等，那么这些情形对于定罪量刑究竟有没有影响？这些问题既关系到法律的统一适用，也关系到依法惩治腐败的实际效果，亟须制定司法解释予以明确和解决。

鉴于上述情况，最高人民法院、最高人民检察院在深入细致的调研基础上，对当前办理贪污贿赂犯罪案件较为突出的法律适用问题进行了梳理和筛选研究，广泛征求了立法机关、各级司法机关、专家学者等方面意见，研究制定了《解释》。该解释于2016年3月25日由最高人民检察院第十二届检察委员会第50次会议、2016年3月28日最高人民法院审判委员会第1680次会议通过，2016年4月18日对外公布，并自同日起施行。

二、主要内容及逐条说明

《解释》共20条，主要规定了以下几个问题：(1)贪污罪、受贿罪的定罪量刑标准(第一条至第三条)；(2)贪污罪、受贿罪的死刑适用标准及终身监禁的适用原则(第四条)；(3)挪用公款罪、行贿罪、利用影响力受贿罪等罪的定罪量刑标准(第五条至第十一条)；(4)作为贿赂犯罪对象的“财物”的范围及“财产性利益”的理解和认定(第十二条)；(5)受贿犯罪中“为他人谋取利益”的理解和认定(第十三条)；(6)行贿罪法定从宽处罚情节适用条件的理解(第十四条)；(7)受贿犯罪数额的计算(第十五条)；(8)贪污罪、受贿罪主观故意的认定(第十六条)；(9)受贿罪同时构成渎职犯罪的处断原则(第十七条)；(10)违法所得的追缴、退赔(第十八条)；(11)罚金刑的适用(第十九条)。

(一)贪污罪、受贿罪的定罪量刑标准(第一条至第三条)

《解释》第一条至第三条分别规定了贪污罪、受贿罪的三档法定刑的具体适用标准。

根据这三条规定，贪污罪、受贿罪“数额较大”“数额巨大”“数额特别巨大”的具体数额标准分别是3万元以上、20万元以上、300万元以上。由于《刑法修正案(九)》对贪污罪、受贿罪除规定了数额标准外，还规定了情节标准，因此，《解释》对贪污罪、受贿罪“较重情节”“严重情节”“特别严重情节”的认定采取了“数额标准+从重情形”的模式，即贪污、受贿犯罪数额在“一万元以上不满三万元”“十万元以上不满二十万元”“一百五十万元以上不满三百万元”，同时具有第一条第二款、第三款规定从重处罚情形之一的，应当认定为具有“较重情节”“严重情节”“特别严重情节”。

根据司法实践经验并综合征求意见情况，《解释》一是对贪污罪规定了六种从重处罚情形：(1)贪污救灾、抢险、防汛、优抚、扶贫、移民、救济、防疫、社会捐助等特定款物的。这是基于犯罪行为特定危害性而提出的，贪污特定款物较一般款物具有更为严重的危害性，一直也是刑事打击的重点。(2)曾因贪污、受贿、挪用公款受过党纪、行政处分的。(3)曾因故意犯罪受过刑事追究的。这是基于人身危险性考虑，行为人受过处分或者被刑事追究仍不思悔改，说明行为人主观恶性大，需要从严惩治以起到刑罚特殊预防的效果。(4)赃款赃物用于非法活动的。行为人犯罪后将赃款赃物用于非法活动，具有更大的社会危害性。(5)拒不交代赃款赃物去向或者拒不配合追缴工作，致使无法追缴的。拒不交代赃款赃物去向、不配合追缴，说明无悔罪表现，造成的经济损失往往难以挽回。(6)造成恶劣影响或者其他严重后果的。本项是兜底条款。二是关于受贿罪从重处罚情形,除贪污罪规定从重处罚情形的第二项至第六项以外,还增加规定了三项,即(1)多次索贿的。“多次”一般是指3次以上,既包括对同一请托人索贿3次以上,也包括对不同请托人,累计3次以上。(2)为他人谋取不正当利益,致使公共财产、国家和人民利益遭受损失的。受贿者与请托人进行权钱交易,致使公共财产、国家和人民利益遭受损失,具有更为严重的危害性,理应从严惩处。(3)为他人谋取职务提拔、调整的。《解释》对吏治腐败给予高度关注,因此将违规使用干部作为受贿罪加重处罚的一个情节。

关于贪污罪、受贿罪的定罪量刑标准,还需要说明以下几点:

一是《解释》是根据立法授权作出规定。《刑法修正案(九)》取消了贪污罪、受贿罪原定罪量刑的具体数额标准,代之以“数额较大”“数额巨大”“数额特别巨大”,以及“较重情节”“严重情节”“特别严重情节”。因此,《解释》根据立法授权,在经过了广泛调研、征求意见和论证,并征得立法机关同意的基础上,对贪污罪、受贿罪的定罪量刑标准予以明确规定。

二是《解释》根据经济社会发展变化对有关数额标准作出调整。以起刑点为例,1980年以来,我国贪污罪、受贿罪起刑点数额标准曾调整过三次。1986年最高人民检察院制定的贪污罪、受贿罪立案追究刑事责任的标准是1 000元;当时我国城镇居民人均可支配收入为828元。1988年《全国人大常委会关于惩治贪污罪贿赂罪的补充规定》对贪污罪、受贿罪规定的起刑点数额标准是2 000元;入当时我国城镇居民人均可支配收入为1 181元。1997年刑法对贪污罪、受贿罪规定的起刑点数额为5 000元;当时我国城镇居民人均可支配收入为5 160.3元。2015年我国城镇居民人均可支配收入为31 195元,因此,对照以往规定,贪污罪、受贿罪的起刑点调整为3万元较符合现实情况。

三是《解释》规定各地对贪污受贿犯罪案件执行统一的数额标准。近年来,实践中由于受地域差距等因素的影响,各地对贪污受贿移送追究刑事责任和定罪量刑的标准不尽统一,需要统一规范,一体遵循。《解释》从司法公正出发,对贪污罪、受贿罪执行统一的数额标准,既不规定起点刑幅度,也不搞地区差别。

四是《解释》体现了“把党纪挺在前面”的精神。惩治腐败在刑罚之前还有党纪、政纪处分,两者之间必须做到相互衔接、相互协调,为党纪、政纪发挥作用留有空间,体现“把党纪挺在前面”的精神。因此,《解释》对贪污罪、受贿罪的定罪量刑标准作出规定,包括将两罪“数额较大”的一般标准由1997年刑法确定的5 000元调整至3万元,同时对其他档次的量刑标准也作相应调整。

五是实践中应当避免唯数额论和重数额轻情节的错误倾向。《解释》虽然提高了贪污罪、受贿罪的起刑点,但并非对3万元以下的案件一律不追究刑事责任。根据《解释》第一条第二款、第三款,第二条第二款、第三款和第三条第二款、第三款,对于虽未达到相应法定刑数额标准(3万元、20万元、300万元),但具有本解释规定从重情节之一的,应当认为构成犯罪或者提档升格量刑。例如,对于贪污、受贿数额在1万元以上不满3万元,同时具有《解释》规定情形之一的,应当认定为刑法第三百八十三条第一款规定的“其他较重情节”,依法判处三年以下有期徒刑或者拘役,并处罚金。实践中,应当注意处理好贪污受贿犯罪数额和情节的关系。各地不得擅自提高定罪标准,有案不立;也不得擅自降低标准,不应当立案而立案。对于未达到《解释》规定数额标准的举报线索,也应当依法受理,只要经初查有证据证明达到了标准的,就应当立案。

(二)关于死刑、死缓及终身监禁的适用(第四条)

《刑法修正案(九)》对贪污罪、受贿罪的死刑适用主要作了两处调整:一是修改了死刑适用条件,将“情节特别严重的,处死刑”修改为“数额特别巨大,并使国家和人民利益遭受特别重大损失的,处无期徒刑或者死刑”;二是增加了终身监禁的规定。《解释》第四条根据《刑法修正案(九)》规定和我国保留死刑、严格控制死刑和慎重适用死刑的死刑政策,分三款规定了贪污罪、受贿罪判处死刑立即执行、一般死缓和终身监禁的具体适用。

第四条第一款明确规定死刑立即执行。即死刑立即执行只适用于犯罪数额特别巨大,犯罪情节特别严重、社会影响特别恶劣、给国家和人民利益造成特别重大损失的贪污、受贿犯罪分子。换言之,对于极少数罪行特别严重、依法应当适用死刑立即执行的犯罪分子,应当坚决判处死刑立即执行。

第四条第二款规定一般死缓。即对于虽然符合第一款判处死刑适用条件,但具有自首,立功,如实供述自己罪行、真诚悔罪、积极退赃,或者避免、减少损害结果的发生等情节,不是必须立即执行的,可以判处死刑缓期二年执行。换言之,《解释》规定对于符合死刑立即执行条件,但同时具有法定从宽等处罚情节,不是必须立即执行的,可以判处死刑缓期二年执行。

第四条第三款规定终身监禁的适用。终身监禁是介于死刑立即执行与一般死缓之间的一种新的死刑执行措施,而不是一个新的刑种。从执行效果来说,它比一般死缓更为严厉。《解释》对终身监禁具体适用从实体和程序两个方面予以了明确:一是明确终身监禁适用的情形,即主要针对那些判处死刑立即执行过重,判处一般死缓又偏轻的重大贪污、受贿犯罪分子,可以决定终身监禁;二是明确凡决定终身监禁的,在一、二审作出死缓裁判的同时就应当一并作出终身监禁的决定,而不能等到死缓执行期间届满再视情而定,强调终身监禁决定后,就必须“牢底坐穿”,不受执行期间服刑表现的影响。

(三)关于挪用公款罪定罪量刑标准的调整(第五条、第六条)

《解释》第五条、第六条规定了挪用公款罪的定罪量刑标准。1998 年《最高人民法院关于审理挪用公款案件具体应用法律若干问题的解释》(以下简称《挪用公款解释》)已颁行 18 年,有关数额标准的规定明显滞后,有必要调整。由于挪用公款罪的社会危害性相对要轻于贪污罪,为防止刑罚“轻重倒挂”,《解释》参照贪污罪有关规定,对挪用公款罪的定罪量刑标准作出相应修改。

修改之处主要有三点:一是将各地可以根据本地情况制定具体执行的数额幅度标准修改为全国统一的数额标准,同时适当提高了具体数额标准。例如,《挪用公款解释》规定挪用公款归个人使用,进行非法活动的,以挪用 5 000 元至 1 万元为追究刑事责任的数额起点;挪用公款归个人使用,数额较大、进行营利活动的,或者数额较大、超过三个月未还的,以挪用公款 1 万元至 3 万元为数额较大的起点。《解释》调高了上述标准,挪用公款进行非法活动的,以 3 万元为追究刑事责任的数额起点;挪用公款归个人使用,进行营利活动或者超过三个月未还的,以 5 万元为“数额较大”起点。二是增加规定了挪用公款进行非法活动“数额巨大”的标准。《挪用公款解释》第三条对挪用公款进行非法活动的,仅规定了追究刑事责任的数额起点和“情节严重”的标准,而未对“数额巨大”的标准作出规定。实践中,对于挪用公款罪进行非法活动中“数额巨大”如何适用存在疑问。《解释》对此明确了“三百万元以上”的数额标准。三是对挪用公款“情节严重”作了进一步明确。《解释》对“情节严重”的认定采取“纯数额”和“数额 + 从重情形”的模式,从而使规定更为合理和科学。例如,《解释》规定,挪用公款归个人使用,进行非法活动,具有以下情形之一的,应当认定为“情节严重”:(1)挪用公款数额在 100 万元以上的;(2)挪用救灾、抢险、防汛、优抚、扶贫、移民、救济特定款物,数额在 50 万元以上不满 100 万元的;(3)挪用公款不退还,数额在 50 万元以上不满 100 万元的;(4)其他严重的情节。又如,《解释》规定,挪用公款归个人使用,进行营利活动或者超过三个月未还,具有下列情形之一的,应当认定为刑法第三百八十四条第一款规定的“情节严重”:(1)挪用公款数额在 200 万元以上的;(2)挪用救灾、抢险、防汛、优抚、扶贫、移民、救济特定款物，数额在100万元以上不满200万元的；(3)挪用公款不退还，数额在100万元以上不满200万元的；(4)其他严重的情节。

(四)关于行贿罪定罪量刑标准的规定(第七条至第九条)

《解释》第七条至第九条根据行贿罪的三档法定刑，分别规定了入罪门槛、“情节严重”和“情节特别严重”的适用标准。由于《解释》对贪污罪、受贿罪的定罪量刑数额标准进行了调整，实践中，如果不对行贿罪的有关数额标准一并进行调整，仍执行2012年《最高人民法院、最高人民检察院关于办理行贿刑事案件具体应用法律若干问题的解释》(以下简称《行贿解释》)的有关标准，那么司法实践中行贿罪与受贿罪之间则可能出现量刑“轻重倒挂”现象。因此，《解释》修改了《行贿解释》有关规定。主要有两个方面：

一是提高了有关数额标准。将行贿罪起刑点由原先的1万元调整为3万元，同时按照5倍比例原则，上调了行贿罪“情节严重”“情节特别严重”中的有关数额标准。例如，将原来规定的“二十万元以上不满一百万元”“一百万元以上”调整到“一百万元以上不满五百万元”“五百万元以上”。

二是对行贿罪的入罪门槛增设了“数额+情节”的追诉标准。即除规定行贿数额3万元以上的应当以行贿罪追究刑事责任之外，对于行贿1万元以上不满3万元，但具有《解释》规定下列从重情形之一的，也应当追究刑事责任：(1)向3人以上行贿的；(2)将违法所得用于行贿的；(3)通过行贿谋取职务提拔、调整的；(4)向负有食品、药品、安全生产、环境保护等监督管理职责的国家工作人员行贿，实施非法活动的；(5)向司法工作人员行贿，影响司法公正的；(6)造成经济损失数额在50万元以上不满100万元的。该规定主要考虑的是一些行贿行为虽然数额不大，但行贿范围广、向特定领域的国家工作人员行贿、造成损失大、影响坏，有必要对这些行为予以刑事制裁。这样规定，既与受贿罪的有关规定相一致，也较好解决了“重受贿，轻行贿导致对行贿惩处失之于宽、不利于切断受贿犯罪因果链等问题”。

(五)明确了利用影响力受贿罪、对有影响力的人行贿罪的定罪量刑标准(第十条)

《解释》第十条分三款规定了利用影响力受贿罪，对有影响力的人行贿罪及其单位犯罪的定罪量刑标准。为依法从严惩治国家工作人员“身边人”的贿赂犯罪，《解释》规定，利用影响力受贿罪、对有影响力的人行贿罪与受贿罪、行贿罪适用相同的定罪量刑标准。其中，第十条第一款规定，利用影响力受贿罪的定罪量刑适用标准，参照本解释关于受贿罪的规定执行。第十条第二款规定，对有影响力的人行贿罪的定罪量刑适用标准，参照本解释关于行贿罪的规定执行。第十条第三款规定，单位对有影响力的人行贿数额在20万元以上的，应当以对有影响力的人行贿罪追究刑事责任。

这里需注意的是，单位实施贿赂犯罪的定罪量刑标准问题。根据刑法分则第八章贪污贿赂犯罪的规定，单位能够成为贿赂犯罪主体的罪名除了刑法修正案(九)增加的对有影响力的人行贿罪之外，还有刑法第三百八十七条规定的单位受贿罪、第三百九十一条规定的对单位行贿罪、第三百九十三条规定的单位行贿罪、第三百九十六条规定的私分国有资产罪和私分罚没财物罪。

关于单位犯罪，《解释》之所以只规定了《刑法修正案(九)》增加的“对有影响力的人行贿罪”，主要出于以下考虑：一是已有司法解释规定了立案标准。由于刑法第八章贪污贿赂犯罪中大多数单位犯罪只有一档法定刑，且1999年最高人民检察院制发的《关于人民检察院直接受理立案侦查案件立案标准的规定(试行)》(以下简称《立案标准》)已对单位受贿罪、对单位行贿罪、单位行贿罪规定了立案标准。《立案标准》对这些单位犯罪区别于自然人犯罪规定了较高的标准，目前这些标准仍然有效，应当继续适用。如第三百九十一条规定的对单位行贿罪，《立案标准》第六条规定，对单位行贿涉嫌下列情形之一的，应予立案：“1. 个人行贿数额在10万元以上、单位行贿数额在20万元以上的；2. 个人行贿数额不满10万元、单位行贿数额在10万元以上不满20万元，但具有下列情形之一的：(1)为谋取非法利益而行贿的；(2)向3个以上单位行贿的；(3)向党政机关、司法机关、行政执法机关行贿的；(4)致使国家或社会利益遭受重大损失的。”二是案件较少，《解释》作出规定的条件不成熟。刑法分则第八章规定的单位实施的有关贿赂犯罪中，规定两档法定刑的只有私分国有资产罪和私分罚没财物罪。《立案标准》规定涉嫌私分国有资产、私分罚没财物，累计数额在10万元以上的，应予立案。

（六）明确了非国家工作人员受贿罪、职务侵占罪、挪用资金罪、对非国家工作人员行贿罪的定罪量刑标准（第十一条）

《解释》第十一条分三款规定了非国家工作人员受贿罪、职务侵占罪、挪用资金罪和对非国家工作人员行贿罪四个罪名定罪量刑的适用标准。以往司法解释文件中，只有2010年《最高人民检察院、公安部关于公安机关管辖的刑事案件立案追诉标准的规定（二）》规定了上述四个罪名的立案追诉标准，没有司法解释对这些罪名的具体量刑，特别是第二档法定刑的适用作出规定。实践中，各地掌握的标准不一，对于能否参照对应的国家工作人员职务犯罪有关标准定罪量刑，以及如何参照适用均不明确。因此，《解释》明确这四个罪名定罪量刑标准按照对应国家工作人员职务犯罪有关定罪量刑数额标准的一定倍数执行。这里掌握的倍数比例关系，一般是2倍关系，个别情况下是5倍关系。这是因为非国家工作人员受贿罪、职务侵占罪都只有两档法定刑（该两罪法定刑相同），第一档法定刑为五年以下有期徒刑或者拘役，第二档法定刑为五年以上有期徒刑，均重于受贿罪、贪污罪的第一档（三年以下有期徒刑或者拘役）、第二档法定刑（三年以上十年以下有期徒刑）。因此，从量刑均衡考虑，对非国家工作人员受贿罪、职务侵占罪“数额巨大”的数额起点，按照受贿罪、贪污罪对应数额标准的5倍执行，其他数额标准均按照对应国家工作人员犯罪有关数额标准的2倍执行。

（七）进一步明确了贿赂犯罪对象范围（第十二条）

《解释》第十二条对贿赂的范围作了明确规定。贿赂犯罪的本质在于权钱交易。根据我国刑法的规定，行贿是指为谋取不正当利益，给予国家工作人员以财物；受贿是指国家工作人员利用职务上便利，向他人索取或者非法收受他人财物，为他人谋取利益。可见，根据刑法的规定，贿赂犯罪的对象是“财物”。因此，如何界定贿赂犯罪中的“贿赂”，关键在于对刑法中规定的“财物”应当如何理解和进行解释。这些年，随着我国社会经济的发展，贿赂犯罪手段越来越隐蔽。例如，有的行为人通过低买高卖交易的形式收受请托人的好处，有的行为人通过收受干股、合作投资、委托理财、赌博等方式，变相收受请托人的财物。这类贿赂犯罪隐蔽性强、社会危害性大，有必要依法予以惩处。因此，《解释》第十二条对什么是“贿赂”作出了专门的规定。

根据《解释》规定，贿赂犯罪中的“财物”，包括货币、物品和财产性利益。财产性利益包括可以折算为货币的物质利益如房屋装修、债务免除等，以及需要支付货币的其他利益如会员服务、旅游等。后者的犯罪数额，以实际支付或者应当支付的数额计算。《解释》第十二条对“贿赂”的规定，参考了2008年11月《最高人民法院、最高人民检察院关于办理商业贿赂刑事案件适用法律若干问题的意见》的有关规定，对什么是“财产性利益”作了进一步明确。这条规定既是对以往司法解释文件和司法经验的梳理和总结，也充分体现了党的十八届四中全会《关于全面推进依法治国若干重大问题的决定》关于“完善惩治贪污贿赂犯罪法律制度”的精神和要求，回应了广大人民群众从严打击贿赂犯罪的呼声。

（八）进一步明确"为他人谋取利益"的认定（第十三条）

《解释》第十三条分两款规定了受贿犯罪构成要件中"为他人谋取利益"的理解和认定问题。

第十三条第一款列举了三种应当认定为"为他人谋取利益"的情形，解决了长期困扰司法实践的难题。即具有下列情形之一的，应当认定为"为他人谋取利益"，构成犯罪的，应当依照刑法关于受贿犯罪的规定定罪处罚："（一）实际或者承诺为他人谋取利益的；（二）明知他人有具体请托事项的；（三）履职时未被请托，但事后基于该履职事由收受他人财物的。"该款规定系根据2003年《全国法院审理经济犯罪案件工作座谈会纪要》（以下简称《纪要》）和实践经验作出。其中，第一项、第二项源于《纪要》。根据《纪要》的规定，"为他人谋取利益"包括"承诺、实施和实现三个阶段的行为"，只要实施其一即可认定。第一项的核心内容是承诺为他人谋取利益即可认定"为他人谋取利益"，至于是否着手为他人谋取利益以及为他人谋利事项是否已完成均在所不问。第二项的核心内容是明确收受财物与职务相关的具体请托事项有关联的，即应当以受贿处理。第三项的核心内容是明确事后受贿可以构成受贿罪。基于惩治贪腐犯罪的现实需要考虑，事前受贿和事后受贿没有实质不同，均是钱权交易，侵害了公职行为的廉洁性和国家廉政建设制度。根据本款的规定，承诺为他人谋取利益，明知他人有具体请托事项，以及履职时未被请托但事后基于该履职事由收受他人财物等情形，都属于"为他人谋取利益"的具体表现形式。无论是否实际为他人谋取了利益，无论事前收受还是事后收受，均不影响受贿犯罪的认定。

第十三条第二款对一些所谓的"感情投资"提出了明确意见。《解释》规定，国家工作人员索取、收受具有上下级关系的下属或者具有行政管理关系的被管理人员的财物价值3万元以上，可能影响职权行使的，视为承诺为他人谋取利益。实践中，由于此类情况较为复杂，不区别情况，可能会造成打击面过宽。因此，适用时需要注意两点：一是该款规定强调行为性质是权钱交易，即可能影响职权行使；二是强调财物价值在3万元以上。因此，本款规定体现了刑法从严惩治腐败，划清了贿赂犯罪与正常人情往来、收受礼金违反党纪、政纪行为的界限，为党纪、政纪处理和发挥作用留下了合理空间。

（九）明确了行贿罪从宽处罚条件（第十四条）

《解释》第十四条对行贿罪中可以减免处罚的法定情形如何适用作出具体规定。针对实践中存在的"重打击受贿轻打击行贿"这一突出问题，为加大对行贿罪的处罚力度，从源头上惩治和预防腐败犯罪，《刑法修正案（九）》对行贿罪从宽处罚的条件和幅度作了重要调整，对行贿罪减轻或者免除处罚设定了更为严格的适用条件，明确行贿人在被追诉前主动交代行贿行为，只有在"犯罪较轻的，对侦破重大案件起关键作用的，或者有重大立功表现的"三种情况下才可以减轻或者免除处罚。

为了便于司法机关正确掌握、严格适用，《解释》第十四条分三款对刑法第三百九十条第二款中的"犯罪较轻""重大案件""对侦破重大案件起关键作用"等规定的具体适用予以明确。第一款明确规定"犯罪较轻"应当理解为"可能判处三年有期徒刑以下刑罚"的犯罪。第二款明确规定"重大案件"应当理解为"根据犯罪的事实、情节，已经或者可能被判处十年以上有期徒刑刑罚的，或者在本省、自治区、直辖市或者全国范围内有较大影响的"案件。理由是：将"三年有期徒刑以下"和"十年以上有期徒刑"刑罚作为"犯罪较轻"和"重大案件"的认定标准，符合立法和司法的普遍认识。第三款根据以往司法实践经验并综合征求意见情况，从线索提供、证据收集、追逃追赃等方面列举了"对侦破重大案件起关键作用"的四种具体情形："（一）主动交待办案机关未掌握的重大案件线索的；（二）主动交待的犯罪线索不属于重大案件的线索，但该线索对于重大案件侦破有重要作用的；（三）主动交待行贿事实，对于重大案件的证据收集有重要作用的；（四）主动交待行贿事实，对于重大案件的追逃、追赃有重要作用的。”

（十）明确多次受贿数额计算方法（第十五条）

《解释》第十五条规定了受贿犯罪数额的计算问题。《解释》从两方面对受贿犯罪数额的计算作出了规定：一是针对小额贿赂的问题，本条第一款明确规定，对多次受贿未经处理的，累计计算受贿数额。这里的“处理”，包括刑事处罚和党纪、政纪处分。据此，受贿人多次收受小额贿赂，虽每次均未达到《解释》规定的定罪标准，但多次累计后达到定罪标准的，应当依法追究刑事责任。二是针对收受财物与谋利事项不对应的问题，本条第二款明确规定，国家工作人员利用职务上的便利为请托人谋取利益前后多次收受请托人财物，受请托之前收受的财物数额在1万元以上的，应当一并计入受贿数额。据此，对于那些小额不断、多次收受财物的，符合条件的也应当一并追究刑事责任。

（十一）贪污、受贿故意的认定（第十六条）

《解释》第十六条对实践中较为普遍的两种情形的贪污、受贿的故意认定问题作出了规定。一是赃款赃物去向与贪污、受贿故意的认定关系问题。根据第十六条第一款规定，国家工作人员出于贪污、受贿的故意，非法占有公共财物、收受他人财物之后，将赃款赃物用于单位公务支出或者社会捐赠的，不影响贪污罪、受贿罪的认定，但量刑时可以酌情考虑。因此，只要是非法获取财物的贪污、受贿行为，不管事后赃款赃物的去向如何，即便用于公务支出或者社会捐赠，也不影响贪污罪、受贿罪的认定，以此堵住贪污、受贿犯罪分子试图逃避刑事追究的后门。二是国家工作人员利用职务便利为他人谋利，“身边人”收钱行为的刑事责任问题。本着主客观相一致的定罪原则，该行为能否认定国家工作人员构成受贿犯罪，关键看其对收钱一事是否知情及知情后的态度。为此，《解释》第十六条第二款规定，特定关系人索取、收受他人财物，国家工作人员知道后未退还或者上交的，应当认定国家工作人员具有受贿故意。根据2007年《最高人民法院、最高人民检察院关于办理受贿刑事案件适用法律若干问题的意见》，这里所称“特定关系人”，是指与国家工作人员有近亲属、情妇（夫）以及其他共同利益关系的人。

（十二）受贿罪同时构成渎职犯罪的处断原则（第十七条）

受贿罪当中，受贿人往往在为请托人谋取利益时存在渎职行为。在受贿行为和渎职行为均构成犯罪的情况下，是择一重罪处罚还是实行数罪并罚，认识上长期存在分歧，实践中做法不一。为依法从严惩治此类犯罪行为，《解释》第十七条明确规定，国家工作人员利用职务上的便利，收受他人财物，为他人谋取利益，同时构成受贿罪和刑法分则第三章第三节、第九章规定的渎职犯罪的，除刑法另有规定外，以受贿罪和渎职犯罪数罪并罚。

（十三）关于涉案赃款赃物处理（第十八条）

《解释》第十八条规定了违法所得的追缴和退赔。本条规定基于三点现实考虑：一是贪污贿赂犯罪逃避经济处罚，隐匿、转移赃物的情况非常严重，影响到反腐败工作的实际效果。二是为落实中央要求，严格执法，加大追赃力度，“决不能让腐败分子在经济上占便宜”。三是旨在指引各级司法机关摒弃“重办案轻追赃”的错误观念，充分认识追赃对惩治腐败、实现公正司法的重要意义。

《解释》第十八条根据贪污贿赂犯罪的特点，结合办案需要，明确了贪污贿赂案件赃款赃物的处理办法：一是对贪污贿赂犯罪分子违法所得的一切财物，应当依照刑法第六十四条的规定予以追缴或者责令退赔，对被害人的合法财产应当及时返还。二是对尚未追缴到案或者尚未足额退赔的违法所得，应当继续追缴或者责令退赔。对藏匿、转移赃款赃物的，要坚持一追到底的原则，避免出现以刑罚执行替代经济惩处的现象，防止“因罪致富”等不正常情况的出现。

（十四）规定罚金刑判处原则（第十九条）

《解释》第十九条规定了贪污贿赂犯罪的罚金刑适用。根据本条规定，对贪污罪、受贿罪判处三年以下有期徒刑或者拘役的，应当并处10万元以上50万元以下的罚金；判处三年以上十年以下有期徒刑的，应当并处20万元以上犯罪数额2倍以下的罚金或者没收财产；判处十年以上有期徒刑或者无期徒刑的，应当并处50万元以上犯罪数额2倍以下的罚金或者没收财产。对刑法规定并处罚金的其他贪污贿赂犯罪，应当在10万元以上犯罪数额2倍以下判处罚金。《解释》对罚金刑作出专门规定主要考虑有三点：一是体现罚金的惩罚性。贪污贿赂犯罪属于经济犯罪，对贪利型犯罪有效利用罚金刑的惩罚性可以起到比执行自由刑更好的行刑效果，不能让犯罪分子在经济上占便宜。二是确保罚金刑适用的统一性、规范性。由于刑法条文仅规定判处罚金，没有具体适用标准，实践中可能出现各地裁判不一，量刑差距过大的问题。统一规定罚金刑的裁量标准，有利于合理控制自由裁量刑罚幅度，起到规范量刑的作用。三是避免空判，确保罚金刑适用的严肃性。实践中，有的案件忽视了执行的可行性，判决中出现"天价罚金"，但实际无法执行的现象。因此，《解释》综合考虑罪行轻重和可操作性，根据贪污罪、受贿罪法定刑设置，明确了相应罚金刑的适用标准，从而避免罚金刑虚置、空判或者执行不到位。

（十五）解释的效力问题（第二十条）

《解释》第二十条规定，最高人民法院、最高人民检察院此前发布的司法解释与本解释不一致的，以本解释为准。这是因为《解释》修改了此前《立案标准》《挪用公款解释》《行贿解释》等多个司法解释文件的有关规定，故特别予以说明。

（作者单位：最高人民检察院）

最高人民法院
关于被告人林少钦受贿请示一案的答复

（〔2016〕最高法刑他5934号）

福建省高级人民法院：

你院闽高法〔2016〕250号《关于立案追诉后因法律司法解释修改导致追诉时效发生变化的案件法律适用问题的请示》收悉。经研究，答复如下：

追诉时效是依照法律规定对犯罪分子追究刑事责任的期限，在追诉时效期限内，司法机关应当依法追究犯罪分子刑事责任。对于法院正在审理的贪污贿赂案件，应当依据司法机关立案侦查时的法律规定认定追诉时效。依据立案侦查时的法律规定未过时效，且已经进入诉讼程序的案件，在新的法律规定生效后应当继续审理。

此复。

二〇一七年二月十三日

《最高人民法院、最高人民检察院关于办理贪污贿赂刑事案件适用法律若干问题的解释》条文对应的刑法规定、相关司法解释及其他司法文件

第一条 贪污或者受贿数额在三万元以上不满二十万元的，应当认定为刑法第三百八十三

条第一款规定的“数额较大”，依法判处三年以下有期徒刑或者拘役，并处罚金。

贪污数额在一万元以上不满三万元，具有下列情形之一的，应当认定为刑法第三百八十三条第一款规定的“其他较重情节”，依法判处三年以下有期徒刑或者拘役，并处罚金：

（一）贪污救灾、抢险、防汛、优抚、扶贫、移民、救济、防疫、社会捐助等特定款物的；

（二）曾因贪污、受贿、挪用公款受过党纪、行政处分的；

（三）曾因故意犯罪受过刑事追究的；

（四）赃款赃物用于非法活动的；

（五）拒不交待赃款赃物去向或者拒不配合追缴工作，致使无法追缴的；

（六）造成恶劣影响或者其他严重后果的。

受贿数额在一万元以上不满三万元，具有前款第二项至第六项规定的情形之一，或者具有下列情形之一的，应当认定为刑法第三百八十三条第一款规定的“其他较重情节”，依法判处三年以下有期徒刑或者拘役，并处罚金：

（一）多次索贿的；

（二）为他人谋取不正当利益，致使公共财产、国家和人民利益遭受损失的；

（三）为他人谋取职务提拔、调整的。

第二条 贪污或者受贿数额在二十万元以上不满三百万元的，应当认定为刑法第三百八十三条第一款规定的“数额巨大”，依法判处三年以上十年以下有期徒刑，并处罚金或者没收财产。

贪污数额在十万元以上不满二十万元，具有本解释第一条第二款规定的情形之一的，应当认定为刑法第三百八十三条第一款规定的“其他严重情节”，依法判处三年以上十年以下有期徒刑，并处罚金或者没收财产。

受贿数额在十万元以上不满二十万元，具有本解释第一条第三款规定的情形之一的，应当认定为刑法第三百八十三条第一款规定的“其他严重情节”，依法判处三年以上十年以下有期徒刑，并处罚金或者没收财产。

第三条 贪污或者受贿数额在三百万元以上的，应当认定为刑法第三百八十三条第一款规定的“数额特别巨大”，依法判处十年以上有期徒刑、无期徒刑或者死刑，并处罚金或者没收财产。

贪污数额在一百五十万元以上不满三百万元，具有本解释第一条第二款规定的情形之一的，应当认定为刑法第三百八十三条第一款规定的“其他特别严重情节”，依法判处十年以上有期徒刑、无期徒刑或者死刑，并处罚金或者没收财产。

受贿数额在一百五十万元以上不满三百万元，具有本解释第一条第三款规定的情形之一的，应当认定为刑法第三百八十三条第一款规定的“其他特别严重情节”，依法判处十年以上有期徒刑、无期徒刑或者死刑，并处罚金或者没收财产。

第四条 贪污、受贿数额特别巨大，犯罪情节特别严重、社会影响特别恶劣、给国家和人民利益造成特别重大损失的，可以判处死刑。

符合前款规定的情形，但具有自首，立功，如实供述自己罪行、真诚悔罪、积极退赃，或者避免、减少损害结果的发生等情节，不是必须立即执行的，可以判处死刑缓期二年执行。

符合第一款规定情形的，根据犯罪情节等情况可以判处死刑缓期二年执行，同时裁判决定在其死刑缓期执行二年期满依法减为无期徒刑后，终身监禁，不得减刑、假释。

《中华人民共和国刑法》（节录）（2020年12月26日修正）

第三百八十二条 【贪污罪】国家工作人员利用职务上的便利，侵吞、窃取、骗取或者以其他手段非法占有公共财物的，是贪污罪。

受国家机关、国有公司、企业、事业单位、人民团体委托管理、经营国有财产的人员，利用职务上的便利，侵吞、窃取、骗取或者以其他手段非法占有国有财物的，以贪污论。

与前两款所列人员勾结，伙同贪污的，以共犯论处。

第三百八十三条 【对犯贪污罪的处罚规定】对犯贪污罪的，根据情节轻重，分别依照下列规定处罚：

（一）贪污数额较大或者有其他较重情节的，处三年以下有期徒刑或者拘役，并处罚金。

（二）贪污数额巨大或者有其他严重情节的，处三年以上十年以下有期徒刑，并处罚金或者没收财产。

（三）贪污数额特别巨大或者有其他特别严重情节的，处十年以上有期徒刑或者无期徒刑，并处罚金或者没收财产；数额特别巨大，并使国家和人民利益遭受特别重大损失的，处无期徒刑或者死刑，并处没收财产。

对多次贪污未经处理的，按照累计贪污数额处罚。

犯第一款罪，在提起公诉前如实供述自己罪行、真诚悔罪、积极退赃，避免、减少损害结果的发生，有第一项规定情形的，可以从轻、减轻或者免除处罚；有第二项、第三项规定情形的，可以从轻处罚。

犯第一款罪，有第三项规定情形被判处死刑缓期执行的，人民法院根据犯罪情节等情况可以同时决定在其死刑缓期执行二年期满依法减为无期徒刑后，终身监禁，不得减刑、假释。

第三百八十五条 【受贿罪】国家工作人员利用职务上的便利，索取他人财物的，或者非法收受他人财物，为他人谋取利益的，是受贿罪。

国家工作人员在经济往来中，违反国家规定，收受各种名义的回扣、手续费，归个人所有的，以受贿论处。

第三百八十六条 【对犯受贿罪的处罚规定】对犯受贿罪的，根据受贿所得数额及情节，依照本法第三百八十三条的规定处罚。索贿的从重处罚。

《行政机关公务员处分条例》（节录）（2007年4月22日　国务院令第495号）

第六条 行政机关公务员处分的种类为：

（一）警告；

（二）记过；

（三）记大过；

（四）降级；

（五）撤职；

（六）开除。

第二十三条 有贪污、索贿、受贿、行贿、介绍贿赂、挪用公款、利用职务之便为自己或者他人谋取私利、巨额财产来源不明等违反廉政纪律行为的，给予记过或者记大过处分；情节较重的，给予降级或者撤职处分；情节严重的，给予开除处分。

《中国共产党纪律处分条例》(节录)(2015年10月21日印发 中发〔2015〕31号)

第七条 对党员的纪律处分种类:

(一)警告;

(二)严重警告;

(三)撤销党内职务;

(四)留党察看;

(五)开除党籍。

第八十条 利用职权或者职务上的影响为他人谋取利益,本人的配偶、子女及其配偶等亲属和其他特定关系人收受对方财物,情节较重的,给予警告或者严重警告处分;情节严重的,给予撤销党内职务、留党察看或者开除党籍处分。

第八十一条 相互利用职权或者职务上的影响为对方及其配偶、子女及其配偶等亲属、身边工作人员和其他特定关系人谋取利益搞权权交易的,给予警告或者严重警告处分;情节较重的,给予撤销党内职务或者留党察看处分;情节严重的,给予开除党籍处分。

第八十二条 纵容、默许配偶、子女及其配偶等亲属和身边工作人员利用党员干部本人职权或者职务上的影响谋取私利,情节较轻的,给予警告或者严重警告处分;情节较重的,给予撤销党内职务或者留党察看处分;情节严重的,给予开除党籍处分。

党员干部的配偶、子女及其配偶不实际工作而获取薪酬或者虽实际工作但领取明显超出同职级标准薪酬,党员干部知情未予纠正的,依照前款规定处理。

第八十三条 收受可能影响公正执行公务的礼品、礼金、消费卡等,情节较轻的,给予警告或者严重警告处分;情节较重的,给予撤销党内职务或者留党察看处分;情节严重的,给予开除党籍处分。

收受其他明显超出正常礼尚往来的礼品、礼金、消费卡等的,依照前款规定处理。

第八十四条 向从事公务的人员及其配偶、子女及其配偶等亲属和其他特定关系人赠送明显超出正常礼尚往来的礼品、礼金、消费卡等,情节较重的,给予警告或者严重警告处分;情节严重的,给予撤销党内职务或者留党察看处分。

第八十五条 利用职权或者职务上的影响操办婚丧喜庆事宜,在社会上造成不良影响的,给予警告或者严重警告处分;情节严重的,给予撤销党内职务处分。

在操办婚丧喜庆事宜中,借机敛财或者有其他侵犯国家、集体和人民利益行为的,依照前款规定从重或者加重处分,直至开除党籍。

第八十六条 接受可能影响公正执行公务的宴请或者旅游、健身、娱乐等活动安排,情节较重的,给予警告或者严重警告处分;情节严重的,给予撤销党内职务或者留党察看处分。

第八十七条 违反有关规定取得、持有、实际使用运动健身卡、会所和俱乐部会员卡、高尔夫球卡等各种消费卡,或者违反有关规定出入私人会所,情节较重的,给予警告或者严重警告处分;情节严重的,给予撤销党内职务或者留党察看处分。

第八十八条 违反有关规定从事营利活动,有下列行为之一,情节较轻的,给予警告或者严重警告处分;情节较重的,给予撤销党内职务或者留党察看处分;情节严重的,给予开除党籍处分:

(一)经商办企业的;

(二)拥有非上市公司(企业)的股份或者证券的;

(三)买卖股票或者进行其他证券投资的;

（四）从事有偿中介活动的；

（五）在国（境）外注册公司或者投资入股的；

（六）有其他违反有关规定从事营利活动的。

利用职权或者职务上的影响，为本人配偶、子女及其配偶等亲属和其他特定关系人的经营活动谋取利益的，依照前款规定处理。

违反有关规定在经济实体、社会团体等单位中兼职，或者经批准兼职但获取薪酬、奖金、津贴等额外利益的，依照第一款规定处理。

第九十四条 利用职权或者职务上的影响，侵占非本人经管的公私财物，或者以象征性地支付钱款等方式侵占公私财物，或者无偿、象征性地支付报酬接受服务、使用劳务，情节较轻的，给予警告或者严重警告处分；情节较重的，给予撤销党内职务或者留党察看处分；情节严重的，给予开除党籍处分。

利用职权或者职务上的影响，将本人、配偶、子女及其配偶等亲属应当由个人支付的费用，由下属单位、其他单位或者他人支付、报销的，依照前款规定处理。

第九十五条 利用职权或者职务上的影响，违反有关规定占用公物归个人使用，时间超过六个月，情节较重的，给予警告或者严重警告处分；情节严重的，给予撤销党内职务处分。

占用公物进行营利活动的，给予警告或者严重警告处分；情节较重的，给予撤销党内职务或者留党察看处分；情节严重的，给予开除党籍处分。

将公物借给他人进行营利活动的，依照前款规定处理。

第五条 挪用公款归个人使用，进行非法活动，数额在三万元以上的，应当依照刑法第三百八十四条的规定以挪用公款罪追究刑事责任；数额在三百万元以上的，应当认定为刑法第三百八十四条第一款规定的"数额巨大"。具有下列情形之一的，应当认定为刑法第三百八十四条第一款规定的"情节严重"：

（一）挪用公款数额在一百万元以上的；

（二）挪用救灾、抢险、防汛、优抚、扶贫、移民、救济特定款物，数额在五十万元以上不满一百万元的；

（三）挪用公款不退还，数额在五十万元以上不满一百万元的；

（四）其他严重的情节。

第六条 挪用公款归个人使用，进行营利活动或者超过三个月未还，数额在五万元以上的，应当认定为刑法第三百八十四条第一款规定的"数额较大"；数额在五百万元以上的，应当认定为刑法第三百八十四条第一款规定的"数额巨大"。具有下列情形之一的，应当认定为刑法第三百八十四条第一款规定的"情节严重"：

（一）挪用公款数额在二百万元以上的；

（二）挪用救灾、抢险、防汛、优抚、扶贫、移民、救济特定款物，数额在一百万元以上不满二百万元的；

（三）挪用公款不退还，数额在一百万元以上不满二百万元的；

（四）其他严重的情节。

《中华人民共和国刑法》（节录）（2020 年 12 月 26 日修正）

第三百八十四条 【挪用公款罪】国家工作人员利用职务上的便利，挪用公款归个人使用，进行非法活动的，或者挪用公款数额较大、进行营利活动的，或者挪用公款数额较大、超过三个月未还的，是挪用公款罪，处五年以下有期徒刑或者拘役；情节严重的，处五年以上有期徒刑。挪用公款数额巨大不退还的，处十年以上有期徒刑或者无期徒刑。

挪用用于救灾、抢险、防汛、优抚、扶贫、移民、救济款物归个人使用的，从重处罚。

《最高人民法院关于审理挪用公款案件具体应用法律若干问题的解释》（节录）（1998年4月29日　法释〔1998〕9号）

第三条　挪用公款归个人使用，"数额较大、进行营利活动的"，或者"数额较大、超过三个月未还的"，以挪用公款一万元至三万元为"数额较大"的起点，以挪用公款十五万元至二十万元为"数额巨大"的起点。挪用公款"情节严重"，是指挪用公款数额巨大，或者数额虽未达到巨大，但挪用公款手段恶劣；多次挪用公款；因挪用公款严重影响生产、经营，造成严重损失等情形。

"挪用公款归个人使用，进行非法活动的"，以挪用公款五千元至一万元为追究刑事责任的数额起点。挪用公款五万元至十万元以上的，属于挪用公款归个人使用，进行非法活动，"情节严重"的情形之一。挪用公款归个人使用，进行非法活动，情节严重的其他情形，按照本条第一款的规定执行。

各高级人民法院可以根据本地实际情况，按照本解释规定的数额幅度，确定本地区执行的具体数额标准，并报最高人民法院备案。

挪用救灾、抢险、防汛、优抚、扶贫、移民、救济款物归个人使用的数额标准，参照挪用公款归个人使用进行非法活动的数额标准。

第七条　为谋取不正当利益，向国家工作人员行贿，数额在三万元以上的，应当依照刑法第三百九十条的规定以行贿罪追究刑事责任。

行贿数额在一万元以上不满三万元，具有下列情形之一的，应当依照刑法第三百九十条的规定以行贿罪追究刑事责任：

（一）向三人以上行贿的；

（二）将违法所得用于行贿的；

（三）通过行贿谋取职务提拔、调整的；

（四）向负有食品、药品、安全生产、环境保护等监督管理职责的国家工作人员行贿，实施非法活动的；

（五）向司法工作人员行贿，影响司法公正的；

（六）造成经济损失数额在五十万元以上不满一百万元的。

第八条　犯行贿罪，具有下列情形之一的，应当认定为刑法第三百九十条第一款规定的"情节严重"：

（一）行贿数额在一百万元以上不满五百万元的；

（二）行贿数额在五十万元以上不满一百万元，并具有本解释第七条第二款第一项至第五项规定的情形之一的；

（三）其他严重的情节。

为谋取不正当利益，向国家工作人员行贿，造成经济损失数额在一百万元以上不满五百万元的，应当认定为刑法第三百九十条第一款规定的"使国家利益遭受重大损失"。

第九条　犯行贿罪，具有下列情形之一的，应当认定为刑法第三百九十条第一款规定的"情节特别严重”：

（一）行贿数额在五百万元以上的；

（二）行贿数额在二百五十万元以上不满五百万元，并具有本解释第七条第二款第一项至第五项规定的情形之一的；

（三）其他特别严重的情节。

为谋取不正当利益，向国家工作人员行贿，造成经济损失数额在五百万元以上的，应当认定为刑法第三百九十条第一款规定的“使国家利益遭受特别重大损失”。

《中华人民共和国刑法》（节录）（2020年12月26日修正）

第三百八十九条 【行贿罪】为谋取不正当利益，给予国家工作人员以财物的，是行贿罪。

在经济往来中，违反国家规定，给予国家工作人员以财物，数额较大的，或者违反国家规定，给予国家工作人员以各种名义的回扣、手续费的，以行贿论处。

因被勒索给予国家工作人员以财物，没有获得不正当利益的，不是行贿。

第三百九十条 【对犯行贿罪的处罚规定】对犯行贿罪的，处五年以下有期徒刑或者拘役，并处罚金；因行贿谋取不正当利益，情节严重的，或者使国家利益遭受重大损失的，处五年以上十年以下有期徒刑，并处罚金；情节特别严重的，或者使国家利益遭受特别重大损失的，处十年以上有期徒刑或者无期徒刑，并处罚金或者没收财产。

行贿人在被追诉前主动交待行贿行为的，可以从轻或者减轻处罚。其中，犯罪较轻的，对侦破重大案件起关键作用的，或者有重大立功表现的，可以减轻或者免除处罚。

《最高人民法院、最高人民检察院关于办理行贿刑事案件具体应用法律若干问题的解释》（节录）（2012年12月26日　法释〔2012〕22号）

第一条 为谋取不正当利益，向国家工作人员行贿，数额在一万元以上的，应当依照刑法第三百九十条的规定追究刑事责任。

第二条 因行贿谋取不正当利益，具有下列情形之一的，应当认定为刑法第三百九十条第一款规定的“情节严重”：

（一）行贿数额在二十万元以上不满一百万元的；

（二）行贿数额在十万元以上不满二十万元，并具有下列情形之一的：

1. 向三人以上行贿的；

2. 将违法所得用于行贿的；

3. 为实施违法犯罪活动，向负有食品、药品、安全生产、环境保护等监督管理职责的国家工作人员行贿，严重危害民生、侵犯公众生命财产安全的；

4. 向行政执法机关、司法机关的国家工作人员行贿，影响行政执法和司法公正的；

（三）其他情节严重的情形。

第三条 因行贿谋取不正当利益，造成直接经济损失数额在一百万元以上的，应当认定为刑法第三百九十条第一款规定的“使国家利益遭受重大损失”。

第四条 因行贿谋取不正当利益，具有下列情形之一的，应当认定为刑法第三百九十条第一款规定的“情节特别严重”：

（一）行贿数额在一百万元以上的；

（二）行贿数额在五十万元以上不满一百万元，并具有下列情形之一的：

1. 向三人以上行贿的；

2. 将违法所得用于行贿的；

3. 为实施违法犯罪活动，向负有食品、药品、安全生产、环境保护等监督管理职责的国家工作人员行贿，严重危害民生、侵犯公众生命财产安全的；

4. 向行政执法机关、司法机关的国家工作人员行贿，影响行政执法和司法公正的；

（三）造成直接经济损失数额在五百万元以上的；

（四）其他情节特别严重的情形。

第十条 刑法第三百八十八条之一规定的利用影响力受贿罪的定罪量刑适用标准，参照本解释关于受贿罪的规定执行。

刑法第三百九十条之一规定的对有影响力的人行贿罪的定罪量刑适用标准，参照本解释关于行贿罪的规定执行。

单位对有影响力的人行贿数额在二十万元以上的，应当依照刑法第三百九十条之一的规定以对有影响力的人行贿罪追究刑事责任。

《中华人民共和国刑法》（节录）（2020年12月26日修正）

第三百八十八条之一 【利用影响力受贿罪】国家工作人员的近亲属或者其他与该国家工作人员关系密切的人，通过该国家工作人员职务上的行为，或者利用该国家工作人员职权或者地位形成的便利条件，通过其他国家工作人员职务上的行为，为请托人谋取不正当利益，索取请托人财物或者收受请托人财物，数额较大或者有其他较重情节的，处三年以下有期徒刑或者拘役，并处罚金；数额巨大或者有其他严重情节的，处三年以上七年以下有期徒刑，并处罚金；数额特别巨大或者有其他特别严重情节的，处七年以上有期徒刑，并处罚金或者没收财产。

离职的国家工作人员或者其近亲属以及其他与其关系密切的人，利用该离职的国家工作人员原职权或者地位形成的便利条件实施前款行为的，依照前款的规定定罪处罚。

第三百九十条之一 【对有影响力的人行贿罪】为谋取不正当利益，向国家工作人员的近亲属或者其他与该国家工作人员关系密切的人，或者向离职的国家工作人员或者其近亲属以及其他与其关系密切的人行贿的，处三年以下有期徒刑或者拘役，并处罚金；情节严重的，或者使国家利益遭受重大损失的，处三年以上七年以下有期徒刑，并处罚金；情节特别严重的，或者使国家利益遭受特别重大损失的，处七年以上十年以下有期徒刑，并处罚金。

单位犯前款罪的，对单位判处罚金，并对其直接负责的主管人员和其他直接责任人员，处三年以下有期徒刑或者拘役，并处罚金。

第十一条 刑法第一百六十三条规定的非国家工作人员受贿罪、第二百七十一条规定的职务侵占罪中的“数额较大”“数额巨大”的数额起点，按照本解释关于受贿罪、贪污罪相对应的数额标准规定的二倍、五倍执行。

刑法第二百七十二条规定的挪用资金罪中的“数额较大”“数额巨大”以及“进行非法活动”情形的数额起点，按照本解释关于挪用公款罪“数额较大”“情节严重”以及“进行非法活动”的数额标准规定的二倍执行。

刑法第一百六十四条第一款规定的对非国家工作人员行贿罪中的“数额较大”“数额巨大”的数额起点，按照本解释第七条、第八条第一款关于行贿罪的数额标准规定的二倍执行。

《中华人民共和国刑法》(节录)(2020年12月26日修正)

第一百六十三条 【非国家工作人员受贿罪】公司、企业或者其他单位的工作人员利用职务上的便利,索取他人财物或者非法收受他人财物,为他人谋取利益,数额较大的,处五年以下有期徒刑或者拘役;数额巨大的,处五年以上有期徒刑,可以并处没收财产。

公司、企业或者其他单位的工作人员在经济往来中,利用职务上的便利,违反国家规定,收受各种名义的回扣、手续费,归个人所有的,依照前款的规定处罚。

国有公司、企业或者其他国有单位中从事公务的人员和国有公司、企业或者其他国有单位委派到非国有公司、企业以及其他单位从事公务的人员有前两款行为的,依照本法第三百八十五条、第三百八十六条的规定定罪处罚。

第一百六十四条 【对非国家工作人员行贿罪】为谋取不正当利益,给予公司、企业或者其他单位的工作人员以财物,数额较大的,处三年以下有期徒刑或者拘役;数额巨大的,处三年以上十年以下有期徒刑,并处罚金。

为谋取不正当商业利益,给予外国公职人员或者国际公共组织官员以财物的,依照前款的规定处罚。

单位犯前两款罪的,对单位判处罚金,并对其直接负责的主管人员和其他直接责任人员,依照第一款的规定处罚。

行贿人在被追诉前主动交待行贿行为的,可以减轻处罚或者免除处罚。

第二百七十一条 【职务侵占罪】公司、企业或者其他单位的人员,利用职务上的便利,将本单位财物非法占为己有,数额较大的,处五年以下有期徒刑或者拘役;数额巨大的,处五年以上有期徒刑,可以并处没收财产。

【以贪污罪论处】国有公司、企业或者其他国有单位中从事公务的人员和国有公司、企业或者其他国有单位委派到非国有公司、企业以及其他单位从事公务的人员有前款行为的,依照本法第三百八十二条、第三百八十三条的规定定罪处罚。

第二百七十二条 【挪用资金罪】公司、企业或者其他单位的工作人员,利用职务上的便利,挪用本单位资金归个人使用或者借贷给他人,数额较大、超过三个月未还的,或者虽未超过三个月,但数额较大、进行营利活动的,或者进行非法活动的,处三年以下有期徒刑或者拘役;挪用本单位资金数额巨大的,或者数额较大不退还的,处三年以上十年以下有期徒刑。

【以挪用公款罪论处】国有公司、企业或者其他国有单位中从事公务的人员和国有公司、企业或者其他国有单位委派到非国有公司、企业以及其他单位从事公务的人员有前款行为的,依照本法第三百八十四条的规定定罪处罚。

《最高人民法院关于审理挪用公款案件具体应用法律若干问题的解释》(节录)(1998年4月29日 法释〔1998〕9号)

第三条 挪用公款归个人使用,"数额较大、进行营利活动的",或者"数额较大、超过三个月未还的",以挪用公款一万元至三万元为"数额较大"的起点,以挪用公款十五万元至二十万元为"数额巨大"的起点。挪用公款"情节严重",是指挪用公款数额巨大,或者数额虽未达到巨大,但挪用公款手段恶劣;多次挪用公款;因挪用公款严重影响生产、经营,造成严重损失等情形。

第十二条 贿赂犯罪中的"财物",包括货币、物品和财产性利益。财产性利益包括可以折算为货币的物质利益如房屋装修、债务免除等,以及需要支付货币的其他利益如会员服务、旅游等。

后者的犯罪数额，以实际支付或者应当支付的数额计算。

《最高人民法院、最高人民检察院关于办理商业贿赂刑事案件适用法律若干问题的意见》（节录）（2008年11月20日 法发〔2008〕33号）

七、商业贿赂中的财物，既包括金钱和实物，也包括可以用金钱计算数额的财产性利益，如提供房屋装修、含有金额的会员卡、代币卡（券）、旅游费用等。具体数额以实际支付的资费为准。

第十三条 具有下列情形之一的，应当认定为"为他人谋取利益"，构成犯罪的，应当依照刑法关于受贿犯罪的规定定罪处罚：

（一）实际或者承诺为他人谋取利益的；

（二）明知他人有具体请托事项的；

（三）履职时未被请托，但事后基于该履职事由收受他人财物的。

国家工作人员索取、收受具有上下级关系的下属或者具有行政管理关系的被管理人员的财物价值三万元以上，可能影响职权行使的，视为承诺为他人谋取利益。

《全国法院审理经济犯罪案件工作座谈会纪要》（节录）（2003年11月13日 法〔2003〕167号）

三、关于受贿罪

（二）"为他人谋取利益"的认定

为他人谋取利益包括承诺、实施和实现三个阶段的行为。只要具有其中一个阶段的行为，如国家工作人员收受他人财物时，根据他人提出的具体请托事项，承诺为他人谋取利益的，就具备了为他人谋取利益的要件。明知他人有具体请托事项而收受其财物的，视为承诺为他人谋取利益。

第十四条 根据行贿犯罪的事实、情节，可能被判处三年有期徒刑以下刑罚的，可以认定为刑法第三百九十条第二款规定的"犯罪较轻"。

根据犯罪的事实、情节，已经或者可能被判处十年有期徒刑以上刑罚的，或者案件在本省、自治区、直辖市或者全国范围内有较大影响的，可以认定为刑法第三百九十条第二款规定的"重大案件"。

具有下列情形之一的，可以认定为刑法第三百九十条第二款规定的"对侦破重大案件起关键作用"：

（一）主动交待办案机关未掌握的重大案件线索的；

（二）主动交待的犯罪线索不属于重大案件的线索，但该线索对于重大案件侦破有重要作用的；

（三）主动交待行贿事实，对于重大案件的证据收集有重要作用的；

（四）主动交待行贿事实，对于重大案件的追逃、追赃有重要作用的。

《中华人民共和国刑法》（节录）（2020年12月26日修正）

第三十七条 【非刑罚性处置措施】对于犯罪情节轻微不需要判处刑罚的，可以免予刑事处罚，但是可以根据案件的不同情况，予以训诫或者责令具结悔过、赔礼道歉、赔偿损失，或者由主管部门予以行政处罚或者行政处分。

第七十二条 【缓刑的适用条件】对于被判处拘役、三年以下有期徒刑的犯罪分子，同时符合下列条件的，可以宣告缓刑，对其中不满十八周岁的人、怀孕的妇女和已满七十五周岁的人，应当宣告缓刑：

（一）犯罪情节较轻；

（二）有悔罪表现；

（三）没有再犯罪的危险；

（四）宣告缓刑对所居住社区没有重大不良影响。

宣告缓刑，可以根据犯罪情况，同时禁止犯罪分子在缓刑考验期限内从事特定活动，进入特定区域、场所，接触特定的人。

被宣告缓刑的犯罪分子，如果被判处附加刑，附加刑仍须执行。

第三百九十条第二款 【对犯行贿罪的处罚规定】行贿人在被追诉前主动交待行贿行为的，可以从轻或者减轻处罚。其中，犯罪较轻的，对侦破重大案件起关键作用的，或者有重大立功表现的，可以减轻或者免除处罚。

《中华人民共和国刑事诉讼法》（节录）（2018年10月26日修正）

第二十一条 高级人民法院管辖的第一审刑事案件，是全省（自治区、直辖市）性的重大刑事案件。

第二十二条 最高人民法院管辖的第一审刑事案件，是全国性的重大刑事案件。

《最高人民法院关于处理自首和立功具体应用法律若干问题的解释》（1998年4月17日法释〔1998〕8号）

第七条 根据刑法第六十八条第一款的规定，犯罪分子有检举、揭发他人重大犯罪行为，经查证属实；提供侦破其他重大案件的重要线索，经查证属实；阻止他人重大犯罪活动；协助司法机关抓捕其他重大犯罪嫌疑人（包括同案犯）；对国家和社会有其他重大贡献等表现的，应当认定为有重大立功表现。

前款所称“重大犯罪”、“重大案件”、“重大犯罪嫌疑人”的标准，一般是指犯罪嫌疑人、被告人可能被判处无期徒刑以上刑罚或者案件在本省、自治区、直辖市或者全国范围内有较大影响等情形。

《最高人民法院、最高人民检察院关于办理职务犯罪案件认定自首、立功等量刑情节若干问题的意见》（节录）（2009年3月20日 法发〔2009〕13号）

三、关于如实交代犯罪事实的认定和处理

犯罪分子依法不成立自首，但如实交代犯罪事实，有下列情形之一的，可以酌情从轻处罚：（1）办案机关掌握部分犯罪事实，犯罪分子交代了同种其他犯罪事实的；（2）办案机关掌握的证据不充分，犯罪分子如实交代有助于收集定案证据的。

犯罪分子如实交代犯罪事实，有下列情形之一的，一般应当从轻处罚：（1）办案机关仅掌握小部分犯罪事实，犯罪分子交代了大部分未被掌握的同种犯罪事实的；（2）如实交代对于定案证据的收集有重要作用的。

第十五条 对多次受贿未经处理的,累计计算受贿数额。

国家工作人员利用职务上的便利为请托人谋取利益前后多次收受请托人财物,受请托之前收受的财物数额在一万元以上的,应当一并计入受贿数额。

《中华人民共和国刑法》(节录)(2020年12月26日修正)

第三百八十三条第二款 【对犯贪污罪的处罚规定】对多次贪污未经处理的,按照累计贪污数额处罚。

《最高人民法院、最高人民检察院关于办理受贿刑事案件适用法律若干问题的意见》(节录)(2007年7月8日 法发〔2007〕22号)

十、关于在职时为请托人谋利,离职后收受财物问题

国家工作人员利用职务上的便利为请托人谋取利益之前或者之后,约定在其离职后收受请托人财物,并在离职后收受的,以受贿论处。

国家工作人员利用职务上的便利为请托人谋取利益,离职前后连续收受请托人财物的,离职前后收受部分均应计入受贿数额。

第十七条 国家工作人员利用职务上的便利,收受他人财物,为他人谋取利益,同时构成受贿罪和刑法分则第三章第三节、第九章规定的渎职犯罪的,除刑法另有规定外,以受贿罪和渎职犯罪数罪并罚。

《中华人民共和国刑法》(节录)(2020年12月26日修正)

第一百六十七条 【签订、履行合同失职被骗罪】国有公司、企业、事业单位直接负责的主管人员,在签订、履行合同过程中,因严重不负责任被诈骗,致使国家利益遭受重大损失的,处三年以下有期徒刑或者拘役;致使国家利益遭受特别重大损失的,处三年以上七年以下有期徒刑。

第一百六十八条 【国有公司、企业、事业单位人员失职罪】【国有公司、企业、事业单位人员滥用职权罪】国有公司、企业的工作人员,由于严重不负责任或者滥用职权,造成国有公司、企业破产或者严重损失,致使国家利益遭受重大损失的,处三年以下有期徒刑或者拘役;致使国家利益遭受特别重大损失的,处三年以上七年以下有期徒刑。

国有事业单位的工作人员有前款行为,致使国家利益遭受重大损失的,依照前款的规定处罚。

国有公司、企业、事业单位的工作人员,徇私舞弊,犯前两款罪的,依照第一款的规定从重处罚。

第一百六十九条 【徇私舞弊低价折股、出售国有资产罪】国有公司、企业或者其上级主管部门直接负责的主管人员,徇私舞弊,将国有资产低价折股或者低价出售,致使国家利益遭受重大损失的,处三年以下有期徒刑或者拘役;致使国家利益遭受特别重大损失的,处三年以上七年以下有期徒刑。

《最高人民法院、最高人民检察院关于办理渎职刑事案件适用法律若干问题的解释(一)》(节录)(2012年12月7日 法释〔2012〕18号)

第三条 国家机关工作人员实施渎职犯罪并收受贿赂,同时构成受贿罪的,除刑法另有规定外,以渎职犯罪和受贿罪数罪并罚。

《最高人民法院、最高人民检察院关于办理国家出资企业中职务犯罪案件具体应用法律若干问题的意见》(节录)(2010 年 12 月 2 日　法发〔2010〕49 号)

四、关于国家工作人员在企业改制过程中的渎职行为的处理

国家出资企业中的国家工作人员在公司、企业改制或者国有资产处置过程中严重不负责任或者滥用职权,致使国家利益遭受重大损失的,依照刑法第一百六十八条的规定,以国有公司、企业人员失职罪或者国有公司、企业人员滥用职权罪定罪处罚。

国家出资企业中的国家工作人员在公司、企业改制或者国有资产处置过程中徇私舞弊,将国有资产低价折股或者低价出售给其本人未持有股份的公司、企业或者其他个人,致使国家利益遭受重大损失的,依照刑法第一百六十九条的规定,以徇私舞弊低价折股、出售国有资产罪定罪处罚。

国家出资企业中的国家工作人员在公司、企业改制或者国有资产处置过程中徇私舞弊,将国有资产低价折股或者低价出售给特定关系人持有股份或者本人实际控制的公司、企业,致使国家利益遭受重大损失的,依照刑法第三百八十二条、第三百八十三条的规定,以贪污罪定罪处罚。贪污数额以国有资产的损失数额计算。

国家出资企业中的国家工作人员因实施第一款、第二款行为收受贿赂,同时又构成刑法第三百八十五条规定之罪的,依照处罚较重的规定定罪处罚。

第十八条　贪污贿赂犯罪分子违法所得的一切财物,应当依照刑法第六十四条的规定予以追缴或者责令退赔,对被害人的合法财产应当及时返还。对尚未追缴到案或者尚未足额退赔的违法所得,应当继续追缴或者责令退赔。

《中华人民共和国刑法》(节录)(2020 年 12 月 26 日修正)

第六十四条　【犯罪所得之物与所用之物的处理】犯罪分子违法所得的一切财物,应当予以追缴或者责令退赔;对被害人的合法财产,应当及时返还;违禁品和供犯罪所用的本人财物,应当予以没收。没收的财物和罚金,一律上缴国库,不得挪用和自行处理。

(整理人:王珅)

最高人民检察院
关于贪污养老、医疗等社会保险基金能否适用《最高人民法院　最高人民检察院关于办理贪污贿赂刑事案件适用法律若干问题的解释》第一条第二款第一项规定的批复

(2017 年 7 月 19 日最高人民检察院第十二届检察委员会第六十七次会议通过　高检发释字〔2017〕1 号)

各省、自治区、直辖市人民检察院,解放军军事检察院,新疆生产建设兵团人民检察院:

近来,一些地方人民检察院就贪污养老、医疗等社会保险基金能否适用《最高人民法院、最高人民检察院关于办理贪污贿赂刑事案件适用法律若干问题的解释》第一条第二款第一项规定请示我院。经研究,批复如下:

养老、医疗、工伤、失业、生育等社会保险基金可以认定为《最高人民法院、最高人民检察院关

于办理贪污贿赂刑事案件适用法律若干问题的解释》第一条第二款第一项规定的"特定款物"。

根据刑法和有关司法解释规定,贪污罪和挪用公款罪中的"特定款物"的范围有所不同,实践中应注意区分,依法适用。

此复。

最高人民检察院

2017年7月26日

在全国法院学习贯彻《最高人民法院　最高人民检察院关于办理贪污贿赂刑事案件适用法律若干问题的解释》电视电话会议上的讲话(节选)

(2016年4月18日)

□沈德咏*

同志们:

经最高人民法院审判委员会、最高人民检察院检察委员会讨论通过,《最高人民法院、最高人民检察院关于办理贪污贿赂刑事案件适用法律若干问题的解释》(以下简称《解释》)于今天公布实施,新闻发布会正在举行。根据最高人民法院党组的工作部署,决定同步就《解释》的学习贯彻工作召开全国法院电视电话会议。这次会议的主要任务是:深入贯彻中央惩治腐败政策精神,认真学习、正确把握《解释》的精神和内容,精心组织、周密部署《解释》的贯彻执行工作,充分发挥审判职能作用,依法公正高效有序地审判贪污贿赂刑事案件,确保《解释》全面顺利实施,案件审判平稳过渡,努力实现法律效果、政治效果和社会效果的有机统一。

下面,我就做好《解释》的学习贯彻工作讲几点意见。

一、认真学习、正确把握《解释》的精神和内容

党的十八大以来,按照全面依法治国、全面从严治党的战略部署,中央就反腐败工作提出了一系列新精神、新要求。在坚决依法从严惩治腐败犯罪,持续保持高压态势,有效遏制腐败蔓延势头的同时,把制度反腐、法治反腐提到了更加突出的位置,要求必须坚持运用法治思维和法治方式惩治腐败,不断提高惩治腐败的法治水平。习近平总书记高度重视反腐败刑事法治建设,多次就贪污贿赂犯罪的依法处理和刑罚执行等问题作出重要批示,要求适应社会发展变化适时修改完善相关法律法规,使打击职务犯罪宽严得当、于法有据,更好地促进反腐倡廉建设。正是在这一背景之下,立法机关通过了《中华人民共和国刑法修正案(九)》[以下简称《刑法修正案(九)》],对贪污贿赂犯罪的刑法规定作出重大调整;最高人民法院、最高人民检察院着手《解释》的调研起草工作,梳理解决贪污贿赂刑事案件的具体法律适用问题。正确理解《解释》的精神实质,首先必须充分认识到,《解释》制定与立法修订是同步进行的。两者一脉相承,精神上高度契合,内容上相互补充,都是当前形势下中央反腐败政策在法律上的具体化。

《解释》一共有20条,涵盖了当前贪污贿赂刑事案件法律适用中方方面面的问题,既有定罪量刑的具体标准,又有政策法律的区分界限,是惩治贪污贿赂犯罪刑事法律体系的一次极大丰富和完善,作为《刑法修正案(九)》的配套规定,《解释》与修正后刑法共同为贪污贿赂刑事案件的审判提供了系统完整的法律依据。正确理解和适用《解释》规定,需要注意把握以下五点:

(一)贯彻中央反腐败政策精神,依法从严惩治贪污贿赂犯罪。依法从严惩治腐败犯罪,是中央基于当前依然严峻复杂的反腐败斗争形势提出的政策要求,对腐败犯罪必须“严”字当头。《解

---

* 最高人民法院党组副书记、常务副院长。

释》通篇体现了依法从严惩治政策，具体可以概括为两个方面：一是严密刑事法网。《解释》从反腐败斗争形势和社会关切出发，对贪污、受贿犯罪规定了较低的入罪门槛，明确具有一定从重情节的贪污、受贿，数额满1万元的就应当追究刑事责任；为强化法律规定的现实针对性，根据贿赂犯罪的新情况、新特点，对“财物”“为他人谋取利益”等贿赂犯罪构成要件的理解作出程度不同的扩张解释；为统一法律适用标准，增进办案质效，对于国家工作人员利用职务便利为他人谋取利益、“身边人”收受财物，以及国家工作人员在为他人谋取利益之前历史性收受财物等实践中长期存在意见分歧的性质认定问题，提出具体的定罪处理意见；为全面惩治滥用职权损害国家、人民利益的受贿犯罪，明确国家工作人员收受贿赂、违反规定为他人谋取利益，同时构成受贿罪和渎职犯罪，除刑法另有规定的一律实行数罪并罚。二是严格刑罚适用。为强化终身监禁的执行刚性，《解释》明确终身监禁的决定必须在判处死刑缓期二年执行的同时一并作出，据此，终身监禁将不适用刑法总则关于死缓执行期间有重大立功表现减为二十五年有期徒刑的规定；为依法有效惩治行贿犯罪，对行贿罪从宽处罚特别是减轻、免除处罚的适用条件作出明确的限制性规定；为加大经济制裁力度，对贪污贿赂犯罪规定远重于其他犯罪的罚金刑判罚标准，并对赃款赃物追缴提出了具体要求。

（二）调整贪污贿赂犯罪的定罪量刑标准，做到宽严得当、于法有据。罪刑失衡是贪污贿赂犯罪司法实践中长期存在的一个痼疾，也是《刑法修正案（九）》和《解释》所要重点解决的一个问题。为实现罪刑关系平衡协调，《解释》花大力气对不同职务犯罪的定罪量刑标准进行了体系性调整，可以说，《解释》的前11个条文都是围绕这个问题展开的。《解释》调整的主要内容可以概括为以下三个方面：一是上调起刑点数额，平衡协调刑事犯罪与违纪行为的关系。根据经济社会发展变化和案件实际情况，为落实党纪严于国法，“把纪律挺在前面”的反腐败政策要求，突出刑事打击重点，做到刑事处罚与党纪政纪处分衔接有序，《解释》将贪污罪、受贿罪起刑点数额也就是说“数额较大”的认定标准由1997年刑法确定的5 000元上调至3万元。二是拉开不同量刑档的数额级差，突出情节在量刑中的作用，平衡协调罪轻与罪重的关系。为有效解决贪污、受贿案件量刑实践中突出存在的轻者不轻、重者不重、宽严两失以及刑罚集聚的问题，《解释》将贪污罪、受贿罪中“数额巨大”“数额特别巨大”的标准分别确定为20万元、300万元。《解释》将贪污罪、受贿罪十年有期徒刑以上刑罚的数额起点标准由1997年刑法确定的10万元上调至300万元，主要考虑是为轻重不同的犯罪释放出更大的量刑空间，有效化解刑罚集聚问题，充分发挥情节在量刑中的作用。同时，根据“数额+情节”的刑法规定，《解释》通过情节认定与数额挂钩的办法，明确“严重情节”“特别严重情节”的起点数额标准分别按照“数额巨大”“数额特别巨大”的起点数额标准减半掌握，情节在量刑中的分量将得到大幅提升，以此满足从严惩处具有从重情节的犯罪的需要。需要指出的是，《解释》第二条第二款规定“贪污数额在十万元以上不满二十万元”，具有《解释》规定的从重情形的，应当认定为刑法规定的“其他严重情节，依法判处三年以上十年以下有期徒刑”等类似表述，主要解决的是入罪和升档量刑的门槛问题。对于数额在20万元以上不满150万元、具有从重情形的，同样适用该档法定刑规定，实践中要注意避免此种情形下数额接近20万元的就应当在该档法定刑的上限量刑的简单化、绝对化理解。三是对职务犯罪的定罪量刑标准作出全面调整，平衡协调轻罪与重罪的关系。为了体现罪质差异，同时防止因法定刑幅度规定上的差异可能出现的“轻重倒挂”问题，《解释》对挪用公款罪、行贿罪等国家工作人员职务犯罪的定罪量刑标准作了相应调整，并对尚无定罪量刑标准的职务侵占罪、挪用资金罪、非国家工作人员受贿罪和对非国家工作人员行贿罪等非国家工作人员职务犯罪的定罪量刑标准一并作出了规定。

（三）划分政策法律界限，统一认定处理意见。随着经济社会的发展变化，贪污贿赂犯罪案件出现了一些新情况、新问题，实践中对于一些法律适用问题也长期存在意见分歧。这些问题在一定程度上影响了法律的统一适用和惩治腐败的实际效果，需要及早解决。本着积极稳妥的原则要求，《解释》对其中经过研究能够形成共识的问题规定了明确的认定和处理意见，主要体现在以下四个方面：一是贿赂犯罪的对象范围。根据《中共中央关于全面推进依法治国若干重大问题的决定》提出的"把贿赂犯罪对象由财物扩大为财物和其他财产性利益"的要求，《解释》规定，作为贿赂犯罪对象的"财物"包括财产性利益，并进一步明确，除物质利益之外，需要支付货币的其他利益也应当认定为财产性利益。据此，一些利益如会员服务、旅游等，就其性质而言不一定具有物质性，但属于支付货币对价购买或者需要支付货币对价才能取得的，在司法上也应当视同为财产性利益。二是受贿犯罪中"为他人谋取利益"要件的认定。《解释》对"为他人谋取利益"的具体情形作出了细化规定，并首次明确了事后收受"感谢费"和所谓的"感情投资"的处理意见。其中，规定履职时未被请托，但事后基于该履职事由收受他人财物的行为符合"为他人谋取利益"要件。其主要考虑是这种情况同样属于基于具体职务行为收受他人财物的情形。规定国家工作人员索取、收受具有上下级关系的下属或者具有行政管理关系的被管理人员的财物，价值 3 万元以上，可能影响职权行使的，视为承诺为他人谋取利益。其主要考虑是这种情况因双方存在特定关系可以推定具有谋利意图，加之"价值三万元以上，可能影响职权行使的"限定，可以排除正常人情往来和一般违纪。三是特定关系人受贿的处理。国家工作人员利用职务便利为他人谋利，"身边人"收受财物的现象日益突出。本着主客观相一致的定罪原则，《解释》明确，国家工作人员的特定关系人索取、收受他人财物，国家工作人员知道后未退还或者上交的，应当对国家工作人员以受贿罪追究刑事责任。四是赃款赃物去向与定罪量刑的关系处理。针对实践中常见的被告人辩解贪污贿赂款物用于公务支出的问题，《解释》充分考虑到实际情况的复杂性，强调这种情况能否定罪关键取决于犯罪故意的认定，并据此明确，根据在案证据可以认定存在贪污、受贿主观故意的，将不影响定罪。

（四）严肃惩处行贿犯罪，从根本上扭转"重打击受贿轻打击行贿"的局面。《刑法修正案（九）》将刑法第三百九十条第二款原规定的"行贿人在被追诉前主动交待行贿行为的，可以减轻或者免除处罚"修改为"行贿人在被追诉前主动交待行贿行为的，可以从轻或者减轻处罚。其中，犯罪较轻的，对侦破重大案件起关键作用的，或者有重大立功表现的，可以减轻或者免除处罚"。这是针对实践中"重打击受贿轻打击行贿"这一问题作出的重要立法调整。对行贿罪的从宽处罚予以区别对待，对行贿罪减轻或者免除处罚设定更为严格的适用条件，对于切断腐败犯罪因果链，从源头上惩治和预防腐败犯罪具有重要意义。为依法严肃惩处行贿犯罪，切实解决行贿犯罪惩处失之于宽的问题，《解释》作了三个方面的规定：一是调整行贿罪的入罪门槛。按照行受贿打击并重的政策要求，改变过去行贿罪入罪门槛高于受贿罪的做法，对行贿罪适用与受贿罪相同的入罪标准，即行贿数额在3 万元以上，以及数额在1 万元以上不满3 万元但有从重情节的，应当依法追究刑事责任。二是明确对有影响力的人行贿罪的定罪量刑标准。不同于对非国家工作人员行贿罪，对有影响力的人行贿罪根本上还是要求国家工作人员利用职务便利为其谋取不正当利益，间接侵犯了国家工作人员的职务廉洁性，同时考虑到立法对该罪已经设置了轻于行贿罪的法定刑，《解释》明确，对有影响力的人行贿罪的定罪量刑适用标准，参照本解释关于行贿罪的规定执行。三是细化行贿罪从宽处罚的适用条件。《刑法修正案（九）》规定行贿人在被追诉前主动交代行贿行为，只有在"犯罪较轻的""对侦破重大案件起关键作用的""有重大立功表现的"三种情况下才可以减轻或者免除处罚。为严格减免处罚的实践适用，《解释》对"犯罪较轻""对侦破重大案件起关键作用”以及“重大案件”等规定的具体理解作出了细化规定，明确只有可能判处三年有期徒刑以下刑罚的犯罪才属于较轻犯罪，可能判处十年有期徒刑以上刑罚的案件才属于重大案件。

（五）严格罚金刑适用和赃款赃物追缴，加大贪污贿赂犯罪的经济处罚力度。《刑法修正案（九）》增加了贪污罪和相关贿赂犯罪的罚金刑规定，对于加大对腐败犯罪的经济处罚力度，提高腐败犯罪的经济成本，剥夺腐败分子再犯罪的物质基础，充分发挥刑事立法和司法的预防犯罪功能，具有重要的现实意义。为确保罚金刑适用的有效性和严肃性，《解释》采取绝对数和比例数相结合的办法，依托主刑的不同、分层次对贪污贿赂犯罪规定了远重于其他犯罪的罚金刑判罚标准：一是对贪污罪、受贿罪判处三年有期徒刑以下刑罚的，应当并处10万元以上50万元以下的罚金；二是判处三年以上十年以下有期徒刑的，应当并处20万元以上犯罪数额2倍以下的罚金或者没收财产；三是判处十年以上有期徒刑或者无期徒刑的，应当并处50万元以上犯罪数额2倍以下的罚金或者没收财产；四是对刑法规定并处罚金的其他贪污贿赂犯罪，应当在10万元以上犯罪数额2倍以下判处罚金。同时，《解释》对赃款赃物的追缴予以了特别强调，对于尚未追缴到案或者尚未足额退赔的违法所得，要求继续追缴或者责令退赔。据此，追缴赃款赃物不设时限，一追到底、永不清零，随时发现随时追缴。

二、集中精力、依法妥善抓好积压案件的审判工作

自《刑法修正案（九）》对贪污贿赂犯罪的定罪量刑标准作出重大调整以来，司法机关积压了一批贪污贿赂犯罪案件。统计数据显示，2014年全国法院一审受理贪污贿赂案件27 543件，审结25 583件；2015年一审受理28 846件，审结19 493件。不包括二审案件和关联案件，仅贪污贿赂一审未结案件一项，过去两年数量已累计高达11 313件。如何肩负起法律职责，发挥审判职能作用，依法妥善地审结这批案件，是当前摆在各地各级法院面前的一项十分紧迫的重大政治任务，也是一场不容有失的攻坚战。为打赢这场攻坚战，需要注意做好以下五项工作。

（一）要摸清底数，制订工作方案。《解释》实施后，各高级人民法院要对辖区内各级法院积压的贪污贿赂犯罪案件情况进行一次全面的摸底排查，并根据摸底掌握的情况制订工作方案，明确辖区内各中基层法院的具体职责，统筹安排积压案件的审判工作，做好辖区内量刑平衡指导工作。各中基层法院要根据高级人民法院制定的工作方案，结合本院贪污贿赂犯罪积压案件的数量、难易程度和法官人数等实际情况，研究制定积压案件审理工作的具体意见和措施。对于被告人在押的案件，要对可能判处的刑罚提前作出预判，可能判处的刑期已接近被羁押时间的，要注意依照刑事诉讼法的有关规定及时变更强制措施。

（二）要加快案件审理，把控办案节奏。一是各级人民法院要进一步强化大局意识、责任意识和担当意识，充分发挥各级人民法院院长的监督指导和组织协调作用，根据本院各业务部门收案、旧存案件数量及配置的审判力量情况，综合调配案件和审判人员，组织精干力量加快审理贪污贿赂犯罪积压案件。二是各级人民法院的院庭长要靠前指挥、督导，通过召开审判委员会会议、专题会议等方式，研究重点个案的定罪量刑标准，树立办案标杆，分析积压案件审判工作运行态势，对于审判工作中遇到的问题及时采取措施加以解决。三是在尽快审结贪污贿赂犯罪积压案件的同时，要注意统筹兼顾、循序渐进、把控节奏，确保办案效果良好。

（三）要正确适用法律，确保办案质量。一是按照“数额+情节”的量刑要求，严格依照《刑法修正案（九）》《解释》关于量刑情节的规定，更加严格地审查认定量刑情节。量刑情节没有调查清楚的，已经开庭的案件要重新开庭。二是正确理解从旧兼从轻的法律适用原则。对于2015年10月31日以前实施的贪污贿赂犯罪，适用修正后刑法将判处更轻自由刑的，适用修正后刑法，其中修正前刑法未规定财产刑但修正后刑法规定了财产刑的,修正后刑法关于财产刑的规定应当一并适用,不能自由刑适用修正后刑法,财产刑适用修正前刑法。对于 2015 年 10 月 31 日以前实施的贪污、受贿犯罪,根据修正前刑法判处死刑缓期执行不能体现罪刑相适应原则,而根据修正后刑法判处死刑缓期执行,同时决定在其死刑缓期执行二年期满依法减为无期徒刑后,终身监禁,不得减刑、假释可以罚当其罪的,适用修正后刑法第三百八十三条第四款的规定;根据修正前刑法判处死刑缓期执行足以罚当其罪的,不适用修正后刑法第三百八十三条第四款的规定。三是慎重适用缓刑、免予刑事处罚。可以预见,《解释》施行后,将可能有较大比例数量的贪污贿赂案件在三年有期徒刑以下判处刑罚。对于这些案件,人民法院要按照《最高人民法院、最高人民检察院关于办理职务犯罪案件严格适用缓刑、免予刑事处罚若干问题的意见》的要求,在全面把握犯罪事实和量刑情节的基础上严格依照刑法规定的条件适用缓刑、免予刑事处罚,既要考虑从宽情节,又要考虑从严情节;既要做到刑罚与犯罪相当,又要做到刑罚执行方式与犯罪相当,切实避免缓刑、免予刑事处罚不当适用而影响办案效果。

(四)要注意新旧法衔接、确保案件审判平稳过渡。《解释》对贪污贿赂案件的定罪量刑标准作出了较大调整。为实现新旧刑法实施的平稳过渡,实践中要注意控制适用新旧刑法量刑反差过大的问题:一是用足用好《解释》规定,注重情节在定罪量刑中的作用。《解释》虽然对贪污罪、受贿罪的起刑点数额规定为 3 万元,但贪污、受贿数额在 1 万元以上不满 3 万元,同时具有从重情节的,也应追究刑事责任。原来数额在 10 万元以上不满 20 万元应当判处十年有期徒刑以上刑罚的案件,具有严重情节的,根据《解释》规定应在三年以上十年以下有期徒刑量刑。二是一审已经宣判的上诉案件,二审在《解释》规定框架内要充分考虑一审判决意见,切实防止过山车式的大起大落。

(五)要注意纪法衔接,确保无罪案件的严肃处理。对于适用《解释》规定作无罪处理的案件,要严格执行中央办公厅下发的《关于在查办党员和国家工作人员涉嫌违纪违法犯罪案件中加强协作配合的意见》的有关规定。一是纪检监察机关移送的案件,因未达到定罪标准拟判处无罪的案件,审理法院应当及时与纪检监察机关沟通。二是依法作出无罪裁判后,应当及时通报纪检监察机关,并将案件材料移交纪检监察机关进行党纪政纪处分。三是对于人民法院生效判决未认定为犯罪所得的涉案款物,除依法应当返还被害人的除外,对于涉嫌违纪所得的,应当在裁判生效后及时退回纪检监察机关处理。四是纪检监察机关暂扣了其他涉案财物的,人民法院判处财产刑的,应当按照有关要求商请纪检监察机关配合执行。

三、加强组织领导,推进《解释》的全面顺利实施

《解释》内容重大复杂,关系党和国家惩治腐败工作大局。各级人民法院要高度重视,积极采取措施,确保《解释》全面顺利实施。

(一)要做好与检察机关的沟通协调工作。贪污贿赂定罪量刑标准的变化,对案件裁判结果和证据事实要求会产生一系列的影响,人民法院在依法履行审判职责的同时要与检察机关增进沟通,加强协作。由于贪污贿赂入罪门槛上提,已经起诉的案件犯罪数额和情节不符合《解释》的定罪标准,需要作无罪处理的,案件审理法院要提前与检察机关交换意见,以便检察机关及时做好应对工作;符合撤回起诉条件的,尽量由检察机关作撤诉处理。《解释》进一步细化了量刑情节,突出了情节在定罪量刑中的地位和作用,部分已经起诉的案件对于量刑情节可能有所忽视,或者认定情节的证据可能较为单薄的,对于这些案件应当依照《解释》规定建议检察机关补充侦查,完善证据条件。要注意控制好案件增量,当前各级法院都积压了一批贪污贿赂犯罪案件,检察机关也积压了一批案件,为分散办案压力,保证办案质量,各级法院要提前与检察机关沟通了解积案情况，商请合理安排起诉时间，避免出现集中起诉、集中审判现象。

（二）要做好《解释》的学习培训工作。各地法院要加大《解释》的学习培训力度，迅速组织法院领导班子以及与案件审判直接相关的部门、人员，灵活采取各种方式，认真学习《解释》的精神和内容，切实提高相关审判人员业务能力和水平，确保适应职务犯罪审判工作的新发展、新要求。一是要把学习《解释》规定与中央反腐败精神要求结合起来，深刻认识贪污贿赂案件审判工作的重要意义，确保在思想上、政治上、行动上与党中央保持高度一致。二是要把学习《解释》与《刑法修正案（九）》关于贪污贿赂犯罪的修改规定结合起来，做到融会贯通。三是要把字面规定与精神实质结合起来，不仅要做到熟悉具体条文，更要吃透精神、领会实质，准确理解《解释》体现的新思想、新理念、新政策和新精神，用以指导案件审判工作。最高人民法院也将视情组织《解释》的学习培训活动。

（三）要做好《解释》实施情况的总结报告工作。对于《解释》执行中遇到的新情况和新问题，各级法院要及时总结，认真研究，妥善解决。对于执行中发现的重大事项和疑难问题，要及时层报上级法院直至最高人民法院。犯罪数额在1亿元以上，以及拟判处死缓并决定适用终身监禁的贪污、受贿案件，要逐一报请最高人民法院内审决定。各高级法院要开展辖区内《解释》实施情况的汇总分析工作，对于4月贪污贿赂犯罪案件的审判情况和《解释》实施情况，要形成书面报告于5月15日之前报送最高人民法院。

《最高人民法院　最高人民检察院关于办理贪污贿赂刑事案件适用法律若干问题的解释》新闻发布稿

（2016年4月18日）

各位记者：

大家上午好！今天最高人民法院、最高人民检察院在这里共同召开新闻发布会，公布《最高人民法院、最高人民检察院关于办理贪污贿赂刑事案件适用法律若干问题的解释》（以下简称《解释》）。现将人民法院审理职务犯罪的基本情况、《解释》的制定背景、原则、主要内容，以及下一步人民法院依法惩处贪污贿赂等职务犯罪的计划介绍说明如下：

一、人民法院审理职务犯罪案件的基本情况

司法审判是反腐败工作的重要组成部分，是依法惩治腐败的最后一道程序。对腐败分子，能不能定罪，判多重的刑罚，最终要由人民法院的裁判来一锤定音。中央惩治腐败的决心，人民群众惩治腐败的愿望，很大程度上要通过人民法院的定罪量刑来实现。近年来，全国各级人民法院充分发挥审判职能作用，审判了一大批贪污贿赂犯罪案件，依法惩治了包括周永康、薄熙来、刘志军、蒋洁敏等一大批贪污贿赂犯罪分子，有力推动和保障了反腐败工作的深入开展。据统计，2013年至2015年，全国法院一审受理贪污贿赂案件81 805件，审结69 017件，生效判决人数73 158人。人民法院对这些案件的依法审判，既彰显了中央惩治腐败犯罪的坚定决心，也增强了广大人民群众的信心。

二、《解释》的制定背景

党的十八大以来，党中央把从严惩治腐败放在突出位置，把坚决遏制腐败蔓延势头作为重要任务，坚持有腐必反、有贪必肃，坚持反腐败无禁区，“老虎”“苍蝇”一起打，赢得了人民群众的衷心拥护和交口称赞。同时，我们注意到，由于贪污贿赂犯罪的刑事立法修订以后，贪污贿赂犯罪案件办理当中存在不少法律适用问题需要解决。这些问题集中体现在以下三个方面：

第一，刑法对于贪污贿赂犯罪的认定标准亟须明确细化。《中华人民共和国刑法修正案（九）》［以下简称《刑法修正案（九）》］对贪污贿赂犯罪的定罪及量刑作了五方面的重大调整：一是取消贪污罪、受贿罪定罪及量刑的具体数额标准，突出数额之外其他情节在定罪量刑中的作用；二是对贪污罪、受贿罪增设死刑缓期二年执行减为无期徒刑后终身监禁；三是对贪污罪和贿赂犯罪增设罚金刑；四是增设对有影响力的人行贿罪；五是对行贿罪的从宽处罚设定更为严格的条件。《刑法修正案（九）》从 2015 年 11 月 1 日生效实施之后，这些新规定应该如何具体理解、把握和适用，亟须制定司法解释予以明确。

第二，贪污贿赂犯罪出现的新情况亟须明确处理意见。随着经济社会的发展变化，贪污贿赂犯罪呈现出一些新情况、新特点，给司法实践带来了新的法律适用问题。比如，贿赂犯罪的对象过去主要是财物，现在出现了各种各样的财产性和非财产性利益，给予或者收受这些利益的行为能否以贿赂犯罪处理？又如，在受贿犯罪当中，过去主要表现为国家工作人员直接收受贿赂，现在一些案件当中国家工作人员本人没有收受贿赂，收受贿赂的是国家工作人员的近亲属或者与其有着特定关系的人，这种情况下能否以受贿罪追究国家工作人员的刑事责任？这些新情况、新问题给刑事法网的严密性和打击的针对性提出了更高的要求，亟须制定司法解释予以明确。

第三，司法实践当中长期存在的一些争议问题亟须统一认识。贪污贿赂犯罪具有其特殊复杂性，理论上和实践中对于一些法律适用问题长期存在意见分歧。比如，作为受贿犯罪的法定要件，“为他人谋取利益”究竟应如何理解，正常履职后收受“感谢费”、上下级之间的“感情投资”等能否认定为“为他人谋取利益”？又如，司法实践当中经常遇见被告人辩称贪污贿赂款物用于公务支出等情形，这些情形对于定罪量刑究竟有没有影响？这些问题既关系到法律的统一适用，也关系到依法惩治腐败的实际效果，亟须制定司法解释予以明确。

鉴于上述情况，最高人民法院、最高人民检察院在深入细致的调研基础上，对当前办理贪污贿赂犯罪案件较为突出的法律适用问题进行了认真梳理和筛选研究，并广泛征求了国家立法机关、各级司法机关及各方面人士的意见，制定了本《解释》。

三、《解释》遵循的原则

《解释》制定过程中，始终坚持了以下几项原则：

第一，突出依法从严。依法从严是惩治贪污贿赂犯罪的一贯原则，《解释》通篇“严”字当头。集中体现在：一是严厉追究贪污、受贿犯罪行为，明确贪污、受贿数额满 1 万元、具有一定较重情节的就应当追究刑事责任。二是赋予终身监禁的制度刚性，明确终身监禁的决定必须在裁判的同时就作出，终身监禁一经作出将无条件执行，不受服刑表现的影响，不得减刑、假释。三是加大经济处罚力度，规定远重于其他犯罪的罚金刑判罚标准。四是严密法网，结合当前贿赂犯罪的新情况、新特点，对“财物”和“为他人谋取的利益”等贿赂犯罪构成要件作出明确解释。五是受贿与行贿打击并重，对行贿犯罪从宽处罚的适用条件进行必要的限定。六是从重打击滥用职权损害国家、人民利益的受贿犯罪，明确国家工作人员收受贿赂、违反规定为他人谋取利益，同时构成受贿罪和渎职犯罪的实行数罪并罚。

第二，注重统筹协调。综合考量各种因素确定不同职务犯罪的定罪量刑标准，统筹解决罪与非罪、罪轻与罪重的标准掌握，确保不同犯罪的罪刑关系协调一致。主要体现在：一是刑事犯罪与违纪行为的协调。为落实党纪严于国法，“把纪律挺在前面”的反腐要求，突出刑事打击重点，做到刑事处罚与党纪政纪处分衔接有序，《解释》在实证研究的基础上重新确定了各种贪污贿赂犯罪的定罪处罚标准。二是罪轻与罪重的协调。为解决实践当中长期存在的刑罚失衡问题，根据“数额＋情节”的立法思路，《解释》结合犯罪情节进一步拉开了不同量刑档的数额级差，以此满足不同情节犯罪的量刑需要，尽可能实现罪刑均衡。三是不同主体身份职务犯罪的协调。刑法区分国家工作人员身份与非国家工作人员身份，规定了两类职务犯罪并配置了不同的刑罚。为确保两类职务犯罪处罚上的平衡协调，《解释》对非国家工作人员职务犯罪的定罪量刑标准一并作出了规定。

第三，强调积极稳妥。坚持问题导向，对于司法实践中出现的新情况、新问题在刑法规定框架内积极予以回应，长期存在争议的问题认真研究形成共识。主要体现在：一是规定作为贿赂犯罪对象的“财物”包括财产性利益，并进一步明确，除物质利益之外，需要支付货币的其他利益也应当认定为财产性利益。二是对受贿犯罪中的“为他人谋取利益”要件作出界定，明确事后受贿符合为他人谋取利益要件的要求，收受下属或者行政被管理人超出人情往来范围财物的视为承诺为他人谋取利益。三是对特定关系人受贿作出规定，明确与国家工作人员有着特定关系的人收受财物，国家工作人员知道后未退回或者上交的，应当对国家工作人员以受贿罪追究刑事责任。四是针对实践中常见的被告人辩解贪污贿赂款物用于公务支出的问题，明确根据在案证据可以认定存在贪污、受贿主观故意的，不影响定罪。

第四，体现便于操作。《解释》规定务求明确具体，可操作、可执行。主要体现在：一是对各种贪污贿赂犯罪的定罪量刑标准一一作出规定，常见贪污贿赂犯罪的定罪量刑均能做到有据可依。二是采取“数额＋情节”的模式规定贪污罪、受贿罪的定罪量刑标准，在情节的设置上辅以不同的犯罪数额限制，以此增进司法的确定性，避免因情节难以量化而出现操作性问题。三是对直接决定定罪量刑的犯罪数额和量刑情节的具体认定作出规定，明确国家工作人员为他人谋取利益前后连续收受的财物均应计入受贿数额。四是采取绝对数和倍比数相结合的办法规定罚金刑的判罚标准，在兼顾被判刑人受罚能力的同时，确保判罚充分有效。

四、《解释》的主要内容

《解释》共20条，主要规定了11个方面的内容。

（一）明确贪污罪、受贿罪的定罪量刑标准

《解释》对贪污罪、受贿罪的定罪量刑标准作出规定。主要考虑有：一是《刑法修正案（九）》取消了贪污罪、受贿罪的定罪量刑的数额标准，代之以“数额较大”“数额巨大”“数额特别巨大”以及“较重情节”“严重情节”“特别严重情节”，同时，全国人大常委会授权最高人民法院、最高人民检察院通过制定司法解释确定具体定罪量刑标准；二是随着经济社会的发展变化，1997年刑法所确定的定罪量刑标准已不适应这种发展变化；三是在近年来的实践中，由于受地域差距等因素的影响，各地对贪污受贿移送追究刑事责任和定罪量刑的标准不尽统一，需要统一规范，一体遵循；四是惩治腐败在刑罚之前还有党纪、行政处分，两者之间必须做到相互衔接、相互协调，为党纪、政纪发挥作用留有空间，体现“把党纪挺在前面”的精神。据此，《解释》对贪污罪、受贿罪的定罪量刑标准作出规定，包括将两罪“数额较大”的一般标准由1997年刑法确定的5 000元调整至3万元，同时对其他档次的量刑标准也作出相应调整。

需要特别指出的是，将贪污罪、受贿罪起点数额提高到3万元，并不意味着低于3万元的贪污、受贿行为就一概不能作为犯罪处理。根据《刑法修正案（九）》关于数额与情节并重的立法精神，《解释》同时规定，贪污、受贿1万元以上不满3万元，具有其他较重情节的即应追究刑事责任；数额不满“数额巨大”“数额特别巨大”，但达到起点一半，同时具有规定情节的，应当认定为《刑法修正案（九）》规定的“严重情节”或“特别严重情节”，依法从重处罚。

（二）明确贪污罪、受贿罪死刑、死缓及终身监禁的适用原则

刑法规定，贪污受贿数额特别巨大，并使国家和人民利益遭受特别重大损失的，处无期徒刑或者死刑。由于无期徒刑与死刑是两个不同刑种，为了更准确地适用死刑，《解释》明确规定，死刑立即执行只适用于犯罪数额特别巨大，犯罪情节特别严重、社会影响特别恶劣、造成损失特别重大的贪污、受贿犯罪分子。这就是说，司法机关在审判案件时，对于极少数罪行特别严重、依法应当适用死刑立即执行的犯罪分子，坚决判处死刑立即执行。《解释》同时依法规定，对于符合死刑立即执行条件但同时具有法定从宽等处罚情节，不是必须立即执行的，可以判处死刑缓期二年执行。

《刑法修正案（九）》新增加了贪污罪、受贿罪判处死刑缓期二年执行减为无期徒刑后终身监禁的规定。终身监禁是介于死刑立即执行与一般死缓之间的一种执行措施，但又比一般死缓更为严厉。《解释》对于终身监禁具体适用从实体和程序两个方面予以了明确：一是明确终身监禁适用的情形，即主要针对那些判处死刑立即执行过重，判处一般死缓又偏轻的重大贪污受贿罪犯，可以决定终身监禁；二是明确凡决定终身监禁的，在一、二审作出死缓裁判的同时应当一并作出终身监禁的决定，而不能等到死缓执行期间届满再视情而定，以此强调终身监禁一旦决定，不受执行期间服刑表现的影响。

（三）调整挪用公款、行贿等其他职务犯罪的定罪量刑标准

贪污罪、受贿罪的定罪量刑标准调整后，为确保不同职务犯罪定罪量刑标准的内在协调性，避免其他职务犯罪的定罪量刑标准出现“轻重倒挂”现象，《解释》第五条至第十一条对挪用公款罪、行贿罪的定罪量刑标准作了相应调整，同时对尚未明确定罪量刑标准的利用影响力受贿罪、对有影响力的人行贿罪以及职务侵占罪、挪用资金罪、非国家工作人员受贿罪和非国家工作人员行贿罪等非国家工作人员职务犯罪的定罪量刑标准一并作出了规定。

为依法从严惩治国家工作人员“身边人”的贿赂犯罪，《解释》规定，利用影响力受贿罪、对有影响力的人行贿罪与受贿罪、行贿罪适用相同的定罪量刑标准。

（四）界定贿赂犯罪对象“财物”的范围

根据反腐败斗争形势的需要和司法实践经验的总结，为了更有效地严惩腐败犯罪，《解释》对刑法规定的财物作出适度扩张解释，规定贿赂犯罪中的财物包括财产性利益，并进一步明确财产性利益包括可以折算为货币的物质利益和需要支付货币才能获得的其他利益两种。前者如房屋装修、债务免除等，其本质上是一种物质利益。后者如会员服务、旅游，由于取得这种利益需要支付相应的货币对价，故在法律上也应当视同为财产性利益。实践中提供或者接受后者利益主要有两种情况：一是行贿人支付货币购买后转送给受贿人消费；二是行贿人在社会上作为商品销售的自有利益，免费提供给行为人消费。两种情况实质相同，均应纳入贿赂犯罪处理。

（五）细化受贿犯罪中“为他人谋取利益”要件的情形

为适应惩治受贿犯罪的实践需要，消除对“为他人谋取利益”要件的理解分歧，《解释》对受贿犯罪中“为他人谋取利益”要件的具体情形作出了规定。《解释》明确，承诺为他人谋取利益，明知他人有具体请托事项，以及履职时未被请托但事后基于该履职事由收受他人财物等情形，都属于“为他人谋取利益”具体表现形式。据此，不论是否实际为他人谋取了利益，不论事前收受还是事后收受，均不影响受贿犯罪的认定。

同时，为了净化政治生态，促进腐败犯罪的深层治理，《解释》对一些所谓的“感情投资”提出了明确的处理意见，即国家工作人员索取、收受具有上下级关系的下属或者具有行政管理关系的被管理人员的财物，价值 3 万元以上，可能影响职权行使的，视为承诺为他人谋取利益，应当以受

贿犯罪定罪处罚。其中,规定"价值三万元以上"的限定,主要是出于区分违纪行为等方面的考虑。

(六)明确行贿罪从宽处罚的适用条件

针对实践中存在的"重打击受贿轻打击行贿"这一突出问题,为进一步加大对行贿罪的处罚力度,从源头上惩治和预防腐败犯罪,《刑法修正案(九)》对行贿罪从宽处罚的条件和幅度作了重要调整,对行贿罪减轻或者免除处罚设定了更为严格的适用条件,明确行贿人在被追诉前主动交代行贿行为,只有在"犯罪较轻的,对侦破重大案件起关键作用的,或者有重大立功表现的"三种情况下才可以减轻或者免除处罚。为便于司法机关正确掌握、严格适用,《解释》对"犯罪较轻""对侦破重大案件起关键作用"以及"重大案件"等规定的具体理解作出了明确规定。明确只有可能判处三年有期徒刑以下刑罚的犯罪才属于较轻犯罪,可能判处十年有期徒刑以上刑罚的案件才属于重大案件。

(七)明确多次受贿数额累计计算

《解释》从两方面对受贿犯罪数额的计算作出了规定:一是针对小额贿款的问题,明确多次受贿未经处理的,累计计算受贿数额。据此,受贿人多次收受小额贿款,虽每次均未达到《解释》规定的定罪标准,但多次累计后达到定罪标准的,应当依法追究刑事责任。二是针对收受财物与谋利事项不对应的问题,明确利用职务上的便利为请托人谋取利益前后多次收受请托人财物,受请托之前收受财物数额在1万元以上的,应当一并计入受贿数额。据此,对那些小额不断、多次收受的财物,符合条件的也应当一并追究刑事责任。

(八)明确贪污、受贿故意的认定

《解释》对实践中较为普遍的两种贪污、受贿情形的犯罪故意的认定问题作出了规定。一是赃款赃物去向与贪污、受贿故意的认定关系问题。《解释》明确,只要是非法获取财物的贪污、受贿行为,不管事后赃款赃物的去向如何,即便用于公务支出或者社会捐赠,也不影响贪污罪、受贿罪的认定,以此堵住贪污、受贿犯罪分子试图逃避刑事追究的后门。二是国家工作人员利用职务便利为他人谋利,"身边人"收钱行为的刑事定罪问题。本着主客观相一致的定罪原则,该行为能否认定国家工作人员构成受贿犯罪,关键看其对收钱一事是否知情及知情后的态度。为此,《解释》明确,特定关系人索取、收受他人财物,国家工作人员知道后未退还或者上交的,应当认定国家工作人员具有受贿故意。对于这里的"特定关系人",根据《最高人民法院、最高人民检察院关于办理受贿刑事案件适用法律若干问题的意见》规定,指的是"与国家工作人员有近亲属、情妇(夫)以及其他共同利益关系的人"。

(九)明确受贿犯罪同时构成渎职犯罪的实行数罪并罚

受贿犯罪当中,受贿人往往在为请托人谋取利益时存在渎职行为。在受贿行为和渎职行为均构成犯罪的情况下,是择一重罪处罚还是实行数罪并罚,认识上长期存在分歧,实践中做法不一。为依法从严惩治此类犯罪行为,《解释》明确规定,国家工作人员利用职务上的便利,收受他人财物,为他人谋取利益,同时构成受贿罪和刑法分则第三章第三节、第九章规定的渎职犯罪的,除刑法另有规定外,以受贿罪和渎职犯罪数罪并罚。

(十)强化赃款赃物的追缴

刑法第六十四条规定犯罪分子违法所得的一切财物,应当予以追缴或者责令退赔;被害人的合法财产,应当及时返还。为有效剥夺贪污贿赂犯罪分子的违法所得,尽可能挽回经济损失,《解释》强调,贪污贿赂犯罪分子违法所得的一切财物,应当依法予以追缴或者责令退赔;尚未追缴到案或者尚未足额退赔的违法所得,应当继续追缴或者责令退赔。据此,追缴赃款赃物不设时限,一追到底、永不清零,随时发现将随时追缴。

(十一)明确罚金刑的判罚标准

《刑法修正案(九)》增加了贪污罪和相关贿赂犯罪的罚金刑规定,对于加大对腐败犯罪的经济处罚力度,充分发挥刑事立法和司法的预防犯罪功能,具有重要的现实意义。为确保罚金刑适用的有效性和严肃性,《解释》依托主刑的不同,分层次对贪污贿赂犯罪规定了远重于其他犯罪的罚金刑判罚标准:一是对贪污罪、受贿罪判处三年有期徒刑以下刑罚的,应当并处10万元以上50万元以下的罚金;二是判处三年以上十年以下有期徒刑的,应当并处20万元以上犯罪数额2倍以下的罚金或者没收财产;三是判处十年以上有期徒刑或者无期徒刑的,应当并处50万元以上犯罪数额2倍以下的罚金或者没收财产;四是对刑法规定并处罚金的其他贪污贿赂犯罪,应当在10万元以上犯罪数额2倍以下判处罚金。

五、下一步工作部署

习近平总书记指出,"反腐败斗争永远在路上"。我们清醒地认识到,随着反腐败斗争的深入推进,可以预见贪污贿赂犯罪案件在未来一段时期仍会保持高位态势。为充分发挥审判职能作用,规范有序、优质高效地审理好贪污贿赂犯罪案件,当前和今后一段时期,各级人民法院将着重做好以下工作:

一要认真学习,确保案件依法审理。各级人民法院要认真组织学习培训,确保《刑法修正案(九)》及《解释》全面贯彻、正确适用。要依法稳妥处理好新旧法律衔接工作。对贪污贿赂犯罪案件,要严把案件事实关、证据关和程序关,既要依法严惩犯罪还要注意依法加大财产刑的处罚力度,严格缓免刑的适用,确保定罪准确、量刑适当、程序合法、效果良好。

二要深入调研,积极解决实际难题。《解释》是最高人民法院会同最高人民检察院经深入调研,总结司法实践经验的基础上形成的成果,为今后贪污贿赂犯罪案件的审判工作提供了明确、具体的执法依据。同时,司法实践中仍有一些疑难复杂问题尚未完全解决,新情况、新问题也会继续出现。对此,各级人民法院要继续加强调研工作,总结实践经验,为今后将形成共识的经验上升为司法解释打下基础。

三要司法公开,接受社会各界监督。各级人民法院将进一步做好贪污贿赂犯罪案件审判公开工作,通过庭审活动公开、裁判文书上网等增强人民群众对贿赂犯罪案件审判工作的了解。同时,人民法院还将通过公开审判,主动接受人大、政协、公众、媒体等社会各界对法院审判工作的监督。

谢谢大家!

检察机关办理贪污贿赂犯罪工作情况介绍

□最高人民检察院

各位来宾、记者同志们:

上午好!"两高"共同研究制定了《关于办理贪污贿赂刑事案件适用法律若干问题的解释》(以下简称《解释》),今天正式发布。这个解释是确保《中华人民共和国刑法修正案(九)》[以下简称《刑法修正案(九)》]正确实施的一个重要的解释,对于规范司法机关办理贪污贿赂案件,推动我国反腐败工作深入开展具有重要现实意义。按照会议议程,我先简单介绍一下检察机关近几年办理贪污贿赂犯罪的工作情况。

近年来,全国检察机关坚决贯彻党中央关于反腐败斗争的决策部署,坚持"老虎""苍蝇"一起打，形成有腐必反、有贪必肃的工作理念，依法严厉打击贪腐犯罪，取得了一定成绩。一是检察机关办理了大量的职务犯罪案件。以近三年为例，2013 年，全国检察机关查办职务犯罪案件 37 551件 51 306 人；2014 年，查办职务犯罪案件 41 487 件 55 101 人；2015 年，查办职务犯罪案件 40 834 件 54 249 人（案件数量和人数均比 2014 年度略有下降）。二是加大惩治贪腐犯罪力度，突出查办大案要案。2013 年，立案侦查贪污、贿赂、挪用公款 100 万元以上的案件 2 581 件，查处原县处级以上干部 2 871 人，其中原厅局级 253 人、原省部级 8 人。2014 年，查办贪污、贿赂、挪用公款 100 万元以上的案件 3 664 件，查办原县处级以上干部 4 040 人，其中原厅局级 589 人。以对人民、对法律高度负责的精神，依法办理周永康、徐才厚、蒋洁敏、李东生、李崇禧、金道铭、姚木根等 28 名原省部级以上干部涉嫌犯罪案件。2015 年，查办贪污贿赂、挪用公款 100 万元以上的案件 4 490件，查办原县处级以上干部 4 568 人，其中原厅局级 769 人。依法对令计划、苏荣、白恩培、朱明国、周本顺、杨栋梁、何家成等 41 名原省部级以上干部立案侦查，对周永康、蒋洁敏、李崇禧、李东生、申维辰等 22 名原省部级以上干部提起公诉。三是加大惩治行贿犯罪力度。2013 年，对 5 515名行贿人依法追究刑事责任；2014 年，针对不法分子为谋取不正当利益、行贿腐蚀干部的问题，部署打击行贿犯罪专项行动，查办行贿犯罪 7 827 人；2015 年，查办行贿犯罪8 217人。（注：以上数据来源近三年高检院向全国人大的工作报告）

从近年检察机关查办贪污贿赂犯罪案件数据情况来分析，贪污贿赂犯罪仍呈高发态势，案件总量高居不下，大要案逐年增加。如查处贪污、贿赂、挪用公款 100 万以上大要案的案件数和人数，以及县处级以上国家工作人员贪污贿赂犯罪数量均是逐年增长。这表明，一方面，这些年特别是党的十八大以来，我国党风廉政建设和反腐败斗争取得明显成效；另一方面，反腐败斗争的形势依然十分严峻。

2013 年 11 月，党的十八届三中全会提出加强反腐败工作，加大惩处腐败犯罪力度。2015 年 8 月，全国人大常委会审议通过《刑法修正案（九）》，进一步修改完善了贪污贿赂犯罪有关规定。同时，随着经济社会的发展变化，贪污贿赂犯罪呈现出了一些新的特点，司法实践中也遇到了一些新的法律适用问题，亟须制定司法解释统一定罪量刑标准。

因此，“两高”在进行大量调研的基础上，研究制定了《解释》，为打击贪污贿赂犯罪提供了有力的法律依据和明确的办案指引。《解释》颁布实施后，各级司法机关要认真学习《解释》，注意新旧法律、司法解释的衔接，统一法律适用标准，提高办案能力和水平。各级检察机关要严格按照中央关于加大反腐败工作力度的要求，保持对贪腐犯罪的高压态势，全面依法履行法律监督职责，严肃查处贪污贿赂职务犯罪案件，为我国反腐败工作和廉政建设做出新的、更大贡献！

审判释疑

关于《最高人民法院　最高人民检察院关于办理贪污贿赂刑事案件适用法律若干问题的解释》的问答

□最高人民法院

问题1 《最高人民法院、最高人民检察院关于办理贪污贿赂刑事案件适用法律若干问题的解释》(以下简称《解释》)规定了本来由刑法规定的定罪量刑标准,这一做法是否合法?《解释》规定的贪污、受贿数额较大、数额巨大、数额特别巨大的标准与1997年刑法规定的数额有所不同,是否符合当前严惩腐败的精神?《解释》规定数额较大的起点为3万元,是否意味着低于3万元的贪污、受贿行为不予追究刑事责任?

答:第一个问题,关于《解释》规定定罪量刑标准的合法性,全国人大常委会在审议《中华人民共和国刑法修正案(九)(草案)》时,全国人大常委会法工委对修改贪污受贿犯罪的定罪量刑标准作了说明,指出1997年刑法对贪污受贿犯罪的定罪量刑标准规定了具体数额,是1988年全国人大常委会根据当时惩治贪污贿赂犯罪的实际需要和司法机关的要求作出的。从实践情况看,规定数额虽然明确具体,但此类犯罪情节差别很大,情况复杂,单纯考虑数额,难以全面反映具体个罪的社会危害性。同时,数额规定过死,有时难以根据案件的不同情况做到罪刑相适应。根据各方面意见,拟删去对贪污受贿犯罪规定的具体数额,原则规定为数额较大或者情节较重、数额巨大或者情节严重、数额特别巨大或者情节特别严重三种情况,相应规定三档刑罚。具体定罪量刑标准可由司法机关根据案件的具体情况掌握,或者由最高人民法院、最高人民检察院通过制定司法解释予以确定。正是基于上述授权,"两高"制定司法解释对贪污罪、受贿罪的定罪量刑标准作出规定,而且在《解释》颁布前报送全国人大常委会法工委听取意见,并送其备案。所以说,《解释》对贪污罪、受贿罪的入罪门槛、量刑标准作出规定是完全合法合规的。

第二个问题,应当从《解释》对贪污受贿犯罪所作的全面的规定来看待《解释》对贪污受贿犯罪定罪量刑数额标准的调整。《解释》通篇体现了对贪污受贿犯罪从严的精神。一是赋予终身监禁的制度刚性,明确终身监禁的决定必须在裁判的同时就作出,终身监禁一经作出将无条件执行,不受服刑表现的影响。二是加大经济处罚力度,规定远重于其他犯罪的罚金刑判罚标准。三是严密了法网,把贿赂犯罪对象由财物扩大为财物和其他财产性利益,对"为他人谋取利益"的认定作了适度的扩张解释,明确将赃款赃物用于单位公务支出或者社会捐赠不影响贪污受贿犯罪的认定。四是明确国家工作人员收受贿赂、违反规定为他人谋取利益,同时构成受贿罪和渎职犯罪的实行数罪并罚。《解释》的这些规定充分体现了从严打击贪污受贿犯罪的精神和要求。《解释》虽对贪污受贿犯罪定罪量刑数额标准有所调整,但应当看到,《中华人民共和国刑法修正案(九)》[以下简称《刑法修正案(九)》]对贪污罪、受贿罪的定罪量刑标准由过去的"计赃论罚"修改为数额与情节并重,《解释》对"较重情节""严重情节""特别严重情节"作了规定,即使未达到数额标准,但符合相关情节规定的,仍可按相应的量刑档处罚。同时,对定罪量刑数额标准适当调整,拉开各量刑档间的数额级差,有助于为情节在量刑中发挥作用留下更大空间,更好地实现罪刑均衡。《解释》的这一调整立足于反腐败现实需要,也经过广泛地征求意见、充分论证,总体是科学、合理和可行的。

第三个问题,"数额较大"的起点规定为3万元,但并不意味着低于3万元的贪污、受贿行为不予追究刑事责任。贪污、受贿数额满1万元,同时具有《解释》规定的情节的,同样应当追究刑事责任。对于贪污、受贿行为,除了刑罚处罚外,还有党纪、政纪处分,有些虽未达到刑事追诉标准被追究刑事责任,但违反党纪、政纪的,仍然要被追究纪律责任。

问题2 《刑法修正案(九)》新增了贪污罪、受贿罪的终身监禁,《解释》也对终身监禁的适用作了进一步的规定,能否具体解释一下终身监禁与死刑立即执行、死缓之间的关系以及适用条件的区别?

答:这里的终身监禁,准确地说是贪污罪、受贿罪死缓减为无期徒刑后终身监禁,是指对部分死刑缓期执行二年期满依法减为无期徒刑后不再继续减刑、假释的一种刑罚执行措施。

《解释》依据刑法的明确规定,对于贪污、受贿数额特别巨大,犯罪情节特别严重、社会影响特别恶劣、造成损失特别重大的,依法判处死刑立即执行。《解释》同时依法规定,对于符合死刑立即执行条件,但同时具有法定从宽处罚情节,不是必须立即执行的,可以判处死刑缓期二年执行。死缓是附条件的不执行死刑,即在二年缓期执行期间没有故意犯罪的,依据刑法减为无期徒刑、有期徒刑。终身监禁是介于死刑立即执行与一般死缓之间、极为严厉的一种刑罚执行措施,它的设立,有效填补了死刑立即执行与死缓在实际执行中的空当。根据《刑法修正案(九)》的规定,终身监禁不适用刑法总则关于死缓二年缓期执行期间有重大立功表现减为二十五年有期徒刑的规定,也不适用二年缓期执行期满依法减为无期徒刑后再减为有期徒刑的规定,即不受死缓二年缓期执行期间及执行期间届满减为无期徒刑后服刑表现的影响而减为有期徒刑。对于一些判处死刑立即执行过重,判处一般死缓依法减刑后又偏轻的重大的贪污、受贿罪犯,终身监禁能够体现罪刑相适应的原则。正是基于这一精神,《解释》规定在一、二审裁判文书上就应当写明终身监禁的决定意见,而不能等到缓期执行期间届满再视情而定,意在强调终身监禁决定后,就必须一直执行监禁刑,而不得再予减刑、假释。

问题3 我们注意到近年来一些高级领导干部犯罪案件中,其"身边人"借着领导干部的关系大肆敛财,对于遏制这种情况《解释》有没有采取一些措施?

答:这种情形的确成为某些领导干部收受贿赂、规避法律的一种方式。对于这种情况,立法机关和司法机关都关注到了。就立法层面而言,《中华人民共和国刑法修正案(七)》增加了利用影响力受贿罪,《刑法修正案(九)》又增加了一个新的罪名,即第三百九十条之一规定的对有影响力的人行贿罪。据此《解释》第十条对利用影响力受贿罪和对有影响力的人行贿罪的定罪处罚标准予以明确,使法律能够得到更好的实施。《解释》第十六条第二款规定,"特定关系人索取、收受他人财物,国家工作人员知道后未退还或者上交的,应当认定国家工作人员具有受贿故意",即对国家工作人员作了更为严格的要求,只要其知道"身边人"利用其职权索取、收受了财物,未将该财物及时退还或上交的,即可认定其具有受贿故意,符合刑法规定的,依照受贿罪定罪处罚。司法实践中,国家工作人员往往辩解其是在"身边人"索取、收受他人财物后才知道的,并没有受贿故意,不构成受贿罪。《解释》的这一规定扫除了司法实践中的障碍,对国家工作人员规避法律的这种情况能够给予有效地打击。

问题4 请问贿赂犯罪的对象是否限于"财物"?《解释》是如何界定贿赂犯罪中的"贿赂"?

答:贿赂犯罪的本质在于权钱交易。根据我国刑法的规定,行贿是指为谋取不正当利益,给予国家工作人员以财物;受贿是指国家工作人员利用职务上便利,向他人索取或者收受他人财物,为他人谋取利益。可见,根据刑法规定,贿赂犯罪的对象是"财物"。因此,如何界定贿赂犯罪中的“贿赂”，关键在于对刑法中规定的“财物”应当如何理解和进行解释。

这些年随着我国社会经济的发展，贿赂犯罪手段越来越隐蔽。比如，有的行为人通过低买高卖交易的形式收受请托人的好处，有的行为人通过收受干股、合作投资、委托理财、赌博等方式，变相收受请托人的财物。这类贿赂犯罪隐蔽性强，社会危害性大，有必要依法予以惩处。因此，《解释》第十二条对什么是“贿赂”，作出了专门的规定。

根据《解释》的规定，贿赂犯罪中的财物，包括货币、物品和财产性利益。财产性利益包括可以折算为货币的物质利益如房屋装修、债务免除等，以及需要支付货币的其他利益如会员服务、旅游等。后者的犯罪数额，以实际支付或者应当支付的数额计算。《解释》第十二条对贿赂的规定，是在2008年11月《最高人民法院、最高人民检察院关于办理商业贿赂刑事案件适用法律若干问题的意见》有关规定的基础上，对什么是“财产性利益”作的进一步明确。这条规定既是对以往司法解释文件和司法经验的梳理和总结，也充分体现了党的十八届四中全会《关于全面推进依法治国若干重大问题的决定》关于“完善惩治贪污贿赂犯罪法律制度”的精神和要求，回应了广大人民群众从严打击贿赂犯罪的呼声。

问题5 《解释》第十八条规定了贪污贿赂犯罪分子违法所得的追缴和退赔，请问出于什么考虑？另外，追逃、追赃紧密相连，为何《解释》没有规定追逃的内容？

答：依法追缴贪污贿赂犯罪嫌疑人、被告人的违法所得财产和其他涉案财产，是检察机关查办贪污贿赂犯罪案件的重要工作，是反腐败的重要组成部分。

《解释》第十八条专门规定了违法所得的追缴和退赔，主要有三点现实考虑：一是贪污贿赂犯罪逃避经济处罚，隐匿、转移赃物的情况非常严重，影响到反腐败工作的实际效果。二是为了落实中央要求，严格执法，加大追赃力度，“决不能让腐败分子在经济上占便宜”。三是有助于统一思想，依法履行追赃职责。《解释》对追赃作出专门规定，旨在指引各级司法机关摒弃“重办案轻追赃”的错误观念，充分认识追赃对惩治腐败、实现公正司法的重要意义。

《解释》第十八条根据贪污贿赂犯罪特点，结合办案需要，明确了贪污贿赂案件赃款赃物的处理办法：一是对贪污贿赂犯罪分子违法所得的一切财物，应当依照刑法第六十四条的规定予以追缴或者责令退赔，对被害人的合法财产应当及时返还。二是对尚未追缴到案或者尚未足额退赔的违法所得，应当继续追缴或者责令退赔。对藏匿、转移赃款赃物的，要坚持一追到底的原则，避免出现以刑罚执行替代经济惩处的现象，防止“因罪致富”等不正常情况的出现。

另外，关于追逃问题。追逃、追赃是深入开展反腐败工作的重要内容，从查办案件来说，两者是紧密相连的。我们党和国家高度重视追逃、追赃，强调“决不能让腐败分子在经济上占便宜”“决不让腐败分子逍遥法外”。由于《解释》规定的是实体问题，而“追逃”主要是程序问题，故《解释》仅一处涉及追逃，即第十四条第三款第四项将“主动交待行贿事实，对于重大案件的追逃、追赃有重要作用的”明确为“对侦破重大案件起关键作用”。

我国刑事诉讼法对追逃问题有相关规定。刑事诉讼法第一百四十二条规定了查询、冻结犯罪嫌疑人财产的程序，第一百五十三条规定了发布通缉令的程序，第二百八十条规定了犯罪嫌疑人、被告人逃匿、死亡案件违法所得的没收程序等。例如，根据刑事诉讼法第二百八十条的规定，对于贪污贿赂犯罪、恐怖活动犯罪等重大犯罪案件，犯罪嫌疑人、被告人逃匿，在通缉一年后不能到案，或者犯罪嫌疑人、被告人死亡，依照刑法规定应当追缴其违法所得及其他涉案财产的，人民检察院可以向人民法院提出没收违法所得的申请。

问题6 《解释》对贪污贿赂罪的罚金刑作了专门规定，请问出于何种考虑？

答：《刑法修正案（九）》对贪污罪、受贿罪和相关行贿犯罪增加了罚金刑，体现了自由刑与财产刑并重的立法精神。为实现立法意图,《解释》第十九条规定了贪污贿赂犯罪的罚金刑适用。

根据《解释》第十九条的规定,对贪污罪、受贿罪判处三年以下有期徒刑或者拘役的,应当并处10万元以上50万元以下的罚金;判处三年以上十年以下有期徒刑的,应当并处20万元以上犯罪数额2倍以下的罚金或者没收财产;判处十年以上有期徒刑或者无期徒刑的,应当并处50万元以上犯罪数额2倍以下的罚金或者没收财产。对刑法规定并处罚金的其他贪污贿赂犯罪,应当在10万元以上犯罪数额2倍以下判处罚金。主要考虑有三点:一是体现罚金的惩罚性。贪污贿赂犯罪属于经济犯罪,对贪利型犯罪有效利用罚金刑的惩罚性可以起到比执行自由刑更好的行刑效果,不能让犯罪分子在经济上占便宜。二是确保罚金刑适用的统一性、规范性。由于刑法条文仅规定判处罚金,没有具体适用标准,实践中可能出现各地裁判不一、量刑差距过大问题。统一规定罚金刑的裁量标准,有利于合理控制自由裁量刑罚幅度,起到规范量刑的作用。三是避免空判,确保罚金刑适用的严肃性。实践中,有的案件忽视了执行的可行性,判决中出现“天价罚金”,但实际无法执行的现象。因此,《解释》综合考虑罪行轻重和可操作性,根据贪污罪、受贿罪法定刑设置,明确了相应罚金刑的适用标准,从而避免罚金刑虚置、空判或者执行不到位。

问题7 我们注意到近年来高官贪腐的案件中有不少都涉及“买官卖官”,对于吏治腐败这一问题,《解释》在制定过程中是否予以考虑?

答:习近平总书记指出,“吏治腐败是最大的腐败,用人腐败必然导致用权腐败。”我们在制定司法解释的过程中,对吏治腐败这一现象也予以高度关注。《解释》中有三个条款都与惩治吏治腐败有关。《解释》第十三条第二款的规定,国家工作人员索取、收受具有上下级关系的下属财物价值3万元以上,可能影响职权行使的,视为承诺为他人谋取利益,对其行为按照受贿罪追究刑事责任。这主要是因为现实中买官者与卖官者之间往往对“买官卖官”这件事抱着“心照不宣”的态度,在收受财物时,买官者并未明确提出职位晋升的请托事项,在案件调查时还辩称是人情往来,企图借此逃避法律制裁。为了严密法网,《解释》作出了上述规定。不仅如此,《解释》还将“买官卖官”规定为贿赂犯罪加重处罚的一个情节。根据《解释》第一条第三款第三项、第七条第二款第三项的规定,收受贿赂,为他人谋取职务提拔、调整的,或者通过行贿谋取职务提拔、调整的,犯罪数额达到1万元就应被追究刑事责任,受贿犯罪数额达到10万元、150万元,就属于“严重情节”“特别严重情节”,行贿犯罪数额达到50万元、250万元,就属于“情节严重”“情节特别严重”,即“买官卖官”是一个加重处罚情节,具有该情节,在定罪量刑时,加重处罚。

问题8 《解释》为平衡国家工作人员职务犯罪与非国家工作人员职务犯罪之间的罪刑均衡,对职务侵占、挪用资金、非国家工作人员受贿等犯罪的定罪量刑标准一并作了规定。根据目前的规定,同等犯罪数额的情况下,盗窃、诈骗等普通侵犯财产犯罪被判有期徒刑时常常会比贪污贿赂犯罪判得重,不知“两高”是否注意到这一情况并有作出相应调整的计划?

答:应当承认,无论是刑法,还是根据刑法作出的司法解释,对贪污贿赂犯罪的处罚标准与盗窃罪等普通刑事犯罪的处罚标准的规定确有不同。但是,我们不能对这些处罚标准简单地进行比较。因为不同犯罪的社会危害性体现在不同方面,惩治措施有必要根据不同犯罪的特点和危害性有所区分。《解释》根据《刑法修正案(九)》对贪污贿赂犯罪所作的重大修改,对贪污贿赂犯罪的数额规定充分研究论证,既充分考虑到这类犯罪的特点和社会危害性,又考虑到惩治这类行为的整体处罚措施,确保党纪、政纪处理和刑事追究的紧密衔接,形成整体惩治和威慑效应,因而是符合当前的办案情况和反腐败斗争现实需要的。

同时,我们也充分注意到如何更加科学地配置贪污受贿犯罪与盗窃、诈骗等普通刑事犯罪处罚标准的问题,我们将会同最高人民检察院对这一问题抓紧研究,一方面,通过司法解释从司法的层面上解决普通侵财犯罪与职务犯罪之间的罪刑均衡问题;另一方面,对司法解释无法解决而必须通过立法解决的问题,我们会依职权向立法机关就进一步完善刑法体系提出立法建议。

问题 9 在一些已经判决的案件中,被告人因具有检举、揭发他人犯罪而被从轻处罚。按照一般的理解,被告人官位越高,参与的贪腐事件越多,反而更加具备检举揭发他人犯罪的条件,越容易获得处刑上的从宽处理,这样是否合法合理?

答:检举、揭发他人犯罪从法律上分有两种:一种是符合刑法第六十八条规定,构成立功或重大立功的检举、揭发,对此刑法明确规定犯罪分子有揭发他人犯罪行为,查证属实的,或者提供重要线索,从而得以侦破其他案件等立功表现的,可以从轻或者减轻处罚;有重大立功表现的,可以减轻或者免除处罚。这是法定的从轻、减轻、免除处罚的情节,对于任何犯罪都是适用的。另一种是虽不符合立功的要求,但检举、揭发对侦破重大案件起到关键作用,这属于酌定从轻处罚情节。是否从轻处罚,还需结合犯罪事实等情况综合判断。检举、揭发他人犯罪的行为对刑罚有一定影响,根本上还是因为这种行为对于司法机关破获其他犯罪案件起到一定甚至非常重要的作用,大大节约了司法资源和成本,这种制度也并不是我国所特有的。

在这里强调的是,衡量被告人刑罚的标准首先是其罪行的轻重,是在依据刑法对其应判处的刑罚作出判断的基础上,根据其检举、揭发的具体情况决定是否从轻处罚,以及从轻处罚的幅度,而非不受限制任意的从轻处罚。

问题 10 《解释》重新确定了贪污贿赂犯罪定罪量刑的标准,这是否意味着过去已经判决生效的案件判重了或判错了?对于这些案件法院是不是需要重审改判?现在审理的案件,法院将会遵循一个什么样的原则?

答:对于过去已经判决生效的案件,刑法是有明确规定的,依照审判时的法律已经作出的生效判决继续有效。也就是说,《刑法修正案(九)》和《解释》规定的定罪量刑标准对已判决生效的案件没有溯及力。所以,不存在改判或者错判的问题。

对于犯罪行为发生在 2015 年 10 月 31 日《刑法修正案(九)》实施之前,目前正在审理的案件,将按照刑法规定的"从旧兼从轻"的法律适用原则处理。这就是说,一般考虑适用修正前的刑法规定,但是,适用修正后的法律和《解释》规定将判处更轻刑罚的,那么就适用修正后的刑法和本解释的规定。

问题 11 《解释》对行贿罪的定罪量刑数额标准作了较大调整,是否意味着今后对行贿犯罪可以从宽处理?

答:由于《解释》对贪污罪、受贿罪的有关数额标准进行了调整,实践中,如果不对行贿罪的有关数额标准一并进行调整,仍执行 2012 年《最高人民法院、最高人民检察院关于办理行贿刑事案件具体应用法律若干问题的解释》(以下简称《行贿解释》)中行贿罪的定罪量刑标准,那么,行贿罪与受贿罪之间则可能会出现量刑"轻重倒挂"现象。因此,《解释》适当调整了行贿罪的定罪量刑标准。但是,调整行贿罪有关标准,并非意味着轻纵行贿犯罪。

近年来,检察机关坚持从严打击行贿犯罪的刑事政策,强调司法实践中应当避免出现"重受贿轻行贿",导致对行贿惩处失之于宽、不利于切断受贿犯罪因果链等问题。《解释》坚持了从严打击行贿犯罪的立场,主要体现在以下几个方面:

一是《解释》摈弃了唯数额论。比如说,《解释》虽将行贿罪的纯数额起刑点由 1 万元调整为 3 万元,但同时规定行贿 1 万元以上不满 3 万元,具有《解释》规定情形之一的,也应当被追诉。这是由于实践中,有些行贿行为虽然数额不大,但行贿范围广、向特定领域的国家工作人员行贿、造成损失大、影响坏,有必要对这些行为予以刑事制裁。二是进一步突显了行贿罪的打击重点。例如,通过行贿买官行为严重违反党的组织纪律,严重破坏政治生态,因此,《解释》将"通过行贿谋取职务提拔、调整的"作为行贿罪的以严重情节予以规定。三是明确规定对有影响力的人行贿罪的定罪量刑适用标准,参照《解释》关于行贿罪的规定执行。四是进一步严格了行贿罪从宽处罚的适用条件。《刑法修正案(九)》针对实践中"重受贿轻行贿"的问题,对刑法第三百九十条第二款行贿罪从宽处罚的适用条件作了修改完善,对行贿罪减、免刑罚设定了更为严格的条件。为此,《解释》对行贿罪的从宽处罚条件中的"犯罪较轻""重大案件""对侦破重大案件起关键作用"等都作出了明确规定。

问题12 《解释》对挪用公款罪定罪量刑标准做了哪些调整?

答:1998年《最高人民法院关于审理挪用公款案件具体应用法律若干问题的解释》(以下简称《挪用公款解释》)已经实施了18年,有关数额标准明显不适应当前司法实践情况,有必要进行调整。

《解释》对挪用公款罪定罪量刑标准的调整,主要有三点:一是将各地可以根据本地情况制定具体执行的数额幅度标准修改为全国统一的数额标准,同时适当提高了具体数额标准。二是增加规定了挪用公款进行非法活动"数额巨大"的标准。《挪用公款解释》第三条对挪用公款进行非法活动的,仅规定了追究刑事责任的数额起点和"情节严重",而未对"数额巨大"标准作出规定。实践中,对挪用公款进行非法活动中"数额巨大"如何适用存在疑问。《解释》对此明确了"三百万元以上的"的数额标准。三是对挪用公款"情节严重"作了进一步明确。《解释》对"情节严重"的认定采取"数额+从重情形"的模式,从而使规定更为合理和科学。

问题13 《解释》提高了贪污罪、受贿罪起刑点的数额标准,是否会对检察机关办理贪污贿赂犯罪案件造成影响?

答:《解释》对贪污罪、受贿罪起刑点的数额标准的调整,可能会对检察机关办理贪污贿赂犯罪案件的数量造成一定影响,但不会影响整体办案和反腐败工作力度。

其主要理由:一是《解释》规定立足反腐败现实需要,经广泛征求意见、充分论证,总体是科学、合理和可行的。二是《解释》遵循《刑法修正案(九)》关于数额与情节并重的立法精神,对于贪污、受贿数额1万元以上不满3万元,但具有相应情节之一的,通过认定为"具有其他较重情节",较好解决了入罪门槛问题。三是近年来,贪污、受贿数额在3万元以下的案件被移送司法机关或者被追究刑事责任的相对较少,起刑点的调整不会使受刑事追诉的贪污贿赂犯罪案件大幅减少。四是起刑点数额标准提高了,并不意味着对尚未达到标准的举报线索,检察机关就不予受理和审查。有些举报线索虽未达到规定数额,但经审查和初查,有证据证明达到标准的,仍应立案侦查。五是《解释》严密了法网,如把贿赂犯罪对象由财物扩大为财物和其他财产性利益,对"为他人谋取利益"的认定作了适度的扩张解释,明确将赃款赃物用于单位公务支出或者社会捐赠的,不影响贪污受贿犯罪的认定,这些规定充分体现了从严打击贪腐犯罪的精神和要求。因此,不能仅因起刑点数额标准调整就认为会影响对贪污贿赂犯罪的打击力度。此外,惩治腐败是一个系统工程,除了刑罚,还有党纪、行政处分,未达到起刑点数额标准的案件并不意味着不会被追究任何责任。

关于《最高人民法院 最高人民检察院关于办理贪污贿赂刑事案件适用法律若干问题的解释》实施情况的报告

□天津市高级人民法院

《最高人民法院、最高人民检察院关于办理贪污贿赂刑事案件适用法律若干问题的解释》(以下简称《贪污贿赂解释》)确定了贪污罪、受贿罪、挪用公款罪、行贿罪、利用影响力受贿罪、对有影响力的人行贿罪以及非国家工作人员受贿罪、职务侵占罪、对非国家工作人员行贿罪、挪用资金罪等十个罪名的定罪量刑标准,并对实践中长期存在意见分歧的,如将贪污、贿赂所得用于公务支出或者社会捐赠的定性以及财产性利益能否作为贿赂犯罪对象等问题明确了认定和处理意见。《贪污贿赂解释》的出台,为全国法院审理贪污贿赂相关刑事案件提供了统一、明确的裁判标准和依据。

一、天津法院适用《贪污贿赂解释》的基本情况

2015 年 11 月 1 日起施行的《中华人民共和国修正案(九)》[以下简称《刑法修正案(九)》]对刑法分则第八章规定的贪污贿赂类犯罪进行了较大幅度的修改,特别是关于贪污罪、受贿罪定罪量刑标准的立法模式由之前直接在刑法条文中规定具体数额标准的模式,修改为原则规定“数额较大”和“其他较重情节”、“数额巨大”和“其他严重情节”、“数额特别巨大”和“其他特别严重情节”三个量刑幅度的“数额 + 情节”模式。由于修改后的刑法规定并未直接明确贪污罪、受贿罪定罪量刑的数额标准,有待明确标准统一遵循,因此地方各级法院为了防止量刑出现偏差,在最高人民法院、最高人民检察院出台定罪量刑标准的司法解释之前,暂未对贪污贿赂相关案件作出判决。

(一)天津法院落实《贪污贿赂解释》的做法

《贪污贿赂解释》施行后,我院严格按照最高人民法院的部署要求,在第一时间对全市法院关于贪污贿赂相关刑事案件的审理情况进行了摸底排查,迅速制定了《关于贯彻落实〈贪污贿赂解释〉电视电话会议精神的工作方案》,并在全市法院开展为期两个月的积压案件清理专项工作。此外,为确保天津市各级法院正确适用《贪污贿赂解释》,实现量刑总体平衡,我院采取必要措施,对全市法院贪污贿赂案件的法律适用进行统一指导。

经过一段时间的适用,天津市各级法院关于贪污贿赂相关刑事案件的审理态势平稳,审判效果良好,目前均能严格按照《刑法修正案(九)》的规定和《贪污贿赂解释》确立的定罪量刑标准妥善审理贪污贿赂刑事案件。

(二)存在的主要问题

一是法条引用不够全面。由于《刑法修正案(九)》和《贪污贿赂解释》提高了贪污贿赂犯罪的定罪量刑数额标准,故对于犯罪数额相当的贪污贿赂犯罪,依照修正后的刑法及司法解释较前处刑相对较轻。因此,对于《刑法修正案(九)》施行以前的贪污贿赂犯罪行为,应当依照刑法第十二条关于从旧兼从轻的规定,适用修正后的刑法进行量刑,同时应当在裁判文书中引用。同样,《贪污贿赂解释》关于挪用公款、行贿、职务侵占、非国家工作人员受贿等犯罪定罪量刑标准的规定，属于行为时没有相关司法解释或者适用新司法解释对被告人更为有利的情形，依照2001年《最高人民法院、最高人民检察院关于适用刑事司法解释时间效力问题的规定》的规定，对于发生在《贪污贿赂解释》施行以前的涉及挪用公款、行贿、职务侵占、非国家工作人员受贿等罪名的刑事案件，应当依照《贪污贿赂解释》的规定办理。但在指导过程中我们发现，实践中个别贪污、贿赂犯罪案件或者职务侵占、非国家工作人员受贿犯罪案件虽然能够做到定罪准确、量刑合理，却在引用法条时漏引了刑法第十二条或者《关于适用刑事司法解释时间效力问题的规定》的相关规定。此外，在个别案件中还存在引用《贪污贿赂解释》的条文规定不全的情形。例如，在个别职务侵占、非国家工作人员受贿案件中只引用《贪污贿赂解释》第十一条，而没有引用同样应当作为裁判依据的第一条和第二条。

二是量刑尺度把握不统一。由于《刑法修正案（九）》和《贪污贿赂解释》确立了情节认定与数额挂钩的定罪量刑标准，并突出了情节在量刑中的作用。实践中，不同法院、不同审判人员之间对于犯罪数额相当、量刑情节类似的案件量刑结果差别过大，存在忽视量刑情节的唯犯罪数额论或者过度放大情节对量刑的调节幅度等问题。例如，有的案件中只根据犯罪数额确定刑期而未能充分考虑案件中存在的法定、酌定量刑情节，最终导致量刑不够合理；有的案件中又过分突出了量刑情节的调整作用而造成量刑轻重失衡。

三是判处罚金刑的金额偏低。《贪污贿赂解释》对贪污贿赂犯罪规定了相对明确且远重于其他犯罪的罚金刑判罚标准，以加大对贪污贿赂犯罪的经济处罚力度，达到震慑犯罪分子的效果。但在实践中，个别审判人员受传统的重实刑轻附加刑的量刑观念的影响，且没有对贪污贿赂犯罪判处罚金刑的经验，一定程度上存在“不敢判”的现象，对罚金刑的判罚金额偏低，甚至仅按照《贪污贿赂解释》规定的对应罚金刑量刑幅度的最低判罚标准处刑，无法达到财产性刑罚的震慑效果。

对于实践中发现的上述问题，我院及时向全市法院刑事审判庭进行通报，防止类似问题再次发生。从目前的效果来看，经我院通报的问题，实践中已经得到有效杜绝。

（三）工作建议

一是建议出台理解适用材料。《贪污贿赂解释》公布实施以来，无论是法学理论界、司法实务界，还是普通社会公众，都给予了极大关注。对于其中的部分条文规定的理解适用问题，也引发了一些疑问和争议，给一线审判人员在适用过程中造成了一些困扰。针对这种情况，建议最高人民法院对实践中产生的疑问和社会上存在的观点、意见进行收集整理，并在经过慎重研究后，出台帮助审判人员正确理解和适用《贪污贿赂解释》的指导材料，方便全国法院统一认识和做法。

二是建议举办审判业务培训。对于司法解释条文，由于不同的审判人员对具体规定的理解和认识不一致，容易造成对相似案件判决结果差异较大甚至是错判等情况，严重影响《贪污贿赂解释》的实施效果和人民法院的司法公信力。有鉴于此，建议最高人民法院组织举办由全国各地的一线审判人员参加的业务培训，邀请有关参与《贪污贿赂解释》起草工作的专家进行讲解授课，帮助广大审判人员准确理解、掌握并且能够在实践中正确适用《贪污贿赂解释》。

三是建议适时公布指导性案例。虽然指导性案例不是正式的法律渊源，但毋庸置疑的是，指导性案例确定的裁判规则和要点是对有关成文法律规定的有益延伸和补充，对于统一裁判尺度和法律适用具有非常重要和积极的意义。从最高人民法院之前公布的指导性案例的情况来看，指导性案例对广大审判人员的审判指导效果十分明显。因此，建议最高人民法院在全国法院范围内征集、选编并适时公布关于依照《贪污贿赂解释》正确处理贪污贿赂相关刑事案件的典型案例，为广大审判人员正确审理类似案件提供有针对性和形象具体的指导。

二、“两员”犯罪案件的相关情况

《贪污贿赂解释》将贪污罪、贿赂罪的入罪数额标准由1997年刑法规定的5 000元上调到3万元，有利于平衡、协调刑事犯罪与一般违纪行为的关系，实现刑事处罚与党纪政纪处分的梯度衔接有序。

（一）天津法院关于纪法衔接工作的做法

《贪污贿赂解释》施行以来，为了确保因未达到《贪污贿赂解释》规定的入罪数额标准而做无罪处理的被告人受到党纪政纪的严肃处理，我院严格按照《中共中央办公厅关于在查办党员和国家工作人员涉嫌违纪违法犯罪案件中加强协作配合的意见》和最高人民法院的相关规定和要求部署工作，并印发了《关于加强“两员”犯罪案件纪法衔接工作的通知》，对全市法院执行上述意见的规定明确了工作要求。

一是要求对于纪检监察机关移送的案件，因未达到定罪标准而拟判处无罪的案件，及时与纪检监察机关沟通，并在依法宣判无罪后将裁判结果及时通报纪检监察机关，以便于其做好后续处理；二是对于全部刑事案件，应当查明被告人是否具有中共党员和国家工作人员的身份，之前是否受过党纪政纪处分或者其他形式的组织处理，以及是否因指控的涉案犯罪事实受过党纪政纪处分或者其他形式的组织处理等情况，上述情况应当如实、完整记录并及时向纪检监察机关通报；三是对于涉案款物中未被认定为犯罪所得但涉嫌属于违纪所得的，在裁判生效后及时退回纪检监察机关处理；四是对于所有涉及党员、国家工作人员犯罪的案件，在案件审结后立即向被告人原工作单位和纪检监察机关通报情况，并提供生效裁判文书副本，便于被告人原工作单位和纪检监察机关及时对涉案人员做好后续处理。

截至目前，全市各级法院均能按照我院所提上述工作要求做好向纪检监察机关通报情况、移送材料等相关工作，实现刑罚与党纪政纪处分的有效衔接。

（二）工作中存在的问题

一是关于被告人身份认定的证据缺乏。按照刑事诉讼法等相关规定，刑事案件的证据收集工作一般应由侦查机关负责。但在实践中，由于普通刑事案件中“党员”“国家工作人员”身份并不属于犯罪构成要件，故侦查机关对于普通刑事案件一般不会调取证明犯罪嫌疑人是否为党员、国家工作人员的相关证据材料，审判人员也无法根据卷宗材料所列证据来确认被告人是否具有上述身份，且无从判断被告人是否存在隐瞒本人职务、政治面貌等真实身份的情况。如果将调取证明被告人有关身份证据的义务赋予审判人员，则容易造成审判职能错位的现象。

二是向纪检监察部门移送的其他违纪线索较少。一方面，被告人有检举、揭发他人犯罪行为以构成立功情节，并据此得到从宽处罚的主观意愿，但由于提供违纪线索不能构成刑法意义上的立功情节，故被告人没有检举他人违纪线索的动力。另一方面，审判人员对于审判过程中发现与案件有关的一些单位或单位领导涉嫌存在违纪行为的线索，如私设小金库、公款吃喝等，没有普遍形成移送意识和工作惯性，因而没有向纪检监察机关移送。

三是纪检监察机关出具的材料内容不够明确。例如，在纪检监察机关前期介入调查的部分职务犯罪案件中，纪检监察机关出具的案件来源和到案经过材料是审判人员认定被告人是否存在自首、坦白等量刑情节的重要根据。但实践中，个别案件中纪检监察机关出具的案件来源和到案经过材料不能体现其开展调查或采取措施时已经掌握的违纪违法事实的情况，以及被调查对象到案后交代违纪违法事实的情况，特别是主动交代办案机关尚未掌握的违纪违法事实的情况，给审判人员查明相关事实，并据此认定被告人是否具有自首、坦白等量刑情节造成一定困惑。

（三）相关工作建议

建议最高人民法院就前述存在的问题与有关部门沟通，争取与有关部门共同推动问题在机制层面上得到解决。一是建议最高人民法院会同中央纪委、最高人民检察院、公安部等单位就有关犯罪嫌疑人、被告人身份证据的调取、补充工作进行规范。在侦查阶段，侦查机关对于普通刑事案件应当注重调取犯罪嫌疑人是否为党员或者国家工作人员的证据；在审查起诉或者审判阶段，检察机关或者人民法院认为案卷材料中缺少犯罪嫌疑人、被告人身份证据且有必要进一步补充的，可以通知侦查机关调取。二是建议最高人民法院切实采取有效措施，督促全国各级法院对于在审判工作中发现的其他涉嫌违纪违法和犯罪的线索，能够及时向纪检监察机关或者其他相关机关移送。三是建议最高人民法院商请中央纪委对各级纪检监察机关在查办违纪违法案件中出具案件来源和到案经过等相关材料的工作予以规范，并对出具材料的内容、形式和标准进行统一。

严惩腐败犯罪　护航改革开放

——改革开放以来职务犯罪审判工作回顾

□裴显鼎*

改革开放是中国人民和中华民族发展史上一次伟大革命，正是这个伟大革命推动了中国特色社会主义事业的伟大飞跃，取得了举世瞩目的成就！回顾改革开放以来，人民法院在党中央坚强领导下，依法严惩腐败犯罪、为改革开放保驾护航的历程，总结经验教训，对于确保党的建设新的伟大工程和国家治理能力现代化，具有重要意义。

腐败是社会毒瘤，是执政党面临的最大威胁。人民群众最痛恨腐败现象。如果任凭腐败问题愈演愈烈，最终必然亡党亡国。1949年，毛泽东等老一辈革命家带领全党全军从西柏坡“进京赶考”就提出了这个严峻的问题，坚定表示“我们决不当李自成”。改革开放以来，党中央始终坚持党要管党、从严治党，把反对腐败贯穿于改革开放全过程，持续深化党风廉政建设和反腐败斗争。职务犯罪是腐败的突出表现，司法审判是反腐败工作的重要组成部分。改革开放以来，人民法院坚决贯彻中央决策部署，依法审理职务犯罪案件，始终对腐败犯罪保持高压态势，健全职务犯罪案件审判机制，严厉打击和震慑腐败犯罪分子，深入推进了反腐败斗争，为改革开放大业的发展做出了应有的贡献。

一、刑事政策日趋严厉

中华人民共和国成立初期，以毛泽东同志为主要代表的中国共产党人就旗帜鲜明反对腐败。针对党政机关内部存在的贪污、浪费和官僚主义问题，党中央部署开展“三反”运动，中央人民政府于1952年制定《惩治贪污条例》。当年，人民法院以贪污罪判处刘青山、张子善死刑。“三反”是我们党在全国执政后惩治腐败的初战，对遏制腐败、移风易俗起到了很大作用，保证了相当一段时间内干部队伍的清正廉洁。

改革开放以来，以邓小平同志、江泽民同志、胡锦涛同志为主要代表的中国共产党人对严惩腐败的态度和决心一脉相承。随着经济社会的快速发展和腐败现象的滋生蔓延，邓小平同志提出，执政党的党风问题是有关党的生死存亡的问题；坚持两手抓，一手抓改革开放，一手抓惩治腐

* 最高人民法院审判委员会专职委员。

败,这两手都要硬;反对腐败是长期的、经常的斗争,不搞群众运动但必须紧紧依靠群众;反腐败要靠制度、靠法制。江泽民同志提出,治国必先治党,治党务必从严;坚持标本兼治,构建教育、法制、监督三位一体的反腐倡廉新机制;提出反对腐败是关系党和国家生死存亡的严重政治斗争。胡锦涛同志提出标本兼治、综合治理、惩防并举、注重预防的反腐倡廉方针,作出建立健全教育、制度、监督并重的惩治和预防腐败体系的战略决策,提出拓展从源头上防治腐败工作领域的要求。

人民法院按照党中央的部署安排,依法审理职务犯罪案件,为改革开放和社会主义现代化建设顺利启航、建立社会主义市场经济体制,以及全面建设小康社会提供了法治保障。人民法院先后审结了一些典型案例,例如,1982 年,广东省海丰县原县委书记王仲贪污受贿总额达 6.97 万元,成为改革开放后第一个因职务犯罪被判处死刑的官员,被媒体称为"改革开放第一案"。1998 年,中共中央政治局原委员、北京市委原书记陈希同因贪污罪、玩忽职守罪被判处有期徒刑十六年。2008 年,中共中央政治局原委员、上海市委原书记陈良宇因受贿罪、滥用职权罪被判处有期徒刑十八年。

党的十八大以来,以习近平同志为主要代表的中国共产党人的反腐败力度和成效前所未有。以习近平同志为核心的党中央将全面从严治党纳入"四个全面"战略布局,把党风廉政建设和反腐败斗争摆到前所未有的新高度,以猛药去疴、重典治乱的决心,以刮骨疗毒、壮士断腕的勇气,坚持反腐败无禁区、全覆盖、零容忍,坚定不移"打虎""拍蝇""猎狐",不敢腐的目标初步实现,不能腐的笼子越扎越牢,不想腐的堤坝正在构筑,反腐败斗争压倒性态势已经形成并巩固发展。

人民法院在党中央坚强领导下,职务犯罪案件审判工作也取得了显著成绩,为全面建成小康社会提供了法治保障。

一是高效有序审结一大批职务犯罪案件。2013 年至 2017 年,人民法院审结贪污贿赂等案件 19.5 万件 26.3 万人,其中,被告人原为省部级以上干部 101 人,厅局级干部 810 人;依法惩治行贿犯罪,判处罪犯 1.3 万人。周永康、薄熙来、郭伯雄、令计划、苏荣等百余名中管干部接受审判,超过了十一届三中全会后到十八大前审结的中管干部职务犯罪案件总数。2013 年,中共中央政治局原委员、重庆市委原书记薄熙来因受贿罪、贪污罪、滥用职权罪被判处无期徒刑。2015 年,中央政治局原常委、中央政法委原书记周永康因受贿罪、滥用职权罪、故意泄露国家秘密罪,被判处无期徒刑,成为中华人民共和国成立以来被以贪腐犯罪罪名追究刑责的级别最高的官员。2018 年,中共中央政治局原委员、重庆市委原书记孙政才因受贿罪被判处无期徒刑。这些案件的审判,都取得了良好效果。

二是追逃追赃工作取得重要阶段性成果。按照党中央的统一部署,人民法院参加双边条约缔约工作和相关国际公约加入工作,与国家监察委等多部门联合下发《关于敦促职务犯罪案件境外在逃人员投案自首的公告》,依法审理"红通 1 号"杨秀珠、"红通 2 号"李华波等案件,依法查封冻结彭旭峰等转移至国外的违法所得,基本实现"人赃俱获、罪罚兼备"。2014 年到 2019 年 6 月,已经从 120 多个国家和地区追回了 5 974 名外逃的犯罪分子,其中包括"红通人员"59 人,追回的赃款赃物和罚没款物达 140 多亿元。2013 年至 2018 年,人民法院审结外逃腐败分子回国受审案件 564 件 1 459 人。

上述成绩的取得,离不开刑事司法政策的科学指导。改革开放之初,人民法院贯彻落实惩办与宽大相结合的刑事政策,进入 21 世纪,人民法院贯彻落实宽严相济的刑事政策。2010 年最高人民法院《关于贯彻宽严相济刑事政策的若干意见》规定,对于职务犯罪案件,要依法从严惩处。多年来,人民法院审理职务犯罪案件始终坚持"严"字当头,保持对腐败犯罪的高压态势,坚持全方位、立体化严惩腐败犯罪。

从横向上说，将贪污受贿犯罪与行贿犯罪、渎职犯罪，以及其他相关犯罪一并打击。一是坚持打击受贿犯罪与行贿犯罪并重。行贿与受贿是对向犯，但是，“重打击受贿犯罪轻打击行贿犯罪”的问题在一段时间内较为突出。有鉴于此，1999年最高人民法院、最高人民检察院（以下简称“两高”）发布的《关于在办理受贿犯罪大要案的同时要严肃查处严重行贿犯罪分子的通知》要求在继续严肃惩处受贿犯罪分子的同时，对严重行贿犯罪分子，必须依法严肃惩处，坚决打击。2012年“两高”《关于办理行贿刑事案件具体应用法律若干问题的解释》明确了入罪门槛、“谋取不正当利益”认定等定罪量刑标准和法律适用问题。2016年“两高”《关于办理贪污贿赂刑事案件适用法律若干问题的解释》限定了行贿罪中“情节较轻”“对侦破重大案件起关键作用”“重大案件”等从宽处罚的适用条件。司法部原党组成员、政治部原主任卢恩光，通过不断行贿从私营企业主逐步变身为副部级干部，且始终控制经营多家企业，为个人和其实际控制企业谋取不正当利益，给予多名国家工作人员财物，情节特别严重，被以行贿罪判处有期徒刑十一年，并处罚金人民币二百万元，以单位行贿罪判处有期徒刑二年，并处罚金人民币一百万元，决定执行有期徒刑十二年，并处罚金人民币三百万元。

二是坚持打击贪污受贿犯罪与渎职犯罪并重。腐败与渎职如影随形，为进一步加大对渎职犯罪的惩处力度，人民法院将渎职犯罪纳入惩治腐败犯罪的整体格局。2013年“两高”《关于办理渎职刑事案件适用法律若干问题的解释（一）》明确渎职犯罪案件定罪量刑标准、责任承担范围等问题，及时纠正简单地“就低不就高”“抓小放大”的偏差做法。2016年“两高”《关于办理贪污贿赂刑事案件适用法律若干问题的解释》再次明确国家工作人员同时构成受贿罪和渎职犯罪的实行数罪并罚，从重打击滥用职权损害国家和人民利益的受贿犯罪，严惩受贿（贪赃）“枉法”行为。例如，厦门远华特大走私案中，赖昌星多年从事大规模走私活动，就与公安部原副部长李纪周、厦门海关原关长杨前线、福建省公安厅原副厅长兼福州市公安局局长庄如顺等人受贿后失职渎职、放纵走私密不可分。其中，李纪周利用职务便利，为赖昌星等人牟取利益，非法收受钱财，构成受贿罪；徇私舞弊，干预下级公安机关对相关公司涉嫌走私犯罪的查处，构成玩忽职守罪。再如，武长顺在担任天津市公安局副局长、局长等职务期间，除了犯贪污罪、受贿罪、挪用公款罪、单位行贿罪以外，还对他人非法采取刑侦措施，损害他人合法权益，构成滥用职权罪；接受他人请托，包庇犯罪嫌疑人，使之未被追究刑事责任，构成徇私枉法罪。

三是坚持打击职务犯罪与其他相关犯罪并重。实践表明，黑社会性质组织犯罪等相关犯罪之所以存在并蔓延，往往与官员腐败有很大关系。例如，以文烈宏为组织者、领导者的黑社会性质组织，在长沙市实施故意伤害等有组织违法犯罪60余起，并通过行贿等手段拉拢、腐蚀多名国家工作人员为其提供非法保护。周符波充当文烈宏的“保护伞”，利用担任湖南省公安厅党委副书记、常务副厅长的职务之便，在2014年年底至2016年年初，包庇、纵容文烈宏黑社会性质组织的违法犯罪活动，在文烈宏涉嫌犯罪被立案侦查后，要求举报人与文烈宏自行和解，致使公安机关侦查的相关案件被撤销或未予立案查处，被以包庇、纵容黑社会性质组织罪判处有期徒刑五年，与受贿罪、巨额财产来源不明罪数罪并罚，决定执行有期徒刑十九年，并处罚金人民币二百万元。

从纵向上说，将定罪、量刑、行刑等各个环节的问题予以规范。一是严格规范从宽情节、缓刑、免予刑事处罚的适用。2009年“两高”《关于办理职务犯罪案件认定自首、立功等量刑情节若干问题的意见》严格规定对自首、立功、如实交代犯罪事实、赃款赃物追缴等量刑情节的认定和处理问题。2012年“两高”《关于办理职务犯罪案件严格适用缓刑、免予刑事处罚若干问题的意见》进一步规范职务犯罪案件缓刑、免予刑事处罚的适用。

二是严格限制减刑、假释。继中央政法委出台《关于严格规范减刑、假释、暂予监外执行切实防止司法腐败的意见》后,2014年和2016年,最高人民法院先后制定《关于减刑、假释案件审理程序的规定》《关于办理减刑、假释案件具体应用法律的规定》,分别从程序上和实体上规范刑罚执行,包括严格限制职务犯罪罪犯的减刑、假释;2019年,又专门制定《关于办理减刑、假释案件具体应用法律的补充规定》,对《刑法修正案(九)》施行后,依照贪污贿赂罪判处刑罚的原国家工作人员罪犯的减刑、假释,予以适当从严掌握。

从严惩治并不意味着必须一概从重处罚,还要注意区别对待。例如,国有企业改制过程中,腐败犯罪一度较为严重。2010年《关于办理国家出资企业中职务犯罪案件具体应用法律若干问题的意见》提出,办理国家出资企业中的职务犯罪案件时,要综合考虑历史条件、企业发展、职工就业、社会稳定等因素,注意具体情况具体分析,严格把握犯罪与一般违规行为的区分界限,正确把握从严和从宽的情形。

在具体个案中,对于被告人自首、立功、坦白、揭发检举他人职务违法犯罪行为、认罪悔罪等的,要在量刑时兑现政策承诺。2018年6月25日,河北省政协原副主席艾文礼受贿6 478余万元后,慑于反腐压力、受到政策感召,主动携带赃款赃物到中央纪委国家监委投案自首,江苏苏州中院依法审理,对其减轻处罚,判处有期徒刑八年,并处罚金人民币三百万元。艾文礼的从宽处理起到了很好的示范效应,全国人大原内务司法委员会副主任委员、云南省委原书记秦光荣,河南省人大常委会原党组副书记、副主任王铁等人已先后向中央纪委国家监委主动投案。

二、刑事法网逐步织密

改革开放以来,职务犯罪罪名体系不断严密。1979年《刑法》遵循“宜粗不宜细”的立法原则,对职务犯罪设置渎职罪专章,但只规定了受贿罪、行贿罪、介绍贿赂罪三个贿赂犯罪罪名和故意泄露国家秘密罪、玩忽职守罪等五个渎职罪罪名,且将贪污罪作为侵犯财产罪的罪名。1988年全国人大常委会《关于惩治贪污罪贿赂罪的补充规定》增加单位行贿罪、对单位行贿罪、挪用公款罪、巨额财产来源不明罪、隐瞒境外存款罪,增加单位作为贿赂犯罪的主体。1997年《刑法》将贪污贿赂罪、渎职罪分别独立成章,在贪污贿赂罪中增加单位受贿罪、私分国有资产罪、私分罚没财物罪,在渎职罪中增加滥用职权罪、放纵走私罪等罪名。其后的多个修正案先后增加了多个职务犯罪罪名。2002年《刑法修正案(四)》增加执行判决、裁定失职罪及执行判决、裁定滥用职权罪,2006年《刑法修正案(六)》增加枉法仲裁罪,2009年《刑法修正案(七)》增加利用影响力受贿罪,2011年《刑法修正案(八)》增加食品监管渎职罪、对外国公职人员、国际公共组织官员行贿罪,2015年《刑法修正案(九)》增加对有影响力的人行贿罪。截至目前,贪污贿赂罪由1979年《刑法》的3个法条5个罪名增至目前的14个法条14个罪名,渎职罪由1979年《刑法》的7个法条5个罪名增至目前的25个法条37个罪名。

罪名设置更加科学,促进了刑法分则结构的合理化。一是根据犯罪主体的不同细分罪名。1997年《刑法》针对国家工作人员和国家机关工作人员,分设了贪污贿赂罪和渎职罪专章。1997年《刑法》在渎职罪中规定滥用职权罪和玩忽职守罪一般罪名,又规定了商检徇私舞弊罪与商检失职罪、动植物检疫徇私舞弊罪与动植物检疫失职罪等特别罪名。二是根据犯罪方式的不同细分罪名。1997年《刑法》将受贿罪区分为普通受贿和斡旋受贿,《刑法修正案(七)》又增加利用影响力受贿罪。1997年《刑法》在受贿罪之外规定公司、企业人员受贿罪,经《刑法修正案(六)》修改为非国家工作人员受贿罪,置于破坏社会主义市场经济秩序罪专章中。三是根据行贿对象的不同细分罪名。在1997年《刑法》规定行贿罪的基础上,《刑法修正案(八)》增加的对外国公职人员、国际公共组织官员行贿罪专门规制对外国公职人员或者国际公共组织官员行贿,《刑法修正案(九)》增加的对有影响力的人行贿罪专门规制对有影响力的人行贿。

职务犯罪罪状表述不断清晰明确。以受贿罪为例,1979年《刑法》将受贿罪定义为国家工作人员利用职务上便利收受贿赂的行为。1982年全国人大常委会《关于严惩严重破坏经济的罪犯的决定》明确将索取贿赂作为受贿方式,同时界定国家工作人员的范围。1985年"两高"《关于当前办理经济犯罪案件中具体应用法律的若干问题的解答(试行)》对以"酬谢费"等名义索取或者收受财物是否构成受贿罪作出了规定。1988年全国人大常委会《关于惩治贪污罪贿赂罪的补充规定》修改补充贪污罪、受贿罪、行贿罪的罪状,如将回扣、手续费作为贿赂对象,增加"为他人谋取利益"的构成要件。1989年"两高"《关于执行〈关于惩治贪污罪贿赂罪的补充规定〉若干问题的解答》对受贿罪中主体的认定、"利用职务上的便利"的理解、已离退休国家工作人员利用在职国家工作人员职权受贿等问题作出了进一步规定。1997年刑法将受贿罪定义为国家工作人员利用职务上的便利,索取他人财物的,或者非法收受他人财物,为他人谋取利益的行为;并对国家工作人员作出了界定。2000年全国人民代表大会常务委员会《关于〈中华人民共和国刑法〉第九十三条第二款的解释》规定村民委员会等村基层组织人员协助人民政府从事特定行政管理工作时属于"其他依照法律从事公务的人员"。2000年最高人民法院《关于国家工作人员利用职务上的便利为他人谋取利益,离退休后收受财物行为如何处理问题的批复》明确事先约定的事后受贿以受贿罪定罪处罚。2003年《全国法院审理经济犯罪案件工作座谈会纪要》对受贿罪"利用职务上的便利""为他人谋取利益""利用职权或地位形成的便利条件"等予以界定。2007年"两高"《关于办理受贿刑事案件适用法律若干问题的意见》对以交易形式收受贿赂、收受干股等新型受贿方式的认定进行了规定。2016年"两高"《关于办理贪污贿赂刑事案件适用法律若干问题的解释》将财物扩大解释为包括财产性利益、列举"为他人谋取利益"的四种情形、明确受贿故意的认定等。

刑事法网逐步织密解决了司法实践中的一些重点难点问题。尤其是准确认定了一些新型受贿行为,有效应对了职务犯罪手段逐渐隐蔽化、智能化、期权化的变化。1992年,李效时在担任国家科学技术委员会副主任期间,对沈某某及其担任总裁的北京市长城机电科技产业公司的扩大非法集资活动作过肯定性批示和讲话,收受价值4万元的"技术开发合同"和"分红结算卡",虽辩称合同不能等同于现金,但实际上是获得了"变相企业债券";利用职务便利,为梁某某经营活动提供过帮助,后因其子出国,收受梁某某给予的港元5000元,虽辩称为馈赠,但双方之间具有请托关系,梁某某给予其子的钱款数额明显超过正常礼尚往来的范围;还利用职务便利,向北京市同力制冷设备公司索要空调安装在自己住所内,虽辩称空调机是借用的,但双方没有约定归还日期,且近一年内实际使用没有归还,不属于借用,李效时的上述行为构成受贿罪。在审理李效时受贿案时,以合作投资、民事馈赠、借用等隐蔽方式受贿的,尚属新型受贿行为,审理法官紧紧把握权钱交易这一受贿罪的本质,作出了有益探索。此后的《全国法院审理经济犯罪案件工作座谈会纪要》《关于办理受贿刑事案件适用法律若干问题的意见》对这些行为的定性作出了更为明确的界定。

职务犯罪关联罪名也得到了相应完善。贪污贿赂犯罪是洗钱的上游犯罪之一,继2006年颁布《反洗钱法》之后,《刑法修正案(六)》将贪污贿赂犯罪增加为洗钱罪的上游犯罪之一,《刑法修正案(七)》将洗钱罪的犯罪主体扩展至单位,2009年"两高"《关于审理洗钱等刑事案件具体应用法律若干问题的解释》对明知的认定予以细化,对"以其他方法掩饰、隐瞒犯罪所得及其收益的来源和性质"等作出解释,提出洗钱犯罪的审判不以上游犯罪已经刑事判决为前提,有利于实现打击洗钱犯罪与上游犯罪并重。这也是加入《联合国反腐败公约》以来,我国不断开展国内立法衔接转化工作的具体体现。

三、刑罚裁量趋于科学

改革开放以来，人民法院在审理职务犯罪案件时，适用自由刑尽量追求罪刑均衡。1979 年《刑法》规定贪污罪法定刑档次为三档，受贿罪法定刑档次为两档，且分设了不同的法定刑，但均未规定具体的量刑标准。1982 年《关于严惩严重破坏经济的罪犯的决定》规定了贪污罪的具体数额标准，受贿罪比照贪污罪论处，对受贿罪增加情节特别严重的法定刑档次，将法定最高刑提高到死刑。1988 年《关于惩治贪污罪贿赂罪的补充规定》调整贪污罪、受贿罪的具体数额标准，提高行贿罪的法定刑，主要采取“计赃论罚”的做法。1997 年《刑法》规定贪污罪法定刑档次为四档，受贿罪依照贪污罪的规定处罚，延续“计赃论罚”的做法，但提高具体数额标准。2009 年《刑法修正案（七）》对巨额财产来源不明罪增加差额特别巨大的法定刑档次。2015 年《刑法修正案（九）》调整贪污罪和受贿罪为三档法定刑，采取“数额 + 情节”替代了“计赃论罚”，突出数额之外其他情节在量刑中的地位和作用。2016 年《关于办理贪污贿赂刑事案件适用法律若干问题的解释》对数额较大、数额巨大、数额特别巨大，以及较重情节、严重情节、特别严重情节进行具体界定，设置数额或“情节 + 数额”两套量刑标准，同时相应调整挪用公款罪、行贿罪等其他职务犯罪的量刑标准。贪污贿赂罪的定罪量刑标准随着时代发展进行了多次调整变化，从缺乏标准到“计赃论罚”再到“数额 + 情节”，变得更加具有合理性、可操作性、可执行性，更加有利于实现罪责刑相适应。在具体个案中，法官量刑时注重全面评价行为的社会危害性和行为人的人身危险性，在规定的数额框架内，结合动机、手段、损失、影响、退赃表现、认罪悔罪态度等罪中情节和罪后表现情节，综合裁量决定刑期。

始终注重发挥死刑的震慑作用。1979 年《刑法》规定贪污罪的法定最高刑为死刑，而受贿罪的法定最高刑为有期徒刑十五年。1982 年《关于严惩严重破坏经济的罪犯的决定》将受贿罪的法定最高刑提高到了死刑。人民法院对职务犯罪分子依法严格适用死刑。除了 1982 年判处王仲死刑以外，1992 年，原首都钢铁公司北京钢铁公司党委书记管志诚利用双轨制运行中的自售钢权力，单独或为主合伙受贿 141 万余元，且具有索贿的从重情节，以受贿罪被判处死刑。1993 年，海口市工商银行东风办事处原会计薛根和伙同他人贪污 3 344 万元，被判处死刑，在当时系中华人民共和国成立以来贪污金额最多的。1995 年，深圳市计划局财贸处原处长王建业受贿人民币 450 余万元、美元 75 万元，被判处死刑，在当时系中华人民共和国成立以来受贿金额最大的。2011 年 7 月 19 日，杭州市原副市长许迈永、苏州市原副市长姜人杰在同一天被执行死刑，其中，许迈永受贿 1.45 亿余元，姜人杰受贿 1.08 亿余元。2011 年 11 月，被当地民众戏称为“土地奶奶”的抚顺市顺城区原国土资源局局长罗亚平因单独或伙同他人贪污 3 427 万余元，被判处并执行死刑。

4 名原省（部）级以上干部因职务犯罪被判处死刑。2000 年，江西省原副省长胡长清因受贿 544 万余元，受贿数额特别巨大、情节特别严重，且具有索贿的从重情节，被判处死刑，成为第一个因职务犯罪被判处极刑的原省部级官员。2000 年，全国人大常委会原副委员长成克杰因单独或伙同情人李平受贿 4 109 万余元，被判处死刑，系中华人民共和国成立后第一个因职务犯罪被执行死刑的原副国级官员。2004 年，安徽省原副省长王怀忠因受贿 517 万余元，具有多次索贿的从重情节，且企图阻止有关部门的查处，被判处死刑。2007 年，国家食品药品监督管理局原局长郑筱萸受贿 649 万余元，为有关企业在获得相关许可证、药品进口等方面谋取利益，间接导致一系列药品安全事件，被判处死刑。

2015 年《刑法修正案（九）》对贪污罪和受贿罪增设终身监禁，明确贪污罪、受贿罪死刑、死缓及终身监禁的适用原则。白恩培利用担任中共青海省原省委书记、云南省原省委书记、全国人大环境与资源保护委员会原副主任委员等职务上的便利以及职权和地位形成的便利条件，为相关单位和个人在房地产开发、拓展公司业务、获取矿权、职务晋升等事项上提供帮助，直接或通过其妻张某某非法收受财物2.4亿余元，如实供述办案机关尚未掌握的大部分受贿犯罪事实，认罪悔罪，赃款赃物全部追缴，被判处死刑，缓期二年执行，在其死刑缓期执行二年期满依法减为无期徒刑后，终身监禁，不得减刑、假释。继白恩培成为"终身监禁第一人"后，国家能源局煤炭司原副司长魏鹏远受贿2.1亿余元，黑龙江龙煤矿业控股集团有限责任公司物资供应分公司原副总经理于铁义受贿3亿余元，天津市政协原副主席、公安局原局长武长顺贪污3.4亿余元，新汶矿业集团有限责任公司原副总经理孙正启、新汶矿业集团内蒙古能源有限责任公司原经理石伟共同受贿各自分得3.39亿余元，一审、二审法院均在作出死缓裁判的同时一并作出终身监禁的决定。

充分发挥财产刑的功能。职务犯罪多为贪利型犯罪，在判处生命刑或自由刑的同时施以财产刑，有利于提高腐败犯罪的经济成本，剥夺腐败分子再犯罪的物质基础。《刑法修正案（九）》对贪污贿赂犯罪普遍增设罚金刑，加大了经济处罚力度。《关于办理贪污贿赂刑事案件适用法律若干问题的解释》明确罚金刑的判罚标准，对贪污贿赂犯罪的罚金最低额为十万元，远重于其他犯罪，且采取绝对数和倍比数相结合的办法，在兼顾被判刑人受罚能力的同时确保判罚充分有效。在司法实践中，对于刑法规定"可以并处"财产刑的，原则上均依法判处财产刑。

强调罚没违法所得。《关于惩治贪污罪贿赂罪的补充规定》就规定，追缴贪污、挪用的公共财物，没收贿赂财物及其他违法所得。例如，管志诚受贿贪污案的刑事涉案财物处置树立了典范。首先，对相关单位的投资款项予以发还，充分保障受损单位的合法财产权益；其次，对管志诚家属所有或应有的财产予以发还，充分保障被告人家属的合法财产权益；最后，明晰被告人个人财产范围，最终没收个人全部财产。这就从司法实践层面确立了保护第三人合法财产权益优先于执行被告人财产刑的做法。《关于办理贪污贿赂刑事案件适用法律若干问题的解释》进一步强化了赃款赃物的追缴，对贪污贿赂犯罪分子违法所得的一切财物一追到底，不设时限，永不清零。"决不能让腐败分子在经济上占便宜"的目标基本实现。

四、审判程序不断完善

改革开放以来，人民法院注重做好纪法贯通、法法衔接。职务犯罪案件性质特殊，在审理职务犯罪案件过程中，人民法院注重做好审判程序与纪检监察、审查起诉程序的有效衔接。1978年，中央纪律检查委员会正式恢复成立。1987年，监察部正式挂牌办公。1990年，《行政监察条例》规定"两规"，监察机关在案件调查中有权责令有关人员在规定的时间、地点就监察事项涉及的问题作出解释和说明。1993年，中央纪律检查委员会和监察部合署办公，由中央纪律检查委员会行使党的纪律检查和行政监察两项职能。1997年，《行政监察法》规定"两指"，监察机关有权责令有违反行政纪律嫌疑的人员在指定的时间、地点就调查事项涉及的问题作出解释和说明。2016年，党中央作出国家监察体制改革的重大决策部署。2018年，国家监察委员会成立，同中央纪律检查委员会合署办公，履行纪检、监察两项职责，实现对所有行使公权力的公职人员监察全覆盖；《监察法》明确监察委员会是行使国家监察职能的专责机关，监察机关具有监督、调查、处置三项权限，将留置作为重要的调查措施，等等。为了保障《刑事诉讼法》与《监察法》的协调，2018年，立法机关对《刑事诉讼法》进行了修改，对职务犯罪调查权、强制措施、案件移送等作出规定。纪检监察体制改革对人民法院审理职务犯罪案件具有重大影响。本次监察体制改革后，人民法院主动作为，积极探索，完善与监察机关和检察机关衔接配合机制，努力做好《刑法》《刑事诉讼法》与《监察法》的对接工作。

发挥审判程序的把关作用，确保实体公正。作为办理职务犯罪案件的最后一道环节，人民法院依法严格把握证据关、事实关、量刑关，防止和及时纠正错误，确保把职务犯罪案件办成经得起历史检验的“铁案”。1984年，时任辽宁省电子计算机学会副秘书长赵恒东组织科技人员，利用业余时间翻译、印刷、销售IBM－PC微机外文资料（说明书），按照相关约定提取科技咨询费10万元，并以个人名义存入银行，被指控犯贪污罪。法院认为赵恒东的行为属于有偿提供科技咨询活动，将款项以个人名义存入银行是临时保管的财务违规行为，不能认定为贪污罪，后检察机关决定撤回起诉。

在推进以审判为中心的诉讼制度改革过程中，人民法院坚持证据裁判原则，大力推进庭审实质化，通过法庭审判的程序公正实现案件裁判的实体公正。对于证据不足的事实，依法不予认定。薄熙来案中，根据现有证据，实德集团为薄谷开来、薄瓜瓜等人支付机票、住宿、旅行费用的主要事实清楚，但部分机票费用所对应的报销凭证与在案其他证据存在矛盾或者在形式上确有瑕疵，一、二审法院对该部分费用共计人民币134余万元不予认定。对于非法证据，依法予以排除。人民法院在对证据合法性进行严格审查，有利于进一步规范监察人员调查职务犯罪的取证行为，确保调查所取得的证据符合刑事诉讼证据标准。

依法保障被告人各项诉讼权利，确保程序公正。职务犯罪案件大都影响广泛，某些大要案的审理社会关注甚至举世瞩目。除了涉及国家秘密、商业秘密等按照法律规定不公开审理的以外，都应该进行公开审理，通过公开、透明、规范的审判程序，保障当事人及其律师的诉讼权利，最大限度彰显司法权威。2000年，成克杰受贿案的审理积累了成功经验，从公开审理、案件旁听、新闻宣传、法庭布置等方面都进行了一系列创新性探索，包括开创了多媒体数字法庭的先河。2013年，薄熙来案的审理树立了法治标杆，山东济南中院通过微博全程直播薄熙来案庭审情况、当庭播放检察机关询问证人唐肖林和薄谷开来的同步录音录像、通知证人徐明和王立军等出庭作证接受交叉询问、自我辩护基本未被打断、裁判文书说理充分论证详细等，让庭审成为一堂生动的法治公开课。

推行指定管辖，统筹关联案件。职务犯罪案件不少关系复杂，审理必须有效排除干扰。1999年，在查处“慕马案”案过程中，有关机关发现沈阳市原常务副市长马向东妻子章某某利用“关系网”打探消息，串通案情，严重干扰办案，决定对马向东等人实行指定管辖。后经最高人民法院指定江苏南京中院审判，有效排除了当地人际关系网的影响，确保了案件的公正审理。目前，为了排除案外因素干扰、消除社会公众疑虑，处级以上领导干部职务犯罪案件普遍实行指定管辖和异地审理。在确定受案法院时，审判力量、办案场所、羁押场所、交通情况，以及主要犯罪地、主要任职地、主要涉案主体所在地等都是重要的考虑因素。而审理好指定管辖的职务犯罪案件，对受案法院和审理法官既是全面挑战也是锻炼机会。

不少职务犯罪案件案中有案，案外有案，“拔出萝卜带出泥”的现象较为普遍。对于关联案件，原则上实行分案审理，且往往集中管辖，指定主案审理法院或该法院的下级法院审理，确保主案与从案以及从案之间在证据认定和定罪量刑上的协调平衡。在案件审理顺序上，大都采取先主后次，但也不排除根据实际需要做出适当调整。例如，周永康系列案就是先审理蒋洁敏案等关联案件再审理周永康案。

完善违法所得没收程序适用，推进缺席审判程序落地。职务犯罪案件独具特点，有的腐败分子卷款外逃，主要针对“打虎”“拍蝇”的普通审判程序难以完全应对，为了有效“猎狐”，立法新增了两个特别程序。2012年修改的《刑事诉讼法》增设违法所得没收程序，2017年“两高”《关于适用犯罪嫌疑人、被告人逃匿、死亡案件违法所得没收程序若干问题的规定》进一步对违法所得没收程序的适用范围、违法所得认定标准、犯罪事实证明标准、具体操作规范等予以明确。目前，已有多个案件适用违法所得没收程序进行了审理。“红通”二号人物李华波伙同他人贪污公款9 400万元后潜逃至新加坡,江西上饶中院适用违法所得没收程序,裁定通过国际刑事司法协助,没收其在新加坡的非法财产,得到了新加坡的承认和执行,从而切断了李华波的经济来源,迫使其回国受审。山西省原副省长任润厚在被查办期间因病死亡,江苏扬州中院裁定没收高度可能属于违法所得的财产,避免因腐败分子逃匿、死亡而对其犯罪所得放任不管,系第一起省级干部因死亡而进入诉讼的追赃案件。另外,2018 年修改的《刑事诉讼法》新增缺席审判程序,加强境外追逃工作力度。目前,人民法院正在及时制定司法规范性文件,尽快促成该制度落实落细落地。缺席审判程序和违法所得没收程序共同构筑对“人”和“物”进行追究的完整体系,正在逐渐成为国际追逃追赃工作的两大利器,有利于落实习近平同志所多次强调的,不管腐败分子跑到哪里,都要缉拿归案,绳之以法。

加强宣传引导,消除各种隐患。党的十八大以来,中央政法委提出并推行“三同步”办案要求。人民法院在审理重大职务犯罪案件时,将依法办理、舆论引导、社会面管控三项工作同步部署、推进、落实,统筹制定庭审方案、稳控方案、宣传方案,并按照“三同步”方案协调各方力量做好工作。这是中国特色社会主义司法制度的重大创举,也已成为审理职务犯罪案件的标配,有效确保了职务犯罪案件的顺畅审理。

改革开放以来的审判实践证明,职务犯罪案件审判工作既是严肃的政治任务,又是精密的司法活动。职务犯罪案件的高质量审理,不但引领了刑事审判的发展,而且提高了人民司法的水平,还推进了依法治国的进程。在此过程中,职务犯罪案件审判工作积累了一系列行之有效的成功经验:

一是始终坚持党的领导。只有坚定不移地坚持党的绝对领导,职务犯罪案件审判工作的顺利开展才具有根本保证。改革开放以来,人民法院坚决贯彻中央反腐败决策部署,自觉与党中央保持高度一致,始终以高度的政治责任感,把职务犯罪案件审判工作摆在突出位置,紧紧依靠和发挥党委“总揽全局、协调各方”的政治优势,注重上下联动,左右联通,在有效解决人财物保障的前提下,以最高标准、最严要求,确保在规定时间节点内实现最佳效果,得到了广大人民群众的交口称赞。

二是始终坚持司法为民。民心是最大的政治,反腐败为了人民也依靠人民。改革开放以来,人民法院严厉惩处社会影响恶劣的民生领域腐败犯罪,让人民群众生活更安全、更幸福、更美好。当年郑筱萸之所以被判处死刑立即执行,不仅是因为其受贿数额特别巨大,更是因为其受贿渎职行为严重危害了人民群众用药安全及生命健康安全,犯罪情节特别严重,社会危害性极大。在当前正在开展的扫黑除恶专项斗争中,就要深挖彻查放纵、包庇黑恶势力甚至充当“保护伞”的党员干部,“打伞破网”,坚持“大伞”“小伞”一起打、“官伞”“警伞”一起查,严惩相关职务犯罪。

三是始终坚持公正司法。改革开放以来,人民法院在审理职务犯罪案件时,严格遵守《刑法》和《刑事诉讼法》,坚持严把证据关、确保事实认定客观真实,坚持严把定罪关、确保案件定性准确,坚持严把量刑关、确保刑罚适用统一规范,坚持严把程序关、确保审判程序严肃公正,坚持严把行刑关、确保刑罚执行效果良好,保证实体上没有硬伤、程序上没有瑕疵。同时,在坚守法律底线的前提下,坚持宽严相济刑事政策,用好用足用活法律,避免单纯办案、机械办案、孤立办案,最大限度地实现法律效果、社会效果、政治效果的有机统一。

四是始终坚持司法规律。改革开放以来,人民法院在职务犯罪案件审判过程中,在遵循刑事审判一般规律的基础上,根据职务犯罪案件的特殊性,形成了独具特色的审判方式。职务犯罪案件审理往往责任压力大、质量要求高、新情况新问题多,一个法官一个合议庭往往难以唱“独角戏”,需要本院院庭长甚至上级法院进行协调指导和法律适用把关。在深入推进司法责任制过程中,审理职务犯罪案件尤其鼓励院庭长亲自担任审判长,不少法院的院庭长不辱使命,直接承办大案要案,确保了案件审理的良好效果。

五是始终坚持发展创新。为了回应社会关切,满足实践需要,人民法院在职务犯罪案件审理中不断调整思路、完善机制,做到“魔高一尺,道高一丈”。针对职务犯罪案件审判时发现的新情况,人民法院往往先由法官个案处理再到文件明确规定。例如,《关于办理贪污贿赂刑事案件适用法律若干问题的解释》就规定有关“买官卖官”贿赂行为属于“严重情节”,或者作为降低入罪数额的依据,有利于惩治吏治腐败。为了深入推进职务犯罪的科学立法,人民法院还将适时提出立法修改建议,包括调整贿赂犯罪和渎职犯罪的罪名体系,借鉴《联合国反腐败公约》等国际公约修改构成要件。实践创新也推动了理论发展,例如,《全国法院审理经济犯罪案件工作座谈会纪要》规定主观上不想还的挪用公款转化为贪污。

经验弥足珍贵,薪火还需接力。习近平总书记指出:“全面从严治党永远在路上。”当前,反腐败斗争形势依然严峻复杂,既要打好“攻坚战”又要打好“持久战”。人民法院必须坚持习近平新时代中国特色社会主义思想为指南,一刻不停歇深入推进反腐败斗争,继承发扬改革开放以来积累的宝贵经验,一如既往精心做好职务犯罪案件审判工作,不断深入推进法治反腐,为实现中华民族伟大复兴的中国梦不懈奋斗。

略谈最新司法解释中贪污受贿犯罪的定罪量刑标准

□赵秉志*

一、刑法修正案(九)的相关修改

进一步完善反腐败刑法规范是《中华人民共和国刑法修正案(九)》[以下简称《刑法修正案(九)》]修法的重点之一,而合理调整贪污受贿犯罪定罪量刑标准的模式则是其中的一大亮点。鉴于1997年刑法对贪污受贿犯罪定罪量刑规定单一的具体数额标准的种种弊端(如难以全面而适时地反映案件的社会危害程度,不能充分贯彻罪责刑相适应原则等),根据各方面的意见和建议,《刑法修正案(九)》实事求是地对此作了合理调整,将贪污受贿犯罪原来的单一依据具体数额进行定罪量刑的模式,修改为"概括数额+情节"的定罪量刑模式,即原则上规定"数额较大或者情节较重""数额巨大或者情节严重""数额特别巨大或者情节特别严重"三种由轻到重的犯罪情况,相应规定了三档法定刑;并规定数额特别巨大且使国家和人民利益遭受特别重大损失的,处无期徒刑或者死刑。

为了维护国家司法的统一性和公正性,《刑法修正案(九)》所确定的"概括数额+情节"的贪污受贿犯罪的定罪量刑标准必须由依法享有司法解释权的国家最高司法机关(最高人民法院和最高人民检察院,以下简称"两高")以司法解释的形式予以具体规定。"两高"经过一段时间的认真调查研究和听取各方面的意见,制定通过了《关于办理贪污贿赂刑事案件适用法律若干问题的解释》(以下简称《解释》)。《解释》在《刑法修正案(九)》相关规范的基础上,科学合理地设定了贪污受贿犯罪定罪量刑的具体数额和情节标准,很好地贯彻了《刑法修正案(九)》的相关修法精神暨司法公正、罪责刑相适应原则的要求。

二、关于数额标准的解读

贪污受贿犯罪是贪利型职务犯罪,犯罪数额是其社会危害程度的基本决定因素。因而《刑法修正案(九)》关于贪污受贿犯罪定罪量刑标准的设定,还是以犯罪数额为首要的模式,只是改"具体的数额模式"为"概括的数额模式",以维护刑法立法的稳定性和适应性,并授权最高司法机关可以动态地、科学合理地设置某一时期的具体数额标准。《解释》则将经《刑法修正案(九)》修改的刑法第三百三十八条、第三百八十六条贪污罪、受贿罪由轻到重三种罪状(数额)及其对应的法定刑档次确定为:贪污或者受贿数额在3万元以上不满20万元的为"数额较大",适用"三年以下有期徒刑或者拘役,并处罚金"的法定刑幅度(《解释》第一条第一款);贪污或者受贿数额在20万元以上不满300万元的为"数额巨大",适用"三年以上十年以下有期徒刑,并处罚金或者没收财产"的法定刑幅度(《解释》第二条第一款);贪污或者受贿数额在300万元以上的为"数额特别巨大",适用"十年以上有期徒刑、无期徒刑或者死刑,并处罚金或者没收财产"的法定刑幅度(《解释》第三条第一款)。《解释》关于数额模式的规定即其所确定的贪污受贿犯罪定罪量刑的数额标准,涉及以下三个问题:

---

* 中国法学会刑法学研究会会长、北京师范大学法学院教授。

其一，数额标准应采用什么模式规定？从理论与实践的结合上考虑，对于贪污受贿犯罪的数额标准采用何种模式规定，大体上有三种模式选择：一是数额幅度模式。即由“两高”制定司法解释规定贪污受贿犯罪定罪量刑的数额幅度，同时授权省级司法机关在司法解释规定的数额幅度内，根据本地区经济发展水平并考虑当地犯罪状况，确定本地区执行的具体数额标准并报“两高”备案。如“两高”对盗窃罪、诈骗罪等侵犯财产犯罪的具体数额确定即采用了此种模式。二是不同类型的地区数额分立模式。即由“两高”将全国各省区按其经济发展状况划分为三类或四类地区，并对几类地区分别确定不同的数额。以上两种模式可以说都是因地而异的数额标准，相比之下，第一种模式的差异是因省区而异，各省区自行确定数额；而第二种模式是不同类型地区间有所差异且其数额标准是由“两高”具体确定的。这两种模式的优点是考虑了不同地区经济发展状况对贪污受贿犯罪数额所体现的社会危害程度的不同影响；其主要弊端是造成司法的不统一，并给犯罪行为跨省区案件的指定管辖和定罪量刑带来困难。三是统一数额模式。即由“两高”以司法解释在全国范围内规定统一的贪污受贿犯罪定罪量刑的数额标准。这是《解释》所采取的模式。此种模式的优点，一是维护了司法的统一性；二是对跨省区案件的定罪量刑采取统一标准维护了司法的公平公正，也增强了司法的可操作性。其弊端是未能体现不同地区经济发展状况之差异。相比之下，可以说第三种模式的利大于弊，因为司法的统一与公正是现代刑事司法尤为重要的生命线。因此，对《解释》所采取的统一数额模式应予以肯定和支持，并且可以在司法实践中予以检验和完善。

其二，怎样确定贪污受贿犯罪的起刑点数额？即“数额较大”的标准应怎样掌握？1988 年《全国人大常委会关于惩治贪污罪贿赂罪的补充规定》对贪污罪、受贿罪设置的起刑点是 2 000 元，1997 年刑法将这一起刑点提高至 5 000 元，《刑法修正案（九）》在立法上取消此一起刑点具体数额的规定，而改为“数额较大”的概括规定，并将“数额较大”的确定标准交由最高司法机关以司法解释来明确。那么，对贪污受贿犯罪“数额较大”的标准应怎样掌握？原来的 5 000 元起刑点是应维持不变还是要有所提高？若需要提高，其提高幅度应有多大？对此问题大体上有三种主张：第一种观点主张 5 000 元的起刑点不宜提高，甚至还应有所降低。认为这是严惩腐败犯罪的要求，是契合中央对腐败行为“零容忍”的反腐政策的，也是符合严厉反腐败的社会舆情和民众呼声的。第二种观点主张此一起刑点应适当提高，但不宜提得太高，如可以将“数额较大”的起刑点提高至 1 万元。第三种观点主张对此起刑点即“数额较大”的标准应予以明显的提高，如可以提高到 3 万元。“两高”的《解释》采纳了上述第三种观点，将这一起刑点提高至 3 万元。我认为《解释》此一规定是正确的抉择，因为对贪腐行为的“零容忍”绝不等于对贪污受贿犯罪要实行刑事犯罪门槛的“零起点”。我国刑法对犯罪行为之规制一贯坚持“质与量”相统一的思想，并以行为的社会危害程度大小来作为区分犯罪行为与一般违法行为的界限。在当前反腐败的大潮中，中央也旗帜鲜明地提出要把党纪政纪挺在刑事追究的前面，即对贪污受贿行为在定罪量刑之前，要有党纪政纪处分可以独立发挥作用的空间。再者，贪腐行为的社会危害程度是一个变量，它会随着社会经济的发展状况而相应地变化。自 1997 年刑法规定贪污受贿犯罪 5 000 元起刑点迄今，我国经济社会的发展变化巨大，人均 GDP 自 1997 年至 2014 年增长了约 6.25 倍，而适用了近 20 年的贪污受贿犯罪 5 000 元的起刑点却仍未变化，已严重不符合当初设定这一起刑点时所掌握的社会危害程度，因而适当提高这一起刑点数额乃势在必行，而且提高幅度太小也不解决问题。据介绍，《解释》将此起刑点数额由原来的 5 000 元提高至 3 万元，这也是符合近年来司法实践中予以刑事追诉的贪污受贿犯罪案件的实际情况的。而从实际出发、实事求是，历来是我国刑事法治所注意贯彻的重要理念。

其三,怎样确定贪污受贿犯罪"数额巨大""数额特别巨大"的标准?《解释》结合对既往司法实践的考察和相关立法精神,将贪污受贿犯罪"数额巨大"的标准确定为满20万元,将其"数额特别巨大"的标准确定为满300万元。其主要考虑是要适当拉开不同量刑档次的级差,以更好地贯彻罪责刑相适应原则下的区别对待。我认为《解释》这一改动是正确的,是值得充分肯定的。在刑法修正案(九)之前,刑法第三百八十三条、第三百八十六条关于贪污受贿犯罪第二档次(对应现在的"数额巨大")的数额规定是5万元,法定刑为五年以上有期徒刑;第三档次(对应现在的"数额特别巨大")的数额规定是10万元,法定刑为十年以上有期徒刑或者无期徒刑。其主要问题有二:一是在起刑点数额("数额较大")过低的基础上,刑法中对"数额巨大""数额特别巨大"的具体数额设置也均过低,严重脱离当前经济社会背景下数额反映的社会危害性程度的真实情况,导致罚过其罪,与配置的重刑显然不协调。二是数额与刑罚相对应的量刑区间狭窄,轻重罪刑之间缺乏科学合理的幅度和梯次之分。这不但表现在从第一档次起刑点的5 000元(对应一年以上七年以下有期徒刑)到第二档次的5万元(对应五年以上有期徒刑),再到第三档次的10万元(对应十年以上有期徒刑或者无期徒刑)之间总共仅有9.5万元的数额差距,而法定刑就从一年有期徒刑上升到十年以上有期徒刑或者无期徒刑,导致数额差距空间较小而刑罚轻重差距过大;而且犯罪数额在5 000元到10万元之间的,实践中的量刑也大体上是按照1万元判刑一年掌握,看似公平,实则显属轻罪重罚。其问题更突出地表现在第三档次(即10万元以上判处十年以上有期徒刑或者无期徒刑)的罪刑关系上,在此档次,只要不属于"情节特别严重的,处死刑"的情况,则贪污受贿数额满10万元与不满10万元的案件在量刑上轻重差别巨大,而贪污受贿数额10万元、几十万元的案件与数百万元、数千万元的案件在量刑上却差别不大(其量刑区间仅为十年至十五年有期徒刑、无期徒刑),导致这一档次在实践中长期存在罪刑失衡、重刑集聚的不合理现象。以上这些弊端严重违背了我国刑事法治中社会危害性理论的基本原理和罪责刑相适应原则的要求,严重有损现代刑事法治的公平正义理念。因而相当一个时期以来,各方面要求合理调整和适当提高贪污受贿犯罪加重刑罚的第二档次、第三档次之数额标准的呼声很高,这也正是刑法修正案(九)将其更改为概括性的"数额巨大""数额特别巨大"的立法本意所在。此次我国最高司法机关在《解释》中将属于第二量刑档次的"数额巨大"标准提高至满20万元,将属于第三量刑档次的"数额特别巨大"标准提高至满300万元,较过去的相应数额标准有了较大幅度的提高,其数额标准的确定是建立在对我国当下经济社会状况及贪污受贿数额的社会危害程度认真调研把握之基础上的,是符合目前我国社会罪刑关系实际的。如此设置,给三年以上十年以下有期徒刑的适用以及十年有期徒刑以上刑罚的适用都留下了尽可能大的犯罪数额对应空间,有利于从根本上解决司法实践中长期存在的贪污受贿犯罪之量刑罪刑失衡、重刑集聚的问题,从而较好地贯彻了罪责刑相适应的刑法基本原则。

三、关于情节标准的解读

在1997年刑法中,贪污受贿犯罪的定罪量刑以具体数额为基本模式,"情节"只是其补充因素。《刑法修正案(九)》改变了既往刑法中单纯计赃论罪论罚的具体数额的基本模式,而代之以"数额+情节"(或者说"数额或情节")的模式,即将"情节较重"与"数额较大"并列,将"情节严重"与"数额巨大"并列,将"情节特别严重"与"数额特别巨大"并列,相应规定了三档法定刑。也就是说,由《刑法修正案(九)》第四十四条的语义来看,国家立法机关显然是把"情节"作为与"数额"并列的贪污受贿犯罪之定罪量刑标准看待的,即贪污受贿犯罪之定罪量刑有两个标准,一为数额标准,二为情节标准,二者并列而相互区别、相互独立,具备其中之一即可。但是,"两高"的《解释》一方面规定了独立的数额标准;另一方面却没有规定完全独立于数额的情节标准,而是将情节与相对较低的数额(大体上减半)相结合而规定了“数额+情节”模式的标准。此种模式与数额模式的三个档次相对应,区分为三档罪刑规范:(1)贪污受贿数额在1万元以上不满3万元,同时具有《解释》所列举的严重情节之一的,即认定为法条规定的“其他较重情节”,与“数额较大”(单纯的数额在3万元以上不满20万元)一样适用第一档次的法定刑;(2)贪污受贿数额在10万元以上不满20万元,同时具有《解释》所列举的严重情节之一的,即认定为法条规定的“其他严重情节”,与“数额巨大”(单纯的数额在20万元以上不满300万元)一样适用第二档次的法定刑;(3)贪污受贿数额在150万元以上不满300万元,同时具有《解释》所列举的严重情节之一的,即认定为法条规定的“其他特别严重情节”,与“数额特别巨大”(单纯的数额在300万元以上)一样适用第三档次的法定刑。针对“两高”《解释》将《刑法修正案(九)》所规定的独立于数额的情节标准改造成“数额+情节”模式,应当探讨和明确以下几点:

其一,为什么要将情节标准改造成“数额+情节”标准?在《刑法修正案(九)》的修法过程中,鉴于过去单纯数额标准的弊端,一种意见反对将数额作为贪污受贿犯罪的主要定罪量刑标准,主张应以脱离数额的情节作为其定罪量刑的标准,规定“情节较重、情节严重、情节特别严重”三种情形及相应的三档法定刑。国家立法机关经研究没有采纳单纯的情节标准之主张,也没有维持既往的单纯具体数额标准之模式,而是采取了将数额与情节并列、“数额+情节”标准的模式。而最高司法机关的《解释》又在数额标准之外的情节标准中加入了数额因素,将情节与数额挂钩,使情节标准实际上成为“情节+数额”的模式。这主要是基于两点考虑:一是犯罪数额在贪污受贿犯罪危害程度的衡量中具有基础性的作用,对此类贪利性职务犯罪之定罪量刑虽不能一概的单纯考虑数额,但也往往离不开对犯罪数额的考量,这也是罪责刑相适应原则的要求和体现;二是完全脱离数额的其他情节之严重程度往往难以量化和准确把握,若仅根据其他情节决定刑罚裁量可能会出现数额较小而判刑过重的罪刑失衡现象,也容易给量刑的随意性留下空间。我认为最高司法机关这两点考虑是值得充分肯定的,即是准确地把握了数额与其他情节对贪污受贿犯罪之危害程度影响的辩证关系,也是借鉴了以往我国最高司法机关在侵犯财产类犯罪之司法解释中的成功经验,因此,应当予以认同和支持。当然,将来若能对立法上关于情节标准独立于数额之规定作适当修改,使情节标准从立法上来看也有容纳一定数额因素的空间,以使立法与司法合理协调,则效果会更好。

其二,关于情节标准与数额标准的关系问题。按照《刑法修正案(九)》的相关规范和“两高”《解释》第一条至第三条的规定,可以说,我国当前对贪污受贿犯罪的定罪量刑标准是采用了“两套标准”“三个档次”(三个罪刑单位)。“两套标准”之一为数额标准,这也是贪污受贿犯罪基本的定罪量刑模式,区分为“数额较大”(满3万元不满20万元)、“数额巨大”(满20万元不满300万元)、“数额特别巨大”(300万元以上)三个档次并配置由轻到重的三档法定刑;“两套标准”之二为情节标准,更确切地讲应为“情节+数额”标准,区分为“其他较重情节”(满1万元不满3万元,同时具备《解释》所列严重情节的)、“其他严重情节”(满10万元不满20万元,同时具备《解释》所列严重情节的)、“其他特别严重情节”(150万元以上不满300万元,同时具备《解释》所列严重情节的)三个档次,并与符合数额标准者一样分别适用三档法定刑。由此可见,贪污受贿犯罪定罪量刑的数额标准与情节标准(“情节+数额”标准)是并行不悖的、彼此独立的两套标准:没有《解释》所列举的严重情节者即不适用情节标准而适用数额标准;具有《解释》所列举的严重情节者适用情节标准(“情节+数额”标准),此时的数额要求要依照《解释》之规定有所降低,原则上是减半掌握。“两高”《解释》对《刑法修正案(九)》所确定的贪污受贿犯罪定罪量刑之概括数额标准的具体化,以及对其情节标准进行的“情节+数额”改造和具体化,使这两种标准形成互补关系且均明确、具体而具备可操作性,这是值得充分肯定的。

其三,关于贪污受贿犯罪“严重情节”的抉择。在“数额+情节”模式下,大体上减半掌握数额标准,从而使数额外的其他情节成为影响贪污受贿犯罪定罪量刑的重要因素。为使情节因素正确而充分地发挥其对贪污受贿犯罪定罪量刑的作用,“两高”《解释》以能够真正体现犯罪特点并对贪污受贿犯罪定罪量刑有重要意义为标准,认真选择了若干严重情节加以规定。具体而言,对贪污罪规定的严重情节有六项:(1)贪污救灾、抢险、防汛、优抚、扶贫、移民、救济、防疫、社会捐助等特定款物的;(2)曾因贪污、受贿、挪用公款受过党纪、行政处分的;(3)曾因故意犯罪受过刑事追究的;(4)赃款赃物用于非法活动的;(5)拒不交代赃款赃物去向或者拒不配合追缴工作,致使无法追缴的;(6)造成恶劣影响或者其他严重后果的。(《解释》第一条第二款)这些情形从犯罪对象、犯罪行为、行为人主观恶性和人身危险性、认罪悔罪态度和危害后果等方面说明了社会危害性较大,因而被合理地确定为影响贪污罪定罪量刑的因素。对受贿罪规定的严重情节分为两类:第一类是上述贪污罪第二项至第六项规定的五种情节。第二类是仅适用于受贿罪的另外三种情节:(1)多次索贿的;(2)为他人谋取不正当利益,致使公共财产、国家和人民利益遭受损失的;(3)为他人谋取职务提拔、调整的。这三种情节是针对受贿罪特点而设立的,而且对受贿案件的危害程度或行为人的主观恶性程度有显著影响。第一项“多次索贿”表明了行为了主观恶性较大,第二项“贪赃枉法”又造成损害后果明显具有更重的社会危害性,第三项组织、人事类腐败危害性质和程度都十分严重,因而将这三项情形规定为受贿案件的严重情节是合乎法理与情理的。上述适用于受贿罪的情节,总计有八种。总之,《解释》所规定的贪污罪、受贿罪的这些严重情节,都是从我国相关的司法实践中总结出来的,并具有相应的理论根据。当然,对《解释》所规定的这些严重情节,还可以通过司法实践予以检验和进一步完善。

四、结语

以上着重围绕“两高”《解释》关于贪污受贿犯罪定罪量刑标准,对其“数额标准”和“情节标准”进行了粗浅的探讨。但对于本属贪污受贿犯罪定罪量刑范畴的特重大案件的死刑和终身监禁的适用问题(《解释》第四条),由于本文篇幅所限,尚未能论述。

综上所述,我认为,“两高”《解释》关于贪污受贿犯罪定罪量刑标准之规定,贯彻宽严相济的基本刑事政策、完善反腐败法治的修法精神以及罪责刑相适应的刑法基本原则,并注意规范的科学性、合理性和可操作性,是一个极其重要的司法解释文件。其付诸实施必将切实促进我国的刑事司法实践。我们应当认真学习、研究《解释》的精神与规范。

贪污受贿犯罪数额的合理调整

□陈兴良*

《中华人民共和国刑法修正案(九)》颁布以后,对于贪污受贿罪的刑法修订亟待进行司法解释。最高人民法院和最高人民检察院在制定《关于办理贪污贿赂刑事案件适用法律若干问题的解释》(以下简称《解释》)过程中,如何对决定贪污受贿犯罪定罪与量刑的数额标准进行规定,无疑是一个最为重要的问题,也是一个艰难的选择。因为这不仅涉及贪污受贿犯罪的定罪量刑标准的把握,同时还牵动了其他相关职务犯罪的数额标准,需要极其慎重对待。具体言之,这里涉

* 北京大学法学院教授。

及两个问题：一是定罪数额的确定，二是量刑数额的确定。

所谓定罪数额，也就是数额较大的数额。定罪数额涉及贪污受贿犯罪的犯罪圈，即刑罚处罚范围问题。原刑法第三百八十三条将一般情况下贪污受贿犯罪的定罪数额确定为 5 000 元。这个定罪数额在 1997 年刑法修订时也许是合适的，因为在 1988 年《全国人大常委会关于惩治贪污罪贿赂罪的补充规定》中规定的贪污受贿犯罪的定罪数额是 2 000 元，从 1988 年到 1997 年，只不过 9 年时间，贪污受贿犯罪的数额已经提高了一倍还要多。但从 1997 年到 2016 年，已经将近 20 年时间，仍然维持 5 000 元的定罪数额，确实已经落后于社会发展。这也正是在刑法中具体规定犯罪数额所带来的弊端，即不能随着时间的推移而保持法律的稳定性。事实上，早在十多年前，这个数额标准在某些经济发达地区就已经难以执行。那么，这次《解释》对贪污受贿犯罪的定罪数额究竟如何设定数额标准呢？一定程度的提高这是必然的，只不过是提高的程度如何把握的问题。对此，还是存在意见分歧。有意见认为，应该一步到位地将贪污受贿犯罪的定罪数额提高到 5 万元。对于不满 5 万元的，只有情节较重的，才追究刑事责任。没有达到情节较重程度的，可以进行党纪政纪处分。还有意见认为，贪污受贿犯罪的定罪数额关系到惩治腐败犯罪的力度，存在一个社会公众的接受程度问题，还要考虑与其他财产犯罪的衔接，不能提高幅度太大。应当先做较小幅度的调整，在将来条件具备以后，再通过司法解释的方法进行调整。在以上两种意见中，应该说第一种意见是较为符合目前司法实践状态的。因为现在贪污受贿 5 万元以下的案件，进入司法程序的已经较为少见，大多数消化在司法程序之外，以党纪政纪的处分结案。但从社会公众的接受程度和与其他财产犯罪的衔接来说，第二种意见更为可取。

现在《解释》规定的贪污受贿犯罪的“数额较大”标准是 3 万元，并且在具有其他较重情节的情况下，数额标准下探到 1 万元。换言之，《解释》确定的贪污受贿罪的定罪数额标准是 1 万元和 3 万元。就 1 万元这个数额而言，与贪污受贿犯罪数额 5 000 元的原标准，以及与其他财产犯罪的数额标准还是能够保持一定的衔接与对应，显得较为稳妥。如果仅从《解释》规定的数额来看，从 5 000 元到 3 万元，似乎存在较大幅度的提高，但考虑到在司法实践中贪污受贿 5 万元以下而被追究刑事责任的案件已经较少，这种定罪数额的调整对于贪污受贿犯罪的实际惩治其实不会发生太大的影响。也就是说，贪污受贿犯罪的犯罪圈并不会骤然缩小。

所谓量刑数额，也就是“数额巨大”和“数额特别巨大”的数额。不同于定罪数额，量刑数额是法定刑提升或者加重的数额。如果数额达到一定程度，则导致法定刑升格，即适用更重的法定刑幅度。从这个意义上来说，量刑数额关系到刑罚资源在一个犯罪中的配置。如果这种刑罚资源配置不合理，同样也会带来消极影响。在 1997 年刑法中，贪污受贿犯罪的量刑数额分别规定为 5 000 元以上不满 5 万元处一年以上七年以下、5 万元以上不满 10 万元处五年以上十年以下、10 万元以上处十年以上这三个档次。在这三个档次中，最遭诟病的是 10 万元以上处十年以上的规定。根据 10 万元处十年以上的规定，10 万元以下的贪污受贿犯罪，基本上是 1 万元一年有期徒刑。但 10 万元以上的贪污受贿犯罪，在司法实践中可能会达到 10 万元一年有期徒刑，在某些情况下，甚至是百万元一年。例如，贪污受贿 500 万元而被判处十五年有期徒刑的案例也是极为常见的。在这种情况下，就形成了贪污受贿 10 万元以下和贪污受贿 10 万元以上的刑罚处罚的不平衡与不合理。这次《解释》将贪污受贿罪的“数额巨大”标准调整为 20 万元，“数额特别巨大”标准调整为 300 万元。即贪污受贿数额达到 20 万元以上不满 300 万元的，处三年以上十年以下有期徒刑；贪污受贿数额达到 300 万元以上的，处十年以上有期徒刑，是合理而必要的。

其实，完全以数额作为定罪量刑的标准，是存在缺陷的，因为数额并不是评价犯罪的唯一标准。对于贪污受贿犯罪也是如此。以受贿罪为例，其危害性更多地体现在权钱交易过程中，对于国家利益和人民利益所造成的严重危害。同时,即使是以数额衡量,对于同一个犯罪也无法做到刑罚与数额的完全对应。例如,根据《解释》对贪污受贿犯罪规定的数额标准,当贪污受贿3万元以上不满20万元时,对应的刑罚是三年以下有期徒刑。因此,平均5万元对应一年有期徒刑。当贪污受贿数额在20万元以上300万元以下时,对应的刑罚是三年以上十年以下有期徒刑。因此,平均40万元对应一年有期徒刑。假如以2 000万元作为判处无期徒刑的标准,那么,当贪污受贿数额在300万元以上2 000万元以下时,平均300万元对应一年有期徒刑。如此计算,5万元对应一年,40万元对应一年和300万元对应一年,显然是难以达至平衡的。从表象来看,这种规定似乎有利于重罪而不利于轻罪,数额越小处罚越重;数额越大处罚越轻。对这种现象的合理解释,也许就在于当刑罚的严厉性到达一定程度时,刑罚的区分度就逐渐降低。刑法上的合理性是相对的,例如,杀死1人判处死刑,杀死10人同样也只能判处死刑。在这种情况下,杀死1人与杀死10人的法律评价无法再进行区分。以数额作为定罪量刑的标准,同样存在这个问题。也正因如此,《解释》在规定数额标准的同时,对情节在量刑中的作用予以了特别强调。

在贪污受贿犯罪的定罪量刑数额标准上,还有一个值得思考的问题,就是确定数额标准的根据问题。这里所说的确定数额标准的根据,是指对于贪污受贿犯罪的"数额较大"规定为3万元,"数额巨大"规定为20万元,"数额特别巨大"规定为300万元的决定性因素,尤其是是否存在实证性的事实依据。从现在的刑罚规定来看,对于贪污受贿犯罪和其他财产犯罪,在罪刑单位的设置上,一般都分为"数额较大""数额巨大"和"数额特别巨大"这三个档次,与之对应的法定刑幅度是三年以下、三年以上十年以下和十年以上有期徒刑。也就是说,各种财物性犯罪,包括经济犯罪和财产犯罪,以及具有财物性的贪污受贿犯罪,都分为较轻犯罪、较重犯罪和特别严重犯罪三个层次。与之对应,法定刑也相应地分为三年以下、三年以上十年以下和十年以上三个幅度。那么,如何根据一定的数额将三个层次的犯罪加以切分呢?我认为,较为合理的做法是根据某种犯罪的实际状况并结合相关犯罪的量刑平衡以及刑事打击策略等确定一个相对合理的案件量刑分布比例。比如,较轻犯罪占到15%左右,较重犯罪占到30%左右,特别严重犯罪占到20%左右。据此,就可以根据前推十年在一定区域范围内同种犯罪案件的实际数据,按照以上比例进行换算确定出三种数额标准。假如10万件贪污罪案件,根据数额大小进行排列,贪污3万元以上20万元以下的案件是5万件;贪污20万元以上300万元以下的案件是3万件;贪污300万元以上的案件是2万件。在这种情况下,将"数额较大"的标准确定为3万元以上20万元以下;将"数额巨大"的标准确定为20万元以上300万元以下;将"数额特别巨大"的标准确定为300万元以上,就可以将贪污案件按照一定的比例较为均衡合理地配置在不同的量刑区间。这个数额标准在实行了若干年以后,当以上三个层次的犯罪之间的比例发生重大变动时,就应当对数额标准进行适当的调整,而调整的根据仍然是实际案件的分布与比例。调整的结果既可能是数额标准的下移,也可能是数额标准的上调,这将主要取决于案件变动的实际状况。在这种情况下,只有刑罚分配的比例是人为确定的,因此也是可以根据犯罪形势和打击需要进行检讨的。而具体数额标准就不是主观设定的,而是基于既定的刑罚分配比例根据案件的实际分布情况计算出来的。

贪污受贿犯罪定罪量刑数额的规定是一项政策性较强的工作,数额标准设置过高,则不利于对贪污受贿犯罪的惩治;反之,数额标准调整不到位,则又会出现量刑不合理的现象。目前的《解释》在多方征求意见的基础上,确定了这个数额标准,我认为是符合实际的,具有较强的可操作性,值得肯定。

依法从严惩治贪污贿赂犯罪
——解读《关于办理贪污贿赂刑事案件适用法律若干问题的解释》

□阮齐林*

自《中华人民共和国刑法修正案(九)》[以下简称《刑法修正案(九)》]对贪污贿赂犯罪的定罪量刑标准作出重大立法修正之后,最高人民法院、最高人民检察院将如何解释修正后的刑法条文,令人关注。近日,《最高人民法院、最高人民检察院关于办理贪污贿赂刑事案件适用法律若干问题的解释》(以下简称《解释》)终于出台,拜读之后,发现该解释既有提高定罪量刑数额标准适应客观实际需要的一面,更有依法从严惩处贪污贿赂等腐败犯罪的一面。体现如下:

一、贪污受贿入罪的数额标准压得很低

在具备"一定情节"的条件下,贪污受贿 1 万元即构成犯罪,应予追究刑事责任。这"一定情节"具有两个特点:其一,相当广泛,《解释》第一条对贪污罪列举规定了五种情节并且还规定有"造成恶劣影响或其他严重后果"的兜底情节;对受贿罪则列举规定了八项情节,其中包括"造成恶劣影响或其他严重后果"的兜底情节。其二,具体明确,《解释》对贪污受贿 1 万元应予定罪判刑的"一定情节"列举得具体明确,便于操作,这将促进司法机关严格执行贪污受贿 1 万元的入罪标准,增加"老虎苍蝇一起打"的实效。

之所以说 1 万元的入罪标准是"压得很低",主要有两个缘由:第一,1997 年刑法第三百八十三条对贪污贿赂犯罪的入罪标准定在 5 000 元,时至今日已近 20 年,经济发展、收入和物价水平与 20 年前已经不可同日而语,国民经济生产总值已经增长了 6 倍多,而具备一定情节的入罪标准仅仅提高 1 倍,不可不谓"压得很低"。第二,由于经济社会的巨大发展变化,原来 5 000 元的入罪标准在司法实践中已很难执行,即使低于 3 万元被追诉的,主要是因为其他犯罪案件被牵连出来的,且多被判处免予刑事处罚。而《解释》规定在具有"一定情节"时 1 万元即可立案侦查追究刑事责任,的确压得很低。通常情况下,即使不具有"一定情节"的以 3 万元为定罪起点,参考近些年实践操作情况,也算是较低的入罪标准。此外,贪污、受贿没有达到 1 万元并有其他严重情节的或没有达到 3 万元的,仍可给予党纪政纪处分。

刑法规范人的行为、惩戒威慑其他人的效果在于其必至性,即违法必究,对于贪官而言即使小贪也会遭到检控、定罪、判刑,将有效破除侥幸心理,取得良好预防效果。对于国家工作人员而言,一旦被追诉,其政治、职业生涯即告终结,这种刑罚之外的效果也是令国家工作人员十分畏惧的。通过压低入罪标准,有助于强化"莫伸手,伸手必被捉"的戒律。

二、对贪污罪、受贿罪构成要件作扩大解释,更易于检察机关成功起诉贪污贿赂犯罪,更有利于法院适用刑法有关条款定罪判刑

一是《解释》第十二条不仅继续坚持以往司法解释将贿赂犯罪中的"财物"扩张到"财产性利益",而且进行了更进一步的归类细分:"财产性利益包括可以折算为货币的物质利益如房屋装修、债务免除等,以及需要支付货币的其他利益如会员服务、旅游等。"《解释》首次明确财产性利益包括可以折算为货币的物质利益和需要支付货币才能获得的其他利益两种,尤其是对后一种利益的明确,将有效解决案件中常见的两种情况:一种是请托人购买后转送给国家工作人员消

* 中国政法大学刑事司法学院刑法研究所所长、教授。

费;另一种是请托人将在社会上作为商品销售的自有利益免费提供给国家工作人员消费。对贿赂物范围的扩张解释和细化分类,将有助于对贿赂案件的定罪判刑。

二是《解释》第十三条对于受贿犯罪"为他人谋取利益"要件的认定,在坚持以往司法实践做法的基础上作了进一步的扩张解释。刑法第三百八十五条规定成立受贿罪的必备要件之一是"为他人谋取利益",也即利用职务上便利为请托人"办事"。而有些贿赂案件被告人是否具备"为他人谋取利益"要件,认定起来相当困难,如以下情形,如何证实有"为他人谋取利益"的行为或具备"为他人谋取利益"的要件?

1. 国家工作人员收受请托人财物后没有任何表示,或者不是国家工作人员本人收下而是由其特定关系人收下的,无从知道国家工作人员有何表示。

2. 国家工作人员收受请托人财物后没有为请托人"办事"的实际行动,且事情也没有办成。

3. 请托人给予财物时没有言明和提及请托事项。例如,逢年过节、红白喜事给予国家工作人员财物,貌似"人情往来",没有提及请托事项的。

4. 利用职务便利先办事后收财即"事后受贿"的。

5. 国家工作人员利用职务上的便利为请托人谋取利益前后多次收受请托人财物,看不出每笔收受财物与办事之间存在关联。

针对以上"为他人谋取利益"认定的难点,《解释》第十三条规定:"具有下列情形之一的,应当认定'为他人谋取利益',构成犯罪的,应当依照刑法关于受贿犯罪的规定定罪处罚:(一)实际或者承诺为他人谋取利益的;(二)明知他人有具体请托事项的;(三)履职时未被请托,但事后基于该履职事由收受他人财物的。国家工作人员索取、收受具有上下级关系的下属或者具有行政管理关系的被管理人员的财物价值三万元以上,可能影响职权行使的,认为承诺为他人谋取利益。"《解释》第十五条第一款规定:"国家工作人员利用职务上的便利为请托人谋取利益前后多次收受请托人财物,受请托之前收受的财物数额在一万元以上的,应当一并计入受贿数额。"这些规定直击司法实践中常见的认定受贿犯罪的疑难之处,将会有效提高指控受贿犯罪的成功率、扩大成功指控受贿犯罪的范围,同时还能有效节省司法资源,成为从严惩处受贿犯罪的利器。大凡业内人士更看重这类解释在便利认定受贿犯罪、计算犯罪金额方面的作用。

三、明确、统一了某些疑难问题的认定标准,有利于对贪污受贿案件的定罪处罚

贪污、受贿案件中,被告人往往以贪污或受贿的钱款用于单位公务支出或社会捐赠或救灾扶贫为理由,辩解自己不构成犯罪,司法实务中对此也有不同认识。对此,《解释》第十六条第一款指出:"国家工作人员出于贪污、受贿的故意,非法占有公共财物、收受他人财物之后,将赃款赃物用于单位公务支出或者社会捐赠的,不影响贪污罪、受贿罪的认定,但量刑时可以酌情考虑。"这一规定将为司法人员驳回被告人这类辩解提供明确的依据。此外,国家工作人员利用职务便利为请托人谋取利益,配偶、子女、情人等特定关系人收受请托人财物,国家工作人员知道后不置可否,甚至辩解说已经要求他们自行退还请托人的,究竟仅认定收受财物的特定关系人成立利用影响力受贿罪还是认定国家工作人员构成受贿罪?这也是司法实务中常见的难题。对此,《解释》第十六条第二款指出:"特定关系人索取、收受他人财物,国家工作人员知道后未退还或者上交的,应当认定国家工作人员具有受贿故意。"这等于说,特定关系人收受了请托人财物,只要具备:国家工作人员主观上"知道";并且从事后来看,该财物"未退还或者上交"这两个条件,即可认定有受贿故意,也即认定国家工作人员构成受贿罪。被告人辩称以为他们已经"退还"请托人了,甚至辩称已经要求他们"退还"请托人的,根据《解释》的规定就不能成立,不必予以理会了。

四、加强对"买官卖官"官场腐败的打击力度

通过贿赂买官卖官的行为严重违反党的组织纪律，严重破坏政治生态，可能导致区域性腐败、系统性腐败，其危害性可谓官场腐败之最。对此《解释》多处规定有关"买官卖官"贿赂行为属于"严重情节"，或者作为降低入罪数额标准的条件，如《解释》第一条第三款第三项规定，"为他人谋取职务提拔、调整"受贿数额较大的标准为1万元以上；或者作为降低加重量刑数额标准的条件，如第二条第三款规定，为他人谋取职务提拔、调整，"受贿数额在十万元以上不满二十万元的"，依法判处三年以上十年以下有期徒刑，并处罚金或者没收财产；第三条第三款规定，为他人谋取职务提拔、调整，"受贿数额在一百五十万元以上不满三百万元的"，依法判处十年以上有期徒刑、无期徒刑或者死刑，并处罚金或者没收财产。第七条第二款第二项、第八条第一款第二项和第九条第一款第二项规定："通过行贿谋取职务提拔、调整的"，行贿数额1万元以上即可达到入罪标准；行贿数额在50万元以上不满100万元的，应当认定为行贿"情节严重"；行贿数额在250万元以上不满500万元，应当认定为"情节特别严重"。这些规定充分体现依法严惩"买官卖官"贿赂犯罪，有利于厉行整肃腐败风气。

五、加大对贪污贿赂犯罪分子财产剥夺的力度，在加大没收、追缴贪污贿赂犯罪所得的基础上，还规定远重于其他犯罪的罚金刑

《解释》第十八条规定："贪污贿赂犯罪分子违法所得的一切财物，应当依照刑法第六十四条的规定予以追缴或者责令退赔，对被害人的合法财产应当及时返还。对尚未追缴到案或者尚未足额退赔的违法所得，应当继续追缴或者责令退赔。"在此没收、追缴全部违法所得基础上，《解释》第十九条第一款规定："对贪污罪、受贿罪判处三年以下有期徒刑或者拘役的，应当并处十万元以上五十万元以下罚金；判处三年以上十年以下有期徒刑的，应当并处二十万元以上犯罪数额二倍以下的罚金或者没收财产；判处十年以上有期徒刑或者无期徒刑的，应当并处五十万元以上犯罪数额二倍以下的罚金或者没收财产。"需要特别指出，这是在没收、追缴贪污受贿全部违法所得基础上加处的罚金或没收财产，这些罚金或没收财产是针对犯罪人合法收入、合法财产的罚没。国家工作人员合法收入主要来源于薪金，经过第一遍贪污贿赂违法犯罪所得的没收、追缴，再经过第二遍合法财产的罚没，加上对贪污受贿罪犯一般要剥夺公职和剥夺正常退休的养老待遇，对贪污受贿犯罪分子实行这三重经济剥夺，可以说是极其严厉的处罚，充分体现了加大经济处罚力度的政策要求，对于有效惩治和预防腐败这类贪利型犯罪将发挥重要的震慑作用。

六、对于《刑法修正案(九)》专门针对贪污受贿犯罪分子的"死缓后终身监禁"的制度，作出严格的执行规定

《解释》指出：对被判处"死缓期满后终身监禁"的罪犯，在裁判的同时一并决定"减为无期徒刑后，终身监禁，不得减刑、假释"。这等于是确认被判处"死缓期满后终身监禁"的罪犯，在死刑缓期二年执行期满后将受到绝对"终身监禁"，不论其终身监禁期间服刑表现如何，即使有立功表现也不能豁免"终身监禁"。这种死缓，就替代死刑(立即执行)而言，具有人道主义的一面；不过，这种绝对"终身监禁"的刑罚也有过于严厉的一面。刑罚的主要目的是预防犯罪，教育改造罪犯使之重新回归社会，而这种绝对"终身监禁"不给罪犯改过自新回归社会的机会和希望，似乎过于重视刑罚惩罚、威慑的目的，过于轻视刑罚教育、改造罪犯的目的，是不是存在片面性？即使对于贪污受贿犯罪分子，也应当教育改造、给出路。建议将来选择适当时机稍微缓和一下该刚性"终身监禁"的规定，给罪犯改过自新回归社会的希望。

七、严惩受贿(贪赃)"枉法"行为

这体现在两个方面：其一，将受贿"为他人谋取不正当利益，致使公共财产、国家和人民利益遭受损失”作为降低入罪或加重刑罚数额标准的情节，《解释》规定具有该情节，受贿数额较大起点标准为1万元；受贿数额巨大起点标准为10万元；受贿数额特别巨大起点标准为150万元。其二，厉行数罪并罚，《解释》第十七条规定，国家工作人员利用职务上的便利，收受他人财物，为他人谋取利益，同时构成受贿罪和渎职犯罪，原则上应当以受贿罪和渎职犯罪数罪并罚。以往的学说和实务认为，国家工作人员利用职务便利收受财物为他人谋取利益而渎职的，具有牵连关系因而不必数罪并罚。近几年，有关司法解释逐渐主张应当数罪并罚。《解释》第十七条则进一步确认应当数罪并罚，而不问是否存在牵连关系。

八、严格控制行贿犯罪宽大情节的适用

刑法第三百九十条第二款规定：“行贿人在被追诉前主动交待行贿行为的，可以从轻或者减轻处罚。其中，犯罪较轻的，对侦破重大案件起关键作用的，或者有重大立功表现的，可以减轻或者免除处罚。”《解释》第十四条对该款中“情节较轻”“对侦破重大案件起关键作用”作出了限制解释，严格控制行贿罪从轻、减轻处罚的适用。

总之，《解释》一方面根据社会经济发展水平适当上调贪污贿赂犯罪的定罪量刑数额标准，使之回归合理；另一方面在入罪标准、构成要件解释、刑罚适用等全方位贯彻依法从严惩治贪污贿赂犯罪刑事政策。

刑法修正案（九）对贪污贿赂犯罪的立法完善

□黄太云*

2015年8月29日第十二届全国人大常委会第十六次会议审议通过了《中华人民共和国刑法修正案（九）》［以下简称《刑法修正案（九）》］，根据近年来反腐斗争和司法实践中出现的新情况、新问题，对刑法贪污贿赂犯罪的相关条文进行了修改完善，就近年来社会公众关注，司法机关、法学专家热烈讨论的应否对贪污贿赂犯罪的数额标准进行修改、如何修改等问题给予了明确回答。本文试就《刑法修正案（九）》有关贪污贿赂犯罪新增条文和对刑法原相关条文进行实质性修改的立法背景，相关部门和法律专家在草案研究修改过程中提出的重要修改完善的意见和建议，以及在法律适用中应当注意的一些问题等，对《刑法修正案（九）》的相关条文进行介绍和解读。

一、关于修改贪污罪、受贿罪的量刑数额标准

1979年刑法对贪污受贿犯罪没有规定具体数额标准。1988年，全国人大常委会根据当时惩治贪污贿赂犯罪的实际需要和司法机关的要求，对定罪入刑规定了2 000元的数额标准。1997年修订刑法，数额标准调整为5 000元，并沿用至《刑法修正案（九）》修改前。

最高人民法院早在2011年制定《中华人民共和国刑法修正案（八）》［以下简称《刑法修正案（八）》］时就曾建议，这些年也一直提出，应当对1997年刑法规定的贪污罪、受贿罪的量刑数额标准进行修改，其主要理由：一是刑法规定贪污罪和受贿罪5 000元为起刑点已经滞后于经济社会发展水平。与1997年相比，我国的城镇居民和农村人口收入已增加了6倍多，人民币的实际购买力也发生了很大变化。司法实践中有些地方对贪污罪、受贿罪入罪标准的具体掌握已远高于刑法规定。二是贪污罪、受贿罪的数额标准未能体现罪刑相适应原则。（1）根据刑法规定，贪污、受贿5万元以上10万元以下的，判处五年以上有期徒刑，最高可至无期徒刑；贪污、受贿10万元

* 天津大学法学院教授、刑事法律研究中心主任。原系中央政法委政法研究所所长。

以上的，判处十年以上有期徒刑、无期徒刑，直至死刑。实践中普遍反映5万元、10万元两个量刑节点明显过低，且没有拉开必要的级差，贪污受贿上千万元、几百万元与十几万元的量刑差别不大，导致不少犯罪数额相差悬殊的案件在量刑上难以拉开档次，不能充分体现罪责相适应原则，严重影响了一些案件裁判的社会效果。(2)主要基于数额标准的法定刑配置模式，未能充分体现其他情节在量刑中的作用，特别是在受贿案件中尤其明显。(3)贪污罪、受贿罪适用相同的处罚标准，未能充分体现两者社会危害性方面的实质不同。贪污罪侵犯的是公共财产的所有权，贪污数额的大小基本反映了社会危害性，但受贿罪侵害的是国家工作人员职务行为的廉洁性，它的社会危害性不仅表现为受贿数额的大小，更体现在受贿后给国家利益造成的损失。有的受贿数额不大，但给国家造成的损失却特别巨大，单以受贿数额大小决定刑罚无法反映出行为的社会危害性。三是对贪污罪、受贿罪这种利益驱动型的犯罪，罚金刑规定缺失，不利于从经济上惩罚该类犯罪。建议从立法上予以完善：一是取消刑法对贪污罪、受贿罪定罪处罚标准的数额规定，具体的定罪处罚标准交由最高人民法院、最高人民检察院制定司法解释解决。二是拆分贪污罪、受贿罪的定罪处罚标准，针对贪污罪、受贿罪的不同特点分别确定定罪处罚情节，为数额之外的其他情节在量刑中的充分考量留下空间。三是增设罚金刑，以此加大经济惩罚力度。起草《刑法修正案(八)》时由于当时各方对此问题意见分歧较大，因此，虽然对贪污贿赂犯罪数额标准的修改问题进行过讨论，但最终还是没有纳入草案。在起草《刑法修正案(九)》时，最高人民法院又提出贪贿犯罪数额标准的修改问题，得到各方大多数意见的赞同，列入了草案。

从近些年惩治腐败犯罪的司法实践来看，司法机关、法律专家对刑法规定上存在的一些问题看法基本一致。例如，刑法规定的贪污贿赂数额标准虽然明确具体，但此类犯罪情节差别很大，情况复杂，单纯考虑数额，难以全面反映具体个罪的社会危害性。同时，数额规定过死，有时难以根据案件的不同情况做到罪刑相适应，导致实际适用中有些案件失之于严，量刑不统一。在世界上绝大多数国家废除或者严格限制死刑适用的背景下，对贪污贿赂这类非暴力犯罪规定死刑，在实践中有时成为外逃贪官在外国寻求庇护的理由，阻碍了从国外对贪官的引渡，实际上不利于对贪官的惩处。立法机关根据各方面的意见，并与最高人民法院、最高人民检察院等有关部门反复研究，拟不再对贪污罪、受贿罪规定具体数额，只采用"数额加情节"方式原则规定三档刑罚，最高刑仍到死刑。

在草案向全国征求意见过程中，有的部门提出，贪污受贿犯罪定罪量刑标准问题既是立法、司法问题，也是政治问题、社会问题。为保证反腐败斗争力度，对定罪数额、量刑标准的修改应特别慎重，建议仍维持1997年刑法规定的5 000元定罪起点数额不变，同时调整不同档次的量刑标准，并增加拘役、管制和罚金刑以及预防性措施的适用。其主要理由：一是为体现对国家工作人员利用职务犯罪从重处罚的立法精神，加大对腐败犯罪的惩处力度，有必要在立法上仍保留1997年刑法规定的贪污受贿犯罪定罪起点5 000元不变。根据刑法第三百八十二条的规定，贪污罪是"国家工作人员利用职务上的便利，侵吞、窃取、骗取或者以其他手段非法占有公共财物"的行为，这在行为特点上与盗窃、诈骗没有本质不同，差别仅在于犯罪人有无国家工作人员身份而已。在贪污、盗窃、诈骗三罪的起刑数额标准已经有较大差距的背景下，如再提高贪污贿赂犯罪定罪量刑数额标准，社会恐难接受。二是由刑法规定贪污受贿犯罪定罪量刑具体数额标准，相比较司法解释，更有利于树立国家法治权威，提高法律执行力。三是为实现对腐败犯罪处罚的罪刑均衡，有必要充分运用罚金刑、预防性措施等规定，对于犯罪数额较小、情节较轻的犯罪可以适用较轻的自由刑，并处或者单处罚金，同时可适用关于禁止从事相关职业的预防性措施，以消除其再实施腐败犯罪的可能。

立法机关和有关部门在对各方意见认真研究后,决定将刑法第三百八十三条修改为:“对犯贪污罪的,根据情节轻重,分别依照下列规定处罚:

(一)贪污数额较大或者有其他较重情节的,处三年以下有期徒刑或者拘役,并处罚金。

(二)贪污数额巨大或者有其他严重情节的,处三年以上十年以下有期徒刑,并处罚金或者没收财产。

(三)贪污数额特别巨大或者有其他特别严重情节的,处十年以上有期徒刑或者无期徒刑,并处罚金或者没收财产;数额特别巨大,并使国家和人民利益遭受特别重大损失的,处无期徒刑或者死刑,并处没收财产。

对多次贪污未经处理的,按照累计贪污数额处罚。

犯第一款罪,在提起公诉前如实供述自己罪行、真诚悔罪、积极退赃,避免、减少损害结果的发生,有第一项规定情形的,可以从轻、减轻或者免除处罚;有第二项、第三项规定情形的,可以从轻处罚。

犯第一款罪,有第三项规定情形被判处死刑缓期执行的,人民法院根据犯罪情节等情况可以同时决定在其死刑缓期执行二年期满依法减为无期徒刑后,终身监禁,不得减刑、假释。”

《刑法修正案(九)》对贪污罪、受贿罪定罪量刑标准作了如下修改完善:

1. 取消了对贪污罪、受贿罪的具体量刑数额标准,取而代之的是原则性规定“数额较大或者有其他较重情节”“数额巨大或者有其他严重情节”“数额特别巨大或者有其他特别严重情节”三种量刑情节,并相应规定三档刑罚,最高刑仍到死刑。

2. 在刑罚上增加了罚金刑,以加大对犯罪的惩处力度。

3. 对贪污贿赂犯罪增加了从宽处理的特别条款。《刑法修正案(九)》在刑法第三百八十三条增加了第三款,“犯第一款罪,在提起公诉前如实供述自己罪行、真诚悔罪、积极退赃,避免、减少损害结果的发生,有第一项规定情形的,可以从轻、减轻或者免除处罚;有第二项、第三项规定情形的,可以从轻处罚”,以更好体现宽严相济的刑事政策。

当然,对贪污贿赂犯罪从宽处理的特别条款,在研究过程中也并非没有不同意见。在向全国征求意见过程中,一些地方、部门和单位建议删除本款规定,其主要理由:一是该规定突破了现行法律对坦白从宽的规定。我国刑法第六十七条规定了自首制度,对于犯罪后自动投案或者被采取强制措施后,如实供述司法机关还未掌握的本人其他罪行的犯罪分子,可以从轻或者减轻处罚;其中,犯罪较轻的,可以免除处罚。为在法律上体现坦白从宽的刑事政策,2011 年 2 月 25 日全国人大常委会制定颁布的《刑法修正案(八)》在刑法第六十七条中专门增加了一款:“犯罪嫌疑人虽不具有前两款规定的自首情节,但是如实供述自己罪行的,可以从轻处罚;因其如实供述自己罪行,避免特别严重后果发生的,可以减轻处罚。”即对犯罪后坦白者在一般情况下从轻处罚,特殊情况下最多只能减轻处罚。犯贪污罪、受贿罪的,如在“提起公诉前”如实供述自己罪行,充其量只能算是坦白,而本条新增第三款规定对贪污受贿犯罪的坦白者可以免除处罚,对其宽大的程度居然与自首一样,将会打破我国刑法原有的对自首、坦白处罚的协调和平衡。二是从宽处理的特别条款不应仅限于贪污受贿犯罪。对犯罪后从宽处理的情形在刑法总则中已有规定,它适用于所有犯罪。而本条只针对贪污受贿犯罪作从宽处理的特别规定,对盗窃、诈骗等普通刑事犯罪则不能一体适用,难以取得公众理解,也不符合依法严惩贪污贿赂犯罪的精神。三是规定在“提起公诉前”意味着案件早已侦查终结,检察院审查起诉也即将结束,此时才有如实供述等情形而可从宽处罚,很不利于职务犯罪案件的查办,也没有节省司法资源。有的建议改为“在侦查阶段”如实坦白、认罪悔罪的可以从宽处罚。

4. 规定了对贪污受贿罪犯的死刑替代措施。《刑法修正案（九）》在本条增加了一款规定：“犯第一款罪，有第三项规定情形被判处死刑缓期执行的，人民法院根据犯罪情节等情况可以同时决定在其死刑缓期执行二年期满依法减为无期徒刑后，终身监禁，不得减刑、假释。”这里需要特别指出的是，这里的“终身监禁”不是单独的刑种，而是对犯贪污罪、受贿罪罪行极其严重，本该判处死刑立即执行的罪犯判处死刑缓期二年执行，考验期满减为无期徒刑后的特殊刑罚执行方法，即便有立功等情形，也不得减刑、假释，在监狱里服刑一直到死。这相对于判处死刑立即执行来说，不仅体现了人道的精神，而且并没有减轻对社会公众切齿痛恨的贪官的惩处力度，也使对非暴力犯罪严格限制适用死刑的观念比较容易地为社会逐渐接受。

还应指出的一点是，并非所有贪污受贿犯罪被判处死刑缓期执行的，都应终身监禁，不得减刑、假释。是否有必要，由人民法院根据犯罪情节等情况决定，所以法律规定“可以”而非“应当”。本条的“同时决定”是指法院在作出“死刑缓期执行”判决的同时决定死缓期满减为无期徒刑后终身监禁，而非“在其死刑缓期执行二年期满依法减为无期徒刑后”再决定终身监禁。

5. “终身监禁”是否适用于《刑法修正案（九）》正式实施前的贪污受贿罪犯？对于这个问题，最高人民法院2015年10月29日发布的《关于〈中华人民共和国刑法修正案（九）〉时间效力问题的解释》（法释〔2015〕19号）作出了明确规定：“对于2015年10月31日以前实施贪污、受贿行为，罪行极其严重，根据修正前刑法判处死刑缓期执行不能体现罪刑相适应原则，而根据修正后刑法判处死刑缓期执行同时决定在其死刑缓期执行二年期满依法减为无期徒刑后，终身监禁，不得减刑、假释可以罚当其罪的，适用修正后刑法第三百八十三条第四款的规定。根据修正前刑法判处死刑缓期执行足以罚当其罪的，不适用修正后刑法第三百八十三条第四款的规定。”这个司法解释体现了立法精神。我们可以清楚地看出，判处死缓的同时决定死缓期满减为无期后，终身监禁，不得减刑、假释的制度，作为一项死刑替代措施，是可以适用于2015年10月31日以前实施的贪污、受贿行为，数额特别巨大，并使国家和人民利益遭受特别重大损失，仅适用死缓还不足以罚当其罪，本应判处死刑立即执行的贪污受贿罪犯的。

二、修改完善行贿罪，加大处罚力度

刑法原第三百九十条规定：“对犯行贿罪的，处五年以下有期徒刑或者拘役；因行贿谋取不正当利益，情节严重的，或者使国家利益遭受重大损失的，处五年以上十年以下有期徒刑；情节特别严重的，处十年以上有期徒刑或者无期徒刑，可以并处没收财产。行贿人在被追诉前主动交待行贿行为的，可以减轻处罚或者免除处罚。”

近些年人民法院、人民检察院普遍反映：关于对行贿犯罪的惩治，司法实践中存在以下问题：

1. 大量行贿案件未被追诉。从人民法院五年的统计数据来看，行贿犯罪案件（包括行贿罪、对单位行贿罪、单位行贿罪、对非国家工作人员行贿罪，下同）收案数仅为受贿犯罪案件（包括受贿罪、单位受贿罪、利用影响力受贿罪、非国家工作人员受贿罪，下同）的24%，行贿犯罪案件的生效判决人数仅为受贿犯罪案件的26%。绝大多数行贿犯罪根本就未进入刑事诉讼程序。2008年至2011年全国法院共受理受贿犯罪案件36 766件，而行贿犯罪案件只有6 942件，约为受贿犯罪案件数的18.88%。

2. 严惩行贿犯罪面临诸多法律障碍。一是刑法要求为谋取“不正当利益”行贿的，才构成行贿罪。尽管最高人民法院、最高人民检察院自1999年以来先后三次对“不正当利益”作出解释，但实践中司法机关反映，由于判断“正当”与否的行政规范缺失，“不正当利益”在个案认定中仍存在困难。二是刑法规定“行贿人在被追诉主动交待行贿行为的，可以减轻处罚或者免除处罚”的“免责条款”，给原本就不甚严密的“渔网”撕开了一个大口子，实践中大量的行贿案件无须进入司法程序即得以消化,进入司法程序的行贿犯罪案件缓刑、免予刑事处罚的适用率居高不下,均与该规定直接相关。现在很多行贿人腐蚀了一批人,作证以后就免除处罚,然后再去腐蚀新提拔上来的领导,由此不断恶性循环下去,难以达到预防和惩戒犯罪的目的。三是单位行贿罪和对单位行贿罪均只有一个量刑档,法定最高刑分别为五年和三年,较易达到适用缓刑、免予刑事处罚的条件,且这两种犯罪的危害性与行贿罪并没有显著区别,现有的法定刑设置不能充分评价这类犯罪行为的危害性。四是刑法对行贿犯罪没有设置罚金刑;在对单位行贿罪中,个人对单位行贿的,也没有设置任何的财产刑;在对非国家工作人员行贿罪中,刑法只规定了对行贿数额巨大的并处罚金,对行贿数额较大的则未作规定。财产刑缺失,导致犯罪成本过低,不利于对行贿犯罪的打击和预防。

《刑法修正案(九)》将刑法第三百九十条修改为:"对犯行贿罪的,处五年以下有期徒刑或者拘役,并处罚金;因行贿谋取不正当利益,情节严重的,或者使国家利益遭受重大损失的,处五年以上十年以下有期徒刑,并处罚金;情节特别严重的,或者使国家利益遭受特别重大损失的,处十年以上有期徒刑或者无期徒刑,并处罚金或者没收财产。

行贿人在被追诉前主动交待行贿行为的,可以从轻或者减轻处罚。其中,犯罪较轻的,对侦破重大案件起关键作用的,或者有重大立功表现的,可以减轻或者免除处罚。"

《刑法修正案(九)》对行贿罪主要作了以下修改:

1. 对行贿犯罪人从轻、减轻或免除处罚的限制条件分别作出更加严格的规定。原条文规定:"行贿人在被追诉前主动交待行贿行为的,可以减轻处罚或者免除处罚。"而修改后的条文规定:"行贿人在被追诉前主动交待行贿行为的,可以从轻或者减轻处罚。其中,犯罪较轻的,对侦破重大案件起关键作用的,或者有重大立功表现的,可以减轻或者免除处罚。"

在常委会审议过程中,对行贿罪应否设置"免除处罚"情节,一直是本条修改的焦点问题。有意见认为,上述修改加大了对行贿罪的处罚力度,这在一定程度上对行贿人是一个震慑,有利于从源头上减少行贿受贿犯罪的发生。还有意见认为,上述修改中还有"免除处罚"条款,对行贿人的处罚力度仍然不够,会造成行贿人怀有侥幸心理,建议删除对行贿罪"免除处罚"的规定。

在草案向全国征求意见的过程中,有些地方、部门和基层人民检察院则担心:这一修改会大大增加对受贿等职务犯罪的侦办难度。行贿者的证词对指控受贿犯罪至关重要,如果对行贿者打击过于严厉,很容易让行贿者和受贿者形成利益共同体,给查处腐败犯罪造成困难。如果对行贿人不设免刑条款,案发前,行贿人还会不会主动检举受贿犯罪?案发后,行贿人还能不能积极配合查处受贿事实?从而给受贿案件定案带来很大难度。查办贿赂案件时,办案人员一般从行贿人这里打开"缺口"。如果行贿人说了还被判重刑,谁还敢说?不给出路有可能会促使行贿人与受贿人达成攻守同盟,不利于打击腐败犯罪,建议保留对行贿人免于处罚的政策性规定,以鼓励行贿人提供公职人员受贿犯罪的线索和证据,有利于腐败案件的查办。

有的部门对条文中行贿人特别从宽处理的时间点卡在"被追诉前主动交待行贿行为"提出不同意见。认为"被追诉前",是指检察机关对行贿人的行贿行为刑事立案前,主动交代的时间太晚,不应给予特别从宽处罚。从实践情况来看,多数行贿人是在接受纪检部门调查后或"双规"期间被动交代其行贿行为,对这类行贿人,只要其在进入司法程序后仍能如实供述的,只应按坦白认定,不应给予特别从宽,如均要适用从宽处罚,既违背了刑法第三百九十条规定的本意,也是造成对行贿犯罪打击不力的重要原因。鉴于此,建议将"被追诉前"修改为"被查处前",或者删除"被追诉前"的表述,适用该款规定,唯一的判断标准就是行为人是否主动交代。将来可通过司法解释进一步明确,在纪检监察机关立案后才交代的,不能认定为"主动交待"。但立法机关没有采纳这个意见。

2. 对行贿罪的处罚增加了罚金刑。

三、新增“对有影响力的人行贿罪”

2009 年,根据反腐中出现的新情况和《联合国反腐败公约》的要求,《中华人民共和国刑法修正案(七)》在刑法第三百八十八条之一规定了“利用影响力受贿罪”,将“国家工作人员的近亲属或者其他与该国家工作人员关系密切的人,通过该国家工作人员职务上的行为,或者利用该国家工作人员职权或者地位形成的便利条件,通过其他国家工作人员职务上的行为,为请托人谋取不正当利益,索取请托人财物或者收受请托人财物”的行为,规定为犯罪。对于向国家工作人员的近亲属或者其他与该国家工作人员关系密切的人的行贿行为,是否要追究刑事责任以及如何追究,由于存在不同认识,所以对向上述人员行贿未作规定。

自党的十八大以来,以习近平同志为核心的党中央强力反腐,“老虎苍蝇一起打”,得到全国人民的衷心拥护。为贯彻党中央反腐败工作部署,进一步健全惩治和预防腐败的体系建设,严密法网,加大对腐败犯罪的惩治力度。向在职或者离职的国家工作人员的近亲属或者其他与其关系密切的人行贿的问题成为反腐关注的热点问题之一。一些地方、部门和专家指出,一些单位和个人为谋取不正当利益,在国家防止腐败的惩防体系建设日趋完善,对公职人员的权力监督制约力度加大之后,把行贿目标又转向公职人员的近亲属或者与其关系密切的人、离职的公职人员或者其近亲属和与其关系密切的人,大肆行贿,败坏了党风、政风,造成恶劣影响,社会危害性严重,应当将此类行为规定为犯罪,予以惩处,并应规定单位犯罪。

《刑法修正案(九)》在刑法第三百九十条后增加一条,作为第三百九十条之一规定:“为谋取不正当利益,向国家工作人员的近亲属或者其他与该国家工作人员关系密切的人,或者向离职的国家工作人员或者其近亲属以及其他与其关系密切的人行贿的,处三年以下有期徒刑或者拘役,并处罚金;情节严重的,或者使国家利益遭受重大损失的,处三年以上七年以下有期徒刑,并处罚金;情节特别严重的,或者使国家利益遭受特别重大损失的,处七年以上十年以下有期徒刑,并处罚金。

单位犯前款罪的,对单位判处罚金,并对其直接负责的主管人员和其他直接责任人员,处三年以下有期徒刑或者拘役,并处罚金。”

根据最高人民法院、最高人民检察院 2015 年 10 月 30 日发布的《关于执行〈中华人民共和国刑法〉确定罪名的补充规定(六)》的规定,新增本条的罪名为“对有影响力的人行贿罪”。本条所谓“有影响力的人”包括以下五种人:国家工作人员的近亲属、其他与该国家工作人员关系密切的人、离职的国家工作人员、离职的国家工作人员的近亲属及其他与离职的国家工作人员关系密切的人。

四、对贪污贿赂犯罪的刑罚普遍增加罚金刑

我国刑法原来对贪污贿赂犯罪被判处刑罚的犯罪分子只规定了没收财产,没有罚金刑。实践证明,从经济上摧垮犯罪分子赖以再犯罪的物质基础,不仅可以弥补生命刑和自由刑的不足,也能够起到更现实的惩罚和教育作用,使刑罚真正做到“罚当其罪”。因此,扩大对于犯罪分子的罚金刑的适用范围,成为《刑法修正案(九)》的一个显著特点。据统计,《刑法修正案(九)》新增条文和对原条文的修改,共增加规定罚金刑 53 处(包括并处罚金或可以并处罚金),增加规定没收财产 5 条(包括并处没收财产或可以并处没收财产)。具体来讲,涉及腐败犯罪的处罚,除前面已作介绍的贪污罪、受贿罪、行贿罪、对有影响力的人行贿罪在刑罚上普遍增加规定罚金刑外,又在第三百九十一条对单位行贿罪、第三百九十二条介绍贿赂罪、第三百九十三条单位行贿罪以及

第一百六十四条对非国家工作人员行贿罪中也增加了罚金刑，这必将对严厉惩治贪腐犯罪发挥更加积极的作用。

准确实现立法意图　为法治反腐奠定基础

□周光权*

最高人民法院、最高人民检察院发布的《关于办理贪污贿赂刑事案件适用法律问题的解释》对贪污、受贿、行贿、挪用公款等犯罪的定罪标准、刑罚适用等问题作出了详尽规定，对于指导地方各级司法机关办案，统一法律适用标准，解决实务难题具有重要意义。我认为，这一解释准确实现了立法意图，从而为法治反腐打下了坚实基础。

司法解释完整理解、准确实现了立法意图。一是落实了《中华人民共和国〈刑法修正案（九）〉》[以下简称《刑法修正案（九）》]关于贪污受贿犯罪处理上数额和情节并重的立法意图。我国1997年刑法对贪污受贿犯罪的定罪数额规定得相当具体，当时的考虑是从严惩处贪污贿赂犯罪，且尽量为司法提供明确、统一的标准，防止相同数额在不同地方、不同案件中量刑差异太大。但是，这一规定在实务中也出现了不少问题。因为自由刑最高为十五年，10万元以上判刑十年以上的规定，使实务上对达到一定数额的贪污受贿行为难以在量刑上拉开差距，被判处十年以上有期徒刑的罪犯“扎堆”，与罪刑相适应原则有所抵触；立法上定性又定量使司法自由裁量权行使的余地极其有限，与司法规律未必相符；从最终处罚效果上来看，等于是将原本应当重罚的贪污受贿犯罪与普通的侵犯财产犯罪混同。为此，《刑法修正案（九）》对贪污受贿犯罪的量刑标准采用“数额加情节”的方式，不单纯考虑犯罪数额，而是同时兼顾犯罪情节，这就能够较为全面地反映个案中贪污受贿行为的社会危害性，能够尽量减少实践中贪污受贿十万元、数十万元和上百万元甚至上千万元的案件判处刑期差别不大的现象，能够合理拉开有关犯罪的量刑档次，有利于惩治贪腐犯罪和实现量刑均衡。“两高”这次作出的司法解释准确理解了立法精神，破除了贪污受贿犯罪定罪量刑上的“唯数额论”，对于犯罪数额虽未达到较大（3万元）、巨大（20万元）或者特别巨大（300万元）标准，但是，行为人如果具有其他较重情节、其他严重情节或者其他特别严重情节的，也应判处对应档次的刑罚。司法解释循此思路分别明确规定了影响定罪或法定刑升格的贪污受贿犯罪情节，完整准确地理解了立法精神。二是对终身监禁的适用限制与立法主旨相一致，即将其作为贪污受贿犯罪的死刑执行措施看待，不适用于因犯有贪污罪、受贿罪原本就应该判处死缓的人，从而能够有效防止终身监禁的不当适用；同时规定终身监禁的裁定必须在裁判的同时就作出，且一经作出就必须无条件执行，又强化了执行刚性。三是受贿与行贿打击并重，对行贿犯罪从宽处罚尤其是免除处罚的情形进行了明确且严格的限制。《刑法修正案（九）》规定：“行贿人在被追诉前主动交待行贿行为的，可以从轻或者减轻处罚。其中，犯罪较轻的，对侦破重大案件起关键作用的，或者有重大立功表现的，可以减轻或者免除处罚。”这一规定的基本考虑是通过严厉惩处行贿犯罪来切断受贿者的“经济来源”但又适度留有余地，因此，对行贿者免除处罚的范围就必须限定在较小的范围内。为此，“两高”司法解释明确将这里的“犯罪较轻”规定为，根据行贿犯罪的事实、情节，可能被判处三年有期徒刑以下刑罚的情形；“重大案件”，是指根据犯罪行为的事实、情节，已经或者可能被判处十年以上刑罚，或者案件在本省、自治区、直辖

---

* 清华大学法学院教授、全国人大法律委员会委员。

市或者全国范围内有较大影响的情形;“对侦破重大案件起关键作用”,则仅包括主动交代办案机关未掌握的重大案件线索的,或主动交代的犯罪线索不属于重大案件,但该线索对于重大案件侦破有重要作用的等四种情形。如此解释,行贿犯罪的从宽处罚将更加严格,行贿犯罪案件的查办将更加严肃。

司法解释将实务上反腐败的做法和经验成文化、制度化,为法治反腐提供了坚实基础。一是对各种贪污贿赂犯罪的定罪量刑标准分别作出规定,使实践中绝大多数贪污贿赂犯罪的处理均有章可循,且有关解释规定尽可能明确,对定罪以及法定刑升格情形的描述没有使用以往司法解释中出现的“其他情形”“其他情节”等概括性、抽象性的表述,能够有效防止司法上处理案件时因人而异、因地而异。这既赋予了司法上的自由裁量权,又能够避免司法恣意,有助于法治反腐局面的逐步形成。二是犯罪认定标准和违纪行为的判断标准“无缝衔接”。为落实党纪严于国法,“把纪律挺在前面”的反腐要求,将有限的司法资源“好钢用在刀刃上”,做到刑事处罚与党纪政纪处分的有序衔接,解释在总结以往司法实践经验的基础上确定了贪污贿赂等犯罪的通常定罪起点,同时明确规定贪污受贿数额虽低于通常标准,但具有特殊情节的,也应当追究刑事责任。如此解释,使原则性和灵活性有机结合,同时也使刑事处罚和党纪政纪处分之间的衔接更为合理。三是尽可能堵塞处罚漏洞。在以往的司法实务中,对收受财产性利益能否定罪,事后受贿或收受下属财物时如何认定为他人谋取利益,被告人辩解贪污受贿款项用于公务支出时如何处理,以及国家工作人员在知晓特定关系人收受财物后不退回或上交的如何定罪等问题,都一直存在争议,这次的解释没有回避前述司法难题,结合当前反腐败斗争的新情况、新特点,直面反腐斗争形势的复杂性,对上述问题的定性都作出了明确回应,这为消除争议、防止被告人诡辩、严密法网提供了依据。只要这些规定在今后的司法实务中能够被准确适用,腐败分子要想成为“漏网之鱼”就难乎其难。

贪污受贿犯罪如何适用死刑

□林　维*

《中华人民共和国刑法修正案(九)》[以下简称《刑法修正案(九)》]对贪污受贿犯罪作了较大修正,其中对于贪污罪、受贿罪的量刑标准作出了重大调整,尤其是对两罪的死刑适用作出了重要修正。基于刑事立法的上述调整,《最高人民法院、最高人民检察院关于办理贪污贿赂刑事案件适用法律若干问题的解释》(以下简称《贪污贿赂解释》)也适时作出了合理调整,对于实务上如何正确适用死刑具有重要意义。

一

贪污受贿犯罪的死刑适用标准存在一个变迁的过程。1979 年刑法第一百五十五条规定,犯贪污罪,数额巨大、情节严重的,处五年以上有期徒刑;情节特别严重的,处无期徒刑或者死刑。而根据刑法第一百八十五条的规定,犯受贿罪,处五年以下有期徒刑;致使国家或者公民利益遭受严重损失的,处五年以上有期徒刑。显然,两罪的法定刑存在巨大差异。这一差异在 1988 年《全国人大常委会关于惩治贪污罪贿赂罪的补充规定》中得到了适度平衡。针对死刑的适用,该规定第二条规定,个人贪污数额在 5 万元以上的,处十年以上有期徒刑或者无期徒刑,可以并处

* 中国青年政治学院法学院教授。

没收财产;情节特别严重的,处死刑,并处没收财产。同时该规定第五条规定,对犯受贿罪的,根据受贿所得数额及其情节,依照前述第二条的规定处罚;受贿数额在1万元以上,使国家利益或者集体利益遭受重大损失的,处无期徒刑或者死刑,并处没收财产。不过,上述规定显然对贪污罪和受贿罪的死刑适用在基本统一标准之外,又根据受贿罪的特点,对其中部分行为采取了不同的数额标准和情节标准,应当讲这一规定符合贪污罪和受贿罪的不同特点,而对死刑的裁量标准进行了区别的规定。1997年修订刑法时,根据当时的社会经济发展状况以及司法实践情况,为了维护法律的严肃性和可执行性,对于上述规定做了调整,刑法第三百八十三条第一款第一项规定,对犯贪污罪、受贿罪,数额在10万元以上的,处十年以上有期徒刑或者无期徒刑,可以并处没收财产;情节特别严重的,处死刑,并处没收财产。按照这一规定,贪污罪、受贿罪的死刑标准开始统一。

相对明确的数额标准能够避免司法适用的随意性,减少司法自由裁量的空间,防止司法擅断,但是在死刑的适用上,仍然不能唯数额论。由于贪污受贿犯罪的具体情况极为复杂,情节差别巨大,单纯按照数额解决死刑适用问题,难以全面反映每个案件的法益侵害。在特定案件中,贪污受贿的数额同具体行为的法益侵害性无法简单画上等号。有的案件中,贪污数额固然特别巨大,但是也可能未能达到刑法第四十八条所规定的罪行极其严重的死刑适用程度;相反,有的贪污受贿的数额虽然并未像个别案件那么惊人,但是其情节可能更为严重,因而反而更有可能适用死刑。因此,1997年刑法对于贪污受贿犯罪的死刑适用前提是情节特别严重,实际上也考虑到了数额以外的其他情节在死刑裁量中的重要意义,或者说充分考虑到了数额和其他情节在整个案件的死刑适用中的综合判断功能。这是这一规定的价值所在。但是也必须指出,由于大量的贪污受贿犯罪的涉案金额远远超过当时所确定的标准,因此死刑裁量的前提数额标准就很容易达到,而所谓情节特别严重,由于其表述过于模糊,解释论上实际上也可以将数额包括在内,因此,在数额特别巨大的场合,即使其他情节并不特别严重,也仍然仅仅因为数额特别巨大而存在死刑适用的可能。这样一来,"情节特别严重"的综合判断功能就被实际消解。

另外,按照该条规定,贪污受贿犯罪情节特别严重,就面临绝对死刑的裁量。因此,这一条文在其表面上来看就是一个较低的加重数额起点标准和绝对死刑的结合。毋庸置疑的是,这样一种规范结构在其量刑上已经造成罪刑不均衡的结果;在死刑适用问题上并不符合对非暴力犯罪尽可能限制死刑的政策,而这一政策是刑事立法在若干修正案中所一直予以坚持的;而在其事实上也完全同现行实务中在较长一段时间内判处死刑案例的罕见性相矛盾。因此,《刑法修正案(九)》将这一规定修改为,贪污受贿"数额特别巨大或者有其他特别严重情节的,处十年以上有期徒刑或者无期徒刑,并处罚金或者没收财产;数额特别巨大,并使国家和人民利益遭受特别重大损失的,处无期徒刑或者死刑,并处没收财产"。

正是基于这样一种立法演变的背景及其所反映的政策导向,对于贪污受贿犯罪的死刑适用问题,依据上述刑法修正案,《贪污贿赂解释》作出了更符合实际、适用更受限制但又对贪污受贿犯罪更具有威慑作用的死刑司法政策。

依据该解释第三条的规定,贪污或者受贿数额在300万元以上,应当认定为刑法第三百八十三条第一款规定的"数额特别巨大";而按照刑法第三百八十三条第一款第三项的规定,只有符合数额特别巨大这一要件,同时使国家和人民利益遭受特别重大损失的,处无期徒刑或者死刑,并处没收财产。显然,在立法机关仍然继续保留贪污受贿犯罪死刑的前提下,《贪污贿赂解释》对适用死刑的最低数额进行了实事求是的提升,这一最低数额标准至少在其形式上更加符合司法实际,充分顺应了立法机关限制死刑的理念和立场。同时,在理论上,与修正前刑法不同,数额特别巨大而又具有特别严重情节的贪污受贿犯罪,死刑并非绝对适用的刑罚,而成为与无期徒刑相并列的选择刑种。这就意味着,在单纯具备数额特别巨大或者仅仅具备其他严重情节的场合,不能考虑死刑适用的可能性。而在数额特别巨大同时使国家和人民利益遭受特别重大损失的,才具备死刑适用的可能。但即使在这样的场合,在量刑时应当优先考虑无期徒刑的适用,只有在无期徒刑不能充分反映行为的危害程度,因此不能实现罪刑均衡时,才应当考虑适用死刑。

如前所述,在立法上,数额特别巨大并非适用死刑的决定性条件,只有同时具备"使国家和人民利益遭受特别重大损失"的情形,才可能适用无期徒刑或者死刑。不过,为了明确对无期徒刑的适用和死刑的适用加以区分,《贪污贿赂解释》第四条第一款,则更加限制性地规定:"贪污、受贿数额特别巨大,犯罪情节特别严重、社会影响特别恶劣、给国家和人民利益造成特别重大损失的,可以判处死刑。"这一规定意味着:如果贪污受贿数额特别巨大,给国家和人民利益遭受特别重大损失,但是并不同时属于犯罪情节特别严重、社会影响特别恶劣的,仍然应当优先考虑适用无期徒刑而非死刑。只有在上述数额、犯罪情节、社会影响以及损失四个方面均符合的情形下,才有可能使用死刑,否则只能适用无期徒刑。这样一种解释结论,实际是对刑法第三百八十三条的无期徒刑和死刑的适用提供了极为清晰的区别判断标准,进一步减少了贪污受贿犯罪中适用死刑的可能性。

但即便是在符合前述四个条件的前提下,死刑的适用仍然需要更为综合的判断,也仍然属于裁量性质、选择适用,而并非绝对死刑。例如,根据刑法第三百八十三条第三款的规定,即使符合上述数额特别巨大并使国家和人民利益遭受特别重大损失的要件,但在提起公诉前如实供述自己罪行、真诚悔罪、积极退赃,避免、减少损害结果的发生,也仍然可以从轻处罚。因此,《贪污贿赂解释》第四条第二款规定,符合贪污受贿数额特别巨大,犯罪情节特别严重、社会影响特别恶劣、给国家和人民利益造成特别重大损失,但具有自首、立功,如实供述自己罪行、真诚悔罪、积极退赃,或者避免、减少损害结果的发生等情节,因此不属于必须立即执行的情形,可以判处死刑缓期二年执行。这一规定极其鲜明地顺应了立法机关对于经济犯罪更大程度地限制死刑的立场。

与此相关,同样需要进一步明确的是:刑法第三百八十三条第一款第三项中的"数额特别巨大"是否属于一个单一、确定的标准?即适用十年以上有期徒刑或者无期徒刑中的"数额特别巨大"和适用无期徒刑或者死刑的"数额特别巨大"是否具有一致性?按照《贪污贿赂罪解释》第三条第二款、第三款的规定,贪污或者受贿数额在150万元以上不满300万元的,具有该解释第一条第二款及第三款所规定的情形之一,虽然在其数额上并不属于特别巨大的最低标准,但因此可以认定属于"其他特别严重情节",处十年以上有期徒刑或者无期徒刑,并处罚金或者没收财产。不过,由于贪污受贿数额在150万元以上不满300万元的情形,其数额本身并未达到特别巨大,仅仅因为具备了其他特别严重情节而得以适用该法定刑幅度,因此针对这一幅度的数额(150万~300万元),无论其另外是否具有犯罪情节特别严重、社会影响特别恶劣、给国家和人民利益造成特别重大损失的条件,也均不可以判处死刑。所谓的具有本解释第一条第二款、第三款的情形的,也只是适当降低适用该法定刑幅度(十年以上有期徒刑或者无期徒刑)的数额标准,而不能降低死刑的适用标准。

二

刑法第三百八十三条第四款规定,犯贪污罪、受贿罪,被判处死刑缓期执行的,人民法院根据犯罪情节等情况可以同时决定在其死刑缓期二年期满依法减为无期徒刑后,终身监禁,不得减刑、假释。对于上述规定,有必要厘清的问题包括:

（一）终身监禁的严格适用

在当前贪污受贿犯罪死刑适用较为罕见的前提下，死刑缓期二年执行几乎是罪行特别严重的贪污罪、受贿罪的最高刑。例如，从1991年至2015年8月，在我国法院对省部级以上高官因受贿罪判处死刑的28起案件中，仅有4起被判处死刑立即执行，其余24起均被判处死缓；而在2010年，我国共有12名省部级官员因受贿被判刑，其中8人被判处死缓。显然，除了极其个别的案例外，司法实务的数据表明，死缓已经成为贪污受贿犯罪死刑适用的主要措施。但是死缓罪犯在减为无期徒刑或者有期徒刑之后，通过减刑、假释，犯罪分子并不需要实际在监狱内终身服刑。而《刑法修正案（九）》的这一规定意味着无期徒刑的实质化或者终身化，考虑到目前贪污受贿犯罪的刑罚实际，这一规定是针对职务腐败犯罪采取了更为严厉的惩罚措施。

不过，考虑到终身监禁的严厉性，其适用仍然需要高度的谨慎。《贪污贿赂解释》第四条第二款规定，符合贪污受贿数额特别巨大，犯罪情节特别严重、社会影响特别恶劣、给国家和人民利益造成特别重大损失，但具有自首、立功，如实供述自己罪行、真诚悔罪、积极退赃，或者避免、减少损害结果的发生等情节，不属于必须立即执行的情形，可以判处死刑缓期二年执行。其第三款规定，符合第一款规定情形的，根据犯罪情节等情况可以判处死刑缓期二年执行的，同时裁判决定在其死刑缓期二年期满依法减为无期徒刑后，终身监禁，不得减刑、假释。表面上，该解释第四条第三款的规定同刑法第三百八十三条第四款的规定并无实质差异，似乎仅仅是其同义的反复，并不具有任何明确、界分的作用。但是，该解释第四条第二款、第三款的排列顺序表明：即使在不判处死刑立即执行的场合，法官在考虑判处死刑缓期二年执行时，应当首先考虑适用单纯的死刑缓期二年执行，而并不是将附裁终身监禁的死刑缓期二年执行作为首选。换言之，并不是所有贪污受贿犯罪被判处死刑缓期二年执行的都要终身监禁，应由人民法院根据其所实施犯罪的具体情节等情况综合考虑。只有在死缓不能充分评价行为人的刑事责任时，才能另外附加裁判终身监禁。也即，此种终身监禁的严厉性介于一般死缓与死刑立即执行之间，其适用同样需要严格控制。

（二）终身监禁与刑法第五十条的关系

按照刑法第三百八十三条以及上述《贪污受贿罪解释》第四条第三款的规定，终身监禁的判处是在对贪污受贿犯罪判处死刑缓期二年执行的同时，而非死刑缓期二年执行届满需要明确减刑的同时。不过，刑法第五十条规定，判处死刑缓期执行的，在死刑缓期执行期间，如果没有故意犯罪，二年期满以后，减为无期徒刑；如果确有重大立功表现，二年期满以后，减为二十五年有期徒刑。也就是说，死缓减刑的后果分为两种：或者减为无期徒刑，或者减为二十五年有期徒刑。因此，必须明确的是：在判处贪污受贿罪犯死缓并判处不得减刑、假释的终身监禁时，对这两种类型的死缓减刑均应作出限制还是如刑法第三百八十三条所言，仅仅针对死刑缓期二年执行期满依法减为无期徒刑的情形？换言之，判处死刑缓期二年执行同时附加判处终身监禁的罪犯，是否仍然可以基于死缓执行期间的重大立功事实而在死缓执行二年期满之后，减为二十五年有期徒刑？对此，刑法理论界有不同的解读，实务部门的倾向性意见是：被判处死刑缓期二年执行的犯罪分子在死刑缓期执行二年期满依法减为无期徒刑后，如被人民法院决定终身监禁的，则依法不能减刑、假释。

据此，贪污受贿犯罪中有关终身监禁的规定，已经被实务部门理解为排斥了死缓减为二十五年有期徒刑的可能性。

贪官的命更值钱了吗
——对《关于办理贪污贿赂刑事案件适用法律若干问题的解释》的解读

□刘桂明*

千呼万唤之后，望眼欲穿之时，一个令许许多多法律人关心又关注的司法解释终于出台了。最高人民法院、最高人民检察院（以下简称“两高”）于2016年4月18日联合发布了《最高人民法院、最高人民检察院关于办理贪污贿赂刑事案件适用法律若干问题的解释》（以下简称《解释》），明确贪污罪、受贿罪的定罪量刑标准以及贪污罪、受贿罪死刑、死缓及终身监禁的适用原则等，强调依法从严惩治贪污贿赂犯罪。

据出席2016年4月18日新闻发布会的“两高”司法官员表述，该司法解释通篇体现了依法从严惩治腐败的精神。一是严密刑事法网，针对贪污贿赂犯罪的新情况、新特点，对犯罪构成要件作出扩张性解释，强化法律适用的针对性，严厉追究贪污受贿犯罪行为。二是严格刑罚适用，综合考量各种因素确定不同职务犯罪的定罪量刑标准，统筹解决罪与非罪、罪轻与罪重的标准掌握。

对于这个司法解释，作为法律人，我们究竟应该如何理解？对于这个司法解释所规定的定罪量刑标准，我们到底应该怎样掌握？

有人认为，这个司法解释给人最大的感觉是“贪官的命更值钱了”。但是，在我看来，却不一定，指导思想也未必是如此。我感觉至少在以下几个方面值得思考与研究。

一、与其说是“贪官的命更值钱了”，还不如说是“钱不值钱了”

无论是起点刑的3万元还是最高刑的300万元以上，都足以说明，现在的钱已经不值钱了。《解释》将贪污罪、受贿罪“数额较大”的一般标准由1997年刑法确定的5 000元调整至3万元；同时，“数额巨大”的一般标准定为20万元以上不满300万元，“数额特别巨大”的一般标准定为300万元以上。应当说，这是一个符合社会发展的定位。对此，学者也认为确实需要调整有关数额的规定。北京师范大学法学院院长赵秉志教授表示，中国人均GDP自1997年至2014年增长了约6.25倍，5 000元的起刑点也应当有适当提升。此次《解释》事实上正是将1997年的标准提升至原先的6倍左右。北京大学法学院教授陈兴良则认为，这种调整“不会让贪污受贿的犯罪圈骤然缩小”。显然，20年前的5 000元与今天的5 000元已经不可同日而语了。换言之，今天的3万元也已经不是1997年刑法所规定的3万元了。时代不同了，金钱的实际价值也不一样了。为此，无论是“较大”还是“巨大”或是“特大”，不论是定罪数额还是量刑数额，都需要适时调整了。事实上，原来的数额标准在某些经济发达地区早就难以执行了。

二、与其说是“贪官的命更值钱了”，还不如说是“人更值钱了”

人是所有问题的核心，也是解决所有问题的方向。贪官既是人，也可能是党员，是领导干部。在对其进行依法惩罚时，同时还要考虑到其作为党员应受到的处罚。毕竟在社会危害性方面，职务犯罪与财产性犯罪数额所反映的危害性还是有所不同的。所以，一方面要考虑随着社会发展的变化而导致的定罪量刑数额的调整变化；另一方面要考虑对于无法进入司法程序的党政官员还要进行党纪政纪处理这一特殊情况。由此可见，数额的变化不仅强化了惩治贪污腐败的打击

* 《民主与法制》周刊总编辑。

力度,也区分了党纪政纪处理与依法定罪量刑的不同,更加彰显了对于不同群体的人的生命的平等重视,从而对死刑的法律适用有了与时俱进的调整与修正。

三、与其说是“贪官的命更值钱了”,还不如说是“贪污贿赂的定罪更重了”

关于贪污受贿犯罪的定罪数额,一直是一个全社会关注的热门话题。此次《解释》的出台,进一步明确了《刑法修正案(九)》的立法精神,将具体情节与具体数额进行综合考虑。也正因如此,在《刑法修正案(九)》删除了原刑法规定的具体数额标准之后,许多法律人才更加关注司法解释如何对“情节+数额”做出规定。现在,我们看到《解释》规定了“数额较大或者情节较重”“数额巨大或者情节严重”“数额特别巨大或者情节特别严重”三种情况,同时相应规定了三档刑罚,并对数额特别巨大,并使国家和人民利益遭受特别重大损失的,保留适用死刑。由此可见,对于职务犯罪,一是处罚更重了,以强化打击贪污贿赂犯罪的力度;二是定罪更准了,不同情节与不同数额的职务犯罪自然将会受到相应程度的惩罚。

四、与其说是“贪官的命更值钱了”,还不如说是“贪污贿赂的量刑更清了”

对于贪污贿赂犯罪,严格的定罪标准当然很重要。但是,对于打击贪污贿赂犯罪,合理的量刑可能更加重要。所谓合理的量刑,是指既要考虑被告人的犯罪情节与具体数额,更要考虑被告人的认罪态度与有关情节。所以,考虑到反腐工作的实际需要,对于犯有贪污受贿犯罪的被告人,如果能够做到自首,立功,如实供述自己罪行、真诚悔罪、积极退赃,或者避免、减少损害结果发生的,就可以从宽处理。同时,《刑法修正案(九)》对于行贿人在被追诉前主动交代行贿行为的,做出了可以从轻或者减轻的规定;其中,犯罪较轻的,对侦破重大案件起关键作用的,或者有重大立功表现的,可以减轻或者免除处罚。尤其值得一提的是,《解释》以四个“主动交待”的表述而更加明确了刑法第三百九条第二款规定的“对侦破重大案件起关键作用”这一量刑情节。另外,还严格界定了国家工作人员出于贪污、受贿的故意,非法占有公共财物、收受他人财物之后,将赃款赃物用于单位公务支出或者社会捐赠情况的处理。对此,司法解释规定,尽管不影响贪污罪、受贿罪的认定,但在量刑时可以酌情考虑。

五、与其说是“贪官的命更值钱了”还不如说是“死刑基本没有了”

死刑问题一直是我国的敏感问题,也是一个重大的政策问题。尽管我国不赞成废除死刑,但一直主张慎杀、少杀。为此,才有了2007年死刑复核权的统一收回与统一规范。同时,对于经济犯罪尤其是职务犯罪,我国学者也一直主张不适用死刑。对此,从立法界到司法界,虽然没有明确表态,但也始终是予以积极回应。从《刑法修正案(八)》到《刑法修正案(九)》再到此次司法解释,我们看到了我国司法文明的不断进步。终身监禁刑的规定与此次司法解释对于死刑适用的规定,都在不同程度地强化我国慎杀、少杀的刑事政策。《解释》第四条规定,只有在真正出现“四个特大”之时即“贪污、受贿数额特别巨大,犯罪情节特别严重、社会影响特别恶劣、给国家和人民利益造成特别重大损失的”,才可以判处死刑。即使如此,还可以在“具有自首,立功,如实供述自己罪行、真诚悔罪、积极退赃,或者避免、减少损害结果的发生等情节,不是必须立即执行”之时,判处死刑缓期二年执行。如此看来,关于此次司法解释,我们完全可以理解为对于贪污受贿犯罪,不到万不得已是不会判处死刑立即执行的。

可以说,这是一个全面与时俱进的司法解释,也是一个兼顾中国特色的司法解释,更是一个彰显法治精神的司法解释。

不要仅盯着《贪污贿赂刑事司法解释》中修改的数额

□王　勇*

《最高人民法院、最高人民检察院关于办理贪污贿赂刑事案件适用法律若干问题的解释》(以下简称《解释》)出台后,大部分的解读文章都盯着数额的变化。尽管这个司法解释中规定的数额很重要,但其他很多问题的重要性丝毫不亚于数额的变化。“魔高一尺道高一丈”,很多新的条款体现了“两高”对新型犯罪的精准打击,更值得司法实务人员关注。

一、“两高”出台的职务犯罪案件“解释”形式的变化

在2012年以前,我们处理职务犯罪的主要依据是一个纪要四个意见,即2003年的《全国法院审理经济犯罪座谈会纪要》(以下简称《纪要》)和2007年的《关于办理受贿刑事案件适用法律若干问题的意见》、2008年的《关于办理商业贿赂刑事案件适用法律若干问题的意见》、2009年的《关于办理职务犯罪案件认定自首、立功等量刑情节若干问题的意见》、2010年的《关于办理国家出资企业中职务犯罪案件具体应用法律若干问题的意见》。

根据最高人民法院发布的《司法解释工作的规定》司法解释的形式只有“解释”“规定”“批复”和“决定”四种,而且,上述意见都是“法发字”下发,所以,不属于司法解释。自2012年开始,“两高”发布的渎职和行贿两个司法解释都开始用“解释”的方式颁布,直至本《解释》的颁布,这足以说明“两高”对职务犯罪的认定越来越重视,越来越规范。

二、司法解释两处推定的突破最大

《解释》中无论是数额标准变化还是将犯罪所得“因公支出”不予扣减的认定,尽管有新意,但或在意料之中,或在此前领导文章、讲话中有所体现。只有两处推定的规定是此前司法解释或者高层文章中从未提及的,值得实务部门重视。

(一)有条件地将“感情投资”入罪

因为立法中为“他人谋取利益”要件的存在,导致现实生活中很多向领导“感情投资”,没有明确请托事项的,很难认定为受贿犯罪。因此,最高人民法院李少平副院长在2015年的《中国法学》撰文时明确表示:“为他人谋取利益”实际上仍以“具体请托事项”为基础。如果没有“具体请托事项”,接受“感情投资”者的行为不成立受贿罪,“投资人”也不构成行贿罪。本次《解释》破解了这一问题,明确提出:“国家工作人员索取、收受具有上下级关系的下属或者具有行政管理关系的被管理人员的财物价值三万元以上,可能影响职权行使的,视为承诺为他人谋取利益。”《解释》采用推定的方式,有条件地将部分“感情投资”纳入受贿犯罪处理,在司法解释上向前推进了一大步,有利于司法实务部门掌握。只是具体操作中,“可能影响职权行使”如何掌握需要进一步研究,我认为此处的标准应该掌握到足以让一般人产生怀疑即可,属于司法人员的自由裁量范围。

(二)特定关系人共同犯罪故意的推定

此前无论是《纪要》还是2007年“两高”发布的《办理受贿刑事案件适用法律若干问题的意见》中,对于认定非国家工作人员的受贿共犯都强调的是事前通谋。如2003年的《纪要》认为,“国家工作人员的近亲属向国家工作人员代为转达请托事项,收受请托人财物并告知该国家工作人员,或者国家工作人员明知其近亲属收受了他人财物,仍按照近亲属的要求利用职权为他人谋

---

* 苏州市人民检察院公诉二处处长,检委会委员。

取利益的，对该国家工作人员应认定为受贿罪，其近亲属以受贿罪共犯论处”。

由于司法实践取证的现实困难，特定关系人与国家工作人员之间的共谋的直接证据往往难以获取，认定共犯存在困难。但在客观上，很多行贿人都是“曲线救国”，无法直接接触高官就送钱给其子女、配偶、情人，通过“枕边风”等方式实现权钱交易。现有证据只能证实国家工作人员明知身边人员收受财物也不制止、不退还、不上交，纵容该行为。司法实践中，此前其实有部分案件已突破了相关司法文件的规定，最典型的如薄熙来案中，法国尼斯的别墅就是薄熙来明知妻子收受而不退还、不上交，并无证据证实事先夫妻有通谋，但仍作为受贿罪依法判决。由于“两高”没有明确的意见，个案的突破不会带来整个司法实务部门的跟进。这次《解释》明确“特定关系人索取、收受他人财物，国家工作人员知道后未退还或者上交的，应当认定国家工作人员具有受贿故意”，是用推定的方式解决了这一问题，可谓毕其功于一役。

三、三处需要协调问题

（一）贪污罪、受贿罪和职务侵占罪、非国家工作人员受贿罪之间的协调问题

职务侵占罪、非国家工作人员受贿罪的追诉标准是贪污罪、受贿罪的2倍，在某种意义上说明其社会危害性应该低于贪污罪、受贿罪。职务侵占罪处五年以上有期徒刑的数额标准为100万元，从罪责刑相适应的角度来看，贪污100万元没有法定情节的，一般应处五年以上有期徒刑，否则就会出现罪刑失衡。

（二）向司法工作人员及食品、药品、安全生产、环境保护等监督管理职责的国家工作人员行贿1万元就入罪，而受贿者需要3万元才入罪的悖论问题

《解释》刚一颁布，就有同行提出，第七条第二款第四项、第五项分别规定，向负有食品、药品、安全生产、环境保护等监督管理职责的国家工作人员行贿，实施非法活动的，以及向司法工作人员行贿，影响司法公正的都是行贿1万元即可入罪，而受贿罪无此表示，存在行贿者够罪，受贿罪无罪的悖论。但是认真解读就会发现，行贿罪的这两项有“实施非法活动”“影响司法公正”的要求，必须有证据证实上述情节存在才可以1万元为入罪标准。如果确实存在上述情节，则受贿罪中就可以考虑适用“为他人谋取不正当利益，致使公共财产、国家和人民利益遭受损失”之规定。因为受贿罪降低入罪门槛的这一情节规定没有要求损失的严重情况，只要坚持有损失存在即可。因此，只要合理的体系解释，完全可以实现行贿与受贿犯罪的统一。

（三）贪污贿赂犯罪司法解释发生变化，如何协调侵犯财产犯罪的问题

本次《解释》颁布后，很多人对该解释与盗窃、诈骗等司法解释之间的协调问题提出疑问。其实，在2016年1月24日的全国高级法院院长会议就流露出如何处理此问题的端倪。这次会议闭幕时，受最高人民法院党组和周强院长委托，最高人民法院常务副院长沈德咏作了总结讲话。他强调，要正确把握重大贪污受贿犯罪案件的死刑及重刑适用，综合把握法律规定、刑事政策、犯罪事实和量刑情节，严格依法定罪量刑；要做好有关司法解释的宣传解读工作，主动释放积极信号，解疑释惑，积极回应社会关切；要深入研究对相关犯罪定罪量刑标准及刑罚体系调整完善问题，加强调查研究，积极提出立法、修法建议。

四、工厂内盗问题未来争议会更加突出

《解释》调整最大的不是贪污受贿犯罪，而是职务侵占、非国家工作人员受贿、挪用资金等犯罪。特别是职务侵占罪6万元入罪，而盗窃罪2 000元即可入罪，30倍的差距势必导致大量案件出现波折。长期以来，工厂内盗的认定就非常混乱，如果坚持传统的工人盗窃本人经手的财物为职务侵占罪的话，6万元（职务侵占的入罪门槛）以下的工厂内盗只能予以治安处罚。在经济发达地区的盗窃运输中的封缄物（驾驶员窃取厢式货车、油罐车、船只等运输工具中的货物）的认定

问题本来争议就很大，过去认定为盗窃或职务侵占罪的做法不一，未来二罪产生巨大悬殊，则无形中将争议放大。

此外，很多企业发生的盗窃案件，如因工人、保安参与，因系内外勾结的共同犯罪可能被认定为职务侵占罪的话，带来的负面影响可能波及未来部分企业的正常生产。因此，未来司法实务部门有必要反思职务侵占罪的认定标准，厘清职务侵占罪与盗窃罪之间的界限。

受贿罪若干常见情形的司法认定

□曹　坚*　徐灵菱**

受贿犯罪的发生较为隐蔽，犯罪分子为规避法律制裁往往采取种种“合法”形式予以掩盖，办理受贿犯罪案件应当坚持实质化的认定思路，充分分析整合相关要素要点，不被行为假象所迷惑，紧扣受贿犯罪权钱交易的本质特征，在犯罪构成理论的指引下科学把握定罪的各要件，从而对案件作出正确的司法认定。

一、以借为名的受贿犯罪认定

对以借为名收受他人财物的受贿犯罪的认定，既要正视犯罪嫌疑人、被告人的辩解，更要围绕案件事实与证据，深入剖析“借款”的实质要害，去伪存真，透过现象看本质。以叶某某受贿案为例。2004年至2009年，被告人叶某某利用担任某公安分局某派出所所长的职务便利，在辖区治安管理等活动中，为某公司法定代表人戴某某提供帮助。2010年7月，叶某某以借为名收受戴某某给予的人民币35万元后送给其特定关系人刘某某。结合司法实践中办理此类案件的经验及相关司法文件精神，在审查起诉指控叶某某以借为名的受贿犯罪时，要着重分析如下六个方面的情况，综合全案事实与证据，予以准确的认定。

1. 借贷双方的身份、职业及相互之间的关系。以借为名的受贿行为客观上发生于两个具有完全民事责任能力的自然人之间，但出借人与借款人的各自身份、职业，以及双方之间的日常交往与联系情况，是判断借款行为是否涉嫌受贿的重要指标之一。对发生于国家工作人员与社会中企业主、个体经营者之间的所谓借款行为，要结合双方的工作情况予以详细查证。如果出借人系企业主、个体经营者，而借款人系国家工作人员，且出借人曾在借款人的相应职权范围内从事过有关经营活动，则借款关系的实质情况有待结合其他证据予以进一步查证。对发生的大额借款，借贷双方关系是否密切，双方相互之间是否有过借款行为，而非经营一方单方面出借给国家工作人员，这些都是司法审查与认定时应予关注的重点。对国家工作人员辩解与出借人关系一般，不存在特别私人感情来往的，则需要强调大额借款关系应遵循常情常理，建立在彼此之间的信赖基础之上，则该借款的真实性存疑。

2. 借款手续是否相对完备。不能仅凭书面借款手续作为区分合法借款与受贿犯罪的标准，有书面借款凭据的，不一定就是民事意义上的借款行为；没有书面借款凭据的，结合案件具体情况系受贿的可能性更高。从实际来看，正常的民事借贷尤其是数额较大的借款，一般都会采取书面协议的形式，记载有借贷双方名称、借款金额、约定利息及还款期限等要素的借条不可或缺。对没有借条的所谓借贷关系，要收集、甄别相关证据，认定这种借款的真实性，重点是审查认定借贷双方的言词证据，并综合其他方面的要素予以综合性的判断。

---

* 上海市人民检察院第一分院检察官，法学博士。

** 上海市人民检察院检察官，法学硕士。

3. 借款的用途。借款的用途是真实存在还是虚构，是用于弥补一时的资金短缺还是闲置抑或投资生息，是借款人本人支配使用还是给其他特定关系人，均是判断借款用途是否真实合理的重要情节要素。如果借款人并不缺少资金，而以借为名用于购买房屋等大宗投资，或者将借款给其特定关系人购房或者投资，并且出借人对此均明知，该借款的真实性显然存疑。

4. 有无还款行为。对有无还款行为不能机械认定，要充分考虑还款行为的发生时间，还款系全额还是部分还款，已还款项占全部借款的比例等客观情况。仅归还少量借款的，并不能表明借款人有全部归还借款的真实意思表示。即使全部归还借款的，如果归还时间系在有关组织调查的过程中，其还款的真实意图也有待进一步结合其他证据进行研判。

5. 有无催款行为。借款关系发生后，出借人有无向借款人要求还款，如果从未催要，则需要结合出借人的证言分析判断该借款的真实性。正常的借款关系中，如果借款人逾期未还款的，出借人往往会以电话、短信、微信等形式或者当面催要。如果借贷双方证明有过催款行为的，则需查明具体的催款形式，不能仅凭双方的言词证据予以确认。

6. 借款与履职行为之间有无内在联系。实践中判断某一个“借款行为”，究竟是合法的民间借贷行为，还是打着借款旗号行物质利益输送之实的贿赂犯罪行为，必须分析借款与当事人职权之间的内在联系。例如，仅是单纯的借款行为，还是在借款前后发生了特定的职务行为；是否因为有了相应的履职行为，当事双方才产生了借款关系等。深入剖析借款与履职行为之间的关系，是准确把握受贿犯罪“为他人谋取利益”要件的关键所在。

需要强调的是，上述六个方面仅是提出了司法认识的视角与途径，认定结论应当建立在确实、充分的证据所证明的受贿犯罪事实的基础之上。

二、履职与受财相对分离的受贿犯罪认定

相较于刑法教科书式描述的理想化受贿犯罪模式，即行为人在收受他人财物的同时利用职务便利为他人谋取利益，现实生活中的受贿犯罪表现更趋隐蔽，履职谋利和收受财物这对围绕受贿犯罪相伴相生的客观行为往往被人为地刻意分割时间与空间，以规避刑事查处的风险，由此也增加了刑事认定的难度。有必要全面理解掌握《最高人民法院、最高人民检察院关于办理贪污贿赂刑事案件适用法律若干问题的解释》（以下简称《贪贿案件解释》）第十五条第二款的界定，厘清履职与受财的内在构罪逻辑。

1. 受贿罪中的收受财物行为必须满足“利用职务便利”要件。《贪贿案件解释》第十五条第二款规定：“国家工作人员利用职务上的便利为请托人谋取利益前后多次收受请托人财物，受请托之前收受的财物数额在一万元以上的，应当一并计入受贿数额。”该条规定被有的学者形象化地称为感情投资型受贿，意指行贿人出于长线投资的考虑，提前打埋伏实施输送财物的行为；或者在国家工作人员履职行为实施之后相当长时间内以各种名目输送财物，出于对其履职行为的感谢，以掩盖受贿犯罪权钱交易的本质特征。该条解释以履职行为作为刑法认定的核心，向前向后有效延伸了对贿赂行为的认定，体现了司法机关从严惩治受贿犯罪的决心，较之2003年《全国法院审理经济犯罪案件工作座谈会纪要》（以下简称《会议纪要》）等司法解释性文件有相当程度的扩展。当时的《会议纪要》强调，国家工作人员利用职务上的便利为请托人谋取利益，并与请托人事先约定，在其离职后收受请托人财物，构成犯罪的，以受贿罪定罪处罚。可见，《会议纪要》对离职后收受财物以受贿论处的条件还是比较严格的：一是收受的时间必须发生在离职后，对履职之前收受的财物能否认定未予涉及；二是要求双方事先约定，没有约定或者约定不明的，难以认定为受贿。2007年《最高人民法院、最高人民检察院关于办理受贿刑事案件适用法律若干问题的意见》（以下简称《受贿案件意见》）在《会议纪要》的基础上进一步明确双方约定的时间可以是在利用职务便利谋取利益的前后，但依然要求约定的内容系在离职后收受请托人财物，并在离职后实际收受的，以受贿论处，且对离职前收受请托人财物的与离职后收受部分应一并计入受贿数额。

可见，《受贿案件意见》对《会议纪要》有一定的微调，有限放宽了离职前后收受财物的认定范围，但无论是《受贿案件意见》还是《会议纪要》，都过于强调履职与受财行为的先后发生顺序，客观上易形成打击受贿犯罪的漏洞。而实际上，无论是在履职前收受财物还是在履职后收受，只是权力兑换财物的时间问题，受贿犯罪的实质应当是将一切围绕职务便利所发生的权钱交易行为涵盖其中。《贪贿案件解释》跳出了《会议纪要》《受贿案件意见》入罪设置上的藩篱，突出履职谋利在受贿罪犯罪构成中的核心与统帅地位，受请托之后收受的财物固然要以受贿论处，受请托之前收受的财物数额在 1 万元以上的，也应当一并计入受贿数额。

2. 刑事评价事后的受财行为须综合分析其是否源于之前的履职事由。综观多年来的相关司法解释、指导性意见，对受贿罪犯罪构成客观方面要件的界定呈逐渐开放的状态，符合从严惩治腐败犯罪的时代背景。《会议纪要》释明为他人谋取利益包括承诺、实施和实现三个阶段的行为，只要具有其中一个阶段的行为，就具备了“为他人谋取利益”的要件。《贪贿案件解释》进一步放宽了对“为他人谋取利益”的理解，实际或者承诺为他人谋取利益的固然构成“为他人谋取利益”，明知他人有具体请托事项的，也应当认定为“为他人谋取利益”；即便没有口头承诺的意思表示，但只要主观上知道他人请托的具体事项，客观上实施了收受他人财物的行为，即可构成受贿罪。《贪贿案件解释》第十三条明确规定，履职时未被请托，但事后基于该履职事由收受他人财物的，应当认定为“为他人谋取利益”。这就堵塞了已往学理解释受贿罪时可能存在的漏洞，即受贿人辩解其系正常履职，行贿人彼时没有任何请托的意思表示，事后系行贿人单方面表示感谢的意思而向其输送物质利益，履职与受财两行为之间不存在受贿罪构成要件所要求的依存关系。

如何证明系事后基于该履职事由收受他人财物，可综合把握以下几方面的要素：(1) 收受财物的原因。收受他人财物时，对方是否以各种方式明示或者暗示此系对之前履职行为的感谢。如果确有证据排除双方系因为履职因素而产生的财物来往关系，须审慎认定受贿罪。(2) 收受财物的数额。财物数额是否超出正常的礼尚往来的程度，受贿人是否系单方面收受财物，或者受贿人虽有相应的回赠，但回赠价值无法与所收受的财物价值成比例。(3) 收受财物的来源。行贿人行贿的财物是否系直接或者间接地来源于受贿人的履职行为使其获取的利益。(4) 履职与受财行为发生的时间间隔。《贪贿案件解释》虽然没有对事后收受财物的行为限定发生的时间区间，但一般应以常人所能理解和接受的时间间隔为判断标准。

3. 综合收受财物的具体数额、时间频率等客观要素对履职前的受财行为与之后的履职行为进行整体分析，判断两行为之间是否产生定罪逻辑上的密切联系。《贪贿案件解释》第十五条对利用职务上的便利为请托人谋取利益的前后时间跨度没有作出专门的说明，实践中是否需要加以一定的时间限制，以防止认定过宽？有观点认为，可以借鉴刑法关于追诉时效的规定，结合《贪贿案件解释》规定的受贿罪定罪量刑标准，设置相应的追诉时限。我们认为，无须设置专门的时间限制。《贪贿案件解释》没有特别强调为请托人谋取利益前后的时间要求，在适用该司法解释时也不宜人为添加时间限制来缩限其适用的范围。追诉时效适用的对象是已经发生的犯罪行为，在该行为超过相应法定最高刑一定年数之后，一般不予追诉。而履职前收受财物的数额之所以要一并计入受贿数额，是因为该收受财物行为与履职行为，以及之后发生的其他收受财物行为之间存在紧密的内在联系。当然，也不是对履职前收受财物的数额不加分析地一概认定为受贿数额，应当结合具体个案的情况，周详分析履职前收受财物行为与之后履职行为内在的受贿犯罪构罪逻辑关系。

例如,2003年至2015年,杨某某先后收受某公司法定代表人王某给予的人民币100余万元,并于2011年至2015年利用其职务上的便利,为王某公司提供帮助。收受财物的行为与履职谋利的行为在时间上存在一定的差距。如何判断两行为之间是否存在构罪逻辑,须坚持整体均衡的认识观念,重点关注以下常见个案中的入罪因素:(1)履职前收受财物的数额大小。收受的数额是否正常合理,是正常的人情往来还是单方面的利益输送。如系单方面的利益输送,且数额超出社会上普通公众所能接受的标准,应考虑计入受贿数额。(2)履职前收受财物的时间频率。是偶然一次性的交往,还是长期的利益输送。如系多年以前因正常合理的事由偶尔一次送礼,且数额不大,双方之后并无保持长期联系或者接触,应慎重计入受贿数额,可考虑作为违纪金额认定。如双方系长期交往,行贿人在每年重要的节假日等时间节点以各种名义输送利益,数额超出正常人情交往的,应当计入受贿数额。(3)收受的财物与职务变动情况的契合度。所谓的感情投资型贿赂,往往是行培养感情之名,实为徐图受贿人的职务便利,在受贿人职务未获提升、变迁之前,行贿人送与的金额可能相对较小,当受贿人获得职务提拔或调整,占据更重要的岗位时,行贿人送与的金额往往会有明显提升,这就鲜明地勾勒出受财与履职行为之间钱权交易的构罪逻辑关系,显然应当将履职前所收受的财物数额一并纳入刑事评价范畴。

三、收受房屋型的受贿犯罪认定

《受贿案件意见》摒弃了民事法律普遍采用的房屋民事权属登记的认定标准,强调未变更权属登记或者借用他人名义办理权属变更登记的,不影响受贿的认定,但未进一步明确此类案件刑事认定的思路及适用标准,有待结合典型个案,在罪刑法定原则的指引下,提炼科学的实质化评价要素。

1.关于收受房屋型受贿犯罪的犯罪形态认定。通常认为,受贿人收受了相关贿赂物的,即构成受贿犯罪的既遂。例如,收受现金的,以受贿人接触到现金并据为己有为犯罪既遂;以转账方式收受资金的,以资金进入受贿人账户或者由其指定的他人账户为犯罪既遂。房屋系典型的不动产,不动产登记簿是物权归属和内容的根据,不动产权属证书是权利人享有该不动产物权的证明,这均是从民法角度对民事权利人相应权利的规定。房屋一旦作为贿赂物进入刑事法律关系,就自然而然脱离了民事法律的场域,转由刑法指引和调整。因此,判断受贿犯罪是否实施完毕需从刑法角度出发进行评判。受贿犯罪客观上表现为收取财物,判断收取财物与否的标准应当是受贿人是否实际控制了贿赂物。以房屋为贿赂物的受贿犯罪,受贿人实际使用了房屋固然是典型的完成形态的受贿犯罪;受贿人出于逃避查处的考虑,不实际使用房屋,但是获取了房屋的钥匙、门禁卡等出入工具或凭证的,亦属于完成了受贿犯罪,同样属于控制使用房屋的情形。类似经验性质的判断标准来源于长期的司法实践,较容易为办案人员所接受,实践中争议不大。在受贿人不实际接触房屋的场合,判断是否构罪则有不同认识。

例如,行贿人明确将某处房屋赠予受贿人,但受贿人既不实际使用房屋,也不接受该房屋的钥匙、门禁卡等出入凭证,而是明确让行贿人暂时代为保管,或者含糊表示暂放于行贿人处的,能否认定其构成受贿犯罪?如果能够认定,则如何认定其相应的犯罪形态存有争议。对此应当坚持综合全案证据情况判断受贿人是否实际控制房屋,而不局限于以物理形式的占有或者使用为认定标准:(1)行贿人有无具体的请托事项,受贿人是否有相应的职务便利可供行贿人请托。这是认定收受房屋型受贿犯罪的事实证据基础,有此基础的才可考虑进一步推进对受贿罪的认定。(2)收受财物的起意及行、受贿双方合意达成的具体过程。要重点分析受贿人是如何起意收受房屋,行贿人是否有帮助受贿人挑选房屋的行为,受贿人是否看过房及有无相应的意思表示。

(3)选定房屋后行、受贿双方有无发展深入的互动关系。例如,行贿人是否要求将该房屋过户给受贿人,但被受贿人婉拒;受贿人是否有让行贿人暂时保管甚至是使用房屋的意思,但从未坚决、彻底地明确表示拒绝收受房屋,等等。(4)房屋的客观状态。如果房屋系长期空置,则要查明行贿人为何不居住或者出租房屋;受贿人是否委托其他人不定期照看或者看管过房屋;房屋是否有装修,如果有装修系由谁负责装修,由谁确定装修方案和风格,装修资金由谁承担,等等。(5)案发前房屋的使用状态有无发生突然的变化。例如,长期空置的房屋突然由行贿人家人搬入居住,或者房屋被行贿人转手卖出。要仔细查找、分析发生这种变化的原因,是否系出于掩盖行贿犯罪的目的。综上,在认定高隐蔽性的收受房屋型受贿犯罪时,要善于把握细节,综合各类证据进行合理分析判断,排除各种疑点,得出唯一结论,做到不枉不纵。

2. 关于收受有贷款的房屋受贿犯罪的形态认定。行贿的房屋附带有贷款的情况,对受贿犯罪的犯罪形态是否产生实质性影响,司法实践中存在不同认识。有一种观点认为,鉴于房屋带有贷款,客观上存在行贿人不按期偿还贷款的可能,银行随时有权收回房屋,因此宜认定为犯罪未遂。客观评价,房屋附带有贷款的确会影响到房屋收受人对房屋的处置。例如,在买卖房屋时,卖家需要负责清偿未偿还部分的贷款;在行使房屋抵押权时,由于房屋有贷款已被抵押给银行,其行使抵押权可能存在客观难度(当然在房屋市场价格向上的趋势下则相对较易行使抵押权),等等。但是,需要明确的是,房屋有无贷款并不影响对受贿犯罪形态的认定,房屋作为客观存在的物品,既可以被主观感知,也可以被客观占有、使用、处置,因此仍然应当以受贿人实际控制房屋作为判断标准,受贿人收受了房屋即实现了控制,受贿犯罪行为即已经完成。房屋存在贷款,其背后系行贿人、房产公司及贷款银行之间的民事法律关系,而受贿人收受行贿人给予的附带有贷款的房屋,因其具有刑事违法性而理应受到刑法的制裁,不能将性质完全不同的两个法律关系混为一谈。如果因为房屋附带有贷款而在认定时推后犯罪既遂的时间节点,将不当拉长受贿犯罪未完成形态存续的时间,以至于得出只要贷款一日未还清,受贿人即没有完全收受房屋的法律认识结论,哪怕受贿人已经居住、出租乃至变卖该房屋,如此进行刑事法律评价显然有悖事实与常理。

3. 关于收受有贷款的房屋受贿犯罪的数额认定。一种观点认为,受贿人收受有贷款的房屋,如果系由行贿人负责偿还贷款,在案发前贷款尚未还清的,在认定受贿犯罪数额时,应当扣除未偿还的贷款金额,仅认定行贿人已支付的房款和已偿还的贷款金额。例如,石某为感谢吴某某对其业务的支持,以按揭贷款方式购买了一套房屋送给吴某某,石某支付了首付款并负责还贷,受贿罪已经成立,但具体数额应按案发前石某已经支付的首付款、归还的贷款总额来认定。另一种观点认为,只要行贿人承担还款义务的,房屋有无未偿还贷款不影响对受贿犯罪金额的认定。我们认为,房屋有贷款既不影响对受贿犯罪形态的认定,也不影响对受贿数额的认定,应当以行贿人实际购买房屋的合同价作为受贿数额的认定标准。如果行贿人明确由受贿人承担还贷义务的,当然应当以行贿人为购买房屋而实际支付的对价作为受贿数额,受贿人自行承担的房贷不能认定为受贿数额。但是,如果行贿人明确由其承担还贷义务的,则应当以房屋合同价认定为受贿数额,行贿人偿还贷款的行为实际上就是代替受贿人承担了购房资金的压力与责任。无论是一次性全款支付房款还是以贷款方式偿还房款,其实质是行贿人选择使用不同的渠道筹措购房资金,以达到行贿目的。当然,考虑到受贿人收受的房屋在产权上存在不完整性,房屋的未来处置在理论上存在一定的市场风险,在具体裁量刑罚时可对房屋附带有未偿还贷款的情况予以酌情考虑,但不能以此为理由扣除未偿还的贷款金额,进而影响到对受贿犯罪行为及受贿数额的完整认定。同时也不宜将未归还的贷款数额认定为未遂数额而援引刑法关于犯罪未遂的条款,因为房屋系整体不可分割,一旦收受即告行为既遂,既遂数额与未遂数额的概念仅存在于对应的物品可予以分割的情形,如销售假货的行为。

4.关于收受的房屋在案发前已被变卖的受贿犯罪认定。如前文所述,犯罪分子在案发前为掩盖犯罪事实、毁灭证据,将受贿房屋予以变卖,不影响对受贿犯罪的认定。关键是要细致梳理、整合全案证据,形成证据锁链,认定受贿行为。应重点审查以下几方面:(1)变卖房屋的时间与案发时间的关联度。涉案房屋是否系在案发前仓促变卖,距离案发时间是否较为接近。要重点审查行贿人、帮助行贿人变卖房屋的人和房屋买家的证词,以及被告人的相应供述和辩解,从中找到相互印证之处,查明变卖房屋的真实动机和原因。(2)房屋交易的价格。涉案房屋是否系以低于市场合理价的价格出售,是否有"贱卖"的嫌疑,行贿人是出于何种特别考虑而不惜低价出售。(3)受贿人与行贿人对出售房屋的态度。行贿人是否系在受贿人的授意、指使下出售房屋;没有受贿人的同意,行贿人能否出售该房屋。(4)售房款的去向及将来的处置情况。受贿人对售房款是否有交代,行贿人是否系代受贿人暂时"保管"售房款。(5)房屋出售前的使用情况。受贿人是否已经接受该房屋,取得房屋的钥匙、门禁卡等出入工具或者凭证,或者虽未实际使用居住,但是授意由第三人或者行贿人本人代其看管或使用房屋。(6)受贿人的职务便利与行贿人的请托事项之间的内在联系,这仍然是需要予以重点关注的一个基础性事实,有此基础事实,前述因素才有重点审查的必要。

大案传真

周建华受贿案

【编者按】

本案案情重大复杂，社会影响大。上诉人周建华在二审庭审中多次声称本案是由于自己实名举报原江西省委书记苏荣、原新余市委书记李安泽受到迫害而导致案发的，并且在二审期间，苏荣、李安泽先后被中纪委调查，加之原辩护人在网上大肆炒作，引起社会各界广泛关注。

本案二审判决坚持以证据为中心，讲究裁判技巧，严格贯彻落实宽严相济的刑事政策。具体现在：(1)对一审认定的事实，严格坚持证据标准，对证据不足的部分事实坚决不予认定。(2)判决书结构详略得当、重点突出。上诉人周建华非法收受人民币50万元以上的事实共有3起，涉及犯罪数额人民币886万元。针对这三起事实，判决书将周建华供述及相关证人证言原汁原味详细列出，强化了对上述事实认定的根据。对其他事实说理从简，言简意赅，保证了判决书内容既重点突出，又简洁明了。(3)贯彻落实宽严相济刑事政策，量刑客观公正。经审理认为，庭审中周建华认罪态度不好，可以酌情从重处罚。鉴于周建华的受贿数额为1 000万余元；在审查期间，主动交代了组织未掌握的其收受付某等人共计900余万元的受贿事实；本案赃款大部分被追缴；同时核减了其部分犯罪数额，可以酌情从轻处罚。综合考虑周建华犯罪的具体事实、性质、情节和对社会的危害程度，一审判处其死刑，缓期二年执行的量刑偏重。改判周建华无期徒刑，更加客观公正，符合罪责刑相适应原则。

江西省高级人民法院
刑事判决书

(2013)赣刑二终字第61号

原公诉机关江西省宜春市人民检察院。

上诉人(原审被告人)周建华，男，1955年7月15日出生于江西省南昌市，汉族，大学文化，原系江西省新余市人大常委会党组书记、主任，住江西省南昌县。因涉嫌犯受贿罪于2012年5月31日被刑事拘留，同年6月13日被逮捕。现羁押于江西省宜春市看守所。

辩护人杨红、万绍英，江西求正沃德律师事务所律师。

江西省宜春市中级人民法院审理宜春市人民检察院指控原审被告人周建华犯受贿罪一案，于2013年8月26日作出(2013)宜中刑二初字第7号刑事判决。宣判后，原审被告人周建华不服，提出上诉。本院依法组成合议庭，于2014年2月26日至5月26日公开开庭审理了本案。江西省人民检察院检察员詹荣宗、代理检察员潘体正出庭履行职务，上诉人周建华及其辩护人到庭参加诉讼。其中，原辩护人周泽、李金星参加了2月26日至3月5日、4月11日至17日的庭审；原辩护人马朗参加了5月23日的庭审；辩护人杨红、万绍英参加了5月26日的庭审。本案经本院决定，延长审理期限二个月；另报请最高人民法院批准，延长审理期限九个月。现已审理终结。

宜春市中级人民法院判决认定：

1993年以来，被告人周建华利用担任中共南昌市西湖区委书记、东湖区委书记、中共南昌市委常委、秘书长、宣传部部长、政法委书记、中共新余市委委员、常委、副书记、中共新余市人大党组书记、新余市人大常委会主任的职务之便，在干部提拔、工作调动、工程承揽、酒店建设、矿山纠纷、诉讼案件等方面为他人谋取利益，非法收受或者索取姜某明、周某如、付某、曹某、张某根等人贿赂共计人民币1 023.3114万元和美元1.2万元、港币15万元、金条3根（每根重50克）、价值人民币1万元购物券、价值人民币12.98万元的小轿车1辆、价值人民币8万元的瓷版画2块、价值人民币1.6万元的暖气设备1套，以及杨某等人送的金玉满堂酒店30%的干股。

具体分述如下：

1. 收受姜某明人民币16.9万元和美元5 000元

1993年至1996年期间，被告人周建华应姜某明请托，利用他担任中共南昌市西湖区委书记的职务便利，先后为姜某明录用为国家干部和违反计划生育免受处理之事，给时任西湖区经委主任王某思打招呼；为将姜某明妻子朱某平调入西湖区房管局工作及帮助姜某明购买南昌市孺子路的店面，给时任西湖区房管局局长曹某明打招呼。2002年，应姜某明请托，周建华利用他担任中共南昌市委政法委书记的职务便利，为姜某明亲戚涉嫌刑事犯罪一案，向时任南昌市中级人民法院分管刑事审判的副院长打招呼。为感谢周建华的关照及希望继续得到周建华关照，姜某明于2005年至2011年期间，以祝贺周建华儿子、女儿升学、看望生病的周建华儿子、帮助周建华缓解家庭纠纷等为由，先后五次共送给周建华人民币16.9万元和美元5 000元。

2. 收受周某新人民币5万元

1993年，周某新为承租南昌市西湖区西湖街办位于百花洲的店面，通过他人介绍找时任中共南昌市西湖区委书记周建华帮忙。在被告人周建华的帮助下，周某新顺利承租到了店面。为了感谢周建华的帮助，1997年的一天，周某新送给周建华人民币5万元。

3. 收受欧某春人民币5万元

1994年年底，被告人周建华应欧某春请托，利用他担任中共南昌市西湖区委书记的职务便利，为欧某春购买位于南昌市西湖路的商品房一事，给时任南昌市西湖区房管局局长曹某明打招呼；1996年，应欧某春请托，帮忙将欧某春亲戚吴某之女张某华分配到南昌市西湖区街道办工作。为感谢周建华及希望继续得到他关照，欧某春先后两次在周建华家中共计送给周建华人民币5万元。

4. 收受谢某建人民币3万元

1993年，被告人周建华应谢某建请托，利用他担任中共南昌市西湖区委书记的职务便利，为谢某建联系购买西湖商厦店面的事给时任南昌市西湖区房管局局长曹某明打招呼。1995年左右，周建华应谢某建请托，利用他担任中共南昌市西湖区委书记的职务便利，为谢某建在洪城大市场租店面和摊位的事，给洪城大市场负责人胡某华打电话要求关照。为感谢周建华的关照及希望继续得到他关照，谢某建于1996年上半年的一天晚上，在周建华家中送给周建华人民币2万元；2011年9月至10月，以看望周建华生病的儿子为由，送给周建华人民币1万元。

5. 收受胡某华人民币5万元

2000年，被告人周建华应胡某华的请托，利用他担任中共南昌市东湖区委书记的职务便利，帮助将胡某华的女儿分配到南昌市东湖区人民检察院工作。为感谢周建华及希望继续得到周建华的关照，胡某华分别于2001年至2004年的春节前，先后四次共送给周建华人民币5万元。

6. 收受刘某赣人民币2万元、2块瓷版画（价值人民币8万元）、暖气设备（含安装费用，价值人民币1.6万元）

刘某赣经人介绍认识时任中共南昌市东湖区委书记的周建华，为保持与被告人周建华的良好关系,得到他关照,于2000年的一天,送给周建华瓷版画2块(价值人民币8万元);于2002年春节前的一天,送给周建华人民币5 000元。2003年,周建华应刘某赣的请托,利用他担任中共南昌市委宣传部部长的职务便利,为刘某赣购买南昌市公交公司青山路烂尾楼一事,给时任南昌市公交公司总经理王某甲打招呼,要求王某甲就此事关照刘某赣。为了感谢周建华及希望继续得到周建华的关照,刘某赣于2006年中秋节前的一天晚上,送给周建华人民币1万元;于2006年下半年,周建华新居装修时,为周建华支付了暖气设备购置及安装费用人民币1.6万元;于2008年春节前的一天,到周建华前妻姚某建家中,送去一个人民币5 000元红包,姚某建将此事告知周建华。

7. 收受唐某杨人民币7万元和美元2 000元

1997年下半年,被告人周建华调任中共南昌市东湖区委书记,因工作关系与时任东湖区房管局局长唐某杨相识。为得到周建华的关照,2000年上半年,唐某杨在与周建华到欧洲考察期间,送给周建华2 000美元;2001年,唐某杨为推选为南昌市东湖区副县级后备干部,在周建华家中送给周建华人民币5万元。之后,周建华应唐某杨请托,向中共南昌市东湖区委组织部部长殷某欣打招呼,推荐唐某杨为当年南昌市东湖区副县级后备干部。2002年,唐某杨为其女儿分配工作之事找到时任中共南昌市委政法委书记的周建华,希望周建华帮助其女儿分配到司法机关工作。周建华应唐某杨请托,利用职务便利给相关部门打招呼,使唐某杨的女儿分配到南昌市中级人民法院工作。之后,为感谢周建华及希望继续得到周建华关照,唐某杨于2002年下半年的一天,送给周建华人民币2万元。

8. 收受周某如人民币26.7114万元、美元5 000元

2000年左右,南昌维多利亚华庭楼盘开发商周某如经他人介绍认识时任中共南昌市东湖区委书记周建华。同年,周某如为其朋友的亲戚调动之事找到被告人周建华,希望周建华帮忙将其朋友的亲戚调至一局机关工作,周建华答应帮忙。事后,为感谢周建华及希望继续得到周建华关照,周某如在周建华家中送给周建华人民币2万元。2000年,周某如以祝贺周建华儿子出国留学为名,送给周建华5 000美元。2003年5月左右,时任中共南昌市委宣传部部长的周建华拟为他情人梁某瑶在维多利亚华庭购买一套复式住房,总价款人民币54.7余万元,首付款人民币24.7114万元。周建华向梁某瑶提出首付款由他支付。随后,周建华找到周某如,要求周某如为他支付该套住房的首付款,周某如为保持与周建华的良好关系,希望继续得到他关照,为周建华支付了人民币24.7114万元的首付款。

9. 收受吴某枫3根金条(每根重50克)

2003年,被告人周建华应吴某枫之托,利用他担任中共南昌市委宣传部部长的职务便利,给时任南昌市广电局局长王某昌打招呼,推荐吴某枫承接了南昌市广电局机顶盒业务。为了感谢周建华的帮助,吴某枫于2003年下半年送给周建华3根金条(每根重50克)。

10. 收受邱某奎人民币2万元和1辆东风悦达起亚牌小轿车(价值人民币12.98万元)

2006年,被告人周建华利用他担任中共新余市委副书记的职务之便,应江西众一矿业集团有限公司(以下简称众一公司)董事长邱某奎的请托,为众一公司在分宜县杨桥镇的仙岭煤矿与当地农民发生纠纷一事,给时任分宜县县长郭某祥打招呼;2010年下半年,应邱某奎请托,利用其担任新余市人大常委会主任的职务便利,为众一公司在分宜县杨桥镇的仙岭煤矿的税收由实量计税改为包税制一事,给时任中共分宜县委书记姚某目和分宜县常务副县长赖某云打招呼。为了感谢周建华及希望继续得到他关照,邱某奎于2006年年初送给周建华东风悦达起亚牌小轿车1辆(价值人民币12.98万元),该车一直由周建华的妻子梁某瑶占有和使用至案发;2009年春节前

的一天，送给周建华人民币1万元；2011年5月的一天，送给周建华人民币1万元。

11. 收受谭某人民币2万元和价值人民币1万元购物券

2004年，新余力高伟业置业有限公司董事长谭某在承建新余市人民广场改造项目过程中与该项目总指挥被告人周建华认识。为搞好与周建华的关系，得到周建华关照，谭某于2006年春节前的一天，送给周建华价值人民币1万元的新余市洪客隆商场购物券。

2010年上半年，被告人周建华利用他担任新余市人大常委会主任的职务便利，应谭某请托，为谭某承接新余市清宜公路工程项目之事，给清宜公路工程项目总指挥新余市人大常委会副主任陈某正打招呼，后谭某的公司顺利承接了该项目。为了感谢周建华，并希望继续得到他关照，谭某于2011年中秋节前的一天，在周建华新余市的家中，送给周建华人民币2万元。

12. 收受付某人民币770万元

2005年左右，新余市中创矿业有限公司（以下简称中创公司）实际控制人付某通过他人介绍认识了时任中共新余市委委员、常委、副书记的被告人周建华。此后，周建华利用他担任中共新余市人大党组书记和新余市人大常委会主任的职务便利，应付某请托，于2007年为中创公司九龙矿区增架一条供电线路之事，给时任赣西供电局局长张某华打招呼；2009年为中创公司毁林案件处理之事，给时任新余市林业局局长黎某根打招呼；2009年下半年，因中创公司九龙矿区与当地村民发生纠纷一事，给时任中共新余市委政法委副书记付某根及时任新余市副市长、公安局局长王某辉打招呼；2009年下半年，为付某的亲戚赵某萍调到新余市中级人民法院工作一事，给时任该院院长打招呼；2010年下半年，为中创公司法定代表人陈某胜提前解除取保候审一事，给时任新余市林业局局长何某勇打招呼；2011年年初，因中创公司与新余市九龙山乡富兵磁铁厂民事纠纷案一事，给时任新余市中级人民法院院长打招呼；2011年上半年，因中创公司九龙矿区经常被拉闸限电，影响生产，给时任赣西供电公司总经理陈某甲打招呼。

为感谢被告人周建华，并希望继续得到周建华的关照，付某先后五次共计送给周建华人民币770万元：

（1）2008年年底，付某让其司机刘某峰到被告人周建华南昌市维多利亚华庭小区的家中，送给周建华人民币170万元，用于在南昌县绿地兰宫小区购买别墅。

（2）2009年3月，付某以帮助被告人周建华前妻姚某建在上海购买房屋的名义，到周建华南昌市维多利亚华庭小区的家中，送给周建华人民币150万元。

（3）2009年5月至6月，周建华以买股票的名义向付某索要人民币500万元，付某称只有人民币350万元，并要其妹妹付某路准备现金。不久，付某路准备好人民币150万元，用旅行袋装好后，由付某到周建华南昌市红谷滩的家中，把人民币150万元送给周建华。过了一段时间，付某路准备好人民币200万元后，用旅行袋装好，由付某到周建华新余的家中，把人民币200万元送给周建华。

（4）2011年年初，被告人周建华以借钱炒股为名向付某索要人民币100万元，并安排其司机陈某辰打了借条，然后借用陈某辰妻子杨某华的股票账户将该款全部用于购买股票。

13. 收受张某根人民币58万元

被告人周建华利用他担任新余市人大常委会主任的职务便利，应新余市百乐工贸有限公司董事长张某根的请托，于2008年下半年，为张某根的亲戚非法持枪案，向时任新余市中级人民法院院长打招呼；2009年，为张某根所开发的百乐村房地产项目加快土地挂牌进度一事，向时任新余市国土局局长梁某祥打招呼；2009年，为将张某根女儿安排进入新余市一中读高中，向新余市教育局局长胡某华打招呼；2010年年初，为将张某根亲戚的女儿张某甲退伍安置到新余市房管局下属房产交易中心工作，向新余市民政局局长艾某华和新余市房管局局长刘某云打招呼；2011年3月至4月，为解决百乐村房地产项目工地运余土车辆被新余市城管执法局查处一事，向新余市城管执法局局长丁某文打招呼；2011年下半年，为百乐村房地产项目用地提高容积率一事，向新余市规划局局长刘某杰打招呼。为感谢被告人周建华的关照及希望继续得到周建华关照，张某根于2008年至2011年期间，先后十四次共送给周建华人民币58万元。

14. 收受刘某铭人民币4万元

2008年7月，被告人周建华带女儿姚某到云南省西双版纳旅游，北京云璞环球贸易有限公司经理刘某铭（新余市人）前往接待。为与周建华建立良好关系，得到周建华关照，由刘某铭妻子周某甲经手，以给周建华的女儿见面礼为由，送给周建华人民币1万元；2011年7月，应刘某铭请托，周建华利用他担任新余市人大常委会主任的职务便利，为刘某铭在新余市被人非法拘禁一案，给时任新余市公安局刑侦支队支队长宗某平打招呼，督促公安机关破案。事后，为感谢周建华及希望继续得到周建华关照，刘某铭于2011年7月的一天，在周建华办公室，送给周建华人民币1万元；于2011年8月的一天，在周建华新余的家中，送给周建华人民币2万元。

15. 收受江西瑞晶太阳能科技有限公司董事长曹某、执行董事胡某海、董事长助理兼副总经理许某明人民币58万元

2008年下半年，时任新余市人大常委会主任的被告人周建华在新余市政府温州招商活动中认识了江西瑞晶太阳能科技有限公司（以下简称瑞晶公司）的董事长曹某、执行董事胡某海、董事长助理兼副总经理许某明等人。之后，周建华利用他担任新余市人大常委会主任的职务便利，应曹某等人的请托，于2009年下半年，为新余远东纺织品有限公司（以下简称新纺公司，该公司2007年被曹某、胡某海等人收购）旧厂区土地挂牌公证费减免一事，向时任新余市司法局局长费某江打招呼；2009年下半年，为瑞晶公司从新余市财政及时要回新余市政府奖励的部分土地出让金一事，周建华向时任新余市财政局局长欧某嵩打招呼；2011年上半年，周建华向时任赣西供电公司总经理陈某甲打招呼，使新纺公司在新厂区用电设备配套费用上获得了优惠。为了表示感谢和希望继续得到周建华关照，2009年春节前的一天，胡某海在新纺公司门口送给周建华人民币2万元；2010年春节前的一天晚上，胡某海在周建华新余的家中送给周建华人民币5万元；2011年春节前的一天，曹某、胡某海等人到新余市人民医院看望周建华，送给周建华人民币1万元；2011年6月，曹某以借款给周建华炒股为名，由许某明经手送给周建华人民币50万元。该50万元人民币由许某明转账至周建华指定的梁某瑶账户。2011年12月，周建华在得知中共江西省纪委对他进行调查之后，叫梁某瑶将人民币50万元通过转账退还给许某明。

16. 收受张某胜人民币6.5万元

2009年下半年，被告人周建华利用担任新余市人大常委会主任的职务便利，应张某胜的请托，为张某胜的女儿张某乙顺利竞得新余市人大财经委办公室主任一职，给时任中共新余市委组织部副部长张某丙打招呼。为感谢周建华及希望其女儿得到周建华的关照，张某胜于2010年至2011年期间，以年节走访、探视周建华的病情、看望周建华生病的儿子为由，先后八次共送给周建华人民币6.5万元。

17. 收受应某战人民币5万元

2009年12月的一天上午，新余科农种猪改良有限公司董事长应某战找到时任新余市人大常委会主任的被告人周建华，请求周建华帮助其当选新余市第七届人大代表，并送给周建华人民币2万元。2010年6月8日，在周建华的推荐下，应某战被增补为新余市第七届人大代表。2010年4月至5月，周建华利用他担任新余市人大常委会主任的职务便利，应应某战请托，为新余科农种

猪改良有限公司员工与分宜县当地屠夫发生打架纠纷一事，给时任分宜县公安局局长李某春打招呼，要求关照新余市科农种猪改良有限公司员工一方。事后，为感谢周建华及希望继续得到他关照，应某战于2011年5月至6月的一天，到周建华新余的家中，送给周建华人民币3万元。

18. 收受周某乙人民币4.5万元

2009年的时候，被告人周建华利用他担任新余市人大常委会主任的职务便利，应新余市粤新装饰材料批发城董事长周某乙的请托，为新余市粤新装饰材料批发城涉嫌偷税被新余市公安局经侦支队查处一事，通过时任新余市人大常委会副主任的毛某根给负责此案的公安人员丁某（毛某根的侄女婿）打招呼；在2010年7月至8月，周建华利用他担任新余市人大常委会主任的职务便利，应周某乙请托，为周某乙的表侄子宁某牙在新余钢丝厂承接拆迁工程一事，给新余钢丝厂领导打了招呼。2011年上半年，周建华利用他担任新余市人大常委会主任的职务便利，应周某乙请托，为新余市粤新装饰材料批发城位于立交桥的广告牌被新余市城管执法局强拆一事，给时任新余市城管执法局局长丁某文打招呼。为感谢周建华及希望继续得到他关照，周某乙于2009年至2011年期间，以年节走访、探视周建华病情等为由先后六次共送给周建华人民币4.5万元。

19. 收受刘某人民币8.9万元

2006年12月，被告人周建华调任新余市人大担任党组书记，刘某系新余市人大外侨民族宗教工委主任。2009年5月，刘某改任新余市人大办公室主任。2011年9月，周建华向中共新余市委推荐刘某当选为新余市人大秘书长。为感谢周建华对自己的提拔，希望继续得到他关照，刘某于2010年至2011年期间，以年节走访、给周建华女儿见面礼、祝贺周建华生日、探视周建华的病情、看望周建华生病的儿子等为由，先后12次共送给周建华人民币8.9万元。

20. 收受刘某华人民币13万元和港币15万元

2010年，被告人周建华通过谭某介绍认识了新余市天恒房地产开发有限公司董事长刘某华。之后，周建华应刘某华请托，利用他担任新余市人大常委会主任的职务便利，2010年和2011年9月，分别帮助刘某华补选为新余市第七届人大代表和当选新余市第八届人大代表；2011年6月至7月，应刘某华的请托，周建华为刘某华承接的仰天大道改造项目工程款结算一事，给时任新余市城投公司董事长夏某敏打招呼；2011年9月，应刘某华的请托，周建华为刘某华开发的城南步步高项目因附楼超高被新余市清理规费小组处罚一事，给时任清理规费小组负责人打招呼。为感谢周建华及希望继续得到周建华关照，刘某华于2010年至2011年期间，以年节走访、帮助周建华归还欠款等为由，先后四次共送给周建华人民币13万元和港币15万元。

21. 收受陈某男人民币2万元

江西泰耐克投资股份有限公司在新余市开发了新余泰耐克国际商城项目，该公司董事长陈某男听说时任新余市人大常委会主任的被告人周建华对项目进展缓慢有看法，为了消除该不利影响并希望得到周建华的关照，2011年上半年的一天，陈某男在南昌索菲特酒店他的办公室送给周建华人民币2万元。

22. 收受谭某勇人民币2.8万元

2010年下半年，被告人周建华应谭某勇请托，利用他担任新余市人大常委会主任的职务便利，帮助谭某勇从新余市仙女湖区凤凰湾办事处调入新余市人大担任内务司法委员会办公室主任。事后，为感谢周建华及希望继续得到周建华关照，谭某勇于2010年至2011年期间，以年节走访、探视周建华的病情、看望周建华生病的儿子为由，先后四次共送给周建华人民币2.8万元。

23. 收受杨某等人所送新余金玉满堂酒店30%干股

杨某是被告人周建华之子周某昊的朋友，经周某昊介绍认识了周建华。2010年上半年，周建华得知杨某在新余市有投资意向，便叫杨某在新余市投资建酒店，并承诺将杨某投资的项目列为新余市人大招商引资项目。于是杨某出资成立了江西金玉满堂餐饮有限公司和江西明创实业有限公司，在新余市创办经营金玉满堂酒店。其间，周某昊的另两个朋友赖某、章某甲出资入股参与创办该酒店。该酒店项目被确定为新余市人大常委会和新余市渝水区城北街道办事处共同的招商引资项目。此后，在酒店选址、租赁土地、办理临时建筑工程施工许可证、排除酒店施工过程中的干扰、解决酒店资金不足等方面，时任新余市人大常委会主任的周建华应杨某的请托，积极出面找相关部门给予支持、关照和帮助。为在酒店建设及日后的经营过程中得到周建华的关照，在酒店建设之初，杨某就向周某昊提出，他会以酒店实际投资的30%为干股，送给周某昊，周某昊将此事告知周建华。2011年酒店已基本建成时，在周建华新余的家中，杨某告诉周建华，他与另两位股东商量好，以金玉满堂酒店实际投资的30%作为干股送给周某昊，周建华予以认可。

24. 收受章某乙人民币10万元

2010年，新余市德顺工贸有限公司董事长章某乙通过他人介绍认识了被告人周建华。应章某乙请托，周建华利用他担任新余市人大常委会主任的职务便利，2011年8月左右，为章某乙在新余市开发的亲水湾房地产项目用电问题，给时任赣西供电公司总经理陈某甲打招呼；2011年下半年，为章某乙开发的亲水湾小区业主子女上学问题，给时任新余市教育局局长胡某华打招呼；2011年9月，周建华为章某乙当选新余市第八届人大代表提供帮助。为了感谢周建华并希望继续得到周建华的关照，章某乙在2011年春节、端午节、中秋节期间，以年节走访的名义先后三次共送给周建华人民币10万元。

25. 收受余某龙人民币1万元

2010年，余某龙与被告人周建华相识。为了得到周建华的关照，2011年春节前，余某龙在周建华新余的家里送给周建华人民币1万元。2011年上半年，应余某龙请托，周建华利用他担任新余市人大常委会主任的职务便利，为余某龙在新余市城南胜利路经营的新安糖酒专卖店的店外装修被新余市城管执法局拆除一事，给时任新余市城管执法局局长丁某文打招呼。

26. 收受卢某人民币5万元

2011年12月，卢某为他朋友王某乙涉嫌赌博一案，请时任新余市人大常委会主任的被告人周建华出面给有关司法机关打招呼，希望判处王某乙非监禁刑，并为此在周建华新余的家里送给周建华人民币5万元。周建华明知其请求而予以收受。

案发后，办案机关已追缴人民币882.05万元、港币15万元、美元3.3万元和价值人民币1万元的购物券、价值人民币8万元的田鹤仙瓷版画2块以及金条3根（各重50克）、起亚牌小轿车1辆。

宜春市中级人民法院认为，被告人周建华身为国家工作人员，利用其担任领导的职务便利，为他人谋取利益，非法收受或者索取他人人民币1 023.3114万元、美元1.2万元、港币15万元、金条3根（各重50克）以及价值人民币23.58万元的财物，其行为构成受贿罪。宜春市人民检察院指控的周建华犯受贿罪的犯罪事实清楚，证据确实、充分，罪名成立，予以支持。周建华受贿数额特别巨大，犯罪情节特别严重，且认罪态度不好，毫无悔罪表现，应当依法予以严惩。根据周建华的犯罪事实、犯罪性质、犯罪情节、悔罪表现和对社会的危害程度，依照《中华人民共和国刑法》第三百八十五条第一款、第三百八十六条、第三百八十三条第一款第（一）项、第二款、第四十八条第一款、第五十七条第一款、第五十九条、第六十一条、第六十四条之规定，并经审判委员会讨论决定，作出如下判决：（一）被告人周建华犯受贿罪，判处死刑，缓期二年执行，剥夺政治权利终身，并处没收个人全部财产；（二）追缴被告人周建华犯罪所得赃款赃物，上缴国库。

上诉人周建华提出以下上诉理由：

1. 其在检察机关所作受贿 1 410 万余元的有罪供述系以刑讯逼供等非法方法收集，真实性、合法性存在问题，依法不能作为定案依据，应予以排除。

2. 一审通知的证人不出庭，无法排除对证人证言的合理怀疑，故相关证人证言不能作为定案依据。

3. 本案部分事实的定性及适用法律错误。即部分事实应适用刑法第三百八十八条的规定，而不能适用刑法第三百八十五条的规定，但没有证据证明其通过其他国家工作人员职务上的行为，为请托人谋取了不正当利益。

4. 一审认定的事实不清、证据不足，请求二审法院依法撤销一审判决，改判上诉人有期徒刑。

上诉人周建华的辩护人除提出与周建华上诉理由基本相同的辩护意见外，还提出如下辩护意见：

1. 一审认定的部分事实证据不足、事实不清。(1)收受姜某明人民币 16.9 万元和美元 5 000 元的事实；(2)收受周某新人民币 5 万元的事实；(3)为欧某春买房收受欧阳春人民币 3 万元的事实；(4)收受谢某建人民币 3 万元的事实；(5)收受邱某奎 1 辆东风悦达起亚牌小轿车的事实；(6)收受付某第 2 次至第 4 次所送人民币 500 万元的事实。

2. 一审量刑过重，请求二审法院依法改判周建华较轻的刑罚。

江西省人民检察院出庭意见认为：

1. 现有证据可以认定本案的主要犯罪事实，一审判决主要事实认定正确，上诉人有关证据采信不当及部分受贿事实不清、证据不足的上诉理由不成立。

2. 案件诉讼程序合法，上诉人及其辩护人依法享有的诉讼权利得到了保障，其有关诉讼程序的异议不成立。

3. 上诉人周建华大肆受贿，其犯罪行为性质恶劣，社会危害后果特别严重，应依法严惩。

4. 一审判决定性及适用法律准确，量刑适当，上诉人有关适用法律不当及量刑过重的上诉理由不成立，建议驳回上诉，维持原判。

经审理查明，原审认定的以下事实清楚，证据确实、充分，本院予以认定：

1. 收受姜某明人民币 16.9 万元和美元 5 000 元。周建华的供述与姜某明的证言内容一致，能够相互印证，且有证人王某思、曹某明、陈某乙等人的证言及姜某明任职转干资料等书证予以印证。周建华辩称其只收受了姜某明因其儿子住院送的 0.3 万元以及辩护人辩称该起事实证据不足的意见不能成立。

2. 收受欧某春人民币 5 万元。周建华的供述与欧某春的证言基本内容一致，且有证人曹某明、吴某等人的证言以及房产证、干部介绍信等书证予以印证。周建华辩称其没有收受欧某春送的 5 万元以及辩护人辩称该起事实证据不足的意见不能成立。

3. 收受谢某建人民币 3 万元。周建华的供述与谢某建的证言内容一致，且有证人曹某明、胡某华的证言以及谢某建房屋买卖记录等书证予以印证。周建华辩称其只收受谢某建因其儿子住院送的 1 万元和辩护人辩称该起事实证据不足的意见不能成立。

4. 收受刘某赣人民币 2 万元、2 块瓷版画（价值人民币 8 万元）、暖气设备（含安装费用，价值人民币 1.6 万元）。周建华的供述与刘某赣的证言基本内容一致，且有证人王某甲、周某汉、陈某丙、姚某建等人的证言予以印证。周建华辩称其只收了一块瓷版画，另一块是自己花 5 万元买的，2005 年后其送了价值 6 万至 7 万元的普洱茶给刘某赣的意见没有证据证实，不能成立。

5. 收受唐某杨人民币 7 万元和美元 2 000 元。周建华的供述与唐某杨的证言基本内容一致，且有证人殷某欣的证言以及南昌市东湖区常委会会议记录等书证予以印证。周建华辩称其只收受唐某杨送的2 000美元,没有为唐某杨谋利的意见不能成立。

6. 收受周某如人民币24.7114万元、美元5 000元。周建华关于收受周某如人民币24万余元房屋首付款和5 000美元的供述与周某如的证言基本内容一致,且有证人梁某瑶、梁某杰、梁某根、虞某等人的证言以及购房合同等书证予以印证。周建华辩称其只收受了周某如送的3 000美元的意见不能成立。

7. 收受吴某枫3根金条(每根重50克)。周建华的供述与吴某枫的证言关于周建华为吴某枫介绍机顶盒业务与收受吴某枫3根金条基本内容一致,且有办案机关扣押的3根金条予以印证。周建华辩称其是先收金条,然后才介绍吴某枫承接机顶盒业务。收受金条与为吴某枫谋利的先后顺序并不影响对受贿的认定。

8. 收受邱某奎人民币2万元和1辆东风悦达起亚牌小轿车(价值人民币12.98万元)。周建华的供述与邱某奎的证言内容一致,且有证人梁某瑶、郭某祥、姚某目、赖某云等人的证言以及东风悦达起亚牌小轿车信息、购车资料等书证予以印证。周建华辩称其为邱某奎谋利的事实是捏造的以及辩护人辩称收受邱某奎1辆东风悦达起亚小轿车的事实证据不足的意见不能成立。

9. 收受谭某人民币2万元和价值人民币1万元的购物券。周建华的供述与谭某的证言内容一致,且有证人陈某正的证言以及新余市人民广场建设经营合同等书证予以印证。周建华辩称其只收受谭某送的1万元购物券,没有为谭某谋利的意见不能成立。

10. 收受付某人民币770万元。

周建华供述:我先后五次收受付某送的共人民币770万元。第一次是在2008年12月左右,付某让他司机刘某峰将一个装有人民币170万元的大纸箱送到南昌市维多利亚华庭小区梁某瑶家里,我用于购买南昌县绿地兰宫小区的别墅。第二次是我女儿考上上海音乐学院后,我想要我前妻到上海陪女儿,打算到上海买一套二手房。付某听说后,说到他那儿拿人民币150万元。2009年3月至4月的一天上午,付某在南昌市维多利亚华庭小区梁某瑶家楼下送给我人民币150万元。第三次是在2009年5月至6月时,江锂公司生产的镍板价格严重下滑,我跟付某说可以收购一些,邀他一起做这个生意。另外,我还要付某去买赣锋锂业这只股票。他说不想做。我说没有钱,他就说拿钱给我。我要他拿人民币500万元,他说只有人民币350万元。过了十几天,付某在我南昌的家里,送给我一个装有人民币150万元现金的黑色旅行袋。第四次是过了不久,付某到我新余的家中,送给我一个装有人民币200万元现金的黑色旅行袋。这350万元人民币我并没有用于购买镍板和股票。第五次是在2011年年初,我跟付某说我看中了恒星科技这只股票,问他借人民币100万元。他让我的司机陈某辰找他妹妹付某路拿钱。我就叫陈某辰找付某路,要陈某辰以自己的名义写了人民币100万元的借条,付某路再把人民币100万元转到陈某辰提供的股票账户上。股票被套后,我多次向付某解释,付某说没有关系。我和付某在这100万元人民币的问题上心照不宣,实际上付某也没有要我还款的意思,这100万元人民币是送给我的。付某送人民币770万元给我是因为我是新余市的领导,帮过他一些忙。2009年,我向当时的赣西供电局局长打招呼,为付某的中创公司九龙矿区增设了一条供电线路;2009年下半年,我为中创公司九龙矿区与当地村民纠纷的案件向新余市政法委副书记及新余市副市长、公安局局长打招呼;2009年,我向新余市林业局局长打电话,要求他对中创公司毁林案件考虑历史原因;2010年下半年,我向新余市林业局局长打招呼,要求对中创公司有关人员解除取保候审措施;2011年,我向新余市中级人民法院院长打电话,要求将付某妹夫的妹妹调到新余市中级人民法院工作;2011年,我为中创公司与新余市九龙山乡龙某忠的纠纷案件,向新余市中级人民法院院长打招呼;2011年上半年,我给赣西供电公司总经理打招呼,要他照顾中创公司九龙矿区用电紧张问题。

证人付某的证言:2005年左右,我经朋友介绍认识了时任新余市委副书记的周建华。我曾多次送钱物给周建华,其中送现金金额较大的有五次,共人民币770万元。2008年下半年的一天,周建华说梁某瑶逼着他结婚,但前妻姚某建又要复婚,他想给梁某瑶买一套房子,安抚一下梁某瑶。几天后,他叫我陪他到南昌县绿地兰宫小区去看了一栋别墅,看完后,他说这房子要人民币160多万元,他想买,但他现在没钱。我听他这样说就明白他在向我要钱,于是我立马就说我给他人民币170万元。周建华说好。回新余后,我叫我妹妹付某路准备好人民币130万元现金。过了一星期左右,我把这人民币130万元带到了南昌,另外要我司机刘某峰凑好人民币40万元现金,要刘某峰把40万元人民币和那130万元人民币一起送到梁某瑶家去了。刘某峰凑的钱是我放在他那里的,也是我的钱。2009年上半年,周建华给我诉苦说,他前妻离婚后心情不好,老是骂他,儿子女儿也骂他,弄得他很烦。我就给他出了一个主意,要周建华让他前妻去上海陪女儿读书,这样矛盾就化解了。周建华说到上海要买房子,没那么多钱,问我能否再给他人民币150万元。我答应了给他,并叫付某路准备好人民币150万元。过了十多天,在南昌梁某瑶家楼下,我把装有人民币150万元的纸箱拿给了周建华。2009年4月至5月,周建华对我说到分宜县一个锂厂去买镍板,会有20%的回报。周建华邀我一起去做这笔生意,要我出人民币500万元。我说我没有这么多钱。周建华说我要是不做,他来做,要我再给他一点钱。我说给他人民币350万元。之后我叫付某路准备人民币350万元现金。过了大概十几天,付某路准备好了人民币150万元,我拿一个好像是李宁牌的黑色旅行袋装好,到周建华南昌的家里,将150万元人民币给了周建华。又过了半个月左右,付某路准备好了人民币200万元,我拿了一个移动公司的黑色旅行包将200万元人民币装好,到周建华新余的家里将200万元人民币给了周建华。2011年年初,周建华说他有内幕消息,问我能不能借人民币200万元给他炒股。我心里有点烦,有点不愿意给他,就说炒股炒不得,要真有内幕消息,我帮他炒。他说要自己炒。我只好答应给他人民币100万元。其实我这样说就是推脱,不想将钱给他,没想到他还是不答应。没过几天,付某路打电话给我,说周建华的司机陈某辰到她那里拿钱,我就叫付某路拿人民币100万元给他,并要陈某辰打张借条。之后,付某路从我侄子付某风的账上转了人民币100万元到陈某辰卡上,陈某辰打了借条给付某路。过了大概半年,周建华打电话给我说那个钱套牢了,还不了了。我说还不了就算了。这100万元人民币周建华是以借的名义问我要的,实际上他当时肯定有钱,光我之前送给他的现金就有人民币670万元,他怎么可能拿不出人民币100万元来买股票呢,而且我还跟周建华说了我帮他炒股,但周建华不同意,非要我把钱给他。所以周建华说向我借钱买股票,实际上就是问我要钱。我也没办法,周建华是领导,之前帮我办过很多事,以后我也想求他办事,不敢得罪他,所以我就以借钱的名义把这人民币100万元送给周建华。但说实话,我当时考虑到已经送了人民币670万元给周建华,已经送得够多了,不想再送了。所以就要陈某辰打了借条,存的是一丝周建华会还这100万元人民币的想法,但也做好周建华不还钱的心理准备,就当这钱送给周建华了。所以后来周建华说股票套牢了,我说钱还不了就算了。这张借条现在也找不到了。

我送人民币770万元给周建华是因为他是新余市的主要领导之一,我长期在新余市开矿、办企业,在许多事情上需要周建华的支持、关照。这些年来周建华在很多事情上帮了我大忙,我很感谢他,也希望跟他搞好关系,继续得到他的关照。2007年,我们中创公司的九龙采矿区因为负荷不够经常停电,导致停产,需要架设一条供电专线。我找周建华帮忙,周建华给赣西供电局局长打了招呼,供电专线很快就架好了,保证了我们公司的用电需求。2011年,我们中创公司采矿区经常被拉闸限电,导致生产经常中断。我找周建华帮忙。2011年上半年的一天,周建华邀请赣西供电公司总经理吃饭。周建华要他支持一下,保障中创公司的用电。之后,我们采矿区基本上没有再被拉闸限电,保证了生产经营用电。中创公司到九龙山开矿以来,当地竞争对手龙某忠就经常与我们发生纠纷,他经常唆使当地村民到相关部门上访,告我们公司未批先伐、毁林开矿、污染环境等问题。2009 年下半年,龙某忠唆使村民以我们公司的汽车运输造成污染、坟地占用未赔偿为名,堵我们公司矿山的路,引发了打架闹事事件,导致我们中创公司停产整顿,影响了我公司形象和生产。周建华知道这件事后,打电话给我问了一下事情的具体情况,然后他说:"你们要以群众来信名义打个报告来"。后来这件事就平息了,我们公司恢复了生产。另外大概在 2009 年下半年,龙某忠又唆使当地村民到林业部门上访,告我们公司未批先伐、毁林开矿,新余市林业公安局对我们中创公司立案调查,并拘留了中创公司当时的法定代表人陈某胜。我就找周建华出面帮忙,周建华就找了新余市林业局局长,后来我们补办到了证件,陈某胜也被放了出来。过了一年以后,为陈某胜解除取保候审的事情,我又找了周建华,并安排方某根给周建华及新余市四套班子有关领导都送了报告。这个事周建华是怎么打的招呼我不清楚,陈某胜最后被解除了取保候审。我们公司最近几年打过一些官司,我都找周建华出面帮忙,他就找了新余市中级人民法院院长,要她关照我们中创公司,这些官司我们都赢了。2010 年左右,我还要周建华找新余市中级人民法院院长,将我妹夫的妹妹赵某萍从新余市渝水区人民法院调入新余市中级人民法院工作。

证人梁某瑶的证言:2008 年下半年,周建华告诉付某我们准备结婚,决定在绿地兰宫小区买房。在一个周末,周建华约付某、刘某峰一起去看房,看中的房子付某说蛮好的,周建华跟付某说想买但没钱,让付某帮忙解决房款。后来一个周末,付某叫刘某峰拿了一个装有人民币 170 万元现金的纸箱子到我位于南昌市维多利亚华庭小区的家中。周建华让我拿 10 万元人民币交契税及维修基金等费用,剩下的 160 万元人民币叫姜某明来家里拿走了。这 170 万元人民币,我或周建华都没有退还。

证人陈某辰的证言:2011 年 1 月中旬的一天,周建华对我说,他向付某借了人民币 100 万元,要我去找付某办手续,放到我的股票账户上帮他买卖恒星科技的股票。第二天,我到付某的妹妹付某路那里,付某路要我打一张借条给她,并告诉我要以我的名义向她个人借人民币 100 万元。我按照付某路的要求写好借条给她,然后和财务人员到银行办理了把人民币 100 万元转到我账户上的转账手续。后来,我按照周建华的指示,将这人民币 100 万元转入我妻子杨某华的银行账户上,然后又转了人民币 102 万元到杨某华的股票账户上,其中 100 万元人民币是周建华的,2 万元人民币是我自己的。100 万元人民币全用来买恒星科技的股票。后来这只股票股价下跌,亏损了。这 100 万元人民币以我的名义打借条是因为是我经办的,也有可能是周建华怕影响不好,才让我打借条。

证人刘某峰的证言:2008 年下半年的一天,付某要我准备好 40 万元人民币现金。准备好后,我把 40 万元人民币用一个黑色塑料袋装着。没多久,我和付某见面,他从车里拿出一个纸箱,纸箱内有用黑色塑料袋包着的长方形物品,要我把这个"茶砖"和我准备的 40 万元人民币现金一起送到梁某瑶家里。当天晚上还是第二天上午,我把这 40 万元人民币和付某交给我的"茶砖"送到了梁某瑶家。梁某瑶收下了。付某说的"茶砖"我没有打开看,从付某的神态和他要我凑 40 万元人民币现金,我猜测这个所谓的"茶砖"应该就是钱,并且从重量上看,这些钱起码在人民币 100 万元以上。我准备的人民币 40 万元是付某平时放在我这里作为他个人用的钱。

证人付某路的证言:2008 年至今,付某在我这里经常支取人民币几万元至十几万元现金,超过人民币 100 万元的也到我这里拿过。我记得最多的一次拿了人民币 200 万元,但具体拿过几次我记不太清。从2008年开始，付某共计套取公司现金人民币1 445.511 837万元。大额现金一般是我通知黄某兴去提取现金拿给我，我存放在公司保险柜里，凑齐后交给付某。钱一般用塑料袋装，也用旅行袋或纸箱装。2011年元旦左右，一个姓陈的年轻人到我办公室找我，说付某答应了借钱给他。我就打电话给付某，付某说借人民币100万元给他，要他打张借条。我就要这个小陈留下了他的账号，并且要他写了一张"今借到付某路人民币100万元整，3个月还"的借条，小陈签名后把借条交给我。之后，我要黄某兴和小陈去办理转账手续。黄某兴是用付某风的银行卡转的这100万元人民币，是公司业务用卡，上面都是中创公司的钱。

综上，周建华的供述与付某的证言关于受贿的时间、地点、金额、原因等内容一致，能够相互印证，且有证人梁某瑶、刘某峰、陈某辰、付某路、付某根、张某华、黎某根、何某勇、邹某荪、陈某甲、王某辉、李某君、方某根、赵某萍等人的证言以及中创公司九龙矿区增加供电专线资料等相关书证予以印证。周建华辩称其收受付某的170万元不是受贿款，100万元是他帮陈某辰向付某借的炒股钱，另外500万元没有收受，指控的谋利事项没有一件是真实的，以及辩护人辩称收受付某500万元的事实证据不足的意见不能成立。

11.收受张某根人民币58万元。

周建华供述：张某根分多次送给我现金共计人民币58万元。第一次是2008年下半年的一天下午，张某根到我办公室将人民币2万元放入我办公桌的抽屉里；第二次是2008年年底的一天下午，张某根到我办公室，将人民币2万元放入我办公桌抽屉里；第三次是2009年春节前夕的一天晚上，张某根到我新余的家里送给我人民币10万元；第四次是2009年上半年的一天上午，我前妻姚某建和女儿姚某到新余看我，张某根送给她们每人一个人民币5000元的红包；第五次是2009年端午节前夕的一天晚上，张某根到我新余的家里，送给我人民币5万元；第六次是在2009年6月至7月左右的一天中午，因要我协调他与周某乙拆迁之事，张某根在我办公室送给我人民币1万元；第七次是2009年中秋节前夕的一个晚上，张某根在我新余的家里送给我人民币3万元；第八次是2010年春节前，张某根到我新余的家里送给我人民币5万元；第九次是2010年3月，张某根到我新余的家里送给我人民币5万元；第十次是2010年端午节前，张某根到我新余的家里送给我人民币5万元；第十一次是2010年中秋节前，张某根到我新余的家里送给我人民币3万元；第十二次是2011年春节前，张某根到我新余的家里送给我人民币5万元；第十三次是2011年3月，张某根到我新余的家里送给我人民币10万元，给我南昌县绿地兰宫小区的房子买家具用；第十四次是2011年11月，我儿子周某昊住院，张某根到医院看望，送给我人民币1万元。张某根送上述人民币58万元是因为我是新余市的领导，并多次帮过他的忙。2008年，我为张某根一个亲戚涉枪案，向时任新余市中级人民法院院长打招呼；2009年，为张某根开发的百乐村房地产项目土地挂牌加快进度一事，向时任新余市国土局局长打招呼；2009年，向新余市教育局局长打招呼，将张某根的小孩安排进新余市一中读高中。2010年年初，向新余市民政局局长和新余市房管局局长打招呼，将张某根亲戚的女儿张某甲退伍安置到新余市房管局下属房产交易中心工作；2011年3月至4月，百乐村房地产项目工地的运余土车辆因为影响市容被新余市城管执法局堵在工地上，我向新余市城管执法局局长打招呼；2011年下半年，为百乐村房地产项目后面私房用地提高容积率一事，我向新余市规划局局长打招呼。

证人张某根的证言证实：2008年至2011年期间，我先后十四次送给时任新余市人大常委会主任周建华共计人民币58万元。因为周建华在担任新余市人大常委会主任期间，对我及我的公司比较关照，帮过我不少忙，为了感谢他，同时为了继续得到他的关照和帮助。

综上，周建华的供述与张某根的证言内容一致，且有证人梁某祥、刘某云、艾某华、姚某建、李某君等人的证言以及新余市百乐工贸有限公司工商资料等书证予以印证。周建华辩称其只收受张某根送的15万元以及第三次张某根错送了面额20元的2万元不合乎常情的意见不能成立。

12. 收受刘某铭人民币4万元。周建华的供述与刘某铭、周某甲的证言内容一致，且有证人宗某平、丁某东等人的证言以及刘某铭被非法拘禁案有关材料等书证予以印证。周建华辩称其只收受刘某铭送的2.1万元的意见不能成立。

13. 收受曹某、胡某海、许某明人民币53万元。

周建华供述：2008年夏天，我到温州招商引资时认识了曹某。我儿子周某昊还在他的瑞晶公司工作了一段时间。瑞晶公司董事长曹某及该公司股东蔡某春、胡某海、公司高管许某明在2009年至2011年期间，送给我人民币58万元。第一次是2009年春节前的一天，我到新纺公司喝茶，离开时胡某海送我上车，并送了人民币2万元给我；第二次是2010年春节前的一天晚上，胡某海到我新余的家里送了人民币5万元给我；第三次是在2011年春节前，我因鼻子动脉血管破裂，在新余市人民医院住院时，曹某等人来看我，胡某海送给我一个装有人民币1万元的信封；第四次是在2011年5月至6月的一天晚上，我在新纺公司与曹某、胡某海、许某明一起喝茶。曹某说瑞晶公司正与深圳一家公司商谈买壳上市的事情，要我买一些那只股票。我说没有那么多钱，曹某就说明天让许某明打人民币50万元到梁某瑶账户上去买股票。第二天，许某明到我新余的家里，说拿人民币50万元给我。我要他把钱打到梁某瑶炒股的账户上了。回到南昌后，我要梁某瑶打了一张人民币50万元的借条。因为人民币50万元是转账的，打借条也是为了掩盖自己收钱的事实，万一被查到了就说是借的钱。曹某等人送我钱是因为我帮了他们的忙。2009年下半年，因新纺公司旧厂址土地公证费的问题，我帮曹某找过新余市司法局局长，请他给予优惠；2009年，因新纺公司土地挂牌保证金的问题，我找了新余市财政局局长；2011年下半年，因新纺公司电缆问题，我找了陈某甲打招呼，要求给新纺公司一些优惠。

证人曹某的证言证实：我和周建华在2008年下半年新余市政府到温州招商引资时结识。此后新余市人大作为我们新纺公司的挂点帮扶单位。2011年6月的一天晚上，我们谈起瑞晶公司即将与主板上市公司ST博元重组，拟借ST博元的壳上市。我们讲到周建华对新纺公司比较关照，提议借公司买壳上市之机送点股票给周建华或送点钱给周建华自己购买该股票，大家均表示同意。2011年6月上旬一天晚上，我向周建华简单介绍了情况，告诉他要是这个时候买入ST博元，公司借壳成功后股票肯定要涨很多。周建华说他没钱，问我能不能给他人民币50万元炒股。我们原本就决定送钱给他，我和胡某海答应了，并当即告诉周建华，我会让许某明把钱汇给他。周建华说打到他妻子梁某瑶的账户上。第二天我就找到许某明，让他给周建华的妻子梁某瑶汇了人民币50万元。一周左右之后，周建华找我，他拿出一张由梁某瑶手书借款人民币50万元的借条要给我。我说借条就不用了，这50万元人民币算是我们送给他的。周建华说好，但形式上还是应该有个借条的。我明白他是担心收了这50万元人民币以后会有什么风险，到时可以推脱这50万元人民币是借的。我就收下了借条。2011年12月上旬的一天晚上，周建华找到我，问我要那张人民币50万元的借条，说江西省纪委在调查他，他准备还人民币50万元给我，等调查结束后再还给他，我答应了。我对周建华说这笔钱当时既然是许某明汇的，他应该向许某明打借条，这样更好一点。周建华答应了向许某明打过一张借条。过了几天，许某明说周建华以梁某瑶的名义按照原借条的时间向他重新打了一张借条，并且梁某瑶已经把人民币50万元汇到了他个人账户上。前不久，许某明拿了一张金额为人民币50万元的付款申请单让我审批，我才知道他已经从公司的小金库中支取了人民币50万元。此外，梁某瑶为应对江西省纪委调查将人民币50万元打回许某明账户上后，我曾告诉许某明，这笔钱先放在他私人账户上，等风头过了以后再还给周建华。另外,我和其他股东在2009年、2010年过春节送了人民币7万元给周建华,2011年年初,在新余市人民医院送给周建华人民币1万元。送钱物给周建华主要是为了感谢周建华对新纺公司的关照,并且希望日后能得到他的继续关照。

证人胡某海的证言证实:2011年7月左右,公司董事长曹某代表公司送给新余人大常委会主任周建华人民币50万元。2009年春节前,周建华到新纺公司看望我,他离开时,我送给周建华人民币2万元现金,后来我和曹某、许某明说过这事。2011年年初,周建华在新余市人民医院动手术住院,我和曹某去看望他,代表公司送了人民币1万元。我们公司和股东个人送周建华钱物是因为周建华是新余市人大常委会主任,在新余市影响很大。我们一是感谢他长期对公司的关照,二是希望日后能够继续关照我们公司。

证人许某明的证言证实:2011年7月左右,曹某给我一张写着梁某瑶建设银行卡号的纸条,我到银行从我卡中取出人民币50万元后,存入到梁某瑶的卡上。2011年12月上旬的一天,曹某找到我说,江西省纪委在调查周建华,周建华为应对调查,准备还人民币50万元,他会让梁某瑶打一张向我借款人民币50万元的借条,并说这样做对公司更好,我就同意了。梁某瑶汇给我人民币50万元后,我告诉了曹某,曹某说先由我保管,等事情过了以后还要还给周建华,我先垫付的人民币50万元让我到公司的小金库报销。后来,我到公司会计周某丙保管的小金库里领了人民币50万元。另外有一次,周建华住院,公司几个股东去看望周建华,包过一个红包。我们公司和个人送周建华钱物是因为他是新余市人大常委会主任,感谢他长期对公司的关照,并希望日后能够继续关照我们公司。

周建华的供述与曹某、胡某海、许某明的证言内容一致,且有证人梁某瑶、费某江、潘某华等人的证言以及新余市天一公证处收费表等书证予以印证。周建华辩称其只收受了曹某送的3万元与事实不符,其送给曹某的茶叶远超过3万元的意见没有证据证实。

14. 收受张某胜人民币6.5万元。周建华的供述与张某胜的证言关于张某胜送钱的时间、地点、数额等内容一致,且有张某丙的证言以及张某乙任职文件等书证予以印证。周建华辩称其只收受张某胜的3.1万元与事实不符,其送给张某胜的茶叶不止3.1万元的意见没有证据证实。

15. 收受应某战人民币5万元。周建华的供述与应某战的证言内容一致,且有证人李某春、袁某华、余某梅等人的证言以及应某战当选人大代表资料等书证予以印证。周建华辩称其只收受应某战送的2万元,没有帮助应某战当选人大代表的意见不能成立。

16. 收受周某乙人民币4.5万元。周建华的供述与周某乙的证言内容一致,且有证人毛某根、丁某文、丁某等人的证言以及新余市公安局查处偷税的有关材料等书证予以印证。周建华辩称其只收受周某乙送的3.5万元与事实不符,每次都有茶叶回礼的意见没有证据证实。

17. 收受刘某人民币8.9万元。周建华的供述与刘某的证言内容一致,且有证人程某伟、胡某梅、何某富、周某昊等人的证言以及刘某任职资料等书证予以印证。周建华辩称其只收受刘某送的3.9万元的意见不能成立。

18. 收受刘某华人民币13万元和港币15万元。周建华的供述与刘某华的证言内容一致,且有证人夏某敏、余某梅、杨某华等人的证言以及刘某华当选人大代表资料等书证予以印证。周建华辩称其只收受刘某华送的15万元港币的意见不能成立。

19. 收受陈某男人民币2万元。周建华的供述与陈某男的证言内容一致,该起事实可以认定。

20. 收受谭某勇人民币2.8万元。周建华的供述与谭某勇的证言内容一致,且有证人李某生、潘某华等人的证言以及谭某勇干部任免审批表等书证予以印证。周建华辩称其只收受谭某勇送的1.8万元，其送了很多香烟给谭某勇的意见没有证据证实，不能成立。

21.收受章某乙人民币10万元。周建华的供述与章某乙的证言内容一致，且有证人章某琳、李某、陈某甲、胡某华、黄某平等人的证言以及亲水湾小区建设、供电资料等书证予以印证。周建华辩称其只收受章某乙送的4万元，没有为章某乙谋利的意见不能成立。

22.收受余某龙人民币1万元。周建华的供述与余某龙的证言内容一致，且有证人丁某文的证言以及新安公司因违建与新余城管执法局行政处罚手续及行政诉讼资料等书证予以印证。周建华辩称其收受了余某龙送的1万元，但没有为余某龙谋利的意见不能成立。

23.收受卢某人民币5万元。经查，周建华的供述与卢某的证言内容一致，且有王某乙赌博案有关诉讼资料的书证予以印证。周建华辩称其没有收受卢某送的5万元的意见不能成立。

以下事实因证据不足，本院不予认定：

1.收受周某新人民币5万元。上诉人周建华及其辩护人辩称周建华没有收受这5万元，提出周某新当时根本就没有在南昌市胜利路开过金盾专卖店，因此不可能在胜利路周某新的店里收受其5万元。经查，案卷材料里没有周某新金盾专卖店的相关工商登记资料和缴税凭证等，亦无周某新在胜利路开了金盾专卖店的相关证据。因此，上诉人及其辩护人的意见成立，本院予以采纳。

2.收受胡某华人民币5万元。经查，该起事实关于送钱的数额和地点存在矛盾，证据不足。

3.收受周某如为其一广东蔡姓朋友的亲戚调动所送的人民币2万元。经查，该项事实关于送钱的数额以及调入的单位均不一致，且调动工作一事没有其他证据印证。

4.收受胡某海2010年春节前所送的人民币5万元。经查，该项事实关于送钱的具体情形相差较大，且案卷中没有陈某文报销5万元的相关证据。

宜春市中级人民法院在判决书中列举了认定本案事实的证据，有经庭审举证、质证的姜某明、欧某春、谢某建、胡某华、刘某赣、唐某杨、周某如、邱某奎、谭某、付某、张某根、刘某铭、曹某、胡某海、许某明、张某胜、应某战、周某乙、刘某、刘某华、陈某男、谭某勇、章某乙、余某龙、卢某等证人证言，有关人员任职转干入学退伍安置等资料、购买店面资料、房产证、房屋买卖记录、房屋租赁合同、购房合同、付款凭证、会议记录、后备干部登记表、出国资料、干部介绍信、干部履历表、干部任职文件、干部任免审批表、法院补充干部审批表、人大代表资料、有关企业信息和工商资料、经营合同、工程资料、招标资料、供电资料、分宜县杨桥镇仙岭煤矿包税抄告单、东风悦达起亚牌小轿车信息及购车资料、小轿车照片、有关股票账户资料及交易记录、银行转账资料、小金库凭证、有关案件侦办诉讼材料、行政处罚决定书、有关单位出具的情况说明以及被告人的供述等。以上证据，经本院依法查证，来源合法有效，客观属实，本院予以确认。

针对上诉人周建华及其辩护人所提其他的上诉理由和辩护意见，根据本案的事实、证据及相关法律规定，本院评判如下：

1.关于上诉人周建华及其辩护人所提周建华在检察机关所作受贿1410万余元的有罪供述系以刑讯逼供等非法方法收集，真实性、合法性存在问题，依法不能作为定案依据，应予以排除的意见。经查，本案的证据均是经检察机关依法侦查形成的，且讯问录音录像和检察机关提供的证明材料可以说明周建华的供述内容真实，来源合法。因此，周建华及其辩护人的前述上诉理由和辩护意见不能成立，本院不予采纳。

2.关于上诉人周建华及其辩护人所提有关部分事实应适用刑法第三百八十八条，而不应适用刑法第三百八十五条的意见。经查，周建华作为地方党委和人大的领导，对有关单位负有领导、监督职责，其行为应当认定为利用职务上的便利，索取或非法收受他人财物，为请托人谋取利益，适用刑法第三百八十五条之规定，构成受贿罪。周建华及其辩护人的前述上诉理由和辩护意见不能成立，本院不予采纳。

3. 关于量刑。经审理认为，庭审中周建华认罪态度不好，可以酌情从重处罚。鉴于周建华的受贿数额为1000万余元；在审查期间，主动交代了组织未掌握的其收受付某等人共计900余万元的受贿事实；本案赃款大部分被追缴；同时核减了其部分犯罪数额，可以酌情从轻处罚。综合考虑周建华犯罪的具体事实、性质、情节和对于社会的危害程度，一审判处其死刑，缓期二年执行的量刑偏重。

本院认为，上诉人周建华身为国家工作人员，利用职务便利，为他人谋取利益，非法收受或者索取他人人民币1 006.311 4万元、美元1.2万元、港币15万元、金条3根（每根重50克）以及价值人民币23.58万元的财物，其行为构成受贿罪。原判定罪准确，审判程序合法。依照《中华人民共和国刑事诉讼法》第二百二十五条第一款第（三）项，《中华人民共和国刑法》第三百八十五条第一款、第三百八十六条、第三百八十三条、第五十七条第一款、第五十九条、第六十一条、第六十二条、第六十四条之规定，判决如下：

一、维持宜春市中级人民法院（2013）宜中刑二初字第7号刑事判决的第（二）项，即追缴被告人周建华犯罪所得赃款赃物，上缴国库；

二、撤销宜春市中级人民法院（2013）宜中刑二初字第7号刑事判决的第（一）项，即被告人周建华犯受贿罪，判处死刑，缓期二年执行，剥夺政治权利终身，并处没收个人全部财产；

三、上诉人周建华犯受贿罪，判处无期徒刑，剥夺政治权利终身，并处没收个人全部财产。

本判决为终审判决。

审　判　长　胡嘉金
代理审判员　吴　胜
代理审判员　陈荣华

二〇一四年十二月二十二日

书　记　员　曾　瑶

穆晓抗、杨卫华受贿、滥用职权案

【编者按】

本案系安徽省法院2014年度十大精品案件之一。一审宣判后，被告人未上诉，公诉机关未抗诉，判决已发生法律效力。

该判决书的主要特点有两方面：首先，叙述事实层次分明，条理清晰。该判决涉及2名被告人60余起受贿犯罪及滥用职权、玩忽职守3个罪名，还有补充起诉部分，犯罪事实有交叉，时间跨度大，判决书的篇幅也很长，但文书叙述事实、罗列证据繁简得当，通篇读来，并不累赘。其次，说理充分，用语规范。该案涉及受贿、滥用职权、玩忽职守等多个罪名，文书中对目前较为常见的以借款之名受贿、依职权购房优惠款是否构成受贿、人情往来情况的认定、自首和立功的认定以及证人证言在受贿案件中如何采信等问题，一一作出具体回应，较好地体现了本案在法律适用上的特点。特此刊登，供审判工作中参考。

安徽省界首市人民法院
刑事判决书

（2013）界刑初字第00278号

公诉机关安徽省界首市人民检察院。

被告人穆晓抗（曾用名苗辉），男，1965年5月12日出生于安徽省阜阳市，汉族，大专文化，1998年6月任阜阳市颍州房地产管理所副所长，2010年2月任阜阳市房地产管理局阜阳经济技术开发区房地产管理分局局长，住安徽省阜阳市颍州区东城左岸小区8号楼103户（户籍地安徽省阜阳市颍州区鼓楼办事处公园巷23号）。因涉嫌犯受贿罪于2013年4月17日被刑事拘留，同年4月27日由阜阳市人民检察院决定逮捕，次日由界首市公安局执行逮捕。现羁押于界首市看守所。

辩护人付敏，安徽恒言律师事务所律师。

被告人杨卫华，男，1959年3月20日出生于安徽省阜阳市，汉族，高中文化，1998年3月任阜阳市颍州房地产管理所副所长，2000年12月任所长，住安徽省阜阳市电力明苑小区7号楼301室（户籍地安徽省阜阳市颍州区解放中路148号5幢1单元401户）。因涉嫌犯受贿罪于2013年4月15日被界首市人民检察院决定刑事拘留，次日由界首市公安局执行刑事拘留，同年4月27日由阜阳市人民检察院决定逮捕，次日被界首市公安局执行逮捕。现羁押于界首市看守所。

辩护人刘海军，北京市亿嘉律师事务所律师。

安徽省界首市人民检察院以界检刑诉（2013）257号起诉书指控被告人穆晓抗、杨卫华犯受贿罪、滥用职权罪，被告人杨卫华犯玩忽职守罪，于2013年9月3日向本院提起公诉。本院遵照阜阳市中级人民法院指定管辖的决定于2013年9月23日立案受理，2013年9月25日界首市人民检察院以补充证据为由建议延期审理，2014年1月16日界首市人民检察院以界检刑补诉（2014）1号补充起诉决定书，指控被告人穆晓抗、杨卫华犯滥用职权罪、玩忽职守罪，向本院补充起诉。本院依法组成合议庭，于2014年2月18日公开开庭审理了本案。界首市人民检察院指派检察员刘爱勤出庭支持公诉。上列被告人及其辩护人、证人马永安等到庭参加诉讼。现已审理终结。

安徽省界首市人民检察院指控：被告人穆晓抗于2002年至2013年3月担任阜阳市颍州区房管所副所长和开发区房管分局局长期间，利用职务之便，为他人谋取利益，非法收受他人贿赂41次合计61.31万元；被告人杨卫华在2001年至2013年3月担任颍州区房管所所长期间，利用职务之便，为他人谋取利益，收受他人贿赂32次合计34.4万元。案发后，被告人穆晓抗退出赃款60万元，被告人杨卫华退出赃款35万元。

被告人穆晓抗、杨卫华在审查康乐小区综合楼及2#楼房屋初始登记过程中，明知康乐小区初始登记材料存在问题的情况下，滥用职权，为康乐小区办理初始登记，给国家造成经济损失137.709 1万元；二被告人又在审核张保春房屋初始登记过程中，明知申请人提交的申请材料不符合条件，违规签署了审核意见，导致国有土地出让金及其他建设规费损失190.35万元。二被告人滥用职权给国家造成经济损失共计328.059 1万元。

被告人杨卫华在审核文来豪园房屋初始登记过程中，未尽到审核人员职责，导致国有土地出让金及其他建设规费损失74.679 8万元；其又在审核赵东友房屋初始登记过程中，未尽到审核人员职责，导致国有土地出让金及其他建设规费损失90.38万元。其玩忽职守给国家造成经济损失共计165.059 8万元。具体分述如下：

(一)被告人穆晓抗、杨卫华共同受贿、滥用职权的事实

(1)2005年年底,时玉松交给阜阳市金牛房产公司副总经理李清6万元人民币,让其帮忙办理自建的一栋六层小产权房房产证,该房产坐落在阜阳市经济开发区京九办事处1号安置区内。李清送给穆晓抗1万元人民币,后和穆晓抗一起送给杨卫华5 000元人民币。不久,时玉松的房产证就办好了。

(2)2004年年底,贾德海交给李清2.5万元人民币让李清帮他办房产证。李清通过小广告办理了假的土地证、规划许可证。后李清送给穆晓抗现金1万元人民币,和穆晓抗一起送给杨卫华5 000元人民币。

(3)2006年8月至9月,时玉松找李清帮忙办理京九办事处"一号安置区"房产初始登记,为顺利受理,2006年10月一天的晚上,李清送给穆晓抗10万元人民币。后和穆晓抗一起两次到杨卫华办公室送给杨卫华1.1万元。后一号安置区的房产初始登记以及分户登记都很快办好了。2007年下半年穆晓抗退给李清3万元,2012年春节前后又退给李清5万元。

(4)2005年左右,张付难承包了鼓楼办事处办公楼工程,因无力支付工程款,鼓楼办事处抵付给张付难三套房产。为把三套房产证办在个人名下,张付难经杨涛介绍到穆晓抗办公室送给穆晓抗5 000元人民币,到杨卫华办公室送给杨卫华4 000元人民币。不久,张付难的三套房产就办下来了。

(5)2005年年底,阜阳市京九丝绸公司擅自改变原规划,把北区原规划1栋5层的楼房建成了6层,无法办理房产初始登记。京九丝绸公司副经理李庆文送给穆晓抗8万元人民币,让其帮忙办理。穆晓抗将其中的4万元送给了杨卫华。不久,阜阳市京九丝绸公司北区的房产证就办好了。

(6)2004年年底,刘峰和余跃飞合作开发颍州中路的全顺大厦,该工程因超规划面积建设无法办理房产登记。刘峰和余跃飞通过张利敏送给穆晓抗4万元人民币,要求帮忙办理房产证,穆晓抗收下后将其中的2万元送给了杨卫华,其中的3 000元送给了李文珍。之后,全顺大厦的房产证就办好了。

(7)2006年4月,刘峰为给其开发的康乐商贸综合楼办理房屋初始登记,伪造了规划许可证等证件,向穆晓抗行贿7万元人民币。房屋初始登记办好,穆晓抗将该款退给了刘峰。刘峰为了表示感谢,又给送给穆晓抗1万元。2007年,刘峰为办理康乐商贸综合楼2#楼的初始登记,先后向杨卫华、穆晓抗各行贿1万元人民币。后及时办理了房屋初始登记。经安徽中安房地产评估咨询有限公司评估,康乐商贸综合楼应当补缴土地出让金等费用120.590 2万元;康乐商贸综合楼2#楼应当补缴17.118 9万元,合计137.709 1万元。

(8)2006年前后,张保健给自建的超规划许可面积的房屋办理房产登记,给杜斐拿2万元人民币让其帮着办理登记手续。杜斐买了两部摩托罗拉V3手机,送给穆晓抗一部及6 000元人民币,送给杨卫华一部及3000元人民币。后穆晓抗和杨卫华帮张保健办好了房屋产权登记,房产登记权利人为张保健的弟弟张保春,导致国有土地出让金及其他建设规费损失190.35万元。2012年年底,穆晓抗把杜斐给其的6 000元现金及摩托罗拉V3手机折合现金共计8000元退给了杜斐。

(9)2008年,万通房产经纪公司经理胡九波代理张喜莲司法协助房屋初始登记申请,通过李涛向穆晓抗行贿2 000元阜阳国贸购物卡,向杨卫华行贿2000元人民币,后张喜莲位于颍西镇的房屋产权初始登记就办好了。

(10)2008年3至4月,王敏委托胡九波办理其位于阜阳汽车南站南侧房产的初始登记,胡九

波通过李涛送给穆晓抗2 000元人民币，送给杨卫华1万元人民币。

(11)2006年左右，家住阜阳市颍州区鹿祠街的罗杰为自家翻盖的4层楼房办理房屋产权初始登记，向穆晓抗、杨卫华各行贿1万元人民币，后办好了房产证。

(二)被告人穆晓抗受贿的事实

(1)2004年年初，阜阳市金长江大酒店经理张钧因无钱支付胡军、杜泉颖二人的工程款，便用其在开发区京九办事处新阳社区自建的4套小产权房抵付了工程款。因胡军、杜泉颖二人欠胡翠平、钟晓彤的钱，又把抵债得来的房产分别抵付给胡翠平、钟晓彤各一套。2008年年底，上述四人通过吴顺和送给穆晓抗1万元人民币。不久，他们四家通过司法协助的方式把房产证办了下来。

(2)2009年上半年，阜阳市万霖房地产开发公司副经理王勇，为使万霖公司的房产初始登记办快点，王勇从公司会计袁利处领取5万元人民币送给了穆晓抗。

(3)2009年至2010年间，穆晓抗主动找到王勇，让王勇给他在公司报销一些个人日常费用。之后，穆晓抗多次从万霖公司报账总计22 740元。

(4)2009年至2010年期间，王勇为让万霖公司房产初始登记的业务办快些，找到穆晓抗帮忙，穆晓抗提出让王勇出些加班费。王勇经公司经理卢强同意，三次支付给穆晓抗加班费9 860元。

(5)2010年7月至8月，春益房产公司办理春益雅苑2#、3#楼产权证，通过王勇给穆晓抗送了3 000元人民币。

(6)2006年，许宏通过李清找穆晓抗办好了自建楼房的房产证，通过李清送给穆晓抗2 000元人民币。

(7)2011年，阜阳市七度房地产公司经理张静华为尽快售房，找穆晓抗帮忙快点办房产登记，穆晓抗让张静华拿些加班费，后张静华陆续支付给穆晓抗1.8万余元加班费。

(8)2011年6月，穆晓抗以其家属张东玲的名义通过张静华在红堡城小区买房产一套，穆晓抗让张静华优惠点。张静华让其找2万元左右的发票从公司报销，就算优惠了。后穆晓抗交给张静华一张金额为18 260元的阜阳商厦发票。因该票不好报销，张静华就以加班费的方式，报了1.8万余元交给了穆晓抗。

(9)2012年农历八月十五、2013年春节，张静华为公司以后开展业务能得到穆晓抗的照顾，两次到穆晓抗办公室送给穆晓抗3 000元的购物卡。

(10)2005年下半年，李刚为办理莲花社区居委会一处综合楼的房产登记，通过刘勇、张连彩介绍到穆晓抗办公室送给穆晓抗2万元人民币。

(11)2004年10月，天纵房地产公司负责人车涛为办理开发的阜阳市疾控中心宿舍楼房屋初始登记，送给穆晓抗2万元人民币。

(12)2012年6月至7月，为办理刘传宏自建的"阜阳市三佳制衣厂"房屋产权初始登记，通过王立博送给穆晓抗4万元人民币。在穆晓抗的帮助下，阜阳市三佳制衣厂以司法协助的方式的办理了产权初始登记。

(13)2007年年底，阜阳市房产局进行人员编制改革，李文珍为保留事业编制，送给穆晓抗1万元人民币，让穆晓抗帮忙解决。

(14)2006年，杨涛为给其岳父马建华办理自建房屋的产权证，送给穆晓抗3000元人民币。

(15)2007年的4月至5月，杨涛受张忠连的委托给张忠连的岳父王庆祥办理房产证，送给穆晓抗2 000元人民币。

(16)2004年左右,杨涛受孙夫良的委托两次送给穆晓抗7 000元人民币,请求穆晓抗帮助办理孙夫良自建房屋的产权证。

(17)2005年,房产局工作人员王海涛把其朋友刘跃给的2万元人民币转给其同事吕艳,让她找穆晓抗帮忙办理于传国等人开发的房屋产权登记。吕艳送给穆晓抗1万元,后于传国的房产证就办好了。2007年,吕艳因害怕主动把占有的1万元退给了王海涛。

(18)2008年9月,刘迪在阜阳市新型快速热水器厂院内自建了一栋5层楼房,为办理房产证,给穆晓抗行贿4万元人民币。不久,刘迪办理好了房屋初始登记。

(19)范凤兰在颍州区七里铺附近建了一栋楼房,范凤兰交给丁华虎5万元人民币,让其帮助办理房产登记。丁华虎留下1万元,送给穆晓抗4万元。后办好了房产证。

(20)2005年或2006年,丁华虎为帮助王红梅办理房产证,给穆晓抗送了4 000元购物卡,后办好了房产证。

(21)阜阳市博华房地产经纪有限公司经营为房产公司办理房产证业务,公司法人代表朱雪光为公司业务的开展,常请求穆晓抗给予帮助。穆晓抗两次向其提出索要加班费,朱雪光两次支付了1.7万元加班费给穆晓抗。

(22)2004年,阜阳市第八中学有两栋宿舍楼需要办理初始登记,陈庆彬通过张利敏给穆晓抗送8 000元人民币,后办好了初始登记。

(23)2005年或2006年,颍州计生办的王伟通过杜斐送给穆晓抗3 000元人民币,穆晓抗为其位于颍西镇菜市场南头的自建房办理了房屋初始登记。

(24)2006年,郭洪杰为自家建设的位于颍州区文峰办奎星社区一幢房屋办理房产登记,送给穆晓抗1万元人民币。

(25)2005年,于东通过王洪刚找穆晓抗帮忙为其自建房办理房产证,通过王洪刚送给穆晓抗6 000元人民币。

(26)2006年,阜阳孪生房地产开发公司开发了上海大花园房地产工程。为了尽快办理房产证,该公司销售总监杜保国以加班费的名义先后送给穆晓抗2.2万元人民币。

(27)2010年4月至5月,穆晓抗以借钱为名向房地产开发商马永安索要5万元人民币。

(28)2012年10月,永安花园4号楼初始登记后,穆晓抗向马永安索要2.8万元人民币。

(29)2012年春节前,马永安在穆晓抗办公室送给穆晓抗3张阜阳商厦购物卡,共计3 000元。2013年春节前,马永安送给穆晓抗4张阜阳商厦购物卡,共计4 000元。

(30)2007年,李文珍的同事刘刚送其1万元人民币,让李文珍帮一位朋友办理房产证。李文珍收钱后,将其中的2 000元送给了穆晓抗。

另查明被告人穆晓抗在任开发区分局局长期间共给开发区分局朱玉玲、曹小琴等11人计发加班费8 500元应从其受贿数额中扣除。

(三)被告人杨卫华受贿、玩忽职守的事实

(1)2006年,陈亮为办理超规划建设的房屋初始登记,向被告人杨卫华行贿4万元人民币。

(2)2007年,陈亮为办理超规划建设六间门面房的房屋初始登记,向杨卫华行贿了2万元人民币。

(3)文来豪园小区的开发商汝涛,因文来豪园7#~14#楼的规划面积与实际测量的面积不符,为办理房产证,2008年1月,汝涛委托谢军给杨卫华送了1万元人民币。后杨卫华为文来豪园审批了房屋初始登记。经安徽中安房地产评估,造成土地出让金及其他建设规费损失74.679 8万元。

(4)2009 年 8 月,阜阳鸿港置业有限公司鸿港花苑 1#、2#楼初始登记期间,因实际测量面积与规划面积不符,公司经理徐卫军通过谢军找杨卫华帮忙办好了房产初始登记。为表感谢,通过谢军送给杨卫华 1 万元人民币。

(5)2004 年或 2005 年前后,刘子清为办理自建楼房的初始登记,通过徐中国找杨卫华帮忙办好了房产登记。为表感谢,经徐中国送给杨卫华 1 万元人民币。

(6)颍州区西湖北路立业家园小区因超规划建设,小区法人王红梅的哥哥王哲,于 2009 年 10 月通过其小孩舅章夏找到杨卫华的弟弟杨庆华帮忙办理房屋初始登记。由章夏通过杨庆华送给了杨卫华 2 万元人民币。

(7)2008 年底至 2009 年初,颍州区王店镇十二里庙行政村书记王刚,为把在十二里庙初级中学重建的 5 层教职工宿舍楼的房产证办在私人名下,通过赵军峰分两次送给杨卫华 1.6 万元人民币。

(8)2006 年 8 月至 9 月,吴建敏为尽快把坐落在阜阳市文峰办事处白衣桥社区李庄 805 户的房产证办下来,通过徐红找到杨卫华帮忙办好了房产证。为表感谢,经徐红送给杨卫华 1 000 元人民币。

(9)2011 年 7 月至 8 月,阜阳市宝明鞋材有限公司公司老总赵保明为办理超规划建筑“西岸名苑”的房屋初始登记,通过杨涛送给杨卫华 5 000 元现金。不久,“西岸名苑”的初始登记就办好了。

(10)阜阳国华服装学校负责人王国华为办理学校住宅楼的房屋初始登记,于 2011 年 10 月的一天晚上,送给杨卫华 1 万元人民币。

(11)秦贺伟系阜阳红杏房地产开发公司经理,2011 年夏季,以祝贺杨卫华的女儿上大学为名,送给杨卫华 1 万元人民币。

(12)2006 年,刘伟通过其小孩舅刘全林找到杨卫华,为其存有争议的颍州区古商城贡院街 52 号的一处房产办理了房产证。为表感谢,刘伟通过宁淑琴送给杨卫华 5 000 元人民币。

(13)2008 年前后,被告人杨卫华收受阜阳市蔬菜状元公司副经理周西发通过杨涛送来的 1 万元人民币,后为蔬菜状元公司违规建设的 9#楼办理了房产证。

(14)2009 年年底,杨立武、姚玉兰夫妇通过谢洪燕找到杨卫华帮忙办理了房屋变更登记。为表感谢,送给杨卫华阜阳商厦 1 000 元的购物卡。

(15)2005 年上半年,万通房产经纪公司胡九波代理阜阳华丰电器成套厂房初始登记,通过李涛向杨卫华行贿 2 000 元阜阳国贸购物卡。

(16)2007 年期间,胡九波为办理位于颍州区三里岗自建三层楼房初始登记,通过李涛送给杨卫华 2 000 元人民币。

(17)2007 年上半年,蔡贺燕为办理违规建筑的房产证,交给李山 2 万元人民币,请其帮忙办理。李山交给朱晓伟 1.2 元委托其办理,后朱晓华送给杨卫华 3 000 元。

(18)2008 年或 2009 年左右,常见彪为了尽快给自己开发的位于阜阳市颍州区颍西镇二院开发的两栋楼办理房产登记,给杨卫华送了 2 万元人民币。

(19)2009 年 10 月左右,阜阳市金牛房地产开发公司为尽快办理金牛小区 9#楼房屋初始登记,通过李清送给杨卫华 4 000 元人民币。

(20)2006 年,阜阳三维棉麻公司和阜阳帝豪置业有限公司合作开发了东苑雅居小区,帝豪置业经理刘素英为了尽快办理东苑雅居 1#、2#楼的房屋初始登记,送给杨卫华 2 万元人民币。

(21)2009 年,杨涛为帮助张伟办理建设银行住宅楼房产初始登记,送给杨卫华 5 000 元人民币。

(四)被告人杨卫华玩忽职守的事实

2008年,赵付志、赵东友私自建10套房屋。2008年12月,赵付志以其父赵东友之名申请房屋权属初始登记,赵付志向颍州房管所提交了伪造的规划许可证复印件,并通过他人向颍州房管所工作人员闪芳行贿6万元。闪芳利用职务便利,违规受理并冒用初审人员李文珍笔迹签批初审意见,冒用外业勘察人杨涛笔迹签批意见,违法出具"手续齐,已复审,请审批"意见。被告人杨卫华未能审查出闪芳冒用他人签名办理该房产初始登记,签署了同意办理的审核意见。最终造成国有土地出让金和相关规费损失90.38万元。

界首市人民检察院补充起诉决定书指控:

一、被告人穆晓抗、杨卫华二人共同滥用职权的事实

被告人穆晓抗、杨卫华在办理安徽京九丝绸有限责任公司住宅楼房屋初始登记过程中,收受贿赂,滥用职权。违规办理了20 021.35平方米的房屋初始登记面积,致使超出规划许可批准面积4 550.35平方米的国有土地出让金及其他费用流失。

二、被告人穆晓抗玩忽职守的事实

1. 被告人穆晓抗于2006年担任颍州房管所副所长期间,在办理西湖食品厂房屋初始登记过程中,收受贿赂4万元人民币。在审核西湖食品厂房屋初始登记过程中,对西湖食品厂超越规划许可面积申请房屋初始登记一事未尽审核职责,其应当发现西湖食品厂申请登记面积超规划许可1 858.92平方米的事实,致使西湖食品厂国有土地出让金及其他相关规费经评估损失86.79万元。

2. 2005年,阜阳市颍州区文峰办奎星社区郭洪杰在阜阳市第十五中学对面自建一栋4层小楼,建筑面积约1 500平方米,因缺少房屋准建手续无法办理房屋初始登记,郭洪杰于2006年找到时任颍州房管所副所长穆晓抗,向其行贿1万元人民币。穆晓抗在审批郭洪杰以其母亲"李忠珍"名义申请的房屋初始登记材料过程中,未予认真审查,即为其审批办理了1 542.48平方米的房屋初始登记面积,致使国有土地出让金及其他费用流失27.5万元。

3. 阜阳市颍州区清河社区的贾德海,在清河社区后贾庄自建一栋4层小楼,因该房屋无土地证、规划许可证,无法办理房屋初始登记。贾德海找到时任阜阳市金牛房地产公司副经理的朋友李清,交给李清2.5万元人民币委托其帮助办理。李清购买了伪造的土地证、规划许可证并向时任颍州房管所副所长穆晓抗行贿1万元人民币。被告人穆晓抗在审批贾德海以其妻子"王玲"名义申请的房屋初始登记材料过程中,未予认真审查,即为其审批办理了797.33平方米面积的房屋初始登记,致使国有土地出让金及其他费用予以流失。

三、被告人杨卫华滥用职权的事实

1. 阜阳市鸿港置业有限公司在阜阳市颍州区清河办事处阜王路开发建设的鸿港花苑1#、2#住宅楼工程,超规划建设,无法办理房屋初始登记。2009年8月,阜阳鸿港置业有限公司副经理徐卫军托其朋友谢军向时任颍州房管所所长杨卫华行贿1万元人民币,后鸿港花苑1#、2#住宅楼办理了9 303.2平方米房屋初始登记面积,致使超出规划许可批准面积1 333.2平方米的国有土地出让金及其他费用流失。

2. 阜阳市力业贸易有限责任公司在颍州区颍西办事处西湖北路开发建设力业家园4#、5#商住楼,该工程规划批准面积2 625平方米。后擅自将原批准4#、5#楼附楼从2层加盖至5层,因加盖的附楼未经规划调整,无法办理房屋初始登记。2009年10月,力业贸易有限责任公司法人王红梅的哥哥王哲通过章夏送与杨卫华弟弟杨庆华2万元人民币,委托其送给杨卫华,请求杨卫华

帮助办理附楼房屋初始登记。在杨卫华帮助下，颍州房管所于 2011 年 9 月为力业家园 4#、5#附楼办理了 1 928.17 平方米的房屋初始登记。随后杨卫华收下了王哲委托杨庆华所送的 2 万元人民币。

四、被告人杨卫华玩忽职守的事实

1. 阜阳市颍州区清河社区的贾德海，在清河社区后贾庄自建一栋 4 层小楼，因无土地证、规划许可证，无法办理房屋初始登记。贾德海交给李清 2.5 万元人民币委托其帮助办理。李清购买了伪造的土地证、规划许可证，向被告人杨卫华行贿 5 000 元人民币。杨卫华未予认真审查，即审批办理了 797.33 平方米面积的房屋初始登记，致使国有土地出让金及其他费用流失。

2. 阜阳市颍泉区利华五金电料批发部的常见彪，在颍州区颍西办事处顺昌路开发建设了利华家园 1#、4#商住楼，1#楼规划批准面积 1 932 平方米，实际建设面积 2 245 平方米；4#楼规划批准面积 1 593 平方米，实际建设面积 1 864.99 平方米。为办理上述二栋房屋初始登记，2009 年 5 月，常见彪向杨卫华行贿 2 万元人民币。杨卫华未予认真审查申请材料，即为审批办理了 4 109.99 平方米的房屋初始登记面积，致使利华家园 1#楼土地出让金及其他费用流失 22.74 万元，4#楼超出规划许可批准面积 271.99 平方米的国有土地出让金及其他费用损失。

为证实上述指控，公诉机关当庭宣读和出示了阜阳市房地产管理局党组文件、干部任免审批表、阜阳市房地产管理局行政执法责任制实施方案、阜阳市房地产管理局颍州房管所工作人员职责、房屋权属登记档案、凭证、评估报告及户籍证明等书证，证人时玉松、李清、贾德海、张保健等人的证言，被告人穆晓抗、杨卫华的供述和辩解等证据。公诉机关据此认为被告人穆晓抗在任阜阳市房地产管理局颍州房管所副所长及开发区房产分局局长期间，利用职务便利，多次收受他人钱物，价值总计 613 100 元，并为他人谋取利益；被告人杨卫华在任阜阳市房地产管理局颍州房管所所长期间，利用职务便利，多次收受他人钱物，价值总计 34.4 万元，并为他人谋取利益，二被告人的行为均已触犯《中华人民共和国刑法》第三百八十五条、第三百八十六条、第三百八十三条第一款第(一)项的规定，均应以受贿罪追究其刑事责任。被告人穆晓抗、杨卫华又利用职务便利，滥用职权违规为他人办理房屋权属初始登记，致国家利益遭受重大损失，情节特别严重，其行为均已触犯《中华人民共和国刑法》第三百九十七条第一款的规定，均应当以滥用职权罪追究其刑事责任。被告人穆晓抗、杨卫华在履行职务过程中，严重不负责任，不认真履行职责，致使公共财产、国家和人民利益遭受重大损失，情节特别严重，均应以玩忽职守罪追究其刑事责任。根据《中华人民共和国刑法》第六十九条的规定，应对二被告人数罪并罚。

被告人穆晓抗对公诉机关指控其犯受贿罪罪名不持异议，辩解起诉书指控共同受贿的第 7 起，在刘峰办理康乐商贸综合楼 2 号楼初始登记时，没有收到刘峰送的 1 万元；起诉书指控其个人受贿的第 4 起、第 7 起、第 21 起、第 26 起计 66 860 元，系办证企业自愿交的加班费，职工确实加班了，其发加班费有 6 万多元，不应作为受贿数额；第 3 起的 22 740 元，系从房地产企业处为单位事务报销的单位支出，其中 1 万元支付单位购买车辆费用，该起款项不应认定为受贿数额；第 8 起，系购买商品房的正常优惠；第 13 起李文珍的 1 万元，其帮李文珍请客大部分花掉了，其也没有权利决定保留李文珍的事业编制，该起不应认定为受贿；第 19 起中，其从收受的 4 万元中给了李清 6000 元，让其办理相关证明，本起受贿数额应认定为 3.4 万元；第 27 起，系向马永安借款，也不应认定为受贿。同时辩解其构不成滥用职权罪和玩忽职守罪。

被告人穆晓抗的辩护人除同意穆晓抗的辩解外，同时提出以下辩护意见：(1)起诉书指控穆晓抗个人受贿的第 11 起，穆晓抗给了杨卫华 1 万元，该起应认定穆晓抗受贿 1 万元。(2)起诉书指控穆晓抗的 3 起滥用职权，其中为办理康乐商贸综合楼 2#楼初始登记及办理张保春的房产登记，没有充分证据证明被告人穆晓抗知道所提供的有关材料虚假。关于京九丝绸有限责任公司办理楼房初始登记，房产登记档案记载系2008年9月1日才开始申请初始登记，而被告人穆晓抗早在2007年9月就已经离开颍州区房管所，其并无职权可滥用，审批表中也没有穆晓抗的签字，所谓授意李庆文涂改规划许可，也只有李庆文一人的虚假证言。(3)关于玩忽职守罪的指控，辩护人认为穆晓抗在自己的审批工作中，按照规定尽到了自己的职责。因此，认为公诉机关指控被告人穆晓抗犯玩忽职守罪和滥用职权罪，事实不清，证据不足。(4)土地估价报告存在着一定问题，鉴定人员只有土地估价师资格证书，其所作的包含有其他费用的评估报告已超出了其执业范围；鉴定意见中关于土地出让金的损失缺乏依据。(5)阜阳市纪委出具的情况说明，证明穆晓抗具有自首和立功情节。综上，建议法庭对被告人穆晓抗减轻处罚。

被告人杨卫华对公诉机关指控的受贿罪罪名不持异议，辩解其没有收受起诉书指控共同受贿中第1起的5 000元及第6起中的2万元；起诉书指控的个人受贿第11起的1万元，系礼尚往来，不属于受贿。同时辩解不构成滥用职权罪和玩忽职守罪。

被告人杨卫华的辩护人辩护意见是：被告人杨卫华在负责审核康乐商贸、京九丝绸、鸿港花苑、力业家园及张保春房产初始登记有关材料时，事主所提交材料齐全，其并不明知有关材料的真假，没有滥用职权的主观故意。被告人杨卫华在审核文莱豪园、利华家园、贾德海及赵东友房产初始登记有关材料时，尽到了自己的责任，并没有玩忽职守。此外，被告人杨卫华认罪态度好，积极退赃，检举他人违法犯罪行为，具有自首情节。建议法庭对被告人杨卫华从轻或减轻处罚。

经审理查明：

一、关于受贿的事实

(一)共同受贿的事实

1. 2005年年底，时玉松交给阜阳市金牛房产公司副总经理李清6万元人民币，让其帮忙办房产证。该房产坐落在阜阳市经济开发区京九办事处1号安置区内，系时玉松自建的一栋六层小产权房，房屋总面积3 000平方米左右。李清接受请托后通过街边小广告办理了一张假规划证、一张假土地证。而后送给被告人穆晓抗1万元人民币，李清和穆晓抗一起到杨卫华办公室，送给杨卫华5 000元人民币。不久，时玉松的房产证就办好了。

上述事实有下列证据证明：

(1)证人李清的证言，证明时玉松给其6万元，让帮忙办理位于京九街道办事处自建房屋的初始登记，其先后送给穆晓抗1万元、杨卫华5 000元，不久，时玉松的房产证就办好了。

(2)证人时玉松的证言，证明其于2004年在京九办事处1号安置区东北角建了一栋6层楼房，2005年建成，总面积3 000多平方米，由于系小产权房，无法办证，就拿6万元钱委托朋友李清去颍州房管所找人运作此事，在2005年年底拿到了房产证。

(3)被告人穆晓抗的供述，供认了该起受贿事实。

(4)被告人杨卫华的供述，供认了该起受贿事实。

2. 2004年年底，贾德海交给李清2.5万元让李清帮他办房产证，房产坐落在阜阳市公安局西南。李清通过小广告办理了假的土地证、规划许可证。后李清送给穆晓抗1万元人民币，和穆晓抗一起到杨卫华办公室送给杨卫华5000元人民币。不久，贾德海的房产证就办好了，登记权利人是贾德海的妻子王玲。

上述事实有下列证据证明：

(1)阜阳市房屋权属登记卷宗档案材料复印件(审批表编号2005080455)，证明该房产取得产权证的事实，房屋登记权利人王玲。

(2)证人李清的证言,证明2004年一个叫贾德海的人,他家属叫王玲,交给其2.5万元,让帮忙给他办房产证。其办了假土地使用权证和建设规划许可证,然后带着相关办证材料交给了穆晓抗。其给穆晓抗送了1万元,穆晓抗又带其到杨卫华办公室,其给杨卫华送了5 000元,不久房产证就办下来了,办的是王玲的名字。

(3)证人贾德海的证言,证明交给李清2.5万元,让其帮忙办理其自建房产权证,后来李清把房产证给帮忙办下来了。

(4)被告人穆晓抗的供述,供认李清向其行贿1万元,产权人叫王玲的房产证很快办好了。

(5)被告人杨卫华的供述,供认了李清在其办公室送其5 000元,为一个叫贾德海的办理房产证的事实。

3. 2006年8月至9月,时玉松找李清帮忙办理京九办事处"一号安置区"房产初始登记。该安置区系74套连体别墅,没有《建设工程规划许可证》,李清花3 000元办了假规划许可证。为使穆晓抗受理申请登记,2006年10月一天的晚上,李清送给穆晓抗10万元人民币。为使杨卫华能在审核材料上签字,李清和穆晓抗一起先后两次到杨卫华办公室送给杨卫华1.1万元。之后,很快办好了一号安置区的房产初始登记以及分户登记。2007年下半年穆晓抗退给李清3万元,2012年春节前后又退给李清5万元,穆晓抗实际占有2万元。

上述事实有下列证据证明:

(1)京九新村1#安置区工程房屋初始登记档案复印件(审批表编号2006000101),证明该房产取得产权证的事实。

(2)证人李清的证言,证明2006年8月至9月为给时玉松办理"一号安置区"74套连体别墅的产权证,给穆晓抗送10万元,后来穆晓抗又退回8万元。给杨卫华分两次送1.1万元。其花了钱办了假规划许可证,连同其他申报材料一起交给穆晓抗,后来房产证就办下来了。

(3)证人时玉松的证言,证明其让李清帮忙办理阜阳市开发区京九办事处的74套别墅的房屋初始登记,因为74栋房子没有土地证、规划证等手续,其间,其给李清拿了114万元,让李清具体操作办证。后来李清把证办好了。

(4)被告人穆晓抗的供述,供认了该起受贿事实。

(5)被告人杨卫华的供述,供认了该起受贿事实。

4. 2005年左右,张付难承包了鼓楼办事处办公楼工程,因无力支付工程款,鼓楼办事处抵付给张付难3套房产。为把3套房产证办理在个人名下,张付难找到在房产局工作的杨涛帮忙,经杨涛介绍,张付难到穆晓抗办公室送给穆晓抗5 000元人民币,到杨卫华办公室送给杨卫华4 000元人民币。不久,张付难3套房产就办下来了,产权分别登记在张和平、张阳及张福平的名下。

上述事实有下列证据证明:

(1)证人张付难的证言,证明其为鼓楼办事处承建办公楼,办事处将其中的3套房子抵给其作为工程费用。为能办好房屋初始登记,就找到了杨涛帮忙。其在杨涛的带领下到所长杨卫华的办公室,杨涛将其介绍给杨卫华后就出去了,其送给杨卫华4 000元。杨涛又带其去了副所长穆晓抗的办公室,送给穆晓抗5 000元。后来房产证就办了下来。其3个房产证办的分别是其大儿子张和平、四儿子张阳及亲戚张福平(卖给他的)。

(2)证人杨涛的证言,证明其带着张付难分别去了杨卫华和穆晓抗的办公室,由张付难先后给杨卫华送4 000元,给穆晓抗送5 000元。不久,他们的初始登记就办下来了。

(3)被告人穆晓抗的供述,供认了该起受贿事实。

(4)被告人杨卫华的供述,供认了该起受贿事实。

5. 2005年年底，阜阳市京九丝绸公司擅自改变原规划，把北区原规划1栋5层的楼房建成了6层，无法办理房产初始登记。2008年7月至8月，京九丝绸公司副经理李庆文找到穆晓抗帮忙，李庆文从阜阳市京九丝绸公司下属的企业德源公司借款8万元人民币，送给了穆晓抗，穆晓抗将其中的4万元送给了杨卫华。不久，阜阳市京九丝绸公司北区的房产证就办好了。

上述事实有下列证据证明：

(1)安徽京九丝绸有限责任公司京九公司东院住宅楼B1#、B2#、B3#、B4#楼房屋初始登记卷宗，证明该房产取得产权证的事实。

(2)证人李庆文的证言，证明因京九丝绸公司北区东院的员工宿舍楼自改了规划，2007年4栋楼竣工后无法办理房产证。其就找穆晓抗帮忙，从公司会计任云处暂借了8万元交给了穆晓抗。过几天穆晓抗给其打电话让把手续交给颍州房管所窗口，讲他都安排好了，窗口会受理的。其带着变造的规划许可证等材料到窗口，果然收下了手续。后来，初始登记就办好了。

(3)证人任云的证言，证明"2008年8月31日第4号付款凭单"，是李庆文向其借8万元钱的借条，其付给了李庆文8万元现金。

(4)被告人穆晓抗的供述，供认了该起受贿事实。

(5)被告人杨卫华的供述，供认了该起受贿事实。

6. 2004年年底，刘峰和余跃飞的全顺公司合作开发颍州中路的全顺大厦，该工程因超规划面积建设无法办理房产登记。刘峰和余跃飞商议每人出2万元钱送给穆晓抗。后刘峰和余跃飞通过张利敏送给穆晓抗4万元人民币。穆晓抗收下后将其中的2万元送给杨卫华，其中的3 000元送给了李文珍。之后，全顺大厦的房产证就办好了。

上述事实有下列证据证明：

(1)房屋权属登记档案(40009725－62－9)，证明该房产取得产权证的事实。

(2)证人张利敏的证言，证明2004年年底，余跃飞和刘峰为办理全顺大厦初始登记，委托其给穆晓抗送4万元，没多久全顺大厦的房屋初始登记就办好了。

(3)证人刘峰、余跃飞的证言，与证人张利敏的证言相一致。

(4)证人李文珍的证言，证明其收受穆晓抗送的3 000元，按穆晓抗的安排受理了该房产登记。

(5)被告人穆晓抗的供述，供认了该起受贿事实。

(6)被告人杨卫华的供述，供认了该起受贿事实。

7. 2006年4月，刘峰为给其开发的康乐商贸综合楼办理房屋初始登记，伪造了规划许可证、竣工验收备案通知书、规划验收证，送给穆晓抗7万元人民币。穆晓抗为刘峰办理了房屋初始登记，而后将7万元退给了刘峰。刘峰为了表示感谢，事后给穆送了1万元人民币。2007年，刘峰为了办理康乐商贸综合楼2#楼的初始登记，又伪造了规划许可证，并向杨卫华、穆晓抗各送1万元人民币。

上述事实有下列证据证明：

(1)康乐商贸综合楼房屋权属登记卷宗，证明该房产取得产权证的事实。

(2)证人刘峰的证言，证明2003年其为办理康乐小区房屋初始登记给穆晓抗送了7万元，穆晓抗把初始登记办好以后又把这7万元退给了其。事后给穆晓抗送了1万元钱，穆收下了。后来为办理康乐小区2#楼的初始登记，又分别送给杨卫华和穆晓抗各1万元，初始登记就办好了。

(3)被告人穆晓抗的供述，2006年，刘峰办理康乐小区房屋初始登记送其7万元钱，之后将7万元钱退给了刘峰。退过钱后有两个月，刘峰又送给其1万元。2007年3月至4月的时候，刘峰办理康乐小区的辅楼房屋初始登记，分别送给其本人及杨卫华各1万元。

（4）被告人杨卫华的供述，与被告人穆晓抗的供述相印证。

8. 2006年前后，张保健为自建超规划许可面积的房屋办理房产登记，给杜斐拿了2万元让其帮忙办理房屋登记手续。杜斐用该款买了两部摩托罗拉V3手机，送给穆晓抗一部V3手机及6 000元人民币，送给杨卫华一部V3手机及3 000元人民币。后办好了房屋产权登记，房产登记权利人为张保健的弟弟张保春。2012年年底，穆晓抗把杜斐送的6 000元及摩托罗拉V3手机折价共计8 000元退给了杜斐。

上述事实有下列证据证明：

（1）房地产初始登记审批表，证明该房产取得产权证的事实。

（2）证人张保春的证言，证明位于阜阳市清河办二里岗的房子的房屋产权人是其的名字，但其兄张保健是房子的实际所有人，是张保健让用其的身份证办的。

（3）证人杜斐的证言，证明2006年前后，其朋友张保建在阜阳二里井电大往南200米路西自建了一栋4层二单元的楼房，实际建筑面积超过了规划许可证面积，办不了房屋初始登记，张保建拿给其2万元让帮忙办证。其在阜阳银河大市场买了2部摩托罗拉V3手机，送给穆晓抗6 000元和一部V3手机，送给杨卫华3 000元和一部V3手机。后来张保建的房屋初始登记就办好了。2012年年底穆晓抗将其送的6 000元加上V3手机折价共计8 000元退还了其。

（4）证人张保健的证言，证明其超规划建房，并以张保春的名义办理房屋权属初始登记，拿2万元给杜斐让其疏通关系，杜斐说2万元送给穆晓抗和杨卫华了。后房屋初始登记就办好了。

（5）被告人穆晓抗的供述，2005年下半年杜斐讲他一个叫张保建的朋友在阜阳二里井电大往南二百米路西自建了一栋楼，想办房产证，他给其拿了6 000元和一部摩托罗拉V3手机，后房产证办好了。2012年其退给杜斐8 000元钱。

（6）被告人杨卫华的供述，其收受3 000元和一部摩托罗拉V3手机，为张保春办理了房屋产权初始登记。

9. 2008年，万通房产经纪公司经理胡九波代理张喜莲司法协助房屋初始登记申请，因该房屋初始登记提供司法协助手续不齐备，胡九波通过李涛向穆晓抗行贿2 000元阜阳国贸购物卡，向杨卫华行贿2 000元人民币。后穆晓抗、杨卫华为胡九波办理了张喜莲位于颍西镇的房屋产权初始登记。

上述事实有下列证据证明：

（1）张喜莲的房屋初始登记卷宗，证明该房产取得产权证的事实。

（2）证人李涛的证言，证明其受胡九波的委托送给穆晓抗2 000元的购物卡，送给杨卫华2 000元现金，为张喜莲办理了房产证。

（3）证人胡九波的证言，与证人李涛的证言相一致。

（4）被告人穆晓抗的供述，供认了该起受贿事实。

（5）被告人杨卫华的供述，供认了收受李涛送给其2 000元的事实。

10. 2008年3月至4月，王敏委托胡九波办理其位于阜阳汽车南站南侧房产的初始登记，胡九波通过李涛送给穆晓抗2 000元人民币，送给杨卫华1万元人民币，后该房产得以登记。

上述事实有下列证据证明：

（1）证人李涛的证言，证明其受胡九波的委托为一个叫王敏的办理房屋初始登记，先后送给穆晓抗2 000元，送给杨卫华1万元。

（2）证人胡九波的证言，与证人李涛的证言相一致。

(3)被告人穆晓抗的供述,供认了该起受贿事实。

(4)被告人杨卫华的供述,供认了收受李涛送给的1万元人民币的事实。

11. 2006年左右,家住阜阳市颍州区鹿祠街的罗杰,找到其邻居穆晓抗和杨卫华,为自家翻盖的4层约900平方米的房屋办理房屋产权初始登记,向穆晓抗、杨卫华各行贿1万元人民币,后办好了房产证。

上述事实有下列证据证明:

(1)房屋初始登记卷宗,证明该房产取得产权证的事实。

(2)证人罗杰的证言,证明其为自家翻盖的房屋办理初始登记,先后给穆晓抗、杨卫华各送1万元。

(3)被告人穆晓抗、杨卫华的供述,均供认了该起受贿事实。

(二)穆晓抗个人受贿的事实

1. 2004年年初,胡军和杜泉颖合伙承包了阜阳市金长江大酒店的铝合金门窗安装工程,工程完工后,金长江大酒店经理张钧因无钱支付二人的工程款,便用其在开发区京九办事处新阳社区自建的四套小产权房抵付了工程款,胡军、杜泉颖二人各得到两套。二人因欠胡翠平、钟晓彤的钱,又把各自的房产分别抵付给胡翠平、钟晓彤各一套。2008年年底,胡军、杜泉颖、胡翠平听说可以通过司法协助的方式办理房产登记,就通过吴顺和找到穆晓抗帮忙,吴顺和把胡军等四家兑的1万元人民币送给了穆晓抗。不久,胡军、杜泉颖、胡翠平、钟晓彤的房产证就办好了。

上述事实有下列证据证明:

(1)房屋登记卷宗,证明胡军等四人所有的小产权房取得产权证的事实。

(2)阜阳市颍泉区人民法院(2009)泉执字第41号协助执行通知书、颍泉区人民法院函,证明该四处房产通过司法协助的方式办理了产权证。

(3)证人吴顺和的证言,证明2008年6月至7月,杜泉颖、胡翠平、胡军、钟晓彤他们四家听说可以通过司法途径办理房产证,就让其去找穆晓抗问问如何办理。其到穆晓抗的办公室咨询这事,穆晓抗讲他们这房子是小产权房,没有任何手续,只能去法院通过司法途径办理房产证了。后来他们就把张钧起诉到颍泉区法院,法院调解结案。在颍泉区法院协助执行通知书下来没多久,他们四家兑了1万元,委托其送给了穆晓抗,在穆晓抗的帮助下,他们四家的房产证就办下来了。

(4)证人胡军、杜泉颖、胡翠平、钟晓彤的证言,与证人吴顺和的证言相一致。

(5)证人张钧的证言,证明2004年左右,其欠杜泉颖、胡军的工程款,由于资金紧张,就把开发的2栋4套小产权房交给了杜泉颖、胡军。后杜泉颖、胡军找其商量,让其配合他们进行诉讼,用司法协助的途径帮助他们办理房屋初始登记。后来杜泉颖、胡军就把其起诉到颍泉区人民法院,颍泉区法院调解结案,下发了协助执行通知书。

(6)被告人穆晓抗的供述,供认了该起受贿事实。

2. 2009年上半年,阜阳市万霖房地产开发公司具体负责房产初始登记的副经理王勇,为使万霖公司的房产初始登记办快点,找到穆晓抗帮忙。2009年5月的一天,王勇从公司会计袁利处领取人民币5万元,送给了穆晓抗。

上述事实有下列证据证明:

(1)万霖花苑1#商住楼房屋登记申请书、缴费通知单、房屋初始登记审核表,证明万霖花苑取得产权证的事实。

(2)证人王勇的证言,证明公司为尽快办理房产证,经老总卢强同意,其从公司现金会计袁利处拿了5万元现金送给了穆晓抗。

(3)证人卢强的证言,与证人王勇的证言相一致。

(4)证人袁利的证言,证明2009年5月19日王勇从其处借支5万元,后用票据冲的账。

(5)被告人穆晓抗的供述,供认了该起受贿事实。

3. 2010年7月至8月,春益房产公司办理春益雅苑2#、3#楼房屋确权事宜,为使产权初始登记快点,春益总经理杨大春通过王勇给穆晓抗送了3 000元人民币。后春益公司的2#、3#楼初始登记很快就办好了。

上述事实有下列证据证明:

(1)春益雅苑2#、3#楼初始登记卷宗复印件,证明春益雅苑2#、3#楼办理房产证的具体情况。

(2)证人王勇的证言,证明2010年7月至8月,春益房产公司办理春益雅苑2#、3#楼房屋产权证时,公司老总杨大春想办快点,托其找穆晓抗帮忙,并由其送给穆晓抗3 000元。

(3)证人杨大春的证言,与证人王勇的证言相一致。

(4)被告人穆晓抗的供述,供认了该起受贿事实。

4. 2006年,许宏通过李清找穆晓抗办理房产证,该房产坐落在颍州区政府北边,系许宏自建两层小楼。房产证办好后,为表示感谢,许宏通过李清送给穆晓抗2 000元人民币。

上述事实有下列证据证明:

(1)许宏申请办理房屋权属初始登记卷宗复印件,证明该房产取得产权证的事实。

(2)证人李清的证言,证明2006年上半年其一个朋友让帮忙给一个姓许的人办房产证办快一点,通过其给穆晓抗送了2 000元。

(3)证人许宏的证言,与证人李清的证言相一致。

(4)被告人穆晓抗的供述,供认了该起受贿事实。

5. 2012年中秋节、2013年春节,张静华为了公司开展业务能够得到穆晓抗的照顾,两次送给穆晓抗购物卡3 000元(中秋节送1 000元,春节送2 000元)。

上述事实有下列证据证明:

(1)证人张静华的证言,证明因为公司开发的红堡城小区未交付,为公司开展业务能够得到穆晓抗的照顾,其在2012年农历8月15日前送给穆晓抗1 000元购物卡,2013年春节前送他2 000元购物卡。

(2)被告人穆晓抗的供述,供认了该起受贿事实。

6. 2005年下半年,李刚在颍州区文峰办事处为莲花社区居委会建了一处综合楼,为办理房产登记,李刚通过刘勇、张连彩介绍认识了穆晓抗,后到穆晓抗办公室送给穆晓抗2万元人民币。李刚的房产初始登记就办好了。

上述事实有下列证据证明:

(1)莲花社区居委会综合楼办理房屋初始登记卷宗,证明该房产取得产权证的事实。

(2)证人张连彩的证言,证明2005年下半年的一天,其在单位碰到同学的弟弟刘勇和一个叫李刚的男的,说是办房产证,其就带着那个叫李刚的人去了穆晓抗的办公室,介绍给穆晓抗认识,然后就离开了。

(3)证人李刚的证言,证明2005年其通过刘勇在阜阳市房产局的熟人张连彩认识了穆晓抗,其送给穆晓抗2万元,后来证就办好了。

(4)证人刘勇的证言,与证人李刚的证言相一致。

(5)被告人穆晓抗的供述,供认了该起受贿事实。

7. 2002年前后,阜阳天纵房地产公司与阜阳市疾控中心合作开发阜阳市疾控中心宿舍楼。为尽快办理房产初始登记,2004年10月的一天,天纵房地产公司负责人车涛送给穆晓抗2万元人民币,让穆晓抗帮忙。后阜阳市疾控中心宿舍楼的房产证很快就办好了。

上述事实有下列证据证明:

(1)阜阳市疾病预防控制中心房地产初始登记审批表及颍州房管(2004)57号确权通知书,证明该房产取得产权证的事实。

(2)证人车涛的证言,证明其为尽快把开发建设的阜阳市疾控中心宿舍楼的房产证办下来,给穆晓抗送了2万元,房产证就办下来了。

(3)被告人穆晓抗的供述,供认了该起受贿事实。

8. 2012年6月至7月左右,刘朴宏开办敬老院缺少资金,与王立博和刘传宏协商筹集资金事宜,约定由王立博操作通过司法协助的方式办理刘传宏自建的"阜阳市三佳制衣厂"房屋的初始登记和转移登记,用登记后的产权抵押贷款。王立博就找到穆晓抗帮忙,送给穆晓抗4万元人民币。在穆晓抗的安排下,阜阳市三佳制衣厂的产权初始登记很快就办好了。

上述事实有下列证据证明:

(1)阜阳市三佳制衣厂房屋初始登记卷宗,证明该房产取得产权证的事实。

(2)证人刘朴宏的证言,2012年6月至7月,其托王立博找人帮忙办刘传宏的阜阳市三佳制衣厂房产证,和王立博约好只要这件事能办好,能从银行贷款,办证过程中所花的费用都作为办老年公寓项目投资的股份。之后就从刘传宏那里取了办房产证的相关材料,交给王立博,让他去运作这事。

(3)证人刘传宏的证言,证明2011年刘朴宏办养老院,缺少资金,想用其在开发区黄庄社区101室(三佳制衣厂所在的位置)房子做银行抵押贷款,于是他就找人去房管局办房产证。

(4)证人王立博的证言,2012年6月,其朋友刘朴宏想通过司法途径给他堂兄弟刘传宏办理房屋初始登记。这栋自建房属于阜阳市三佳制衣厂(个人独资企业),总共3层,是砖混结构。2012年7月25日其从中国工商银行阜王路支行取2万元,连同从家中拿的2万元,共计4万元人民币,于当天到穆晓抗办公室送给了穆晓抗。

(5)被告人穆晓抗的供述,供认了该起受贿事实。

9. 2007年年底,阜阳市房产局进行人员编制改革,李文珍为保留事业编制,到穆晓抗家送给穆晓抗1万元人民币,让穆晓抗帮忙解决。

上述事实有下列证据证明:

(1)证人李文珍的证言,证明2008年的时候,阜阳市房管局打算进行编制改革,每个区房管所分10个事业编制名额,为了能入上事业编制,就想给领导送点礼。到杨卫华家送钱,杨卫华没有收,又到穆晓抗家给穆晓抗送了1万元钱和一些礼品,穆晓抗收下了。

(2)被告人穆晓抗的供述,2007年,颍州所当时有17个人,局里只给10个吃财政的编制,以前是10个人的工资17个人分,剩下不够的由所里自己支付,后来局里要求把这10个财政编落实到个人,结果17个人都想争财政编制。有一天李文珍到其办公室跟其讲想争取财政编制,并拿了1万元现金让其帮忙找人讲讲。其收钱后,跟局里的几个领导反映了几次,但因为这事颍州所有人在市局领导那里闹得厉害,到最后局里也没有硬性要求把编制落实到个人。

10. 杨涛的岳父马建华在市政扩建河滨路时分了一块宅基地,其建了4间小平房,面积200多平方米,一直没办房产证。2006年,杨涛的小孩舅马喜龙让杨涛操作办证,杨涛从家中拿3 000元人民币送给穆晓抗,后马建华的房产证就办下来了。

上述事实有下列证据证明：

（1）登记号2006009753的房屋产权登记证、阜阳市房地产初始登记资料，证明该房产取得产权证的事实。

（2）证人马喜龙的证言，证明其姐夫杨涛为父亲马建华所建的四间小平房找人办理了房产证。

（3）证人杨涛的证言，证明为其岳父马建华办房产证，给穆晓抗送了3000元，房产证就办下来了。

（4）被告人穆晓抗的供述，供认了该起受贿事实。

11. 2007年的4月至5月，张忠连交给杨涛2000元人民币，让帮忙找人办理其岳父王庆祥的房产证。后杨涛将该款送给了穆晓抗，请他帮忙办理。后王庆祥的房产证就办好了。

上述事实有下列证据证明：

（1）阜阳市房屋产权初始登记资料卷宗（审批表编号2007900142），证明该房产取得产权证的事实。

（2）证人张忠连的证言，证明2006年的4月至5月，其交给老邻居杨涛2 000元，让他找人帮忙给其岳父王庆祥办房产证。不久，其岳父的房产证就办好了。

（3）证人杨涛的证言，证明其帮张忠连的岳父王庆祥办房产证，送给穆晓抗送2 000元。

（4）被告人穆晓抗的供述，供认了该起受贿事实。

12. 2004年左右，孙夫良在河滨巷超规划建一座面积500多平方米的3层楼房。孙夫良两次交给杨涛共7 000元人民币，托杨涛帮忙办理房产证。杨涛找穆晓抗帮忙，并把孙夫良交的7 000元人民币送给了穆晓抗。后孙夫良的房屋证就办好了。

上述事实有下列证据证明：

（1）阜阳市房屋权属初始登记卷宗资料（审批表编号2007900256），证明该房产取得产权证的事实。

（2）证人孙多付（孙夫良之子）的证言，证明其家在河滨巷建3层楼，为办房产证，托杨涛给颍州房管所一个姓穆的送了7 000元。

（3）证人杨涛的证言，证明受岳父邻居孙夫良的委托，给孙夫良办房产证，通过其给穆晓抗送了7 000元。

（4）被告人穆晓抗的供述，供认了该起受贿事实。

13. 2005年，刘跃和李徽找王海涛帮李徽的亲戚于传国与别人合资建设的小产权房办理初始登记，该房产坐落在阜阳市颍州区七里铺。于传国和其合伙人交给李徽6万元人民币用于办理该房产登记，李徽将6万元钱交给刘跃。刘跃把其中的2万元交给了王海涛。王海涛找到其同事吕艳，并将2万元交给吕艳，托她找穆晓抗帮忙办理。吕艳到穆晓抗办公室送给穆晓抗1万元，后房产证就办好了。2007年，吕艳因害怕，主动把占有的1万元退给了王海涛。

上述事实有下列证据证明：

（1）阜阳市房屋权属登记档案（审批表编号2006900250），证明该房产取得产权证的事实。

（2）证人于传国的证言，证明其找李徽办房产证，两次给了他6万元，有三四个月，房产证就办好了。

（3）证人李徽的证言，证明2005年左右，于传国给其6万元钱托其找人办房产登记，其找到刘跃，将6万元交给刘跃，让他帮着办房产证。事后刘跃跟其说他交给王海涛2万元，王海涛又让人转交给颍州房管所的穆晓抗了。过了几个月，初始登记就办好了。

(4)证人王海涛的证言,证明2005年,刘跃、李徽托其办房产证,刘跃从李徽那里拿了6万元,刘跃只拿了其中的2万元交给其,其将这2万元交给了同事吕艳,让给穆晓抗送去,后来房产证就办好了。2007年,吕艳给其打电话讲穆晓抗退了1万元,让其到她家楼下来拿钱。其拿了这1万元钱花了。

(5)证人吕艳的证言,证明其受同事王海涛的委托,帮王海涛的朋友办房产证,将王海涛拿来的2万元中的1万元送给了穆晓抗,自己留下1万元,后来这1万元又退给了王海涛。

(6)被告人穆晓抗的供述,供认了该起受贿事实。

14. 2008年9月,刘迪在阜阳市新型快速热水器厂院内建了一栋5层楼房,该楼没有规划许可证,刘迪想办理房屋初始登记,就找穆晓抗商量,穆晓抗建议刘迪通过司法协助的途径办理。2008年10月,刘迪与其妻王丽离婚,法院判令刘迪偿还王丽100万元欠款。刘迪到开发区房管局穆晓抗的办公室,将判决书等材料交给穆晓抗,同时送给穆晓抗4万元人民币。事后,穆晓抗帮助刘迪办理好了房屋初始登记。

上述事实有下列证据证明:

(1)阜阳市新型快速热水器厂房屋初始登记卷宗,证明该房屋通过司法协助方式取得产权证的事实。

(2)证人刘迪的证言,证明其送穆晓抗4万元,走司法协助途径给自己的一套自建楼房办理了房产证。

(3)被告人穆晓抗的供述,供认了该起受贿事实。

15. 范凤兰在颍州区七里铺附近超规划建设建了一栋楼房,为办房屋初始登记,范凤兰找到丁华虎,让丁华虎帮助办理,并给丁华虎5万元人民币。丁华虎以陈福安的名义受理了范凤兰房产登记委托,留下1万元,送给穆晓抗4万元。不久办理好了初始登记。

上述事实有下列证据证明:

(1)西湖食品厂房屋权属登记档案卷宗,证明该房产取得产权证的事实。

(2)证人丁华虎的证言,2006年3月的时候,其朋友陈福安在阜阳市房管局西边开了一家房屋中介公司,当天去祝贺,有一个叫范凤兰的到陈福安的办公室问能不能办房产证。当时就想帮这个忙,好挣一笔。就跟范凤兰讲其和颍州所里的领导很熟,这事其能解决。后来其让范凤兰拿5万元钱,其留下1万元,将4万元送给了穆晓抗,让他帮忙办房产证。

(3)证人陈福安的证言,2006年3月至4月的一天,其中介公司成立,丁华虎去公司祝贺,他碰到来公司咨询办房产证的一个50岁左右的妇女,丁华虎说他认识颍州房管所的人,就接了这个活。在申请办理的时候,丁华虎是以陈福安的名义提出的申请,其在申请书上签的名,同时也提供了自己的身份证复印件。

(4)证人范凤兰、吴峰的证言,与证人丁华虎、陈福安的证言相一致。

(5)证人李清的证言,2006年的一天穆晓抗找到其,给其6 000元,让帮他办阜阳西湖食品厂综合楼的质检证明。其听穆晓抗这样说就明白穆晓抗是要其去办一份假的证明,因为质监站从未向外界出具过此类的所谓证明,工程如果没有监督档案,质监站无论如何也不会冒着风险出具这样的证明。当天其就到街上从小广告上联系了个办假证的,办好假证后交给了穆晓抗。

(6)被告人穆晓抗的供述,2006年3月至4月,其朋友丁华虎到其办公室,讲他一个朋友在京九开发区七里铺村西湖食品厂建了一个综合楼,实际面积超过了规划证面积,想办理房产证。后来丁华虎送其4万元,让其帮忙把房产证办下来。后在其的帮助下办下来了。

16. 2005年或2006年,丁华虎为了帮助其前妻王红梅办理房产证,给穆晓抗送了4 000元购物卡。

上述事实有下列证据证明：

(1)证人丁华虎的证言，证明其为给前妻王红梅办房产证，给穆晓抗送4 000元购物卡。

(2)证人王红梅的证言，与证人丁华虎的证言相一致。

(3)被告人穆晓抗的供述，供认了该起受贿事实。

17. 2004年，阜阳市第八中学有两栋宿舍楼需要办理初始登记，陈庆彬通过张利敏给穆晓抗送了8 000元人民币，不久就办好了房产证。

上述事实有下列证据证明：

(1)阜阳市第八中学宿舍1#、2#楼房屋权属登记档案，证明该房产取得产权证的事实。

(2)证人张利敏的证言，证明陈庆彬通过其送给穆晓抗8 000元，办理了房产证。

(3)被告人穆晓抗的供述，供认了该起受贿的事实。

18. 2005年或2006年，颍州区计生办的王伟通过杜斐送给穆晓抗3 000元人民币，穆晓抗为王伟位于颍西镇菜市场南头的自建房办理了房屋初始登记。

上述事实有下列证据证明：

(1)王伟房屋权属登记档案，证明该房产取得产权证的事实。

(2)证人杜斐的证言，其为朋友王伟办房产证，给穆晓抗送了3 000元。

(3)证人王伟的证言，与证人杜斐的证言相一致。

(4)证人王红军的证言，证明有一天其哥打电话叫拿3 000元钱到阜阳市房产局门口交给杜斐，其从家里拿着钱到房产局门口见到了其哥王伟和杜斐，当着其哥的面把这3 000元钱交给了杜斐。

(5)被告人穆晓抗的供述，供认了该起受贿事实。

19. 2006年，郭洪杰想为自家建设的位于颍州区文峰办事处奎星社区一幢房屋办理房产登记，因缺少准建证，就找穆晓抗帮忙办理，送给穆晓抗1万元人民币。后房产登记在郭洪杰母亲李忠珍的名下。

上述事实有下列证据证明：

(1)房屋权属初始登记手续(审批表编号2006900301)，证明该房产取得产权证的事实，房屋权利人登记的是李忠珍。

(2)证人郭洪杰的证言，证明为办理自家房屋的产权证，给穆晓抗送1万元，房产证很快就办好了。

(3)被告人穆晓抗的供述，供认了该起受贿事实。

20. 2005年的时候，于东委托王洪刚找穆晓抗帮忙为于东自建的一套房产办理房屋初始登记，房屋位于颍州区振兴南路大张庄。通过王洪刚送给穆晓抗6 000元人民币，后于东家的房产证就办好了。

上述事实有下列证据证明：

(1)房屋权属初始登记资料(审批表编号2005080446)，证明该房产取得产权证的事实。

(2)证人王洪刚的证言，证明其帮朋友于东办理房产证，给穆晓抗送6 000元。不久，于东家里自建房的房屋初始登记就办好了。

(3)证人于东的证言，与证人王洪刚的证言相一致。

(4)被告人穆晓抗的供述，供认了该起受贿事实。

21. 2010年4月至5月，穆晓抗以借钱为名向永安房地产投资有限公司老总马永安要5万元人民币，马永安为感谢永安花园房屋初始登记中穆晓抗的帮助，在穆晓抗办公室交给了穆晓抗5万元人民币。

上述事实有下列证据证明：

(1)阜阳市权属登记档案复印件（登记核准表受理编号102001－1938－2012－095140），证明永安房地产投资有限公司办理其所开发的房地产初始登记的事实。

(2)证人马永安的证言，证明穆晓抗是阜阳经济技术开发区房管分局局长，永安房地产投资有限公司在开发永安花园房地产项目过程中，曾找穆晓抗帮忙办过房产证。永安花园项目房产权证办好后，穆晓抗找其要过5万元。穆晓抗是房产局局长，其作为房地产开发商，为了能得到他的照顾，就给他拿了5万元。该款一直没有退还。

(3)被告人穆晓抗的供述，2010年上半年，马永安开发的永安花园项目房产初始登记完成后的一天，其给马永安打电话让他到办公室来。在办公室其对马永安说，最近手头紧，急用钱，你先借给5万元钱。马永安当即回去拿5万元送到其办公室。

22. 2012年10月，永安花园4号楼初始登记后，穆晓抗让马永安缴纳5.7万多元各种费用（实际只有29 000元左右），并要求马永安拿出2.8万元钱直接交给他。马永安按穆晓抗的要求拿了2.8万元人民币交给穆晓抗，穆晓抗又安排马永安当即给房产局会计朱玉玲出具了欠办证费用2.9万元的欠条，后马永安缴纳了2.9万元的办证费用，将欠条抽了回来。穆晓抗一直没有将2.8万元退给马永安。

上述事实有下列证据证明：

(1)阜阳市权属登记档案复印件（登记核准表受理编号102001－1938－2012－095140），证明永安房地产投资有限公司为开发的房产办理房产证的事实。

(2)证人马永安的证言，证明2012年10月，永安花园4号楼初始登记后，穆晓抗让其到他办公室，给其列出了应缴纳的各种费用5.7万多元。穆晓抗说把2.8万元钱交给他，他自己冲账用，后其从家里拿钱回到穆晓抗办公室，把2.8万元现金交给了穆晓抗。穆晓抗又把房产分局会计朱玉玲叫到他办公室，穆晓抗让其给朱玉玲打了个2.9万元的欠条。事后，其缴纳了2.9万元费用。

(3)证人朱玉玲的证言，证明2012年11月的一天，穆晓抗电话让其拿着永安花园的缴费通知单去他办公室，穆晓抗说“永安房地产开发公司的老总马永安过来缴纳永安花园项目的房屋初始登记交易费，你看看多少钱，让马永安先打个欠条”。其算了一个28 796元的缴费数额就告诉了马永安。马永安就在穆晓抗办公室给其打了一张28 796元的欠条。2013年3月底马永安将这笔费用缴清，欠条被马永安拿走了。

(4)被告人穆晓抗的供述，2012年10月左右，当时马永安的永安花园4#楼在办理初始登记。其给马永安打电话让他到其办公室，在办公室跟马永安说他开发的房屋办理初始登记需要交5.7万元的费用，其让他先给其拿2.8万元冲开支，剩下的2.9万元让他写了一张欠条。实际费用只有2.9万多元，当时是为了想得到钱去北京治病，故意跟马永安说费用是5.7万多元。后来马永安缴纳了2.9万元的费用，抽回了欠条。但这2.8万元钱其没退给马永安。

23. 2012年春节前，马永安在穆晓抗办公室送给穆晓抗3张阜阳商厦购物卡，共计3 000元。2013年春节前一天晚上，马永安在穆晓抗办公室送给穆晓抗阜阳商厦购物卡4张，面值共计4 000元。

上述事实有下列证据证明：

(1)证人马永安的证言，证明2012年春节前，其买了3 000元阜阳商厦的购物卡，到穆晓抗办公室送给了他;2013 年春节前买了 4 000 元的阜阳商厦购物卡,也是到穆晓抗办公室送给了穆晓抗。

(2)被告人穆晓抗的供述,供认了该起受贿的事实。

24. 2007 年,李文珍在阜阳市房产局行政中心上班期间,其同事刘刚送给她 1 万元人民币,让她帮忙为一位朋友办理房产证。李文珍收钱后,为尽快把刘委托的事办好,就到穆晓抗办公室送给穆晓抗 2 000 元。

上述事实有下列证据证明:

(1)证人刘刚的证言,证明 2007 年的时候,其交给李文珍 1 万元钱,让她帮忙给其同学杨铭的朋友办理房屋初始登记,后来办好了。

(2)证人李文珍的证言,证明其同事刘刚拿 1 万元让其帮忙为他一个朋友办房产证,其从中拿出 2 000 元送给了穆晓抗,又拿出 3 000 元送给了杨卫华,他们就分别签批同意了这个房屋初始登记申请,随后就办好了房产证。

(3)被告人穆晓抗的供述,供认了该起受贿事实。

(三)被告人杨卫华受贿的事实

1. 2006 年,陈亮和阜阳建化公司合作建房,由于超规划建设 300 多平方米,竣工验收没有通过,为能够办理房屋初始登记,陈亮在杨卫华办公室送给杨卫华 4 万元人民币。后杨卫华帮助办好了初始登记。

上述事实有下列证据证明:

(1)证人陈亮的证言,证明 2006 年,其跟阜阳市建化公司合作建房,超规划建设了 300 多平方米,没有取得竣工验收。为办理初始登记送给杨卫华 4 万元,之后初始登记就办好了。

(2)被告人杨卫华的供述,供认了该起受贿事实。

2. 2007 年夏天,陈亮从拍卖会上竞买了原颍州区地税局缴费大厅的 6 间门面房,在没申请变更规划的情况下对门面房进行了扩建改造,为能够办理房屋初始登记,陈亮送给杨卫华 2 万元人民币。后杨卫华帮其办好了初始登记。

上述事实有下列证据证明:

(1)颍州南路 503 号颍州区地方税务局房屋初始登记卷宗,证明该房产取得产权证的事实。

(2)证人陈亮的证言,证明 2007 年夏天,其对竞买取得的颍州区原地税局缴费大厅的 6 间门面房作了扩建,由于没有办理变更规划,其送给了杨卫华 2 万元,房产证就办好了。

(3)被告人杨卫华的供述,供认了该起受贿事实。

3. 文来豪园小区的开发商汝涛,因文来豪园 7# ~ 14#楼的规划面积与实际测量的面积不符,阜阳市房产局颍州房管所不予受理产权初始登记。2008 年 1 月,汝涛找到在房产局监理室工作的谢军,托谢军给杨卫华送了 1 万元人民币。后杨卫华审批通过了文来豪园房屋初始登记。

上述事实有下列证据证明:

(1)证人汝涛的证言,证明 2008 年,其开发的文来豪园小区第一期工程 7# ~ 14#已经竣工,因超规建筑,在办理房屋初始登记时遇到了麻烦,就托谢军给杨卫华送了 1 万元。后来就办好了房屋初始登记。

(2)证人谢军的证言,证明其帮朋友汝涛办理文来豪园小区房屋初始登记,汝涛通过其给杨卫华送了 1 万元。

(3)被告人杨卫华的供述,供认了该起受贿事实。

4. 2009 年 8 月,阜阳鸿港置业有限公司鸿港花苑 1#、2#楼初始登记期间,因实际测量面积与规划面积不符，超规划面积546平方米，颍州房管所不予办理初始登记。公司经理徐卫军通过卞红武找谢军帮忙，谢军找到杨卫华后，杨卫华答应帮忙，并很快安排办理了房产初始登记。为表示感谢，徐卫军通过谢军送给杨卫华1万元人民币。

上述事实有下列证据证明：

(1)鸿港花苑1#、2#楼初始登记卷宗，证明该楼盘办理房产证的事实。

(2)证人谢军的证言，证明徐卫军为办理阜阳鸿港置业有限公司鸿港花苑1#、2#楼初始登记，通过其向杨卫华送了1万元。

(3)证人徐卫军的证言，证明为办理阜阳鸿港置业有限公司鸿港花苑1#、2#楼初始登记，其通过卞红武找到谢军帮忙，由谢军送给杨卫华1万元现金。

(4)证人卞红武的证言，与证人谢军、徐卫军的证言相一致。

(5)证人陆洋的证言，证明2009年8月7日，公司副经理徐卫军从公司账户上借走1万元资金的凭证，是经其手办理的。

(6)被告人杨卫华的供述，供认了该起受贿事实。

5. 2004年或2005年前后，刘子清在阜阳市医院南面路东迎春巷自建几栋楼房，为办理初始登记，刘子清找到在阜阳市房产局房屋租赁中心的徐中国，让其找杨卫华帮忙办理，后刘子清的房产登记就顺利办下来了。为表示感谢，刘子清通过徐中国送给杨卫华1万元人民币。

上述事实有下列证据证明：

(1)鼓楼办大寺社区刘子清房屋初始登记卷宗，证明该房产取得产权证的事实。

(2)证人徐中国的证言，证明刘子清办房产证，经其手送给杨卫华1万元，将近大半个月时间就办好了。

(3)证人刘子清的证言，与证人徐中国的证言相一致。

(4)被告人杨卫华的供述，供认了该受贿事实。

6. 2005年6月，颍州区西湖北路立业家园小区因超规划建设，颍州所不予受理其房产证初始登记。2009年10月，立业家园小区法人王红梅的哥哥王哲，通过其小孩舅章夏找到杨卫华的弟弟杨庆华帮忙，在杨卫华的帮助下，立业家园的初始登记办下来了。在申请受理过程中，王哲从其工商银行存折上取款2万元人民币，交给章夏，由章夏通过杨庆华送给了杨卫华。

上述事实有下列证据证明：

(1)立业贸易公司立业小区4#、5#房屋初始登记卷宗，证明该房产取得的事实。

(2)证人章夏的证言，证明立业家园为办超规划楼房的产权证，通过其交给杨卫华的弟弟杨庆华2万元现金，让杨庆华将该款交给杨卫华，让杨卫华帮忙办理。后杨庆华告知将2万元给了其哥杨卫华。

(3)证人王哲的证言，与证人章夏的证言相一致。

(4)证人王红梅的证言，证明立业家园4#、5#楼辅楼房屋产权初始登记是王哲去办理的，他找人做工作花了2万元，才把房产证办下来。

(5)证人杨庆华的证言，证明这2万元钱是章夏让其交给其哥杨卫华，帮王哲办理立业小区房屋初始登记，其哥后来也帮他办好了，其就把钱给其哥了。

(6)被告人杨卫华的供述，供认了该起受贿事实。

7. 2008年年底2009年年初，颍州区王店镇十二里庙行政村书记王刚在十二里庙初级中学重建了5层教职工宿舍楼。王刚为把房产证办在其私人名下，找在阜阳市房产局房政科工作的赵军峰，让赵军峰找杨卫华帮忙。王刚分两次通过赵军峰送给杨卫华人民币1.6万元(一次1万元，一次6 000元）。

上述事实有下列证据证明：

（1）证人赵军峰的证言，证明王刚为办理十二里庙初级中学教职工宿舍楼，通过其两次给杨卫华现金1.6万元。

（2）证人王刚的证言，与证人赵军峰的证言相一致。

（3）被告人杨卫华的供述，供认了该起受贿的事实。

8. 2006年8月至9月，吴建敏为尽快把坐落在阜阳市文峰办事处白衣桥社区李庄805户的房产证办下来，就通过在房产局工作的徐红找杨卫华帮忙。在杨卫华的帮助下，吴建敏的房产证很快办下来了。为表示感谢，吴建敏通过徐红送给杨卫华1 000元购物卡。

上述事实有下列证据证明：

（1）白衣桥社区李庄吴建敏的房屋初始卷，证明该房产取得产权证的事实。

（2）证人吴建敏的证言，证明为感谢杨卫华帮其办房产证，通过徐红送给杨卫华1 000元购物卡。

（3）证人徐红的证言，与证人吴建敏的证言相一致。

（4）被告人杨卫华的供述，供认了该起受贿事实。

9. 2011年7月至8月，阜阳市宝明鞋材有限公司在以前的老厂区建了两栋6层楼，名称为“西岸名苑”。该楼盘系超规划建筑。公司老总赵保明安排办公室主任徐川到房产局找杨涛，通过杨涛送给杨卫华5 000元人民币。后“西岸名苑”的初始登记就办下来了。

上述事实有下列证据证明：

（1）宝明鞋材房屋初始登记卷宗，证明该房产取得产权证的事实。

（2）证人徐川的证言，证明公司为办房产证，老板赵保明给其拿了5 000元让其找杨涛帮忙操作一下，其把装有5 000元的信封和公司的申报材料的档案袋都交给了杨涛，让他帮忙办证，杨涛同意了。

（3）证人杨涛的证言，证明其将徐川交给的一个档案袋及5 000元钱，在杨卫华办公室里交给了杨卫华。过一段时间，杨卫华签字同意办理，赵保明公司的房屋初始登记就办好了。

（4）证人赵保明的证言，与证人徐川、杨涛的证言相一致。

（5）被告人杨卫华的供述，供认了该起受贿事实。

10. 1998年，阜阳国华服装学校建了三层的住宅楼，总面积大概是900多平方，2000年竣工。2008年阜阳国华服装学校负责人王国华向颍州房管所提出房屋初始登记申请，由于该宗地土地证上土地使用权人是“阜阳市服装学校”，而规划许可证上的权利人是国华服装学校9户职工，房产初始登记一直没有办下来。2011年10月左右的一天晚上，王国华到杨卫华的家中，送给杨卫华1万元人民币，让杨卫华帮忙办理。

上述事实有下列证据证明：

（1）证人王国华的证言，证明其为办理阜阳国华服装学校住宅楼的房产证，送给杨卫华1万元现金，但房屋初始登记一直没办下来。

（2）被告人杨卫华的供述，供认了该起受贿事实。

11. 秦贺伟系阜阳红杏房地产开发公司经理，为感谢杨卫华以前对阜阳市红杏房地产公司的帮助和支持，2011年夏季，秦贺伟听说杨卫华的女儿要上学，在一家理发店送给杨卫华1万元人民币。

上述事实有下列证据证明：

（1）证人秦贺伟的证言，证明其从事房地产开发，经常找杨卫华办事，杨卫华也常提供一些方便。2011年夏季，听说杨卫华的女儿要上学，就给杨卫华打电话约他见个面，杨卫华说他在文德路理发，其就到文德路的一家理发店门口找到他，给了杨卫华1万元。

（2）被告人杨卫华的供述，2011年夏天的一天，其正在阜阳三中文德路的一家理发店里理发，秦贺伟来到理发店找到其，他说其女儿考上大学了，表示一下心情。回家后打开他给的信封，里面装着1万元现金。

12. 2003年年底，刘伟通过公开拍卖，购得中医院在颍州区古商城贡院街的52号2栋3层楼房和8间平房，因其中的一间平房存在产权争议，颍州区房管所不予办理房产初始登记。2006年，刘伟的小孩舅刘全林找到杨卫华帮忙，杨卫华答应后，刘伟房产证就顺利办下来了。为表示感谢，刘伟通过宁淑琴送给杨卫华5 000元人民币。

上述事实有下列证据证明：

（1）阜阳中医院房屋初始登记卷宗，证明该房产已取得产权证的事实。

（2）证人刘伟的证言，证明为感谢杨卫华对其办古商城贡院街52号一间平房房产证的帮助，其通过宁淑琴送给杨卫华5 000元。

（3）证人刘全林、宁淑琴的证言，与证人刘伟的证言相一致。

（4）被告人杨卫华的供述，供认了该起受贿事实。

13. 1996年至1999年阜阳市蔬菜状元公司开发双龙桥农贸市场1#～8#楼，工程竣工后该公司在未办理任何手续的情况下，在原规划仓储用地上新建一栋4单元2层的小楼，2006年扩建至5层并命名为9#楼。由于没有规划许可，无法办理初始登记。2008年前后，蔬菜状元公司副经理周西发通过杨涛送给杨卫华1万元人民币，后蔬菜状元公司9#楼的房产初始登记得以办理。

上述事实有下列证据证明：

（1）蔬菜状元公司双龙桥农贸市场9#楼房屋初始登记卷宗，证明该房产已取得产权证的事实。

（2）证人杨涛的证言，证明其朋友周西发为办理蔬菜状元公司9#楼的房产初始登记，经其手送给杨卫华1万元。

（3）证人周西发、周治其的证言，与杨涛的证言相一致。

（4）被告人杨卫华的供述，供认了该起受贿事实。

14. 杨立武在阜阳汽车南站对面自建两层楼房一栋，原土地使用证为杨立武妻子姚玉兰，准建证登记权利人及登记房屋权利人为张俊。2009年年底，杨立武、姚玉兰二人申请变更登记为房屋权利人。杨立武找到在阜阳市房产局工作的表妹谢洪燕，让其帮忙办理。谢洪燕找到杨卫华请求帮忙，不久，杨立武房产的变更登记就办好了。为表示感谢，杨立武送给杨卫华1 000元阜阳商厦购物卡。

上述事实有下列证据证明：

（1）姚玉兰房屋权属变更登记卷宗，证明该房产已变更登记的事实。

（2）证人杨立武的证言，证明其变更房产证，托表妹谢洪燕找杨卫华帮忙，其为感谢杨卫华提供的帮助，送给杨卫华1 000元购物卡。

（3）证人谢洪燕的证言，证明其受杨立武的委托找到杨卫华，请杨卫华帮忙给杨立武变更房产登记。

（4）证人姚玉兰的证言，证明在2010年年初，其自建的房子办理了房产变更登记，房产证上的名字由其舅舅张俊的名字改成其和老公杨立武的名字，听老公杨立武讲为感谢杨卫华帮忙办证,送给他 1 000 元购物卡。

(5)被告人杨卫华的供述,供认了该起受贿事实。

15. 2005 年上半年,万通房产经纪公司经理胡九波代理阜阳华丰电器成套厂房屋初始登记,为加快办理进度,胡九波通过李涛送给杨卫华 2 000 元阜阳国贸购物卡,杨卫华帮助办理了华丰电器厂宿舍楼工程的房屋初始登记。

上述事实有下列证据证明:

(1)阜阳市颍州区华丰电器成套厂房屋初始登记卷宗,证明该房产已取得产权证的事实。

(2)证人李涛的证言,证明胡九波为加快阜阳华丰电器成套厂房屋初始登记办理进度,通过其向杨卫华送了 2 000 元的购物卡。

(3)证人胡九波的证言,与证人李涛的证言相一致。

(4)被告人杨卫华的供述,供认了该起受贿事实。

16. 2007 年间,胡九波为办理位于颍州区三里岗自建 3 层楼房房屋初始登记,通过李涛送给杨卫华 2 000 元人民币,后房屋产权初始登记得以办理。

上述事实有下列证据证明:

(1)证人李涛的证言,证明胡九波为办理颍州区三里岗自建 3 层楼房房屋初始登记,通过其向杨卫华送了 2 000 元现金。

(2)证人胡九波的证言,与证人李涛的证言相一致。

(3)被告人杨卫华的供述,供认了该起受贿的事实。

17. 1997 年前后,蔡贺燕、刘东亚在自家老宅上建了一座 3 层小楼,超规划面积 1 层。2007 年上半年,蔡贺燕交给李山 2 万元人民币,让其帮忙办理房产证。李山找到朱晓伟交给朱晓伟 1.2 万元让他帮忙找杨卫华办理,朱晓伟送给杨卫华 3 000 元。

上述事实有下列证据证明:

(1)刘东亚房屋初始登记卷宗,证明其房产取得产权证的事实。

(2)证人蔡贺燕的证言,证明其交给李山 2 万元,让他帮忙办房产证。

(3)证人刘东亚的证言,与证人蔡贺燕的证言相一致。

(4)证人李山的证言,证明其将蔡贺燕交给的 2 万元给了朱晓伟 1.2 万元,让他找人帮忙办房产证。后来房产证办好了。

(5)证人朱晓伟的证言,2007 年,李山给其拿 1.2 万元,让其找人给他的亲戚办理房产证。其找杨卫华帮忙,给杨卫华送了 3 000 元。

(6)被告人杨卫华的供述,供认了该起受贿事实。

18. 2008 年或 2009 年前后,常见彪为了尽快给自己开发的位于阜阳市颍州区颍西镇二院的两栋楼办理房产登记,给杨卫华送了 2 万元人民币,要求帮忙办理。不久该两座楼的房产证就办好了。

上述事实有下列证据证明:

(1)房屋初始登记卷宗,证明该起房产取得产权证的事实。

(2)证人常见彪的证言,证明其在阜阳市颍州区颍西镇二院开发的有两栋楼,一栋楼 6 层,一栋 4 层,为尽快把这两栋楼的房屋产权证办下来。2008 年年底或 2009 年的一天上午,其去杨卫华办公室,送给杨卫华 2 万元,没多久房产证就办好了。

(3)被告人杨卫华的供述,供认了该起受贿事实。

19. 2009 年 10 月前后,阜阳市金牛房地产开发公司,为尽快办理金牛小区 9#楼房屋初始登记，李清找到杨卫华帮忙，送给杨卫华4 000元人民币。

上述事实有下列证据证明：

（1）金牛小区9#、6#楼房屋初始登记卷宗，证明该房产取得产权证的事实。

（2）证人李清的证言，证明2010年金牛房地产开发公司开发的金牛小区进行房屋初始登记，为了加快办证速度，由其到杨卫华的办公室送他4 000元。没过几天，房产证就办好了。

（3）被告人杨卫华的供述，供认了该起受贿事实。

20. 2006年，阜阳三维棉麻公司和阜阳帝豪置业有限公司合作开发了东苑雅居小区。东苑雅居的房屋建好后，帝豪置业经理刘素英为尽快办理东苑雅居1#、2#楼的房屋初始登记，先给颍州房管所所长杨卫华送2万元人民币，后又给受理人员李文珍送2万元人民币。杨卫华在明知东苑雅居1#、2#楼超规划建设的情况下，安排李文珍受理了该房屋初始登记申请。

上述事实有下列证据证明：

（1）阜阳市三维棉麻公司东苑雅居1#、2#楼房屋初始登记卷宗，证明该房产取得产权证的事实。

（2）证人刘素英的证言，证明2006年的时候，其公司和三维棉麻公司合作开发了东苑雅居小区。其想着让小区的房产证办快点。2008年年底的一天，其先后送给杨卫华、李文珍各2万元现金。

（3）证人李文珍的证言，证明其收受了刘素英送的2万元现金。

（4）被告人杨卫华的供述，供认了该起受贿事实。

21. 2009年，杨涛为帮助张伟办理建设银行住宅楼房产初始登记，找到杨卫华帮忙，送给杨卫华5 000元人民币。后房屋初始登记就办好了。

上述事实有下列证据证明：

（1）颍州区人民西路31号（建行住宅楼）房屋初始登记卷宗，证明该房产取得产权证的事实。

（2）证人杨涛的证言，证明2008年或2009年，其帮一个叫张伟的人办房产证，给杨卫华送了5 000元。后来建行的住宅楼初始登记就办好了。

（3）被告人杨卫华的供述，供认了该起受贿的事实。

综上，被告人穆晓抗在2001年至2013年3月，担任阜阳市颍州区房管所副所长和开发区房管分局局长期间，利用职务之便，为他人谋取利益，非法收受他人贿赂合计51.4万元；被告人杨卫华在2000年至2013年3月担任颍州区房管所所长期间，利用职务之便，为他人谋取利益，收受他人贿赂合计34.4万元。案发后，被告人穆晓抗、杨卫华已退出全部赃款。

二、关于滥用职权的事实

（一）被告人穆晓抗、杨卫华共同滥用职权的事实

1. 安徽京九丝绸有限责任公司经批准在阜阳市颍州区颍上北路建设住宅楼4栋，因该工程在建设过程中擅自改变规划违法建设，无法办理房屋初始登记。2008年，该公司副经理李庆文找到被告人穆晓抗，送其8万元人民币，请求帮助办理上述4栋房屋的初始登记。被告人穆晓抗在收到李庆文所送的8万元后，将其中的4万元送给被告人杨卫华。李庆文对原规划许可证上的规划面积进行了涂改，将原1#6层住宅楼规划批准面积3 300平方米涂改为3 900平方米，将原2#6层住宅楼规划批准面积4 639平方米涂改为5 590平方米，将原3#5层住宅楼规划批准面积3 750平方米涂改为6层5 319平方米，将原4#6层住宅楼规划批准面积3 782平方米涂改为4 972平方米，后在穆晓抗、杨卫华二人的帮助下，颍州房管所为上述安徽京九丝绸有限责任公司4栋楼房办理了20 021.35平方米的房屋初始登记，致使超出规划许可批准面积4 550.35平方米的国

有土地出让金及其他费用流失。

上述事实有下列证据证明：

（1）安徽京九丝绸有限责任公司京九公司东院住宅楼 B1#、B2#、B3#、B4#楼房屋初始登记卷宗，证明颍州区房管所为京九公司超规划面积的楼房办理房屋初始登记的事实。

（2）规划许可证复印件五张［编号（2005）239 号、238 号、237 号、236 号］，证明京九丝绸公司实际规划许可面积。

（3）德源房地产开发有限公司付款凭单 1 张（2008 年 8 月 31 日第 4 号）、转账凭单 5 张（2008 年 9 月 30 日第 1 号，2008 年 10 月 30 日第 1 号，2008 年 11 月 30 日第 1 号，2008 年 12 月 31 日第 1 号，2009 年 1 月 30 日第 1 号），证明李庆文从德源房地产开发有限公司借款情况及行贿款的来源。

（4）证人李庆文的证言，证明因京九丝绸公司北区东院的员工宿舍楼自改了规划，2007 年 4 栋楼竣工后无法办理房产证，其就找了穆晓抗帮忙，通过穆晓抗认识了杨卫华。之后其从公司会计任云那里暂借了 8 万元现金，用报纸裹着交给了穆晓抗。其制作了假的规划许可证，在穆晓抗的安排下颍州房管所窗口受理了申请登记材料，这 4 栋楼的初始登记就办好了。

（5）证人任云的证言，辨认李庆文于 2008 年 8 月 1 日出具的 8 万元的借条，是经其手支付的，其做了账，借条附在付款凭证的后面。

（6）被告人穆晓抗的供述，2008 年 7 至 8 月，李庆文找到其说他们公司开发的职工宿舍楼，因为超规划建设，颍州区管理所不给办初始登记。当时李庆文托其约杨卫华吃饭，其把杨卫华约出来介绍给李庆文认识。后来李庆文交给其 8 万元，让找杨卫华办这事，第二天其到杨卫华办公室，给了杨卫华 4 万元。

（7）被告人杨卫华的供述，2008 年 7 至 8 月，穆晓抗找其说他朋友李庆文开发的京九丝绸厂职工宿舍楼超规划建设，让其帮忙审批办一下初始登记，其对穆晓抗说让京九丝绸厂去规划部门办理变更登记。过了两个月，穆晓抗来到其办公室，说京九丝绸公司的老板和规划部门协调好了，穆晓抗已经安排受理人员受理了京九丝绸公司的房屋初始登记申请，让其审核时帮着审批。穆晓抗说完，从兜里掏出来 4 万元给其，其就收下了，后来批准了京九丝绸公司职工宿舍楼的房屋初始登记申请。

2. 2007 年，刘峰为办理康乐商贸综合楼及 2#楼的初始登记，伪造了规划许可证，并向穆晓抗行贿 2 万元人民币，向杨卫华行贿 1 万元人民币。被告人穆晓抗、杨卫华在先后审查初始登记材料的过程中，故意不履行应履行的职责，对该商住楼初始登记申请予以确认。经安徽中安房地产评估咨询有限公司评估，康乐商贸综合楼应当补缴土地出让金等费用 120. 590 2 万元；康乐商贸综合楼 2#楼应当补缴 17. 118 9 万元，合计 137. 709 1 万元（该款在案发后已由刘峰补缴）。

上述事实有下列证据证明：

（1）安徽中安房地产评估咨询有限公司皖中安司法鉴定〔2013〕（咨鉴）字第 6124 号估价报告，证明因违规为康乐商贸综合楼办理初始登记给国家造成经济损失 120. 590 2 万元；康乐商贸综合楼 2#楼初始登记给国家造成经济损失 17. 118 9 万元。合计 137. 709 1 万元。

（2）康乐商贸综合楼及 2#楼房屋权属登记卷宗（审批表编号 2006004601、2007900110），证明颍州区房管所为康乐商贸综合违规办理产权证的事实。

（3）阜阳市城乡规划局出具的证明，证明康乐小区房产登记卷宗中所用（2005）163 号竣工验收许可证、（2004）26 号建设规划许可证系伪造。

（4）证人刘峰的证言，证明其为了办理康乐小区的初始登记，伪造了规划许可证和竣工验收证,送给穆晓抗2万元,送给杨卫华1万元。

(5)被告人穆晓抗的供述,供认两次收受刘峰共计2万元的事实,在其和杨卫华的帮助下,康乐小区的初始登记审核通过了。

(6)被告人杨卫华的供述,2007年年初刘峰为办理康乐小区辅楼房屋初始登记,送其1万元。其签批同意了初始登记申请。

3. 2006年前后,张保健为给自建超规划许可的房屋办理房产登记,给杜斐拿了2万元让其帮忙办理登记手续。杜斐用该款买了两部摩托罗拉V3手机,送给穆晓抗一部及6 000元,送给杨卫华一部及3 000元。被告人穆晓抗、杨卫华收受贿赂后违规签署了审核通过的意见,为张保春办理了2 746.92平方米的房屋权属初始登记(房产登记权利人登记为张保健的弟弟张保春)。导致国有土地出让金及其他建设规费损失190.35万元。

上述事实有下列证据证明:

(1)初始登记卷宗(审批编号2006080033,2005080293),证明提交的申请房屋初始登记材料不符合房屋初始登记的法定形式的要求,未提供规划许可证及竣工验收备案法律文书。

(2)2013年5月28日,阜阳市建设工程质量监督局出具书面证明一份,证明阜阳市建设工程质量监督局只在建设工程竣工验收备案表上签署备案意见,不出具其他代替竣工验收备案的相关手续。

(3)阜阳市城乡规划局出具的证明,证明阜阳市城乡规划局只核发建设工程规划许可证,不给任何单位和个人出具证明代替建设工程规划许可证的业务。

(4)安徽正诚房地产评估测绘有限公司皖正估(2013)(估)字第046号土地估价报告,证明张保春用地改变容积率,应补缴土地出让金及相关规费共计190.35万元。

(5)证人张保健的证言,证明其超规划的楼房,办不了房产证,就拿2万元给杜斐请他疏通关系,后来杜斐讲2万元送给穆晓抗和杨卫华了。

(6)证人张保春的证言,证明位于阜阳市清河办二里岗房屋产权人是其的名字,是其兄张保健用其的身份证办的房产证,张保健是房子的实际所有人。

(7)证人杜斐的证言,证明2006年前后,其朋友张保建在阜阳二里井电大往南二百米路西自建了一栋四层二单元的楼,因超规划许可办不了房屋初始登记,张保建拿2万元钱让其帮忙办理。之后其在阜阳银河大市场买了2部摩托罗拉V3手机,送给穆晓抗一部V3手机和6 000元现金,送给杨卫华一部V3手机和3 000元现金。

(8)证人李文珍的证言,证明张保春房屋初始登记是杜斐申请办理的,其没有审查规划局和建委出具材料的真伪,当时穆晓抗同意让受理。

(9)证人闪芳的证言,证明张保春这个卷宗申请人提供的材料缺少规划许可证和竣工验收文书,其没有认真审查,就签署了同意办理的复审意见。

(10)被告人穆晓抗的供述,2005年下半年杜斐讲他一个叫张保建的朋友在阜阳二里井电大附近自建了一栋楼,想办房产证,杜斐给其拿了6 000元和一部摩托罗拉V3手机,后来其在审批单上签了字,房产证办好了。

(11)被告人杨卫华的供述,2006年前后,同事杜斐到其办公室给其送3 000元和一部摩托罗拉V3手机。杜斐说他的朋友在二里井电大南边路西自建了一栋楼房,实际建筑面积超出了规划许可,办房屋产权初始登记时,请其多关照。后来其也签字同意了这幢楼的初始登记申请。

4. 2004年前后阜阳市颍州区清河社区贾德海在清河社区后贾庄自建一栋4层小楼,因该房屋无土地证、规划许可证无法办理房屋初始登记。贾德海托时任阜阳市金牛房地产公司副经理的李清帮忙办理,并交给李清2.5万元人民币。李清接受请托后购买了伪造的土地证、规划许可证,送给穆晓抗1万元,送给杨卫华5 000元,后二被告人分别在审核材料上签了字,为贾德海审批办理了797.33平方米面积的房屋初始登记,致使国有土地出让金及其他费用予以流失。

上述事实有下列证据证明:

(1)阜阳市房屋权属登记卷宗档案材料复印件(审批表编号2005080455),证明产权登记房屋位于颍州区清河办清河社区后贾庄,房屋权利人王玲。

(2)证人贾德海的证言,证明2004年冬天,其在阜阳市公安局后面建了两栋楼,是4层楼15套房子,什么证都没有,办房产证比较困难。就拿2.5万元给李清上让他帮忙办理。好像有一个多月的时间,李清就把房产证办好了,办的是其家属王玲的名字。

(3)证人李清的证言,证明2004年前后,贾德海的房子没有土地证和规划许可证,他给其拿了2.5万元钱,让找人帮他办证。其就从街上小广告上联系一个办假证的,花钱办了假土地使用权证和建设规划许可证,其带着相关办证材料(包括两个假证和房产局的测绘报告)交给了穆晓抗。几天后给穆晓抗送1万元,穆晓抗带其到杨卫华办公室给杨卫华送了5 000元钱。

(4)被告人穆晓抗的供述,2004年下半年,李清讲他朋友盖的房子想办理房产证,具体位置在阜阳市公安局西南边。其与李清去现场看了房子,那栋自建房是4层,位置在阜阳市公安局西南边角落里,其跟李清讲这可以办房产证。没多长时间,李清送其1万元,没几天颍州区房管所就把这栋房子房产证就办下来了。

(5)被告人杨卫华的供述,李清到其办公室给其5 000元,讲他帮一个叫贾德海的办房产证,房子位置在阜阳市公安局旁边。当时其答应了,收下了5 000元钱。这幢房子初始登记的申请材料报来时,其签了同意意见。

(二)穆晓抗滥用职权的事实

1. 被告人穆晓抗2006年担任颍州房管所副所长期间,在办理西湖食品厂房屋初始登记过程中,收受他人贿赂4万元为其办理西湖食品厂房屋初始登记事宜,在审核西湖食品厂房屋初始登记过程中,不履行应当履行的职责,对西湖食品厂申请登记面积超规划许可1 858.92平方米这一事实,视而不见,予以审批通过,致使西湖食品厂国有土地出让金及其他相关规费经评估损失86.79万元。

上述事实有下列证据证明:

(1)房屋权属登记档案卷宗(档案号3950－9775－66－1),证明颍州区房管所为西湖食品厂办理房屋初始登记的事实。

(2)安徽正城房地产土地评估测绘有限公司所作的皖正估(2013)(估)字第085号土地估价报告,证明利华家园(西湖食品厂)1#楼土地出让金及其他费用经评估损失86.79万元。

(3)证人丁华虎的证言,证明2006年3月的时候,其朋友陈福安在阜阳市房管局西边开了一家房屋中介公司,当天去祝贺时,有一个叫范凤兰的到陈福安的办公室问能不能办房产证。其当时想认识颍州所的副所长穆晓抗,去帮这个忙也好挣一笔,就跟范凤兰讲其和颍州所里的领导很熟,这事其能解决。当时范凤兰就请托其办理,其让范凤兰拿5万元钱,其留下1万元,将4万元送给了穆晓抗,让他帮忙办房产证。送钱后将近一个月,其去穆晓抗办公室问范凤兰的房产证什么时候下来,穆晓抗就把范凤兰房产证的受理单交给了其,随后就交给范凤兰了。

(4)证人陈福安的证言,证明2006年3月至4月的一天,其中介公司成立,丁华虎去公司祝贺,在公司办公室说话时,一个50岁左右的妇女到公司去咨询办房产证的事,当时丁华虎说他在颍州房管所认识人,可以帮忙办理,然后这件事就交给丁华虎去办了。

(5)证人范凤兰、吴峰的证言,与证人丁华虎、陈福安的证言相一致。

(6)证人李清的证言,证明2006年的一天穆晓抗给其拿了6 000元,让帮他办这个阜阳西湖食品厂综合楼的质检证明,他跟其说这有一份初始登记申报没有竣工验收材料,你去找质监站开一份证明材料,证明西湖食品厂的综合楼质量符合要求,请有关单位配合办理。其听他这样说就明白穆晓抗是要其去办一份假的证明,因为质监站从未向外界出具过此类的证明,工程如果没有监督档案,质监站无论如何也不会冒着风险出具这样的证明。其当天就到街上从小广告上联系了个办假证的,给了他500元钱,证就办好了,然后交给了穆晓抗。

(7)被告人穆晓抗的供述,2006年3月至4月,其朋友丁华虎到其办公室,讲他一个朋友在京九开发区七里铺村西湖食品厂建了一个综合楼,实际面积超过了规划证面积,想办理房产证。后来丁华虎送其4万元,让其帮忙把初始登记给办下来。后来在其的帮助下办理了房产证。

2. 2005年,阜阳市颍州区文峰办奎星社区郭洪杰在阜阳市第十五中学对面自建一栋4层小楼,建筑面积约1 500平方米。该房屋建成后因缺少房屋准建手续无法办理房屋初始登记,郭洪杰于2006年找到时任颍州房管所副所长穆晓抗,送其1万元人民币,委托穆晓抗帮忙办理房屋初始登记。随后穆晓抗审批通过了郭洪杰以其母亲"李忠珍"名义申请的房屋初始登记材料,办理了1 542.48平方米的房屋初始登记面积,致使其国有土地出让金及其他费用损失27.5万元。

上述事实有下列证据证明:

(1)房屋权属初始登记手续(审批表编号2006900301),证明颍州区房管所为房屋权利申请人李忠珍办理房屋初始登记的事实。

(2)安徽正城房地产土地评估测绘有限公司所作的皖正估(2013)(估)字第095号土地估价报告,证明该房产土地出让金及其他费用应为27.5万元。

(3)证人郭洪杰的证言,证明2004年,其家里集资在阜阳市第十五中学对面建了一栋自建房,因缺少准建证,办不来房屋初始登记。2005年为了想把这栋房子的房屋初始登记办下来,就请穆晓抗吃饭,饭后在他家门口将装有1万元现金的牛皮纸信封塞到穆晓抗手里,跟穆晓抗说:"我家的那栋自建房的房屋初始登记还得麻烦穆老兄多帮忙,这是1万元你看着操作。"当时穆晓抗客气几句,就把钱塞兜里了。半年以后,穆晓抗给其打电话说:"证办好了,你过来拿吧。"就这样拿到了房产证。房屋登记的权利人是其母亲李忠珍。

(4)被告人穆晓抗的供述,2005年,郭洪杰为了给自家的房子办产权初始登记请其吃饭,吃过饭郭洪杰送其回家时,给其拿1万元让给帮忙办房产证。后来其就直接在初始登记申请材料上签了字。

(三)被告人杨卫华滥用职权的事实

1. 阜阳市鸿港置业有限公司在阜阳市颍州区清河办事处阜王路开发建设鸿港花苑1#、2#住宅楼工程,因该工程批准规划建设面积7 970平方米与实际建设面积9 303.2平方米不符,无法办理房屋初始登记。2009年8月,阜阳鸿港置业有限公司副经理徐卫军托其朋友谢军送给杨卫华1万元人民币,后在杨卫华的帮助下,鸿港花苑1#、2#住宅楼办理了房屋初始登记,致使超出规划许可面积1 333.2平方米的国有土地出让金及其他费用流失。

上述事实有下列证据证明:

(1)鸿港花苑1#、2#楼初始登记卷宗,证明鸿港花苑1#、2#楼超面积办理初始登记的事实。

(2)证人谢军的证言,证明2009年8月,其朋友卞红武的妹夫叫徐卫军,到办公室讲他所在的阜阳鸿港置业有限公司开发的鸿港花苑1#、2#楼需要到颍州所办理房屋初始登记,让跟他一起去找颍州所的领导。其就带他一起到杨卫华的办公室,跟杨卫华讲"这是我一个朋友,到咱所办手续,杨所长你给他看看手续”,随后就下楼了。过一会徐卫军又过来跟其讲“杨所长讲手续不全,不给办”。第二天,徐卫军到其办公室拿给其1万块钱,他讲“这1万块钱你上楼送给杨所长吧”。其就到杨卫华办公室,把这1万元放到杨卫华办公桌上讲“上次我带来的那个朋友叫徐卫军的,那事你多操操心”,杨卫华客气几句就收下了。

(3)证人徐卫军的证言,证明2007年,阜阳市鸿港置业有限公司开发鸿港花苑第一期1#、2#栋楼,阜阳市规划局批的建设工程规划许可证上面积是7 970平方米,实际建筑面积为9 303.2平方米。房屋初始登记不好办,其就找小孩舅卞红武朋友谢军帮忙办这事。谢军带其到杨卫华办公室,杨卫华看了几眼其提交的申请材料,就讲“你这事办不了,规划许可证和测绘报告上面积都不一致”。回去以后,其从公司会计陆洋处拿了1万元,第二天带着1万元现金去了谢军办公室找谢军,让谢军把这钱送给杨卫华,谢军当时就去杨卫华办公室送了过去。过了两三天,其再去颍州管理所窗口办理鸿港花苑1#、2#楼的房屋初始登记的时候,一个女房管员看了看其带来的手续就收下了。大概有一个月,房产证就办好了。

(4)证人卞红武的证言,与证人徐卫军的证言相一致。

(5)证人陆洋的证言,证明2009年8月7日,公司副经理徐卫军从公司账户上借走1万元现金。

(6)被告人杨卫华的供述,2009年8月,谢军带个人到其办公室,讲是他朋友,到颍州所办手续,让其看看手续,谢军介绍完就出去了,那个姓徐的就把一份申请初始登记的材料拿给其看,知道他申请的是一个叫鸿港花苑房屋初始登记。第二天,谢军又到其办公室,拿1万块钱放到桌上,说他带来的姓徐朋友办初始登记的事还让其操心,这是一点意思,其就收下了。后来其签字同意了这个姓徐的房屋产权初始登记申请。

2. 阜阳市立业贸易有限责任公司在颍州区西湖北路开发建设立业家园4#、5#商住楼,擅自将原批准4#、5#楼附楼从2层加盖至5层,因加盖的附楼未经规划调整,无法办理房屋初始登记。2009年10月,立业贸易有限责任公司法人王红梅的哥哥王哲通过章夏送予杨卫华弟弟杨庆华2万元人民币,委托其转交杨卫华,请求杨卫华帮助办理立业家园4#、5#楼附楼房屋初始登记。后杨庆华将该事告知了杨卫华,在杨卫华帮助下,颍州房管所于2011年9月为立业家园4#、5#附楼办理了1 928.17平方米的房屋初始登记,该附楼登记后杨卫华收下了王哲委托杨庆华所送的2万元人民币。

上述事实有下列证据证明:

(1)力业贸易公司立业小区4#、5#房屋初始登记卷宗,证明超规划建筑进行产权登记的事实。

(2)证人章夏的证言,证明其妹夫王哲为给立业家园办超规划楼房的产权证,通过其送给杨卫华的弟弟杨庆华2万元,让杨庆华将该款交给杨卫华。后杨庆华告知他将2万元给了杨卫华。

(3)证人王哲的证言,与证人章夏的证言相一致。

(4)证人王红梅的证言,证明立业家园4#、5#楼辅楼房屋产权初始登记本来不好办,是王哲找人做工作花了2万元,才办好。

(5)证人杨庆华的证言,证明章夏交给其2万元,让送给其胞兄杨卫华,帮王哲办理立业小区房屋初始登记,后来杨卫华帮他办好了房产证,就把这2万元钱给其哥杨卫华了。

(6)被告人杨卫华的供述,立业小区的实际建筑面积和规划证上的面积不符,在王哲办这个房产登记的时候,通过杨庆华给其送了2万元钱,其没要。后来立业小区的房屋初始登记办好后,其把这2万元钱收下了。

3. 经营阜阳市颍泉区利华五金电料批发部的常见彪，在颍州区颍西办事处顺昌路开发建设了利华家园1#、4#商住楼。该1#楼规划批准面积1 932平方米，实际建设面积2 245平方米；4#楼规划批准面积1 593平方米，实际建设面积1 864.99平方米。为办理上述两栋房屋初始登记，2009年5月，常见彪送给杨卫华2万元人民币，杨卫华在审批上述2栋房屋初始登记材料中故意不履行应当履行的职责，即在申报材料上签字同意，以致房屋初始登记得以进行。经评估利华家园1#楼应补缴土地出让金及其他费用经评估22.74万元，利华家园4#楼超出规划许可批准面积271.99平方米的国有土地出让金及其他费用流失。

上述事实有下列证据证明：

(1)利华五金电料批发部房屋初始登记卷宗，证明利华家园1#、4#商住楼已办理房屋初始登记的事实。

(2)安徽正城房地产土地评估测绘有限公司所作的皖正估(2013)(估)字第048号土地估价报告，证明利华家园1#楼超规划建筑面积313平方米，土地出让金及其他费用损失22.74万元。

(3)证人常见彪的证言，证明其在阜阳市颍州区颍西镇二院开发的有两栋楼，一栋楼六层，一栋四层，为了想尽快把这2栋楼的房屋产权证办下来，就给杨卫华送了2万元现金。没多久房产证就办好了。

(4)被告人杨卫华的供述，常见彪在颍西镇二院开发了两栋楼，他在办理这两栋楼房产证时送给其2万元，其就把常见彪的房屋初始登记申请审批了。

4. 文来豪园小区的开发商汝涛，因文来豪园7#～14#楼的规划面积与实际测量的面积不符(超规划面积约1 298平方米)，阜阳市房产局颍州房管所不予受理产权初始登记。为办理房产证，2008年1月，汝涛找到在房产局监理室工作的谢军，通过谢军送给杨卫华1万元。被告人杨卫华即签署审核同意，为文来豪园审批了房屋初始登记。经委托安徽中安房地产评估咨询有限公司评估，文来豪园7#～14#楼应当补缴土地出让金及其他建设规费74.679 8万元。

上述事实有下列证据证明：

(1)阜阳市城乡规划局规划卷宗，证明文来豪园7#～14#楼房屋权属登记卷宗，实际登记面积26 880.35平方米。超规划登记1 298.35平方米。办理初始登记受理人李文珍，复审人闪芳，审核人杨卫华。

(2)安徽省建设工程规划验收证及验收档案，编号(2008)001，证明文来豪园竣工验收面积25 582平方米，竣工验收情况属实。

(3)阜阳市土地档案馆地籍档案(2013)第67号查询证明，证明文来豪园土地证属实。

(4)文来豪园建设工程施工许可资料一份，证明文来豪园的施工许可证属实。

(5)安徽中安房地产评估咨询有限公司皖中安司法鉴定〔2013〕(咨鉴)字第6123号司法鉴定书，证明文来豪园超规划面积建筑应补交土地出让金和相关费用74.679 8万元。

(6)证人谢军的证言，证明其朋友汝涛开发了文来豪园小区即三福源小区，第一期工程7#～14#楼实际建筑面积经测绘中心测绘后大于规划许可证上的面积。按规定，凡是测绘后的实际建筑面积大于规划许可证上面积，不给予房产初始登记。汝涛到其办公室讲这事，其就到杨卫华办公室向杨讲了这情况，杨表示不好办。其回办公室跟汝涛一说，汝涛就讲给杨卫华意思一下，说着就从包里递其一个信封讲"这里是1万元，你拿给杨卫华吧"。其接过了信封装在兜里就到杨卫华的办公室交给了杨卫华，并讲"文来豪园小区，你还得帮忙"，杨卫华客气了几句就收了。

(7)证人汝涛的证言，证明2008年，其开发的文来豪园小区第一期工程7#～14#已经竣工，需办理这8栋楼的房屋初始登记，阜阳市房地产测量中心对工程实际建筑面积进行测量后，与规划许可证、规划验收证上的25 582平方米面积不符合，办理初始登记时遇到了麻烦，就托谢军给杨卫华送了1万元。没几天，房屋初始登记就办好了。

(8)证人李文珍的证言，证明受理这个初始登记申请时，所长杨卫华讲这个登记申请符合登记条件，让其受理。其就签字同意受理了。

(9)被告人杨卫华的供述，在2008年的一天，阜阳市房管局的谢军到其办公室讲，他一个朋友开发了一个叫文来豪园的小区，让帮忙办理房产初始登记。在办公室谢军送其1万元，后来在审批文来豪园初始登记申请时，发现文来豪园实际建筑面积超出了规划证上的面积，但超出的面积不多，就签字同意了初始登记申请。

认定本案的综合证据如下：

1. 中共阜阳市房地产管理局阜房党组〔2001〕38号文件，证明穆晓抗于2001年6月20日被任命为颍州房管所副所长；阜房党组〔2010〕3号文件，证明穆晓抗于2010年2月3日被任命为阜阳市房地产管理局阜阳经济技术开发区房地产管理分局局长。

2. 阜阳市人事局阜人任〔2000〕44号文件，证明杨卫华于2000年12月29日被任命为颍州房管所所长。

3. 户籍证明，证明被告人穆晓抗出生于1965年5月12日，被告人杨卫华出生于1959年3月20日，二被告人均系完全刑事责任能力人。

4. 阜阳市纪委出具的情况说明：(1)市纪委调查组根据掌握的问题线索，找穆晓抗谈话调查时，其能如实交代自己的问题，主动交代组织上未掌握的收受开发区房地产开发企业财物问题，能够退出全部违纪资金，并检举揭发同案人，积极配合组织调查。(2)市纪委调查组调查阜阳市房产局案件时，发现杨卫华违纪线索，调查组找杨卫华谈话，杨卫华能够配合组织调查，如实交代个人问题，及时、足额退出违纪违法资金。

5. 到案经过，证明2013年4月16日阜阳市纪委将杨卫华移交界首市人民检察院，4月17日将穆晓抗移交界首市人民检察院。

6. 阜阳市纪律检查委员会收条，证明被告人穆晓抗、杨卫华均退出了全部赃款。

7. 被告人穆晓抗、杨卫华的同步录音录像光盘，证明二被告人供述情况及侦查机关收集证据程序合法，没有采取刑讯逼供等非法方法收集证据的事实。

8. 阜阳市房地产管理局(房改办)行政执法责任制实施方案、申请登记须知、工作人员职责，证明房产局工作人员的职责、权限范围等法律所赋予的职权。

以上所有证据，均经庭审举证、质证，证据来源合法、有效，所证内容客观、真实，本院予以确认。

针对被告人穆晓抗及其辩护人关于起诉书指控二被告人共同受贿第7起，只收受刘峰1万元的辩解及辩护意见，经查，被告人穆晓抗在侦查及起诉阶段均稳定供述刘峰在办理康乐小区2#楼辅楼房产证时给其送了1万元，与刘峰的证言相印证，其辩解并不客观，且无证据支持，故不予采纳。

针对被告人穆晓抗及其辩护人关于起诉书指控个人受贿的第19起，穆晓抗支付李清6 000元，该起受贿数额应认定为3.4万元的辩解、辩护意见，经查，范凤兰为办理西湖食品厂房屋初始登记，交给丁华虎5万元，委托其找人办理房产证，丁华虎留下1万元，送给穆晓抗4万元，请穆晓抗帮忙。穆晓抗收受4万元后，承诺帮忙办理，后交给李清6 000元，让李清帮忙办一个阜阳西湖食品厂综合楼的质检证明，李清花500元办了个假的质检证明交给了穆晓抗。上述事实，被告人穆晓抗予以供述，且有证人丁华虎、李清、陈安福、范凤兰的证言证实，本院认为，被告人穆晓抗收受他人贿赂4万元，承诺办理房产证，而后用受贿款中的6 000元安排李清办理所谓的质检证明，是其处分受贿款的行为，并不能否认收受4万元的事实，对其仍应按受贿4万元予以处罚。故对此辩解、辩护意见，不予采纳。

针对被告人穆晓抗及其辩护人关于起诉书指控个人受贿的第13起，其对李文珍入编事宜并没有决定权，李文珍也没有入好编，该起不应认定为受贿的辩解、辩护意见，经查，李文珍为能入财政编，送给被告人穆晓抗1万元，提出了入财政编的请求，穆晓抗收受1万元后，承诺帮忙办理。被告人穆晓抗的行为符合受贿的构成要件。对此节辩解、辩护意见，不予采纳。

针对被告人穆晓抗及其辩护人关于起诉书指控个人受贿第27起系借款的辩解、辩护意见，经查，马永安系房地产开发商，被告人穆晓抗作为房产局局长，对辖区房地产开发商办理房屋初始登记等业务，拥有决定、支配和影响的权利，马永安正是基于对穆晓抗能为其公司带来可期待利益，才接受穆晓抗的所谓借款的要求。再者，被告人穆晓抗与马永安没有亲戚或同学、朋友关系，也没有证据证明穆晓抗与马永安所在的公司之间有经济往来，此事发生在2010年上半年，至2013年4月案发，穆晓抗也没有归还的意思和行为，同时马永安也未有索要钱款的行为。因此，该5万元应认定行贿款。对此节辩解、辩护意见，不予采纳。

针对被告人穆晓抗辩护人关于起诉书指控个人受贿第11起，穆晓抗将收受的2万元送给杨卫华1万元的辩护意见，经查，阜阳市天纵房地产公司的车涛，为办理开发的阜阳市疾控中心宿舍楼的初始登记，送给穆晓抗2万元，被告人穆晓抗的供述，与行贿人车涛的证言相印证，其当庭翻供，辩解将该2万元中的1万元送给了被告人杨卫华，并没有证据支持，对此节辩护意见，不予采纳。

针对被告人穆晓抗及其辩护人关于起诉书指控个人受贿第4、第7、第21、第26起共计66 860元，系支付加班费，应从受贿数额中予以扣除的辩解、辩护意见，经查，该四起确系房地产开发企业以加班费的名义支付给穆晓抗的，开发区房产局职工朱玉玲、曹小琴等11位证人的证言证明领取加班费共计8 500元，被告人穆晓抗辩解经其手发放的加班费远超出这个数字。本院认为，被告人穆晓抗的供述与证人证言并不吻合，又无相关书证证明发放加班费的具体数额，因此，关于加班费的发放数额的事实不清，进而认定被告人穆晓抗受贿数额的事实不清，故对该四起受贿的指控，不予认定。

针对被告人穆晓抗及其辩护人关于起诉书指控个人受贿第3起系单位开支的费用，应从受贿数额中予以扣除的辩解、辩护意见，经查，该起22 740元系被告人穆晓抗从万霖公司报销的相关费用，本院认为，相关烟酒、餐饮费用的来源没有查清，是否含有阜阳市交易中心1万元的购买轿车款亦未经核实，不能排除22 740元中有被告人穆晓抗为单位合理开支的可能性，该起受贿数额事实不清。对该起受贿，不予认定。

针对被告人穆晓抗及其辩护人关于起诉书指控个人受贿第8起，系穆晓抗个人购房正常优惠，不属于受贿的辩解、辩护意见，经查，张静华的证言证明穆晓抗买了红堡城小区第7幢1单元1304户房子，房主登记的是穆晓抗家属张东玲的名字，房子建筑面积是103.65平方米，房价是4 578.71元每平方米。经公司老总焦良存同意，给穆晓抗优惠1.8万元。根据《最高人民法院、最高人民检察关于办理受贿刑事案件适用法律若干问题的意见》第一条第（一）项"以明显低于市场的价格向请托人购买房屋、汽车等物品的"，以受贿论处的规定，本起中被告人穆晓抗所购买的房屋，优惠1.8万元，其房价是否"明显低于市场价格"的事实不清。因此，该起不以受贿论。

针对被告人杨卫华关于起诉书指控共同受贿第1起的5 000元、第6起的2万元，均未收到的辩解，经查，第1起系时玉松办理位于京九办事处自建楼房的初始登记，由穆晓抗与李清一起到杨卫华办公室送给杨卫华1万元;第6起系刘峰和余跃飞办理全顺大厦的初始登记,通过张利敏送给穆晓抗4万元,而后穆晓抗将其中的2万元送给了杨卫华,上述事实,不仅有证人时玉松、李清、张利敏、刘峰、余跃飞的证言证明,而且被告人穆晓抗的供述亦相印证,被告人杨卫华在侦查及起诉阶段的供述也一直很稳定,被告人杨卫华当庭辩解未收到该两笔款项,其辩解不客观,且无证据证明。对其辩解,不予采纳。

针对被告人杨卫华关于起诉书指控个人受贿第11起,系人情往来的辩解,经查,秦贺伟系阜阳红杏房地产开发公司的负责人,与被告人杨卫华非亲非故,该数额超出人际间正常交往的礼金范畴,不符合当地正常人情往来的礼数,所送大额现金足以使红杏房地产开发公司在办理房屋产权登记等方面,具有影响杨卫华作为房管所所长职务行为的公正性和廉洁性的可能,应视其完成了权钱交易的过程,符合受贿罪的行为特征。对此辩解,不予采纳。

针对被告人穆晓抗及其辩护人关于被告人穆晓抗不构成滥用职权罪的辩解、辩护意见,经查,登记机构审核的范围在《中华人民共和国物权法》中第十二条规定:“登记机构应当履行下列职责:(一)查验申请人提供的权属证明和其他必要材料;(二)就有关登记事项询问申请人;(三)如实、及时登记有关事项;(四)法律、行政法规规定的其他职责。”中华人民共和国住房和城乡建设部发布的《房屋登记办法》第二十二条规定:“有下列情形之一的,房屋登记机构应当不予登记:(一)未依法取得规划许可、施工许可或者未按照规划许可的面积等内容建造的建造申请登记的;(二)申请人不能提供合法、有效的权利来源证明文件或者申请登记的房屋权利与权利来源证明文件不一致的……”可见,作为对房屋产权初始登负有领导审核职责的被告人穆晓抗,对申请人提交的相关材料负有审核把关职责,即应当审查申请初始登记的房屋与申请人提交的规划证明材料记载是否一致;申请登记的内容与有关材料证明的事实是否一致等。被告人穆晓抗在京九丝绸有限公司办理住宅楼房屋初始登记中,收受贿赂8万元,其中交给被告人杨卫华4万元,积极预谋为超规划建筑办理房屋初始登记,系该起滥用职权的共犯。在办理康乐商贸综合楼、张保健自建楼房的房屋初始登记过程中,收受贿赂,故意不履行按照法律法规及有关政策规定,充分利用登记机构现存的各项资料及测绘图件认真核对的职责,其行为直接导致了上述房屋初始登记得以进行,最终使违法建筑合法化,致使国家利益遭受重大损失。被告人穆晓抗的行为,完全符合滥用职权罪的构成要件,对被告人穆晓抗的辩解及其辩护人的辩护意见,本院不予采纳。

针对被告人杨卫华及其辩护人关于被告人杨卫华不构成滥用职权罪的辩解、辩护意见,经查,被告人杨卫华在办理京九丝绸厂有限公司住宅楼、康乐商贸综合楼2#楼、张保健自建楼房、鸿港花苑1#、2#住宅楼、力业家园4#、5#商住楼房屋初始登记过程中,均收受事主的贿赂,如上所述,作为房屋登记机构的主要负责人,本应积极履行职责,认真审核把关,然而其竟主动放弃职责,为缺少申请实质要件的房屋办理初始登记,致使国家利益遭受重大损失。被告人杨卫华的行为,亦完全符合滥用职权罪的构成要件,对被告人杨卫华的辩解及其辩护人的辩护意见,本院不予采纳。

针对被告人穆晓抗及其辩护人关于穆晓抗不构成玩忽职守罪的辩解、辩护意见,经查,被告人穆晓抗在办理西湖食品厂住宅楼、郭洪杰自建房、贾德海自建房的房屋初始登记过程中,均收受事主的贿赂,基于收受他人贿赂,对可能存在的或超规划建设、或无准建证、或无土地证等违法建筑,视而不见,故意不履行应当履行的审核职责,即签署审核同意办理意见,使未经依法处理的违法建筑办理房屋初始登记,致使国家利益遭受重大损失。其行为并不存在疏忽大意的过失,而是一种积极追求放弃职责的故意。故被告人穆晓抗的上述行为,符合滥用职权罪的构成要件,应对被告人穆晓抗以滥用职权罪追究其刑事责任。

针对被告人杨卫华及其辩护人关于被告人杨卫华不构成玩忽职守罪的辩解及辩护意见,经查,被告人杨卫华在办理贾德海自建房、利华家园商住楼、文来豪园房屋初始登记过程中,与上述被告人穆晓抗一样,均接受事主贿赂,故意放弃审核职责,即签署审核同意办理意见,使未经依法处理的违法建筑办理房屋初始登记,致使国家利益遭受重大损失。其行为亦不存在疏忽大意的过失,而是主动放弃职责的一种故意行为,该行为符合滥用职权罪的构成要件,亦应对被告人杨卫华以滥用职权罪追究其刑事责任。

针对公诉机关关于被告人杨卫华在审核赵东友房屋初始登记过程中未能审查出闪芳冒用他人签名办理房产初始登记而玩忽职守的指控,经查,事主赵东友私自建房的初始登记,系赵东友之子赵付志通过阜阳市房产局房屋租赁所工作人员代海忠、王芳向颍州房管所工作人员闪芳行贿6万元,闪芳利用职务便利,违规受理并冒用初审人员李文珍笔迹签批初审意见,冒用外业勘察人员杨涛笔迹签批意见,违法出具"手续齐,已复审,请审批"意见。被告人杨卫华在审查时,未能鉴别出闪芳冒用他人签名,即签署了同意办理的审核意见是事实。后因李文珍在该房屋初始登记卷宗中发现别人冒用自己的签名而案发,在闪芳冒用他人签名办理房屋初始登记事件发生后,被告人杨卫华作了相应处理。本院认为,未能审查出"冒用他人签名",系受个人客观条件限制,并非疏忽大意的过失所导致,因此,认定被告人杨卫华在审核该起房屋初始登记材料中,不履行职责或者怠于履行职责的事实不清,证据不足,对此节指控不予认定。

针对被告人穆晓抗的辩护人关于穆晓抗具有自首和立功情节的辩护意见,经查,阜阳市纪委出具的情况说明,证明阜阳市纪委调查组根据掌握的问题线索,找穆晓抗谈话调查时,其能如实交代自己的问题,主动交代组织上未掌握的收受开发区房地产开发企业财物问题,能够退出全部违纪资金,并检举揭发同案人,积极配合组织调查。《最高人民法院、最高人民检察院关于办理职务犯罪案件认定自首、立功等量刑情节若干问题的意见》第一条规定:"没有自动投案,在办案机关调查谈话、讯问、采取调查措施或者强制措施期间,犯罪分子如实交代办案机关掌握的线索所针对的事实的,不能认定为自首。"据此,本案中,办案机关在找被告人穆晓抗谈话调查时已经掌握了其受贿线索,穆晓抗如实交代了办案机关掌握的受贿线索所针对的受贿事实,另外,其主动交代组织上未掌握的收受开发区房地产开发企业财物问题,属于交代受贿的同种事实。故被告人穆晓抗的行为不构成自首。《最高人民法院关于处理自首和立功具体应用法律若干问题的解释》第五条规定:"根据刑法第六十八条第一款的规定,犯罪分子到案后有检举、揭发他人犯罪行为,包括共同犯罪案件中的犯罪分子揭发同案犯共同犯罪以外的其他犯罪,经查证属实……应当认定为有立功表现。"据此,上述情况说明中关于穆晓抗"揭发同案人"的说明,并不能证明被告人穆晓抗揭发了同案犯共同犯罪以外的其他犯罪事实,故被告人穆晓抗的行为,亦不能认定为有立功表现。对被告人穆晓抗的辩护人此节的辩护意见,不予采纳。

针对被告人杨卫华的辩护人关于被告人杨卫华具有自首、立功情节的辩护意见,经查,被告人杨卫华亦系如实交代了办案机关掌握的受贿线索所针对的受贿事实,并不存在交代办案机关未掌握的不同种类的犯罪事实,同时办案机关也未出具被告人杨卫华检举揭发他人及同案犯共同犯罪以外的其他犯罪事实的证据,故被告人杨卫华并不具有自首、立功情节。对其辩护人此节的辩护意见,亦不予以采纳。

本院认为:被告人穆晓抗在任阜阳市房地产管理局颍州房管所副所长及开发区房产分局局长期间,利用职务便利,多次收受他人钱物,价值总计51.4万元,并为他人谋取利益;被告人杨卫华在任阜阳市房地产管理局颍州房管所所长期间,利用职务便利,多次收受他人钱物,价值总计

34.4 万元，并为他人谋取利益；二被告人的行为均已触犯《中华人民共和国刑法》第三百八十五条、第三百八十六条、第三百八十三条第一款第（一）项的规定，已构成受贿罪。被告人穆晓抗、杨卫华又利用职务便利，滥用职权，违规为他人办理房屋权属初始登记，致国家利益遭受重大损失，情节特别严重，二被告人的行为已触犯《中华人民共和国刑法》第三百九十七条第一款的规定，均应当以滥用职权罪追究其刑事责任。公诉机关指控被告人穆晓抗、杨卫华犯受贿罪、滥用职权罪罪名成立，本院予以支持。关于公诉机关对被告人穆晓抗、杨卫华犯玩忽职守罪的指控，经查，被告人穆晓抗在办理西湖食品厂住宅楼、郭洪杰自建房、贾德海自建房的房屋初始登记过程中，被告人杨卫华在办理贾德海自建房、利华家园商住楼、文来豪园房屋初始登记过程中，收受贿赂，均系故意不履行应当履行的职责，致国家利益遭受重大损失，二被告人的行为符合滥用职权罪的构成要件，因此，公诉机关指控被告人穆晓抗、杨卫华犯玩忽职守罪的罪名不当，对二被告人的上述行为应一并按滥用职权罪追究其刑事责任。公诉机关关于被告人杨卫华在审核赵东友房屋初始登记过程中的行为，构成玩忽职守罪的指控，经查，该起指控属事实不清，证据不足，对该起指控不予认定。对被告人穆晓抗及其辩护人关于起诉书指控二被告人共同受贿第 7 起，只收受刘峰 1 万元；起诉书指控个人受贿第 19 起，收受范凤兰的 4 万元，应认定为受贿 34 000 元；起诉书指控个人受贿第 13 起，李文珍为其拿的 1 万元，不应认定为受贿；起诉书指控个人受贿第 27 起系向马永安借款；起诉书指控个人受贿第 11 起收受车涛的 2 万元，其给了杨卫华 1 万元，该起应认定为 1 万元的辩解、辩护意见，与查明事实不符，本院不予采纳。对被告人穆晓抗及其辩护人关于起诉书指控个人受贿第 4 起、第 7 起、第 21 起、第 26 起共 6.686 万元，系支付加班费，应从受贿数额中予以扣除及起诉书指控个人受贿第 3 起系单位开支的费用，亦应从受贿数额中予以扣除的辩解、辩护意见，经查，上述受贿数额事实不清，证据不足。对此节辩解、辩护意见，本院予以采纳。对被告人穆晓抗及其辩护人关于起诉书指控个人受贿第 8 起，系穆晓抗个人购房正常优惠，不属于受贿的辩解、辩护意见，经查，其房价是否“明显低于市场价格”的事实不清。该起不以受贿论。对被告人杨卫华关于起诉书指控共同受贿第 1 起的 5 000 元、第 6 起的 2 万元，均未收到的辩解，与查明事实不符，本院不予采纳。对被告人杨卫华关于起诉书指控个人受贿第 11 起，收受秦贺伟的 1 万元，系人情往来的辩解，本院亦不予采纳。对被告人穆晓抗的辩护人关于被告人穆晓抗有自首、立功情节的辩护意见，以及被告人杨卫华的辩护人关于杨卫华亦具有自首、立功情节的辩护意见，与查明事实相悖，本院不予采纳。但二被告人均能如实供述办案机关掌握或不掌握的同种犯罪事实，系坦白。被告人穆晓抗、杨卫华全部退出赃款，确有悔罪表现，可对二被告人从轻处罚。二被告人的辩护人要求对二被告人从轻处罚的辩护意见，本院予以采纳。案经本院审判委员会讨论决定，依照《中华人民共和国刑法》第三百八十五条第一款、第三百八十六条、第三百八十三条第一款第（一）项、第三百九十七条第一款、第六十七条第三款、第二十五条第一款、第六十九条第一款、第六十四条、第九十三条第二款、《最高人民法院、最高人民检察院关于办理渎职刑事案件适用法律若干问题的解释（一）》第一条第二款第（二）项、第三条及《最高人民法院关于适用〈中华人民共和国刑事诉讼法〉的解释》第二百四十一条第一款第（二）项之规定，判决如下：

一、被告人穆晓抗犯受贿罪，判处有期徒刑十一年，犯滥用职权罪，判处有期徒刑三年，决定执行有期徒刑十二年。

（刑期从判决执行之日起计算。判决执行以前先行羁押的，羁押一日折抵刑期一日，即自 2013 年 4 月 17 日起至 2025 年 4 月 16 日止。）

二、被告人杨卫华犯受贿罪，判处有期徒刑十年，犯滥用职权罪，判处有期徒刑三年，决定执行有期徒刑十一年。

（刑期从判决执行之日起计算。判决执行以前先行羁押的，羁押一日折抵刑期一日，即自2013年4月16日起至2024年4月15日止。）

三、违法所得，予以追缴（已追缴）。

如不服本判决，可在接到判决书的第二日起十日内，通过本院或者直接向安徽省阜阳市中级人民法院提出上诉。书面上诉的，应当提交上诉状正本一份，副本三份。

审判长　李　涛
审判员　季守方
审判员　王　涛

二〇一四年三月十三日

书记员（代）　胡冰清

优秀裁判文书点评

曾锦春犯受贿罪、巨额财产来源不明罪案

——最高人民法院刑事裁定书点评*

中华人民共和国最高人民法院
刑事裁定书

(2009)刑二复93201816号

被告人曾锦春,男,汉族,1947年8月24日出生于湖南省汝城县,大学本科文化,原系中共湖南省郴州市市委常委、市委副书记、市纪委书记,户籍地郴州市北湖区人民东路28号,住郴州市政府大院宿舍。2006年12月15日被逮捕。现在押。

湖南省长沙市中级人民法院审理长沙市人民检察院指控被告人曾锦春犯受贿罪、巨额财产来源不明罪一案,于2008年11月20日以(2008)长中刑二初字第0012号刑事判决,认定被告人曾锦春犯受贿罪,判处死刑,剥夺政治权利终身,并处没收个人全部财产;犯巨额财产来源不明罪,判处有期徒刑五年,决定执行死刑,剥夺政治权利终身,并处没收个人全部财产。宣判后,曾锦春提出上诉。湖南省高级人民法院经依法开庭审理,于2009年7月21日以(2009)湘高法刑终字第3号刑事判决,驳回上诉,维持第一审对曾锦春犯受贿罪、巨额财产来源不明罪的定罪量刑,并依法报请本院核准。本院依法组成合议庭,对本案进行了复核。现已复核终结。

经复核确认:

被告人曾锦春自1995年4月始任中共郴州市市委常委、纪委书记;2001年12月始任中共郴州市市委副书记;1998年始先后兼任郴州市领导干部廉洁自律工作领导小组副组长、郴州市查办大案要案协调领导小组组长、郴州市优化经济环境整顿和规范市场经济秩序工作领导小组副组长、郴州市公正司法联席会议成员、郴州市委反腐败协调小组组长等职务。

一、受贿事实

1997年下半年至2006年9月期间,被告人曾锦春利用上述职务之便,在有关矿产承包及纠纷处理、干部选拔任用、工程承揽及招投标、税费的减免、违纪违法案件的查办及诉讼案件的处理等方面,为他人谋取利益,单独或伙同其妻唐国菊、其子曾峰、其女曾云悉、其情妇卜雪英(均另案处理)等收受或者索取首清文、曹真源、黄生福、黄生文、周丁元等40余人贿赂计人民币3065.4万元、美元3.25万元、港币6万元、价值25.6万元的戒指一对,折合人民币共计3123.82万元,其中索贿数额计人民币329万元。

二、巨额财产来源不明事实

被告人曾锦春个人及家庭现拥有财产折合人民币共计5919.26万元,个人及家庭支出折合人民币共计797.29万元,曾锦春个人及家庭拥有的财产和支出折合人民币共计6716.55万元。曾锦春及其妻子唐国菊等相关人员对其财产和支出能说明来源的折合人民币共计5763.83万

---

* 本裁判文书曾获2011年最高人民法院刑事审判裁判文书评比一等奖。

元。曾锦春尚有折合人民币共计952.72万元的财产不能说明来源。

案发后，侦查机关已冻结、扣押了上述全部赃款。

上述事实，有第一审、第二审开庭审理中经质证确认的被告人曾锦春的任职文件、合作开发合同、工程施工合同、项目承包合同、中标通知书、协调会议记录、纪检监察机关解除“两规”措施呈批表、银行账户支取款项凭证、购房合同书及房产证、银行汇率证明等书证，证人首清文、曹真源、黄生福、黄生文、周丁元、曾国雄、唐国菊、曾峰、曾云悉、卜雪英、杨秀善、李仕林等的证言，庭审同步录音录像，搜查笔录及提取笔录，扣押物品文件清单及赃款照片等证据证实。被告人曾锦春亦供认。足以认定。

本院认为，被告人曾锦春身为国家工作人员，利用职务便利，为他人谋取利益，单独或伙同特定关系人索取他人财物，或者非法收受他人财物，其行为构成受贿罪。曾锦春作为市委、市纪委主要领导，滥用国家权力，长期多次索取和收受贿赂，受贿数额特别巨大，犯罪情节特别严重，社会影响极其恶劣，应依法严惩。在共同受贿犯罪中，曾锦春起主要作用，系主犯，应按照其参与的全部犯罪处罚；其具有索贿情节，依法应从重处罚。曾锦春的家庭财产和支出明显超过合法收入，尚有巨额财产不能说明来源，其行为构成巨额财产来源不明罪，犯罪情节严重，亦应依法惩处，并与所犯受贿罪两罪并罚。第一审、第二审判决认定的事实清楚，证据确实、充分，定罪准确，量刑适当。审判程序合法。依照《中华人民共和国刑事诉讼法》第一百九十九条和《最高人民法院关于复核死刑案件若干问题的规定》第二条第一款的规定，裁定如下：

核准湖南省高级人民法院(2009)湘高法刑终字第3号维持第一审对被告人曾锦春以受贿罪判处死刑，剥夺政治权利终身，并处没收个人全部财产；以巨额财产来源不明罪判处其有期徒刑五年，决定执行死刑，剥夺政治权利终身，并处没收个人全部财产的刑事判决。

本裁定自宣告之日起发生法律效力。

审　判　长　牛克乾
审　判　员　郭彦东
审　判　员　王玉琦

二〇一〇年十一月二十五日

书　记　员　高　利

【点评】

湖南省郴州市原市委常委、市委副书记、市纪委书记曾锦春受贿罪、巨额财产来源不明罪案，案情复杂、事实烦冗。本案受到社会广泛关注，最高人民法院核准曾锦春死刑的刑事裁定书，逻辑严密，条理清晰，文字精练，对指导审判工作具有借鉴和参考价值。

一、格式规范，词句精练

最高人民法院为了规范死刑复核案件法律文书的制作，统一了死刑复核案件法律文书样式。不仅能使关键信息更加一目了然，而且更能彰显一种庄重严肃的秩序之美。本裁定书对被告人的基本情况、案件审理经过、事实证据、裁判理由等的表述准确、规范，无论格式还是用语，均符合最高人民法院死刑复核案件法律文书样式的严格要求。如，被告人在每段落第一次出现时，表述为“被告人曾锦春”，本段落之后的表述为“曾锦春”，这种表述显得更为简洁、醒目，且不影响叙述的连贯性。又如，列举证据时，按照先客观性证据后主观性证据、先证人证言后被告人供述的顺序排列，同种类证据之间用顿号，不同种类证据之间用逗号，表述十分规范。裁判理由部分，关于定罪和量刑情节，按照一罪一情节的原则叙述，有条有序。

二、叙述精练，逻辑严密

经济、职务犯罪案件与普通刑事案件相比，更加强调准确认定被告人的身份。本案被告人先后任多种职务，裁定书在经复核确认的相关事实中先说明被告人的任职情况，一方面为认定其构成职务犯罪的主体资格提供了依据，另一方面也为后文叙述相关事实作了前期铺垫，在理解时展现了连贯性。如，在受贿事实中以“利用上述职务之便”进行表述，体现出统筹兼顾、叙述精练的特点。

本案涉及两个罪名，裁定书在叙述每个罪名时加了小标题，且将标题归纳为“受贿事实”和“巨额财产来源不明事实”，而非使用“罪”的概念，表述科学、严谨，与刑事诉讼法规定的“未经法院依法判决不得确定有罪”的精神相吻合。在叙述事实时，内容紧扣受贿罪和巨额财产来源不明罪的构成要件，使主文部分的辨法析理更具有层次感。

受贿事实部分，因被告人受贿多起，既有单独受贿又有共同受贿，既有收受贿赂又有索取贿赂，为他人谋利的内容也各不相同，为避免繁杂、冗长，裁定书采取综合叙述的方法，表述为“在有关矿产承包及纠纷处理、干部选拔任用、工程承揽及招投标、税费的减免、违纪违法案件的查办及诉讼案件的处理等方面，单独或伙同其妻唐国菊、其子曾峰、其女曾云悉、其情妇卜雪英等收受或者索取首清文、曹真源、黄生福、黄生文、周丁元等40余人贿赂”，将复杂的案情用简短的文字予以表述，概括全面，归纳精准。

巨额财产来源不明事实部分，裁定书用简明的文字、流畅的语言叙述了被告人个人及家庭拥有的财产及支出的数额、被告人能说明来源的数额和不能说明来源的数额三个方面的情况，与本罪名中的罪状一一对应，条理清晰。

三、论理全面，言简意赅

裁定书紧扣法条规定，阐述被告人构成犯罪的理由和量刑情节，语言精练，论据充分，论证有力。如，在论证被告人构成受贿罪时，使用了“特定关系人”的概念，简化了前述事实中其妻、子女、情妇等称谓；叙述量刑情节时，既有法定情节，如“具有索贿情节，依法应从重处罚”，又有酌定情节，如“长期多次索取和收受贿赂”“社会影响极其恶劣”等，对多种从重情节的表述，精准而又详细解析了死刑适用的原因。

值得思考的是，关于裁判文书的风格问题，理论界有两种不同的观点，一种是贵族化的发展方向，一种是平民化的发展方向，但是，在我国当前司法环境下，如何规范文书制作要与我们的国情相适应，与司法现状相匹配。当下，加强文书制作规范是确保案件审理优质高效的重要途径。诚然，随着法治进程的加快，法官综合素质的不断提升，公民法律意识、法律知识的增强，裁判文书在格式规范的基础上，对裁判说理方式的创新必然是法律文书改革的主流导向。

（点评：最高人民法院刑二庭　许建华

审核：最高人民法院刑二庭　王晓东）

任润厚贪污、受贿、巨额财产来源不明违法所得没收案
——江苏省扬州市中级人民法院违法所得没收裁定书

(2016)苏10刑没初1号

检察机关江苏省扬州市人民检察院。

犯罪嫌疑人任润厚,男,1957年10月19日出生,汉族,博士研究生文化,山西省人民政府原副省长,曾任山西潞安矿业(集团)有限责任公司董事长、总经理,山西潞安环保能源开发股份有限公司董事长,2014年9月20日因严重违纪被免职,同年9月30日因病死亡。

利害关系人任某甲,女,1959年9月19日出生,汉族,大学本科文化,系犯罪嫌疑人任润厚妻子。

利害关系人任某乙,女,1984年6月30日出生,汉族,硕士研究生文化,系犯罪嫌疑人任润厚女儿。

利害关系人袁某,男,1982年12月30日出生,硕士研究生文化,系犯罪嫌疑人任润厚女婿。

江苏省扬州市人民检察院以扬检诉没申〔2016〕1号没收违法所得申请书,于2016年12月2日向本院提出没收犯罪嫌疑人任润厚违法所得申请。遵照最高人民法院的指定管辖决定,本院依法组成合议庭,经审查,有证据证明任润厚实施了受贿、贪污、巨额财产来源不明犯罪,遂于2016年12月9日立案受理,同月17日发出公告。公告期间内,利害关系人任某甲、任某乙、袁某申请参加诉讼。本院于2017年4月27日、6月15日组织检察人员、利害关系人召开庭前会议,并于同年6月21日公开开庭审理了本案。江苏省扬州市人民检察院指派检察员王旭、黄鸿远出庭支持申请,利害关系人任某乙、袁某到庭参加诉讼,利害关系人任某甲因身体原因未到庭。现已审理终结。

江苏省扬州市人民检察院没收违法所得申请书载明:

一、实施受贿犯罪事实

2001年至2011年,犯罪嫌疑人任润厚利用担任山西潞安矿业(集团)有限责任公司(以下简称潞安集团)董事长、总经理,山西潞安环保能源开发股份有限公司(以下简称潞安环能公司)董事长,山西省人民政府副省长等职务上的便利,为洪某职务晋升及其亲属到潞安集团工作提供帮助,2011年至2013年,先后三次收受洪某现金人民币(以下如无注明,币种同)共计15万元;为肖某职务晋升、调整提供帮助,2007年至2009年,先后三次收受肖某现金共计15万元;2007年,指使下属郭某向潞安环能公司常村煤矿矿长王某甲索要15万元用于贿选;2010年,指使郭某向潞安环能公司常村煤矿矿长王某乙索要30万元用于贿选;2011年,要求潞安集团报销其个人及亲属旅游、疗养费用共计123.505 549万元。

检察机关为证明上述事实,提交了报销凭证等书证;郭某、毛某、王某乙、洪某、肖某等证人证言;利害关系人任某甲陈述。

二、实施贪污犯罪事实

2006年及2010年,犯罪嫌疑人任润厚利用担任潞安集团董事长、潞安环能公司董事长职务

上的便利，通过其时任秘书毛某指使潞安集团驻北京办事处主任申某、驻太原办事处主任张某报销任润厚贿选礼品及餐饮、住宿费用共计44.167 38万元；指使郭某通过潞安环能公司王庄煤矿矿长肖某套取公款25万元用于贿选。

检察机关为证明上述事实，提交了报销凭证、发票、账目明细等书证；郭某、毛某、肖某、申某、张某等证人证言。

三、实施巨额财产来源不明犯罪事实

2000年9月至2014年8月29日，犯罪嫌疑人任润厚及其亲属名下财产和支出共计人民币3 045.976 549万元、港币43.053 768万元、美元107.503 099万元、欧元21.407 56万元、加元1万元、英镑100镑，以及金条、珠宝、字画、手表等物品155件。任润厚亲属对其中人民币1 209.900 337万元、港币42.973 768万元、美元107.357 799万元、欧元21.319 66万元、加元1万元，以及物品143件不能说明来源。

检察机关为证明上述事实，提交了金条、手表等物证；任润厚夫妇工资收入证明、企业年金收入证明、银行交易记录、房产买卖合同等书证；利害关系人任某甲、任某乙、袁某陈述。

案发后，检察机关共扣押、冻结人民币2 371.993 738万元、港币43.053 768万元、美元107.503 099万元、欧元21.407 56万元、加元1万元、英镑100镑，珠宝及玉石44件，黄金制品54件，字画22幅，手表11块，银行卡及存单存折194张，纪念币、手机、相机及电脑17件，资料类财物7件。

检察机关认为，有证据证明犯罪嫌疑人任润厚实施了受贿、贪污、巨额财产来源不明犯罪。扣押、冻结的财产中，人民币1 573.713 808万元、港币42.973 768万元、美元107.357 799万元、欧元21.319 66万元、加元1万元以及物品143件具有高度可能属于任润厚受贿、贪污、巨额财产来源不明犯罪所得。依照《中华人民共和国刑事诉讼法》第二百八十条之规定，提请本院依法裁定没收。

利害关系人任某乙提出，检察机关冻结其名下尾号6856民生银行账户存款本金1.1万美元，系其出国留学费用结余部分，因其父母所给的5万美元留学费用已计入家庭重大支出，故该笔1.1万美元不应重复计算；检察机关将其父母所给的购车款认定为家庭重大支出50万元，但其购车实际花费为30万元，故对该项家庭支出应认定为30万元。任某乙为证明其主张，当庭出示了民生银行对账单、购车发票等证据。

利害关系人任某甲、袁某对检察机关没收违法所得申请没有提出异议。

经审理查明，犯罪嫌疑人任润厚实施了受贿、贪污、巨额财产来源不明犯罪，检察机关扣押、冻结的任润厚及其亲属名下财产人民币1 295.562 708万元、港币42.975 768万元、美元104.294 699万元、欧元21.320 057万元、加元1万元，以及珠宝、玉石、黄金制品、字画、手表等物品135件，属于任润厚实施受贿、巨额财产来源不明犯罪所得。具体事实如下：

一、立案审查查明

针对没收违法所得申请书载明的犯罪嫌疑人任润厚实施犯罪的事实，经立案审查查明：

（一）实施受贿犯罪事实

2001年至2013年，犯罪嫌疑人任润厚利用担任潞安集团董事长、总经理，潞安环能公司董事长，山西省人民政府副省长等职务上的便利，为相关请托人在职务晋升、调整等事项上提供帮助并收受财物，向下属单位有关人员索要财物用于贿选，以及要求具有行政管理关系的被管理单位为其支付旅游、疗养费用，共计223.505 549万元。

1. 2001年至2009年，任润厚利用担任潞安集团董事长、潞安环能公司董事长职务上的便利,为洪某担任潞安集团总会计师以及洪某亲属到潞安集团下属煤矿工作等事项提供帮助。2011年至2013年,先后三次收受洪某现金共计15万元。

2. 2005年至2009年,任润厚利用担任潞安集团董事长、潞安环能公司董事长职务上的便利,为潞安集团副总经理肖某职务晋升、调整提供帮助。2007年至2009年,先后三次收受肖某现金共计15万元。

3. 2007年,任润厚利用担任潞安集团董事长、潞安环能公司董事长职务上的便利,指使潞安集团副总经理郭某向时任潞安环能公司常村煤矿矿长王某甲索要15万元,用于任润厚竞选山西省省级后备干部购买贿选礼品。

4. 2010年,任润厚利用担任潞安集团董事长、潞安环能公司董事长职务上的便利,指使郭某向时任潞安环能公司常村煤矿矿长王某乙索要30万元,用于任润厚竞选山西省副省长贿选支出。以上30万元先由王某乙和时任常村煤矿副矿长韩某出资垫付,后经王某乙个人决定,以矿领导应发奖金返还王某乙、韩某。

5. 2010年,任润厚利用担任潞安集团董事长、潞安环能公司董事长职务上的便利,指使郭某向时任潞安环能公司王庄煤矿矿长肖某索要25万元,用于任润厚竞选山西省副省长贿选支出。以上25万元先由肖某和时任王庄煤矿副矿长贾某出资垫付,后经肖某个人决定,通过虚增奖金方式套取王庄煤矿公款25万元返还肖某、贾某。任润厚对肖某套取公款过程不知情。

6. 2011年下半年,任润厚利用担任山西省人民政府副省长职务上的便利,要求潞安集团为其安排旅游、疗养,后任润厚在时任潞安环能公司董事会秘书毛某等人的陪同下,与其家人先后到上海、三亚、杭州、苏州等地旅游、疗养,潞安集团为此共计支出123.505 549万元。任润厚被立案调查后,毛某将上述款项结余的25万元退还潞安集团。

证明此节事实的证据有,洪某、肖某等人的任职文件及相关会议记录,奖金发放名册、奖金汇总表,银行凭证,银行卡交易明细,潞安集团出具的证明材料、奖励明细表,潞安环能公司出具的财务档案查询情况汇总表、报销明细表、银行凭证等书证;洪某、肖某、王某甲、郭某、张某、王某乙、毛某、李甲等证人证言;利害关系人任某甲陈述;司法会计鉴定意见。

(二)实施贪污犯罪事实

2006年至2007年,犯罪嫌疑人任润厚利用担任潞安集团董事长、潞安环能公司董事长职务上的便利,通过其时任秘书毛某指使潞安集团驻北京办事处主任申某、驻太原办事处主任张某为任润厚贿选购买礼品,安排餐饮、住宿,并将相关费用共计44.167 38万元在潞安环能公司报销。

证明此节事实的证据有,潞安环能公司出具的太原办事处消费明细、管理费用明细账、银行日记账、财会凭证、定额发票等书证;毛某、张某、郭某、申某、洪某等证人证言;司法会计鉴定意见。

(三)实施巨额财产来源不明犯罪事实

截至案发,犯罪嫌疑人任润厚及其亲属名下财产和支出共计折合人民币3 000余万元,另有珠宝、玉石、黄金制品、字画、手表等物品。任润厚在纪检监察部门调查期间未对上述财产和支出来源作出说明。扣除任润厚夫妇合法收入、任润厚受贿所得以及任润厚亲属能够说明来源的财产,尚有不同币种的存款、现金折合人民币2 000余万元及物品100余件任润厚亲属不能说明来源。

证明此节事实的证据有,任润厚、任某甲工资收入证明、企业年金收入证明、银行交易记录、房产买卖合同等书证;利害关系人任某甲、任某乙、袁某陈述。

（四）综合事实

1. 主体身份事实

潞安集团2000年由潞安矿务局整体改制设立，系国有独资公司，潞安环能公司系潞安集团控股的上市公司。犯罪嫌疑人任润厚自2000年7月至2008年10月任潞安集团总经理，2001年1月至2011年6月任潞安集团董事长；2001年7月至2011年8月任潞安环能公司董事长；2011年1月任山西省人民政府副省长，系国家工作人员。2014年9月30日，任润厚因病死亡。

证明此节事实的证据有，干部任免审批表、干部履历表、任免文件、潞安集团企业法人营业执照、潞安环能公司企业法人营业执照、潞安集团出具的情况说明、解放军总医院出具的任润厚治疗情况等书证。

2. 扣押、冻结财产事实

检察机关冻结犯罪嫌疑人任润厚及其亲属任某甲、任某乙、袁某名下的银行存款本金人民币1 859.059 088万元、港币18.063 768万元、美元54.947 599万元、欧元8.140 057万元；扣押现金人民币312.38万元、港币24.992万元、美元49.496万元、欧元13.267 5万元、加元1万元、英镑100镑；扣押珠宝、玉石45件，黄金制品53件，字画22幅，手表11块，纪念币、手机、相机、电脑16件，银行卡、存单存折194张，资料类物品8件。

证明此节事实的证据有，金条、手表等物证照片；协助查询、冻结存款通知书，银行开户资料、存单、对账单、查询冻结回执，扣押决定书，扣押财物、文件清单，涉案款物移送、处理登记表等书证；专家咨询意见表、检测报告等鉴定意见。

二、公开开庭审理查明

针对申请没收的财产属于犯罪嫌疑人任润厚违法所得及其他涉案财产的事实，经公开开庭审理查明：

（一）申请没收的财产中，有30万元属于犯罪嫌疑人任润厚实施受贿犯罪所得

2007年至2009年，任润厚先后三次在其家中收受肖某现金共计15万元；2011年至2013年任润厚先后三次在其家中及医院病房收受洪某现金共计15万元。上述钱款已转变为任润厚及其亲属名下财产，现扣押、冻结在案。

检察机关为证明此节事实，当庭出示了下列证据：

1. 证人肖某的证言及自书材料证明，2007年至2009年其担任漳村煤矿矿长期间，每年春节都与漳村煤矿办公室主任薛某到任润厚家里送年货，每次送给任润厚现金5万元。

2. 证人薛某的证言证明，2006年至2009年每年春节前，其都按照肖某的要求准备大米等物品以及现金，陪同肖某给任润厚拜年，现金每次都是5万元，由其事先垫付，之后通过虚报奖金方式返还。

3. 证人洪某的证言及自书材料证明，其在担任潞安集团总会计师后三次送给任润厚共计15万元，其中，2011年春节期间在任润厚家里送给任润厚5万元；2012年7月至8月，在任润厚住院病房送给任润厚5万元；2013年8月，在任润厚住院病房送给任润厚5万元。

以上证据经庭审举证、质证，利害关系人均未提出异议，本院予以采信。

（二）申请没收的财产中，有人民币1 265.562 708万元、部分外币以及物品135件属于犯罪嫌疑人任润厚实施巨额财产来源不明犯罪所得

截至案发，任润厚及其亲属名下的财产和支出共计人民币3 100.855 349万元（其中存款和现金共计2 171.439 088万元、家庭重大支出和日常消费支出共计929.416 261万元），港币43.055 768万元，美元104.443 599万元，欧元21.407 557万元，加元1万元，英镑100镑；珠宝、玉

石、黄金制品、字画、手表等物品155件。

任润厚及其亲属的合法收入和能够说明来源的财产为人民币1 835.292 641万元(含30万元受贿所得),港币800元,美元1 489元,欧元875元,英镑132镑;物品、资料20件。任润厚亲属对扣押、冻结在案的人民币1 265.562 708万元、港币42.975 768万元、美元104.294 699万元、欧元21.320 057万元、加元1万元及物品135件不能说明来源。任润厚在接受纪检监察部门调查期间,未对其本人及亲属名下财产和支出的来源情况作出说明。

检察机关为证明此节事实,当庭出示了下列证据:

1.证明任润厚及其亲属名下财产情况的证据

(1)协助查询存款通知书、协助冻结存款通知书、银行开户资料、银行存单、银行对账单、银行查询冻结回执等书证及司法会计鉴定意见证明,检察机关冻结任润厚、任某甲、任某乙、袁某名下在太原、长治、上海等地多家银行的账户,冻结存款本金人民币1 859.059 088万元、港币18.063 768万元、美元54.947 599万元、欧元8.140 057万元。

(2)利害关系人任某甲的陈述证明,其名下银行存款系其本人存入,其女儿、女婿名下的部分账户系其以二人名义开设并存入资金,任润厚单位有时以存单方式发放奖金,均交其保管处理。

(3)利害关系人任某乙的陈述证明,任润厚的财产均由任某甲管理,经辨认,其名下部分银行账户内资金是其个人财产,其他账户由任某甲控制、使用,账户内资金亦由任某甲存入。

(4)利害关系人袁某的陈述证明,其名下部分银行账户中,外币存款系任某甲存入,不是其个人财产。

2.证明任润厚家庭支出情况的证据

(5)山西煤源综合经营中心会议纪要及情况说明、收款凭证、房产证等书证以及司法会计鉴定意见证明,2003年任润厚夫妇为购买山西省太原市府西街两套经济适用房实际支出共计20万元,上述房产分别登记在任存存(任润厚之父)、任某乙名下。

(6)认购协议书、收据、住宅认购表等书证以及司法会计鉴定意见证明,2009年任润厚夫妇为购买太原市平阳路房产共计支出66.547万元。

(7)上海市房产登记簿、委托书、商品房预售合同、发票、房地产登记申请书、登记证明、契税缴款书、维修基金收款凭证等书证以及司法会计鉴定意见证明,2009年任润厚夫妇为购买上海市丁香路房产共计支出386.033 225万元。

(8)山西潞安房地产开发公司出具的情况说明、收款凭证、存款凭证等书证以及司法会计鉴定意见证明,2009年任润厚夫妇为购买长治市房产共计支出203.637 6万元。

(9)潞安集团出具的说明证明,任润厚、任某甲于2004年12月以1万元入股司马煤业公司。

(10)司法会计鉴定意见证明,任润厚夫妇2007年6月购买斯巴鲁牌汽车的各项支出共计26.376 9万元。

(11)国家统计局统计数据资料证明,山西省长治市、太原市2000年至2014年人均日常消费支出情况。

(12)证人任某丙(任某甲之兄)的证言证明,任润厚夫妇曾支付太原市房屋装修材料费及人工费。

(13)证人任某丁(任某甲侄女)的证言证明,其于2008年至2011年向任某甲借款共计45万元用于炒股,现仍有30万元尚未还清。

(14)证人申某、马某(潞安环能公司北京金潞安酒店行政部经理)的证言证明,2011年和

2014年,任润厚在北京住院期间,任某甲两次交给申某现金共计20万元,用于在潞安环能公司北京金潞安酒店消费,申某将该款交马某计入潞安环能公司北京金潞安酒店账目。

(15)利害关系人任某甲的陈述证明,2000年后其与任润厚的家庭支出有:购买太原市平阳路、太原市府西街、上海市浦东新区丁香路、长治市等房产,支出金额以相关票据记载为准;购买斯巴鲁牌汽车,支出金额以相关票据记载为准;给予任某乙上大学、出国留学、买车、日常生活补贴等费用,支出金额以任某乙陈述为准;装修房产,支出25万元;给予任某乙两次生育补贴费用,共计支出20万元;投资潞安集团司马矿,支出1万元;借钱给侄女任某丁炒股,尚有30万元未还。

(16)利害关系人任某乙的陈述证明,其父母给其钱款包括:大学期间费用4万元;留学期间费用5万美元,回国时结余1万多美元;买车费用50万元;平时生活费补贴共计20万元;生育期间补贴共计20万元;购买上海市丁香路房产300余万元。

(17)利害关系人袁某的陈述证明,其与任某乙结婚时,任润厚夫妇出资给任某乙买车,任某乙买了一辆萨博牌汽车大概花费30万元;2009年7月,任润厚夫妇出资为任某乙购买丁香房产,共计370万元。

3. 证明任润厚家庭合法收入情况的证据

(18)山西煤炭管理干部学院出具的收入统计表、工资转移证等书证证明,1999年7月至2000年8月,任润厚在山西煤炭管理干部学院工作期间收入共计1.878 4万元,其中1999年7月至1999年12月工资收入为6 666元。

(19)潞安集团出具的收入一览表、明细、说明等书证证明,2000年9月至2011年5月,任润厚在潞安集团工作期间收入共计1 019.939 8万元,因延期绩效薪酬22.952 7万元未领取,故实领收入996.987 1万元。

(20)山西省人民政府出具的收入情况说明、收入明细等书证证明,2011年2月至2014年9月,任润厚在山西省人民政府工作期间收入共计47.050 88万元。

(21)住房公积金账户明细查询清单、公积金支取清单等书证证明,2011年12月22日,任润厚住房公积金6.889 587万元被全部取出。

(22)潞安集团出具的情况说明等书证证明,2005年至2014年,任润厚、任某甲获得投资分红共计11.6万元。

(23)潞安集团出具的企业年金个人明细、银行凭证、企业年金资料等书证证明,2005年7月至2011年5月,任润厚企业年金收入共计12.546 113万元,已由任某甲支取。

(24)荣誉证书、著作论文及相关文件、情况说明等书证证明,任润厚2000年以后的荣誉奖金、稿酬收入共计4.675万元。

(25)出入境记录、山西省政府外事办提供的情况说明、文件等书证证明,2001年至2007年,任润厚因公出境外汇补贴收入共计港币800元、美元1489元、欧元875元、英镑132镑。

(26)任某甲工作简历、干部履历表、西山煤电(集团)有限责任公司出具的收入情况统计等书证证明,1981年8月至2014年7月,任某甲在西山煤电集团工作期间收入共计52.971 03 6万元,其中2000年至2014年7月收入45.700 023万元。

(27)潞安集团出具的收入一览表、收入明细表等书证证明,2004年6月至2013年3月,任某甲在潞安集团工作期间收入共计106.792 98万元。

(28)西山煤电(集团)有限责任公司出具的公积金领取情况说明等书证证明,1995年8月至2014年11月,任某甲公积金收入共计8.765 315万元,其中1995年8月至1999年12月,公积金收入为1 169.71元。

(29)西山煤电(集团)有限责任公司出具的企业年金情况说明、领取企业年金确认表等书证证明,2008年1月至2014年9月,任某甲企业年金收入共计13.190 814万元,已由其本人支取。

(30)证人任某丙的证言证明,其于2003年开始租用任润厚煤炭公寓1901、1902房产作为办公用房,因曾帮助任润厚家庭装修房屋,前四年其未向任润厚付租金。2007年开始,其每年付给任某甲租金10万元。

(31)证人杨某的证言证明,2014年其以女儿杨炀的名义向任润厚购买位于长治市的房屋,价格300万元,2013年年底其付给任润厚150万元,剩余150万元房款后交给中央纪委专案组。

(32)证人李甲(潞安集团董事长)、洪某、郭某、毛某的证言证明,潞安集团副处级以上干部实行年薪制,其中包含基础工资和绩效工资,年薪发放情况在潞安集团劳资处都有记载;潞安集团没有以账外资金、小金库资金发放奖金、福利,发放奖金情况在潞安集团财务报表中均有记载;潞安集团下属煤矿不能给集团领导发放奖金。

(33)利害关系人任某甲的陈述证明,2000年前其与任润厚收入结余不超过150万元,2000年以后其与任润厚合法收入包括:工资及奖金收入、公积金收入、各项奖励以及投资分红收入,具体数额以相关书证记载为准;向任某丁和杨某出售房产分别收入10万元、300万元;2007年至2014年收取任某丙房租收入共计80万元;其个人稿费收入不超过2万元;任润厚父亲为其与任润厚购买太原市府西街房产出资20万元。

4.证明能够说明扣押物品合法来源情况的证据

(34)利害关系人任某甲的陈述证明,经辨认,司法机关扣押的物品中有10件玉石和黄金制品系其出资购买,2块手表系其女婿袁某给其和任润厚的礼物。

(35)利害关系人任某乙的陈述证明,袁某送给任润厚、任某甲手表各1块。

以上证据经庭审举证、质证,利害关系人均未提出异议,本院予以采信。

利害关系人任某乙为证明其主张,当庭提交了以下证据:

1.书证银行对账单证明,民生银行太原北大街支行尾号6856账户于2005年7月开户存入1 000美元,2007年8月存入2万美元,2009年10月支出1万美元,尚余本金1.1万美元,至检察机关冻结时账户余额本息共计1.137 437万美元。

2.书证购车发票证明,2009年4月,任某乙购买萨博牌汽车发票价格为30万元。

以上证据经庭审举证、质证,检察人员对证据的真实性、合法性均未提出异议,本院予以采信。

针对检察机关和利害关系人提出的意见,根据庭审举证、质证的证据及查明的事实,本院评判如下:

一、关于检察机关所提没收犯罪嫌疑人任润厚实施受贿犯罪所得168.505 549万元、贪污犯罪所得69.167 38万元的申请

经查,虽有证据证明任润厚实施了受贿、贪污犯罪,但任润厚实施受贿、贪污犯罪的上述所得均直接用于贿选和旅游、疗养支出,未扣押、冻结在案,检察机关申请没收的财产中不应包含该部分违法所得。依照《中华人民共和国刑事诉讼法》第二百八十二条第一款之规定,对经查证申请没收的财产属于违法所得及其他涉案财产,除依法返还被害人的以外,应当裁定予以没收;对不属于应当追缴的财产的,应当裁定驳回申请,解除查封、扣押、冻结。故检察机关所提上述申请,法律依据不足,本院不予支持。

二、关于利害关系人任某乙所提其出国留学费用结余1.1万美元已计入冻结账户财产，不应在家庭重大支出中重复计算的意见

经查，任某乙在侦查阶段陈述，其于2006年8月至2008年5月赴美留学，其间任润厚夫妇给其留学费用共计5万美元；出入境记录记载，任某乙于2007年6月29日回国，同年8月16日再次赴美；民生银行对账单记载，任某乙名下尾号6856民生银行账户开户时存入1 000美元，2007年8月8日、9日共计存入2万美元，此外无其他资金存入。综合以上证据，从存款时间、金额上看，任某乙名下尾号6856账户于2007年8月存入的2万美元，具有高度可能系任润厚夫妇给予任某乙的赴美留学费用，该账户内剩余存款本金1.1万美元系留学费用结余。鉴于任润厚夫妇为任某乙支出的留学费用已计入任润厚家庭重大支出，冻结在案的存款本金1.1万美元对应金额应在认定该项家庭支出中予以扣减。故对任某乙所提上述意见，本院予以采纳。

三、关于利害关系人任某乙所提购车重大支出与购车实际花费不符，应认定该项重大支出为30万元的意见

经查，任某乙在侦查阶段陈述，任润厚夫妇给其购车的费用是50万元，任某甲予以认同，检察机关据此认定该项重大支出为50万元。任某乙当庭提交的购车发票证明，其购买萨博牌汽车的裸车价格为30万元，但购买裸车的费用仅是购车费用的一部分，购置税、保险费等相关费用也应计入购车支出；且任某乙在庭审中对50万元购车款结余部分的去向未作说明，亦无证据证明任某乙将购车款结余部分返还任润厚夫妇或存入其名下冻结账户。任某乙主张购车实际花费30万元依据不足，故对其所提上述意见，本院不予采纳。

本院认为，本案有证据证明犯罪嫌疑人任润厚实施了受贿、贪污、巨额财产来源不明犯罪，检察机关申请没收的财产中，有人民币30万元属于任润厚实施受贿犯罪所得，有人民币1 265.562 708万元、港币42.975 768万元、美元104.294 69 9万元、欧元21.320 057万元、加元1万元以及物品135件属于任润厚实施巨额财产来源不明犯罪所得，依法应当没收；上述违法所得存入银行部分产生的孳息，依法应当一并没收。依照《中华人民共和国刑法》第三百八十二条第一款、第三百八十五条第一款、第三百九十五条第一款，《中华人民共和国刑事诉讼法》第二百八十条第一款、第二百八十二条第一款以及《最高人民法院、最高人民检察院关于适用犯罪嫌疑人、被告人逃匿、死亡案件违法所得没收程序若干问题的规定》第一条第一款第一项、第二项，第六条，第十六条，第十七条之规定，裁定如下：

一、没收犯罪嫌疑人任润厚实施受贿犯罪所得人民币三十万元及孳息，上缴国库；

二、没收犯罪嫌疑人任润厚实施巨额财产来源不明犯罪所得人民币一千二百六十五万五千六百二十七元零八分、港币四十二万九千七百五十七元六十八分、美元一百零四万二千九百四十六元九十九分、欧元二十一万三千二百元零五十七分、加元一万元及孳息，以及珠宝、玉石、黄金制品、字画、手表等物品一百三十五件，上缴国库；

（孳息以违法所得在相同币种财产中所占比例乘以实际执行时该币种银行存款利息总额计算，详见没收财产清单）

三、驳回江苏省扬州市人民检察院没收犯罪嫌疑人任润厚实施受贿犯罪所得人民币一百六十八万五千零五十五元四角九分、实施贪污犯罪所得人民币六十九万一千六百七十三元八角的申请；

四、对于利害关系人能够说明合法来源的英镑一百镑、玉石两件、黄金制品八件、手表两块、资料类物品八件，以及其他不属于违法所得及其他涉案财产的财物，解除扣押措施。

（详见解除扣押财产清单）

如不服本裁定，可在接到裁定书的第二日起五日内，通过本院或者直接向江苏省高级人民法院提出上诉。书面上诉的，应当提交上诉状正本一份、副本二份。

审　判　长　张　澎
审　判　员　周庆琳
审　判　员　陈圣勇

二〇一七年七月二十五日

书　记　员　成夏莺
书　记　员　史伍俊

附：1. 没收财产清单
2. 解除扣押财产清单
3. 法律、司法解释条文

任润厚贪污、受贿、巨额财产来源不明违法所得没收裁定书评析

□刘晓虎　张　宇

山西省原副省长任润厚违法所得没收申请案，是我国第一起因犯罪嫌疑人死亡而进入诉讼程序的省(部)级领导干部职务犯罪案件，也是《最高人民法院、最高人民检察院关于适用犯罪嫌疑人、被告人逃匿、死亡案件违法所得没收程序若干问题的规定》(以下简称《追赃规定》)实施后第一起没收违法所得申请案件。由于违法所得没收程序在我国是一项全新的制度设计，该案各个审理环节，包括没收申请的提出、立案审查、公告发布、开庭审理、宣判执行以及各个法律文书制作，都是一种全新的司法审判实践。裁判文书既是司法审判活动的终极载体，也是司法审判活动接受法律、世人和历史检验的重要材料。扬州市中级人民法院坚持从实际出发，立足于全面真实展现审判活动和丰富裁判说理内容，精心制作了任润厚贪污、受贿、巨额财产来源不明违法所得没收裁定书。该裁定书既保留了普通刑事案件裁判文书的主体框架和合理元素，又结合违法所得没收程序特点在内容和结构上进行了创新，对违法所得没收制度的发展以及司法机关办理同类案件具有重要示范引领意义。主要体现在以下方面：

一、精心安排结构并设置标题，逻辑严谨层次清晰

该裁定书既沿用了普通刑事诉讼裁判文书的主体框架，又结合法律及《追赃规定》对违法所得没收程序在立案条件、审理流程、证明标准等方面的特殊规定，精心设计裁定书结构，分类载明立案阶段和审理阶段查明的事实和证据。为避免分类载明事实导致逻辑结构松散可能带来的理解上的模糊，该裁定书有序运用各级标题，巧妙编排序号，既全面真实地呈现了审判活动的全过程，又清晰地展现了结构层次。

(一)精心构思事实证据结构层次

违法所得没收程序虽然借鉴吸收了许多民事诉讼理念，但主要是依托刑事诉讼程序而构建的一种特别没收程序。虽然人民法院裁定没收违法所得无须对犯罪嫌疑人、被告人定罪，但必须以认定犯罪嫌疑人、被告人实施犯罪为前提。该裁定书准确把握了违法所得没收程序的本质特

征，沿用普通刑事案件裁判文书的主体框架，将结构分为“首部”“事实证据”“控辩焦点评判”“本院认为”“判决主项”“尾部”六个并列部分。在此基础上，该裁定书根据法律及《追赃规定》相关条款的规定，对人民法院查明的事实和确认的证据进一步分类为立案阶段查明的事实、证据和审理阶段查明的事实、证据。这种结构安排，既最大限度遵循了刑事裁判文书传统规范，又充分兼顾了没收违法所得申请案件在认定事实和证据方面的不同要求。

（二）精心设置标题和编排证据序列

在普通刑事诉讼案件中，人民法院仅存在审理查明的事实，而在没收违法所得申请案件中，人民法院查明的事实包括立案审查查明的事实和开庭审理查明的事实。如果完全按照并列结构，分别载明上述事实，可能给人以突兀感，甚至造成误导。该裁定书在主体结构上坚持检察机关查明的事实与人民法院查明的事实并列安排，同时合理运用一级标题，将立案审查查明的事实与公开开庭审理查明的事实并列分开。在总的结构安排下，该裁定书运用二级标题将立案审查查明的事实中犯罪嫌疑人实施的不同犯罪事实和综合事实并列分开，再运用三级标题将综合事实中主体身份事实与扣押、冻结财产事实并列分开。对于公开开庭审理查明的事实，该裁定书根据犯罪嫌疑人所实施的不同犯罪进行了分类，并通过设置二级标题，体现申请没收的财产与犯罪嫌疑人实施犯罪之间的关联性。通过精准概括和合理设置标题，使裁定书的层次结构更加严谨清晰，不但有效避免了内容重复、结构混乱等问题，而且使人能够对裁判文书结构一目了然并在较短时间内准确把握各个环节主要内容。

该裁定书对证据的引述也是一个亮点。该裁定书按照证据所证明内容对杂乱的证据进行分组，并力求通过设置三级小标题概括体现每组证据证明内容，有效避免了简单堆砌证据导致的逻辑混乱，让人感觉环环相扣，层层叠加证明。同时，为进一步强化结构层次，该裁定书对证明同一起事实的证据采用连续编排序号的方式，凸显了事实与证据的对应关系，确保了结构严谨，层次清晰。

二、全面准确概括事实和证据，主次清晰详略得当

按照不同的标准可以对没收违法所得申请案件中的事实进行不同分类。按照审查主体不同，可以分类为检察机关审查的事实和人民法院审查的事实；按照证明内容不同，可以分类为犯罪嫌疑人、被告人实施犯罪的事实和申请没收的财产与实施犯罪相关联的事实；按照审理阶段不同，可以分类为立案阶段审查的事实和开庭审理查明的事实；按照证明内容的单一性与否，可以分类为单一内容的犯罪事实和综合事实，后者一般包括主体身份事实和查封、扣押、冻结财产以及追缴、退缴财产情况等。该裁定书根据法律及《追赃规定》相关条款，既全面概括了上述各类事实，又对不同事实作了准确归类；既严格将事实、证据一一对应，又根据证据证明内容不同，避免正在进行或者即将进行的刑事侦查活动受到影响，对证明实施犯罪的事实采取简要引述，对证明关联性的事实采取详细引述。

（一）准确概括没收违法所得申请书内容，确保行文简洁风格统一

本案涉及多个实施犯罪的罪名，同一罪名又涉及多起犯罪事实，没收违法所得申请书载明的相关犯罪事实内容篇幅较长，如果在裁定书中直接大段引述没收违法所得申请书原文，必然造成与立案审查查明的事实、开庭审理查明的事实之间的重复。同时考虑到《追赃规定》关于违法所得没收程序操作规范的设计突破了之前《最高人民法院关于适用〈中华人民共和国刑事诉讼法〉的解释》的规定，而本案检察机关提起没收违法所得申请时《追赃规定》尚未公布，故本案没收违法所得申请书的部分表述与《追赃规定》不符。扬州市中级人民法院立足于更高的标准、更严的要求，在未改变没收违法所得申请书原意的前提下，对申请书载明的事实和申请内容进行了高度

概括,并对相关表述进行了修改和完善,保证了裁定书行文简洁凝练,风格统一。

(二)准确概括立案审查查明的事实和开庭审理查明的事实,清晰展现事实全貌

在没收违法所得申请案件中,因犯罪嫌疑人、被告人逃匿、死亡,开庭审理过程中难以真正对犯罪事实证据部分进行示证、质证、认证,《追赃规定》明确将犯罪嫌疑人、被告人实施犯罪事实的认定前移至立案审查阶段,这是《追赃规定》对违法所得没收程序最大的创新设计之一。人民法院对实施犯罪事实的审查虽然不开庭,但应当组成合议庭,严格把好证据关、事实关。违法所得没收程序本质上是一种财产权利确认之诉,重点是审查申请没收的财产是否属于违法所得及其他涉案财产,然而,对财产进行确认的前提是犯罪嫌疑人、被告人实施了犯罪,且实施的是特定范围的犯罪。如果不能认定犯罪嫌疑人、被告人实施了犯罪,则不可能提出没收申请。因此,对犯罪嫌疑人、被告人实施犯罪事实的审查依然必不可少。

在开庭审理阶段,人民法院仅就申请没收的财产是否属于违法所得及其他涉案财产等相关事实进行审理。属于违法所得及其他涉案财产的,予以没收;不属于违法所得及其他涉案财产的,解除查封、扣押、冻结。因此,开庭审理查明的事实是裁定结果的直接前提,备受被告人、辩护人、利害关系人关注,人民法院应当严把证据关、定罪关、法律关,综合庭审示证、质证、认证情况,按照此类案件中适用的高度盖然性证据证明标准,准确认定相关事实。该裁定书既客观、全面又准确地载明开庭审理查明的相关事实,且紧紧围绕申请没收的财产属于违法所得及其他涉案财产这条主线展开论述,并在二级标题中直接体现证明要点。例如,裁定书在载明公开开庭审理查明的第一项事实时,二级标题的表述是“申请没收的财产中,有30万元属于犯罪嫌疑人任润厚实施受贿犯罪所得”。该标题既体现了受贿30万元属于违法所得,又体现了30万元包含在申请没收的财产中。如果仅仅体现其中一方面,就不完全符合没收的条件。在撰写裁定书过程中,扬州市中级人民法院对此标题的表述存在不同意见:第一种意见认为,应当表述为“犯罪嫌疑人任润厚受贿的30万元属于违法所得”,主要理由是,这样表述更简洁明了;第二种意见认为,应当表述为“犯罪嫌疑人任润厚实施受贿犯罪所得30万元转变、转化为查封、扣押、冻结的财产”,主要理由是,这样表述既能表述30万元属于违法所得,又能体现30万元包含在申请没收的财产中;第三种意见认为,应当表述为“申请没收的财产中,有30万元属于犯罪嫌疑人任润厚实施受贿犯罪所得”。第一种表述有同义重复之嫌,受贿所得自然是违法所得,且未能体现受贿所得与申请没收财产之间的关联性。第二种表述注意到了实施受贿所得与申请没收财产之间的关联性,但不能紧扣裁判理由,未能直接体现刑事诉讼法第二百八十二条明确的“查证属于违法所得及其他涉案财产”的内容,故该裁定书最终采纳了第三种表述。

(三)准确概括实施犯罪事实的证据、关联性事实的证据以及综合事实的证据,把握引述详略尺度

在没收违法所得申请案件中,犯罪嫌疑人、被告人未到案,如果犯罪嫌疑人、被告人到案,则要终止审理。这一特征,决定了对立案审查查明事实所确认的证据和开庭审理查明事实所确认的证据在公开尺度的把握上应当有所区别。如果将立案阶段查明的犯罪嫌疑人、被告人实施犯罪的证据完全公布于众,就可能妨碍正在进行或者即将进行的刑事侦查,犯罪嫌疑人、被告人在未到案的情况下完全有可能有针对性地破坏、毁灭相关证据,或者订立攻守同盟。该裁定书基于上述考虑,对立案阶段查明的犯罪嫌疑人、被告人实施犯罪的证据,采取简略表述,仅列明了证据名称,未对证据内容详细展开,这样既确保了载明的证据能够形成证据链,又确保了所列证据不对刑事侦查工作造成任何妨碍。

对于证明申请没收财产属于违法所得及其他涉案财产等相关事实的证据,除少数证据外,一

般仅直接体现犯罪嫌疑人、被告人实施了犯罪事实的结论,不涉及具体实施犯罪的过程,因此不会对正在进行或者将来进行的侦查造成妨碍。加上利害关系人对此类证据依法可以查阅、复制,并当庭举证或者质证,在裁判文书中引述相关证据内容不会对侦查造成不利影响;且此类证据直接关系到检察机关与利害关系人的主张能否成立,故裁定书中应当详细载明示证、质证、认证过程。正是基于上述理由,该裁定书对庭审查明的事实进行详细载明。同时,该裁定书对于证人证言中比较繁杂冗长的表述,进行了书面简要提炼,克服了许多裁判文书中对证人证言原版照抄的弊病,既准确表达了客观事实,又很好地把握了详略尺度,实现了该详的详,该略的略。

(四)准确概括查封、扣押、冻结财产情况,精准体现申请没收财产范围

在没收违法所得申请案件中,一个比较显著的特点是,申请没收的财产一般限于已被发现的与犯罪嫌疑人、被告人实施犯罪相关联的财产。实践中为防止财产被转移、隐匿,一般对此类财产采取查封、扣押、冻结措施,因此申请没收的财产一般限于查封、扣押、冻结的财产范围。由于违法所得没收程序本质上是对与实施犯罪有关的财产的确认,而不包含罚金、退赔等处理,故对超过违法所得及其他涉案财产范围之外的合法财产不应查封、扣押、冻结。为防止对超过违法所得及其他涉案财产范围之外的合法财产采取查封、扣押、冻结措施,侵害犯罪嫌疑人、被告人或者第三人的合法财产权利,《追赃规定》要求申请书载明申请没收的财产范围,查封、扣押、冻结财产的情况以及相关法律手续。例如,《追赃规定》第十一条明确,没收违法所得申请案件应当在公告中载明已查封、扣押、冻结财产的清单和相关法律手续。因此,对于查封、扣押、冻结在案财产情况的审查,应当在立案阶段进行。基于上述考虑,该裁定书在立案审查查明事实中载明申请没收的财产范围以及查封、扣押、冻结财产的相关情况。同时,裁定书在此部分引列了相关证据,为开庭审理过程中查明申请没收财产情况提供了基础事实依据。

三、释法析理精练透彻,深度回应争议焦点

争议焦点评判是检验案件是否公正审判以及犯罪嫌疑人、被告人、利害关系人是否服判息讼的重要依据。对争议焦点是否评判透彻,直接关涉裁判文书的质量。

(一)将争议焦点评判上升为并列框架主体之一,凸显释法析理的重要地位和意义

本案是《追赃规定》实施后第一起没收违法所得申请案件,又是第一起因犯罪嫌疑人死亡而启动违法所得没收程序的省(部)级领导干部职务犯罪案件,对争议焦点的评判无疑是社会各界关注的焦点。本案体现了对腐败分子贪污受贿所得一追到底的坚强决心和鲜明态度,避免出现因腐败分子死亡而对腐败犯罪所得放任不管的现象,同时对"牺牲一人幸福全家"的潜在侥幸心理造成有力震慑。但在贯彻落实上述政策的同时,如何把握追赃尺度,如何保障犯罪嫌疑人、被告人的合法财产权利,需要通过裁判说理来体现。该裁定书将对争议焦点的评判内容与"首部""事实证据""本院认为""判决主项""尾部"并列,强调"对争议焦点的评判"的独立性,凸显释法析理的重要地位和意义,避免在"本院认为"部分一笔带过。

(二)逐一深度回应争议焦点,体现人民法院不偏不倚依法行使裁判权

如何在犯罪嫌疑人、被告人死亡的情况下清晰界分违法所得和合法财产,如何既确保对违法所得追缴到位又兼顾合法财产的保护,如何在犯罪嫌疑人、被告人死亡案件中认定巨额财产"不能说明来源",既是检验裁判是否正确的重点,也是增进社会各界对裁判的理解、支持的关键。本案不但在利害关系人未提出异议的情况下,依法驳回检察机关对犯罪嫌疑人实施贪污受贿犯罪所得中已灭失部分财产的没收申请,而且既依法采纳了利害关系人的部分意见又驳回了部分意见。该裁定书不回避任何争议焦点,对驳回和采纳意见的理由逐一进行了详细阐述,体现了人民法院居中裁判的角色,不偏不倚依法行使裁判权。

四、遵循裁判文书技术规范，注意关键细节表述

违法所得没收裁定书属于裁判文书的一种，既要体现裁判文书的共性，又要体现其个性。该裁定书严格遵循裁判的一般技术规范，同时结合违法所得没收程序特征和个案案情，注意关键细节表述，做到事实证据排列有序、用语准确规范、语言简洁凝练。

（一）按照一般技术规范标准，做到事实证据有序排列

该裁定书严格按照刑事裁判文书的一般表述规范对犯罪嫌疑人实施的多起犯罪事实及相关证据进行了有序排列。例如，在事实排列方面，该裁定书根据犯罪事实的性质、情节以及对社会的危害程度，按照先重罪名后轻罪名的排列原则，依次载明犯罪嫌疑人任润厚实施的受贿犯罪、贪污犯罪、巨额财产来源不明犯罪事实；在此基础上，按照时间先后顺序，依次载明任润厚实施的多起受贿犯罪事实，确保裁定书重点突出、逻辑清晰。又如，在引用证据方面，该裁定书改变了检察机关没收违法所得申请书对证据的排列顺序，对证明申请没收财产属于违法所得及其他涉案财产的证据采取分组排列方式，同一组证据中，又遵循先客观后主观的排列原则，参照刑事诉讼法关于物证、书证、鉴定意见、证人证言、利害关系人陈述等证据分类的顺序依次排列，突出了客观证据证明效力，证明指向清晰，排列逻辑严谨。

（二）针对不同审理阶段查明证据的特点，分别采用不同的引述导语

该裁定书在引述立案审查查明事实部分证据时，考虑到相关证据均系检察机关提供，且未经当庭举证质证，由合议庭进行书面审查，故采用“证明此节事实的证据有”的表述作为引述证据导语。这样表述更加简洁凝练，体现出人民法院审查后对犯罪嫌疑人实施犯罪事实及证据的确信。在引述开庭审理查明事实部分的证据时，鉴于检察机关、利害关系人开庭审理过程中分别出示了证据，并进行了质证，该裁定书以“检察机关（利害关系人）为证明此节事实（其主张），当庭出示了下列证据”作为引述导语，对检察机关、利害关系人提交证据分类引用，并在引述证据尾部分别作出对相关证据是否采信的评判，体现了法庭居中裁判的地位和角色。同时，这种引述方式能够更加全面真实地反映提供证据的主体、提供证据和最终确认证据、未确认证据的情况，更加容易形成与控辩焦点评判部分的对应，更加有利于裁定书接受法律、世人和历史的检验。

（三）根据证据的实际证明力度，准确使用“具有高度可能”证据证明标准的表述

《追赃规定》第十七条规定，申请没收的财产具有高度可能属于违法所得及其他涉案财产的，应当认定为“申请没收的财产属于违法所得及其他涉案财产”。“具有高度可能”是司法解释为认定申请没收的财产是否属于违法所得及其他涉案财产设定的最低证明标准，即认定的最低门槛。然而，在具体案件中，检察机关收集的申请没收的财产与违法所得及其他涉案财产的关联性证据可能已达到排除合理怀疑的标准，远远高于高度盖然性证据证明标准。在此情况下，如果在表述证据证明内容时仍然坚持使用“具有高度可能”的表述，可能会降低证据本身的证明力度，引起社会公众对裁判正当性的质疑。出于上述考虑，根据本案实际，该裁定书仅在援引《追赃规定》条款时使用了“具有高度可能”的表述，对于其他事实清楚，证据确实、充分的部分，未使用“具有高度可能”的表述方式。

（四）结合违法所得没收程序特点，使用更加准确的法言法语

如在载明犯罪嫌疑人任润厚实施犯罪事实部分，该裁定书严格采用客观表述，避免在定性前对行为采用定性评价用语。同时，考虑到违法所得没收程序本质上是非定罪没收程序，为避免在表述上引发对任润厚作出定罪处罚的误导，裁定书在载明相关犯罪事实部分，严格依照《追赃规定》的相关条款，使用了“实施犯罪”的表述，而尽量杜绝使用“犯罪”的表述。

此外，该裁定书对普通刑事案件裁判文书中常见的表述问题进行了修正。如对犯罪嫌疑人

死亡后的户籍地采用了"生前户籍地"表述,对普通刑事案件裁判文书中"住"的表述修正为"居住地",使表述更加切合刑事诉讼法原意。

(五)用语简洁凝练,避免表达烦冗复杂

该裁定书通篇做到语言简洁凝练,不拖泥带水、避免表达含混不清。如在载明犯罪嫌疑人任润厚实施受贿犯罪事实部分,对于实施的多起受贿犯罪均以"任润厚利用担任……职务上的便利,为……提供帮助"的表述方式,载明任润厚任职情况及谋利事项,并在此基础上补充收受贿赂时间、金额等信息,做到所载明的事实紧扣法律条文,去除了冗余的无用信息,保持了裁定书简洁凝练的语言风格。

当然,本案是第一个将《追赃规定》具体适用到司法实践的案件,由于缺乏实践经验指引,本案的各个审理环节,包括提出申请、立案审查、发布公告、开庭审理、宣判执行以及如何制作法律文书,都是"摸着石头过河"。因此,本案审判活动以及裁定书内容和形式均难免存在不足之处,希望通过今后的实践不断加以完善。

(审核:王晓东)

李旭贪污、受贿案

【编者按】

被告人李旭贪污、受贿案共涉及两个罪名十五项指控,其中贪污罪两项,受贿罪十三项,事实、证据较为复杂,部分事实控辩双方争议较大。合议庭召开庭前会议,就管辖、回避、非法证据排除、证人出庭等方面听取双方意见,梳理事实和证据方面的争议点,确定法庭调查的顺序和重点。庭审中按照先易后难的顺序进行,即先审理无争议的事实和争议较小的事实、后审理争议较大的事实,使得法庭调查有条不紊地进行。本篇裁判文书如实还原庭审经过,充分体现控辩双方对抗过程;在犯罪事实部分表述繁简得当,简要的事实略说,争议的事实精说;论证说理深入全面,对法律争议焦点逐项回应并说明理由,充分展示了裁判文书的释法说理功能。

四川省成都市中级人民法院
刑 事 判 决 书

(2016)川 01 刑初 152 号

公诉机关四川省成都市人民检察院。

被告人李旭,男,1971 年 10 月 4 日出生,汉族,大学学历,成都市投资促进委员会原党组书记、主任,因涉嫌犯受贿罪于 2015 年 10 月 21 日被刑事拘留,同年 11 月 5 日被逮捕。现羁押于成都市看守所。

辩护人余旺、周益频,四川华楚律师事务所律师。

四川省成都市人民检察院以成检公诉刑诉〔2016〕144 号起诉书指控被告人李旭犯贪污罪、受贿罪向本院提起公诉。本院依法组成合议庭,召开了庭前会议,公开开庭审理了本案。四川省成都市人民检察院指派检察员余晖、安田出庭支持公诉,被告人李旭及其辩护人余旺、周益频均到庭参加诉讼。本案经合议庭评议并报本院审判委员会讨论决定,现已审理终结。

鉴于本案指控事实和证据较多,本院依职权决定召开庭前会议,成都市人民检察院检察员余晖,被告人李旭及其辩护人余旺参加了会议。在庭前会议中,本院就双方在管辖、回避、是否申请排除非法证据、是否申请证人出庭等方面了解情况,听取意见,梳理了事实和证据方面的争议点,确定了法庭调查的顺序和重点。

起诉书对被告人李旭提出两个罪名共计十五项指控,其中贪污罪两项,受贿罪十三项。法庭审理中,按照无争议的事实、争议较小的事实、争议较大的事实的顺序进行了法庭调查,控辩双方针对指控的事实、罪名及相关情节,当庭举证、质证和辩论,被告人李旭作了最后陈述。综合双方争议及各自理由,本院根据法庭调查顺序,分别评判如下:

一、公诉机关指控:被告人李旭利用担任成都市锦江区三圣街道党工委书记的职务便利,(1)为成都花香小城镇开发有限公司总经理邹胜,在位于三圣乡驸马村农贸市场的拆迁补偿等事项上提供帮助,于2008年收受邹胜人民币30万元;(2)为成都金沙陵园殡葬服务有限公司在用地拆迁事项上提供帮助,于2008年收受该公司实际控制人周于翔人民币20万元;(3)为成都琅玕营销策划有限公司承揽三圣乡景区导旗广告项目提供帮助,于2005年至2009年期间收受该公司法定代表人王磊人民币10万元;(4)为华西生辉建筑公司承建三圣街道画家村景区项目提供帮助,于2005年收受该公司项目承包人林才金人民币10万元;被告人李旭利用担任武侯区委常委、副书记、副区长的职务便利;(5)为成都香木林体育文化有限公司拟开发的环城生态区体育公园项目提供帮助,于2011年至2013年期间收受该公司总经理李柯人民币8万元、港币8万元;(6)为四川锦万房产开发有限公司开发的"簇锦家园"项目,在配套建设方面提供帮助,于2013年收受该公司法定代表人刘万龙人民币2万元;(7)为成都天易正堂保健服务有限公司续租经营用房提供帮助,于2011年收受该公司总经理柏莉人民币1万元;(8)为成都佳州房地产开发有限公司解决在武侯区投资遗留问题提供帮助,于2013年收受该公司实际控制人雷学峰价值人民币1万元的购物卡;(9)为中达宝马公司新4S店在土地变性等方面提供帮助,于2013年收受该公司负责人赵巍价值人民币1万元的购物卡;(10)为上海和鸿企业发展有限公司投资中医药研究院旧城改造项目提供帮助,于2011年至2015年期间收受该公司总经理周乐成人民币5.2万元。

针对上述指控,公诉机关根据庭前会议中控辩双方就举证方式达成的一致意见,简要出示了被告人李旭的任职文件、成都锦涛实业有限公司工商档案、成都锦涛实业有限公司与锦江区三圣街道驸马村签订的房屋租赁协议、成都建盟贸易有限公司与成都三圣东篱菊园生态旅游管理有限公司签订的《三圣土地整理项目区企业、种植补偿协议书》及相关材料、2008年2月1日三圣街道工委会会议记录、成都驿路梨花项目投资有限公司与三圣街道大安桥村村委会签订的《三圣"拆院并院"土地整理项目区企业、种植补偿协议书》、成都琅玕营销策划有限公司有关工程合同及财务凭证、三圣街道办广告制作清单、三圣街道办会议纪要、华西生辉公司工商资料及承揽荷塘月色音乐创业园工程资料、成都天易正堂保健服务有限公司租赁合同、天易正堂保健公司出具的证明、成都佳州房地产开发有限公司营业执照及委托贷款合同,证人胡杨、邹胜、邹俊刚、葛文、周于翔、王磊、林才金、李柯、郝斌、刘万龙、米毅、柏莉、雷学峰、赵巍、余晓华、周乐成的证言,被告人李旭的供述等证据。

公诉机关认为,在以上十项指控事实中,被告人李旭利用职务便利为他人谋取利益,收受他人价值共计人民币88.2万元、港币8万元的款物,其行为已构成受贿罪,且数额巨大。

被告人李旭及其辩护人对上述证据及指控事实无异议。

合议庭经当庭评议,认为上述指控证据具有合法性、真实性、关联性,对案件事实具有证明力,当庭予以采信,并对该十项指控事实予以确认。本院认为,公诉机关的上述指控事实清楚,证据确实充分,指控罪名成立。

二、公诉机关指控：被告人李旭利用担任成都市锦江区三圣街道党工委书记的职务便利，(1)为四川华晨融汇投资有限公司承揽“锦水花乡”安置房建设项目提供帮助，于2008年下半年收受该公司董事长时克义人民币50万元；(2)为成都春天花坊园艺公司承揽三圣街道花卉采购项目提供帮助，于2005年至2009年期间收受该公司负责人林瑛人民币50万元。2009年3月，被告人李旭在调离锦江区后，因担心被调查，以代时克义还款的名义将50万元交给“锦水花乡”项目原承包人李文波，向林瑛退还了人民币50万元。

针对该两项指控事实，公诉机关根据庭前会议中控辩双方就举证方式达成的一致意见，简要出示了委托建设协议书、景安公司营业执照及公司章程、锦江区农村产权制度改革领导小组会议纪要、“锦水花乡”项目资料、项目工程财务资料、成都春天花坊农业开发有限公司、成都喜爱花艺有限责任公司、成都维生花卉园艺有限公司工商资料、春天花坊在三圣街道承接花卉项目的《订货合同》、付款凭证及账目资料，证人樊艳、胡杨、甘光全、朱瑾的证言等证据。

重点详细出示了以下证据：1. 证人时克义的证言。① 2. 证人邹胜的证言。3. 证人李文波的证言。4. 证人林瑛的证言。5. 被告人李旭的供述。

公诉机关认为，被告人李旭利用职务便利，为时克义、林瑛所在公司提供帮助，收受二人人民币100万元，其行为构成受贿罪，该100万元应计入受贿金额。

被告人李旭及其辩护人对该两项指控中李旭收过钱款的基本事实无异议，就李旭的主观故意和事实定性提出两点异议：第一，被告人李旭收受时克义50万元系出于帮助李文波收回欠款，无受贿的主观故意。第二，李旭在案发前六年即已主动将该两笔款项全额退还，且并非因自身或者有关联的人、事被查处，为掩饰犯罪而退还，符合《最高人民法院、最高人民检察院关于办理受贿刑事案件适用法律若干问题的意见》第九条第一款“国家工作人员收受请托人财物后及时退还或上交，不是受贿”之规定，不应认定为受贿罪进行处罚。

公诉人答辩称：第一，李旭的供述和证人邹胜、时克义的证言证实，李旭收受时克义50万元时具有受贿的故意。第二，李旭以代时克义向李文波偿还欠款的方式退还50万元，向林瑛退还50万元属于犯罪既遂后，为掩饰犯罪而退还的行为，不符合该司法解释规定，应当以受贿罪定罪处罚。

本院认为，公诉机关针对该两项指控出示的前述证据均来源合法，内容真实，与指控事实相关联，本院均予以采信。针对控辩双方的争议焦点，本院综合评判如下：

(一)关于被告人李旭收受时克义50万元是否具有受贿故意的问题。本院认为，首先，李旭在侦查阶段明确供述其认为自己已经帮时克义使锦水花香项目得以顺利推进，收下这50万元是理所当然的，直接反映出李旭主观上具有受贿故意。其次，证人时克义、邹胜的证言与李旭的供述相互印证，证实李旭收到时克义50万元是在2008年；证人李文波的证言称，其曾于2009年年初请李旭帮忙向时克义催收欠款，但李旭当时并未向李文波提出代时克义归还50万元，该证言内容能够得到李旭供述的印证，亦证实李旭当时已将该50万元据为己有，并不想代时克义向李文波归还欠款。最后，从退还行贿款的角度而言，李旭应当将该50万元向时克义退还，即使代时克义偿还欠款，也应当让时克义知晓，但李旭的供述与证人时克义、李文波的证言相互印证，证实时克义对于李旭代其向李文波偿还50万元并不知情。此外，李旭明确供述其退款的原因是调离锦江区，担心此事败露被司法机关查处，而非自始即无受贿故意。因此，现有指控证据足以证实李旭收受时克义50万元时具有受贿的主观故意。被告人李旭及其辩护人所提李旭收受时克义

① 该判决书中对于重点出示的证据均较为详细地摘录了证据主要内容，鉴于刊物篇幅所限，均予以省略。

50万元时不具有受贿故意的辩解及辩护意见，因与证据证明的事实不符而不能成立，本院不予采纳。

（二）关于该两项指控是否应认定为受贿罪进行处罚的问题。本院认为，首先，从受贿罪的构成要件来看，现有指控证据能够证实李旭利用职务便利，为时克义、林瑛提供帮助，分别收受二人50万元的事实，其行为完全符合我国《刑法》规定的受贿罪的构成要件，已经属于受贿既遂。其次，从李旭退款的及时性来看，如前述证据分析，李旭在收到时克义的50万元后，不仅不存在影响及时退还的客观阻碍事由，而且在李文波提出让其帮忙向时克义催要欠款后，仍未退还，不具有退还的及时性；李旭的供述和林瑛的证言相互印证，证实李旭收受林瑛50万元的时间跨度为五年，每年收受10万元，但李旭在五年内不仅未退还林瑛之前所送钱款，而且继续收受新送钱款，表明其不仅不具有影响及时退还的客观阻碍事由，反而能够证明李旭具有受贿故意。最后，从司法解释与刑法的效力关系来看，司法解释应当在《刑法》规定的范围内进行解释，目的在于帮助司法人员更准确地理解适用《刑法》规定，而不能突破《刑法》规定。该司法解释第九条所规定的“不是受贿”，是对虽然客观上收受了钱款，但主观上无受贿故意并及时退还的行为性质的解释说明，这种行为因不符合受贿罪的主观要件而当然不构成受贿罪，司法解释只有这样理解才符合其在法律渊源中的效力位阶。因此，李旭退还该100万元的行为不符合《最高人民法院、最高人民检察院关于办理受贿刑事案件适用法律若干问题的意见》第九条关于“不是受贿”的规定，而应认定为受贿既遂之后对赃款的处分行为。被告人李旭及其辩护人所提该两项指控事实不应认定为受贿罪进行处罚的辩解及辩护意见，因与法律规定不符而不能成立，本院不予采纳。

本院认为，该两项指控的事实清楚，证据确实充分，对该两项指控的事实和罪名均予以确认，该100万元应计入受贿金额。

三、公诉机关指控：被告人李旭利用担任三圣街道党工委书记的职务便利，为四川兴骋达建设发展有限公司承揽三圣乡荷塘月色佛手拈花雕塑等项目提供帮助，于2005年至2009年期间收受该公司法定代表人周云人民币15万元。

针对该项指控，公诉机关详细出示了以下证据：1. 成都兴骋达环境艺术公司承接佛手拈花雕塑工程的合同。2. 证人胡杨的证言。3. 证人周云的证言。4. 被告人李旭的供述。

公诉机关认为，被告人李旭利用职务便利，为周云提供帮助并收受人民币15万元，其行为构成受贿罪，该15万元应计入受贿金额。

被告人李旭对该项指控无异议，其辩护人提出该项指控因证据不足而不能成立的辩护意见，理由是：本案证据中仅有一份兴骋达公司与三圣街道办事处于2005年12月6日签订的雕塑制作合同，之后李旭未利用职务之便向周云提供帮助，即使收受周云钱款，也应认定为礼金，不应定性为受贿款，同时因收受款项的具体时间不明确，无法区分15万元中礼金和受贿款的比例，根据疑罪从无原则，该项指控不成立。

公诉人答辩称，指控证据能够确实充分地证实李旭收受周云15万元贿赂的事实，即使有以礼金名义所送钱款，根据司法解释规定，也应认定为受贿金额。

本院认为，公诉机关针对该项指控出示的前述证据均来源合法，内容真实，与指控事实相关联，本院均予以采信。

针对控辩双方的争议焦点，本院综合评判如下：第一，李旭的供述与证人胡杨、周云的证言相互印证，证实李旭收受周云钱款的数额为15万元，且事由是李旭在周云承揽三圣街道雕塑工程方面给予的帮助。第二，证人周云的证言称其于2005年至2009年期间，在三圣街道承揽了多个雕塑小品项目，造价共计100余万元。虽然本案仅收集到佛手拈花雕塑工程的一份书面合同，但李旭的供述和周云、胡杨的证言相互印证证实周云实际承接的并不止这一个项目。第三,李旭收受周云钱款的时间段为2005年至2009年,与其在三圣街道任职的时间段相吻合,2009年调离锦江区后未收受周云钱款,也可佐证其收受周云钱款与担任三圣街道党工委书记的职务相关联的事实。第四,胡杨、周云的证言明确称该15万元的性质为“返点费”“好处费”,从未认为是“礼金”。第五,依照最高人民法院、最高人民检察院于2016年3月28日发布实施的《贪污贿赂刑事案件适用法律若干问题的解释》第十五条之规定,“国家工作人员利用职务上的便利为请托人谋取利益前后多次收受请托人财物,受请托之前收受的财物数额在一万元以上的,应当一并计入受贿数额”。按照法律解释方法中的当然解释,入罪应举轻以明重,只要金额在1万元以上的,即使在受请托之前收受,也应认定为受贿款,那么,在受请托之后收受的1万元以上财物,当然应认定为受贿款。本案中,李旭供述周云每次送的都是“三万元、五万元不等的信封”,金额均在1万元以上,且时间均是在受请托之后,故该15万元无论是“礼金”,还是“好处费”,均应计入受贿数额。综上,现有指控证据足以证实李旭收受周云15万元贿赂的事实。被告人李旭的辩护人所提该项指控因证据不足而不能成立的辩护意见,因与证据证明的事实不符而不能成立,本院不予采纳。

本院认为,该项指控的事实清楚,证据确实充分,对该项指控的事实和罪名均予以确认,该15万元应计入受贿金额。

四、公诉机关指控:2008年1月,被告人李旭经多次与胡杨、邹胜共同商议,决定以120万元的价格购买位于三圣街道江家堰社区的天缘汽配厂,胡杨出资20万元,邹胜负责筹集其余100万元,被告人李旭负责协调相关事宜。拆迁过程中,被告人李旭授意成都花香小城镇开发有限公司负责江家堰社区的拆迁工作,安排熟悉拆迁流程的邹胜具体办理天缘汽配厂的拆迁手续。邹胜随后组织黄登富(另案处理)等人,通过违规搭建钢棚、安装废旧变压器、人为拆分企业、伪造拆迁调查资料等手段,骗取拆迁补偿及按户调控奖励共计3 124 987.94元,非法占有拆迁款1 924 987.94元。其中,李旭、胡杨各分得50万元,邹胜分得20万元,其余72万余元由黄登富等人分得。

针对该项指控,公诉机关详细出示了以下证据:1. 李旭的任职文件。2. 胡杨的任职文件。3. 三圣街道办事处出具的情况说明。4. 三圣街道党工委2005年2月4日会议纪要。5. 成都市国土资源局锦江分局《关于实施“拆院并院”三圣项目拆旧区拆迁工作有关事宜的紧急报告》。6. 锦江区国土局关于成都天缘汽配有限公司拆迁补偿有关问题调查核实情况的报告。7. 天缘汽配公司房屋拆迁补偿金额测算表、黄登富和刘齐分别与江家堰社区签订的补偿协议、熊大俊手绘平面示意图,拆迁示意图。8. 中共成都市锦江区委锦委发(2008)1号文件、锦江区国土局出具的情况说明。9. 三圣街道办事处及江家堰社区居委会出具的情况说明。10. 缴付款通知单。11. 琉璃供电所证明及成都市三新电力服务有限公司金牛分公司情况说明。12. 转让协议证实。13. 证人张德成的证言。14. 证人金治安的证言。15. 证人包贵云的证言。16. 证人刘齐的证言。17. 证人熊大俊的证言。18. 证人缪体芳的证言。19. 证人张超林的证言。20. 证人夏康忠的证言。21. 证人刘兴亮的证言。22. 证人邹昌军的证言。23. 证人常庆的证言。24. 证人张文友的证言。25. 证人刘德春的证言。26. 证人朱文飞的证言。27. 证人夏勇的证言。28. 证人赵全的证言。29. 同案犯邹胜的供述。30. 同案犯胡杨的供述。31. 同案犯黄登富的供述。32. 被告人李旭的供述。

公诉机关认为,被告人李旭身为国家工作人员,利用职务便利,伙同他人采取欺骗手段,非法占有拆迁补偿款1 924 987.94元,其行为已构成贪污罪。

被告人李旭及其辩护人对该项指控提出以下辩解及辩护意见:第一,李旭不构成贪污罪,而应构成受贿罪。理由是,李旭事前并未与邹胜、胡杨共谋骗取拆迁补偿款,对邹胜、胡杨拆分厂房、虚增面积等行为不知情,只是事后收受了邹胜的感谢费;李旭从未在涉及本案拆迁补偿款的任何文件上签字,未参加相关会议的讨论决策,而且三圣街道办事处只负责农户的拆迁工作,企业的拆迁由区国土局负责,李旭作为锦江区委常委,其职务不包含主管、管理、经手公众财物的内容,不属于贪污罪中"职务之便";李旭利用职务之便收受邹胜50万元,符合受贿罪的构成要件。第二,如果认定李旭构成贪污罪,则该笔的贪污金额应认定为1 525 410.74元,即以李旭等人实际获得的3 124 987.94元,扣除实际应补偿的1 599 577.2元。

公诉人答辩称:第一,李旭与邹胜、胡杨共谋骗取拆迁补偿款,属于共同犯罪,应认定为贪污罪。第二,贪污金额应以李旭等人实际获利数额认定。

本院认为,公诉机关针对该项指控出示的前述证据均来源合法,内容真实,与指控事实相关联,本院均予以采信。针对控辩双方的争议焦点,本院综合评判如下:

(一)关于被告人李旭是否与邹胜、胡杨共谋通过购买天缘汽配厂骗取拆迁补偿款的问题。本院认为,首先,李旭在侦查阶段多次稳定供述其与邹胜、胡杨一起商量购买天缘汽配厂以获取拆迁补偿款牟利,胡杨出资20万元,邹胜、胡杨说出钱的事不用其费心。同案犯胡杨、邹胜均供称三人一同商议过购买天缘汽配厂的事情,并且李旭表示过要出资,只是二人鉴于李旭是领导,未让其实际出资而已。三人的供述能够相互印证,证实在通过购买天缘汽配厂骗取拆迁补偿款的过程中,李旭参与了事前共谋。其次,邹胜供述其提出将天缘汽配厂拆成两个部分以保证李旭和胡杨的利益,李、胡二人均同意,但黄登富很不满意。该供述内容能够得到胡杨供述的印证和黄登富供述的佐证,证实李旭在骗取拆迁补偿款的过程中也参与了共谋。最后,李旭、邹胜、胡杨一致供述称,黄登富因天缘汽配厂拆迁问题被逮捕后,为了补偿黄登富,李旭和胡杨均将各自分得的50万元退出,李旭还另外支付5万元用于补偿黄登富,亦可从侧面反映出三人共同谋划、共享利益、共担风险的行为性质。因此,现有指控证据足以证实李旭与邹胜、胡杨共谋通过购买天缘汽配厂骗取拆迁补偿款的事实。

(二)关于李旭在获取拆迁补偿款过程中是否利用职务便利的问题。本院认为,首先,《企业、专业户情况调查登记表》、《三圣土地整理项目区企业、种养殖补偿协议书》、三圣街道办事处出具的关于为天缘汽配厂增加补偿的《情况说明》等证据证实,天缘汽配厂拆迁工作主要发生在2008年3月左右,在此过程中,三圣街道办事处具有入户调查、编制资料、决定补偿金额等职责。中共成都市锦江区委锦委发(2008)1号文件、锦江区国土局出具的情况说明载明,天缘汽配厂的拆除工作处于"198"土地整理的先行先试阶段,由三圣街道办事处负责对该企业拆除。由国土局负责企业拆迁工作的做法是在2008年9月之后才施行,亦可印证由三圣街道办事处负责对天缘汽配厂拆迁的事实。其次,李旭的任职文件、邹胜、胡杨的供述、时任三圣街道办事处主任朱文飞的证言等证据均证实,李旭虽然于2006年11月任锦江区委常委、统战部部长,但一直兼任三圣街道党工委书记至2009年3月。李旭作为三圣街道的党工委书记、主要领导,对三圣街道的全面工作负责,对于拆迁工作亦有决策权。再次,三圣街道党工委2008年2月1日的会议纪要载明,在确定某市场的拆迁补偿金额过程中,李旭对负责拆迁的公司、拆迁期限、补偿款的金额及支付方式等事项均作出安排,亦证实其对于辖区内的拆迁工作具有决策权。最后,本案系共同犯罪,在天缘汽配厂拆迁过程中,李旭与胡杨、邹胜利用各自的职权,分别负责不同的具体事项,例如该厂之所以能够顺利违法搭建、虚增面积,就与胡杨分管城管工作,具有管控违法建筑的职责,邹胜系小城镇公司负责人,负责编制拆迁资料的职责不无关系。根据共同犯罪法理,李旭与胡杨、邹胜共同利用各自的职务便利,属于贪污罪中的"利用职务上的便利"。因此,现有证据足以证实在通过天缘汽配厂骗取拆迁补偿款的过程中,李旭利用了职务便利的事实。

(三)关于贪污金额的认定问题。本院认为,在贪污罪中,应以国家遭受的实际损失为犯罪金额。本案中,锦江区国土局出具的《关于成都天缘汽配有限公司拆迁补偿有关问题调查核实情况的报告》证实,支付天缘汽配有限公司的拆迁补偿款 3 124 987.94 元中,实际应补偿 1 599 577.2 元,造成虚增多领取拆迁补偿款 1 525 410.74 元。公诉机关将李旭等人的获利总金额,即以实际所得 3 124 987.94 元,扣除 120 万元的购厂成本后,全部认定为贪污数额,确有不当,应予纠正,该笔贪污金额应认定为 1 525 410.74 元。

本院认为,公诉机关的该项指控事实基本清楚,证据确实充分,对该项指控的基本事实和罪名予以确认,但贪污金额应认定为 1 525 410.74 元。此外,根据上述指控证据,本院另查明,2012 年黄登富因骗取拆迁款被司法机关调查后,李旭将分得的 50 万元退还邹胜,并另支付 5 万元用于补偿黄登富。

被告人李旭及其辩护人针对该项指控所提李旭不构成贪污罪而构成受贿罪的辩解及辩护意见,因与证据证明的事实不符,不能成立,本院不予采纳。关于贪污金额应认定为 1 525 410.74 元的辩解及辩护意见,与审理查明的事实相符,本院予以采纳。

五、公诉机关指控:2007 年 12 月至 2008 年 3 月期间,被告人李旭经与胡杨、邹胜共同商议,授意邹胜寻找、购买待拆迁企业以骗取拆迁款。邹胜以 22 万元从三圣街道万福村 9 组居民张英全处购买了一处地上建筑,利用与龙泉洪桥金属门窗厂虚假签订的转让协议等材料,制造该建筑系龙泉洪桥金属门窗厂,属待拆迁企业的假象。2008 年 3 月,邹胜等人又以安装废旧变压器、虚报企业损失等手段,骗取拆迁补偿及调控奖励共计 686 494.50 元,非法占有拆迁款 466 494.50 元。其中,李旭分得 15 万元,胡杨分得 10 万元,其余 21 万余元由邹胜等人分得。

针对该项指控事实,公诉机关根据庭前会议中控辩双方就举证方式达成的一致意见,简要出示了成都龙泉洪桥金属门窗厂拆迁补偿资料、成都三新电力服务公司金牛分公司出具的情况说明、三圣街道万福社区居民委员会出具的情况说明、三圣街道办事处出具的情况说明、龙泉洪桥金属门窗厂工商登记资料、转让协议,证人张德全、张美群、张英全、邹俊刚、缪体芳的证言等证据。

重点详细出示了以下证据:1. 同案犯胡杨的供述。2. 同案犯邹胜的供述。3. 被告人李旭的供述。

公诉机关认为,被告人李旭身为国家工作人员,利用职务便利,伙同他人采取欺骗手段,非法占有拆迁补偿款 466 494.50 元,其行为已构成贪污罪,该 46 万余元应计入贪污数额。

被告人李旭及其辩护人针对该项指控提出以下辩解及辩护意见:第一,李旭不构成贪污罪,而应构成受贿罪。理由是,李旭不具有合谋骗取金属门窗厂拆迁补偿款的主观故意;在金属门窗厂的拆迁过程中,李旭未提供帮助;李旭利用职务之便收受邹胜 15 万元,符合受贿罪的构成要件。第二,如果认定李旭构成贪污罪,则贪污金额应以实际取得的赔偿金额扣除应得的赔偿金额,而不应扣除购买价格。

公诉人答辩称:第一,现有证据足以证实李旭与邹胜、胡杨采取与前述天缘汽配厂相同的手段,共谋骗取拆迁补偿款,应认定为贪污罪。第二,贪污金额应以李旭等人实际获利数额认定,且由于时隔多年,不具备核实被拆建筑物真实数据的条件,无法查实正常应当补偿的金额。

本院认为,以上证据均来源合法,内容真实,与指控事实相关联,本院均予以采信。

针对控辩双方的争议焦点,本院综合评判如下:首先,从李旭的供述内容来看,关于通过天缘汽配厂骗取拆迁补偿款的事实,李旭供述了与胡杨、邹胜共同商议购买,以及各人出资等情节,但关于通过洪桥门窗厂骗取拆迁补偿款的事实，李旭供述内容主要为，邹胜购买了洪桥门窗厂后迟迟未被拆迁，遂找李旭帮忙，后在李旭协调下，该厂被顺利拆迁，邹胜为表示感谢，送给李旭15万元，并未供述过与邹胜共谋以及商谈出资等情节。其次，从李旭供述的真实性来看，办案机关并未掌握李旭与天缘汽配厂和洪桥门窗厂拆迁有关的犯罪线索，均系李旭主动交代，综合考察李旭对全案十五项犯罪事实的供述情况，其供述内容具有较高的真实性。最后，从胡杨和邹胜的供述来看，虽然二人供述过李旭曾参与共谋通过洪桥门窗厂骗取拆迁补偿款，但因二人均系同案犯，利害关系明显，不能排除二人试图推卸部分责任，减轻各自罪责的可能性，而且胡杨也曾作出邹胜在获得该笔赔偿款后送给李旭的15万元系感谢费的供述，与李旭的供述能够形成一定程度的印证，虽然之后翻供称邹胜是受李旭安排购买洪桥门窗厂，但未对翻供理由作出合理解释。因此，现有证据不能确实充分地证实李旭参与共谋，并安排邹胜购买洪桥门窗厂的事实，但能够证实李旭利用职务便利为邹胜获取拆迁补偿款提供便利，并收受其15万元的事实。

根据上述分析，本院确认以下事实：

2007年，邹胜得知成都市锦江区三圣街道万福村可能要被拆迁后，向时任三圣街道党工委书记的被告人李旭核实情况，告知李旭自己准备在万福村购买企业，以在之后的拆迁过程中获利，并请李旭在拆迁过程中给予帮助，李旭告知其可以购买。2008年年初，邹胜以22万元的价格从三圣街道万福村9组居民张英全处购买了一处地上建筑，利用与龙泉洪桥金属门窗厂签订的虚假转让协议等材料，制造该建筑系龙泉洪桥金属门窗厂，属待拆迁企业的假象。之后，邹胜又以安装废旧变压器、虚报企业损失等手段，取得拆迁补偿及调控奖励共计686 494.50元。为了感谢李旭在洪桥金属门窗厂拆迁过程中的帮助，邹胜送给李旭15万元。

本院认为，被告人李旭利用担任成都市锦江区三圣街道党工委书记的职务便利，为他人获取拆迁补偿款提供便利，并收受15万元，其行为已构成受贿罪，该15万元应计入受贿金额。公诉机关针对该项指控的基本事实清楚，证据充分，但定性有误，应予纠正。被告人李旭及其辩护人针对该项指控所提李旭不构成贪污罪的辩解及辩护意见成立，本院予以采纳。

此外，公诉机关还认定，2015年7月1日，中共成都市纪委在已掌握李旭涉嫌受贿线索的情况下，通知李旭接受调查。李旭在接受调查期间，如实交代了受贿事实，并主动交代与邹胜、胡杨等人共同贪污拆迁款的事实。公诉机关出示了成都市人民检察院成检（2015）4号案件线索移送函、成都市纪委成纪线移（2015）36号案件线索移送函、成都市纪委成纪案移（2015）18号案件移交函、成都市纪委出具的关于李旭到案及表现的情况说明等证据以证实上述情节。

公诉人当庭发表公诉意见认为，被告人李旭对于贪污罪具有自首情节，对于受贿罪具有坦白情节。

被告人李旭及其辩护人对上述事实无异议，但提出李旭对于受贿罪也具有自首情节的辩解及辩护意见。此外，李旭的辩护人还当庭出示由本院出具的收据一份，证实李旭的家属于2016年10月11日代李旭向本院退缴赃款125万元，并据此提出李旭具有退赃情节的辩护意见。

公诉人答辩称：第一，李旭交代办案机关掌握的同种犯罪线索，不构成自首。第二，对李旭的退赃情节予以认可。

本院认为，公诉机关出示的关于李旭接受调查情况的指控证据，以及辩护人出示的关于李旭退赃的证据，均来源合法，内容真实，与本案事实相关联，本院均予以采信。对于李旭就贪污罪具有自首情节，以及向法院退缴赃款125万元的事实予以确认。

针对控辩双方就被告人李旭犯受贿罪是否具有自首情节的争议焦点，本院认为，办案机关在掌握李旭收受时克义、周于翔和邹胜三人贿赂的线索后，通知李旭接受调查谈话，李旭没有自动投案的行为，在办案机关调查谈话期间，如实交代办案机关掌握的受贿线索所针对的此部分事实，不构成自首。对于李旭主动交代的其他受贿犯罪事实，因属于办案机关掌握的同种其他犯罪事实，亦不能构成自首。因此，被告人李旭及其辩护人所提李旭犯受贿罪具有自首情节的辩解及辩护意见因与法律规定不符而不能成立，本院不予采纳。

综上所述，本院认为，被告人李旭作为国家工作人员，利用担任成都市锦江区三圣街道党工委书记的职务便利，伙同他人采取欺骗手段，非法占有拆迁补偿款 1 525 410.74 元，个人分得 50 万元，其行为已构成贪污罪，且数额巨大。被告人李旭利用担任成都市锦江区三圣街道党工委书记、武侯区委常委、副书记、副区长的职务便利，为他人谋取利益，收受他人财物共计人民币 218.2 万元，港币 8 万元，其行为还构成受贿罪，且数额巨大。被告人李旭犯数罪，依法应当数罪并罚。被告人李旭在接受调查时，主动交代办案机关未掌握的贪污罪行，其行为对于贪污罪构成自首，依法可以从轻或者减轻处罚。在受贿罪中，办案机关仅掌握小部分犯罪事实，被告人李旭交代了大部分未被掌握的同种犯罪事实，应从轻处罚。被告人李旭还具有退赃情节，量刑时酌情考虑。被告人李旭退还给邹胜的 50 万元贪污赃款，属于违法所得，依法应当予以追缴，鉴于邹胜已在另案处理，可在邹胜贪污案处理过程中对 50 万元赃款一并作出处理；被告人李旭向本院退缴的 125 万元赃款，属于其违法所得，依法应当予以没收，上缴国库。

据此，为了打击职务犯罪，保护国家财产，维护国家工作人员的职务廉洁性，依照《中华人民共和国刑法》第三百八十二条，第三百八十三条第一款第(二)项，第三百八十五条，第三百八十六条，第二十五条第一款，第五十二条，第五十三条，第六十七条第一款、第三款，第六十九条第一款、第三款，第六十四条，以及《最高人民法院、最高人民检察院关于办理贪污贿赂刑事案件适用法律若干问题的解释》第二条第一款、第十九条之规定，判决如下：

一、被告人李旭犯贪污罪，判处有期徒刑四年，并处罚金人民币二十万元；犯受贿罪，判处有期徒刑六年六个月，并处罚金人民币二十万元；决定执行有期徒刑九年，并处罚金人民币四十万元。

二、对被告人李旭的违法所得共计人民币 218.2 万元，港币 8 万元依法予以没收，上缴国库。

如不服本判决，可在收到判决书的第二日起十日内，通过本院或直接向四川省高级人民法院提出上诉。书面上诉的，应当提交上诉状正本一份，副本二份。

审判长 周 磊
审判员 徐尔旻
审判员 魏 军

二〇一六年十二月二日

书记员 许 颖

第三部分

渎职罪

指导案例

[第 1089 号]杨德林滥用职权、受贿案

——滥用职权造成恶劣社会影响的及供犯罪所用的本人财物如何认定,受贿既、未遂并存的如何处罚

【关键词】 滥用职权 受贿 既遂 未遂 安全事故

一、基本案情

被告人杨德林,男,1964 年 12 月 9 日出生,原系贵州百里杜鹃风景名胜区管理委员会(以下简称百管委)副主任。2014 年 4 月 28 日因涉嫌犯滥用职权罪、受贿罪被逮捕。

贵州省毕节市人民检察院以被告人杨德林犯滥用职权罪、受贿罪,向毕节市中级人民法院提起公诉。

被告人杨德林对公诉机关指控的滥用职权和受贿的事实均无异议,但认为其行为不构成滥用职权罪。对其支付到贵州湾田煤业公司的 60 万元,认为属于其合法财产,请求法院判决予以返还。其辩护人提出了公诉机关指控的金隆煤矿事故瞒报造成恶劣社会影响属多因一果,杨德林不应承担滥用职权罪的刑事责任的辩护意见。

毕节市中级人民法院经公开审理查明:

(一)关于滥用职权的事实

2010 年 11 月起,被告人杨德林担任百管委副主任,分管安全生产等工作,2012 年 2 月起兼任百里杜鹃安全委员会(以下简称百安委)主任,负有按照国家、省、市的要求,在煤矿发生安全事故后到现场组织开展抢险救援、及时上报事故情况、做好事故善后工作、开展事故调查等职责。

2013 年 10 月 4 日,贵州湾田煤业集团有限公司(以下简称湾田煤业公司)所属的百管委金坡乡金隆煤矿发生 3 死 3 伤的重大劳动安全事故。杨德林未按规定将事故情况及时上报,未组织安监、煤矿安全部门相关人员去现场救援,并且授意金隆煤矿负责人隐瞒不报。同月 11 日,贵州煤矿安全监察局毕节监察分局(以下简称毕节监察分局)要求百管委组织对金隆煤矿事故进行调查。为隐瞒事故真相,杨德林指使安监、煤矿安全部门以及矿方与事故死伤者家属相互串通,在百管委组织调查时提供虚假材料,并将事前与彭洪亮等人商定的金隆煤矿未发生事故的虚假调查结论上报,致使事故真相被隐瞒。2014 年 3 月,毕节监察分局准备组织对金隆煤矿事故重新调查。杨德林得知后,安排他人伪造举报信,以“举报”金隆煤矿发生造成 2 人受伤的虚假事故为由组织第二次调查。后杨德林指使调查组作出煤矿发生事故,造成 2 人受伤的虚假调查结论上报,致使事故真相再次被隐瞒。

事故真相被隐瞒期间,数家新闻媒体记者以调查金隆煤矿安全事故为由,向金隆煤矿敲诈勒索财物,金隆煤矿被迫以赞助费等名义给予记者赵某等人现金数十万元;金隆煤矿得以继续违规生产;相关责任人员也未受到处理。

(二)关于受贿的事实

1. 被告人杨德林隐瞒金隆煤矿 2013 年 10 月 4 日发生的重大劳动安全事故后,向湾田煤业公

司副总经理陈国虹提出需要人民币(以下币种同)400万元用于协调有关事宜。经陈国虹等人商量,同意杨德林的要求。为规避法律责任,双方商定采用由杨德林出资60万元虚假入股的方式,给予杨德林400万元。2013年11月,杨德林安排其侄子杨磊出面与湾田煤业公司签订虚假入股协议。同年12月9日,按照杨德林的安排,杨磊从杨德林的账户转款60万元给湾田煤业公司。应杨德林的要求,湾田煤业公司将该60万元以"入股"分红的形式退还给杨德林,并承诺于2014年4月底用200万元以"退股"形式收购杨德林50%的"股份",剩余200万元在同年6月兑现。2014年4月,杨德林因涉嫌犯滥用职权罪被调查,该400万元未实际取得。

2. 2013年,根据贵州省和毕节市有关文件规定及会议精神,百管委将对辖区内煤矿企业进行兼并重组。同年1月起,杨德林兼任百管委煤矿企业兼并重组工作领导小组副组长。在煤矿企业兼并重组过程中,鹏程煤矿总经理朱月宝为实现兼并相邻煤矿的目的,请托杨德林以鹏程煤矿与相邻煤矿整合的方案上报,并愿提供协调费用。同年5月30日,杨德林通过杨磊收到朱月宝贿赂200万元。其间,中心煤矿负责人苏尔省为规避产业政策,防止煤矿被关闭淘汰,请托杨德林以中心煤矿作为单列技改保留现状的煤矿上报。杨德林提出苏尔省需提供300万元作为协调费用,苏尔省答应。同年6月2日,杨德林通过杨磊收到苏尔省贿赂300万元。在百管委开会讨论编制煤矿兼并重组方案时,杨德林在会上提出将鹏程煤矿与相邻煤矿整合、将中心煤矿进行单列保留上报的兼并重组方案。后经杨德林签字同意并将方案上报毕节市工能委。

案发后,湾田煤业公司将涉案款400万元上缴毕节市人民检察院,杨德林亦退缴全部受贿所得赃款。

毕节市中级人民法院认为,被告人杨德林身为国家机关工作人员,滥用职权,致使国家和人民利益遭受重大损失的行为构成滥用职权罪。杨德林身为国家工作人员,利用职务便利,索取请托人苏尔省贿赂300万元,向湾田煤业公司索要贿赂400万元,但该400万元因其涉嫌犯滥用职权罪被调查而未实际取得,非法收受请托人朱月宝贿赂200万元并为其谋取利益,其行为还构成受贿罪。对杨德林应依法惩处并数罪并罚。杨德林利用职务便利向湾田煤业公司索要贿赂400万元,系受贿犯罪未遂,可以比照既遂犯从轻或者减轻处罚;杨德林归案后如实供述了司法机关尚未掌握的其受贿500万元的事实,依法可以从轻处罚;杨德林退缴全部赃款,确有悔罪表现,可酌情从轻处罚。据此,依照《中华人民共和国刑法》第三百八十五条第一款,第三百八十六条,第三百八十三条第一款第一项、第二款,第三百九十七条第一款,第六十九条,第六十七条第三款,第五十九条,第二十三条,第六十四条之规定,毕节市中级人民法院作出如下判决:

1. 被告人杨德林犯受贿罪,判处有期徒刑十五年,并处没收个人财产人民币五十万元;犯滥用职权罪,判处有期徒刑三年,决定执行有期徒刑十七年,并处没收个人财产人民币五十万元。

2. 被告人杨德林受贿所得赃款予以没收,上缴国库。

一审宣判后,杨德林向贵州省高级人民法院提起上诉。具体理由如下:(1)一审判决认定其索要金隆煤矿400万元错误,该400万元不应认定为受贿;(2)一审判决认定其利用职务便利,以隐瞒重大安全事故为条件索要金隆煤矿400万元,分别定受贿罪和滥用职权罪错误;(3)一审判决将其入股分红的利润60万元予以没收,并判决没收个人财产50万元无法律依据;(4)其具有自首情节,原判量刑过重。

贵州省高级人民法院经审理后认为,原判认定上诉人杨德林犯滥用职权罪、受贿罪的事实清楚,证据确实、充分,适用法律正确,量刑适当,审判程序合法。杨德林所提上诉理由均不能成立。据此,依照《中华人民共和国刑事诉讼法》第二百二十五条第一款第一项之规定,裁定驳回上诉,维持原判。

二、主要问题

1. 对“滥用职权造成恶劣社会影响”应当如何认定？

2. 受贿犯罪中，如何理解刑法第六十四条规定的“供犯罪所用的本人财物”？

3. 如何认定受贿犯罪未遂？

4. 受贿犯罪既遂与未遂并存时如何处罚？

三、裁判理由

（一）滥用职权造成恶劣社会影响的认定

滥用职权罪，是指国家机关工作人员滥用职权，致使公共财产、国家和人民利益遭受重大损失的行为。换言之，滥用职权行为，只有致使公共财产、国家和人民利益遭受重大损失的，才成立犯罪。一般认为，国家机关工作人员滥用职权造成的损失可以分为有形损失和无形损失。实践中，对有形损失如造成的经济损失、人员伤亡情况等的认定较为容易；但对无形损失的认定则相对难以把握。

2013 年 1 月，《最高人民法院、最高人民检察院关于办理渎职刑事案件适用法律若干问题的解释（一）》（以下简称《渎职解释一》）第一条第一款规定了滥用职权罪的入罪门槛，即明确了刑法第三百九十七条第一款中滥用职权“致使公共财产、国家和人民利益遭受重大损失”的认定，具体包括四种情形：（1）造成死亡 1 人以上，或者重伤 3 人以上，或者轻伤 9 人以上，或者重伤 2 人、轻伤 3 人以上，或者重伤 1 人、轻伤 6 人以上的；（2）造成经济损失 30 万元以上的；（3）造成恶劣社会影响的；（4）其他致使公共财产、国家和人民利益遭受重大损失的情形。其中，第三项“造成恶劣社会影响”就属于无形损失。对此类无形损失的认定，我们认为，应当根据被告人滥用职权行为造成的危害后果、社会影响等客观实际，结合滥用职权行为的性质、手段等因素综合分析判断。

本案中，在案证据证实，金隆煤矿发生事故后，被告人杨德林未履行职责，且授意他人不将煤矿事故上报、不到现场救援，安排他人提供虚假材料，作虚假调查，要求他人隐瞒事故真相。因事故真相被隐瞒，一方面，致使事故调查、处理工作延误，相关责任人员未被追究责任；另一方面，煤矿存在重大安全隐患而未整改，仍组织矿工冒险下井生产作业，致使煤矿得以继续违法开采。同时，事故真相被隐瞒期间，数名记者以调查金隆煤矿安全事故为由，向金隆煤矿敲诈勒索财物共计数十万元，在当地造成的社会影响极坏，致使政府公信力受到人民群众的质疑。据此，一、二审法院认定杨德林滥用职权行为，严重损害了国家机关公信力，在当地造成了恶劣社会影响。依照刑法第三百九十七条第一款、《渎职解释一》第一条第一款第三项的规定，杨德林的行为构成滥用职权罪。

综上，我们认为，司法实践中对国家机关工作人员渎职犯罪“造成恶劣社会影响”的认定，在正确认识渎职犯罪行为侵犯的是国家机关公务的合法、公正、有效执行以及人民群众对此的信赖这一法益的基础上，一般可从以下方面予以把握：（1）渎职行为严重损害国家机关形象，致使政府公信力下降的；（2）渎职行为引发新闻媒体广泛关注，引起强烈社会反响的；（3）渎职行为造成大规模上访、暴力冲突等事件，影响国家机关正常职能活动的；（4）渎职行为诱发民族矛盾纠纷，严重影响民族团结、社会稳定的；（5）渎职行为造成其他恶劣社会影响的。

（二）受贿犯罪中“供犯罪所用的本人财物”的认定

刑法第六十四条规定：“供犯罪所用的本人财物，应当予以没收。”供犯罪所用的本人财物是指供犯罪分子进行犯罪活动而使用的属于其本人所有的钱款和物品，如用于走私的犯罪工具、赌博用的赌具等。一般认为，供犯罪所用的本人财物包括犯罪工具以及组成犯罪行为之物。实践中，对供犯罪所用的本人财物的理解应从“供犯罪所用”和“本人财物”两个方面着手进行。

"供犯罪所用"是指被告人有意识地将某物用于犯罪行为,被告人在使用时对财物为犯罪行为服务有着明确认识和追求。即一方面被告人对财物用于犯罪行为具有概括认识,另一方面又付诸实施。但在具体案件中,要注意分析该供犯罪所用财物与具体犯罪行为之间是否具有直接关联性,是否密切相关。2005年11月《最高人民法院、最高人民检察院关于办理赌博刑事案件具体应用法律若干问题的解释》第八条第二款明确规定:"赌资应当依法予以追缴;赌博用具、赌博违法所得以及赌博犯罪分子所有的专门用于赌博的资金、交通工具、通讯工具等,应当依法予以没收。"这里的"专门",实际上就是强调了上述财物应与赌博犯罪行为之间具有直接、密切的关联性。换言之,该司法解释事实上确认了应将"供犯罪所用财物"理解为与犯罪行为具有经常性联系或者密切相关的物品这一规则。

"本人财物"一般是指被告人对财物享有所有权。如果财物不是犯罪分子本人的,而是借用或者擅自使用的他人财物,财物所有人事前不知道是供犯罪使用的,应当予以返还。但是,一般认为,从有利于防止相关财物再次用于犯罪,有利于剥夺犯罪分子再犯的物质基础等出发,在充分考虑"比例对等""罪罚相当"原则及公正司法理念的基础上,对于恶意第三人或者有重大过失的第三人所有的以及共同所有的用于犯罪行为的财物,也可以予以没收。①

近年来,出现了一些新型贿赂犯罪,如有个人投入的"交易型"受贿、"投资型受贿"、"委托理财型"受贿等,如何认定此类犯罪中的"供犯罪所用的本人财物",对行为人个人投入部分能否予以没收,是当前司法实践中的难题。要准确认定上述问题,首先必须厘清"交易""投资"及"委托理财"的性质并准确认定个人投入数额和受贿犯罪数额。2007年7月,《最高人民法院、最高人民检察院关于办理受贿刑事案件适用法律若干问题的意见》对此类犯罪的认定作了规定,据此应当明确:(1)在"交易型"受贿、"投资型"受贿、"委托理财型"受贿犯罪中,"交易""投资""委托理财"只是贿赂双方规避法律制裁的手段,受贿人虽然有个人财产支出,但目的是掩盖权钱交易。即使受贿人收受的贿赂包含一部分合法成本,但对价成本主要是权钱交易的结果,其行为符合受贿犯罪的本质特征。(2)受贿人象征性支付对价的,即使产生了增值利益,也不是受贿人的善意取得,不符合"善意取得不予追缴原则"。(3)整体剥夺受贿犯罪全部经济收益,符合当前从严惩治腐败的现实需要。所以,在"交易型"受贿、"投资型"受贿、"委托理财型"受贿犯罪中,对受贿数额的认定应将受贿人支付的对价扣除,认定的受贿数额应依照刑法第六十四条的规定予以没收;但受贿人支付的对价,应按照上述"供犯罪所用的本人财物"的认定标准,结合具体的个案实际审慎判断,属于"供犯罪所用的本人财物"的,亦应依法没收。

本案中,搭股协议、承诺书、湾田煤业公司收据、证人陈国虹、杨磊等的证言、被告人杨德林的供述等证据证实,杨德林将自己的60万元转账至湾田煤业公司,目的是得到其向他人索要的400万元,后因杨德林担心其索要的400万元不能得到,且连投入的60万元也无法收回,湾田煤业公司遂将该60万元以"入股"分红的形式退还给杨德林,并出具承诺书。据此可以认定,杨德林对该60万元系为索取400万元贿赂有着明确认识,其将该60万元付诸实施"入股"行为后又积极追求实现索取400万元的犯罪目的;杨德林象征性"入股"的该60万元与其索要400万元的犯罪行为密切相关,并直接为该犯罪行为服务,该60万元系杨德林用于索取贿赂的犯罪工具。故杨德林支付给湾田煤业公司的60万元属于供其犯罪所用的本人财物,依照刑法第六十四条的规定,应当予以没收,上缴国库。

---

① 参见戴长林主编:《刑事案件涉案财物处理程序——以违法所得特别没收程序为重点的分析》,法律出版社2014年版,第50页以下。

（三）受贿犯罪未遂的认定

刑法第二十三条第一款规定："已经着手实行犯罪，由于犯罪分子意志以外的原因而未得逞的，是犯罪未遂。"刑法理论通说认为，成立犯罪未遂应同时具备以下条件：(1)被告人着手实行犯罪。这是犯罪未遂区别于犯罪预备的主要标准。着手标志着犯罪预备阶段的结束，并进入犯罪实行阶段，它是实行行为的起点。着手实行犯罪，是指被告人已经开始实施刑法分则规定的某种具体犯罪构成客观方面的行为。(2)犯罪未得逞。这是区别犯罪未遂与犯罪既遂的主要标准。被告人的行为没有具备刑法分则规定的某种具体犯罪构成的全部要件的，为犯罪未遂；已经具备的，为犯罪既遂。(3)犯罪未得逞，是由于犯罪分子意志以外的原因。这是犯罪未遂区别于犯罪中止的主要标准。所谓意志以外的原因，是指违背被告人意志的，客观上使犯罪不可能既遂的原因，即对犯罪分子完成犯罪的意志具有抑制作用的原因。

本案中，被告人杨德林利用职务便利，隐瞒湾田煤业公司所属的金隆煤矿重大劳动安全事故后，向湾田煤业公司索要贿赂400万元。为了得到该400万元，杨德林将其所有的60万元转账至湾田煤业公司作虚假"入股"。后因杨德林涉嫌犯滥用职权罪被调查，该400万元才未实际取得。由此可见，杨德林提出索贿要求并经对方答应后，用自己的60万元作虚假"入股"，其已经着手实行犯罪，但由于意志以外的原因——因涉嫌滥用职权被调查——而未得逞。杨德林向他人索贿400万元的行为符合受贿犯罪钱权交易的本质特征，构成受贿罪，但系犯罪未遂，依照刑法第二十三条第二款的规定，可以比照既遂犯从轻或者减轻处罚。

（四）受贿犯罪既遂与未遂并存的处罚原则

在受贿犯罪中，可能存在既遂、未遂或者既有既遂又有未遂三种情况。对于只有既遂或者未遂的定罪处罚，当无疑问。但是对于既遂与未遂并存的定罪处罚，则相对较复杂。司法实务中，对此争议较大。第一种观点认为，应仅以受贿既遂论处，不再追究未遂的刑事责任。第二种观点认为，在以受贿既遂论处的同时，将未遂作为从重量刑情节予以考虑。该观点又具体分为：(1)应全案以既遂认定，并累计计算既遂和未遂数额后确定所对应的法定刑幅度，再考虑未遂情节酌情从轻处罚；(2)应根据既遂和未遂的累计数额确定所对应的法定刑幅度，再考虑既遂和未遂的轻重情况，依法从轻或者减轻处罚。

2010年3月，《最高人民法院、最高人民检察院关于办理非法生产、销售烟草专卖品等刑事案件具体应用法律若干问题的解释》第二条第二款规定："销售金额和未销售货值金额分别达到不同的法定刑幅度或者均达到同一法定刑幅度的，在处罚较重的法定刑幅度内酌情从重处罚。"2011年4月，《最高人民法院、最高人民检察院关于办理诈骗刑事案件具体应用法律若干问题的解释》第六条规定："诈骗既有既遂，又有未遂，分别达到不同量刑幅度的，依照处罚较重的规定处罚；达到同一量刑幅度的，以诈骗罪既遂处罚。"笔者认为，上述司法解释为受贿犯罪既有既遂又有未遂的处罚提供了重要参考，实践中，可以借鉴并参照上述规则进行处理。具体言之，首先要分别根据被告人受贿的既遂数额和未遂数额判定其各自所对应的法定刑幅度；之后，如果既遂部分所对应的量刑幅度较重或者既遂、未遂部分所对应的量刑幅度相同的，则以既遂部分对应的量刑幅度为基础，酌情从重处罚；如果未遂部分对应的量刑幅度较重的，则以该量刑幅度为基础，酌情从重处罚。

本案中，被告人杨德林受贿既遂500万元，其中300万元系索贿；其受贿未遂400万元。杨德林受贿既遂、未遂所对应的量刑幅度相同，即按照刑法第三百八十三条第一款第一项[刑法修正案(九)实施前]的规定，应判处十年以上有期徒刑或者无期徒刑，可以并处没收财产；情节特别严重的，处死刑，并处没收财产。据此，一、二审法院以杨德林受贿既遂500万元所对应的法定量刑幅度——十年以上有期徒刑或者无期徒刑，可以并处没收财产为基础，酌情从重处罚，并综合考虑其索贿的从重处罚情节及坦白、退赃的从轻处罚情节，以受贿罪（既遂）判处杨德林有期徒刑十五年，并处没收个人财产五十万元是适当的。

（撰稿：贵州省高级人民法院　孔德伦
审编：最高人民法院刑二庭　逄锦温）

[第1134号] 沈某某滥用职权案
——滥用职权罪追诉时效期限的起算点应如何认定

【关键词】 滥用职权　渎职　追诉时效　中止

一、基本案情

被告人沈某某，男，1952年9月21日出生。因涉嫌犯滥用职权罪于2012年12月26日被取保候审。

某县人民检察院以被告人沈某某犯滥用职权罪，向某县人民法院提起公诉。

被告人沈某某对指控的犯罪事实无异议，请求法庭对其从轻并免予刑事处罚。

某县人民法院经审理认为，被告人沈某某的行为属于犯罪已过追诉时效期限且不是必须追诉的情形，依照《中华人民共和国刑法》第三百九十七条第一款、第八十七条第一项，《中华人民共和国刑事诉讼法》第十五条第二项及《最高人民法院关于适用〈中华人民共和国刑事诉讼法〉若干问题的解释》第二百四十一条第一款第八项的规定，裁定本案终止审理。

一审宣判后，某县人民检察院提出抗诉。

某县人民检察院抗诉认为，一审认定事实确有错误。滥用职权罪系以危害结果为构成条件的渎职犯罪，其行为追诉时效期限应当从危害结果发生或者呈现后符合本罪构成要件之日起计算，并非以行为实施之日计算追诉时效期限。本案中，被告人沈某某滥用职权的行为虽然发生在2007年，但直至2011年9月在逃犯张某青在部队落网之日，其为被上网追逃的抢劫犯罪嫌疑人张某青"漂白"身份，致使其长期潜逃并以"合法"身份混入部队，造成恶劣社会影响的结果才得以发生并呈现，且随着该事件的曝光，在较大范围内弱化和降低了国家机关及其工作人员在人民群众中的执法威信，对党和国家形象造成不可避免的负面影响。上述危害结果属于《最高人民检察院关于渎职侵权犯罪案件立案标准的规定》中"严重损害国家声誉，或者造成恶劣社会影响"的具体体现，即沈某某滥用职权的行为是在2011年9月造成上述危害后果时才符合本罪构成要件的，依法应当从2011年9月起计算追诉时效期限。依法应追究沈某某的刑事责任。

某市人民检察院支持上述抗诉意见。

被告人沈某某及其辩护人对公诉机关的抗诉提出异议，认为本案在2007年10月24日沈某某签署同意更改户籍登记时危害结果已发生，同年11月18日，张某青通过征兵政审是最后一个危害后果，被告人的犯罪行为已超过追诉时效期限。本案的后果造成有多方面责任，不应由被告人一人承担。

某市中级人民法院经审理查明，罪犯张某青因涉嫌犯抢劫罪，于2007年9月20日被某县公安局上网追逃。同年10月，张某青的父亲张某某打算送其去当兵，因其未达到法定服兵役年龄，便以张某青户口簿在录入填报时有错为由，到村委会出具张某青出生日期录错的相关证明材料，后到公安机关办理申请更正张某青出生日期的有关事宜。同年10月24日，时任某县公安局城东派出所教导员的被告人沈某某在办理张某青的户口项目变更申请时，违反公安机关户政管理的有关规定，在张某青的《户口项目变更更正申请审批表》中"申请人签名""监护人情况""受理单位派出所承办人意见和签名"等项目欠缺填写，更改出生日期所必需的原始材料严重欠缺，审批程序手续不齐全的情况下，不按规定要求当事人提供张某青的《出生证》或其他有效的原始凭证，不调取张某青前入户的户籍信息档案对比核实，不派员或自行对申请人的情况进行调查核实，就直接办理审批同意张某青的变更户籍信息申请。

2007年10月29日，某县公安局户政股股长刘某某（另案处理）在审批张某青更改出生日期时，在审批手续不齐全的情况下，轻信所在派出所审核把关，同意张某青更改出生日期。同年11月2日，张某青的出生日期由1991年12月7日更改为1989年12月7日，身份证号码也相应变更，变更后的出生日期和身份证号码被重新录入户政管理系统，致使张某青原网上追逃的身份证号码在全国人口信息系统中无法找到，致使张某青抢劫的犯罪事实得不到及时的追究。

被告人沈某某在任某县公安局城东派出所教导员期间，负责所在辖区征兵政审工作。2007年11月18日，沈某某在办理张某青的征兵政审工作期间，没有认真执行公安部、总参谋部、总政治部颁发的《关于征兵政治审查组织实施工作的规定》的有关规定，在没有对张某青的情况进行调查核实的情况下，就在张某青的《应征公民政治审查表》上签署"张某青符合征兵政审条件"的审查意见，后又在张某青的《接兵干部走访调查表》上签署"该青年无违法违纪及不良行为"的意见，致使张某青于2007年12月1日政审合格并应征入伍，参加中国人民解放军部队，服役至2011年9月。2011年9月，某县公安机关在"清网"行动中，经进一步核查张某青的真实身份，将其从服役的部队抓获归案。2012年8月10日，某县人民法院以抢劫罪判处张某青有期徒刑一年十个月，并处罚金人民币二千元。

潮州市中级人民认为，被告人沈某某的行为已构成滥用职权罪，依照《中华人民共和国刑法》第三百九十七条第一款的规定，被告人应"处三年以下有期徒刑或者拘役"。依照《中华人民共和国刑法》第八十七条第一项的规定："犯罪经过下列期限不再追诉：（一）法定最高刑为不满五年有期徒刑的，经过五年……"沈某某于2007年10月24日违法行使审批权，致张某青的出生时间和身份信息于2007年11月2日被重新录入户政管理系统，使其抢劫的犯罪事实得不到及时的追究。后又于11月18日在张某青的征兵政审工作中不负责任地出具张某青符合征兵政审条件和无违法违纪及不良行为的意见，致张某青于2007年12月1日应征入伍服兵役，至此犯罪结果发生，沈某某的行为符合滥用职权罪的构成要件，应认定为《中华人民共和国刑法》第八十九条第一款规定的"犯罪之日"，并由此时起算追诉时效，至2012年11月30日追诉期限届满。2012年12月26日检察机关对沈某某立案侦查时，已超过追诉时效。一审裁定认定事实清楚，适用法律正确，处理恰当，审判程序合法。抗诉机关的抗诉理由不能成立，不予支持。依照《中华人民共和国刑事诉讼法》第二百二十五条第一款第一项之规定，裁定驳回抗诉，维持原审裁定。

二、主要问题

滥用职权罪作为以危害结果为条件的渎职犯罪，应如何认定追诉时效期限的起算点？

三、裁判理由

近年来，在公安机关开展的"清网行动"中，不时发现一些被通缉人员通过公安机关有关人员的渎职行为，在户口登记过程中，违反规定办理身份证，从而"漂白"了身份，给通缉工作带来巨大困难。但是此类案件中，违规办理身份证的时间和"清网行动"中发现通缉犯的时间往往相距较长,如何把握渎职罪的追诉时效期限,成为疑难问题。根据刑法第八十九条第一款的规定,追诉期限从犯罪之日起计算;犯罪行为有连续或者继续状态的,从犯罪行为终了之日起计算。关于"犯罪之日"的含义,司法实践中存在"犯罪成立之日""犯罪行为实施之日""犯罪行为发生之日""犯罪行为完成之日""犯罪行为停止之日"等不同理解。本案在审理中,对于如何认定被告人沈某某滥用职权的追诉时效期限,以及是否已超过追诉时效期限的问题就存在两种不同意见:第一种意见,即公诉机关的意见是,滥用职权罪的追诉时效期限应当从危害结果发生或者呈现后,即符合构成要件之日起计算,并非以行为实施之日计算。本案中,沈某某滥用职权的行为虽然发生在2007年,但直至2011年9月在逃犯张某青在部队落网之日,沈某某滥用职权的行为才造成恶劣社会影响,从而符合滥用职权罪的构成要件,应当从2011年9月起计算追诉时效期限,本案没有超过追诉时效期限,应追究被告人的刑事责任。第二种意见,即一、二审法院的意见是,"犯罪之日"应当理解为犯罪成立之日,即犯罪行为符合全部构成要件之日。沈某某滥用职权行为的犯罪后果,在张某青更改身份证号码后于2007年12月1日应征入伍时已全部产生,沈某某的行为在当时已经符合滥用职权罪的犯罪构成要件,故追诉期限应从2007年12月1日起算,本案已超过五年的追诉时效期限。

我们同意一、二审法院的意见,具体理由如下:

(一)本案追诉期限应从沈某某滥用职权全部犯罪后果产生之日起算

依照刑法第三百九十七条第一款的规定,滥用职权罪属于结果犯,即除了有犯罪行为外,还应该致使公共财产、国家和人民利益遭受重大损失这一后果发生才构成犯罪。根据《最高人民法院、最高人民检察院关于办理渎职刑事案件适用法律若干问题的解释(一)》第六条的规定,以危害结果为条件的渎职犯罪的追诉期限,从危害结果发生之日起计算;数个危害结果的,从最后一个危害结果发生之日起计算。

首先,本案中需要明确被告人沈某某犯罪行为发生的时间。2007年10月24日,沈某某签署同意张某青变更户籍信息申请;同年10月29日,同案人刘某某审批同意更改;同年11月2日,公安网上系统审批同意更改,张某青出生时间由1991年12月7日更改为1989年12月7日,后身份证号码也作了相应更改。2007年11月18日,沈某某在张某青《应征公民政治审查表》上"常住户口所在地公安派出所审查意见"栏上签署意见,此时其犯罪行为已实施完毕。

其次,本案中需要明确被告人沈某某犯罪行为的危害结果发生时间。检察机关认为,2011年9月张某青被抓获时,沈某某渎职行为的危害后果才发生,追诉期限应从此时起算;而一、二审法院认为,县武装部出具张某青"政审合格"的意见,2007年12月1日张某青入伍之时,沈某某渎职行为的危害后果已经发生,追诉期限应从此时起算。我们同意后一种观点,司法实践当中,渎职犯罪的情况复杂,渎职行为造成损害后果的情形也较为复杂,有生命损害、健康损害、物质损害等,不同的损害后果,在认定发生时间上也不尽相同。就本案而言,沈某某滥用职权造成的后果有两个:一是因为张某青原来网上追逃的身份证号码在全国人口信息系统中无法找到,致使其抢劫的犯罪事实得不到及时的追究;二是张某青于2007年12月1日应征入伍,参加中国人民解放军部队。如果从"漂白"身份妨害司法机关及时追究张某青刑事责任的角度来看,沈某某渎职行为的危害后果从其违反规定为张某青更改户口登记,导致张某青身份证号码被更改时就已经开始产生,到张某青应征入伍时,沈某某渎职行为的危害后果已全部产生。因为从张某青入伍之日起,司法机关查处逃犯的难度大大增加,妨害了司法机关的追逃行动,从而危害社会的安全,此时的损害后果也可以理解为"其他致使公共财产、国家和人民利益遭受重大损失的情形",因此,2007年12月1日张某青入伍时,沈某某渎职行为的危害后果已经产生,其滥用职权行为符合犯罪构成要件,构成滥用职权罪,追诉期限应从该日起算。

检察机关认为沈某某滥用职权行为的犯罪后果至2011年9月张某青被抓获时才发生,实际上是混淆了刑法理论中的继续犯和状态犯的概念。继续犯也称持续犯,是指作用于同一对象的一个犯罪行为从着手实行到行为终了,犯罪行为与不法状态在一定时间内同时处于不间断的持续状态的犯罪,如非法拘禁罪、窝藏罪等。继续犯有以下几个特征:第一,行为人出于一个故意,实施一个犯罪行为。第二,犯罪行为必须持续一定的时间。第三,犯罪行为与犯罪造成的不法状态同时继续,这是继续犯重要的特征。继续犯实施的犯罪行为往往一经实施,犯罪造成的不法状态即犯罪客体遭受侵害的状态就已经形成。犯罪行为的继续,也就意味着犯罪不法状态的继续。而状态犯,是指犯罪行为已经实施完毕,但犯罪行为所造成的不法状态仍在继续。状态犯的典型特征是属于构成要件的犯罪行为先行结束、不法状态单独继续着。继续犯与状态犯,虽然都有不法状态的继续,但两者的本质区别在于:继续犯的不法状态从犯罪实行时就已产生;而状态犯的不法状态产生于犯罪行为实行终了。继续犯是实行行为本身的持续,行为的持续导致不法状态也在持续,也即继续犯的行为对法益的侵犯在持续,行为的构成要件符合性在持续;而状态犯发生侵害结果后,行为的构成要件符合性没有持续,仅仅是犯罪的不法状态的继续。因此,刑法第八十九条规定,犯罪行为有连续或者继续状态的,追诉期限从犯罪行为终了之日起计算,这是刑法对连续犯和继续犯的追诉期限所做的特殊规定。

我们认为,滥用职权罪属于状态犯,而非继续犯。滥用职权罪的犯罪行为实行终了后产生不法状态,即侵害结果,此后,侵害结果虽然一直存在,但滥用职权行为本身已经实行终了,没有持续,因此,追诉期限仍应从滥用职权行为造成的侵害结果发生之日起算,而不能以侵害结果终了之日起算。本案中,被告人沈某某违法行使审批权,致张某青的出生日期和身份信息被重新录入户政管理系统,使其抢劫的犯罪事实得不到及时的追究。后又在张某青的征兵政审工作中不负责任地出具张某青符合征兵政审条件和无违法违纪及不良行为的意见,致张某青于2007年12月1日应征入伍服兵役等危害后果发生后。在危害后果持续期间,沈某某再没有实施其他滥用职权的行为,追诉期限应从2007年12月1日起算,之后张某青继续服兵役至2011年9月才被抓获归案,这期间是不法状态的持续,而不是犯罪行为的持续。

(二)本案属于超过追诉时效期限,应裁定中止审理

根据检察机关指控的情节,“沈某某违反公安机关户政管理制度,滥用职权,擅自办理审批他人更正出生日期业务,致使他人逃避刑事处罚,造成恶劣社会影响”,依照刑法第三百九十七条第一款的规定,被告人应“处三年以下有期徒刑或者拘役”。依照刑法第八十七条第一项的规定:“犯罪经过下列期限不再追诉:(一)法定最高刑为不满五年有期徒刑的,经过五年……”被告人沈某某犯滥用职权罪,于2007年12月1日起算追诉期限,至2012年11月30日追诉期限届满。2012年12月26日检察机关对沈某某立案侦查时,已超过追诉时效期限,且本案不是必须追诉的情形,根据刑事诉讼法的相关规定应裁定终止审理。

综上,一、二审法院从被告人沈某某滥用职权犯罪后果产生之日起算本案的追诉时效期限,据此认定本案已超过追诉时效期限,裁定终止审理是适当的。

(撰稿:潮州市中级人民法院　林钟彪　林伟桐
审编:最高人民法院刑四庭　陆建红)

[第1135号]任尚太等三人食品监管渎职案
——食品监管渎职罪的司法认定

【关键词】 食品监管 渎职 国家机关工作人员 玩忽职守

一、基本案情

被告人任尚太,男,1962年3月15日生,原系河南省罗山县卫生监督执法所城市科科长。2012年5月25日被取保候审。

被告人杨柏,男,1963年12月26日生,原系罗山县卫生监督执法所城市科副科长。2012年5月25日被取保候审。

被告人黄磊,男,1961年5月19日生,原系罗山县卫生监督执法所城市科职工。2012年5月25日被取保候审。

河南省罗山县人民检察院以被告人任尚太、杨柏、黄磊犯食品监管渎职罪向罗山县人民法院提起公诉。三被告人对检察院指控的罪名和犯罪事实均无异议,请求从轻处罚。被告人任尚太的辩护人提出任尚太的职务行为与79人食物中毒的后果不存在刑法意义上的必然的、直接的因果关系,建议宣告其无罪。

罗山县人民法院经审理查明:被告人任尚太、杨柏、黄磊分别为罗山县卫生监督执法所城市科科长、副科长、职工,负责本县卫生监督执法。按照内部分工,罗山县新都国际大酒店食品安全属任尚太、杨柏、黄磊三人监管辖区内。因三被告人对该酒店食品安全监管不到位,没有完全正确履行监管职责,造成2012年5月8日中午在该酒店参加婚宴的客人中有79人陆续发生食物中毒。经罗山县疾病预防控制中心鉴定,该起食物中毒事件为沙门氏菌感染所致。

罗山县人民法院认为,被告人任尚太、杨柏、黄磊身为卫生监督执法人员,未认真履行食品安全监管职责,导致79人食物中毒的严重后果,其行为均已构成食品监管渎职罪,检察机关指控罪名成立。被告人任尚太的辩护人提出任尚太不构成食品监管渎职罪的辩护意见,经查,《中华人民共和国食品安全法》第八十七条明确规定,食品监管部门应当对食品进行定期或不定期抽样检验,但三被告人在工作中从未对新都国际大酒店进行过食品抽检,属玩忽职守行为。虽然本案的发生有多种原因,但与三被告人的渎职有着必然的因果关系,故辩护人的辩护理由不能成立,不予采纳。案发后三被告人积极配合办案机关办案,认罪态度好,依法可以从轻处罚。且该案的发生系多因一果,综合本案案情,三被告人犯罪情节轻微,依法可免予刑事处罚。据此,依据《中华人民共和国刑法》第四百零八条之一、第六十七条第三款、第三十七条之规定,以食品监管渎职罪判处被告人任尚太、杨柏、黄磊免予刑事处罚。

一审宣判后,三被告人均未提出上诉,检察机关亦未抗诉,判决已发生法律效力。

二、主要问题

在司法实践中如何认定食品监管渎职罪。

三、裁判理由

近年来,食品安全事件高发频发,严重危害了人民群众的生命健康安全,也严重破坏了社会主义市场经济秩序。为了保护公众健康以及加大对食品安全犯罪的打击力度,同时为食品监管人员的追责提供更为明确的刑事立法依据,2011年2月25日,全国人大常委会通过的刑法修正案(八)中,增设了刑法第四百零八条之一,该条规定:“负有食品安全监督管理职责的国家机关工作人员,滥用职权或者玩忽职守,导致发生重大食品安全事故或者造成其他严重后果的,处五年以下有期徒刑或者拘役;造成特别严重后果的,处五年以上十年以下有期徒刑。徇私舞弊犯前款罪的,从重处罚。”同年4月28日,最高人民法院、最高人民检察院发布《关于执行〈中华人民共和国刑法〉确定罪名的补充规定(五)》,正式将第四百零八条之一确定为食品监管渎职罪。所谓食品监管渎职罪,是指负有食品安全监督管理职责的国家机关工作人员,滥用职权或者玩忽职守,导致发生重大食品安全事故或者造成其他严重后果的行为。

本案是刑法修正案(八)实施以来,人民法院较早审结的食品监管渎职案。该案在社会上影响较大,群众关注度高,特别是对于能否认定三被告人的行为构成食品监管渎职罪控辩双方存在分歧。我们认为,根据刑法和相关司法解释的规定,任尚太等被告人的行为均构成食品监管渎职罪,理由如下:

(一)三被告人均应以负有食品安全监督管理职责的国家机关工作人员论

根据刑法规定,食品监管渎职罪的犯罪主体,是负有食品安全监督管理职责的国家机关工作人员。《中华人民共和国食品安全法》(以下简称《食品安全法》)第六条第二款规定:“县级以上地方人民政府依照本法和国务院的规定,确定本级食品药品监督管理、卫生行政部门和其他有关部门的职责。有关部门在各自职责范围内负责本行政区域的食品安全监督管理工作。”具体来说,食品监管渎职罪的犯罪主体主要是县级以上的食品药品监督管理、卫生行政部门和其他有关部门中负有食品安全监督管理职责的国家机关工作人员。

具体到本案,三被告人是否属于国家机关工作人员,是本案能否认定为食品监管渎职犯罪的关键和前提。在卷证据表明,本案三被告人均为罗山县卫生监督执法所的工作人员。根据罗山县机构编制委员会提供的文件,罗山县卫生监督执法所系财政全供事业编制;根据该执法所提供的文件,三被告人的职责是罗山县城关西城区餐饮环保卫生监督工作。我们认为,三被告人的身份虽然是事业编制,但所履行的职责为国家行政执法机关的职责。《最高人民法院、最高人民检察院关于办理渎职刑事案件适用法律若干问题的解释(一)》第七条规定:“依法或者受委托行使国家行政管理职权的公司、企业、事业单位的工作人员,在行使行政管理职权时滥用职权或者玩忽职守,构成犯罪的,应当依照《全国人民代表大会常务委员会关于〈中华人民共和国刑法〉第九章渎职罪主体适用问题的解释》的规定,适用渎职罪的规定追究刑事责任。”《全国人民代表大会常务委员会关于〈中华人民共和国刑法〉第九章渎职罪主体适用问题的解释》规定:“在依照法律、法规规定行使国家行政管理职权的组织中从事公务的人员,或者在受国家机关委托代表国家机关行使职权的组织中从事公务的人员,或者虽未列入国家机关人员编制但在国家机关中从事公务的人员,在代表国家机关行使职权时,有渎职行为,构成犯罪的,依照刑法关于渎职罪的规定追究刑事责任。”三被告人应当以负有食品安全监督管理职责的国家机关工作人员论,均能够成为食品监管渎职罪的犯罪主体。

(二)三被告人具有玩忽职守的行为

食品监管渎职罪要求行为人必须有“滥用职权或者玩忽职守”的行为,“滥用职权”是指负有食品安全监督管理职责的人员超越职权,违法决定、处理其无权决定、处理的事项,或者违反规定处理公务的行为。“玩忽职守”,是指负有食品安全监督管理职责的人员严重不负责任,不履行或者不认真履行其职责的行为。

就本案而言,三被告人的行为属于玩忽职守的行为。被告人任尚太的辩护人提出,任尚太依法履行了食品监管工作职责,不存在玩忽职守行为。我们认为,被告人是否存在玩忽职守行为，要根据在案证据分析判断。本案中罗山县新都国际大酒店厨师长李作勇证实，罗山县卫生监督执法所来检查，主要是检查健康证及卫生条件，看冰箱生、熟食品是否分开；新都国际大酒店负责酒店采购工作的廖广新证实，罗山县卫生监督执法所来检查，主要是检查调味品是否过期变质，购物登记簿填写及相关购物票证是否保存。任尚太、杨柏均供认对新都国际大酒店的食品没有进行定期或不定期抽样检查，在案亦没有其他证据显示三被告人曾对该酒店的食品进行过抽样检查。《中华人民共和国食品安全法》第八十七条规定："县级以上人民政府食品药品监督管理部门应当对食品进行定期或者不定期的抽样检验，并依据有关规定公布检验结果，不得免检。"本案证据充分表明被告人任尚太等没有认真履行其食品安全监督管理的职责，在工作中从未依法对新都国际大酒店进行过食品抽检，可以认定三被告人的行为属于玩忽职守行为。

（三）本案致79人食物中毒的严重后果，属于刑法规定的"重大食品安全事故"

根据刑法第四百零八条之一的规定，"发生重大食品安全事故或者造成其他严重后果"，是食品监管渎职罪成立的必备要件，即负有监督管理职责的国家机关工作人员，不仅要有滥用职权或者玩忽职守的行为，而且还要发生重大食品安全事故或者造成其他严重后果，才能构成本罪。如果存在滥用职权或者玩忽职守的行为，但未发生重大食品安全事故或者造成其他严重后果，是不能认定构成犯罪的。

被告人任尚太的辩护人提出，依据河南省人民政府发布的《河南省食品安全事故应急预案》的规定，本案发生79人食物中毒，未出现死亡病例，不属于重大食品安全事故，应是一般的食品安全事故。侦查机关依据2006年7月26日施行的《最高人民检察院关于渎职侵权犯罪案件立案标准的规定》（以下简称《立案标准》）中玩忽职守"导致20人以上严重中毒"的立案标准来办案，但该标准实际是针对刑法第四百零八条环境监管渎职罪设定的，而本罪是刑法修正案（八）新设罪名，使用2006年发布的《立案标准》于法无据。

关于"重大食品安全事故"的具体认定标准，现有司法解释确实没有明确规定。我们认为，从食品监管渎职罪与一般滥用职权罪和玩忽职守罪的关系来看，前者是从后者分离出来而单设的新罪名，两者是特殊罪名与一般罪名的关系。从两者的法定刑配置来看，食品监管渎职罪与刑法第三百九十七条第二款规定的徇私舞弊情节下的滥用职权罪和玩忽职守罪的量刑幅度相同。因此，前述《立案标准》第一条的立案标准是具有参考价值的。既然前述《立案标准》以玩忽职守"导致20人以上严重中毒"为刑事立案标准，那么，食品监管渎职导致79人中毒这一结果远远超过《立案标准》的20人以上的标准，当然就可以认定为"重大食品安全事故"。具有中毒人员死亡情形的，属于"重大食品安全事故"，但是"中毒人员死亡"不是认定"重大食品安全事故"的必要条件。本案发生之后，最高人民法院、最高人民检察院出台的《关于办理渎职刑事案件适用法律若干问题的解释（一）》（自2013年1月9日起施行）也体现了重大食品安全事故不以出现中毒人员死亡为必需条件。该解释第一条对刑法第三百九十七条滥用职权罪、玩忽职守罪中"致使公共财产、国家和人民利益遭受重大损失"的认定作了具体的规定，第九条还规定："负有监督管理职责的国家机关工作人员滥用职权或者玩忽职守，致使不符合安全标准的食品、有毒有害食品、假药、劣药等流入社会，对人民群众生命、健康造成严重危害后果的，依照渎职罪的规定从严惩处。"

此外，被告人任尚太的辩护人提出应参照《河南省食品安全事故应急预案》的规定来认定食品监管渎职罪是不妥当的，将地方性法规作为犯罪构成标准来适用，必然导致各地标准不统一，有悖公平正义。

（四）三被告人的玩忽职守行为与重大食品安全事故的发生具有刑法上的因果关系

在食品监管渎职罪中，行为人对重大食品安全事故或者其他严重后果承担刑事责任的前提是该严重后果是其实施的滥用职权行为或者玩忽职守行为造成的。也就是说，行为人的渎职行为与该严重后果必须具有刑法上的因果关系，否则行为人的行为不构成食品监管渎职罪，自然也不能承担刑事责任。被告人任尚太的辩护人提出，虽然《食品安全法》规定食品监管部门应当定期或不定期对监管食品抽样检测，但上级没有在被告人所在工作单位配备专职检验人员和检验设备，且在抽检时间之外，仍然排除不了发生酒店食品中毒的可能，故被告人的职务行为与79人食物中毒的后果不存在刑法意义上的必然的、直接的因果关系。

《食品安全法》第一百零七条规定："调查食品安全事故，除了查明事故单位的责任，还应当查明有关监督管理部门、食品检验机构、认证机构及其工作人员的责任。"该条规定表明，重大食品安全事故或者其他严重后果固然是由食品生产者或者经营者的不法行为直接造成的，但是负有食品监管职责的国家机关工作人员的渎职行为"纵容"了食品生产者或者经营者的不法行为，基于这种"共同作用力"，才导致发生重大食品安全事故或者造成其他严重后果。相对于食品生产者或者经营者而言，国家机关工作人员的渎职行为对于食品安全事故的发生具有某种"间接性"的特点，但仍然属于刑法上的因果关系。如果负有食品监管职责的国家机关工作人员尽职尽责，正确、合法地履行了监督管理职责，食品安全事故就能最大限度地避免，使人民群众免受其害。因此，只要重大食品安全事故或者其他严重后果是由行为人的渎职行为引起的，无论是直接造成的还是间接造成的，其对该结果的发生是起决定作用还是起非决定作用，行为人的行为与结果之间就具有刑法上的因果关系。

本案中，上级部门没有在被告人所在工作单位配备专职的检验人员和相应的检验设备，这在一定程度上确实限制了三被告人开展食品监管的有效性，但这一因素并不足以对刑法上的因果关系产生本质影响，三名被告人从未对涉案酒店的食品进行过抽检，因而导致发生重大食品安全事故，其玩忽职守行为与重大食品安全事故的发生仍然具有刑法上的因果关系。

综上，本案对任尚太等三被告人以食品监管渎职罪定罪，同时考虑具体案情及三人认罪悔罪态度，免予刑事处罚是适当的。本案宣判后，对食品监管人员认真履行职责起到了督促作用，同时也有效促进了餐饮服务行业等食品生产者和经营者加强食品安全管理，提高食品安全质量，收到了较好的法律效果和社会效果。

（撰稿：河南省罗山县人民法院　董王超
审编：最高人民法院刑四庭　陆建红）

［第1234号］工商银行神木支行、童某等国有公司人员滥用职权案

——国有控股、参股公司、企业工作人员私分本公司、企业资产行为的认定

【关键词】　国有公司、企业　私分国有资产　滥用职权　国家利益

一、基本案情

被告单位中国工商银行股份有限公司神木支行（以下简称神木支行）（其他情况略）。

被告人童某，男，1962年10月5日出生，神木支行原行长。2012年6月25日被取保候审。

被告人温某，男，1968年10月17日出生，神木支行原副行长。2012年6月25日被取保候审。

被告人张某，男，1974年8月28日出生，神木支行原办公室主任兼报账员。2012年6月25日被取保候审。

某县人民检察院以被告单位神木支行构成私分国有资产罪，应当追究被告人童某、温某、张某作为直接负责的主管人员和其他直接责任人员的刑事责任，向某县人民法院提起公诉。

某县人民法院经依法公开审理查明：2010年11月，被告人童某担任被告单位神木支行行长后，为解决经费不足和职工福利问题，授意该支行办公室主任、被告人张某采取虚构项目的方式，向其上级行榆林分行套取经营性费用。2010年，张某以虚构的维修费、燃料费、绿化费等名目套取资金22笔，合计65.026 1万元。后经行长办公会决定，将其中22万元以春节过节费的名义发放给该支行全体职工。2011年2月，被告人温某出任神木支行副行长，分管财务和市场营销。童某、温某继续指使张某套取资金。2011年间，张某以上述方式向榆林分行套取费用73笔，合计303.953 8万元。经行长办公会决定，将其中38.6万元（其中现金21.7万元，另含价值16.9万元的购物卡）以春节福利费的名义发放给全体职工；以第三、四季度奖励和专项奖励的名义发放给职工62.69万元。

某县人民法院经审理认为，依据刑法及相关司法解释的规定，私分国有资产罪中的“国有公司、企业”不包括国有控股、参股公司、企业。中国工商银行改制后属于国有控股公司，神木支行作为中国工商银行的分支机构，不具备私分国有资产罪的主体要件，因此被告单位神木支行和被告人童某、温某、张某的行为不构成私分国有资产罪。被告人童某、温某、张某作为国有控股公司的主管人员，对该公司的资产严重不负责任，损公肥私，集体违法研究决定以所谓福利费和奖金的名义发放给全体职工，致使国家利益遭受重大损失，其行为均已构成国有公司人员滥用职权罪，依法应予处罚。公诉机关指控的事实成立，唯有指控罪名不当。鉴于三被告人的行为亦是为激励调动本单位全体职工的工作积极性，提高工作效率，并非谋取个人私利，其主观恶性较小，犯罪情节轻微，均可依法免予刑事处罚。依照《中华人民共和国刑法》第一百六十八条第一款、第二十五条第一款、第三十七条、第六十四条之规定，认定被告人童某、温某、张某犯国有公司人员滥用职权罪，均免予刑事处罚。

宣判后，没有上诉、抗诉，判决发生法律效力。

二、主要问题

1. 国有控股、参股公司、企业是否属于私分国有资产罪中的“国有公司、企业”？

2. 国有控股、参股公司、企业工作人员私分本公司、企业资产的行为如何定性？

三、裁判理由

本案审理过程中，被告人童某等人及其辩护人对公诉机关指控的被告单位神木支行违反国家规定，以单位名义将国有资产集体私分给职工个人，数额巨大的事实不持异议。控辩双方主要争议在于两点：一是国有控股、参股公司、企业是否属于私分国有资产罪中的“国有公司、企业”；二是国有控股、参股公司、企业工作人员私分本公司、企业资产的行为如何定性。

（一）国有控股、参股公司、企业不属于私分国有资产罪中的“国有公司、企业”

关于国有控股、参股公司、企业是否属于私分国有资产罪中的“国有公司、企业”，有两种意见：

一种意见认为，私分国有资产罪中的“国有公司、企业”应当作扩大解释，包括国有独资公司、企业和国有控股、参股公司、企业。主要理由是:(1)参照财政部于 2003 年作出的《关于国有企业认定问题有关意见的函》(财企函〔2003〕9 号)的答复精神,国有控股权超过 50% 的绝对控股公司、企业应当属于国有公司、企业。本案被告神木支行国有股占 70.73%,属于国有绝对控股,应当认定为国有公司。(2)根据最高人民法院、最高人民检察院于 2010 年 11 月 26 日联合出台的《关于办理国家出资企业中职务犯罪案件具体应用法律若干问题的意见》(以下简称《2010 年意见》)的相关规定,国有公司、企业包括国有独资公司、企业和国有控股、参股公司、企业。神木支行属于国有控股公司,应当认定为国有公司。(3)从国有资产保护需要出发,对私分国有资产罪中的"国有公司、企业"应当作扩大解释。随着市场经济的飞速发展和政企分开政策的深入推进,大多数国有公司、企业都改制为国有控股、参股公司、企业,国有独资公司、企业越来越少。如果在法律上将国有控股公司、企业排除在国有公司、企业之外,那么刑法第三百九十六条关于私分国有资产罪的规定就有可能成为"睡眠条款",国有资产将会因得不到刑法层面的保护而大量流失。综合上述理由,应当认定本案被告神木支行为私分国有资产罪中的"国有公司",构成私分国有资产罪,具体犯罪数额可以按照工商银行国有资产占股比例,即按照 70.73% 比例认定。

另一种意见认为,私分国有资产罪中的"国有公司、企业"应当作狭义解释,仅指国有独资公司、企业。主要理由是:(1)根据最高人民法院于 2001 年 5 月 23 日下发的《关于在国有资本控股、参股的股份有限公司中从事管理工作的人员利用职务便利非法占有本公司财物如何定罪问题的批复》(以下简称《2001 年批复》)的规定,在国有资本控股、参股的股份有限公司中从事管理工作的人员,除受国家机关、国有公司、企业、事业单位委派从事公务的以外,不属于国家工作人员。由此推论,国有控股公司的性质不属私分国有资产罪中的"国有公司"。如果认为国有控股、参股公司、企业属于国有公司、企业,那么该公司、企业中从事管理的人员当然属于国家工作人员,而无须附加受国家机关、国有公司、企业、事业单位委派从事公务的认定条件。此观点进一步认为,在国有资本控股公司中,因其占股比例及资金混杂,也不能简单以其参股比例认定被告单位私分国有资产的数额。(2)根据最高人民法院于 2005 年 8 月 1 日公布的《关于如何认定国有控股、参股股份有限公司中的国有公司、企业人员的解释》(以下简称《2005 年解释》)的规定,只有国有公司、企业委派到国有控股、参股公司从事公务的人员,才能以国有公司、企业人员论。由此也能得出与《2001 年批复》基本相同的结论。(3)根据《2010 年意见》,国有公司、企业与国有控股、参股公司、企业是并列主体,这间接说明了刑法中的国有公司、企业仅限于国有独资公司、企业。(4)根据公司法第三条、第四条的规定,公司是企业法人,有独立的法人财产,享有法人财产权。工商银行改制为股份公司后,公司资产属于独立的法人财产,财产权归属于工商银行,而不是大股东财政部和中央汇金公司,国家对已经投资出去的财产不直接享有所有权和支配权。本案神木支行属于国有控股公司,被侵害的客体是工商银行的资产所有权,不是刑法意义上的纯国有资产。

我们赞同被告单位神木支行不构成私分国有资产罪的意见。对私分国有资产罪与单位受贿罪中的"国有公司、企业"均应作限制解释,即仅指国有独资公司、企业。主要理由如下:(1)从资产性质分析,将私分国有资产罪中的"国有公司、企业"限制解释为"国有独资公司、企业"更符合立法原意。私分国有资产罪的犯罪主体是国家机关、国有公司、企业、事业单位、人民团体,犯罪对象是国有资产,从同一罪名罪质分析,私分国有资产罪中单位主体的资产性质应当保持大致同一。本罪中"国家机关、国有公司、企业、事业单位、人民团体"是并列主体,国家机关的资产是纯国有资产,国有公司、企业、事业单位、人民团体的资产也应当是纯国有资产,而上述单位主体中符合该条件要求的,只有国有独资公司、企业。(2)从罪名设置分析,将私分国有资产罪中的"国有公司、企业”作限制解释更符合立法原意。刑法将私分国有资产罪设置在第八章“贪污贿赂罪”中,且仅与同章中单位受贿罪的犯罪主体、对单位行贿罪的犯罪对象一样,都是国家机关、国有公司、企业、事业单位、人民团体,故对私分国有资产罪中的“国有公司、企业”参照单位受贿罪中的犯罪主体、对单位行贿罪的犯罪对象来解释具有一定立法依据。作为单位受贿罪的犯罪主体、对单位行贿罪的犯罪对象,国有公司、企业仅指国有独资公司、企业,这一点基本无异议。因此,参照单位受贿罪犯罪主体、对单位行贿罪犯罪对象的范围,对私分国有资产罪中的“国有公司、企业”应当限制解释为“国有独资公司、企业”。(3)从法益保护角度分析,将私分国有资产罪中的“国有公司、企业”作限制解释不会影响国有资产的保护。实践中有观点提出,如果将私分国有资产罪中的“国有公司、企业”解释为“国有独资公司、企业”,那么国有控股、参股公司、企业集体私分国有资产的行为如何适用罪名便将成为问题,如此实际意味着国有控股、参股公司、企业的国有资产将失去刑法的保护。我们认为,虽然国有控股、参股公司、企业集体私分国有资产的行为不能认定构成私分国有资产罪,但是并不意味着不构成其他犯罪。如果国有控股、参股公司、企业的工作人员违反国家规定,以单位名义将国有资产集体私分给个人,造成公司严重损失,致使国家利益遭受重大损失的,依然可以构成国有公司、企业人员滥用职权罪。因此,国有独资公司、企业和国有控股、参股公司、企业中私分国有资产的行为都可以通过刑法予以规制,国有公司、企业改制前、改制过程中以及改制完成后三个阶段中,任一阶段发生私分国有资产的行为都可以通过刑法规制,不会出现国有资产刑法保护的真空地带。因此,对私分国有资产罪中的“国有公司、企业”限制解释为“国有独资公司、企业”可能导致对国有资产保护不利的顾虑没有必要,以此为由主张对该罪中“国有公司、企业”作扩大解释的理由不足。

(二)国有控股、参股公司、企业工作人员私分本公司、企业国有资产行为的定性

我们认为,国有控股、参股公司、企业工作人员私分本公司、企业国有资产的行为依法可以构成国有公司、企业人员滥用职权罪,对被告人童某、温某、张某应以国有公司人员滥用职权罪定罪处罚。主要理由是:

1. 童某、温某、张某符合国有公司、企业人员滥用职权罪的主体特征。国家出资企业包括国有独资公司、企业和国有控股、参股公司、企业。《2010年意见》第四条第一款规定:“国家出资企业中的国家工作人员在公司、企业改制或者国有资产处置过程中严重不负责任或者滥用职权,致使国家利益遭受重大损失的,依照刑法第一百六十八条的规定,以国有公司、企业人员失职罪或者国有公司、企业人员滥用职权罪定罪处罚。”根据上述规定,国有控股、参股公司、企业的工作人员属于国有公司、企业人员滥用职权罪的适格主体。本案发生时,被告人童某任神木支行行长、温某任副行长,在神木支行从事组织、领导、监督、经营、管理工作;被告人张某任办公室主任,在该行从事财务管理工作,属于国有公司的工作人员,符合国有公司人员滥用职权罪的主体特征。

2. 童某、温某、张某实施了滥用职权的行为。在案证据证实,神木支行行长童某、副行长温某违反财务制度,授意办公室主任张某向上级行工商银行榆林分行套取经费,并以春节过节费、季度奖励、专项奖励以及其他名义发给职工。根据工商银行相关财务制度和考核办法,神木支行职工的基本工资、绩效工资、福利费系由支行经考核后上报榆林分行,由分行审批后直接发放给职工。本案中,童某、温某、张某以套取的经费发放福利费、奖金属于重复发放、非正常发放,属于国有公司、企业的工作人员滥用职权的行为。

3. 童某、温某、张某滥用职权的行为致使国家利益遭受重大损失。《2010年意见》第四条第一款将刑法第一百六十八条关于“造成国有公司、企业破产或者严重损失,致使国家利益遭受重大损失”的表述解释为“致使国家利益遭受重大损失”,故滥用职权造成国有控股、参股公司重大

经济损失的行为符合国有公司、企业人员滥用职权罪的客观特征。本案中，被告人童某等人向上级行套取资金并发放给职工总计123.29万元的行为，对于神木支行而言，虽然没有遭受实质损失，但由于工行实行的是统收统支的财务管理制度，各分支机构系向上级报账，最终会体现为国家利益的损失。根据《最高人民检察院、公安部关于公安机关管辖的刑事案件立案追诉标准的规定（二）》第十六条的规定，造成国家直接经济损失数额在30万元以上的，即可认定为“致使国家利益遭受重大损失”，故应当认定本案被告人童某、温某、张某滥用职权的行为致使国家利益遭受重大损失。

综上，被告人童某、温某、张某的行为构成国有公司人员滥用职权罪，某县人民法院判决将公诉机关指控的私分国有资产罪变更为国有公司人员滥用职权罪是正确的。

（撰稿：最高人民法院刑二庭　刘晓虎　许建华
审编：最高人民法院刑二庭　王晓东）

[第1332号]黎善文传染病防治失职案

——多种因素造成传染病传播或者流行时，对从事传染病防治的政府卫生行政部门工作人员失职行为，如何定罪量刑

【关键词】　传染病　防治　失职　疫情

一、基本案情

被告人黎善文，男，壮族，1968年3月16日出生，原系广西壮族自治区巴马瑶族自治县（以下简称巴马县）卫生局副局长。2014年4月10日被取保候审。

广西壮族自治区巴马县人民检察院指控被告人黎善文犯传染病防治失职罪，向巴马县人民法院提起公诉。

被告人黎善文辩称：(1)起诉书指控“截至4月8日，巴马县陆续发现18例麻疹（乙类传染病）疑似病例”与“4月1—8日出现第一个小流行峰，发病22例”数字前后有出入；(2)“广西壮族自治区疾病预防控制中心于2013年5月3日发布的《广西巴马县麻疹暴发疫情处理情况（续报）》”是该中心副主任卓家同的个人续报，是个人观点；(3)巴马县疾病预防控制中心瞒报疫情，致使其不掌握疫情动态，导致误判疫情；(4)县卫生局班子决定不通过网络直报疫情，不是其个人行为；(5)在2013年4月10日全县麻疹疫情防控协调会上，其没有说“已经诊断的麻疹病病历必须改为肺炎或上呼吸道感染”之类的话；(6)巴马县麻疹疫情蔓延、暴发是多种原因造成的。综上，其行为是工作失误，不构成犯罪，请求法庭从轻或者减轻处理。

巴马县人民法院经审理查明：2013年2月14日，巴马县人民医院通过中国疾病预防控制信息系统网络直报1例麻疹疑似病例，后订正为风疹。同月16日，巴马县疾病预防控制中心通过中国疾病预防控制信息系统网络直报1例麻疹疑似病例，后订正为其他。同月21日，巴马县人民医院通过中国疾病预防控制信息系统网络直报1例麻疹疑似病例，后经实验室检验确诊为麻疹病。

2013年3月5日，巴马县人民医院又收治1例麻疹疑似病例，但没有通过中国疾病预防控制信息系统进行网络直报，而是依据“惯例”先口头向巴马县疾病预防控制中心免疫规划科科长周

宝东报告。周宝东向该中心主任李树江汇报，李树江让免疫规划科去进行流行病学个案调查、采样，但调查、采样后并没有依照规定要求中心工作人员进行网络直报，而是将采样标本存放该中心冻库保存。

2013年3月7日，广西壮族自治区疾病预防控制中心副主任卓家同通过中国疾病预防控制信息系统发现巴马县网络直报且经实验室检验确诊1例麻疹病例，便打电话给李树江讲巴马县已出现1例麻疹病例，要求其做好防控，加强疫苗接种工作，不能出现第2例麻疹病例。

2013年3月15日，周宝东又接到巴马县人民医院报告收治1例麻疹疑似病例，当日其在外出差，就向李树江汇报，李树江当时在县政府参加计划生育工作会议，便发一条短信给中心免疫规划科副科长韦桂阳，短信内容为"桂阳，我在县里参加计划生育会议，县医院儿科有一例疑似麻疹，你现在上去调查核实相关信息及技术处理，不得再上报了"。韦桂阳接到短信后，便带免疫规划科的其他同事到巴马县人民医院进行流行病学个案调查及采样，并依其理解的"技术处理"让医院的医生在病历上将"麻疹"更改为"肺炎""支气管炎"等，并根据李树江"不得再上报"的指示，要求医院不能进行网络直报。调查、采样回来后，李树江没有依照规定要求中心工作人员进行网络直报，而是将采样标本存放该中心冻库保存。

2013年3月26日，周宝东再接到巴马县人民医院报告1例麻疹疑似病例。该患者为巴马县甲篆乡甲篆村金边屯人，入院时间为2013年3月23日。周宝东接到报告后向李树江汇报，李树江让周宝东带人去进行流行病学个案调查及采样，并让周宝东告知医院不能进行网络直报，病历诊断上不能出现"麻疹"字样。周宝东依李树江的指示传达给县人民医院的医生。后周宝东等人进行个案调查及采样后并没有依规定进行网络直报，而是将采样标本存放该中心冻库保存。同月29日，百色市右江民族医学院附属医院通过中国疾病预防控制信息系统网络直报在该医院确诊的巴马县1例麻疹病例，患者为巴马县甲篆乡甲篆村金边屯人。依据麻疹暴发定义，巴马县甲篆乡甲篆村金边屯在10日内发生2例，已达到麻疹暴发的标准。

2013年3月19日、3月29日，巴马县卫生局分管疾病预防控制工作的被告人黎善文两次接到李树江关于巴马县麻疹疫情的汇报，但没有按要求及时督促疾病预防控制中心及医疗机构按规定及时上报相关部门。此后，巴马县又出现新的麻疹疫情。同年4月1日上午，巴马县卫生局召开了对麻疹疫情防控的紧急碰头会，由局长杨军主持，参会人员有黎善文、罗璇及李树江，会上李树江反映巴马县麻疹疫情的网络直报已有2例，继续网络直报巴马县卫生系统绩效考评会被"黄牌警告"。基于这种情况，此次会议形成了暂不进行麻疹疫情网络直报的一致意见。会议结束后，黎善文于当日11时召集人民医院、民族医院、妇幼保健院分管传染病防控的副院长开会，要求各医院在发现新的麻疹疫情后不能进行网络直报，同时要求对麻疹患者病历上的"麻疹"字样进行技术处理，但各医院分管副院长没有将会议内容传达给医院相关人员。截至4月1日，巴马县共出现8例麻疹疑似病例。

2013年4月8日，巴马县人民医院院长岑丹洁发现当日在该院就诊的麻疹病例多达10例，就打电话汇报给杨军。同日，巴马县疾病预防控制中心写了《2013年2—4月麻疹疫情调查处理》书面汇报给巴马县卫生局。次日，杨军局长打电话向河池市卫生局副局长文彪汇报巴马县已出现麻疹病例10余例，文彪副局长指示巴马县按要求进行防控工作。同日，巴马县卫生局写了《巴马瑶族自治县2013年2—4月麻疹疫情调查处理》书面汇报县人民政府副县长韦瑞芬。截至4月8日，巴马县共出现16例麻疹疑似病例。

2013年4月10日上午，巴马县卫生局召开疫情防控协调会，参会人员有卫生局领导班子、县人民医院、县妇幼保健院正副院长及李树江，会上被告人黎善文再次强调各单位要服从大局，服从领导，在对收治的疑似麻疹病患者的病历上不能出现“麻疹”字样，已经诊断的麻疹病历，必须改为“肺炎”“上呼吸道感染”等字样，不能进行网络直报，但仍以麻疹病情救治。县人民医院分管儿科副院长会后交代儿科按卫生局要求在病历上不出现“麻疹”字样，可改为“肺炎”“支气管炎”等。

2013 年 4 月 11 日下午至 12 日，根据河池市卫生局文彪副局长要求，河池市疾病预防控制中心副主任黄绍毅和工作人员黄丽到巴马县进行督导检查，发现巴马县麻疹疫情严重，于同月 12 日下午召开麻疹防控工作汇报、推进会，部署麻疹疫情防控工作，并向巴马县疾病预防控制中心下督导意见。督导意见指出自 2013 年以来，巴马县陆续发现 18 例麻疹疑似病例，甲篆乡、巴马镇已达疑似麻疹暴发标准，要求加强疫情监测，实行零报告制度，对麻疹疑似病例按规定报告并采集血清、咽拭子和尿液告示标本及时送检。李树江签收后并未按要求网络直报，也未及时将采集标本送检。从 2013 年 3 月 15 日至 4 月 14 日，医疗机构发现的每一例麻疹病例均按巴马县疾控中心等单位的要求，不进行网络直报，而是报告给周宝东，后周宝东汇报给李树江，并进行流行病学个案调查和采样，先后共采样 27 份，采样标本均存放中心冻库，没有及时送检。

2013 年 4 月 14 日晚，自治区、市卫生（厅）局及疾病预防控制中心领导、专家组到巴马县调查核实麻疹疫情，发现巴马县有瞒报行为，要求巴马县按规定网络直报，及时将采集标本送检。当晚，县疾病预防控制中心将采集的 27 例瞒报麻疹标本送市疾病预防控制中心专家，专家直接在该县疾病预防控制中心进行实验室检测。

2013 年 4 月 15 日，全市麻疹疫情防控工作会议在巴马县人民政府召开，区、市及全市各县卫生系统领导参加，会上通报巴马县麻疹疫情，部署防控救治工作。4 月 15 日以后，各医院按规定如实网络直报并补报之前瞒报的病例，各项防控救治工作按工作方案进行。

广西壮族自治区疾病预防控制中心于 2013 年 5 月 3 日发布的《广西巴马县麻疹暴发疫情处理情况（续报）》、河池市人民政府于 2013 年 5 月 22 日下发的河政发〔2013〕25 号文件《河池市人民政府关于巴马瑶族自治县瞒报假报麻疹疫情的通报》、广西壮族自治区卫生厅于 2013 年 7 月 9 日下发的桂卫疾控〔2013〕33 号文件《自治区卫生厅关于巴马县麻疹暴发疫情的情况通报》，都指出巴马县疫情暴发原因之一是瞒报迟报疫情，错过最佳处置时机，导致疫情蔓延扩散。

2013 年 8 月 5 日，河池市疾病预防控制中心出具《2013 年巴马县麻疹疫情结案报告》表明，截至 6 月 28 日，全县 10 个乡镇均有病例报告、累计报告麻疹病例 540 例，排除 12 例，确诊 528 例，除死亡 1 例，其余 527 例经治疗痊愈。疫情出现两个流行峰，4 月 1—8 日出现第一个小流行峰，发病 22 例；4 月 14 日—5 月 13 日出现第二个大流行峰，发病 432 例。疫情发生、蔓延的原因之一是“瞒报迟报疫情错过最佳处置时间”。

被告人黎善文在检察机关立案前询问时如实供述了其全部犯罪事实。

巴马县人民法院认为，被告人黎善文身为巴马县卫生局分管疾病预防控制工作的副局长，在履行传染病防治职责过程中，严重不负责任，授意、指使巴马县疾病预防控制中心和医疗机构隐瞒麻疹疫情，使上级有关部门没有及时掌握疫情动态，致使麻疹疫情错过最佳防控时机，导致传染病麻疹传播和流行，造成 500 余人感染麻疹病和 1 人医治无效死亡的严重后果，情节严重，其行为已触犯刑律，构成了传染病防治失职罪。根据专家分析及自治区卫生厅通报，造成巴马县麻疹疫情暴发的原因有多种：一是当地免疫规划基础工作严重滑坡、接种率低下；二是乡、村两级防保网络破溃，导致预防接种服务无法做到全面覆盖；三是瞒报迟报疫情错过最佳处置时机，导致疫情蔓延扩散；四是没有认真贯彻落实自治区卫生厅的文件精神，未成立独立的防保组，且专职防保人员不足，没有落实免疫规划工作经费。据此，黎善文瞒报迟报行为与造成麻疹疫情暴发的后果有刑法上的因果关系,但属一果多因,责任较轻。麻疹疫情扑灭后,黎善文于2013年8月13日在接受河池市人民检察院对事件调查时主动交代全部犯罪事实;同年12月25日,河池市人民检察院对黎善文涉嫌犯罪立案侦查,黎善文上述行为属自首,依法可以从轻或者减轻处罚。综上,黎善文的犯罪情节轻微,不需要判处刑罚,可以免予刑事处罚。依照《中华人民共和国刑法》第四百零九条、第六十七条第一款、第三十七条之规定,判决如下:

被告人黎善文犯传染病防治失职罪,免予刑事处罚。

二、主要问题

在审理妨害预防、控制突发传染病疫情等灾害的刑事案件中,有多种因素造成传染病传播或者流行的情形下,对从事传染病防治的政府卫生行政部门工作人员失职行为应如何定罪量刑?

三、裁判理由

传染病疫情防控攸关人民健康、社会安定和国家安全。疫情就是命令,防控就是责任。疫情防控的有力保障是法治。我国历来重视依法科学防控传染病,要求疫情防控人员做到"守土尽责",先后颁行《传染病管理办法》《传染病防治法》《突发公共卫生事件应急条例》等法律法规。1997年刑法修订时,专门设立了传染病防治失职罪。2003年"非典"疫情发生后,最高人民法院、最高人民检察院发布了《关于办理妨害预防、控制突发传染病疫情等灾害的刑事案件具体应用法律若干问题的解释》(以下简称《解释》),对传染病防治失职罪的主体范围和"情节严重"的四种情形作了具体规定。通常而言,导致传染病疫情发生和蔓延的原因有很多种,它既可能是相关人员的失职行为,也可能是非人为因素,以及人为与非人为因素叠加所致。为了保障相关人员依法履职,避免因不当追究对疫情防控产生消极影响,在追究相关人员失职行为的刑事责任时,需要严格依照法律法规及司法解释,准确执行宽严相济的刑事政策。结合本案,具体分析如下:

(一)关于本罪与一般工作失误的区别

根据刑法第四百零九条规定,传染病防治失职罪是指从事传染病防治的政府卫生行政部门工作人员严重不负责任,不履行或者不认真履行传染病防治监管职责,导致传染病传播或者流行,情节严重的行为。由于本罪与一般工作失误客观上都会造成传染范围扩大或者疫情、灾情加重的危害后果,实践中易于混淆。本案中,控辩双方争议焦点之一亦是被告人黎善文的行为是否属于工作失误。我们认为,这二者的区别在于:一是主观动机和客观行为表现不同,即行为人是否认真履职,在恪尽职守中是否能预见或者已经预见到其行为可能导致传染病传播或者流行的严重后果。工作失误的主观动机往往是行为人为了做好工作,认真履行工作职责,但主观上仍未预见到危害后果的发生,或者在尽责履职中已经预见,但因为经验能力有限、政策界限模糊、管理机制缺失等情况出现失误,以致发生传染范围扩大或者疫情、灾情加重的危害后果。反之,传染病防治失职罪在主观上表现为行为人对自身职责的认识偏差,不认真履行职责,违反《传染病防治法》及相关法律和工作制度,疏忽大意、过于自信、不尽职责、擅离职守等,导致发生严重危害后果。二是追责的前提条件不同,即行为人违反职责的行为与传染病传播、流行的后果是否有刑法上因果关系以及因果作用力大小。如果行为人没有违反所承担职责的规定,或者违反职责的行为与危害后果之间不具有刑法上因果关系或者作用力较小,即便发生了严重危害后果,也属于工作失误或者意外事件;反之,则构成本罪的失职行为。三是政策界限不同,即在国家对突发传染病疫情等灾害尚未采取预防、控制措施时,行为人履职中行为有差错,通常属于工作失误;反之,在采取预防、控制措施之后,具有上述司法解释所规定"情节严重"的情形之一,才以本罪论处。

具体到本案,被告人黎善文作为巴马县卫生局分管疾病预防控制工作的副局长,负有组织对突发疫情的调查、通报、控制和医疗救治工作的职责,且国家已对麻疹疫情采取了疫苗接种、疫情通报等预防、控制措施，但黎善文在疫情发生后，严重不负责任，授意、指使他人隐瞒麻疹疫情，致使错过最佳防控时机，造成麻疹传染范围扩大。黎善文授意、指使他人瞒报疫情的行为与造成麻疹疫情加重的后果之间有刑法上的因果关系，且情节严重，依法应认定构成传染病防治失职罪。

（二）关于指使他人隐瞒疫情并造成传染范围扩大或者疫情、灾情加重的情节认定

本罪属于情节犯，情节是否严重是区分罪与非罪的关键。根据《解释》第十六条第二款的规定，在国家对突发传染病疫情等灾害采取预防、控制措施后，具有下列情形之一的，属于刑法第四百零九条规定的"情节严重"：(1)对发生突发传染病疫情等灾害的地区或者突发传染病病人，病原携带者、疑似突发传染病病人，未按照预防、控制突发传染病疫情等灾害工作规范的要求做好防疫、检疫、隔离、防护、救治等工作，或者采取的预防、控制措施不当，造成传染范围扩大或者疫情、灾情加重的；(2)隐瞒、缓报、谎报或者授意、指使、强令他人隐瞒、缓报、谎报疫情、灾情，造成传染范围扩大或者疫情、灾情加重的；(3)拒不执行突发传染病疫情等灾害应急处理指挥机构的决定、命令，造成传染范围扩大或者疫情、灾情加重的；(4)具有其他严重情节的。

本案在审理过程中，被告人黎善文就辩称其没有"隐瞒疫情"。审查认为，根据《解释》，本罪"情节严重"第二项中的"隐瞒疫情"是"造成传染范围扩大或者疫情、灾情加重"的前提，是认定行为人失职且情节严重的客观行为表现。对此，可以从行为人在疫情发生后履职行为表现、履职行为对疫情发展所起的作用、上级疾控部门对疫情的调查分析等方面进行综合审查。

1. 本案被告人黎善文在履行传染病防治职责中有指使他人隐瞒疫情的行为

在案证据证实，案涉疫情发生前，巴马县疾病预防控制中心主任李树江曾两次向黎善文汇报麻疹疫情，报告了该县麻疹疫情已达到暴发标准。但是，黎善文考虑到继续网络直报疫情会给县卫生系统绩效考评造成不利影响，便授意、指使巴马县疾病预防控制中心和医疗机构隐瞒麻疹疫情，并且在疫情发生后的2013年4月10日全县麻疹疫情防控协调会上，黎善文要求相关医院在收治患者的病历上不能出现"麻疹"字样，而可改为"肺炎"等字样，且不能通过网络直报疫情。

值得注意的是，集体研究不能成为行为人失职行为的免责理由。案涉疫情发生后，巴马县卫生局相关领导于2013年4月1日召开了麻疹疫情防控紧急碰头会，形成"不进行网络直报疫情"的意见。黎善文作为该局有关疾病预防控制的主管人员，既参与了上述意见的讨论和决定，之后又多次授意、指使他人隐瞒疫情，应当对其失职行为承担责任。

2. 被告人黎善文隐瞒疫情的行为造成了传染范围扩大的严重后果

2013年4月27日，广西壮族自治区疾病预防控制中心工作组到巴马县指导疫情防控，随即发布《广西巴马县麻疹暴发疫情处理情况（续报）》，其中指出"瞒报迟报疫情，错过最佳处置时机，导致疫情蔓延扩散"是案涉疫情暴发的原因之一。之后，《河池市人民政府关于巴马瑶族自治县瞒报假报麻疹疫情的通报》《自治区卫生厅关于巴马县麻疹暴发疫情的情况通报》中均重申了导致疫情散播的这一原因。疫情结束后，河池市疾病预防控制中心出具的《2013年巴马县麻疹疫情结案报告》显示，截至2013年6月28日，该县10个乡镇均有麻疹病例报告，累计确诊528例，其中死亡1例。

需要说明的是，人们对传染病疫情往往有一个逐步认识和完善应对的过程，不同时期有关疫情报告中会出现病例统计数据不同的情况。具体到本案，河池市疾病预防控制中心工作组在2013年4月12日的督导意见中统计"自2013年2月以来，巴马县陆续发现18例麻疹疑似病例"，而该中心在2013年8月5日出具的《2013年巴马县麻疹疫情结案报告》则为"2013年4月1—8日出现第一个小流行峰，发病22例"。前组数据是该中心工作组调查核实是否存在疫情及其严重程度，以便及时部署疫情防控工作，故统计时间有限，并没有全面掌握全部疑似病例数据。

后组数据是对麻疹疑似患者采样标本，经实验室检测后得出。这两组数据客观反映出对疫情发展的认识经过，并不影响对被告人行为性质、后果的认定。因而被告人所称两组数据不一致、指控事实有误的辩解不能成立。

（三）关于导致传染病传播或者流行存在其他原因，且行为人有自首情节时，量刑时应体现宽严相济刑事政策

对于发生在预防、控制突发传染病疫情期间的犯罪行为，现行法律及司法解释强调了依法从严从重处罚的内容，但并不意味着相关案件都要一味从重，应当根据个案具体情况，切实做到严之有据、宽之有度，只有如此方能督促卫生行政部门工作人员依法履职，推进传染病防治工作健康有序发展，维护人民群众的身体健康和生命安全。

本案中，广西壮族自治区卫生厅通报及专家分析均指出，除被告人黎善文瞒报疫情行为外，导致麻疹疫情蔓延还有其他原因，包括当地免疫规划基础工作严重滑坡、乡村两级防保网络破溃、未成立独立的防保组、专职防保人员不足等。另外，在疫情扑灭之后，被告人黎善文向河池市人民检察院主动交代了全部犯罪事实，构成自首。根据《解释》第十七条的规定，人民法院、人民检察院办理有关妨害预防、控制突发传染病疫情等灾害的刑事案件，对于有自首、立功等悔罪表现的，依法从轻、减轻、免除处罚或者依法作出不起诉决定。正是基于上述情节，依法对黎善文从轻处罚。

综上，被告人黎善文作为疾病预防控制工作的主管人员，严重不负责任，授意、指使他人隐瞒麻疹疫情，导致传染病麻疹传播和流行，情节严重，其行为构成传染病防治失职罪。人民法院综合考虑本案系多种因素造成麻疹疫情暴发，且黎善文有自首情节，故对黎善文予以定罪免刑。

（撰稿：广西壮族自治区高级人民法院　刘茂盛
广西壮族自治区巴马瑶族自治县人民法院　王丰贤
审编：最高人民法院刑二庭　韩维中）

[第1353号]王琦筠等国家机关工作人员签订、履行合同失职被骗案

——国家机关工作人员虽未在合同上签字署名，但在负责签订、履行合同的调查、核实、商谈等工作过程中，严重不负责任被骗的，如何定性

【关键词】　合同　法系竞合　国家机关工作人员　安置小区

一、基本案情

被告人王琦筠，男，1975年7月5日出生，原系宜兴市新庄街道规划办主任。2015年2月13日被逮捕，2016年5月4日被取保候审。

被告人闵卫庚，男，1975年5月16日出生，原系宜兴市新庄街道办事处聘用人员。2015年1月31日被取保候审。

被告单位无锡金刚电梯科技有限公司（以下简称金刚公司）。

诉讼代表人张秋红。

被告人薛洪刚,男,1969年7月9日出生,系金刚公司总经理。2017年4月11日被逮捕。

被告人徐井新,男,1970年4月12日出生,系金刚公司职工。2015年2月9日被取保候审。

江苏省宜兴市人民检察院指控被告人王琦筠犯玩忽职守罪、受贿罪,被告人闵卫庚犯玩忽职守罪,被告单位金刚公司犯合同诈骗罪、被告人薛洪刚、徐井新犯合同诈骗罪、伪造国家机关印章罪,向江苏省宜兴市人民法院提起公诉。

被告人王琦筠的辩护人提出:王琦筠的行为不构成玩忽职守罪,新庄街道的经济损失与金刚公司的诈骗行为有关,与王琦筠的失职行为不存在刑法上的因果关系。

被告单位金刚公司、被告人闵卫庚、薛洪刚、徐井新及其辩护人分别就各自行为的定性及量刑情节作了相应辩护(略)。

江苏省宜兴市人民法院经公开审理查明:

(一)国家机关工作人员签订、履行合同失职被骗、合同诈骗、伪造国家机关印章部分

2010年5月,宜兴市新庄街道办事处成立景湖人家安置小区筹建小组,并在会议上口头任命时任新庄街道城市建设管理办公室副主任的被告人王琦筠为筹建小组负责人,聘用被告人闵卫庚等技术人员为筹建小组成员,全面负责安置小区的现场管理、矛盾协调等工作。2010年9月,新庄街道准备采购景湖人家等安置小区高层住宅楼房电梯,王琦筠安排闵卫庚统计电梯停靠层数等数据。闵卫庚在统计过程中,没有核对建筑施工图,将景湖人家高层实际为二层地下室统计成一层地下室,并据此草拟了采购电梯的申请交给王琦筠审核。王琦筠亦没有核对建筑施工图,就按照闵卫庚拟定的采购电梯申请上报宜兴市财政局,后据此进行了电梯采购招标。2011年4月,景湖人家等安置小区的上述电梯采购经公开招标,由金刚公司和无锡市崇芝电梯有限公司联合体中标。同年6月,新庄街道办事处和金刚公司签订了电梯供需合同。同年年底,金刚公司与东芝电梯(中国)有限公司(以下简称东芝公司)签订电梯销售合同。

2012年10月,金刚公司派员至现场进行电梯安装准备工作时发现景湖人家小区高层住宅有二层地下室,合同上电梯少算一层。金刚公司法定代表人被告人薛洪刚立即通知新庄街道。经重新统计,共有59台电梯需要变更层数。后金刚公司对新庄街道隐瞒东芝公司仅有一台电梯安排生产、其余均未投产的事实,谎称电梯均已生产,需要对电梯进行改装,改装费用共需要人民币500余万元。新庄街道委派被告人王琦筠、闵卫庚参与和金刚公司就电梯改装费补偿问题的前期商谈工作。后薛洪刚提供了伪造的东芝公司电梯改造报价清单和金刚公司支付改装费300万元的银行电子交易回执,并安排所谓的东芝公司工作人员至工地现场与王琦筠见面证实改装费用等情况。王琦筠在未认真审核的情况下,将上述情况向新庄街道作了汇报,新庄街道遂安排其测算电梯改装费用,王琦筠又安排闵卫庚根据招投标文件以及江苏省人工工资调整的相关规定测算改装费用。王琦筠、闵卫庚在未实际至电梯生产商东芝公司处实地核实的情况下,测算出改装费用约为271万余元,此外增加井道照明费24万元。王琦筠将上述数据向新庄街道汇报后,新庄街道于2013年6月与金刚公司签订了补充合同,约定新庄街道再支付金刚公司59台电梯增层费、人工工资和井道照明费合计人民币295.568 1万元。后薛洪刚安排徐井新持补充合同分别至宜兴市招投标中心、宜兴市政府采购管理办公室盖章确认,在上述两部门不同意加盖公章的情况下,薛洪刚、徐井新指使他人,采用电脑扫描、复制技术,将伪造的上述两部门印章加盖在补充合同上。2013年12月初,薛洪刚借用其他公司资质进行电梯安装,为了向宜兴市质量技术监督局申请报备,安排被告人徐井新指使他人采用上述相同手段,伪造宜兴市新庄街道办事处印章加盖在电梯安装合同上。

2013年年底,金刚公司实际共安装电梯36台(均涉及变更层数),后双方同意解除电梯供需

合同。2014 年 6 月,以上述补充合同为依据,新庄街道与金刚公司就已安装的 36 台电梯签订了新的补充合同,约定新庄街道支付金刚公司 36 台电梯的增层费、安装费和井道照明费等共计人民币 1 520 964 元(以下币种均为人民币,其中井道照明费为 115 200 元)。至案发,新庄街道应支付金刚公司共计 7 674 824 元,已支付 7 290 836 元,尚有 383 988 元未支付。另查明,东芝公司已安排生产的一台 19 层电梯所产生的已排产损费为 17 000 元。经鉴定,已安装的 36 台电梯增加一层的市场价格为 269 784 元。据此,金刚公司实际骗得新庄街道总计 734 992 元。

(二)受贿部分

被告人王琦筠于 2011 年春节前至 2015 年 5 月,先后利用担任宜兴市新庄街道城市建设管理办公室副主任、规划办主任、景湖人家安置小区筹建小组负责人的职务便利,收受他人贿赂,钱物折合人民币 104 000 元。

江苏省宜兴市人民法院认为,被告人王琦筠身为国家机关工作人员,被告人闵卫庚系受聘在国家机关中从事公务的人员,在签订、履行合同过程中,工作严重不负责任,未认真审核合同事实情况,导致上当受骗,致使国家利益遭受重大损失,其行为均已构成国家机关工作人员签订、履行合同失职被骗罪;王琦筠还利用职务之便,为他人谋取利益,非法收受他人财物,其行为已构成受贿罪,应予数罪并罚。被告单位金刚公司以非法占有为目的,在签订、履行合同过程中,采用隐瞒真相、虚构事实等手段,骗取新庄街道财物,数额巨大,被告人薛洪刚作为金刚公司直接负责的主管人员,其行为均已构成合同诈骗罪。被告人薛洪刚、徐井新共同伪造国家机关印章,二被告人的行为均已构成伪造国家机关印章罪。王琦筠、徐井新系自首,闵卫庚、薛洪刚系坦白。据此,依照《中华人民共和国刑法》第四百零六条,第三百八十五条第一款,第三百八十三条第一款第(一)项、第二款,第二百八十条第一款,第二百二十四条第(五)项,第二百三十一条,第六十九条,第三十七条,第二十五条第一款,第六十七条第一款、第三款,第七十二条第一款、第三款,第六十四条的规定,判决如下:

1. 以国家机关工作人员签订、履行合同失职被骗罪判处被告人王琦筠有期徒刑八个月,以受贿罪判处被告人王琦筠有期徒刑十个月,并处罚金人民币十万元,决定执行有期徒刑一年三个月零六日,并处罚金人民币十万元;以国家机关工作人员签订、履行合同失职被骗罪对被告人闵卫庚免予刑事处罚;以合同诈骗罪判处被告单位无锡金刚电梯科技有限公司罚金人民币二十万元;以合同诈骗罪判处被告人薛洪刚有期徒刑五年,并处罚金人民币十万元,以伪造国家机关印章罪判处被告人薛洪刚拘役五个月,决定执行有期徒刑五年,并处罚金人民币十万元;以伪造国家机关印章罪判处被告人徐井新有期徒刑八个月,缓刑一年。

2. 尚未退还的人民币 734 992 元,责令无锡金刚电梯科技有限公司退赔后发还被害单位。

3. 扣押在宜兴市人民检察院的人民币 87 000 元予以没收,上缴国库。

一审宣判后,被告人王琦筠、薛洪刚和被告单位金刚公司不服,提出上诉。

被告人王琦筠及辩护人提出:王琦筠未在补充合同上签字,对补充合同没有决定权,不构成国家机关工作人员签订、履行合同失职被骗罪。

被告人薛洪刚和被告单位金刚公司就定性及量刑情节提出相关上诉意见(略)。

江苏省无锡市中级人民法院经审理认为,原审判决认定上诉人王琦筠犯国家机关工作人员签订、履行合同失职被骗罪,上诉人薛洪刚犯合同诈骗罪、伪造国家机关印章罪,上诉单位金刚公司犯合同诈骗罪,原审被告人闵卫庚犯国家机关工作人员签订、履行合同失职被骗罪,原审被告人徐井新犯伪造国家机关印章罪的定罪和量刑事实清楚,证据确实、充分,适用法律正确,量刑适当,诉讼程序合法,应予维持。于 2017 年 11 月 7 日依法裁定:驳回上诉,维持原判。

二、主要问题

(一)玩忽职守类犯罪法条竞合时如何选择?

(二)国家机关工作人员虽未在合同上签字署名,但在负责签订、履行合同的调查、核实、商谈等工作过程中,严重不负责任被骗的,构成何罪?

三、裁判理由

本案争议的焦点在于被告人王琦筠、闵卫庚在电梯统计、安装过程中严重不负责任的行为定性。公诉机关指控二人构成玩忽职守罪,法院在审理过程中对此形成了三种不同意见:

第一种意见同意公诉机关的意见,认为被告人王琦筠等统计、审核电梯停靠层数时不负责任,玩忽职守,使得金刚公司有机可乘进行诈骗,最终导致了新庄街道的损失,应构成玩忽职守罪。

第二种意见认为,被告人王琦筠、闵卫庚无罪。理由是:王琦筠等在统计电梯停靠层数时虽存在失职行为,但新庄街道最终的损失系因金刚公司的诈骗行为导致,且王琦筠等后期在与金刚公司就电梯改装费用谈判时已履行审查义务,亦未在合同书上签字,二人的失职行为与损失之间不存在刑法上的因果关系。

第三种意见认为,被告人王琦筠、闵卫庚构成国家机关工作人员签订、履行合同失职被骗罪。理由是:王琦筠等受新庄街道委派统计电梯停靠层数时不正确履行职责,误报电梯停靠层数,致使新庄街道依据该错误的事实进行招投标,并与金刚公司签订电梯供需合同。且被告人在后续与金刚公司商谈签订关于电梯改装费用的补充合同过程中,又未对金刚公司单方面提供的材料进行审核,其严重不负责任致使新庄街道被诈骗 73 万余元,二人的失职行为与金刚公司的诈骗行为共同导致国家利益遭受重大损失。

我们同意第三种意见,认为本案中被告人王琦筠、闵卫庚的行为构成国家机关工作人员签订、履行合同失职被骗罪。理由如下:

(一)玩忽职守类犯罪罪名竞合时,应遵循特别法优于普通法的原则

玩忽职守罪,是指国家机关工作人员玩忽职守,致使公共财产、国家和人民利益遭受重大损失的行为。该罪客观上要求行为人不履行或者不正确履行工作职责,导致公共利益遭受重大损失。我国《刑法》第三百九十七条第一款对此罪名作了概括性规定。同时,该条表述“本法另有规定的,依照规定”,即玩忽职守罪为一般性的普通罪名,对具有玩忽职守情形另有特别规定构成其他罪的,应当按照特别罪名处理。最高人民法院、最高人民检察院 2012 年公布的《关于办理渎职刑事案件适用法律若干问题的解释(一)》第二条中对此进一步明确:“国家机关工作人员实施滥用职权或者玩忽职守犯罪行为,触犯刑法分则第九章第三百九十八条至第四百一十九条规定的,依照该规定定罪处罚。”《刑法》分则中另外规定的玩忽职守犯罪,包括第四百条第二款失职致使在押人员脱逃罪、第四百零六条国家机关工作人员签订、履行合同失职被骗罪、第四百零八条环境监管失职罪、第四百零九条传染病防治失职罪等,这些罪名均属于特别规定。

国家机关工作人员签订、履行合同失职被骗罪,是指国家机关工作人员在签订、履行合同过程中,因严重不负责任被诈骗,致使国家利益遭受重大损失的行为。该罪名也属于玩忽职守类犯罪的特别规定,客观方面需同时具备行为人在签订、履行合同中严重不负责任的失职行为、合同对方的诈骗行为以及由于失职和诈骗双重行为导致的严重损害后果。区分国家机关工作人员签订、履行合同失职被骗罪与玩忽职守罪的关键点在于:(1)前者的失职行为必须发生在合同的签订、履行过程中;后者的失职行为可以发生在国家机关工作人员履行工作职责的任何过程中,并无具体行为时空范围的限制。(2)前者损害后果的发生系行为人的失职行为和合同对方的诈骗行为共同导致的。失职行为与诈骗行为的关系既可能是因行为人的失职行为使合同对方有机可

乘、起意诈骗;也可能是行为人审查不严,未恪尽职守,轻信对方谎言而被骗;或者在被骗后未积极采取补救措施导致利益受损。且该罪名所要求的诈骗行为必须以构成犯罪为充足条件,而非一般的民事欺诈行为。而玩忽职守罪仅要求行为人的失职行为与损害后果存在刑法上的因果关系,即行为人的失职行为直接导致危害后果,不需要结合第三人的行为加以认定。

综上,本案被告人的行为既符合玩忽职守罪的犯罪构成要件,同时又符合《刑法》第四百零六条的特别规定,应当遵循特别法优于普通法的基本原则,依照法律及司法解释的规定,以国家机关工作人员签订、履行合同失职被骗罪定罪处罚。

(二)国家机关工作人员虽未在合同上签字署名,但接受委派,在负责签订、履行合同的调查、核实、商谈等工作过程中,严重不负责任被骗的,依法构成国家机关工作人员签订、履行合同失职被骗罪

在市场经济下,合同是市场主体之间发生经济关系,进行生产、经营等活动的主要媒介,也是记载双方当事人权利、义务的有效凭证。合同的签订一般包括三个阶段:一是前期酝酿阶段,双方就合同约定的主要内容、权利义务等细节进行协商、谈判,进行必要的调查,达成意向性的协议;二是起草文本阶段,双方就洽谈内容形成书面文本并就文本内容进行修改、完善;三是签字盖章阶段,即双方在达成一致的文本上签字确认。合同的履行即合同双方对合同规定义务执行的过程,通常包括执行合同义务的准备、具体合同义务的执行以及义务执行的善后等。故合同的签订、履行系有多个环节共同组成的动态运行过程,在合同文本上签字署名仅是其中完成形式要件的阶段,而为签订合同所做的准备工作包括调查、协商、谈判等相关工作均属于合同签订、履行的重要环节。因此,判定是否属于签订、履行合同的行为不以是否在合同文本上签字署名为标准,而应当判断具体行为是否属于合同形成的必要阶段。

如上所述,国家机关工作人员签订、履行合同失职被骗罪的时空条件要求行为人的失职行为必须发生在签订、履行合同的过程中。当国家机关作为合同相对方时,一般安排具体的责任人员负责合同签订、履行中的相关工作。作为国家机关利益的代表,相关责任人员在此过程中应当尽到足够谨慎的注意义务,严格审查合同签订之真伪,如认真调查了解对方的资信、经营状况,认真审查对方提供的有关证件、证明,认真检查对方的实际履约能力、供货的质量、来源,等等。这些工作都属于为签订、履行合同所作必要之准备,对合同签订、履约内容起到决定性作用。

具体到本案中,被告人王琦筠为景湖人家安置小区筹建小组负责人,被告人闵卫庚为筹建小组成员,全面负责安置小区的现场管理、矛盾协调等工作。二人行为具体可以分为两个阶段:

第一阶段,2010年9月至2011年6月,王琦筠等二人在负责安置小区高层住宅楼房电梯采购过程中,统计、审核电梯停靠层数,因马虎草率,未与建筑施工图进行核对,将实际为二层地下室统计成一层地下室,并将据此拟定的采购电梯申请上报给宜兴市财政局进行电梯采购的招投标。后根据该错误的数据,新庄街道与金刚公司签订了第一份电梯供需合同。

第二阶段,2012年10月至案发时,金刚公司进行电梯安装准备工作时,发现电梯层数错误并通知新庄街道,同时虚构事实、隐瞒真相,发函给电梯生产商东芝公司,明确已经排产的一台电梯暂停发货,改造增层后再发货并与东芝公司签订销售变更协议后,仍向新庄街道谎称全部电梯已经生产,均需要支付增层改装费共计500余万元。新庄街道继续委派被告人王琦筠等二人负责电梯改装费补偿的商谈工作。在商谈中,金刚公司提供了伪造的东芝公司电梯改造报价清单及支付改装费300万元的银行电子交易回执,并安排所谓的东芝公司工作人员到场见证,王琦筠等本应对电梯改装费用、工作人员身份情况与电梯生产商东芝公司进一步核实,且在客观条件允许的情况下,对金刚公司提供的所谓清单、回执、人员等真实性未加核实,轻信其一面之词,即向新

庄街道作了汇报,测算出改装费用,2013 年 6 月新庄街道以王琦筠、闵卫庚商谈、测算的数据为准与金刚公司签订了补充合同,并最终被骗 73 万余元。

本案中的最终损害后果为新庄街道损失 73 万余元,而造成该损害结果的原因包括:(1)被告人王琦筠等第一次在电梯申报过程中因工作不负责任导致电梯层数统计失误;(2)因王琦筠等统计错误使得金刚公司有机可乘,并趁机诈骗;(3)王琦筠等人在与金刚公司商谈电梯改装费用时未认真审核,新庄街道基于王琦筠等的汇报情况签订补充合同,并最终被骗。国家财产的重大损失系由王琦筠等人的玩忽职守行为与金刚公司的诈骗行为共同导致的,且金刚公司的诈骗行为应被追究刑事责任。王琦筠等人在为签订第一份电梯供需合同做基础测算、统计数据过程中未尽到应尽职责,在履行合同过程中并为签订第二份电梯增层改造的补充合同做协商、洽谈、审核工作时严重不负责任,其虽未代表新庄街道在最终合同文本上签字署名,但不能否认其工作内容对最终订立的合同起决定性作用,失职行为发生在合同的签订、履行过程中,应当构成国家机关工作人员签订、履行合同失职被骗罪。

综上,一审、二审法院依据特别法优于一般法的原则,根据《刑法》及相关司法解释的规定,对被告人王琦筠、闵卫庚以国家机关工作人员签订、履行合同失职被骗罪定罪处罚,是正确的。

(撰稿:江苏省无锡市中级人民法院　杨温蕊　袁红玲
审编:最高人民法院刑二庭　韩维中)

李志刚滥用职权、受贿案
——天津港“8・12”爆炸事故案

【关键词】 滥用职权　受贿　量刑　危险化学品

一、基本案情

被告人李志刚,男,汉族,1954 年 5 月 26 日出生,原系天津市交通运输和港口管理局(以下简称交港局)副局长。2015 年 9 月 10 日被逮捕。

天津市滨海新区人民检察院指控被告人李志刚犯滥用职权罪、受贿罪,向天津市滨海新区人民法院提起公诉。

针对公诉机关的指控,被告人李志刚及其辩护人提出以下辩解及辩护意见:(1)天津港危险化学品经营综合监督管理的职权、经营许可的职权应属于天津市安全生产监督管理局,原天津市交通运输和港口管理局(以下简称原市交港局)没有上述职权,被告人签批同意筹建危险化学品集装箱堆场的批复不是滥用职权。(2)部门规章无权设定行政许可,《港口危险货物安全管理规定》中关于从事港口危险化学品经营申领《港口经营许可证》和《港口危险货物作业附证》属于设定行政许可,应属无效。(3)天津港危险化学品滞港现象严重,原市交港局为了提高效率,才采取批复方式代替行政许可,是行政改革创新举措。(4)李志刚签批的批复至 2014 年 10 月 17 日已经全部失效,瑞海公司取得《港口经营许可证》《港口危险货物作业附证》系在其退休以后,与其没有任何关系。(5)李志刚签批批复的行为与天津港“8・12”爆炸事故没有因果关系。

天津市滨海新区人民法院经公开审理查明:

（一）滥用职权事实

2009年5月至2014年5月，被告人李志刚担任原市交港局副局长，负责港口行政管理和行政审批等工作，其在担任原市交港局副局长期间，违反我国《港口法》《危险化学品安全管理条例》《港口经营管理规定》《港口危险货物安全管理规定》等法律、法规、规章，滥用职权，违法违规对瑞海公司实施行政许可和项目审批，先后签批同意瑞海公司危险化学品集装箱堆场的拟筹建申请、同意瑞海公司申请从事危险货物经营以及批准瑞海公司跃进路堆场改造工程初步设计等8份批复，致使瑞海公司在不符合法定经营条件的情况下长期违规经营，并以前述批复作为向其他单位及部门申报的依据。具体事实如下：

1. 被告人李志刚违法违规签批同意瑞海公司拟筹建危险化学品集装箱堆场的批复。

2013年1月15日，瑞海公司向原市交港局港口管理处提交拟筹建危险化学品集装箱堆场的申请。同年1月18日，被告人李志刚违法签批《关于对瑞海国际物流有限公司拟筹建危险化学品集装箱堆场的批复》，同意瑞海公司在天津港筹建危险化学品集装箱堆场。瑞海公司以该批复作为行业主管部门意见，在堆场改建工程未通过安全条件审查的情况下开工建设。

2. 被告人李志刚违法违规签批拟筹建批复后，又多次违法违规签批批复，同意瑞海公司从事港口危险货物经营活动。

瑞海公司分别于2013年4月7日、6月5日、7月23日、10月11日向原天津市交港局港口管理处提交请示，申请从事港口危险货物作业。瑞海公司前三次申请期间堆场改造项目尚未建设完成，第四次申请时改造工程虽已完工但没有取得安全设施专项验收合格证明，并不具备取得危险货物港口经营人资质的条件。被告人李志刚在明知瑞海公司未取得法定审批许可手续、不具备港口危险货物作业条件的情况下，分别于2013年4月8日、7月11日，7月24日、10月11日先后签批4份批复，违法违规批准瑞海公司从事危险货物经营，允许瑞海公司在2013年4月8日至2014年1月11日期间从事8、9类、2～6类港口危险货物作业。

上述期间届满后，被告人李志刚于2014年4月1日倒签日期为同年1月20日的《关于天津东疆保税港区瑞海国际物流有限公司申请港口危险货物作业延期的批复》，同意瑞海公司经营有效期延至同年5月11日，使瑞海公司的违法经营状态持续。2014年4月29日，瑞海公司向原市交港局港口管理处提交申请港口经营资质的请示，同年5月4日，李志刚在瑞海公司未取得安全设施专项验收合格证明的情况下，违法违规签批《天津市交通运输和港口管理局关于天津东疆保税港区瑞海国际物流有限公司试运营期间港口经营资质的批复》，以批复形式批准瑞海公司港口危险货物经营试运营资质，没有同时核发《港口经营许可证》《港口危险货物作业附证》，且将试运营时间提前至同年4月16日，同意瑞海公司于同年4月16日至10月16日试运营期间开展2～6类、8类、9类危险化学品业务。

3. 被告人李志刚代管规划处期间，违法违规做出批准瑞海公司跃进路堆场改造工程初步设计的批复，致使瑞海公司危险货物堆场改造项目得以验收通过。

2013年9月，瑞海公司向原市交港局规划处提交跃进路堆场改造工程初步设计审查的请示。同月，因市交港局分管规划处的副局长患病住院休假，由被告人李志刚代管规划处。李志刚明知瑞海公司跃进路堆场改造工程未批先建，不仅未对瑞海公司的违法违规行为进行查处，仍为瑞海公司办理初步设计审批，于2013年10月10日违法违规补签2013年10月9日《关于天津东疆保税港区瑞海国际物流有限公司跃进路堆场改造工程初步设计的批复》，致使瑞海公司未批先建和违反有关法律法规及技术标准的危险货物堆场改造项目得以验收通过。

2013年10月至2014年5月，瑞海公司先后以上述相关批复为依据向海关、海事局、工商行政管理局等部门进行申报并获得相应审批;2015 年 6 月 23 日,原市交港局整合改组后的天津市交通运输委员会以 2014 年 59 号批复为依据向瑞海公司违法发放《港口经营许可证》和《港口危险货物作业附证》。

2015 年 8 月 12 日 22 时许,瑞海公司位于天津市滨海新区吉运二道 95 号的危险品仓库运抵区南侧集装箱内的硝化棉积热自燃,引起相邻集装箱内的硝化棉和其他危险化学品长时间大面积燃烧,导致堆放于运抵区的硝酸铵等危险化学品发生爆炸,事故造成 165 人遇难、8 人失踪、798 人受伤住院治疗。截至 2015 年 12 月 10 日,造成直接经济损失人民币 68.66 亿元。

(二)受贿事实

被告人李志刚自 2009 年担任原天津市交港局副局长以来,利用职务上的便利,接受瑞海公司董事长于学伟的请托,为瑞海公司谋取利益,先后七次收受于学伟给予的高尔夫球具、茅台酒、购物卡、电视机、现金等财物合计人民币 98 250 元,且多次收受具有行政管理关系的管理对象孙琦、张进宝、柴信众、赵培生给予的财物合计人民币 106 500 元。李志刚非法收受的财物共计折合人民币 204 750 元。

天津市滨海新区人民法院认为,被告人李志刚身为原交港局副局长,明知瑞海公司不具备从事港口危险货物经营的法定条件,滥用职权,违法违规实施行政许可和项目审批,致使公共财产、国家和人民利益遭受重大损失,其行为已构成滥用职权罪,且系情节特别严重。李志刚身为国家机关工作人员,利用职务便利,为他人谋取利益,多次收受瑞海公司董事长于学伟给予的财物,及具有行政管理关系的被管理人孙琦、张进宝、柴信众、赵培生给予的财物,共计价值人民币204 750 元,数额巨大,其行为已构成受贿罪。对李志刚所犯数罪,应依法并罚。

2016 年 11 月 9 日,天津市滨海新区人民法院以(2016)津 0116 刑初 57 号刑事判决,认定被告人李志刚犯滥用职权罪,判处有期徒刑七年;犯受贿罪,判处有期徒刑六年,并处罚金人民币二十万元;决定执行有期徒刑十二年,并处罚金人民币二十万元。

二、裁判理由

(一)关于滥用职权罪的认定

《刑法》第三百九十七条对滥用职权罪的规定采用了简单罪状的描述,仅对犯罪构成要件作了简要论述,并未具体规定"滥用职权"的范围和特征。通常,滥用职权罪是指国家机关工作人员超越职权,违法决定、处理其无权决定、处理的事项,或者违反规定处理公务,致使公共财产、国家和人民利益遭受重大损失的犯罪。

关于原市交港局是否具有港口安全监督管理及危险化学品经营许可的职权范围,《港口法》规定:"港口行政管理部门应当依法对港口安全生产情况实施监督检查;从事港口经营,应当向港口行政管理部门书面申请取得港口经营许可,并依法办理工商登记。"《危险化学品安全管理条例》规定:"依照《中华人民共和国港口法》的规定取得港口经营许可证的港口经营人,在港区内从事危险化学品仓储经营,不需要取得危险化学品经营许可。"交通运输部根据上述法律、行政法规等制定的《港口危险货物安全管理规定》规定:"申请危险货物港口经营人资质,应当向港口行政管理部门提交上述材料。其中,从事剧毒化学品、易制爆危险化学品经营或者有储存设施的,应当向所在地设区的市级港口行政管理部门提出申请;从事其他危险化学品经营的企业,应当向所在地县级港口行政管理部门提出申请。"综上,根据法律、法规、规章的规定,原市交港局对天津港危险化学品经营具有港口安全监督管理及危险化学品经营许可的职权。

本案中,被告人李志刚违规以批复形式审批瑞海公司拟筹建危险化学品集装箱堆场的申请;在明知瑞海公司未取得法定审批许可手续、不具备港口危险货物作业条件的情况下,四次以批复形式违法批准瑞海公司从事港口危险货物经营审批许可；在明知瑞海公司跃进路堆场改造工程未批先建的前提下，采用违规补签的方式审批瑞海公司跃进路堆场改造工程初步设计。尽管原天津市交港局并非唯一具有危险化学品经营许可和港口安全监督管理的职能部门，但不能因此否认其在危化品仓库筹建、经营许可、功能改造等的主要管理职能。李志刚作为原市交港局相关部门主要负责人，滥用手中权力，多次违规批复以致安全监管失控，安全隐患最终导致事故的发生，造成公共财产、国家和人民利益遭受重大损失。其上述行为符合滥用职权罪的犯罪构成要件，应当承担相应的刑事责任。

（二）关于受贿罪的认定

对于被告人收受财物，为请托人谋取利益时存在渎职行为，受贿行为与渎职行为均构成犯罪的情况下，是择一重罪处罚还是数罪并罚，理论上存在争议。2012 年 12 月公布的《最高人民法院、最高人民检察院关于办理渎职刑事案件适用法律若干问题的解释（一）》（法释〔2012〕18 号，以下简称《渎职解释》）第三条规定，国家机关工作人员实施渎职犯罪并收受贿赂，同时构成受贿罪的，除刑法另有规定外，以渎职犯罪和受贿罪数罪并罚。司法解释持并罚立场的依据在于：一是牵连犯择一重罪处罚的观点并不具有普遍实用性，刑法及司法解释中不乏数罪并罚的规定；二是成立受贿犯罪不以实际为他人谋利、更不以渎职为他人谋取非法利益为条件，受贿与渎职相对独立，实行并罚不存在明显的重复评价问题；三是数罪并罚更有利于从严惩处此类犯罪。2016 年发布的《最高人民法院、最高人民检察院关于办理贪污贿赂刑事案件适用法律若干问题的解释》（以下简称《贪贿解释》）第十七条进一步肯定了并罚制，规定国家工作人员利用职务上的便利，收受他人财物，为他人谋取利益，同时构成受贿罪和渎职犯罪的，除刑法另有规定外，以受贿罪和渎职罪数罪并罚。

本案中，被告人李志刚除构成滥用职权罪外，还存在大量受贿财物行为，其受贿行为既有与滥用职权犯罪密切关联部分（收受瑞海公司董事长于学伟贿赂），又有与滥用职权犯罪无关部分（收受孙琦等人财物）。根据司法解释的规定，应当就其不同受贿部分以受贿一罪进行评判，并与滥用职权罪数罪并罚。

（三）关于本案的量刑考量

1. 关于滥用职权罪的量刑

《刑法》第三百九十七条第一款规定，犯滥用职权罪的，处三年以下有期徒刑或者拘役；情节特别严重的，处三年以上七年以下有期徒刑。其中，情节严重的程度可以从造成死伤的人数、造成直接经济损失的数额、造成不良社会影响的严重程度等几方面综合加以考虑。关于情节特别严重的认定标准，《渎职解释》规定："具有下列情形之一的，应当认定为刑法第三百九十七条规定的'情节特别严重'：（一）造成伤亡达到前款第（一）项规定人数 3 倍以上的（注：即造成死亡 3 人以上，或者重伤 9 人以上，或者轻伤 27 人以上，或者重伤 6 人、轻伤 9 人以上，或者重伤 3 人、轻伤 18 人）；（二）造成经济损失 150 万元以上的；（三）造成前款规定的损失后果，不报、迟报、谎报或者授意、指使、强令他人不报、迟报、谎报事故情况，致使损失后果持续、扩大或者抢救工作延误的；（四）造成特别恶劣社会影响的；（五）其他特别严重的情节。"

天津港"8·12"爆炸事件最终造成 165 人遇难、8 人失踪、798 人受伤，造成直接经济损失人民币 68.66 亿元的严重后果，属于"情节特别严重"的情形。虽然事故的发生系多因一果，瑞海公司对事故发生应当负直接责任，但被告人李志刚作为分管港口管理的部门负责人，其违法违规签批的八份批复，使瑞海公司违法违规改建危险货物堆场项目并得以验收通过，使瑞海公司在未取得法定审批许可手续、不具备港口危险货物作业条件的情况下从事危化品经营活动，导致安全隐患不断积累并扩大，李志刚的渎职行为是发生火灾爆炸事故和致使公共财产、国家和人民利益遭受重大损失的原因之一，并造成特别恶劣的社会影响。法院以滥用职权罪对其顶格判处七年有期徒刑的刑罚是适当的。

2. 关于受贿罪的量刑

被告人李志刚共计受贿数额为人民币204 750元，符合《贪贿解释》规定"数额巨大"的标准，应当在三年以上十年以下的幅度内量刑。鉴于其多次受贿，且部分受贿行为与滥用职权犯罪的发生存在密切联系，社会危害性大，应将该情节在受贿罪量刑中统一考量。综合考虑其犯罪情节、认罪态度、悔罪表现及社会危害程度，法院以受贿罪对其判处六年有期徒刑。

"8·12"系列案件涉及25名在各个关键岗位有渎职行为的被告人，为均衡量刑，体现宽严相济的刑事政策，法院对25名被告人的量刑进行统一考量。被告人李志刚作为分管港口管理的领导，积极推进港瑞海公司危险品仓库项目落地，对于事故的发生承担不可推卸的责任，应当从重惩处。对其合并执行有期徒刑十二年的刑期在25名职务犯罪被告人中亦属最重，做到罚当其罪，实现了较好的法律效果和社会效果。

【编后语】

天津港"8·12"特别重大火灾爆炸事故作为中华人民共和国成立以来最大的安全生产责任事故，与之对应的是史上最严厉的追责。2016年11月7~9日，天津市第二中级人民法院及9个基层法院同时开庭，依法对"8·12"特别重大火灾爆炸事故涉及27件刑事案件的49名责任人进行一审公开宣判，除了肇事单位瑞海公司及为其提供虚假证明文件的中滨安评公司责任人被依法严惩之外，25名国家机关工作人员分别以犯玩忽职守罪或滥用职权罪被判处实刑。其中包括李志刚等在内的8人因同时犯受贿罪，被数罪并罚。4名关键岗位、关键环节的人员按所犯罪名从严惩处。

上述案件的审判工作，是"8·12"事故责任追究的重要组成部分。习近平总书记曾指出"有权必有责，用权受监督，失职要问责，违法要追究"，法院严格遵循权责统一，权责相适应的原则，对"8·12"事故中涉及政府权力架构的每一个环节、每一个岗位认真进行审查、追责，对负有领导责任的被告人，特别是"一把手"、涉及审批、监管领域关键环节、关键岗位的相关责任人员依法严肃处刑，彰显了党和政府严惩渎职弄权的决心，具有重要的警示、教育意义。

（撰稿：天津市高级人民法院　孙　潇
审编：最高人民法院刑二庭　叶邵生）

传染病防治失职罪研究

□谢望原[*] 吴光侠[**]

由于立法粗疏简单和社会情况复杂多样,我国现行刑法规定的传染病防治失职罪在刑法理论上和司法实践中出现了诸多令人疑惑的问题。鉴于2003年非典型肺炎(atypical pneumonia,世界卫生组织称之为Severe acuterespiratory Syndrome即SARS,以下简称"非典")疫情突发,对人民群众的生命与健康构成严重威胁,而我国刑法理论界与实务部门对涉及传染病方面犯罪的刑法对策研究明显不足,为了给当前打击与防范涉及类似"非典"传染病方面的犯罪提供理论支持,本文以"非典"为例,对传染病防治失职罪的相关理论与司法实务问题进行专题研究。

一、传染病防治失职罪的立法演进

我国传染病防治立法,经历了一个不断发展完善的过程。随着1954年9月中华人民共和国第一部《宪法》的公布实施,我国的法制建设进入了初步创建和发展时期。1955年7月,经国务院批准,卫生部发布了第一个《传染病管理办法》,并于1956年和1957年先后加以补充,这为后来的立法工作提供了宝贵的历史资料与实践经验。1979年7月1日,第五届全国人民代表大会第二次会议通过了中华人民共和国第一部刑法。该刑法在第六章(妨害社会管理秩序罪)第一百七十八条中,规定了妨害国境卫生检疫罪,在第一百八十七条规定了国家工作人员玩忽职守罪,但是并没有特别规定其他妨害传染病防治的具体犯罪。

1989年2月21日,第七届全国人民代表大会常务委员会第六次会议通过的《中华人民共和国传染病防治法》第三十九条专门规定,有关人员"玩忽职守,造成传染病传播或者流行,情节严重、构成犯罪的",依照1979年刑法第一百八十七条的玩忽职守罪追究刑事责任。这一行政法规中的附属刑法,为后来刑法修订单独设立传染病防治失职罪奠定了基础。1991年10月4日,国务院批准了《传染病防治法实施办法》,该行政法规细化了政府卫生行政部门、卫生防疫、医疗保健机构中有关人员传染病防治的有关责任,并对有关用语的含义进行了解释。鉴于玩忽职守罪的规定仍然过于笼统,不利于打击与防范医疗卫生领域的渎职犯罪,故1997年3月14日第八届全国人民代表大会第五次会议修订并于10月1日起施行的现行刑法吸收和总结了历史经验,专门在第四百零九条明确规定了传染病防治失职罪,"从事传染病防治的政府卫生工作人员严重不负责任,导致传染病传播或流行,情节严重的,处三年以下有期徒刑或者拘役"。这一规定是我国刑法第一次把有关人员在防治传染病方面的失职行为正式纳入刑法调控范围。

二、传染病防治失职罪构成辨析

我国学者对传染病防治失职罪定义的理解较为统一,即本罪是指从事传染病防治的政府卫生行政部门工作人员严重不负责任,导致传染病传播或者流行,情节严重的行为。但是,在传染病防治失职罪的构成问题上,理论界却存在分歧。根据我国法律的规定以及刑法基本理论,我们

---

* 中国人民大学刑法学教授,博士生导师。

** 最高人民法院审判管理办公室党务廉政专员。

认为本罪具有侵害客体的单一性、客观行为的失职性、犯罪主体的身份性、主观心态的过失性四个方面的要件构成特征：

（一）侵害客体的单一性

关于本罪侵犯的客体，我国刑法理论界认识不尽一致，主要有以下三种观点：第一种观点认为，本罪侵犯的客体是国家关于传染病防治的管理制度。这是我国刑法学中的传统观点。第二种观点认为，是从事传染病防治的政府卫生行政部门工作人员的职务勤政性或职权行为的正当性，也可以认为是国家对传染病防治工作的正常监督管理活动。第三种观点认为，本罪侵犯的客体是国家机关的正常活动。这种观点实际上把渎职罪的同类客体当成了本罪的直接客体，难以反映本罪的独特犯罪性质，无法使本罪与其他渎职罪区别开来。上述观点的共同特点，就是认为本罪侵害的客体乃是单一客体。我们虽然赞同本罪侵犯的是单一客体，但认为本罪侵犯的单一客体不是上述各种观点所说的“管理制度”或“管理活动”，而是国家对“非典”等传染病防治的行政管理权。理由如下：

其一，马克思在《关于反对盗窃林木法案的辩论》中曾经指出，“犯罪行为的实质并不在于侵害了作为某种物质的林木，而在于侵害了林木的国家神经——所有权本身”。这就是说犯罪客体的实质在于“国家神经”——某一具体的权能，如所有权、人身权、安全权、管理权等。马克思的这一精辟论断，不仅适用于盗窃林木的犯罪，也可以而且应当适用于其他犯罪。因此，本罪侵害的客体也应当是国家对“非典”等传染病防治的管理权。

其二，从词义上来分析，管理制度与管理活动相对称，有一项管理制度，就会有一项管理活动。管理制度是管理活动正常进行的静态规范体系，管理活动则是依照此制度为达到某种管理目的而采取的动态行动。管理权的存在是制定管理制度的根据，管理制度的确立又是进行管理活动的前提。没有管理权，就没有相应的管理制度，更谈不上依此制度进行管理活动了。由此可见，管理权是管理制度和活动的内在根据，而管理制度和活动则是管理权的外部体现。因为管理制度和活动本身不是社会关系，只不过是社会关系的不同外在体现，所以当然就没有资格成为我国刑法所保护而为犯罪行为所侵犯的社会关系即犯罪客体了。

其三，从犯罪客体的实质方面考察，犯罪客体作为刑法保护与调整而被犯罪行为所侵犯的社会关系，它当然也是一种法律关系（刑事法律关系的重要内容）。在这一特定法律关系中，其主体即参与刑事法律关系的当事人，乃是国家与犯罪人。其中，国家是特定的权利主体，具有按照自己意志对社会政治、经济、文教卫生等的统治管理权，具有对整个社会进行定向控制和管理的职能；犯罪人则是不特定的义务主体（尽管他在刑事法律关系中依法享有相应权利）。犯罪行为是行为人进行犯罪活动的实践，正是通过犯罪行为，才使国家与犯罪人形成了一种特殊的实体社会关系，亦即刑事法律关系。在这一实体社会关系中，犯罪人的行为妨害了国家管理职能的正常行使，侵犯了作为“国家神经”的统治管理权。诚然这种管理权要通过管理制度的制定、管理活动的进行表现出来，但后二者是管理权的外在表现，它们与管理权的关系是现象与本质的关系，管理权是它们的本质所在。我们对犯罪客体的认识应当遵循辩证唯物主义认识论的要求，透过管理制度和活动这些外部现象，抓住其内部深藏的实质，即管理权。

（二）客观行为的失职性

关于本罪的客观方面，学界一般引述刑法中罪状的规定，认为在客观方面表现为工作严重不负责任，导致传染病传播或者流行，情节严重的行为。有的学者则认为，本罪的客观方面表现为具有严重不负责任的行为和造成传染病传播或者流行的严重后果两个特点。我们认为，可在前述学术见解的基础上，结合《传染病防治法》规定，把本罪客观方面概括为两个方面：首先，行为人工作中有违反传染病防治法规定的严重不负责任的行为。工作严重不负责任,可表现为拒绝履行职责、放弃职责、未尽职责、擅离职守等。这说明行为人有违反职责的非法行为,这是构成本罪的前提行为条件,也正好说明本罪属于行政犯。其次,行为人之不法行为导致了传染病传播或者流行的后果,这是构成本罪的关键条件,也正好说明了本罪是结果犯。对此,详述如下:

1. 行为人在其职务工作中实施了违反《传染病防治法》规定的严重不负责任的行为。不难理解,本罪是因违反行政法规而被刑法规定为犯罪的行政犯,它与作为行政法的《传染病防治法》之间存有一种从属关系,其客观行为的具体方式规定在《传染病防治法》中。行为人构成本罪以违反有关行政法为前提。行政违法性的有无和程度,往往是界定本罪罪与非罪的标志。这可从作为行政法的《传染病防治法》中得到印证。例如,《传染病防治法》第三十九条规定,行为人"玩忽职守,造成传染病传播或者流行,情节严重、构成犯罪的",依照刑法规定追究刑事责任。《国内交通卫生检疫条例》第十五条在规定了行政处罚、行政处分后进一步规定,违反该法"情节严重,引起检疫传染病传播或者有传播严重危险,构成犯罪的,依法追究刑事责任"。这些规定表明,超出行政处罚范围的传染病防治失职行为应由刑法调整。如果行为人行政违法达到情节严重,引起传染病传播的,则由量变发生质变,由行政违法变成了刑事犯罪。也就是说,本罪中的"违反传染病防治法的规定"与传染病防治方面行政法的规定体现出一种关联性的层次衔接。传染病防治失职罪的行政从属性,主要表现在两个方面:

(1)概念上的行政从属性。就本罪而言,刑法中涉及的专业性概念和有关术语的解释应当以作为行政法的《传染病防治法》的规定为依据。如传染病"暴发"指在一个局部地区短期内突然发生多例同一种传染病病人;"疫区"指传染病在人群中暴发或者流行,其病原体向周围传播时可能波及的地区;"卫生处理"指消毒、杀虫、灭鼠等卫生措施以及隔离、留验、就地检验等医学措施;"隔离"指将染疫人收留在指定的处所,限制其活动并进行治疗,直到消除传染病传播的危险;"留验"指将染疫嫌疑人收留在指定的处所进行诊察和检验。

(2)违法性要件的行政从属性。即传染病防治失职罪的客观行为方式及程度应当依照行政法的规定界定。根据刑法和作为行政法的传染病防治法律、法规的规定,本罪在具体行为方式上表现为,行为人实施了下列工作中违反传染病防治规定,严重不负责任、不履行或不正确履行法定职责情形之一的行为:对发生"非典"等传染病疫情的地区或"非典"等传染病病人、病原携带者、疑似传染病病人,未按照预防、控制疫情工作规范的要求做好防疫、检疫、隔离、防护、救治等工作,或者采取的防控措施不当;隐瞒、缓报、谎报或授意、指使、强令他人瞒、缓、谎报疫情;拒不执行传染病疫情应急处理指挥机构的决定、命令;对传染病的预防、治疗、监测、控制和疫情管理措施不进行监督检查,或监督、检查不认真;不按规定责令被检查单位或个人限期改进"非典"等传染病防治管理工作;不依法对违反传染病防治法的单位或个人给予行政处罚,等等。

2. 导致了传染病传播或流行的后果。所谓导致传染病传播或流行,是指在一定范围内导致传染病防治法所规定的甲类、乙类、丙类传染病疫情的发生。传染病指由于致病性微生物,如细菌、病毒、立克次体、寄生虫等侵入人体,能使人体健康受到某种损害甚至危及生命的、可以通过各种不同途径直接或间接传播,造成人群中发病或流行的一种疾病。根据《传染病防治法》第三条的规定,传染病分为甲、乙、丙三类。甲类传染病是传染性强、传播途径易实现、传播速度快、人群普遍易感的烈性传染病,包括鼠疫和霍乱。这是我国《国内交通卫生检疫条例》确定的检疫传染病,也是国际检疫传染病,一经发现,必须立即向世界卫生组织通报。乙类传染病是与甲类比较,传染性、传播途径、速度、易感人群次之的传染病,包括病毒性肝炎、细菌性和阿米巴性痢疾、伤寒和副伤寒、艾滋病、淋病、梅毒、脊髓灰质炎、麻疹、百日咳、白喉、流行性脑脊髓膜炎、猩红热、流行性出血热、狂犬病、钩端螺旋体病、布鲁氏菌病、炭疽、流行性和地方性斑疹伤寒、流行性乙型脑炎、黑热病、疟疾、登革热。丙类传染病是根据其可能发生和流行的范围，通过确定疾病监测区和实验室进行监测管理的传染病，包括肺结核、血吸虫病、丝虫病、包虫病、麻风病、流行性感冒、流行性腮腺炎、风疹、新生儿破伤风、急性出血性结膜炎，除霍乱、痢疾、伤寒和副伤寒以外的感染性腹泻病。根据情况，国务院可以增加或减少甲类传染病病种，卫生部可以增加或减少乙类、丙类传染病病种，并予公布。所谓传播，是指传染病在一定范围内扩散，使不特定多数人感染上传染病，实际上已经造成了传染病传播的后果。流行指一个地区某种传染病发病率显著超过该病历年的一般发病率水平。

（三）犯罪主体的身份性

本罪属于身份犯，即只有具有政府卫生行政机关工作人员身份、从事传染病防治公务之身份的人员，才能成为本罪主体。根据1989年通过的《传染病防治法》的有关规定，受国务院卫生行政部门委托的其他有关部门卫生主管机构和各级各类卫生防疫机构内执行卫生行政部门或其他有关部门卫生主管机构交付的传染病监督管理任务的传染病管理监督员，以及各级各类医疗保健机构中负责检查本单位及责任地段的传染病防治管理工作的传染病管理检查员，也可以成为本罪的主体。但是，1997年修改刑法时，专设渎职罪一章，将本章的犯罪主体由国家工作人员修改为国家机关工作人员，缩小了主体范围。近年来，随着我国机构改革和行政处罚法的施行，在司法实践中遇到了一些新情况：一是法律授权规定，某些非国家机关的组织在某些领域行使行政管理职权；二是在机构改革中，有的将原来的国家机关调整为事业单位，但仍然保留其行使某些行政管理职能；三是有的国家机关将自己行使的职权依法规或规章委托给一些组织行使；四是有的国家机关根据工作需要聘用了一部分国家机关以外的人员从事公务。

鉴于这些情况，本着“权利与义务相统一，行政职权与承担责任相平衡”的原则，全国人民代表大会常务委员会于2002年12月28日作出《关于〈中华人民共和国刑法〉第九章渎职罪主体适用问题的解释》。根据这一立法解释和《最高人民法院、最高人民检察院关于办理妨害预防、控制突发传染病疫情等灾害的刑事案件具体应用法律若干问题的解释》，从事传染病防治的政府卫生行政部门的工作人员，或者在受政府卫生行政部门委托代表政府卫生行政部门行使职权的组织中从事公务的人员，或者虽未列入政府卫生行政部门人员编制，但在政府卫生行政部门从事公务的人员，都可以成为本罪的主体。根据卫生部新近发布的《传染性非典型肺炎防治管理办法》，县级以上卫生行政部门、各级疾病预防控制机构、各级各类医疗机构分别承担责任范围内“非典”的监督管理、监测管理、防治管理工作。凡在这些部门或机构中从事公务的人员，均可以成为本罪的主体。

（四）主观心态的过失性

关于本罪的主观罪过，学术界主要有两种不同认识：第一种观点认为只能是过失，行为人对导致传染病传播或流行这一危害结果出自过失，但行为人对工作中违反《传染病防治法》规定，严重不负责任的行为可能是故意。第二种观点认为一般是过失，但也不排除间接故意的存在。我们认为，本罪的主观罪过只能是过失，即行为人应当知道自己严重不负责任的行为可能会导致传染病传播或流行，但疏忽大意而没有预见，或虽已预见可能会发生，但凭借自己的知识或经验而轻信可以避免，以致发生传染病传播或流行的危害后果。其主要理由有以下几点：

1. 在1997年刑法修订前，由于附属刑法的规定，对故意行为也可比照玩忽职守罪论处。但因修订后的刑法增设了滥用职权罪，已将某些故意的渎职行为单独设罪，就不能再认为本罪还可由间接故意构成了。

2. 从立法沿革来看,本罪是从一般的玩忽职守罪中分化而来的,而玩忽职守罪仅由过失构成,且国家最高司法机关确定的本罪罪名中就有“失职”这一概念,这无疑更加突出了本罪的过失属性。

3. 从本罪较轻的法定刑来看,其最高法定刑为三年有期徒刑,与绝大多数过失犯罪的法定刑基本相一致,所以将其主观罪过理解为过失符合立法原意。

4. 罪责刑相适应原则是我国刑事立法和司法必须遵守的基本原则,当客观危害类似、主观罪过不同时,对罪责较轻的犯罪总是规定较轻的法定刑。例如,故意传播恶性传染病、危害不特定多数人的健康甚至生命,其危害性与放火、爆炸、投放危险物质等危险方法危害公共安全的犯罪并无二致。因此,《最高人民法院、最高人民检察院关于办理妨害预防、控制突发传染病疫情等灾害的刑事案件具体应用法律若干问题的解释》第一条规定,故意传播突发传染病病原体,危害公共安全的,按照以危险方法危害公共安全罪定罪处罚,极端情况下可对行为人判处死刑;而本罪在客观上完全可能与故意传播突发传染病病原体行为造成相同严重的危害后果,但极端情况下对行为也只能判处三年有期徒刑。二者的法定刑相差如此之大,这只能说明本罪的主观罪责较轻,立法与司法上均是将本罪作为过失犯罪看待的。

5. 本罪与交通肇事罪有类似之处,二者都是违反行政法规达到刑罚处罚程度而被刑法规定为犯罪的行政犯。违反《传染病防治法》的行为一般属于行政违法行为,只有后果严重时,才能发生质变成为刑事违法行为,也就是说造成严重危害后果是由行政违法转化为刑事违法的关键,因此,应根据行为人对危害结果(引起传染病传播或流行)的认识和态度,而不能以其对危害行为本身(工作中违反《传染病防治法》规定,严重不负责任的行为)的认识和态度来确定罪过的性质。本罪中行为人对违反传染病防治法规有时可能是故意的,但行为人对其危害结果则存有疏忽大意或过于自信的过失。如果行为人工作中严重不负责任,放任不管,存有间接故意,以致传染病传播或流行的,则应以滥用职权罪处罚。当然,如果“非典”等传染病人,在明知自己患有传染病的情况下而拒绝隔离治疗或隔离期未满擅自逃离,故意引起“非典”等传染病传播,给不特定的多人或有传播严重危险,危害公共安全的,则可以危险方法危害公共安全罪处罚,而不再构成本罪。

三、传染病防治失职罪的相邻界限

在明确了本罪上述四个方面的构成特征的基础上,要准确认定本罪,还要注意把握罪与非罪、此罪与彼罪和一罪与数罪的界限。

(一)传染病防治失职罪与非罪的界限

本罪在区分罪与非罪的界限时,应注意以下两个问题:

1. 正确认定情节是否严重,是区分罪与非罪的关键。本罪属于情节犯,情节是否严重是区分罪与非罪的重要界限。根据最高人民检察院1999年9月16日施行的《关于人民检察院直接受理立案侦查案件立案标准的规定(试行)》和前述最高人民法院、最高人民检察院2003年5月15日发布施行的相关司法解释,行为人有上述工作中违反传染病防治法规定,严重不负责任的行为,并具有下列情形之一的,属于情节严重,应以犯罪论:(1)导致甲类传染病传播的;(2)导致乙、丙类传染病流行的;(3)因传染病传播或流行,造成人员死亡或残疾的;(4)因传染病传播或流行,严重影响正常的生产、生活秩序的;(5)造成传染范围扩大或者疫情加重的;(6)具有其他严重情节的。

2. 要正确区分罪与非罪,还必须认真区分本罪与一般工作失误的界限。就本罪而言,一般工作失误,是指从事传染病防治公务的人员,在工作过程中出于善意的举动但因无心之失而造成损失的行为。由于二者主观上都有过错,客观上都会造成损失,因此较易于混淆。二者的区别主要在于:第一,就主观而言,区别工作失误与主观过失,关键看行为人主观上是否能预见或已预见到自己的行为可能导致传染病传播或流行的结果。如果主观上行为人不能预见危害结果的发生,即使发生传染病传播或流行的结果,也只能认定为意外事件;反之,则存在主观过失。同时还应注意,一般就主观态度而言,工作失误行为人往往认真履行自己的职责义务,只是积极工作中发生了意想不到的情况而出现了失误;而本罪的失职则表现为消极、懈怠、马虎草率、漫不经心、敷衍塞责等严重不负责任,或者拒绝履行职责、放弃职责、不尽职责、擅离职守,其主观上有明显的犯罪过失。第二,就客观而言,区分二者的关键还要看行为人是否有违反职责的行为,要认真考察传染病传播或流行结果的发生是否与其违反职责规定的行为有刑法因果关系以及因果作用力的大小。如果不具有刑法因果关系,或者因果作用力不大,则属工作失误;反之,则属本罪的失职。第三,从引起传染病传播或流行危害结果的原因看,工作失误的原因是由于制度不完善,一些具体政策界限不清,管理上存在弊端,以及工作人员文化业务素质较差,缺乏工作经验,因而计划不周、措施不当、方法不对,以致在积极工作中发生错误。而本罪失职的原因则是违反行政法规、工作规章和纪律,有章不循、有法不依、有令不行、有禁不止、当为而不为或不当为而为,工作极端不负责任,致使发生传染病传播或流行的危害后果。

(二)本罪与妨害传染病防治罪的界限

妨害传染病防治罪,指违反传染病防治法规定,导致甲类传染病传播或有传播严重危险的行为。二者存有相似之处,这就是二者都违反了《传染病防治法》的规定,都可能造成传染病传播的危害结果,主观罪过也都是过失等。但是二者有着明显区别:一是主体不同。后者的主体是一般主体,不仅包括自然人也包括单位,他们往往是传染病防治人员的工作对象;本罪的主体则是特殊主体,只限于负有传染病防治职责的工作人员,单位不是该罪的主体。二是行为方式不同,后罪的行为人实施了刑法第三百三十条规定的四项行为之一,违反了《传染病防治法》规定的预防和控制传染病的义务,而本罪的行为人违背传染病防治法规定的防治、监督、监测管理职责,具有渎职性。有时从事传染病防治监管工作的人员也可能成为后者的主体,区分二者的关键在于行为人违背的是单纯的预防和控制传染病义务,还是对传染病进行防治、监管的职责。如果是前者,则构成妨害传染病防治罪;如果是后者,则构成传染病防治失职罪。三是危害结果不同。后罪造成的危害结果既包括引起甲类传染病传播的实害结果,也包括引起其传播的严重危险结果;本罪造成的危害结果是导致传染病传播或流行且情节严重,只有实害结果一种,不包括危险结果,但传染病的种类既包括甲类传染病,也包括乙类、丙类传染病。四是侵害的客体不同。本罪侵害的客体是国家关于传染病防治的管理制度;而传染病防治失职罪则是国家对传染病防治工作进行监督管理的行政权力。

(三)本罪与妨害国境卫生检疫罪的界限

妨害国境卫生检疫罪,指违反国境卫生检疫规定,引起检疫传染病传播或者有传播严重危险的行为。二者都是违反传染病预防、检查方面的法规,都因过失引起了传染病的传播。但二者在违反的法规、犯罪主体、传染病的范围方面明显不同。本罪是工作中违反《传染病防治法》规定失职的行为,而妨害国境卫生检疫罪则是违反国境卫生检疫规定,逃避对其人身、物品检查的行为。本罪的主体是特殊主体,且一般只能是中国公民;而后罪是一般主体,单位、自然人,中国和外国公民,只要是进出境人员以及有货物进出境的单位和个人都可以成为犯罪主体。本罪引起传染病的类型没有限制,而妨害国境卫生检疫罪引起危险的对象是检疫传染病,范围比本罪小,仅包括甲类传染病以及国务院确定并公布的其他传染病。

（四）本罪与玩忽职守罪的界限

二者都是过失渎职犯罪，都可能造成传染病传播或流行结果，但是在犯罪主体、适用范围上不同。根据《传染病防治法》等有关规定，负有组织、协调、指挥、灾害调查、控制、医疗救治、信息传递、交通运输、物资保障等职责的国家机关人员以及各级政府主管负责人，在预防、控制“非典”等突发传染病疫情工作中玩忽职守的，应以玩忽职守罪定罪处罚。从适用范围看，本罪适用范围小于玩忽职守罪。本罪实际上是一种特殊种类的玩忽职守罪，与刑法第三百九十七条玩忽职守罪之间存在法条竞合关系。在处理国家机关工作人员玩忽职守犯罪中应遵循以下标准：从行为人实施的行为具体内容和行为人具体身份着手，考察这种玩忽职守行为是否符合本罪的特别规定，如符合则应以本罪定罪；如果行为人玩忽职守行为不符合本罪的构成，则应考虑以玩忽职守罪定罪。另外，如果国有公司、企业、事业单位的工作人员，在预防、控制“非典”等突发传染病疫情工作中，由于严重不负责任，造成国有公司、企业破产或严重损失，致使国家利益遭受重大损失的，虽不构成本罪，但可以国有公司、企业、事业单位人员失职罪定罪处罚。

（五）传染病防治失职罪的一罪与数罪问题

传染病防治失职罪在实践中，可能与传染病菌种、毒种扩散罪，采集、供应血液、制作、供应血液制品事故罪，医疗事故罪，重大环境污染事故罪，动植物检疫失职罪等发生法规竞合。如从事传染病防治的医疗单位人员，工作中严重不负责任，将含有传染病病原体的废物排放到大气或水体，引起了传染病传播，也造成了重大环境污染，则其一行为同时触犯传染病防治失职罪和重大环境污染事故罪的规定。在这种情况下，应根据刑法理论，对于法规竞合采取特别法优于普通法、重法优于轻法的法律适用原则，以一个罪对行为人予以定罪量刑，而不构成数罪，不能适用数罪并罚的规定。

四、传染病防治失职罪的立法完善

毋庸讳言，我国有关防治传染病失职罪的现行刑事立法还过于粗疏简单，不利于运用刑法武器同此类犯罪作斗争。我们注意到，有关国家的刑事立法在此方面规定的较为完善，值得我们学习借鉴。总结其立法经验，大致可归纳为以下几点：

1. 罪过规定一目了然。如1996年修订后的《瑞士联邦刑法典》第二百三十一条（传播疾病罪）明确指出：“1. 故意传播危险的、可传染的人类疾病，处1个月以上5年以下监禁。2. 行为人过失为上述行为的，处监禁或罚金。”又如《新加坡共和国刑法典》第二百六十九条规定：“非法地或者过失地实施了是且其明知或有理由相信是可能会传染任何危及生命的疾病的任何作为的，处……”此种立法用语明确界定了这一类犯罪的罪过形式，司法实践中不致产生歧义，十分便于定罪量刑。

2. 罪状描述层次分明。如现行《俄罗斯刑法典》第二百三十六条关于“违反防疫规则”的犯罪就明确指出：“一、违反卫生防疫规则，过失造成多人患病或中毒的，处……二、上述行为过失致人死亡的。处……”又如《意大利刑法典》分别以第四百三十八条（疫病犯罪）和第四百五十二条（损害公众健康的过失犯罪）规定了卫生防疫方面犯罪的故意犯罪与过失犯罪的罪状形式。这些国家的刑事立法关于此类犯罪的罪状表述富有逻辑，从而增强了刑法适用的可操作性。

3. 处罚层次规定分明。仍以上述《俄罗斯刑法典》第二百三十六条为例。该条根据犯罪引起的不同危害后果，将违反卫生规则罪分为两个处罚档次：在一般情况下，对本罪“处数额为最低劳动报酬的100倍至200倍或被判刑人1个月至2个月的工资或其他收入的罚金，或处3年以下剥夺担任一定职务或从事某种活动的权利，或处3年以下的限制自由，或处2年以下的剥夺自由”；而在结果加重犯的情况下，则对行为人处“5年以下限制自由或相同期限的剥夺自由”。

上述国家刑法典关于卫生防疫方面犯罪的立法优点,正是我国刑法第四百零九条的不足。为了更加有效地发挥刑法在打击与防范防治传染病失职罪中的积极功能,我们认为有必要对刑法第四百零九条予以立法完善。其基本设想是:

第一,应当在罪状表述中阐明"过失"犯罪的主观要件规定。众所周知,犯罪构成是定罪的依据,而犯罪构成的规定是否明确合理,事关罪刑法定原则的贯彻与刑法社会保护机能以及人权保障机能实现等重大理论问题。如前分析,本罪属于过失犯罪,但刑法条款却没有明确载明本罪属于"过失"犯罪,这有悖于刑法第十五条第二款关于过失犯罪的总则性要求,有违罪刑法定原则之明确性精神,司法实践中也易引发人们认识上的分歧,从而不利于准确定罪量刑。

第二,应当增设甲类传染病的过失危险犯。传统刑法理论认为,过失犯只限于发生严重危害后果的情况,过失行为仅造成某种危险状态的,不认为是犯罪。但是,随着科技的发展和人类活动的复杂化,过失行为可能造成的损害大量增加。为适应实践的需要,国外一些学者提出,法律应当规定过失的危险犯,并为瑞士、德国等越来越多的国家或地区所采纳。我国刑法也在分则第六章(危害公共卫生罪一节)第三百三十条、第三百三十二条、第三百三十四条所规定的三种犯罪中设立了过失危险犯。因此,鉴于甲类传染病传染性极强,对公共卫生安全存在严重潜在的危险这一情况,应当摒弃传统过失犯罪无危险状态的陈旧观念,将传染病防治失职行为中的过失危险行为适度犯罪化,从而展示现代刑法的价值理念,充分发挥刑法功效。同时,我国刑法第三百三十条规定了妨害传染病防治罪的过失危险犯,对一般公民工作、生产、生活中的行为过失引起甲类传染病传播严重危险的,予以处罚,而对从事传染病防治特定公务人员工作中的业务过失,其危害性往往大于前者,却可不受处罚,这似有违罪责刑相适应的原则要求。

第三,应当在罪状中进一步叙明本罪属于行政犯的构成特征。如前所述,本罪是行政犯,工作中违反《传染病防治法》规定的职责也是其客观方面的重要特点,有必要明确载明。这样既可以使行为人明确自己肩负的职责,起到法律规范的教育引导作用,从而预防和减少犯罪,也便于刑法与行政法规中的附属刑法规范协调一致,避免二者之间的龃龉,而且从立法技术上看,也有利于保持刑法条文的稳定性和概括性,可以适应附属刑法规范的发展变化。

第四,应当明确界定本罪的主体范围。现行刑法第四百零九条将本罪的主体限定为"从事传染病防治的政府卫生行政部门的工作人员",不仅与相关立法解释和有关行政法规定不相协调统一,而且不符合客观实际情况,有放纵犯罪之虞。根据全国人民代表大会常务委员会有关渎职罪主体的立法解释和相关行政法规的规定,应进一步明确本罪的主体范围,可将其表述为:从事传染病防治的政府卫生行政部门的工作人员和其他依法从事传染病防治公务的人员。

第五,应当增设本罪的结果加重犯。参考刑法第三百三十条妨害传染病防治罪、第三百九十七条玩忽职守罪的规定,根据司法实践中出现的实际情况,有必要增加规定本罪的结果加重犯,并适当提高造成特别严重后果的结果加重犯的刑罚量。我们认为,考虑到我国刑法关于过失犯罪的加重处罚一般在三年到七年的徒刑,因而也可对本罪的结果加重犯规定此一量刑幅度,以实现相似过失犯罪法定刑的平衡与统一。

第六,应当增设剥夺政治权利和罚金作为附加刑。鉴于本罪是公务人员职务犯罪,正是由于其失职,才造成传染病传播的危害后果,针对其渎职或失职行为,为充分发挥刑罚的预防犯罪功能,应当增加剥夺政治权利作为附加刑。同时,为适应刑罚人道主义和谦抑主义的时代要求,顺应刑罚轻缓化发展趋势,对传染病防治失职这一业务过失犯罪,应当增加罚金刑,在可能的情况下对本罪犯罪人单处罚金刑,从而尽量避免短期自由刑可能带来的弊端,充分发挥罚金刑的积极刑罚效能。

综合上述分析,并参照妨害传染病防治罪、玩忽职守罪的立法规定,我们建议对刑法第四百零九条作如下修订:从事传染病防治的政府卫生行政部门的工作人员或者其他依法从事传染病防治公务的人员,工作中违反《传染病防治法》规定,严重不负责任,过失导致传染病传播,情节严重的,或者足以导致甲类传染病传播严重危险的,处三年以下有期徒刑或者拘役,并处或者单处罚金或者剥夺政治权利;造成特别严重后果的,处三年以上七年以下有期徒刑,并处罚金或者剥夺政治权利。

裁判文书选登

张守刚职务侵占案

【编者按】

本案是一起发生在银行间债券交易领域的新类型财产犯罪案件，侵害对象为被害单位应得的确定利益而非既有财产，犯罪手段较为隐蔽。债券交易合同金额特别巨大，导致职务侵占金额也特别巨大。本案在法律适用方面较为突出的问题是犯罪性质认定和职务侵占数额的认定。从文书写作来看，二审判决书较好地体现了本案在实体处理和二审程序方面的特点，对经一审审理后无争议的事实证据予以简化，并以双方争议焦点为脉络进行详细论证，讼争焦点明确，论证层次清晰，说理充分。鉴于本案在相关领域具有一定的典型性，特登载二审判决书，供办案工作参考。

北京市第二中级人民法院
刑事判决书

(2015)二中刑抗终字第515号

抗诉机关北京市西城区人民检察院。

上诉人(原审被告人)张守刚，男，1974年2月5日出生于黑龙江省拜泉县，汉族，大学文化，中融国际信托有限公司固定收益部原总经理助理，住北京市朝阳区向军北里28号院D座12A(户籍地：广东省深圳市福田区深南中路1099号)；因涉嫌犯职务侵占罪于2012年12月15日被羁押，2013年1月22日被逮捕；现羁押在北京市西城区看守所。

辩护人潘萍，北京市百瑞律师事务所律师。

辩护人祝斌，北京市大乾律师事务所律师。

北京市西城区人民法院审理北京市西城区人民检察院指控原审被告人张守刚犯职务侵占罪，于2015年2月9日作出(2014)西刑初字第232号刑事判决。宣判后，北京市西城区人民检察院以京西检抗字[2015]0001号刑事抗诉书提出抗诉，原审被告人张守刚不服，提出上诉。本院依法组成合议庭，于2015年5月12日公开开庭审理了本案。北京市人民检察院第二分院指派代理检察员孟宁出庭支持抗诉，上诉人张守刚及其辩护人潘萍、祝斌到庭参加诉讼。本案现已审理终结。

北京市西城区人民法院判决认定：

2008年年底，被告人张守刚用刘兵的名义注册成立哈尔滨丰联商务信息咨询有限公司(以下简称丰联公司)，后在江苏常熟农村商业银行(以下简称常熟农商银行)开设了丙类债券托管账户。

2009年4月至2010年12月间，被告人张守刚利用在中融国际信托有限公司(以下简称中融信托公司)固定收益部任总经理助理，从事银行间债券交易业务的职务便利，在掌握债券配置需求和市场资源的情况下，在债券交易中设计交易流程、增加交易环节、控制交易价格，操纵中融信托公司与丰联公司开展162笔债券交易，将中融信托公司应得利益共计人民币1.45亿余元非法占为己有。

被告人张守刚于2012年12月15日被查获归案。涉案账户及赃物已扣押、冻结。

原判认定上述事实的证据有:证人赵秀梅、李奇涛、邓哲明、侯春琳、刘兵、宓云开、张俊、耿洪伟、王仲夏、冯敏莉、冯绍东、梁辉、张守平、于增刚、杨帆、李琳、熊英、翁迪、谢柳娜、吴蓉、李志强、郭洁莹、郑茜、丁佳樱、林胜蓝、李东军、王晓勇、郑林斌、王舟、翟晓婷、李欣然、李绪鸿、宋强、朱天佳、缪伟、马登峰的证言,天正华[2013]审鉴字第12号、第27号会计司法鉴定意见书、鉴定人张继红的当庭证言,中央国债登记结算有限公司出具的涉案83只债券相关信息统计表、债券托管丙类账户开户通知书、客户服务协议,全国银行间同业拆借中心出具的债券交易价格及报价信息,中央国债登记结算有限公司及常熟农商银行分别出具的丰联公司2009年1月至2011年3月间开展的债券交易明细,债券买卖审批单、常熟农商银行与丰联公司的债券转让协议、代理现券交易委托书、债券交易成交单或交割单,中融信托公司出具的关于股东情况和实际经营地情况的说明、关于成立房地产金融等部门的通知、关于拟招聘固定收益类业务人员的签报单、张守刚履历表、档案材料、劳动合同书、情况说明、工资明细、债券业务交易管理办法(暂行)、固定收益部管理制度、保密协议、廉洁自律承诺书、从事银行间债券相关工作的员工自律承诺书,丰联公司企业法人营业执照、组织机构代码证、全国银行间债券市场准入备案通知书、委托人密押公式备案卡、债券托管丙类账户开户申请书、法定代表人登记表、董事、监事、经理情况、验资报告、租房协议书及2008年至2010年间的公司年检报告书,丰联公司与常熟农商银行签署的全国银行间债券市场债券回购主协议、代理货币市场业务主协议,常熟农商银行出具的关于丰联公司有关情况的说明、丰联公司债券交易资金账户交易明细,威海市商业银行金融市场部出具的现券买卖业务审批表,山东省农村信用社联合社出具的现券买卖业务报批单,东莞银行金融市场部出具的债券交易明细及情况说明、债券买卖业务授权审批表及现券买卖成交单,国金证券固定收益部出具的撮合交易业务签报,东海证券固定收益部出具的交易性质认定书,洛阳银行债券中心出具的现券业务审批表,富滇银行出具的债券买卖业务授权审批表及现券买卖成交单,平安证券有限责任公司出具的交易申请单、情况说明,齐鲁银行出具的融资审批/划拨单,中国国际金融有限公司出具的关于债券来源的说明,泰安商业银行出具的货币市场业务审批表,银行账户交易明细及转账凭证,齐齐哈尔巨田经济咨询有限公司企业法人营业执照、公司设立登记审核表、股东名录、法定代表人登记表、验资报告、房屋租赁协议书及2009年至2011年间的公司年检报告书,张守刚、梁辉、谭文芝、赵秀梅、冯敏莉、张守华、刘兵等个人银行账户信息,北京市房屋登记表、存量房屋买卖合同、房屋权属证书领证凭证、商品房预售合同及联机备案表、购房发票、房屋产权证,机动车注册、转移、注销登记申请表、机动车销售统一发票,北京禾纳文化传媒有限公司企业法人营业执照、企业设立登记申请书、股东名录、法定代表人登记表、董事会成员、经理、监事任职证明、验资报告、房屋租赁协议书及2010年年检报告书,借条、北京禾纳文化传媒有限公司交易流水及浦发银行账户对账单、银行贷记通知,中国建设银行代理保险业务缴费代收凭证、保险合同,接受刑事案件登记表、到案经过、搜查笔录、扣押物品清单、协助冻结财产通知书、协助查封通知书、查封决定书、户籍证明及被告人张守刚在侦查阶段的供述等。

根据上述事实和证据,北京市西城区人民法院认为:被告人张守刚身为公司工作人员,利用职务上的便利,将本单位财物非法占为己有,数额巨大,侵犯了单位的财产权利,其行为已构成职务侵占罪,依法应予以惩处。根据证人侯春琳的证言、中融信托公司出具的情况说明,中融信托公司按照业务部门给公司创造收入的30%再扣除相关费用后,余额作为绩效奖励发放至部门。因此,丰联公司所获收益中的30%应从张守刚侵占中融信托公司财物数额中予以扣减。鉴于张守刚到案后对起诉书指控的主要犯罪事实能如实供述,依法可从轻处罚;本案涉案赃款、赃物已扣押、冻结,可酌情从轻处罚。故判决:一、被告人张守刚犯职务侵占罪,判处有期徒刑十二年,并处没收部分个人财产。二、在案扣押、冻结的赃款及房产、车辆变卖后所得款项分别予以发还、没收(详见赃证物处理清单)。三、在案扣押的物品予以没收(详见赃证物处理清单)。

北京市西城区人民检察院的抗诉意见为:涉案2.07亿余元均系中融信托公司遭受的损失,一审法院将其中30%从张守刚犯罪数额中予以扣除,作为张守刚个人财产进行处置,侵害了中融信托公司的财产利益,且影响对张守刚的量刑及赃物处理,建议二审法院依法予以改判。

北京市人民检察院第二分院检察员当庭发表了支持北京市西城区人民检察院抗诉的出庭意见,另提出:张守刚与中融信托公司之间系雇佣而非承包关系,中融信托公司与丰联公司之间不存在合作关系,张守刚利用职务便利,通过利益输送侵占中融信托公司应得利益,其行为已构成职务侵占罪。

张守刚的上诉理由及其辩护人潘萍的辩护意见为:中融信托公司实行绩效考核制,将部门收益30%作为可分配奖励,证明中融信托公司实行内部承包机制,张守刚与中融信托公司之间系承包关系;中融信托公司与丰联公司合作从事银行间债券买断式回购交易,中融信托公司为丰联公司代持债券,丰联公司从中分得风险溢价款;涉案低价卖出交易部分交易审批单标注"代持",证明中融信托公司为丰联公司代持证券,且明知交易风险合作方存在;闭环交易部分交易审批单上标注"冲回""预留利润",证明中融信托公司预留部分利润给风险投资方,丰联公司在交易亏损时启动预留资金承担风险;天正华[2013]审鉴字第12号会计司法鉴定意见书明确载明丰联公司通过与中航证券有限公司、吉林信托有限责任公司进行亏损交易,为中融信托公司补亏;中融信托公司与丰联公司之间的债券交易须经过中融信托公司审批,张守刚无自主决定权;张守刚在债券市场上赚取2.07亿余元,主要取决于张守刚个人能力,该利润具有人身依附性。综上,张守刚不具有非法占有中融信托公司财产的主观故意和客观行为,一审法院认定张守刚犯职务侵占罪事实不清、证据不足,建议二审法院改判张守刚无罪或将本案发回重审。

辩护人祝斌的辩护意见为:鉴定机关针对本案出具两份会计司法鉴定意见书,违反了鉴定程序;涉案162笔债券交易存在多个交易主体,"输送利益"环节只是相关交易环节中的一小部分,会计司法鉴定意见书仅将丰联公司作为鉴定对象,对部分环节作出审计,遗漏鉴定对象和鉴定环节;会计司法鉴定意见书还错误将丰联公司与中融信托公司无关交易获利计入张守刚犯罪数额,且未对利益输送作出准确阐述,未能明确张守刚涉嫌犯罪的明细及金额,鉴定结论不明确,与鉴定事项缺乏关联性。综上,一审法院作为定案依据的会计司法鉴定意见书存在程序违法和内容瑕疵,建议二审法院将本案发回重审,由法院重新委托鉴定机构进行鉴定。

经审理查明:

2009年4月至2010年12月间,上诉人(原审被告人)张守刚利用担任中融信托公司固定收益部总经理助理的职务便利,凭借中融信托公司的资质、信用以及公司提供的交易平台,在银行间债券市场分别寻找资金客户和债券客户,从事债券撮合交易。交易过程中,张守刚通过设计交易流程、增加交易环节,操纵其实际控制的丰联公司进行与中融信托公司相关联的交易,将中融信托公司应得利益共计2.07亿余元输送至丰联公司,后个人予以非法占有。

2012年12月15日,张守刚被侦查人员抓获归案。案发后,侦查机关冻结或扣押了部分赃款、赃物。

认定上述事实的相关证据,已在一审判决书中列举并经一审法院庭审质证,本院经审查后认为,天正华[2013]审鉴字第12号会计司法鉴定意见书已被天正华[2013]审鉴字第27号会计司法鉴定意见书更正，鉴定人张继红亦出庭对该情况予以说明，一审判决书仍将第12号会计司法鉴定意见书作为有效证据采信不当，本院对该份证据不予确认，对其余证据予以确认。本院还对下列经二审庭审举证、质证的证据予以确认：

1. 证人邓哲明的证言证明：中融信托公司规定，财务部门对业务部门创造收入进行核算，其中30%作为部门可支配数额，财务统计出当期部门人员工资、差旅费、场地租金等可识别成本后，再由部门老总决定发放给交易员个人奖金的方案。交易员为公司赚取利润不必然能拿到奖金，如果部门亏损，不够支付交易成本，即使交易员个人为公司赢利，但也要负担部门交易成本，就拿不到奖金，只能拿到劳动合同规定的月薪。交易员拿到的奖金与他开展债券交易赚取的利润有关，但并无固定比例和数额，要由部门经理调剂。换句话说，绩效考核政策针对部门而不是交易员个人，交易员拿到的奖金数额由部门经理根据整个部门实际收支情况决定分配方案。

2. 证人侯春琳的证言证明内容与其在一审当庭的证言内容一致。

3. 中融信托公司出具的关于张守刚职务侵占一案的几点意见证明：中融信托公司将业务部门收入的30%用于业务部门各项开支，具体包括内部人员工资、差旅费、客户维护费以及办公职场占用租金等，若有余额，则由部门总经理作为部门发放的绩效奖励，无余额则无奖金。部门收入不足以覆盖部门单独考核费用时，公司仍会按照劳动合同为员工支付工资和相应社会统筹。收入的30%不是公司给某一个人，而是用于部门日常运转费用，款项性质是公司所有，且控制在公司财务手里。

根据审查后认定的事实及证据，本院对控辩双方争议焦点及一审法院在本案认定中存在的问题，综合评判如下：

1. 关于天正华[2013]审鉴字第27号会计司法鉴定意见书证据效力的认定

经查，北京天正华会计师事务所根据侦查机关的委托，出具了天正华[2013]审鉴字第12号、第27号两份会计司法鉴定意见书，针对同一事项存在两份鉴定意见，鉴定人张继红在一审庭审时出庭作证进行解释，鉴定机关根据委托机关补充材料，对第12号会计司法鉴定意见书进行了更正，该行为系对鉴定材料载明事项的客观反映，不能作为鉴定程序违法的依据；侦查机关通过委托鉴定事项对鉴定范围加以限制，即查证张守刚利用实际控制的丰联公司，在债券交易中是否存在利益输送行为，鉴定机关根据委托鉴定事项，对涉及丰联公司的交易环节进行针对性审查，不存在遗漏鉴定对象或鉴定环节的情形；利益输送是张守刚在本案中的行为表现，第27号会计司法鉴定意见书分高价买入、低价卖出、闭环交易不同情形，客观展示张守刚进行利益输送的流程及金额，对张守刚从事与中融信托公司无关的债券交易以及盈亏情况亦作出了客观描述，鉴定意见明确且与鉴定事项关联契合。

综上，天正华[2013]审鉴字第27号会计司法鉴定意见书系具有法定资质的鉴定机关及鉴定人依法出具，程序合法、形式完备，意见明确且有鉴定材料予以支持，应予确认；辩护人祝斌所提一审法院作为定案依据的会计司法鉴定意见书存在程序违法和内容瑕疵，建议二审法院将本案发回重审，由法院重新委托鉴定机构进行鉴定的辩护意见缺乏证据支持，本院不予采纳。

2. 关于张守刚主体身份的认定

经查，在案证人侯春琳、邓哲明的证言、中融信托公司出具的张守刚劳动合同书、工资明细、情况说明证明，张守刚系中融信托公司招录的固定收益类业务人员，任该公司固定收益部总经理助理，双方通过劳动合同建立雇佣关系，张守刚根据中融信托公司安排从事银行间债券撮合交易，为中融信托公司赚取交易差价，中融信托公司亦按照劳动合同为张守刚发放工资、奖金，缴纳住房公积金及养老、医疗、失业保险，代扣税款，在案证据足以认定张守刚系中融信托公司员工的事实;从中融信托公司实行的绩效考核制内容来看,业务部门赢利的30%,在扣除部门单独承担的可识别成本后,余款发放至部门,由部门负责人决定分配方案,该机制针对部门整体而非张守刚个人,且张守刚亦并非部门领导,绩效考核制不能作为张守刚与中融信托公司之间系承包关系的依据。

综上,张守刚及其辩护人所提张守刚与中融信托公司系承包关系的上诉理由及辩护意见不能成立,本院不予采纳;北京市人民检察院第二分院所提张守刚与中融信托公司系雇佣关系的出庭意见成立,本院予以采纳。

3. 关于丰联公司与中融信托公司之间关系的认定

经查,丰联公司系张守刚实际控制并用以进行关联交易的银行间债券市场交易丙类户,中融信托公司不允许公司交易员开设丙类户进行关联交易,对张守刚控制丰联公司进行关联交易并不知情,张守刚对该节亦供认不讳;根据中国人民银行颁发《全国银行间债券市场买断式回购业务管理规定》,从事买断式回购的市场参与者应签订买断式回购主协议和书面形式的合同,在案并无丰联公司与中融信托公司签订任何形式的协议;中融信托公司出具情况说明,明确表示因与丙类户交易存在高风险,不与包括丰联公司在内的丙类户进行交易,也不会为丙类户代持债券,张守刚及其辩护人单方提出丰联公司与中融信托公司合作进行买断式回购交易,并由丰联公司赚取风险溢价缺乏证据支持;涉案部分债券交易审批单上虽然标注"代持""冲回""预留利润",但不能证明中融信托公司为丰联公司代持债券,中融信托公司并无向丰联公司汇划资金的记录,预留部分利润给丰联公司用以承担交易风险亦无证据支持;天正华[2013]审鉴字第12号会计司法鉴定意见书所载张守刚通过亏损交易为中融信托公司补亏一节,因与鉴定材料不符,已被天正华[2013]审鉴字第27号会计司法鉴定意见书所否定,鉴定人张继红当庭明确表示相关交易均与中融信托公司无关,该节不能再作为丰联公司与中融信托公司系合作关系的依据。

综上,张守刚及其辩护人潘萍所提丰联公司与中融信托公司系合作关系的上诉理由及辩护意见不能成立,本院不予采纳;北京市人民检察院第二分院所提中融信托公司与丰联公司之间不存在合作关系的出庭意见成立,本院予以采纳。

4. 关于张守刚行为性质的认定

经查,张守刚作为中融信托公司员工,使用公司提供的办公条件和交易平台,凭借中融信托公司的资质和信用,在债券市场分别寻找债券客户和资金客户,进行债券撮合交易,该行为属于张守刚职务行为范畴,由此获得的收益应当归属于中融信托公司;在撮合交易过程中,张守刚利用掌握债券交易价格等交易关键要素的职务便利,以及中融信托公司债券审批流程中的漏洞,将其实际控制的丰联公司引入交易流程,通过增加交易环节,将本应归属于中融信托公司且可确定的利益输送至丰联公司,后予以个人占有、支配;张守刚明知银行间债券市场交易人员不得通过关联交易进行利益输送,仍通过实施上述行为,侵占中融信托公司应得巨额经济利益,其客观行为反映出非法占有公司财产的主观故意;张守刚的行为并非单纯违反公司员工的忠实义务,其背信行为严重损害了中融信托公司财产利益,已符合职务侵占罪的主客观要件要求,应按照该罪定罪处罚;中融信托公司固定收益部债券交易审批流程中所存在的问题,以及张守刚在债券撮合交易中的个人能力因素,均不能改变涉案钱款归公司所有的属性,亦不能影响对张守刚行为性质的认定。

综上,张守刚及其辩护人潘萍所提张守刚不具有非法占有中融信托公司财产的主观故意和客观行为,一审法院认定张守刚犯职务侵占罪的事实不清、证据不足,建议二审法院改判张守刚无罪或将本案发回重审的上诉理由及辩护意见不能成立,本院不予采纳;北京市人民检察院第二分院所提张守刚利用职务便利，通过利益输送侵占中融信托公司应得利益，其行为已构成职务侵占罪的出庭意见成立，本院予以采纳。

5. 关于张守刚犯罪数额的认定

经查，中融信托公司绩效考核遵循一定流程，在进行绩效考核之前，部门创收属中融信托公司合法财产，涉案2.07亿余元在分配前均应归属中融信托公司；该2.07亿余元中的30%能否用作固定收益部员工的奖励，以及张守刚个人可实际获得的奖金，取决于固定收益部可识别费用支出、部门整体盈亏及部门负责人的决策等多种因素，张守刚的犯罪行为导致涉案2.07亿余元未能被纳入固定收益部绩效考核范围；张守刚对2.07亿元直接予以非法占有，系对中融信托公司合法财产的侵占，均应计入其犯罪数额，张守刚也不应从犯罪行为中获利；一审法院将涉案2.07亿余元中的30%作为张守刚个人财产进行处置，对该部分财产性质认定有误，不仅损害了中融信托公司财产利益，且影响了对张守刚的量刑及扣押款物处理。

综上，北京市西城区人民检察院所提抗诉意见以及北京市人民检察院第二分院发表支持抗诉的出庭意见成立，本院予以采纳。

本院认为：上诉人（原审被告人）张守刚身为公司工作人员，利用职务上的便利，将本单位财产非法占为己有，其行为已构成职务侵占罪，且侵占数额巨大，依法应予惩处。鉴于张守刚到案后能如实供述主要犯罪事实，且被害单位部分财产损失已扣押、冻结在案，可对张守刚依法从轻处罚。一审法院认定张守刚犯职务侵占罪的主要事实清楚，证据确实、充分，审判程序合法；唯将涉案2.07亿余元中的30%从张守刚犯罪数额中予以扣减有误，导致量刑畸轻，对扣押款物的处理不当，本院依法予以改判。本院依照《中华人民共和国刑法》第二百七十一条第一款、第六十七条第三款、第六十一条、第六十四条及《中华人民共和国刑事诉讼法》第二百二十五条第一款第三项之规定，判决如下：

一、驳回上诉人张守刚的上诉。

二、撤销北京市西城区人民法院（2014）西刑初字第232号刑事判决。

三、上诉人张守刚犯职务侵占罪，判处有期徒刑十三年（刑期从判决执行之日起计算；判决执行以前先行羁押的，羁押一日折抵刑期一日，即自2012年12月15日起至2025年12月14日止）。

四、继续追缴上诉人张守刚的违法所得发还中融国际信托有限公司。

五、在案扣押现金、冻结银行及保险账户内钱款以及扣押车辆、查封房产之变价款并入判决主文第四项执行；其余物品依法予以没收（详见清单）。

本判决为终审判决。

审 判 长　白 波
审 判 员　赵志伟
代理审判员　周 耀

二〇一五年十月十三日

书 记 员　王芊雯

第四部分

军人违反职责罪

刑事立法、司法规范

中华人民共和国刑法修正案(十一)(节录)

(2020 年 12 月 26 日第十三届全国人民代表大会常务委员会第二十四次会议通过　2020 年 12 月 26 日中华人民共和国主席令第 66 号公布　自 2021 年 3 月 1 日起施行)

四十六、将刑法第四百三十一条第二款修改为:“为境外的机构、组织、人员窃取、刺探、收买、非法提供军事秘密的,处五年以上十年以下有期徒刑;情节严重的,处十年以上有期徒刑、无期徒刑或者死刑。”

四十七、将刑法第四百五十条修改为:“本章适用于中国人民解放军的现役军官、文职干部、士兵及具有军籍的学员和中国人民武装警察部队的现役警官、文职干部、士兵及具有军籍的学员以及文职人员、执行军事任务的预备役人员和其他人员。”